# 史記考證文獻彙編

《今注本二十四史》編委會
二十四史研究資料集刊

四川出版集團
巴蜀書社
人民出版社

本書出版得到國家古籍整理出版專項經費資助

# 第八冊目錄

# 商考信録

[清] 崔述

清嘉慶二十二年太穀縣署中刻本

大名崔東壁先生著

# 商考信録

嘉慶丁丑二月太谷縣署中刻

## 商考信錄自序

商考信錄者何革亂也夏自太康失道已非禹之舊矣況至於桀善政尚有復存者乎且湯之事與禹不同湯承先世之業崛起一方自相土上甲微以來必有良法善政宜於民而不當變者此固不得改之而復遵夏政也蓋湯之心無以異於堯舜禹之心然湯之事不能不異於堯舜禹之事湯所處之勢然也何以不言殷考信錄也殷其所居地名非國號也商何爲始於契也莫爲之前則崛起者難爲功契敷教以啟商故敘湯之政必追述之也伊尹何以附於湯之後也伊尹相湯以王天下歷相數世卒定商業故特表之猶皐陶之附於禹也

商考信錄目





# 商考信錄卷之一

大名崔述東壁謹考
受業門人石屏陳履和校刊

## 契

天命元鳥降而生商宅殷土芒芒（詩商頌）

洪水芒芒禹敷下土方外大國是疆幅隕既長有娀方將帝立子生商（同上）

備覽○契母有娀氏之女契長而佐禹治水有功封於商賜姓子氏（史記殷本紀）

史記殷本紀云殷契母曰簡狄行浴見元鳥墮其卵取吞之因孕生契其說蓋因商頌元鳥之詩而附會者鄭氏康成遂采之以箋詩由是世多信之余按毛詩傳云春分元鳥降簡狄祈於郊禖而生契故本其為天所命以元鳥至而生焉歐陽永叔云秦漢之間學者喜為異說鄭學博而不知統又特喜讖緯諸書故於怪說尤篤信由是言之義當從毛而明允蘇氏

辨尤詳今載其文於左說並詳周后稷篇中

蘇明允譽妃論商周有天下七八百年是其享天之祿以能久其社稷而其祖宗何如此之不祥也使聖人而有異於衆庶也吾以爲天地必將儲陰陽之和積元氣之英以生之又焉用此二不祥之物哉燕墮卵於前取而吞之簡狄其喪心乎巨人之跡隱然在地走而避之且不暇忻然踐之何姜嫄之不自愛也又謂行浴出野而遇之是以簡狄姜嫄爲淫泆無法



度之甚者帝嚳之妃稷契之母不如是也雖然史遷之意必以詩有天命鳦鳥降而生商厥初生民時惟姜嫄生民如何克禋克祀以弗無子履帝武敏歆攸介攸止載震載夙載生載育時惟后稷而言之吁此又遷求詩之過也毛公之傳詩也以鳦鳥降爲祀郊禖之候履帝武爲從高辛之行及鄭之箋而後有吞踐之事當毛之時未始有遷史也遷之說出於疑詩而鄭之說又出於信遷矣故天下皆曰聖人非人人不可及也甚矣遷之以不祥誣聖人也或曰然則稷何以棄曰稷之生也無菑無害或者姜嫄疑而棄之乎鄭莊公寤生驚姜氏姜氏惡之事固有然者也吾非惡夫異也惡夫遷之以不祥誣聖人也棄之而牛羊避遷之而飛鳥覆吾豈惡之哉○按說詩者當求其意不得泥其文若以元鳥降爲吞卵則維嶽降神亦將謂之吞石以履帝武爲踐跡則繩其祖武亦將爲束縛其跡乎蘇氏之論得之矣故今不載吞卵之



事惟以稷契之母爲嚳妃則亦沿史記之誤說已詳前唐堯篇中

元王桓撥受小國是達受大國是達率履不越遂視既發（詩商頌）

備覽○契卒子昭明立昭明卒子相土立（史記殷本紀）

相土

相土烈烈海外有截（詩商頌）

陶唐氏之火正閼伯居商丘祀大火而火紀時焉相土因

之故商主大火（左傳襄公九年）

備覽○相土卒子昌若立昌若卒子曹圉（韋昭國語注作根圉）立曹圉卒子冥立（史記殷本紀）

存叅○冥勤其官而水死（魯語）

備覽○冥卒子振立振卒子微立（史記殷本紀）

存叅○上甲微能帥契者也（魯語）

備覽○微卒子報丁立報丁卒子報乙立報乙卒子報丙立報丙卒子主壬立主壬卒子主癸立主癸卒子天



乙立是爲成湯（史記殷本紀）

按商先世詩書多缺不可詳考竊以時世推之相土爲契之孫當在夏太康世蓋因太康失國羿浞淫暴諸侯無所歸而相土能修其德政故東方諸侯咸歸之商邱在東而西北阻於羿浞是以號令東訖於海而云海外有截也又相土居商邱而湯居亳相距絕遠疑上甲微以後亦嘗中微如不窋之竄戎太王之遷岐者然但不可知其爲何世耳

## 成湯上

按尚書酒誥多方立政等篇皆稱爲成湯無但稱湯者蓋禹名也成湯號也古多以一字名未聞有以一字號者然則成湯乃其本號湯則後世之省文也商頌殷武亦稱成湯元鳥稱武湯唯長發或但稱湯或稱爲武王蓋史冊主於紀實詩人主於頌美故其稱參差不一武王者子孫追崇之稱即後世謚法所自彷旣或省文爲湯因以武加之爲



武湯耳春秋戰國以後率但稱湯稱成湯者鮮矣今從本號稱爲成湯不敢從省亦致慎之義也

帝命不違至于湯齊湯降不遲聖敬日躋昭假遲遲上帝是祗（詩商頌）

湯之盤銘曰苟日新日日新又日新（大學）

附論○孟子曰湯武反之也（孟子）

湯以七十里（孟子）

備覽○自契至湯八遷湯始居亳從先王居作帝誥（史記）

殷本紀

以上乃湯修身立國之畧故錄之於篇首

【補】葛伯仇餉 逸書

湯事葛 孟子

備覽○湯居亳與葛爲鄰葛伯放而不祀湯使人問之曰何爲不祀曰無以供犧牲也湯使遺之牛羊葛伯食之又不以祀湯又使人問之曰何爲不祀曰無以供粢盛也湯使亳衆往爲之耕老弱饋食葛伯率其民要其



有酒食黍稻者奪之不授者殺之有童子以黍肉餉殺而奪之 孟子

按此事殊瑣細不類夏商間事亦不類國君之所爲牛羊既可遺何難復與之以黍稻而葛民非少亦何至用亳衆往耕且其文頗繁碎與詩書皆不類葢亳嘗有童子以黍肉餉父兄而爲葛伯所殺是以書有葛伯仇餉之文而當時說尚書者傳其事如此孟子因而述之其大槪則不誣而其事之曲折則未必悉如此文云云也或孟子但言其畧而門人累累記之亦未可知不敢盡據爲實錄也故但列之備覽

【補】湯一征自葛始 逸書

按逸書以葛爲始征則是征葛在最前也葛小國而懸不畏湯則是此時諸侯尚未歸於商也是以商頌於受共球之後記湯之伐韋顧昆吾夏而無葛葛之征葢前此矣故次之於此

爲其殺是童子而征之四海之內皆曰非富天下也爲匹夫匹婦復讐也 孟子



存參○葛伯不祀湯使伐之湯曰予有言人視水見形視民知治不伊尹曰明哉言能聽道乃進君國子民爲善者皆在王官勉哉勉哉曰汝不能敬命予大罰殛之無有攸赦作湯征 史記殷本紀

按孟子文湯以仇餉征葛非以不祀征葛也史記此言殊失孟子之意至湯伊尹之言不知采於何書孔壁古文所多十六篇中無湯征豈別有所本與要之

史記所采經傳之文往往有所竄易而失其眞觀此篇後文所采湯誥之文可見矣故但列之存參

帝命式于九圍受小球大球爲下國綴旒何天之休不競不絿不剛不柔敷政優優百祿是遒受小共大共爲下國駿厖何天之龍敷奏其勇不震不動不戁不竦百祿是總（詩商頌）

按此文在有虔秉鉞之前則是湯自征葛以後諸侯已陸續歸商也湯德已爲四方所歸然後乃有韋顧昆吾之伐以除暴安民故孟子云爲天吏則可以伐之非地醜德齊而專以兵力勝也然則未伐夏以前湯已非復人臣之度矣說詳見後伐夏條下

備覽○湯出見野張網四面祝曰自天下四方皆入吾網湯曰嘻盡之矣乃去其三面祝曰欲左左欲右右不用命乃入吾網諸侯聞之曰湯德至矣及禽獸（史記殷本紀）

武王載旆有虔秉鉞如火烈烈則莫我敢曷苞有三蘖莫遂莫達九有有截韋顧既伐昆吾夏桀（詩商頌）

按此文稱韋顧既伐昆吾夏桀則是湯先伐韋顧次



乃伐昆吾最後乃伐夏也蓋湯之初國小其力不能伐昆吾而桀之虐未甚其心亦不忍伐夏逮至韋顧既滅地廣兵強已無敵於天下然後乃伐昆吾昆吾既滅而桀猶怙惡不悛覩諸大國之亡藐不以介意然後不得已乃伐夏耳然則未伐夏以前湯非復七十里之侯服明矣說詳見後伐夏條下

史記云湯曰吾甚武號爲武王余按論語載湯言云有罪不敢赦帝臣不蔽簡在帝心聖人之謙且愼如是烏有自高其功爲號以自標美者哉蓋謚法雖相傳爲周制而其實亦由漸而起成湯既沒其子孫羣臣以爲撥亂反正創業垂統功莫之及故追崇之而號之爲武王周人因之以文武謚二王而其後子孫羣臣遂相沿以爲例耳不得泥大戴記之文遂謂周以前必無謚而武王爲湯之自號也說詳見豐鎬別錄中

十一征而無敵於天下東面而征西夷怨南面而征北狄

怨曰奚爲後我民之望之若大旱之望雨也歸市者弗止芸者不變誅其君弔其民如時雨降民大悅 孟子

徯我后后來其無罰 逸書

備覽○夏桀爲虐政淫荒而諸侯昆吾氏爲亂湯乃興師率諸侯伊尹從湯湯自把鉞以伐昆吾遂伐桀 史記殷本紀

說苑云湯欲伐桀伊尹曰請阻乏貢職以觀其動桀怒起九夷之師以伐之伊尹曰未可彼尚能起九夷



之師乃謝罪請服復入貢職明年又不供貢職桀怒起九夷之師九夷之師不起伊尹曰可矣湯乃興師伐而殘之余按聖人之伐暴以民困已極不得已往而救之耳非有心於取天下也烏有姑試伐之以觀其可取與否者哉且九夷之去夏遠矣湯與桀近在千里之內而夏民方引領以待偕亡九夷之師於緩急何濟焉此乃戰國之時智取力爭者之所爲彼固習見當世之如此而遂自以其不肖之心度聖人而爲是說耳故今不錄而爲之辨說並見豐鎬錄武王篇中

王曰格爾衆庶悉聽朕言非台小子敢行稱亂有夏多罪天命殛之今爾有衆汝曰我后不恤我衆舍我穡事而割正夏予惟聞汝衆言夏氏有罪予畏上帝不敢不正今汝其曰夏罪其如台夏王率遏衆力率割夏邑有衆率怠弗協曰時日曷喪予及汝皆亡夏德若茲今朕必往爾尚輔予一人致天之罰予其大賚汝爾無不信朕不食言爾不從誓言予則孥戮汝罔有攸赦 書湯誓



備覽○桀敗於有娀之虛奔於鳴條夏師敗績湯遂伐三朡俘厥寶玉義伯仲伯作典寶湯既勝夏欲遷其社不可作夏社 史記殷本紀

附論○湯武革命順乎天而應乎人 易象下傳

附論○齊宣王問曰湯放桀武王伐紂有諸孟子對曰於傳有之曰臣弒其君可乎曰賊仁者謂之賊賊義者謂之殘殘賊之人謂之一夫聞誅一夫紂矣未聞弒君

也孟子

史記夏本紀云桀召湯而囚之夏臺已而釋之湯修德諸侯皆歸湯湯遂伐桀桀走鳴條遂放而死曰吾悔不殺湯於夏臺使至此儒林傳載黃生與轅固生爭論湯武事云桀紂雖失道君也湯武雖聖臣也夫主有失行臣不能正言匡過反因而誅之代立踐南面非弒而何由是後之儒者皆以征誅爲湯武病余按爲是說者皆惧以湯爲桀之臣故爾而其實不然湯誓曰今爾其曰夏罪其如台是桀固無如湯何也使桀果嘗囚湯商民安得曰夏罪其如台乎湯誓曰夏王率遏衆力率割夏邑是桀之政不行於諸侯也使桀猶爲天下共主則當云割萬方豈得但云割夏邑而已乎湯誓曰今爾有衆女曰我后不恤我衆舍我穡事而割正夏是湯之伐桀民亦有竊議之者也使桀與湯有君臣之分商民何故不以大義責之而反但言舍穡之細事乎商頌曰受小球大球爲下國



綴旒是湯未伐桀時已受諸侯之朝覲矣若湯果臣於桀安得晏然受之以桀之暴雖無罪猶囚之況受諸侯之朝而安能容之哉商頌曰韋顧旣伐昆吾夏桀是湯未伐桀時已滅數大國矣若桀果爲天下共主湯安得擅滅之桀旣力能囚湯豈有聽其坐大而不問乃束手以待其伐已者乎由詩書之言觀之則湯與桀之事固不如世所傳云云也蓋三代封建之制與後世郡縣之法異而夏當家天下之始其事又與商周不同昔者禹有聖德天下歸之啟能繼禹之道則又歸之禹初未嘗傳之子也大康旣失德則民之視之猶虞夏之視朱均耳羿浞迭起后相遠逃天下之無主已數世矣少康能布其德以收夏衆然後祀夏配天不失舊物當是時人以繼爲適然非以繼爲必然也孔甲旣衰諸侯復叛韋顧昆吾迭起夏之在天下若一大國然但一二小弱諸侯畏其威力耳是以湯之受球受共伐韋伐顧安然而無所忌桀亦

聽之而不復怪何者諸侯本不臣屬於桀也桀安能召湯而囚之夏臺哉天下者天之天下也非一姓之天下也故舜繼堯禹繼舜人以爲固然也適會禹有賢子間兩世而又得少康后杼之孫天下附於夏者數世由是遂以傳子爲常猶齊之伯僅一世而晉之伯遂至於數世也然一姓之子孫必不能歷千百世而皆賢不賢則民受其殃必更歸於有德而後民安而既已傳子又必不能復傳之賢則其勢必出於征



誅而後可故揖讓之不能不變而爲征誅者天也聖人之所不能違也雖堯舜當之亦若是而已矣聖人之道猶水也清而不污柔而能受潤物而使遂其生者水之德也紆徐縈洄一瀉千里者水所遭之勢也水非有心於紆徐縈洄與一瀉千里也水不能違地故也以一瀉千里之水爲有異於紆徐縈洄之水而優劣之者誣水者也以征誅之聖人爲有異於揖讓之聖人而優劣之者誣聖人者也自戰國以後楊墨

並起而楊氏之言尤橫常非堯舜薄湯武毀孔子以自張大其說一變而託於黃老再變而流爲名法是以史記自叙六術之中有墨而無楊何者黃老名法卽楊氏也習黃老者務以清淨無事爲貴故以堯舜爲擾民以湯武爲弑君習名法者務以苛刻慘忍先發制人爲强故謂啟嘗殺益太甲嘗殺伊尹以保其國桀嘗釋湯於夏臺紂嘗釋文王於羑里而卒亡其身其意惟欲人主之果於殺戮耳豈顧其事之虛實



哉司馬談受道論於黃公兼通名法之學遷踵之而成書故其中多載異端之說然觀轅固生之與黃生爭論則漢初儒者猶不惑於楊墨但以景帝諱言放伐之事是以後此學者莫敢昌言明湯武之受命耳語詳史記儒林傳逮至魏晉以後孤媚相仍遂公然借禪讓之僞訾征誅之眞而曲學阿世之徒從而和之相沿既久習爲固然雖儒者亦不敢駁其謬反若爲不刊之論者然良可嘆也曰然則齊宣何以謂之臣弑其

君也曰齊宣之問亦爲楊氏邪說所悞春秋傳中賢士大夫曾有一人之爲是言者乎然其所謂君臣云者亦但就天子諸侯之名分言之非以爲食其祿而治其事之君臣也故孟子曰殘賊之人謂之一夫聞誅一夫夫聞弒君也正謂夏商失道政不行於天下故不得謂之共主非謂湯武親立桀紂之朝而其君不仁遂可不謂之君也但孟子之意在於警人主故以仁暴大義斷之而未暇詳申其說耳後儒惑於異



端先入之言不察其實遂疑孟子之言不可爲訓誤矣嗟夫世之陋儒斥楊墨爲異端而薄湯武以爲黜君臣之義不知湯武之弒君其說乃出於楊朱而孔孟無是言也此無他不學而已矣故今不載夏臺之事而并糾黄生之謬說並詳後文王武王篇中

備覽○諸侯心服湯乃踐天子位平定海內湯歸至於泰卷陶中疆作誥史記殷本紀

僞古文尚書有仲虺之誥乃掇拾經傳之文而參以已意聯屬成篇者淺弱排比絕不類夏商間語不但與誥體不相似也尤可笑者隨季所引止取亂侮亡四字子皮所引止亂者取之亡者侮之八字即前文而有詳畧耳其兼弱攻昧乃隨季自述武經之語推亡固存乃子皮自告大夫之言今乃悉取以入篇中而云兼弱攻昧取亂侮亡推亡固存重複堆砌不成



文理亦足以見其窘於詞而窮於纂矣故今不采其文其篇首所稱惟有慙德者亦非是說見後篇吳公子札條下

存參○湯放桀而歸于亳三千諸侯大會湯從諸侯之位三讓三千諸侯莫敢即位然後湯即天子之位尚書大傳

呂氏春秋云湯將伐桀因卞隨而謀卞隨曰非吾事也又因務光而謀務光曰非吾事也湯遂與伊尹謀夏伐桀克之以讓卞隨卞隨乃自投於潁水而死又

讓於務光務光乃負石而沉於募水余按湯之伐夏謀於國之卿大夫則有之必不謀之隱士天下者天之天下非湯所得私也豈容私讓之一二人故史記云諸侯心服湯乃踐天子位正與朝覲訟獄之歸舜禹者同大傳亦稱湯會三千諸侯三讓莫敢即位其言雖淺近要其大概當如是若呂氏春秋所云乃楊氏為黃老說者之所僞撰以非湯武者其二人姓名亦假設言之而後世之人稱隱士者遂以隨光為首謬矣故今載史記語并取大傳之文刪而存之而呂氏春秋之言削之不錄



## 成湯下　列丙仲壬附

[illegible]曰予小子履敢用元牡敢昭告於皇皇后帝有罪不敢赦帝臣不蔽簡在帝心朕躬有罪無以萬方萬方有罪罪在朕躬（論語堯曰篇）

按此文與湯誓立政相表裏非聖人不能為此言也蓋聖人之伐國非以闢土地創大業也聖人之用賢非以示己恩希厚報也凡皆奉天以行事耳聖人無所容心於其間也且其人曰帝臣明不敢私以為己臣也舉而用之謂之不蔽明此爵祿乃賢人所固有已但不沮抑之非分己所有以予之也其於所舉之人猶如是況天下之民天下之土地乎然則聖人之心一天也聖人之心之光明一日月也漢高帝云賢士從吾遊者吾能尊顯之其市恩之念固不足以相方僞尚書伊訓云敷求哲人俾輔於爾後嗣其氣量之大小心體之廣狹亦豈可以同日語哉嗚呼此湯之所以繼堯舜而得列於聞知者也此章前載堯之

命詞頗失聖人之意後載周之新政雖無可疑然亦不若此文純粹蓋由所采之書不一斯其文亦不均此必當日史臣實錄故今獨取此文以補詩書之缺學者即是求之庶聖人之心猶可見其萬一云○此文據孔注以爲伐桀告天之詞而僞古文尚書在湯誥中玩其詞意似克夏後而告天者故置之於此

補商湯有景亳之命左傳昭公四年

備覽○既絀夏命還亳作湯誥維三月王自至於東郊



告諸侯羣后毋不有功於民勤力廼事予乃大罰殛女毋予怨曰古禹皋陶久勞於外其有功乎民民乃有安東爲江北爲濟西爲河南爲淮四瀆已修萬民乃有居后稷降播農殖百穀三公咸有功於民故后有立昔蚩尤與其大夫作亂百姓帝乃弗予有狀先王言不可不勉曰不道毋之在國女毋我怨以令諸侯史記殷本紀

按史記所載尚書諸篇凡今文所有者若堯典禹貢皋陶謨之屬皆全錄其文其餘或僅載其畧或但記其由雖小有異同而大意不失若今文所無獨孔壁古文有者惟此篇頗載其畧而語亦似欠醇古其餘未有錄者竊疑秌斗書廢已久時不能識其二十八篇今文所有幸有今文書存可以參證而得之至二十四篇今文所無則安國但以已意揣度讀之不能無闕誤故史記漢書並言得多十餘篇而不言其文之可讀然則此十六卷即二十四篇不待王莽之亂固已非全書矣是以儒者多不傳也然與劉焯所傳古文尚書湯誥之文無一語相同者則彼爲後人所僞撰而不出於



安國不待言矣

亦越成湯陟丕釐上帝之耿命乃用三有宅克即宅曰三有俊克即俊嚴惟丕式克用三宅三俊其在商邑用協於厥邑其在四方用丕式見德書立政

按此文言陟耿命又言四方丕式見德蓋統湯之始終言之故次之於此

伊尹相湯以王於天下孟子

仲虺（郎中闕古字通用）居薛以為湯左相（左傳定公元年）

按伊尹之為相與湯相始終仲虺之封薛亦當在湯有天下之後故因三宅三俊之文並次之於此

備覽○伊尹作咸有一德咎單作明居（史記殷本紀）

附論○孟子曰湯執中立賢無方（孟子）

按三王皆以進賢為務而孟子獨以無方稱湯者其時勢不同也禹承二帝之治百僚皆得其人十年而崩無大變革周則世有哲王賢多出於親舊且其得



天下綏則其舉直錯枉亦當以漸即有一二遺佚驟起如伯夷太公者要之為數無多若湯則崛起於七十里承夏失政之後賢人失職者多驟滅諸大國而一天下後后之民非悉擇人以安輯之不可是以廣搜巖穴惟日不足而用人多不次其時勢然也故湯告天之詞曰有罪不敢赦帝臣不蔽簡在帝心蓋不伐暴則雖有賢而無所用不舉賢則伐暴亦徒然而已然則宅俊之用與夏昆吾之伐正相表裏不分輕重故湯生平所汲汲者惟此二事為要而孟子亦專以是歸於湯也故今於伐夏事畢之後悉次以湯得人之事

昔有成湯自彼氐羌莫敢不來享莫敢不來王曰商是常（詩商頌）

世傳湯時大旱太史占之曰當以人禱湯遂齋戒剪髮斷爪素車白馬身嬰白茅以為犧牲禱于桑林之野以六事自責曰政不節與民失職與宮室崇與女



謁盛與苞苴行與讒夫昌與言未已大雨乃數千里

宋南軒張氏明九我李氏皆辨其謬今載於左

張南軒曰史載成湯禱雨乃有剪髮斷爪身為犧牲之說夫以湯之聖當極旱之時反躬自責禱於林野此其為民籲天之誠自能格天致雨何必如史所云且人禱之占理所不通聖人豈信其說而毀傷父母遺體哉此野史謬談不可信者也

李九我曰大旱而以人禱必無之理也聞有殺不辜

而致常暘之咎者矣未有旱而可以人禱也古者六畜不相爲用用人以祀惟見於宋襄楚靈二君湯何如人哉祝史設有是詞獨不知以理裁而乃以身爲犧歟後世用人祭祀之原乎天不信湯平日之誠而信湯一日之祝湯不能感天以自修之實而徒感天以自責之文使後世人主一遇水旱徒紛紛於史巫則斯言作俑矣

余按公羊桓五年傳云大雩者旱祭也註云君親之南郊以六事謝過自責曰政不一與民失職與宮室崇與婦謁盛與苞苴行與讒夫倡與疏云皆韓詩傳文使童男女各八人舞而呼雩故謂之雩然則是以六事自責乃古雩祭常禮非以爲湯事也僖三十一年傳云三望者何望祭也然則曷祭祭泰山河海註云韓詩傳曰湯時大旱使人禱于山川是也然則是湯但使人禱于山川初未嘗身禱而以六事自責也況有以身爲犧者哉且雩祭天禱雨也三望祭山川也本判



然爲兩事雖今詩傳已亡然觀注文所引亦似絕不相涉者不識傳者何以誤合爲一而復增以身爲犧之事以附會之也張李二子之辨當矣又按諸子書或云堯有九年之水湯有七年之旱或云堯時十年九水湯時八年七旱堯之水見於經傳者多矣湯之旱何以經傳絕無言者堯之水不始於堯乃自古以來積漸氾濫之水至堯而後平耳湯之德至矣何以大旱至於七年董子云湯之旱乃桀之餘虐也紂之餘虐當亦不減於桀周克殷而年豐何以湯克夏而反大旱哉然則湯之大旱且未必其有無況以身爲犧乃不在情理之尤者乎故今併不錄

附論〇吳公子札來聘見舞韶濩者曰聖人之宏也而猶有慙德聖人之難也左傳襄公二十九年

慙德杜氏註云慙於始伐撰僞尚書者因之遂云成湯放桀於南巢惟有慙德曰予恐來世以台爲口實

余按象箾南籥文王樂也而季札云美哉猶有憾大

武武王樂也而季札云美哉周之盛也其若此乎文王不伐商而反慚之武王伐商而反不慚然則慚德未必以伐夏故矣所慚所憾蓋皆自樂論之後世古樂亡而不可考耳不得以揣度之詞斷之也聖人舉事皆奉天而行者也故必審度再四無毫髮之疑然後敢爲之伐夏果有未安聖人必不輕舉果無未安何容既伐之後復有慚德故論語記湯之言曰有罪不敢赦赦之既不敢矣伐之又何慚焉若赦之不可



伐之又不可是無一途可免於罪戾也天下有是理乎蓋凡爲是說者皆爲楊氏邪說所誤以爲湯嘗立桀之朝故爾而不知其未嘗有是事也然自異端言之人有多疑之者註經者采之而人遂往往信之至采其文以入尚書而人遂無復敢議之而烏知夫僞經之反本於注注反本於異端之說哉且即使季札果有此意湯亦必不容有此言也說已詳前伐夏條下

存參○宋公享晉侯於楚丘請以桑林荀罃辭荀偃士匄曰諸侯宋魯於是觀禮魯有禘樂賓祭用之宋以桑林享君不亦可乎舞師題以旌夏晉侯懼而退入於房去旌卒享而還 左傳襄公十年

按杜註云桑林殷天子之樂名則是湯之樂也湯樂名韶濩又名大濩此何以稱桑林豈一樂而兩其名與抑有兩樂與姑存之以參考

附論○孟子曰由湯至於文王五百有餘歲若伊尹萊



朱則見而知之若文王則聞而知之 孟子

補 湯崩太丁未立外丙二年仲壬四年 孟子

湯崩太子太丁未立而卒於是迺立太丁之弟外丙外丙即位三 當作二 年崩立外丙之弟仲壬仲壬即位四年崩伊尹迺立太丁之子太甲太甲成湯適長孫也 史記殷本紀

外丙仲壬二王自孟子史記逮帝王世紀皆同無異詞者至僞孔傳及唐孔氏正義因書序有成湯既沒太甲元年伊尹作伊訓之文遂謂湯沒之歲即太甲

之元年並無外丙仲壬兩代由是唐宋諸儒皆叛孟子而信其說蔡傳駁之云儒者以序爲孔子所作不敢非之反疑孟子所言與本紀所載是可歎也其論是矣然僞孔傳所言亦初非書序意何者序言成湯既沒但爲太甲失教伊尹作書張本非謂必沒於作書之年也傳云神農氏沒黃帝堯舜氏作孟子云堯舜既沒聖人之道衰暴君代作神農沒之年黃帝固猶未作何況堯舜堯舜之後尚有禹啟何得遂云暴



君代作也古人於文不過大概言之烏得以詞害其志乎遂以此爲太甲繼湯之據誤矣乃元明以來編古史者因程邵皆從僞傳之故遂以蔡傳爲謬而削外丙仲壬兩代因復論之如左

程子云古人謂歲爲年湯崩時外丙方二歲仲壬方四歲惟太甲稍長故立之也東齋陳氏深以此說爲然余按人君在位稱幾年常事也若其生之年則必言生以別之春秋傳云逆周子於京師而立之生十四年矣又云盈生五年而武子卒而楚共王亦云不穀不德生十年而喪先君未有徒言年而不言生者且外丙生二年仲壬生四年則仲壬長於外丙矣於文當先言仲壬何以先弟而後兄乎

邵堯夫皇極經世書譜帝王世次湯起乙未太甲起戊申無外丙仲壬於是東齋陳氏雙湖當考胡氏並據此以立說以爲堯夫精於數學必能推知帝王世數無可疑者余按天下之事有可以思而得者有必待



學而後知者理可以思而得者也事物名數必待學而後知者也堯夫安能以數而知三千年以前帝王之名與世哉孔子曰夏禮吾能言之杞不足徵也殷禮吾能言之宋不足徵也文獻不足故也故其作春秋也有不知則缺之孔子不能以數知之而堯夫能以數知之將堯夫更聖於孔子乎孟子生於戰國之初典籍猶存其言必本之於古史堯夫之書不過據前人傳記以爲說既相傳以爲然因亦以爲然而未

暇考耳豈果以數知之而乃據宋人之書疑孟子之
言乎且凡術數之學可以得其彷彿而已從未有能
眞知確見者也漢眭孟知當有匹夫爲天子者矣而
不知其應乃在宣帝宋孔熙先知文帝以骨肉相殘
非道晏駕又知江州當出天子矣而以爲義康當之
不知其應乃在元凶劭與孝武此其術皆不可謂不
工然卒不能得其實而反以殺身是以術數之學儒
者之所不道奈何欲以此折衷經傳之是非乎嗟夫



不求之經傳而求之數此東方朔上天之說也惡乎
其窮之瞽者以生辰推人禍福有不合則曰必爾時
誤也移以爲某時則合矣二子之信經世書而疑孟
子也毋乃類是

胡氏大紀云二帝官天下定於與賢三王家天下定
於立嫡立嫡者敬宗也尊祖也成湯伊尹以元聖之
德戮力創業乃舍嫡孫而立諸子亂倫壞制歸後世
爭奪之端乎公儀仲子舍孫而立子言偃問曰禮與

孔子曰否立孫孔子殷人也而不以立弟爲是此以
義理知其非也南氏綱目前編遂遵其說以紀商乎
而世亦多信之余按三王惟禹在湯之前而禹薦益
於天初不傳啟豈惟未嘗定於立嫡抑且未嘗定於
立子立嫡之所由來非定也乃漸也蓋上古之時天
子本不相繼至唐虞而後相繼然惟其德不惟其一
姓也啟之繼禹偶然者耳以德而繼雖傳子猶之乎
傳賢也大康失道羿浞迭起天下之亂由於異姓之



爭是以少康中興遂以一姓相繼爲常然後異姓之
覬覦息然雖靳於一姓仍惟其德不惟其嫡與庶弟
與子也及商中葉兄弟爭立亂至數世昔日異姓之
患移於同姓於是遠慮之主復以嫡長相繼爲常然
後同姓之覬覦息是故一姓之傳非禹爲之羿浞爲
之也嫡長之立亦非禹湯爲之商之中葉爲之也由
是言之由傳賢而爲傳子由傳子而爲傳嫡皆漸耳
夫誰定於立嫡而乃以責湯之遵守是猶責史籀李

斯之不能爲楷而笑陶潛鮑昭之不能爲律也豈不可笑也哉然所謂立嫡者特立子耳尚未聞有立孫者也記云文王舍伯夷考而立武王微子舍其孫腯而立衍然則嫡孫之立當在成康以後孔子所謂立孫者自謂仲子當然耳古今不同時勢各異非謂古聖賢皆當立孫也胡氏據此遂謂湯必無立外丙之事然則文王亦無立武王之事微子亦無立微仲之事乎當湯之没天下之定未久此非少主所能臨也



明矣武王之疾周公請以身代慮成王之不能安天下也幸而武王又數年而始崩然成王之立天下猶幾至於亂况太甲本非令主立之必至顛覆湯之典刑寧坐視天下之亂宗社之墟乎抑將立庶子以安宗社以靖天下也是故太甲之放伊尹所不得已也藉令二王得永其世伊尹可以無桐宫之事矣爲伊尹者必立嫡而放之乎抑立庶而事之之爲愈也况放君與立庶孰爲輕重胡氏不怪放君之爲亂倫壞

制而獨怪立庶之爲亂倫壞制乎且嫡長之立未見其必勝於立弟與立庶也秦成公之立穆公周明帝之立武帝皆弟也韓獻子之立起趙簡子之立毋恤皆庶也然卒興其國家而晉武帝之不肯易嫡周武帝之不肯廢其子贇唐太宗之不立庶子吳王恪齊武帝之不廢太孫而立庶子子良皆可謂不亂倫壞制然其後竟以致亂或遂亡國是故立賢上也立嫡非盡善也顧斬於立嫡者非以是爲義也賢否無形



而嫡庶易見斬於立賢則必至於立愛故無寧立嫡之爲可常耳非謂遭人倫之變者少易之而即得罪於名教也况商周以前淳樸之世哉嗟夫聖人者義之的也經傳者聖人之案也故求義必於聖人求聖人必於經傳今胡氏乃自以其臆見斷湯之事而絀孟子之說二王之有無不足計吾恐此說行而世之無忌憚者皆將挾其私見以懸斷帝王之事而致失聖人之眞也故不可以不辨

附 伊尹

成湯既受命時則有若伊尹格于皇天（書君奭）

伊尹耕於有莘之野而樂堯舜之道焉非其義也非其道也祿之以天下弗顧也繫馬千駟弗視也非其義也非其道也一介不以與人一介不以取諸人湯使人以幣聘之囂囂然曰我何以湯之聘幣爲哉我豈若處畎畝之中由是以樂堯舜之道哉（孟子）

附論○萬章問曰人有言伊尹以割烹要湯有諸孟子曰否不然吾未聞枉己而正人者也況辱己以正天下者乎聖人之行不同也或遠或近或去或不去歸潔其身而已矣（同上）



帝王世紀云伊摯豐下銳上色黑而短僂身而下聲年七十而不遇湯聞其賢設朝禮而見之（見後漢書馮衍傳註）

余按伊尹相湯以王天下其在湯朝必歷有年所其後又相外丙仲壬太甲沃丁不下數十餘年則伊尹之遇湯當在中年以爲七十謬矣至於短黑僂身云者亦皆戰國策士抑揚之詞非實事故不錄

湯三使往聘之既而幡然改曰與我處畎畝之中由是以樂堯舜之道吾豈若使是君爲堯舜之君哉吾豈若使是民爲堯舜之民哉吾豈若於吾身親見之哉天之生此民也使先知覺後知使先覺覺後覺也予天民之先覺者也予將以斯道覺斯民也非予覺之而誰也思天下之民匹夫匹婦有不被堯舜之澤者若已推而內之溝中其自任以天下之重如此故就湯而說之以伐夏救民（同上）



伊尹曰何事非君何使非民治亦進亂亦進（同上）

附論○孟子曰伊尹聖之任者也（同上）

備覽○伊尹去湯適夏既醜有夏復歸於亳入自北門遇女鳩女房作女鳩女房（史記殷本紀）

孟子書中有伊尹五就湯五就桀之語論者因之或以爲伊尹罪余按孟子辨伊尹要湯事稱其非義非道祿以天下弗顧湯以幣聘猶不肯往必無一旦無故去商而欲輔桀之事卽就桀矣桀之暴戾不可化

誨伊尹豈不見之卽由亳而適夏復由夏而歸亳一已足矣五何爲焉孟子稱伊尹言何事非君而史記載書序復有醜夏歸亳之事然則伊尹固嘗適夏或仕於桀或未嘗仕於桀或如孟子在梁爲齊客卿者然皆未可知惜乎女鳩女房之篇已亡其事不可詳考要之五就湯五就桀則必無之事也戰國游說之士多喜妄談古人既流俗相傳有至夏之事遂從而甚其詞以爲五就桀耳且伊尹初就者湯也若果五就湯五就桀則當終於夏何由復王商其非實事亦已明矣大抵相傳之言往往過甚其詞論語中記子張言云令尹子文三仕爲令尹無喜色三已之無慍色然以傳文考之初未嘗有此事子文初代子元爲令尹見於傳後讓令尹於子玉見於傳其間何時已之何時再仕何時再已何時三仕何以傳無一言及之楚自成王以後令尹無不見於傳者代子文者何人何以獨不見於傳且子文之不爲令尹乃自欲授



政於子玉初未有人已之然則其事爲無徵矣春秋之世列國執政之人從未有忽廢忽用者非若後世之以罷相復相爲常事也子文何以獨有此事子文之爲令尹始終皆在楚成之世子文忠於楚者楚子何故已之後又何故用之授之事理亦殊乖剌然則此亦莫須有之事矣蓋子文之初爲令尹也自毀其家以紓國難故相傳以爲無喜色也其後授政子玉絶無戀位之心故相傳以爲無慍色也相傳日久而甚其詞故遂以爲三仕三已而無喜慍焉耳竊意伊尹之事亦當類此記孟子者習於流俗所傳因誤采之入於孟子言中耳正如汝淮泗皆入海而以爲入江也蓋聖賢言之聖賢初未嘗自書之後人記其言者但取其大意如是原不保無一二語之失實論語前十篇中猶不免有之況孟子書中乎此章乃辨淳于髡言道之不同偶及伊尹非其意所專注若要湯章乃專辨伊尹事必得其實學者當取信於彼不必

以此爲疑也故今不載孟子此文
〔書〕天誅造攻自牧宮朕載自亳逸書
〔補〕伊尹曰予不狎于不順放太甲于桐民大悅太甲賢又反
之民大悅孟子
附論〇公孫丑曰賢者之爲人臣也其君不賢則固可
放與孟子曰有伊尹之志則可無伊尹之志則簒也同上
僞古文尚書伊尹之書凡五篇曰伊訓曰太甲三篇
曰咸有一德然其文義率多淺易文勢頗雜排偶非
惟不類夏商間語亦并不類秦漢時文其中雖有名
言佳論而皆掇拾經傳之文及經傳所引逸書之語
如味爽丕顯及天作孽猶可違之類而聯綴以成篇者正如集腋爲裘
者然其爲魏晉後人之所擬作無疑且伊訓與漢書
所引之文不同太甲三篇據史記乃褒太甲之書而
今乃戒太甲之語咸有一德據史記乃作於湯世而
今乃以爲太甲時伊尹歸政之後故今皆不錄
備覽〇沃丁之時伊尹卒既葬伊尹於亳咎單遂訓伊



尹事作沃丁史記殷本紀
史記殷世家云伊尹名阿衡鄭康成云阿倚衡平也
伊尹湯倚而取平故以爲官名是以伊尹阿衡爲一
人也僞古文尚書因之遂曰惟嗣王不惠于阿衡伊
尹作書云云又曰昔先正保衡作我先王一夫不獲
則曰時予之辜皆以伊尹之事爲阿衡保衡之事余
按書云成湯既受命時則有若伊尹格于皇天在太
甲時則有若保衡則是伊尹保衡爲二人明甚安有
同是一人而兩舉之一則屬之成湯一則屬之太甲
變其稱謂以爲奇乎謂保衡即伊尹亦可謂巫賢即
巫咸乎詩曰昔在中葉有震且業允也天子降予卿
士實維阿衡實左右商王夫曰中葉即太甲世也曰
有震且業即太甲居桐宮事也但言阿衡之輔太甲
耳初未嘗見有輔成湯之事也傳曰伊尹放太甲而
相之卒無怨色孟子書記伊尹事尤多皆無有稱之
爲保衡阿衡者何由而知保衡阿衡之必爲伊尹也

哉考古稱謂之例多以官名冠人名者詩曰維師尚父師官名也尚父太公字也書曰保奭其汝克敬保官名也奭召公名也春秋傳中所載史佚卜偃祝鮀師曠之屬尤多不可悉數然則阿保當爲官名而衡當爲人名矣古者有師有傳有阿有保傳記所載未聞有以衡名官者蓋衡當爲阿又當爲保故或稱阿衡或稱保衡耳若以二字皆爲官名則一官既不應兩稱兩官又不必俱以衡名而又皆使伊尹兼之其



不然審矣嗟夫伏羲之與太皞神農之與炎帝南容之與南宮敬叔明明爲兩人也而後世皆以爲一人則皐陶之與庭堅伊尹之與保衡其兩舉於經傳者吾又安敢附和之而概以爲一人乎然王戹伯樂國語明明一人者後世又分爲兩人復何怪夫宋人之以堯舜爲一人而唐人之以班固與班孟堅爲兩人也是皆可爲之一噱也故今保衡阿衡之文俱不載於伊尹篇中

# 商考信錄卷之二

大名崔述東壁謹考
受業門人石屏陳履和校刊

## 太甲 沃丁以後諸王附

補 惟太甲元年十有二月乙丑朔伊尹祀於先王誕資有牧方明 逸書伊訓見漢書律歷志

備覽○太甲元年伊尹作伊訓作肆命作徂后 史記殷本紀

補 太甲顛覆湯之典刑伊尹放之於桐三年太甲悔過自怨



自艾於桐處仁遷義三年以聽伊尹之訓己也復歸於亳 孟子

補 伊尹放太甲而相之卒無怨色 左傳襄公二十一年

備覽○太甲修德諸侯咸歸殷百姓以寧伊尹嘉之廼作太甲訓三篇褒太甲稱太宗 史記殷本紀

竹書紀年云仲壬崩伊尹放太甲于桐乃自立也伊尹即位於太甲七年太甲潛出自桐殺伊尹乃立其子伊陟伊奮命復其父之田宅而中分之杜氏云左氏傳伊尹放太甲而相之卒無怨色然則太甲雖見

放還殺伊尹而猶以其子為相也此為大與尚書叙說太甲事乖異不知老叟之伏生或致昏忘將此古書亦當時雜記未足以取審也余按孟子云太甲悔過自怨自艾於桐處仁遷義三年以聽伊尹之訓己也復歸於亳又云太甲賢又反之民大悅傳云伊尹放太甲而相之史記云沃丁之時伊尹卒既葬伊尹于亳咎單遂訓伊尹事作沃丁則是伊尹自復太甲太甲並無潛出之事太甲復位之後伊尹仍為之相



至沃丁時始卒未嘗死於太甲之世明矣且祁奚之所謂無怨者正以太甲復位之後仍以為相仍聽其言為無怨耳非謂其立陟也若既殺其身矣安得復謂之無怨乎蓋自戰國以後風俗日頹見利忘義世俗之人習見而以為固然遂妄意古聖人之亦如是是以有舜囚堯啟殺益太甲殺伊尹之說其意以為不如是堯益伊尹必將據天下於己而不肯與人而豈知古聖人之心廣大若天地光明若日月其視富貴猶敝蹝然故孔子曰巍巍乎舜禹之有天下也而不與焉孟子曰伊尹耕於有莘之野而樂堯舜之道焉非其義也非其道也祿之以天下弗顧也蓋惟聖賢然後能知聖賢之心彼世俗之乾餱以愆者烏足以知之哉漢昭烈帝將終謂諸葛武侯曰嗣子可輔輔之若不可輔君可自取此乃至誠肺腑之言有何詐偽而後世論者乃謂其以不肖之心待武侯故為是言以堅其意甚矣世人之好以小人之心度聖賢也嗟夫嗟夫此考信錄之所以不得不作也說並見



前夏啟篇中

昔在中葉有震且業允也天子降于卿士實維阿衡實左右商王（詩商頌）

在太甲時則有若保衡（書君奭）

按經傳中稱相湯以治天下者曰成湯既受命時則有若伊尹格于皇天（書君奭）曰天誅造宮自牧宮朕載自亳（逸書伊訓）曰伊尹耕於有莘之野云云故就湯而說

之以伐夏救民曰伊尹相湯以王於天下（並孟子）曰伊尹去湯適夏既醜有夏復歸於亳（書序）皆稱爲伊尹未有一語稱爲保衡阿衡者稱放太甲而復之者曰惟太甲元年十有二月乙丑朔伊尹祀于先王（逸書伊訓）曰伊尹放太甲而相之（春秋傳）曰太甲顛覆湯之典型伊尹放之於桐曰伊尹曰予不狎于不順曰有伊尹之志則可無伊尹之志則篡也（並孟子）皆稱爲伊尹亦未有一語稱爲保衡阿衡者然則保衡阿衡之非伊尹



明矣其稱佐太甲者則曰在太甲時則有若保衡曰昔在中葉云云實維阿衡實左右商王然則相成湯放太甲者自伊尹事太甲復位之後佐太甲者自阿衡保衡事迥非一人明矣惟劉焯所傳僞古文尚書於伊訓曰惟嗣王不惠于阿衡於說命曰昔先正保衡作我先王皆以伊尹之事加於阿衡保衡無他彼見史記有伊尹名阿衡之文不知其誤遂從而稱之耳故凡尚書出於西漢時者與司馬遷劉歆王肅之說多有異同出於東晉後者則皆本司馬遷劉歆王肅之悞而不之改然則書之眞僞如黑白之分明苟非矇瞍無不辨者而近世文人乃謂其書非二帝三王不能作嗚乎其亦不思而已矣說並見前伊尹篇中

備覽○太宗崩子沃丁立沃丁崩弟太庚立（史記殷本紀）

備覽○太庚崩子小甲立小甲崩弟雍己立殷道衰諸侯或不至雍己崩弟太戊立（同上）

太戊（中丁以後諸王附）

昔在殷王中宗嚴恭寅畏天命自度治民祗懼不敢荒寧肆中宗之享國七十有五年（書無逸）

備覽○太戊立伊陟爲相亳有祥桑穀共生於朝一暮大拱太戊懼問伊陟伊陟曰臣聞妖不勝德帝之政其有闕與帝其修德太戊從之祥桑枯死（史記殷本紀）

此事尚書大傳以爲武丁祖己之事韓詩外傳以爲成湯伊尹之事但云穀生而不言桑說苑則於太戊



武丁兩載之余按此必一事而傳之者異詞或以爲成湯或以爲太戊或以爲武丁耳遂兩載之誤矣成湯聖敬日躋遂有天下豈待爲天子後然後懼而修德尚書稱武丁亮陰三年不言其惟不言言乃雍則亦非因災而後自警者惟太戊尚書稱其嚴恭寅畏治民祗懼則史記以此事爲太戊時者近是且太戊之書無存於世者固當有遺美在若湯武丁則經傳述之者多似不應遺此事也而其文亦多淺易惟史記較爲簡古似司馬氏所採之書獨得其實故惟載史記之文於太戊之世而湯武丁之篇不錄

在太戊時則有若伊陟臣扈格于上帝巫咸乂王家（書君奭）

楚詞云巫咸將夕降兮懷椒糈而要之註云巫咸殷中宗時神巫後世文人往往相沿用之余按巫者氏也其先世或嘗爲巫祝之官或其采邑在巫子孫因以爲氏皆未可知要之咸乃商之大臣安社稷者非巫也屈宋生長蠻方沿訛踵謬固宜後世文人何爲



而皆效之乎

呂覽云巫咸作筮余按易傳卦畫於伏羲氏不容歷二千年至巫咸而後有筮恐係後人之所附會故不敢載

備覽○伊陟贊言于巫咸巫咸治王家有成作咸艾作太戊太戊贊伊陟於廟言弗臣伊陟讓作原命殷復興諸侯歸之故稱中宗（史記殷本紀）

按周公無逸篇稱太戊德至矣而君奭篇所紀賢臣

亦較多其書有咸乂原命等篇皆君臣相得之事則
太戊之於商乃成湯以後最盛之世也惜乎其書皆
亡其善政之詳無可考矣○又按僞古文尚書太甲
時有伊訓太甲及咸有一德太戊時則咸乂太戊原
命皆無之蓋太甲之事經傳多言之而其文亦問有
引於傳記者故有所倚傍以成篇若太戊事則罕見
於經傳故無從而擬之耳惜乎後人之不之察也

備覽○中宗崩子中丁立中丁崩弟外壬立外壬崩弟



河亶甲立殷復衰同上

備覽○仲丁遷於囂史記作隞河亶甲居相書序

備覽○河亶甲崩子祖乙立史記殷本紀

祖乙祖辛以後諸王附

在祖乙時則有若巫賢書君奭

備覽○祖乙圮于耿書序○史記作遷于邢

備覽○祖乙崩子祖辛立祖辛崩弟沃甲世本作開甲立史記殷本紀

備覽○沃甲崩立祖辛之子祖丁祖丁崩立沃甲之子
南庚同上

備覽○南庚崩立祖丁之子陽甲自中丁以來廢適而



更立諸弟子弟子或爭立比九世亂於是諸侯莫朝陽
甲崩弟盤庚立同上

大紀云仲丁當作沃丁自沃丁至陽甲立弟者九世
則仲丁之名誤也余按自仲丁以後有外壬河亶甲
祖乙祖辛沃甲祖丁南庚至陽甲正得九世仲丁字
不誤也今胡氏乃專取兄終弟及之九世當之則自
沃丁至陽甲凡十四世豈得間隔數之統謂之比九
世亂乎且史記所謂亂者諸弟子爭立耳非立弟則

當遂謂之亂也若本不相爭而但因無子或子幼及不肖而立弟豈得概謂之亂而太戊格於上帝享國七十五年尤不可以謂之亂也故今仍用史記原文



## 盤庚 小辛小乙附

盤庚遷于殷民不適有居率籲衆感出矢言○王若曰格汝衆予告汝訓汝猷黜乃心無傲從康古我先王亦惟圖任舊人共政王播告之修不匿厥指王用丕欽罔有逸言民用丕變今汝聒聒起信險膚予弗知乃所訟○汝不和吉言于百姓惟汝自生毒乃敗禍姦宄以自災于厥身乃既先惡于民乃奉其恫汝悔身何及相時憸民猶胥顧于箴言其發有逸口矧予制乃短長之命汝曷弗告朕而胥動以浮言恐沈于衆若火之燎于原不可嚮邇其猶可撲滅則惟汝衆自作弗靖非予有咎 書盤庚



按盤庚上篇乃誥羣臣者蓋卿士大夫者萬民之望觀篇中所云先惡于民云胥動以浮言則是民之梗化皆卿士大夫之倡之也故先誥之盤庚其可謂知本矣○卿士大夫不與君一體於此見殷道之衰幸而盤庚能正其本以義責之以刑惕之使之有所畏憚而不敢恣其所欲爲所以卒能保守先業而有以

開武丁之中興也

遲任有言曰人惟求舊器非求舊惟新古我先王暨乃祖乃父胥及逸勤予敢動用非罰世選爾勞予不掩爾善茲予大享于先王爾祖其從與享之作福作災予亦不敢動用非德○無有遠邇用罪伐厥死用德彰厥善邦之臧惟汝眾邦之不臧惟予一人有佚罰 同上

按此文乃申明上文遲任求舊之義然云世選爾勞予不掩爾善則雖世家子弟亦必擇其賢者而用之



非概以嫡長世及為常也蓋商世俗猶近古雖天子亦有立弟立庶者況於卿大夫猶習成景以前卿雖世及猶擇其人至平頃以後而遂以父死子繼為固然也觀此可知世變

盤庚作惟涉河以民遷乃話民之弗率誕告用亶其有眾咸造勿褻在王庭盤庚乃登進厥民曰明聽朕言無荒失朕命○殷降大虐先王不懷厥攸作視民利用遷汝曷弗念我古后之聞承汝俾汝惟喜康共非汝有咎比于罰予若籲懷茲新邑亦惟汝故以丕從厥志今予將試以汝遷安定厥邦汝不憂朕心之攸困乃咸大不宣乃心欽念以忱動予一人爾惟自鞠自苦若乘舟汝弗濟臭厥載爾忱不屬惟胥以沈不其或稽自怒曷瘳○往哉生生今予將試以汝遷永建乃家

此盤庚中篇乃誥萬民者觀其諄諄訓誡猶有上下一體之意若在後世惟以政率之以刑驅之耳於此知殷道雖衰而古風猶未泯也

盤庚既遷奠厥攸居乃正厥位綏爰有眾曰無戲怠懋建大



命今予其敷心腹腎腸歷告爾百姓于朕志罔罪爾眾爾無共怒協比讒言予一人○今我既羞告爾于朕志若否罔有弗欽無總于貨寶生生自庸式敷民德永肩一心 同上

此盤庚下篇乃既遷之後通告臣民者無總于貨寶與孟子先義後利之意同於此知盤庚之使民以義是以卒能成其志也

備覽○盤庚之時殷都河北盤庚渡河南復居成湯之故居殷道復興諸侯來朝 史記殷本紀

世儒多謂盤庚改商爲殷綱目前編因之於陽甲以前皆書曰商王於盤庚以後皆書曰殷王於盤庚之元祀書曰遷都於殷改國號曰殷余按商書盤庚篇云殷降大虐先王不懷厥攸作是盤庚未遷以前已稱殷也商頌殷武篇云商邑翼翼四方之極是盤庚旣遷以後猶稱商也詩云殷商之旅又云咨汝殷商而書微子一篇或稱殷或稱商參差不一是殷與商可以連稱亦可以互稱也安在其爲改號也哉蓋商者湯之國號而殷者則商之邑名後世所謂建都之地是也其稱爲殷商猶其稱爲京周也商邑於殷而遂號爲殷猶韓邑於鄭而遂號爲鄭魏邑於梁而遂號爲梁也商遷於他邑而皆名之爲殷猶晉遷於新田而仍名之爲絳楚遷於都而仍名之爲郢也不得以爲盤庚所改故今不從其說

備覽○盤庚崩弟小辛立殷復衰小辛崩弟小乙立同上

備覽○小乙崩子武丁立同上





武丁

其在高宗時舊勞于外爰曁小人作其卽位乃或亮陰三年不言其惟不言言乃雍不敢荒寧嘉靖殷邦至于小大無時或怨肆高宗之享國五十有九年書無逸

備覽○昔殷武丁能聳其德至於神明以入於河自河徂亳於是乎三年默以思道卿士患之曰王言以出令也若不言是無所禀令也武丁於是作書曰以余正四方余恐德之不類茲故不言楚語

附論○子張曰書云高宗諒陰三年不言何謂也子曰何必高宗古之人皆然君薨百官總己以聽於冢宰三年論語憲問篇

在武丁時則有若甘盤書君奭

補傅說舉於版築之間孟子

存疑○使以象夢求四卄於野得傅說以來升以爲公而使朝夕規諫曰若金用女作礪若津水用女作舟苦天旱用女作霖雨啟乃心沃朕心若藥不瞑眩厥疾

不瘳若跣不視地厥足用傷。{楚語}僞尚書說命云：王宅憂亮陰三祀，既免喪，其惟弗言。羣臣咸諫于王曰：嗚呼！知之曰明哲，明哲實作則。天子惟君萬邦，百官承式，王言惟作命，不言，臣下罔攸稟令。王庸作書以誥曰：以台正于四方，台恐德弗類，茲故弗言。恭默思道，夢帝賚予良弼，其代予言。乃審厥象，俾以形旁求于天下。說築傅巖之野，惟肖，爰立作相。王置諸其左右云云。余按夢恍惚之境也。傳曰：國將興，聽於人；將亡，聽於神。子不語怪力亂神。自古帝王賢聖未有以夢爲據者，況命相尤天下之大事乎？孟子曰：國君進賢，如不得已。左右皆曰賢，未可也；諸大夫皆曰賢，未可也；國人皆曰賢，然後察之。是以古之聖人必稽於衆，奏以言，試以功，歷試皆效，然後用以爲相，其難也如此，烏有决之於一夢者乎？且使天果可以夢賚良弼，則誠能格天者莫堯舜若矣。堯之舉舜，舜之舉禹、皋陶，皆稽於衆，奏以言，試以功而



後得之，天皆不以夢示之也。惟春秋傳叔孫氏之豎牛以夢進，史記田單之神師以夢進，然是妖耳詐耳，豈所以語於聖賢之事也哉！泰誓曰：天視自我民視，天聽自我民聽。古之聖人言天者皆以人，未嘗求之於冥漠也。秦漢以後，妖言迭興。漢光武始以讖命三公，明肅帝至以乩行賞罰，而或不愜於衆，或藉以濟其私，史冊炯然，爲世永戒。嗚呼！寧武丁之賢聖而有是哉？或謂武丁嘗歷民間，知說之賢，既立，欲用爲相，恐卿士不服，故托之於夢。其說巧矣，不知今說命之文實采諸史記，而史記又本諸國語而衍之者。然國語載武丁之書，祇自明不言之故，絕無帝賚良弼之文。所謂求四方之賢聖，亦初不謂專求說也。四方之賢聖者，衆詞也；說其最賢聖者耳。云以象夢者，據象之所示，夢之所感，以爲求之之端，非不考其言行而但求其形之肖也。若如今說命所云，則當云以象夢求良弼於四方，不當云以象夢求四方之賢聖矣。蓋

國語象夢之文本近附會自史記衍之遂眞以爲夢
中見之僞尚書再衍之遂若天召武丁而面賜之古
今之書愈轉而愈失其眞者大抵如此亦不必强爲
之說也然使此事見於莊列呂覽則唐宋諸儒必有
斥其妄者以其名爲尚書之故遂相視不敢議即或
疑其不經不過曲爲之解而已卓識之難亦可慨矣
故今不采僞書史記之文而但載國語之言以存參
學者從容考其眞僞可也



撻彼殷武奮伐荆楚罙入其阻裒荆之旅有截其所湯孫之
緒 詩商頌

高宗伐鬼方三年克之 易既濟卦

由湯至於武丁賢聖之君六七作天下歸殷久矣久則難
變也武丁朝諸侯有天下猶運之掌也 孟子

按孟子既云天下歸殷久矣而下復云武丁朝諸侯
有天下則所謂歸殷者乃當賢聖之君之時非謂天
下無一日不歸於殷也以賢聖之君之多也故統言
之曰久耳

附錄○高宗肜日越有雊雉祖已曰惟先格王正厥事
書高宗肜日

尚書大傳載祖已言謂遠方將有來朝者三年編髮
重譯來朝者六國其說與尚書文不合蓋後人妄爲
附會者今不錄

附錄○武丁孫子武王靡不勝龍旂十乘大糦是承 詩商頌



按高宗肜日篇或以爲高宗祭成湯或以爲後王祭
高宗然篇首既云高宗肜日高宗廟號也則以爲祭
高宗者近是而詩稱武丁孫子則亦作於武丁之後
者但皆不知爲何王事故並附於武丁之後

備覽○武丁崩子祖庚立祖庚崩弟祖甲立 史記殷本紀

祖甲 廩辛以後諸王附

其在祖甲不義惟王舊爲小人作其卽位爰知小人之依能保惠于庶民不敢侮鰥寡肆祖甲之享國三十有三年 書無逸

僞孔傳釋無逸篇祖甲云湯孫太甲爲王不義久爲小人之行伊尹放之桐三年起就王位此以德優劣立年多少爲先後故祖甲在下殷家亦祖其功故稱祖蔡傳駁之今載其說於後

蔡九峰無逸篇傳孔氏以祖甲爲太甲蓋以國語稱帝甲亂之七世而殞意以爲帝甲必非周公所稱者又以不義爲王與太甲此乃不義文似遂以此稱祖甲者爲太甲然詳此章舊爲小人作其卽位與上章爰暨小人作其卽位文勢正類所謂小人者皆指微賤而言非謂憸小之人也作其卽位亦不見太甲復政思庸之意況殷世二十有九以甲名者五王以太以小以沃以陽以祖別之不應二人俱稱祖甲國語傳訛承謬旁記曲說不足盡信要以周公之言爲正



又下文周公言自殷王中宗及高宗及祖甲及我周文王及云者因其先後次第而枚舉之詞也則祖甲之爲祖甲而非太甲明矣

余按馬鄭舊說皆以祖甲爲武丁子自王肅恃其門閥好攻鄭氏始以祖甲爲太甲僞傳所云實本於此細核僞書僞傳之說大抵皆出於肅故正義云傳說絕無傳者至晉世王肅註書始似竊見孔傳不知此乃王肅之徒采肅之說僞撰此書以爲攻鄭氏之助正與僞撰家語之旨相同齊梁之代經學斷絕因以爲寶隋世焯炫苟喜新異遂廢鄭註穎達不能爲乃祖辨其誣反從而袒護之以致鄭學失傳千有餘年皆遵王肅之謬說甚矣人之重名而不重實也蔡氏之辨晳矣然吾猶惜其不能直抉孔傳之僞而使安國抱不白之冤也

備覽 帝甲崩子廩辛 漢書及帝王世紀皆作馮辛 立廩辛崩弟庚丁立 史記殷本紀

自時厥後立王生則逸生則逸不知稼穡之艱難不聞小人之勞惟耽樂之從自時厥後亦罔或克壽或十年或七八年或五六年或四三年（書無逸）

備覽○庚丁崩子武乙立殷復去亳徙河北武乙無道爲偶人謂之天神與之博令人爲行天神不勝乃僇辱之爲革囊盛血仰而射之命曰射天（史記殷本紀）

備覽○武乙獵於河渭之間暴雷武乙震死子太丁（按竹書紀年當作文丁）立（同上）



備覽○太丁崩子帝乙立（同上）

## 帝乙

自成湯咸至於帝乙成王畏相惟御事厥棐有恭不敢自暇自逸矧曰其敢崇飲（書酒誥）

自成湯至于帝乙罔不明德慎罰亦克用勸（書多方）

自成湯至于帝乙罔不明德恤祀（書多士）

備覽○帝乙立殷益衰（史記殷本紀）

按書無逸篇稱祖甲以後諸王生則逸惟耽樂之從而此三篇乃云不自暇逸罔不明德何哉蓋古人之



文多大畧言之以其不若紂之酗身即謂之不自暇逸不若紂之暴虐即謂之明德慎罰恤祀耳且此乃爲殷衆而言故不暇細辨其優劣也言各有所當學者當善求其意不可以詞害志而謂帝乙以前皆賢君也

帝乙歸妹其君之袂不如其娣之袂良（易歸妹卦）

按此文必有所本若但用卦爻起義則何所見必歸之帝乙乎故今全載其文

微子啟帝乙之元子也左傳哀公九年

宋祖帝乙左傳文公二年

史記殷本紀云帝乙長子曰微子啟啟母賤不得嗣少子辛辛母正后立爲嗣是以微子與紂爲異母也呂氏春秋乃云紂母之生微子啟與仲衍也尚爲妾已而爲妻生紂紂之父母欲置微子啟以爲太子太史據法而爭之曰有妻之子不可立妾之子紂故爲後由是敘次古史者多因之余按書微子篇但以王



子稱之王於同母異母爲兄爲弟經傳皆無明文惟牧誓篇有云昏棄厥遺王父母弟不迪王父似指箕比而言母弟似指微子而言恐微子乃紂之同母弟未必果紂之異母兄也至於呂覽之說尤爲乖謬古者本無以妾爲妻之事春秋時雖有之然亦但以妾冒妻之稱耳未有正名而立妾以爲妻者也即令帝乙果有此事彼既已妻妾不辨矣復何辨於嫡庶而堅持立嫡之議如此哉夫妾既爲后矣則妾之父母即后之父母也妾之子女即后之子女也不子其故子則亦將不父其故父乎湯武皆以諸侯爲天子若如大史之說亦當立其爲天子後所生之少子而不得立其爲諸侯時所生之長子乎此雖至愚者不至是也且大史誠能據法而爭何不爭之於立妾爲妻之日而爭嫡庶於一人之子也妾反可以爲后而妾之子反不可以爲大子乎蓋史記呂覽之言皆因春秋傳元子之文而附會之者史記以爲元子者長子



之稱而長子不當不立故意其必庶長也呂覽以爲元子者嫡長之稱而嫡長尤不當不立故意其生時而母猶爲妾也不知元子之文本不必泥紂死無後而微子承殷祀即謂之元子也可武王非長也而金縢稱爲元孫魯仲孫氏亦稱爲孟氏漢文帝乃高帝第四子而淮南王稱爲大兄孟與大皆長之義也安得執其一字而疑之乎然史記之言雖未必果然而固有此理若呂覽乃必無之事而世之論者咸信之

或以大史泥立嫡之說爲非或以大史持立嫡之議爲是皆可謂夢中而說夢者矣至以微仲爲微子弟其說亦謬記曰文王舍伯邑考而立武王微子舍其孫腯而立衍則衍乃微子之子明矣果帝乙之子當別有祿邑何得乃冒其兄之封爵乎史記亦謂衍爲微子之弟蓋沿此說之誤故今皆不載

附錄○聖人之道衰暴君代作壞宮室以爲汙池民無所安息棄田以爲園囿使民不得衣食邪說暴行又作園囿汙池沛澤多而禽獸至及紂之身天下又大亂（孟子）

按此文所稱不見於他傳記不知爲何王之事孟子生秦火以前古書存者尚多蓋必有所考而知之然云暴君代作則固統夏商兩代言之非一人之事矣姑附錄於此

備覽○帝乙崩子辛立（史記殷本紀）



紂

補紂之去武丁未久也其故家遺俗流風善政猶有存者又有微子微仲王子比干箕子膠鬲皆賢人也相與輔相之（孟子）

備覽○紂資辨捷疾聞見甚敏材力過人手格猛獸知足以距諫言足以飾非矜人臣以能高天下以聲以爲皆出己之下（史記殷本紀）

說苑云帝辛時爵生烏於城隅占之曰小以生巨國家必祉帝辛喜亢暴無極遂亡殷國余按小而生巨新序以爲宋康王事向所推爲黑眚者也蓋傳聞者異詞向遂兩載之耳今不錄

箕子者紂親戚也（史記宋微子世家）

王子比干者亦紂之親戚也（同上）

世儒謂箕子比干皆紂之叔父余按史記但稱爲紂親戚孟子稱比干爲王子以爲諸父似矣若箕子則未有以見其爲紂諸父也世儒蓋因誤讀孟子王子比干箕子膠鬲之文而謂王子兼下二人言之不知

比干爵邑不著故連王子爲文箕子自有爵邑豈得
復以王子冠之若云王子箕子尚復成文義乎告子
篇稱微子比干皆以爲紂叔父乃文義之小誤然無
箕子則箕子或商宗室世卿亦未可知不得懸斷爲
紂之諸父也

備覽○紂始爲象箸箕子歎曰彼爲象箸必爲玉桮爲
玉桮則必思遠方珍怪之物而御之矣輿馬宮室之漸
自此始不可振也（史記宋微子世家）



膠鬲舉於魚鹽之中（孟子）

晉語云殷辛伐有蘇有蘇氏以妲己女焉於是乎與
膠鬲比而亡殷呂氏春秋云武王使叔旦就膠鬲於
次四內而與之盟曰加富三等就官一列爲三書同
詞血之以牲埋一於四內皆以一歸余按孟子以膠
鬲與傅說並稱又與微子箕比皆稱爲賢烏有與妲
己比與周人盟以傾其國者哉蓋國語亦戰國人所
作戰國之士固多毀聖賢以快其意者至呂氏春秋

尤不足爲怪說並見後豐鎬別錄伯夷叔齊篇中

今商王受惟婦言是用昏棄厥肆祀弗答昏棄厥遺王父母
弟不迪
在今後嗣王酣身厥命罔顯于民祗保越怨不易誕惟厥縱
淫泆于非彝用燕喪威儀民罔不衋傷心惟荒腆于酒（書酒誥）

備覽○殷辛伐有蘇有蘇氏以妲己女焉（晉語）

備覽○愛妲己妲己之言是從於是使師涓作新淫聲
北里之舞靡靡之樂厚賦稅以實鹿臺之錢而盈鉅橋
之粟益收狗馬奇物充仞宮室益廣沙邱苑臺多取野
獸蜚鳥置其中（史記殷本紀）



此言紂荒於酒色事故先列之

惟四方之多罪逋逃是崇是長是信是使是以爲大夫卿士
俾暴虐于百姓以姦宄于商邑（書牧誓）
其在受德暋惟羞刑暴德之人同于厥邦乃惟庶習逸德之
人同于厥政（書立政）

備覽○用費中爲政費中善諛好利殷人弗親又用惡

求惡求善毀謗諸侯以此益疏（史記殷本紀）

備覽○商容賢者百姓愛之紂廢之（同上）

韓詩外傳云商容嘗執羽籥馮於馬徒欲以伐紂而不能遂去伏於太行余按商容紂之臣也豈容有伐紂之心又豈能有伐紂之力微箕比干皆商貴戚大臣尚不敢萌此念況容之微賤乎此後人所妄托故不錄

此言紂用舍失宜事故次列之



厥終智藏瘝在夫知保抱攜持厥婦子以哀籲天徂厥亡出執（書召誥）

此言紂失民心事故又次列之

附錄○商紂為黎之蒐東夷畔之（左傳昭公四年）

此事不知當在何年姑附錄於此

西伯既戡黎祖伊恐奔告於王曰天子天既訖我殷命格人元龜罔敢知吉非先王不相我後人惟王淫戲用自絕故天棄我不有康食不虞天性不迪率典今我民罔弗欲喪曰天曷不降威大命不摯今王其如台王曰嗚呼我生不有命在天祖伊反曰嗚呼乃罪多參在上乃能責命于天殷之即喪指乃功不無戮于爾邦（書西伯戡黎）

微子若曰父師少師殷其弗或亂正四方我祖厎遂陳于上我用沈酗於酒用亂敗厥德于下殷罔不小大好草竊姦宄卿士師師非度凡有辜罪乃罔恒獲小民方興相為敵讎今殷其淪喪若涉大水其無津涯殷遂喪越至于今曰父師少師我其發出狂吾家耄遜于荒今爾無指告予顛隮若之何其（書微子）



父師若曰王子天毒降災荒殷邦方興沈酗于酒乃罔畏畏咈其耇長舊有位人今殷民乃攘竊神祇之犧牷牲用以容將食無災降監殷民用乂讎斂召敵讎不怠罪合于一多瘠罔詔商今其有災我興受其敗商其淪喪我罔為臣僕詔王子出迪我舊云刻子王子弗出我乃顛隮自靖人自獻于先王我不顧行遯（同上）

父師少師史記以為太師疵少師彊僞孔傳及蔡傳

皆以爲箕子比干余按史記稱疵彊抱其樂器而奔周則是皆樂師耳玩書父師所言殊不類樂官語傳不之從是也然以爲箕比亦初無所據且比干稱王子以爵卑而無祿邑者若爲少師尊矣不應微箕皆以封爵著而比干獨以名稱尤可異者世既以父師爲箕子矣而又以箕子爲紂叔父夫紂叔父則王子也箕子身爲王子乃以王子稱微子乎大抵後儒之失皆在於强不知以爲知古書既軼不知其名則亦



已矣必欲强指其人無怪乎其舛也孔子曰吾猶及史之闕文也是余所深慕爾

按微子與父師所言紂失道事不過沉酗于酒而已而所言殷民之失乃居大半焉曰殷罔不小大好草竊姦宄曰小民方興相爲敵讎曰攘竊神祇之犧牷牲曰斂召敵讎曰罪合于一此皆殷民風俗之敝非謂紂也然風俗之敝由於所用之非人故言草竊姦宄卽繼之以卿士師師非度言攘竊敵讎必先之以咈其耇長也而老成所以不用羣臣所以失職則皆由於紂之荒於酒色而不愼於用舍不勤於政事是以微子父師皆先言其沉酗于酒而其黎亦以民罔弗欲喪歸咎於淫戲也是知立國之道當正其本而用人尤在所當愼孔子言衛靈公之無道也季康子曰夫如是奚而不喪孔子曰仲叔圉治賓客祝鮀治宗廟王孫賈治軍旅夫如是奚其喪以衛靈之失道猶能保其國況於中主又況於賢主乎然則人君之



要務可知已矣

附論○子貢曰紂之不善不如是之甚也是以君子惡居下流天下之惡皆歸焉 論語子張篇

戰國策稱紂臨九侯脯鄂侯史記稱紂有酒池肉林保逐之戲炮烙之刑新序稱紂爲鹿臺七年而成其大三里高千尺臨望雲雨帝王世紀稱紂剖比干妻以視其胎烹伯夷考爲羹以賜文王水經注稱老人晨將渡水而沈吟難濟左右曰老者髓不實故也紂

乃斮脛而視髓由是僞古文尚書遂以焚炙忠良刳剔孕婦斮朝涉之脛等語入泰誓篇中余按紂之不善尚書微子牧誓等篇言之詳矣約其大概有五一曰聽婦言牧誓所謂牝鷄之晨者也二曰荒酒酒誥所謂酣身微子所謂酗酒者也三曰怠祀牧誓所謂昏棄肆祀微子所謂攘竊犧牷牲者也四曰斥逐貴戚老成牧誓所謂昏棄王父母弟微子所謂耄遜于荒咈其耇長者也五曰收用憸邪小人牧誓所謂多



罪逋逃是信是使立政所謂羞刑暴德同于厥邦微子所謂草竊姦宄罪合于一者也論語之稱三仁晉語之述妲己皆與此合即大雅蕩之篇爲後人之託言而其譏切紂失亦不外此五端蓋惟迷於酒色是以不復畏天念祖以致忠直逆耳讒人倖進故牧誓必推本於婦言酒誥悉歸咎於荒腆惟仁賢不用而捨克在位是以民罹其殃故召誥於祖亡出執必推本於智藏瘝在也經傳之文互相印證紂之不善了然可見初無世俗所傳云云也然則世所傳紂之事猶今人語讖必歸之諸葛孔明劉伯溫語奸詐必歸之曹操也猶以周新折獄之事盡加之海瑞也其意不過欲甚紂之惡耳不知君子之論貴於持平不但當爲聖王辨其誣亦不必爲暴主增其罪且使人知紂之惡未至如世所傳而已足以亡國其爲後世炯戒不更大乎故今但載尚書之文及晉語之與尚書合者於史記則采其近似者列之備覽其餘不近情



理之事概弗載焉亦子貢之意也紂之虐不及於天下說已見前夏桀篇中

微子去之箕子爲之奴比干諫而死（論語微子篇）

附論○孔子曰殷有三仁焉（論語微子篇）

史記殷本紀微子之去在箕奴比死之前而宋世家則載之於箕比受禍之後且記微子言云父子有骨肉而臣主以義屬故父有過子三諫而不聽則隨而號之人臣三諫不聽則其義可以去矣於是太師少

師乃勸微子去遂行其意似歸於箕比之事而云然者余按諫不聽而去乃異姓疏遠之臣然耳微子商之懿親豈得以此爲比且本紀世家之文既相矛盾而世家又載尚書微子篇文於箕比未諫之前則是司馬氏原無定見也細玩微子一篇似微子雖紂兄弟而實不與於政事者所處之地與春秋傳衛文公頗相類與箕比之有官守者不同是以父師少師皆不以諫勸之而但云王子弗出我乃顛隮不必待箕



比之受禍而後去也史記以爲數諫不聽大抵亦出於揣度耳故今但以論語原文次之而世家之文不錄焉

韓詩外傳云紂作炮烙之刑王子比干曰主暴不諫非忠也畏死不言非勇也見過即諫不用即死忠之至也遂諫三日不去朝紂囚殺之又云比干諫而死箕子曰知不用而言愚也殺身以彰君之惡不忠也二者不可然且爲之不祥莫大焉遂解髮佯狂而去

是比干死而後箕子奴箕子以比干之死爲非也史記宋世家云紂爲淫泆箕子諫不聽人或曰可以去矣箕子曰爲人臣諫不聽而去是彰君之惡而自說於民吾不忍爲也乃被髮佯狂而爲奴又云王子比干見箕子諫不聽而爲奴則曰君有過而不以死爭則百姓何辜乃直言諫紂紂怒曰吾聞聖人之心有七竅信有諸乎乃遂殺王子比干刳視其心是箕子奴而後比干死比干以箕子之奴爲非也余按箕比



之奴與死皆由所遇之殊非必自期於奴死也且箕子不諫紂則已被髮佯狂欲何爲者此必箕比皆驟諫紂幸而紂怒未甚則取而奴之不幸而紂怒甚則取而殺之耳謂箕子不辭奴則然謂箕子自欲奴則不然謂比干不畏死則可謂比干必欲死則不可也二書之文皆後人因二人之奴與死而代爲之言者是以其言淺近輕率而亦不得聖賢之心也殷本紀載此事其先後與詩傳同而與宋世家互異然則子

長亦自無定見矣所稱箕子懼乃徉狂爲奴者亦非
是箕子固非懼死之人而死不死亦不在於爲奴與
否也要之三仁者賢同心同事之先後原可不必區
別但論語文簡直疑得其實宋世家之先後與論語
合而所稱剖心者詩傳無之恐亦出於附會故今但
載論語之文而本紀世家詩傳之言悉不錄

箕子之明夷（易明夷卦）

附論○內難而能正其志箕子以之（易象下傳）



附錄○紂克東夷而隕其身（左傳）

附錄○河竭而商亡（周語）

克東夷與河竭俱不知何年事姑附錄於此

載祀六百商紂暴虐鼎遷于周（左傳宣公三年）

備覽○周武王於是遂率諸侯伐紂紂亦發兵距之牧
野甲子日紂兵敗紂走入登鹿臺衣其寶玉衣赴火而
死（史記殷本紀）

春秋傳云蔡穆侯將許僖公以見楚子於武城許男
面縛銜璧大夫衰絰士輿櫬楚子問諸逢伯對曰昔
武王克商微子啟如是王親釋其縛受其璧焚其櫬
禮而歸之楚子從之史記云武王克殷微子持其祭
器造於軍門肉袒面縛左牽羊右把茅膝行而前武
王乃釋微子復其位如故金仁山通鑑前編駁之曰
武王伐紂非討微子也使微子未遯面縛銜璧亦非
其事也且武王豈不聞微子之賢實王家備三恪何
不以處微子而顧首以處武庚也故面縛銜璧必武



庚也後世失其傳耳若微子則遯於荒野武王釋箕
子之囚封比干之墓百爾恩禮畢行恐徧而未及微
子以微子遯野未獲也（此文據綱目前編刪節之當考本書）何孟春曰
按書殷紂無道微子去之在武王克殷之前何應當
日而有是事已去之後無復還之理而牧野之戰亦
必不從人而伐其宗國也意此殆非微子事而逢伯
之言特託之古人以規楚子乎徐孚遠曰武王既立
武庚而又復微子之位則是微子與武庚同在故都

也厥後武庚之叛微子何以初無與同之迹然則武王克商微子未嘗來歸也由三子之言觀之則微子之不在殷明矣蓋武庚既誅之後乃求得微子而立之若魯召叔孫豹於齊齊召鮑國於魯者然初無所謂銜璧面縛之事也然仁山謂面縛銜璧爲武庚孟春謂逢伯託古人以規楚子則猶惑於信傳而曲爲之解者蓋不但微子無銜璧事即許男亦無銜璧事也何者楚之圍許非爭許也特以齊師諸侯伐鄭楚



欲救鄭而畏其強故不得已圍許冀齊之移師以救許耳是以齊師一來楚師即退楚之不爭許明矣藉使許欲叛齊即楚亦當在楚圍許之時豈有待楚歸國並帥其臣棄國遠涉而因蔡以求降者且許果降於楚則以後當遂從楚何以此後許仍事齊而楚亦聽之乎比其前後觀之此乃必無之事蓋楚人自張大之言左氏蒐羅太廣而誤采之耳不必別爲之說也

帝王世紀云商容及殷民觀周軍之入見畢公至民曰是吾新君也容曰非也太公及周公至皆然武王至民曰是吾新君也容曰然云云余按商容殷之賢臣當此時非去則隱耳必不率百姓而觀其國之亡也且周之君臣與衞各別豈容屢悞此乃後人形容之詞非其事實故不錄

備考○契爲子姓其後分封以國爲姓有殷氏來氏宋氏空桐氏稚氏北殷氏目夷氏孔子曰殷路車爲善而



色尚白同上

商考信錄卷之二終

# 豐鎬考信録

[清]崔述

清嘉慶二十二年太穀縣署中刻本

大名崔東壁先生著

# 豐鎬考信録

嘉慶丁丑二月太谷縣署中刻

## 豐鎬考信録自序

夏商皆以代稱周何爲獨係以豐鎬也周至幽王之世而止也周何爲止於幽王也東遷以後載籍較多稱引亦繁辨之不勝其辨且非聖王賢相得失所關故從簡也何爲於成王獨係之以周公之相也曰周公者上繼文武下開孔子者也故孟子曰周公思兼三王以施四事又曰悅周公仲尼之道韓子曰文武周公傳之孔子此非特表之不可也而周公之事即成王之政又非可分係者故係之以周公相成王也周



何爲始於稷也稷播種以開周故叙文武之政必追述之猶商之始於契也周之賢臣哲輔何以統附之於後也曰周之人才盛矣太公召公創業守成之功固已他如泰伯之讓伯夷之清召穆公之闢四方衛武公之稱睿聖亦卓卓者皆不可以從畧故別爲一卷統附於後也

豐鎬考信錄目

豐鎬考信錄卷之一

大名崔述東壁謹考

受業門人石屏陳履和校刊

后稷 不窋附

厥初生民時維姜嫄生民如何克禋克祀以弗無子履帝武敏歆攸介攸止載震載夙載生載育時維后稷誕彌厥月先生如達不坼不副無菑無害以赫厥靈上帝不寧不康禋祀居然生子誕寘之隘巷牛羊腓字之誕寘之平林會伐平林



誕寘之寒冰鳥覆翼之鳥乃去矣后稷呱矣實覃實訏厥聲載路誕實匍匐克岐克嶷以就口食蓺之荏菽荏菽旆旆禾役穟穟麻麥幪幪瓜瓞唪唪誕后稷之穡有相之道茀厥豐草種之黃茂實方實苞實種實褎實發實秀實堅實好實穎實栗即有邰家室詩大雅

赫赫姜嫄其德不回上帝是依無災無害彌月不遲是生后稷降之百福黍稷重穋稙稺菽麥奄有下國俾民稼穡有稷有黍有稻有秬奄有下土纘禹之緒詩魯頌

思文后稷克配彼天立我烝民莫匪爾極貽我來牟帝命率育無此疆爾界陳常于時夏詩周頌

附錄○姞吉人也后稷之元妃也左傳宣公三年

史記周本紀云后稷母曰姜原出野見巨人跡心忻然欲踐之踐之而身動如孕者居期而生子棄其說蓋因大雅履帝武之文而附會之者鄭氏箋詩遂用其說至宋歐陽永叔蘇明允出皆從毛氏以爲從帝嚳之行而駁史記鄭箋之非然後經義始明聖人之



誣始白而朱子作詩傳獨從鄭氏且云古今諸儒多是毛而非鄭然按史記亦云然則非鄭之臆說矣又云稷契皆天生之非有人道之感不可以常理論也漢高祖之生亦類此又引張子厚之言云天地之始固未嘗先有人也則人固有化而生者矣蓋天地之氣生之也余按生民之初固由氣化然氣化則純以氣化必無以半形半氣相雜而化者氣既可以爲父亭獨不可以爲母而必待人然後能孕乎氣化如蚕

螢生於土生於稲之蘗不生於雌之腹中也形化如鷄鷟無雄則卵而㲉矣故凡不本於雄則必不孕於雌若孕於雌必本於雄無古今無靈蠢皆若是而已矣且鳥卵者氣耶形耶人之精血爲人道鳥之卵何以獨爲天地之氣乎巨人者何耶鬼神耶則不得有足跡有跡是有形也有形是亦一物而已安得爲天地之氣乎凡物皆以同類相交爲正異類相交爲妖況不待交而但以卵與跡是戾氣之所鍾耳丹朱焉



身龍漦孕女其說雖不經然其意猶以爲妖也吞卵踐跡何以獨得爲瑞乎至於漢高之生母與龍交亦出史記說耳不得即以遷言証遷言也假令果有此事則其所爲不貞而太公不得爲高帝父矣若之何欲以此誣聖人哉天主之教邪教也其說荒誕難憑故有誣其始爲教之人曰不父而孕儒者不當爲是言也況其所稱者女也非婦也則是猶以有夫者爲不可也儒者何反不逮焉由是言之毛鄭之說是非

判然朱子乃以史記之故獨非毛而從鄭遷與康成皆漢人也出之鄭氏爲臆說出之司馬氏獨非臆說耶司馬氏之誣多矣其顯與經傳異及前後自相矛盾者無慮數百奈何欲盡以爲實乎甚矣說之貴於怪也怪則人信之不怪則人不信之矣嗟乎蘇明允之議論紕繆者蓋不乏矣朱子之解經最爲純粹者然至稷契之事則蘇之論反純粹而朱子之說反荒唐斯誠理之不可解者矣故今不載踐跡之事說並見前商契篇中



補 昔我先世后稷以服事虞夏及夏之衰也棄稷弗務我先王不窋用失其官而自竄於戎翟之間 周語

附錄〇文武不先不窋 左傳文公二年

備覽〇不窋卒子鞠立鞠卒子公劉立 史記周本紀

史記周本紀云后稷卒子不窋立帝王世紀云后稷納姞氏生不窋後世說者遂以不窋失官爲在太康之世余按國語云昔我先世后稷以服事虞夏誰周

云言世稷官是失其代數也若不窋親棄之子至文王千餘歲惟十四代亦不合事情史記正義又引毛詩疏云虞及夏殷共有千二百歲每世在位皆八十年乃可充其數耳命之短長古今一也而使十五世君在位皆八十許載子必將老始生不近人情之甚以理而推實難據信也以此二說觀之則不窋之父乃棄之裔孫襲爲后稷者不窋非棄子也國語所稱夏衰蓋謂孔甲以後謂在太康之時誤矣故今不從



本紀世紀之說

公劉 高圉亞圉附

篤公劉匪居匪康迺埸迺疆迺積迺倉迺裹餱糧于橐于囊思輯用光弓矢斯張干戈戚揚爰方啟行篤公劉于胥斯原既庶既繁既順迺宣而無永歎陟則在巘復降在原何以舟之維玉及瑤鞞琫容刀篤公劉逝彼百泉瞻彼溥原迺陟南岡乃覯于京京師之野于時處處于時廬旅于時言言于時語語篤公劉于京斯依蹌蹌濟濟俾筵俾几既登乃依乃造其曹執豕于牢酌之用匏食之飲之君之宗之篤公劉既溥既長既景迺岡相其陰陽觀其流泉其軍三單度其隰原徹



田爲糧度其夕陽豳居允荒篤公劉于豳斯館涉渭爲亂取厲取鍛止基迺理爰衆爰有夾其皇澗遡其過澗止旅迺密芮鞫之即 詩大雅

按此篇首章云匪居匪康迺埸迺疆迺積迺倉此三句義相生蓋惟其不自安逸所以盡力於疆埸之間而農事無不治惟其勤於農事所以歲豐而積貯日盛也然亦非但此也通篇之文皆自匪居匪康來

陟岡覲京度原徹田以至涉渭取厲何一非匪居匪
康之事乎詩人誠善於立言哉
按此詩則周之徹法始於公劉不始於武王也蓋自
不窋竄戎以後地非安樂事多草創歷三世至公劉
有令德而生聚亦漸蕃物力亦漸充於是始擇善地
而遷立法定制以垂永久其後遂守之而不改耳綱
鑑乃於武王克商之初書立徹法誤矣說並見三代
經制通考中



首二章敘公劉經營遷國之事次二章言遷居於京
末二章敘其疆宇之濶生聚之繁并記徹法所由始
也前二章言京後二章言豳者京其建國之地豳則
統一國而言之故至既溥既長之後始言豳也
備覽○公劉卒子慶節立史記周本紀
本紀稱慶節立國於豳與大雅文不合非是
備覽○慶節卒子皇僕立皇僕卒子差弗立差弗卒子
毀隃立毀隃卒子公非立同上

備考○公非辟方高圉侯侔亞圉雲都太公組紺諸盩
索隱引世本文
存參○衛齊惡告喪于周且請命王使成簡公如衛弔
且追命襄公曰叔父陟恪在我先王之左右以佐事上
帝余敢忘高圉亞圉左傳昭公七年
存參○高圉大王能帥稷者也魯語
按索隱所引世本之文自公非至大王凡九世史記
周本紀則云公非卒子高圉立高圉卒子亞圉立亞



圉卒子公叔祖類立公叔祖類卒子古公亶父立僅
五世耳帝王世紀以辟方爲公非字雲都爲亞圉字
組紺諸盩爲一人名即公叔祖類也余按不窋下至
文王據本紀僅十有四世其數之不符前已辨之矣
然即使不窋當夏末造其世數亦仍不止於是也不
窋之竄在夏桀前至文王時不下六七百歲安得每
君皆享國至五十年之久乎漢書古今人表以雲都
爲亞圉弟然則辟方侯侔諸盩皆當別爲一人非其

字矣況毁喻以前皆但舉其名何以公非以後四世皆兼舉其字蓋史記因國語之文而遺此四世世紀又因史記之文而强爲說以曲全之者也世本之文雖亦不能保無漏悞然多此四世則較之史記於事理爲近故今列之備考



大王（即公亶父）王季（即季歷）

史記周本紀稱大王曰古公朱子詩傳因之曰古公號也余按周自公季以前未有號爲某公者微獨周即夏商他諸侯亦無之何以大王乃獨有號書曰古我先王古猶昔也故商頌曰自古在昔古我先王者猶言昔我先王也古公亶父者猶言昔公亶父也公亶父相連成文而冠之以古猶所謂公劉公非公叔類者也故今以公季例之爾爲公



亶父云

厥亦惟我周大王王季克自抑畏（書無逸）

古公亶父復修后稷公劉之業積德行義國人皆戴之（史記周本紀）

【補】大王事獯鬻（孟子）

大王居邠狄人侵之事之以皮幣不得免焉事之以犬馬不得免焉事之以珠玉不得免焉乃屬其耆老而告之曰狄人之所欲者吾土地也吾聞之也君子不以其所以養

人者害人二三子何患乎無君我將去之同上

民之初生自土沮漆古公亶父陶復陶穴未有家室詩大雅

按自公劉居豳至大王已十餘世矣必無未有家室而尚穴居之理况公劉一詩所稱几筵鞞琫厲鍛之屬服用咸備亦絕不似穴居者然而此詩乃云爾者疑大王去豳之後先暫居於沮漆之上陶復穴以棲身迨定居岐山始築宮室耳公劉篇中亦無一言及沮漆者則似沮漆非豳地也故今錄此章於去豳之後



古公亶父來朝走馬率西水滸至于岐下爰及姜女聿來胥宇周原膴膴堇荼如飴爰始爰謀爰契我龜曰止曰時築室于茲同上

去豳踰梁山邑于岐山之下居焉豳人曰仁人也不可失也從之者如歸市孟子

迺慰迺止迺左迺右迺疆迺理迺宣迺畝自西徂東周爰執事乃召司空乃召司徒俾立室家其繩則直縮版以載作廟翼翼捄之陾陾度之薨薨築之登登削屢馮馮百堵皆興鼛鼓弗勝迺立皋門皋門有伉迺立應門應門將將迺立冢土戎醜攸行詩大雅

朱子論語註云大王之時商道浸衰而周日彊大季歷又生子昌有聖德大王因有翦商之志而大伯不從大王遂欲傳位季歷以及昌大伯知之即與仲雍逃之荆蠻夫以大伯之德當商周之際固足以朝諸侯有天下矣乃棄不取而又泯其迹焉則其德之至



極爲何如哉其後元金仁山駁之以爲非是而近世稼書陸先生復申朱子之意以仁山之說爲謬余按大王欲傳季歷以及昌其說本之史記史記但載大王言云我世當有興者其在昌乎初未嘗有大王欲翦商之說也朱子從而增之以爲大王當已之身即欲奪商天下誤矣仁山駁之是也且其辨亦甚明而後儒猶云云者無他震於孔子至德之稱以爲避弟之節小存商之義大故不肯舍彼而執此耳夫論古

之道當先平其心而後論其世然後古人之情可得
若執先入之見不復問其時勢而但揣度之以為必
當然是莫須有之獄也烏足為定論乎大王之事詩
孟子言之詳矣詩云古公亶父來朝走馬率西水滸
至于岐下孟子曰大王居邠狄人侵之去之岐山之
下居焉大王流離播遷之不暇而暇謀商乎詩云天
作高山大王荒之又云帝省其山柞棫斯拔松柏斯
兌帝作邦作對自大伯王季孟子曰文王以百里是



大王雖遷岐而生聚猶未衆田野猶未闢至於王季
始啟山林文王然後蕃盛而疆宇猶僅於百里也大
王之世尚安得日闢大哉且使大王如果闢大則何
不與戎狄上逐獯鬻於塞外以雪社稷之恥乃反晏
然不以為事而欲伐天下之共主是司馬錯之所不
為也大王豈為之乎記曰君子素其位而行不願乎
其外古之帝王皆非有心於得天下者也天與之人
歸之不得已而受之耳南河陽城之避不待言矣即

鳴條牧野亦如是而已受球受共以後三分有二之
餘但使桀紂之惡未甚猶不肯伐之也況大王新造
之邦蕞爾之土乎且夫大王天下之仁主也當其在
邠也獯鬻無故侵之而猶不與之角事之不免而遂
去之大王之心亦可見矣烏有喘息甫定而欲翦商
者哉今論者但欲表大伯之忠貞遂不惜誣大王以
覬覦但取其論之正大遂不復顧其事之渺茫過矣
凡己所有而以與人曰讓人以所有與己而己不受



則不曰讓而猶或謂之讓未有以不肯無故奪人所
有而亦謂之讓者天下商素有之天下也於周何與
焉而大伯得以讓之若大伯可謂之讓商則伊尹亦
可謂之讓大甲周公亦可謂之讓成王諸葛武侯郭
汾陽亦可謂之讓漢唐乎然則非但時勢之不符也
即文理亦難通矣由是言之大伯自讓王季耳與商
初無涉也曰然則詩何以稱大王翦商傳何以言大
伯不從論語何以與文王皆謂之至德也曰孟子曰

說詩者不以文害辭不以辭害志況閟宮一詩語尤夸誕僖公乞師於楚以伐齊爲楚成衞又會楚於薄於宋而此篇反謂之荆舒是懲則莫我敢承其叙現在之事猶誣如此況追叙數百年以前之事烏在可信以爲實邪左傳之文史記嘗采之矣晉世家云大伯亡去是以不嗣以不從爲亡去是所謂不從者謂不從大王在岐耳非有他也杜氏始有不從父命之言然云不從父命俱讓適吳則似亦謂立已之命耳



未見其爲翦商之命也微子去之箕子爲之奴比干諫而死三人之行不同也而孔子曰殷有三仁焉大伯之與文王何必同爲一事然後可以同謂之至德乎然史記大王欲立季歷之言本不足信後儒紛紛之說實皆此言有以啟之惜乎仁山之辨之未及於是也說見後大伯虞仲篇中

古公有長子曰大伯次曰虞仲大姜生少子季歷季歷娶大任皆賢婦人 史記周本紀

古公卒季歷立是爲公季公季修古公遺道篤於行義 同上

綱目前編殷王小乙二十六祀古公遷岐又四十四年當武丁之四十一祀而季歷生又五十四年當祖甲之二十八祀而文王生是年古公卒自遷岐至是凡九十七年又四十七年而後季歷卒說者遂據此年以曲全朱子翦商之說謂小乙之世殷道已衰故大王有翦商之志賴大伯不從而逃之是以武丁得以中興余按尚書無逸一篇歷紀古賢君享國之久



自中宗高宗祖甲以及文王而於大王王季但云克自抑畏不言其年則是享國不甚久也若大王享國百餘年壽百有數十歲季歷亦年百歲何得周公皆略而不言乎殷自小乙至紂凡十世去兄終弟及者二君實凡八世文王與紂同時而大王乃在小乙之世以三世當八世此必無之事也況遷岐之日姜女同來則季歷之生大姜當不下六七十歲舛誤如此其可據之以定經義之是非乎且姑無論其年之不

足信也縱使果然而遷岐之後三年武丁已立謹据
猶未及壞作棫猶未及拔翦商安得如是之易季歷
於後四十四年始生文王於後九十七年始生大王
何以預知其有聖孫而大伯又將讓之於誰乎蓋大
王原無翦商之志而遷岐亦斷不在小乙之時當在
祖甲既沒商政浸衰之後是以獯鬻憑陵而無復有
問之者耳自庚丁至紂凡五世則與周之三世前後
相距尚不甚遠而於理為可信矣學者知大王立國



之時商政已衰自是遂不復振然後商周之事可得
而論

帝省其山柞棫斯拔松柏斯兌帝作邦作對自大伯王季維
此王季因心則友則友其兄則篤其慶（詩大雅）
維此王季帝度其心貊其德音其德克明克明克類克長克
君王此大邦克順克比（同上）

竹書紀年有文丁（史記作太丁）殺季歷事後漢書註引紀
年文稱王季伐西落鬼戎俘二十翟王又伐燕京之
戎周師大敗又伐余無之戎克之命為殷牧師其後
又伐始呼之戎克之又伐翳徒之戎獲其三大夫而
孔叢子亦言帝乙之時王季以功九命作伯受圭瓚
秬鬯之錫由是皇王大紀及綱目前編皆采其文而
世亦往往信之余按大雅稱周先世功德詳矣而於
王季獨畧惟皇矣之三章四章稱之然亦不過曰柞
棫斯拔松柏斯兌而已曰因心則友克明克類克長
克君而已然則王季乃謹慎愛民之主能修先業者



原無多事功可紀也藉令果有為牧之事克戎之功
錫圭瓚秬鬯之典詩人何得不一述之而但稱其家
庭之雍穆田野之墾闢乎王季之事雖不可詳考然
以大王文王推之大王侵於獯鬻而事之而去之如
無商也者文王伐密伐崇而取之而居之亦如無商
也者則王季之世商政固不行於河關以西而是時
周亦尚微不能自通於商也安得受商命而為侯伯
而見殺於商也哉且紀年以殺季歷者為文丁孔叢

子以命季歷者爲帝乙帝乙文丁子也季歷旣死於文丁之世帝乙安得而命之蓋自詩書以外凡戰國秦漢之間言商周事者皆出於揣度是以互相矛盾而後儒猶欲據以爲實復爲說以曲全之疎矣嗟夫世之論周者於大王則以爲有翦商之志於王季則以爲爲商牧師侯伯而見殺於商於文王則以爲爲商三公而囚於羑里於武王則以爲父死不葬而伐商爲伯夷叔齊所斥絕似後世覊縻之屬國桀驁之



君長者晉之慕容苻姚宋之西夏今日修貢而明日擾邊弱則受封而強則爲寇者嗚呼曾謂聖人而有是哉蓋其所以如是說者有二一則誤以漢唐之情形例商周之時勢一則惑於諸子百家之言而不求之經傳故致彼此牴牾前後不符今但取詩書孟子言商周之事者熟讀而細玩之則其事了然可見周固未嘗叛商亦未嘗仕於商商自商周自周總因商道已衰政令不行於遠故周弱則爲獯鬻所迫而去

之周強則伐崇密之地而有之聖人之事本自磊磊落落但後儒輕信而失其眞耳故今於諸家所言王季之事概不載說並見前大王及後文王武王篇中

公季卒子昌立是爲西伯 史記周本紀

文王上

摯仲氏任自彼殷商來嫁于周曰嬪于京乃及王季維德之行大任有身生此文王 詩大雅

思齊大任文王之母 同上

備覽○文王在母不憂在傅弗勤處師弗煩 晉語

備覽○文王之為世子朝於王季日三雞初鳴而衣服至於寢門外問內豎之御者曰今日安否何如內豎曰安文王乃喜及日中又至亦如之及莫又至亦如之其



有不安節則內豎以告文王文王色憂行不能正履王季復膳然後亦復初食上必在視寒煖之節食下問所膳命膳宰曰末有原應曰諾然後退 禮記文王世子

此原文王之始○帝王世紀稱文王龍顏虎眉身長十尺有四乳余按文王之聖以德不以形且古未有影堂何由得知其詳皆後人之所附會耳惟文王十尺見於孟子然特曹交傳聞之語不足據孟子固曰奚有於是亦故今不錄

穆穆文王於緝熙敬止 詩大雅

雝雝在宮肅肅在廟不顯亦臨無射亦保 同上

此文王修身事○按詩書中稱文王之德者不可枚舉且亦人所共知無庸悉載載此二章以見大凡

文王初載天作之合在洽之陽在渭之涘○親迎于渭造舟為梁 同上

刑于寡妻至于兄弟以御于家邦 同上



此文王宜家事○詩周南自關雎以下五篇序皆屬之后妃朱子本之作傳遂以文王太姒當之余按齊魯韓三家皆以關雎為康王時作而魯詩出於申公史稱申公教無傳疑疑者則缺不傳當非無據而云然者惟所云陳古刺今則篇中初無此意疑漢時其徒附會為之成康正當周道之隆必世後仁豈無君子豈無淑女而必以為文王之世乃有之乎且關雎取興於河洲荇菜而岐陽距河絕遠少水多山風土

殊不相類葛覃之刈卷耳之采亦不似諸侯夫人事恐未可直以爲太姒也況序但言后妃原未指爲何王之后安得據此一言黜三家之說乎朱子辨栢舟篇序云文意事類可以思而得時世名氏不可以强而推至哉斯言可謂善於讀詩者矣獨於此五篇而必屬之文王太姒者何哉余從朱子之意不敢盡從朱子之言故於文王太姒之事惟採大雅明白可據之文而周南前五篇不錄焉



天作高山大王荒之彼作矣文王康之彼徂矣岐有夷之行詩周頌

文王以百里孟子

此文王立國事○按緜之述大王皇矣之述王季及此天作之述文王其文互相首尾蓋岐自大王疆理之至王季之世而柞棫始拔至文王之世而道路始平夷也緜之八章卽兼王季文王言之故承拔兌之文遂叙文王之事然則謂大王王季之世周已彊大者其誣明矣

惟文王尚克脩和我有夏亦惟有若虢叔有若閎夭有若散宜生有若泰顛有若南宮括又曰無能往來茲迪彝教文王蔑德降于國人書君奭

按此文則文王所以澤被生民者皆由能用賢臣之故不及太公者蓋太公老始歸周其後又相武王成王則在文王之朝當不甚久故不列也○先儒說二南者皆謂文王徙都于豐分岐故地爲周公召公之采邑使周公爲政於國中而召公宣布於諸侯於是德化大成於內而江沱汝漢之間莫不從化余按經傳二公皆至武王之世始顯迨成王朝始分陝而治當文王時二公年皆尚少況有虢叔閎夭之屬親舊大臣在朝必無獨任二公分治內外而反不任舊臣之理況分故國之地不以與諸弟諸大臣而獨賜二公乎蓋由說者誤以二南爲文王時詩故曲爲之解耳今不采

虢仲虢叔王季之穆也爲文王卿士勳在王室藏于盟府（左傳僖公五年）

此文王用人事○史記記文王臣有鬻子劉向别錄云鬻子名熊封於楚今所傳鬻子書有與文王武王問答之語列子及賈誼新書頗述之由是世稱鬻熊爲文武師云余按書中所載問答之言皆淺陋無深意義亦多近黄老明係後人之所僞托且熊繹之事康王楚靈王嘗述之矣靈王好爲夸張大言者若其祖果爲文武師何容默而不述乎故今不載



文王卑服卽康功田功徽柔懿恭懷保小民惠鮮鰥寡自朝至于日中昃不遑暇食用咸和萬民（書無逸）

孟子書中載有齊宣王問文王之囿方七十里有諸孟子對以於傳有之余按文王懷保小民惠鮮鰥寡不遑暇食其必無七十里之囿明矣蓋春秋戰國間好事者有爲此說而筆之書者孟子以爲囿之大小不足深辨而仁暴所由分在同民不同民是以云然

且果芻蕘雉兎者皆得往則是卽傳記所云山澤林麓與民共之者豈得槪謂之囿乎哉故今不錄

文王之治岐也耕者九一仕者世祿關市譏而不征澤梁無禁罪人不孥老而無妻曰鰥老而無夫曰寡老而無子曰獨幼而無父曰孤此四者天下之窮民而無告者文王發政施仁必先斯四者（孟子）

此文王勤民事○韓詩外傳云文王蒞國八年寢疾五日而地動有司請興事動衆以增國城文王不可



請改行重善逡謹其禮節皮革以交諸侯云云無幾何而疾止余按文王孔子皆聖人也孔子疾病子路請禱孔子曰丘之禱久矣文王豈待遇疾遇災而後能改行爲善乎且其所稱謹其禮節云云者皆尋常之事後世賢君之所優爲不足爲文王貴何待八年之後始能遇災而自勉乎國語列女傳皆謂文王生而卽有聖德其言雖過要必不至遇災變而始能爲善也又其詞意淺弱乃後人所妄撰故不錄

混夷駾矣維其喙矣詩大雅
附錄〇文王事昆夷孟子
尚書大傳文王伐犬夷或作昆夷在虞芮成後之四年史
記周本紀文王伐犬戎正義犬戎昆夷是也在虞芮成之明年
余按緜之詩八章稱昆夷駾矣九章稱虞芮質厥成
則其先後恐不當如大傳史記所列或昆夷犬戎各
一國後人誤合之邪故今依經次之
虞芮質厥成文王蹶厥生詩大雅



此與崇密之伐未知孰爲先後而尚書大傳及史記
皆以爲在伐崇密前按虞芮在雍冀間去周不甚遠
於理尚可通今姑從之
備覽〇虞芮之君相與爭田久而不平乃相與朝周入
其境則耕者讓畔行者讓路入其邑男女異路斑白不
提挈入其朝士讓爲大夫大夫讓爲卿二國之君感而
相謂曰我等小人不可以履君子之庭乃相讓以其所
爭田爲閒田而退天下聞而歸者四十餘國毛詩傳

史記載此事與此傳小異史記云虞芮之人有獄不
能決乃如周入界云云又云未見西伯皆慙遂還余
按國各有君虞芮之民不得越其君而質於文王入
界而還亦不得遂謂之質成厥也似以傳說爲長故
棄彼而錄此
密人不恭敢距大邦侵阮徂共王赫斯怒爰整其旅以按徂
旅以篤周祜以對于天下依其在京侵自阮疆陟我高岡無
矢我陵我陵我阿無飲我泉我泉我池度其鮮原居岐之陽



在渭之將萬邦之方下民之王詩大雅
僞周書言周王宅程三年遭天之大荒外紀亦稱伐
密須後都於程余按文王之居程不見於詩書史記
詹桓伯之辭晉也但稱魏駘芮岐畢亦無有所謂程
者或謂程卽孟子所稱畢郢之郢然旣由郢遷豐何
得復卒於郢或又以皇矣之度其鮮原居岐之陽爲
遷程之證然云岐陽則是仍在岐山之下未必別一
地也大抵春秋以前事多難考或傳聞異詞或傳寫

異文均不可知不如缺之為善故不錄

附錄○密須之鼓與其大路文所以大蒐也（左傳昭公十五年）

尚書大傳及史記復有文王伐邘事按崇密昆夷之伐皆見於經傳而邘未有及者不敢信其必實且大傳在伐密前一年史記在伐密後二年其時亦不同故今寧缺之

帝謂文王詢爾仇方同爾兄弟以爾鉤援與爾臨衝以伐崇墉

史記周本紀云崇侯虎譖西伯於紂曰西伯積善累德諸侯皆嚮之將不利於帝紂乃囚西伯於羑里閎夭之徒乃求美女文馬他奇怪物獻之紂紂乃赦西伯曰譖西伯者崇侯虎也其後西伯乃伐崇侯虎而作豐邑余按聖人以救天下為心是以東征西怨南征北怨必不因一身之私恨而興師勞民絕人之宗祀若齊之於譚晉之於曹衛者然況崇侯果恐其不利於商而告之紂其事則惡而其心不可謂非忠於



紂也豈容遽以為罪而滅之乎史記此說蓋因皇矣詩有詢爾仇方之語故附會之不知仇方云者乃國之仇非身之仇也傳云令尹不尋諸仇讐又云以魯國之密邇仇讐此必崇侯暴虐侵噬小國而周亦被其害故云仇方矣必譖文王而後可謂之仇哉傳云文王聞崇德亂而伐之是伐崇明以無道故非以譖己故也果因譖文王而伐之傳豈得但謂之德亂乎且周本紀謂崇侯以積善累德譖之紂殷本紀又謂崇侯以竊歎九侯告之紂司馬氏已自無定說矣烏在其可信哉故今不載說並見後帥殷叛國條下

臨衝閑閑崇墉言言執訊連連攸馘安安是類是禡是致是附四方以無侮臨衝茀茀崇墉仡仡是伐是肆是絕是忽四方以無拂

史記周本紀以虞芮質成為文王受命之年而云明年伐犬戎明年伐密須明年敗耆國（耆即黎）祖伊懼以告紂明年伐邘明年伐崇自岐下徙都豐明年西伯

崩通鑑綱目前編悉用其年以紀周事遂以伐密伐
崇爲在三分有二之後余按文王伐國多矣而皇矣
詩獨稱崇密則是崇密爲大國也然於密但言侵自
阮疆而已於崇則記其戰勝攻取之畧而云崇墉仡
仡崇墉言言則是崇尤强也豐者崇之境也故詩云
既伐於崇作邑於豐傳云崇在鄠縣豐在鄠縣杜陵
西南則是漢唐建都之地崇實據之當文王在岐時
地偏國狹介居戎狄而崇以大國塞其衝文王安能



越崇而化行於東南之諸侯乎諸侯即慕文王之德
安能不畏崇之侵陵遮擊而遠從於周乎且崇去周
僅三百里文王尚不能以克之服之又安能懸師二
千里外以伐密通王室之黎致商人憂旦夕之不保
乎由是言之伐密伐崇當在文王中年三分有二之
前其時不過西方諸侯歸之而已自滅崇後周始盛
强通於河洛淮漢之間然後關東諸侯得被其化而
歸之耳故詩於滅崇之後曰四方攸拂於作豐之後

曰四方攸同也史記之言疑亦有所本然觀魏惠王
之後元而以爲襄元年則固不能無悞惟易緯以伐
崇爲文王二十九年事其書雖不經而此事於理爲
近故今虞芮密崇之事雖仍史記次之而皆載之文
王受方國造區夏之前

存參○文王聞崇德亂而伐之軍三旬而不降退修教
而復伐之因壘而降 左傳僖公十九年

按皇矣篇前云是致是附後云是絕是忽則是文王



於崇固嘗再伐而後克之傳言不無據也但子魚之
意欲襄公之自修無闕而後動措詞不審遂若文王
之輕舉於初者非也經曰臨衝閑閑曰是致是附是
文王之初伐原無意於滅崇也經曰臨衝茀茀曰是
伐是肆是文王之再伐原志在於必克也故朱子詩
傳曰始攻之緩戰之徐也非力不足也非示之弱也
將以致附而全之也及其終不下而肆之也則天誅
不可以留而罪人不可以不得故也可謂得當日之

情矣蓋文王之自修原不待於臨時而亦無滅國以辟土地之心苟其畏威而修德則聖人亦樂與之更始必其怙惡而阻兵然後不得已而滅之耳細玩經文事理自明然所云聞崇德亂而伐之者則得聖人之實足証史記崇侯虎譖文王之誣故存之讀者不以詞害意可也說並見前舜治定功成篇征苗條下



豐鎬考信錄卷之一終

# 豐鎬考信錄卷之二

大名崔述東壁譔考
受業州人石屏陳履和校刊

## 文王下

文王受命有此武功既伐于崇作邑于豐 詩大雅

王公伊濯維豐之垣四方攸同王后維翰 同上

按虞芮質成諸侯固有歸周者矣是以伐崇章云同爾兄弟然崇以大國當周東出之衝其勢固不能多也伐崇之後曰四方以無拂作豐之後曰四方攸同



則化之所被者廣矣三分有二固當在此後也

文王不敢盤于遊田以庶邦惟正之供 書無逸

備覽○西伯行於野見枯骨命吏瘞之吏曰此無主矣西伯曰有天下者天下之主有一國者一國之主吾即其主以棺衾而葬之天下聞之曰西伯之澤及枯骨况於人乎

自毛鄭以來說詩者皆以二南爲文王時詩於是遂

廣汝墳摽梅小星江有汜野有死麕諸篇皆訓以爲文王德化所被風俗之美余反覆玩之殊不其然何者盛世之音有貞無隱女而游士而誘求偶而不能以少待其不可以爲訓明甚卽宵征之嘆命不與之知悔與至治之時讓德施惠敬事懷恩上下交孚景象何啻千里之隔雖說者曲爲稱美終不免於瑕瑜互見謂其猶有先王之遺風可也遂以此爲文王之化亦淺之乎論文王矣至於汝墳一篇明明東遷時



詩王室如燬卽指宗周之滅父母孔邇卽謂其邑大夫之來詞意顯然若以文王與紂之事當之則紂之暴虐不行於畿外而詩人亦不必代爲之憂汝之距豐千數百里亦無緣謂之孔邇也且二十五篇中文王與凡商周間人未嘗一見所見者二人召伯平王皆在武王以後孔子曰舉一隅不以三隅反則不復也然則其餘特不見其名無可考耳其必皆在成康以後無疑矣乃後之說者於甘棠何彼穠矣二篇必委曲遷就以求合於傳說卽有一二有識之士斷然以此二篇爲武王以後詩而其餘仍以爲文王時詩甚矣先入之言之中於人心者深也今概不敢采說

竝見上篇宜家條下

存疑○文王以民力爲臺爲沼而民歡樂之謂其臺曰靈臺謂其沼曰靈沼 孟子

詩鄭箋云文王受命而作邑于豐立靈臺余按靈臺一詩前詠靈臺後詠辟雍首尾相聯似詠一王之事



者然而後篇稱鎬京辟雍武王始遷於鎬故先儒皆以辟雍爲始於武王苟辟雍自武王始則靈臺亦非文王事矣大明有聲二篇兼詠文武之功皆有明文以分別之此乃文體應爾必無詠武王之事而雜入於文王事中者且大雅中凡稱前王者皆舉其諡其稱今王者乃無諡此云王在靈囿文王未嘗稱王則非文王明矣蓋孟子引詩斷章取義者多憂心悄悄衛風也而以爲孔子肆不殄厥慍大王也而以爲文

王戎狄是膺荆舒是懲僖公也而以爲周公然則此詩亦未必果文王之事孟子但欲勸梁王之與民同樂故不暇辨其時世耳况孟子一書乃其門人所記苟非大義所關亦不保無語言之小誤故列之於存疑說並見後成康篇中下武條下

詩鄭箋云天子有靈臺者所以觀祲象察氣之妖祥也春秋傳云公既視朔遂登觀臺以望而書雲物爲備故也余按靈臺果爲占天而建則詩人亦當有一



語及之何爲但稱鳥獸爲觀游之樂且二章云王在靈囿三章云王在靈沼毛詩舊本五章章四句朱子始改爲兩章各六句今玩文義及韻當從古本爲正豈囿與沼亦爲察妖祥之具乎若囿與沼止爲觀游而設則亦不必因察妖祥而後建靈臺矣考靈臺之占天不見於他經傳春秋傳雖有登觀臺以望之文然特因南至在朔故因視朔而遂登之非以此爲常禮亦非因書雲物而後建此臺也蓋緣孟子之對梁王以靈臺爲文王之事文王非盤于游田者故注詩者以觀祲象爲言後世相沿因建靈臺爲占天之所其實靈臺未必果文王所建不必曲爲之說也

附論〇孟子曰文王視民如傷望道而未之見孟子

三分天下有其二以服事殷論語泰伯篇

朱子論語集註云天下歸文王者六州雍梁荆豫徐揚也惟青兗冀尚屬紂耳余按三分有二但大畧言之以見周盛商微而猶服事殷耳不必取九州而縷



分之也詩曰虞芮質厥成虞芮在冀州境成王世始踐奄奄在徐州境是西北固不止於雍豫而東南猶未盡夫徐揚也即所餘一分亦不盡屬紂商政既衰諸侯多叛叛商者自叛商歸周者自歸周不得以宋金之畫疆而守例商周也

文王帥殷之叛國以事紂左傳襄公四年

按此文與論語舜有臣章意同所謂叛國即三分有二之國也然則此在三分有二之後明矣故次之於

此

史記殷本紀云紂以西伯昌九侯鄂侯爲三公九侯有女入之紂不憙淫紂怒殺之而醢九侯鄂侯爭之彊辨之疾并脯鄂侯西伯聞之竊歎崇侯虎知之以告紂紂囚西伯羑里西伯臣閎夭之徒求美女奇物善馬以獻紂紂乃赦西伯西伯獻洛西之地以請除炮烙之刑紂許之賜弓矢斧鉞使得征伐爲西伯周本紀云崇侯虎譖西伯於殷紂曰西伯積善累德諸



侯皆嚮之將不利於帝紂乃囚西伯於羑里閎夭之徒患之乃求有莘氏美女驪戎之文馬有熊九駟他奇怪物因殷嬖臣費仲而獻之紂紂大悅乃赦西伯賜之弓矢斧鉞使得征伐西伯乃獻洛西之地以請紂去炮烙之刑紂許之由是後之儒者皆謂文王親立於紂之朝北面爲臣余獨以爲不然君臣之義千古之大防也文王既立紂之朝矣諸侯叛紂而歸文王文王當拒其歸而討其叛安得儼然而受之文王

生死懸於紂手紂親見其三分有二其勢將移商祚而漠然不復問此在庸弱之主猶或不能况紂之猜忌暴虐者哉古者天子之地一圻列國一同文王果受紂命而爲西伯伐密伐崇滅之可也人臣之義不得自私其地皆當歸諸天子安得據之而遷都焉晉四卿滅范中行氏而分其地當是時晉之公室已卑出公猶欲討之紂果能制文王之死命安有聽其坐大而不問者乎書曰予違汝弼汝無面從退有後言



紂脯醢其大臣文王身爲殷相則當諫若知紂不可諫則當去不言不去而竊歎之可乎楚欲殺叔孫豹樂王鮒求貨於叔孫而爲之請弗與晉之執叔孫婼也申豐以貨如晉叔孫曰見我見而不使出叔孫父子賢大夫耳猶不欲以貨免豈文王而反以貨免且以貨得高位乎文王之事詩書言之詳矣與國若虞芮仇國若崇密下至昆夷亦得附見焉紂果文王之君不應詩書反無一言及之况羑里之囚乃文王之

大戹斧鉞之賜乃周王業之所自始較之虞芮之質崇密之伐其事尤鉅尤當鄭重言之何以反不之及若文王與紂初不相涉者而文王之至德又無所容於諱豈非文王原未嘗立於紂之朝哉紂囚文王之事始見於春秋傳傳云紂囚文王七年諸侯皆從之囚紂於是乎懼而歸之在襄三十一年固已失於誣矣然初未言文王立於紂之朝也其後戰國策衍之始以文王爲紂三公而有竊歎九鄂脯醢之事然尚未有美



女善馬之獻也尚書大傳再衍之始謂散宜生閎夭等取美馬怪獸美女大貝以賂紂而後得歸然亦尚未有矛矢斧鉞之賜也逮至史記遂合國策大傳之文而兼載之復益之以爲西伯專征伐之語豈非去聖益遠則其誣亦益多其說愈傳則其眞亦愈失乎學者奈何不取信於詩書孟子而獨世俗傳聞之是信哉且春秋傳以爲囚之七年戰國策以爲拘之百日其久暫固已懸殊矣尚書大傳以爲在西伯戡耆

之後史記以爲在虞芮質成之前其先後亦復牴牾矣春秋傳以爲諸侯從之而紂歸之尚書大傳以爲散宜生賂之而紂釋之其所以得出之故又不一說矣學者將何所取信乎尤可異者殷本紀以爲竊歎九侯而被囚周本紀則以爲積善累德而見譖殷本紀以爲獻洛西而後賜斧鉞周本紀則以爲賜斧鉞而後獻洛西此一人之書也而先後矛盾亦如是其尚可信以爲實耶曰紂天子也文王其諸侯也安得



不立其朝而生死懸於其手乎曰此後世郡縣之法然耳古者天子有德則諸侯皆歸之無則諸侯去之故孟子曰武丁朝諸侯有天下猶運之掌也然則武丁以前諸侯固多不朝天下固不皆商有也故商頌曰昔有成湯自彼氐羌莫敢不來享莫敢不來王然則成湯以後中衰之世固多有不來享來王者也周介戎狄之間去商尤遠是以大王侵於獯鬻商之方伯州牧不聞有救之者也事以皮幣珠玉不聞有資

之者也去而還於岐山亦不聞有安集之者也蓋當是時商之號令已不行於河關以西周自立國於岐與商固無涉也自馮辛至紂六世商日以衰而紂又暴故諸侯叛者益多特近畿諸侯或服屬之耳是以文王滅密則取之滅崇則取之商不問文王亦不讓也三分有二之國相率歸周商不以爲罪文王亦不以爲嫌也何者諸侯久已非商之諸侯也文王自以其德服之其力取之於商何與焉由是言之文王蓋



未嘗立商之朝紂焉得因之羑里而錫之斧鉞也哉

曰然則論語之以服事殷傳之帥叛國以事紂其皆不足信與曰孟子曰湯事葛大王事獯鬻湯與大王豈嘗臣於葛獯鬻者哉所謂服事殷者不過玉帛皮馬卑詞厚幣以奉之耳非必委質而立於其朝也春秋傳韓厥之言以喻晉楚也晉楚敵國也而以爲喻則亦非謂文王爲紂臣也其後晉司馬侯之諫平公亦以文王喻晉而紂喻楚假令文王果嘗委質於紂

則二子之取義爲不倫矣蓋自滅崇以後周日以大而亦漸近於商不能不爲紂之所忌而文王委曲退讓不肯與抗其實紂無如文王何也故今不載羑里之事及賜斧鉞征伐等語說並見前成湯王季及後武王篇中

曰文王未嘗囚於羑里則易何爲演也曰此亦史記言耳易傳但言其作於文王時不言文王所自作也但言其有憂患不言憂患爲何事也史記因傳此文



遂以文王羑里之事當之非果有所據也且其自序文云西伯拘羑里演周易孔子厄陳蔡作春秋屈原放逐著離騷左邱失明厥有國語孫子臏腳而論兵法不韋遷蜀世傳呂覽韓非囚秦說難孤憤所引者凡七事然以今考之孔子作春秋在歸魯以後非厄陳蔡之時呂覽之成懸諸國門是時不韋方爲秦相亦未遷蜀屈原傳作離騷在懷王之世至頃襄王乃遷之江南非放逐而賦離騷也韓非傳作孤憤說難

皆在居韓時秦王見其書而好之韓乃遣非使秦亦非因秦而作說難孤憤也此三傳及孔子世家皆遷之所自著而皆自反之烏在其可信乎至國語與左傳事多抵牾文亦不類必非一人所作失明之說恐亦以其名明而致誤耳孫武傳旣以十三篇爲武書矣而於臏又云世傳其兵法然贊但稱孫武吳起兵法又似臏無書者七事之中其謬之顯然易見者四爲彤茫恍惚不可究者二焉孔子曰舉一隅不以三



隅反則不復也況已舉三隅而猶不能以一隅反乎由是言之易卽文王所作亦斷不在羑里時矣說並詳後文武周公通考易之興也條下

曰琴錄何以載有文王拘幽操也曰琴錄之文詞意淺近不惟非聖人之言亦不類三代時語乃後人聞相傳有此事而擬作者耳唐韓子亦嘗有擬拘幽操近世琴譜亦有稱爲文王所自作者但此幸而有韓詩存少知讀書者猶得辨其非實若傳之日久不幸

而韓詩亡則雖大儒亦必以爲實矣彼琴錄所載亦如是而已矣竊謂周秦以前事雖詳考不宜輕爲擬作倘失其實貽誤後人不淺然宋人且有以韓子此詩爲能得文王之心者茫茫天下吾將與誰言之悠悠後世當必有人知之

存疑○內文明而外柔順以蒙大難文王以之易彖下傳

存參○紂不說諸侯之聽於周昌則嫌於死乃退伐崇許魏以客事天子大戴記



按孔子之在厄論語言之孟子言之文王之在厄詩不言書不言論語孟子亦無有言之者至易春秋傳始言之戰國策尚書大傳史記以降言之者更多何邪謂實無是事邪何以傳記言之者累累謂果有是事邪大經孟子不當皆諱之而不言且祇此一事耳何以傳記言之者紛紛而各異乎蓋嘗思之孔子之在厄也於論語不過云絕糧於孟子不過云無交而傳記增而衍之遂有陳蔡大夫合謀以兵圍之之說

與夫顔淵墨子貢乞師之行由是言之傳記
之好因端附會乃其常事竊疑文王固嘗見忌於紂
紂欲伐之而甘心焉而文王不肯舉兵相抗委曲退
讓以承順之如太王之事獯鬻句踐之事吳然者而
後之人遞加附會各以其意而爲之説是以紛紛不
一孔子之去戰國僅二百餘年猶如彼况文王之下
迄戰國至八百年乎余寧從經而缺之不敢從傳而
妄言也易傳本非孔子所作乃戰國時所撰是以汲



冢周易有陰陽篇而無十翼其明驗也而所云大難
者亦未言爲何難大戴嫌於死句亦殊難解然上云
不説諸侯之聽於周下云伐崇許魏則文王之征伐
非紂之所賜矣不云臣事天子而云客事天子則文
王亦未嘗立紂之朝而爲之三公矣大戴記乃秦漢
間人所撰此語不知何本疑戰國以前道商周之事
其説有如此者是以晉韓厥司馬侯皆以之喻晉楚
也不知易傳所謂大難亦如大戴記之所云云邪抑

作傳者即因見他傳記有羑里之事而爲是言邪既
無明文未便懸揣而臆斷之姑列之於存疑而大戴
記雖不足徵信然亦可以資考証故并列之存參易
傳非孔子作説見洙泗錄歸魯篇中

文王受命惟中身厥享國五十年書無逸

附錄○殽有二陵焉其北陵文王之所避風雨也左傳僖公三十二年

附論○吳公子札來聘見舞象箾南籥者曰美哉猶有



憾左傳襄公二十九年

文王生於岐周卒於畢郢孟子

附論○孟子曰由文王至於孔子五百有餘歲若太公
望散宜生則見而知之若孔子則聞而知之孟子

西伯崩太子發立是爲武王史記周本紀

史記周本紀於西伯崩武王立之後又云西伯蓋即
位五十年其囚羑里蓋益易之八卦爲六十四卦詩
人道西伯蓋受命之年稱王而斷虞芮之訟後十年

而崩論為文王後世說者遂有謂文王嘗稱王者歐陽永叔云書稱商始咎周以乘黎其伐黎而勝也商人已疑其難制而惡之使西伯赫然見其不臣之狀與商並立而稱王如此十年商人反晏然不以為怪其父師老臣如祖伊微子之徒亦黙然相與熟視而無一言此豈近於人情邪由是言之謂西伯受命稱王十年者妄說也又云孔子曰三分天下有其二以服事商使西伯不稱臣而稱王安能服事於商乎且



謂西伯稱王者起於何說而孔子之言萬世之信也由是言之謂西伯受命稱王十年者妄說也余按史記此文係於西伯崩後且連用數蓋字則是本非本紀正文蓋司馬氏別紀異聞而傳寫者誤合之也果演易於羑里何不敘於被囚之時果稱王於斷訟之年何不記於斷訟之文之下而乃別見於崩後乎蓋當時相傳有如此說者子長不敢必其果然故於崩後補載其說而云蓋焉蓋也者疑之也非遂決以為

如是也酈生陸賈列傳先載沛公召酈生及生說沛公事至國除而止及陸賈朱建二傳既畢忽又云初沛公引兵過陳留云云酈生上謁沛公謝不見其事與前文大相反故說者謂此乃別記異聞原下一字而後人誤合之然則周本紀之文亦當類是且史記諸世家往往敘至元成間則史記一書固不盡司馬氏本文矣學者不得以是為疑也歐陽子之論善矣



文王未嘗繫易說見後通考中易之興也條下

武王上

有命自天命此文王于周于京纘女維莘長子維行篤生武王（詩大雅）大姒嗣徽音則百斯男（同上）

文王舍伯邑考而立武王（戴記檀弓）

按檀弓語多失實而伯邑考不見於經傳然諸家書多言伯邑考者當非妄撰且管叔乃周公之兄不稱仲而稱叔亦似武王有伯兄者惟謂伯邑考爲紂所烹則恐未然說已見前商紂篇中○又按檀弓此章乃辨立孫立子之異以下文舍其孫腯例之則文當云舍伯邑考之子而立武王或記偶脫之子二字亦未可知姑識其說於此



武王之母弟八人周公爲太宰康叔爲司寇聃季爲司空五叔無官（左傳定公四年）

備覽○文王有疾武王不說冠帶而養文王一飯亦一飯文王再飯亦再飯旬有二日乃間（文王世子）

大戴記云文王十二而生伯邑考十五而生武王（本諸尚書正義及儀禮疏今所傳大戴記無此語據孔檢討補注考各家注疏所引大戴記文今本往往無之知今本殘唐時書本不無遺漏）小戴記云文王九十七而終武王九十三而終據是則文王崩時武王當年八十三至九十三而崩則在位僅十年（漢書律曆志作十一年）而泰誓序云十有一年武王伐殷洪範篇云十有三祀王訪於箕子其數不符說者不得已乃曲爲之解謂武王之年繼文王受命九年而數之（說詳漢書律歷志及泰誓篇序正義）宋歐陽



永叔曰古者人君即位則稱元年以計其在位之久近常事也自秦惠文始改十四年爲後元年漢文帝亦改十七年爲後元年自後說春秋者因以改元爲重事果重事與西伯即位已改元年中間不宜改元而又改元至武王即位宜改元而反不改元乃上冒先君之元年並其居喪稱十一年及其滅商而得天下其事大於聽訟遠矣而又不改元由是言之謂文王受命改元武王冒文王之元年者妄也余按永叔

之論當矣然其誤之所由則猶未之及也古者男子
三十而娶雖未盡然然要必近二十乃可成婚況聖
人人倫之至其行事必可爲後世法若文王十二而
生子則當以十一成婚安得如是之早太姒之年當
更幼於文王或僅相若又安得有生子事乎書云文
王受命惟中身厥享國五十年孟子書公孫丑亦稱
文王百年而崩是文王百年有徵也即九十七亦可
云百年若武王之年則不見於經傳況人之脩短命



也父不可以與子兄不可以與弟而記乃述文王言
云我百爾九十吾與爾三焉其不經甚矣就令可與
何不多與之而斤斤於區區之三年也由是言之戴
記之文本不足信明矣雖然二篇固屬附會要但各
記所聞原不期於相合後人務欲合之使之並行不
悖是以理窮勢屈不得不割文王之年益武王之數
耳嗟乎既爲古人所愚至於兩妨又欲巧爲之說以
曲全之安得而不誤哉故今一概不取說並見周公

相成王篇武王既喪條下

〔補〕武王曰予有亂臣十人（論語泰伯篇）

帝王世紀云商容及殷民觀周軍之入見畢公至民
曰是吾新君也容曰非也太公及周公至皆然武王
至民曰是吾新君也容曰然云云余按商容殷之賢
臣當此時非去則隱耳必不率百姓而觀其國之亡
也且周之君臣與衞各別豈容屢悞此乃後人形容
之詞非其事實故不録



附論○孔子曰才難不其然乎唐虞之際於斯爲盛有
婦人焉九人而已（同上）

按馬氏稱十人謂周召太公畢公榮公及散宜生等
四人與文母也朱子謂子無臣母之義而以邑姜當
之是已然武王之臣見於經傳者尚有蘇忿生史佚
而畢榮皆不甚顯畢公雖見於逸周書而與衞叔毛
叔同舉何所見十人之必爲畢榮而無他人者既無
明文不如缺之爲是

附錄○周公若曰太史司寇蘇公式敬爾由獄以長我王國茲式有慎以列用中罰（書立政）

補 有攸不爲臣東征綏厥士女匪厥元黃紹我周王見休惟臣附于大邑周（孟子）

按此文云有攸不爲臣則非伐紂之事明矣紂安能爲周之臣哉僞武成篇采此文於武王伐紂之時而又患其不合乃刪其首句及末句臣字以求合於其事若然則孟子何故增此數字使其文理不通乎至



引泰誓之文特以証取殘之意原不必卽爲此事況泰誓既亡安知當日之非追述往事邪自武王卽位至伐紂凡十一年其間豈能絕無征伐故史記有觀兵之文而余仁山以戡黎爲武王之事此或卽書之戡黎或卽史之觀兵均未可知要之當在伐紂之前故次之於此

備覽○九年武王上祭於畢東觀兵至於盟津（史記周本紀）

備覽○諸侯不期而會盟津者八百皆曰紂可伐矣武王曰女未知天命未可也乃還師歸（同上）

此與東征未知爲一事爲兩事姑附次於此

僞孔傳以伐紂爲十三年而序之十有一年武王伐殷爲觀兵於孟津蔡傳駁之云十一年者十三年之誤也序本依倣經文無所發明偶三誤而爲一漢孔氏遂以爲十一年觀兵十三年伐紂武王觀兵是以臣脅君也張子曰此事間不容髮一日而命未絕則是君臣當日而命絕則爲獨夫豈有觀兵二年而後



始伐之哉司馬遷作周本紀因亦謂十一年觀兵十三年伐紂訛謬相承展轉左驗遂使武王蒙數千百年脅君之惡一字之誤其流害乃至於此哉余按僞孔傳以一事而誤分兩年故以序之十一年伐殷爲觀兵蔡傳駁之當矣然謂武王未嘗觀兵謂史記承孔氏之訛謬亦謂十一年觀兵十三年伐紂則猶未免於考之未詳而論之未審也史記云九年武王上祭于畢東觀兵至於盟津是觀兵自在九年不在十

一年非以伐殷而觀兵也史記云居二年聞紂昏亂暴虐滋甚乃東伐紂是伐殷元在十一年不在十三年非以序之十一年伐殷爲觀兵也以伐紂爲在十三年者乃漢志所載劉歆三統歷之說撰僞泰誓經傳者因之故以序之十有一年武王伐殷爲觀兵其說與史記正相悖蔡氏不詳閱史記本文乃謂史記亦言十一年觀兵十三年伐紂疎矣不知僞泰誓之十三年乃襲三統之誤而反謂史記之觀兵爲襲僞



孔傳之誤抑又顛矣孟子曰有攸不爲臣東征而說者亦或謂戡黎爲武王事然則武王未伐紂前十年之中不無用兵之事或河洛間有諸侯無道者武王伐之因而會於孟津此固理之所有不得遂以觀兵爲伐紂也不得因武王之先二年未嘗伐紂遂謂武王先二年亦不應觀兵也猶是商與周也猶是紂與武王也苟先二年觀兵即爲脅君則後二年伐紂安在遂得爲無過乎況史記言諸侯皆曰紂可伐武王

曰未可則是此舉乃武王不伐紂之明証正得聖人之心而何謬之有哉故今删節其文而仍存之以見武王不忍伐商之至德十一年之非誤三統謂在十三年之謬說並見後伐殷訪範條下當日命絕之非是詳見後甲子條下

尚書大傳云太子發升于舟中流白魚入于舟中跪取出涘以燎羣公咸曰休哉休哉有火流於王屋化爲赤烏三足武王喜諸大夫皆喜周公曰茂哉茂哉



史記周本紀云爲文王木主載以車中軍武王自稱太子發言奉文王以伐不敢自專渡河中流白魚躍入王舟中武王俯取以祭既渡有火自上復于下至於王屋流爲烏其色赤其聲魄云余按孟津河津河南河北皆可謂之孟津（今孟津縣在河南岸）武王既自孟津還師必不渡河而北復渡河而南也白魚赤烏其事荒誕不經君子之所不道蓋漢人尚讖緯是以其言如是大傳本紀不知其謬而誤采之耳且伐商之役武

王卽位久矣孔子曰名不正則言不順武王安得變
而稱太子發也哉果稱太子牧誓篇中何以又稱爲
王曰也故今並不錄

附論○孔子曰周之德其可謂至德也已矣論語泰伯篇
註采范氏言云孔子因武王之言而及文王之德且
與泰伯皆以至德稱之其旨微矣余按孔子但言周
之德未嘗言文王之德也周也者文武之統稱何由
而知其專屬文王況上文所記者武王之言則以爲



論武而兼文也可若以爲論文而刪武則上下之文
不相屬矣范氏之意但以武王嘗伐商故改而屬之
文王以曲入武王之罪耳不知武王牧野以前其不
忍伐商而服事之心初與文王不異而孔子之言亦
非謂紂之終不可伐也但謂其勢足以代商而不革
命必待紂惡旣盈萬不得已然後伐之爲至德耳奈
何反以伐商罪周也哉嗟夫孔子斥臧文仲不仁不
知而宋儒曰數其事而責之其所善者多也孔子稱

子產有君子之道而宋儒曰數其事而稱之猶有所
未至也孔子稱周德至而宋儒曰以至德稱周者以
伐商罪周也凡孔子之所褒務貶之所貶務褒之以
此爲尊信聖人吾不信也故今以服事之文係之文
王伐崇作豐以後至德之論係之武王觀兵還師之
時以見自作豐至此無時非不忍伐商之心庶不至
岐文武而兩觀之也說並詳後甲子條下
朱子集註此章末云或曰宜斷三分以下別以孔子



曰起之而自爲一章余按此章本通論周事上節論
周之才此節論周之德皆兼文武言之書云武王維
茲四人尚廸有祿則武王之臣大半皆文王所遺但
十人至武王時始備耳其章首記武王言者但爲後
文九人而已張本因有唐虞之際一語故并記舜五
臣正如左傳記宋攻蕩氏事先稱二華戴族司城莊
族六官桓族不過爲後魚府是無桓氏一語張本耳
其實孔子自專論周事非泛論古今人才故曰於斯

為盛不曰於周為盛不得因章首記舜武王之臣遂割上節屬之而此又別為一章也亦不得謂上節自論武王而此自論文王也

補 惟一月壬辰旁死霸若翌日癸巳武王乃朝步自周于征伐紂 逸書武成

呂氏春秋云武王使人候殷反報岐周曰殷其亂矣武王曰焉至對曰讒慝勝良武王曰尚未也又復往反報曰賢者出走矣武王曰尚未也又往反報曰百



姓不敢誹怨矣武王曰嘻遽告太公還車三百虎賁三千朝要甲子之期而紂為禽余按聖人之心無私如天地光明如日月當行當止惟義所在初無利天下之心也藉令紂惡未甚可以不伐武王之所樂也烏有志在取商而按兵觀釁冀紂之不道以斷得志者哉此與湯阻貢職一事皆戰國之人習於權謀術數之俗而妄意聖人之亦如是遂從而造為此言耳後世文學之士好博覽而不知所擇乃以雜家小說之言與經傳齊觀遂以為聖人果如是於是非湯武者接踵而起其所關於世道人心非小也故今並不錄而仍為之辨說並見商錄成湯篇中

備覽 〇武王伐殷歲在鶉火月在天駟日在析木之津辰在斗柄星在天黿 周語

按春秋之末上距周初未遠此言當有所據武王以十一年伐殷歲在鶉火則武王之元年歲當在壽星也其謂十三年伐殷者亦謂歲在鶉火但武王之即



位先二年耳 元年歲亦在鶉火 其謂冒文王之九年者亦謂伐殷歲在鶉火但武王之即位遲數年耳 元年歲在大梁 其伐殷之年無異也故采此文以表其年至漢志所推雖未必盡符要得其大略故列之存參說並見後革車三百及前觀兵條下

惟十有一年武王伐紂 書序見漢書律曆志

存參 〇師初發以殷十一月戊子日在析木箕七度是夕也月在房五度後三日得周正月辛卯朔合辰在斗

前一度明日壬辰辰星始見癸巳武王始發（漢書律曆志）

荀子云武王之誅紂也行之日以兵忌東面而迎太歲韓詩外傳云武王伐紂脩折爲三天雨三日不休太公曰折爲三者軍當分爲三也天雨三日不休欲洒吾兵也余按聖人舉事惟義所在異端術數之學世俗忌諱之說不但君子之所不道而周以前亦無此等言也況武王奉天罰罪會朝清明當致休祥安得反致災異國語記武王伐紂事亦無此等一語則此皆戰國人之所附會無疑也說苑亦述此事而文稍異要之皆不足信故並不採但載漢志之文以爲參考之助云爾



【補】武王之伐殷也革車三百兩虎賁三千人（孟子）

備覽○居二年聞紂昏亂暴虐滋甚殺王子比干囚箕子太師疵少師彊抱其樂器而犇周於是武王徧告諸侯曰殷有重罪不可以不畢伐遂率戎車三百乘虎賁三千人甲士四萬五千人以東伐紂（史記周本紀）

書序云惟十有一年武王伐殷（漢書殷作紂）一月戊午師渡孟津作泰誓三篇是以武王伐商爲在十一年也史記云九年武王上祭於畢東觀兵至於孟津居二年聞紂昏亂暴虐滋甚於是武王徧告諸侯以東伐紂是亦以伐商爲在十一年也東晉以後僞泰誓經傳出乃以爲十三年而分序之四語爲兩年事云周自虞芮質厥成諸侯並附以爲受命之年至九年而文王卒武王三年服畢（謂序之十一年）觀兵孟津以卜諸侯伐紂之心諸侯僉同乃退以示弱十三年正月二十八日（謂序之一月戊午）更與諸侯期而共伐紂正義云序不別言十三年而以一月接十一年下者序以觀兵至而即還略而不言月日誓則經有年有春故略而不言年春止言一月使其互相足也余按史之記事以日係月以月係年容有有年無月有月無日及有月日而無年者未有以他年之月日係於此年之下者若渡河果在十三年序必不係之於十一年下明矣

蓋伐殷非一朝之事而渡河則一日可畢故係伐殷以年係渡河以月日乃史之常正如春秋柯陵之盟先書夏公會某某伐鄭而後書六月乙酉同盟於柯陵戲之盟先書冬公會某某伐鄭而後書十有二月己亥同盟於戲也若因年下有事遂以月日屬之後年則顧命之首云惟四月哉生魄王不懌甲子王乃頮水亦可謂甲子爲六月之甲子乎蔡傳云在泰誓序文下序言惟十有一年武王伐殷繼以一月戊午師渡



孟津即記其年其月其日之事也孔氏乃離而二之於十有一年武王伐殷則釋爲觀兵之時於一月戊午師渡孟津則釋爲伐紂之時上文則年無所繫之月下文則月無所繫之年其論當矣顧吾獨異蔡氏既知僞孔傳爲說之不通乃不取所謂十三年之事謂渡孟津而還之十一年反取前後之文兼伐殷兮在內盡屬之十三年而謂序文之十一年爲十三年之誤欲正前人之誤而反更甚其誤爲可惜也蔡氏以爲今泰誓

文果周大史之所書耶姑勿論其誓中所言淺陋勦襲即以篇首紀事一語言之尚書之事有係於年者有係於月與日者從未有係於四時之名者何者古固不以時紀事也金縢之大熟言秋也猶之乎言禾也猶盤庚篇之云乃亦有秋不可謂乃亦有春乃亦有夏也惟春秋一書專以時紀事或有時而不月者未有月而不時者故名之曰春秋言此書與他書不同者在此也若他書皆有春秋則此書不得獨名春



秋明矣今僞泰誓上篇之首乃云惟十有三年春大會於孟津不書月而反書時尚書有是文體乎中篇之首又云惟戊午王次于河朔象日於時而反無月不但尚書無此文體即春秋亦無此文體也序也者本經而作者也其文雖不能無誤然誤亦依傍經文故康誥篇首有錯簡而序遂誤以爲成王之書其明驗也若此泰誓果在序前則序何得取經文中明明十三年之事而係之十一年而司馬遷親見古文又

親從安國問故若此泰誓書傳來自安國則遷又何得以明明十三年者而載之十一年明明十一年者而載之九年乎且序與經異者當從經謂義理也事實也恐作序者之未必精審耳若文字之誤則非作經作序者之事也傳經與序者誤之也苟誤在於傳者則序文可誤經文亦可誤然則即使此泰誓果孔氏古文亦未見夫一之必誤而三之必非誤也蓋僞泰誓文之稱十三年實本於漢書律歷志所采三統



歷之文而三統之爲是說乃劉歆因洪範序文而揣度言之者其初本無的據而相沿既久撰僞泰誓者因亦靡然從之蔡氏以其名爲經也遂不敢議而反變易西漢以前之說而從之害亦已過矣書序史記之文雖不必悉合於經然較劉歆以後之書則爲近古而所謂十一年者於事無所刺謬亦無以見其必不然故今備列其文以正漢志二傳之失說並見前觀兵後孟津條下　三統之誤詳見後訪箕條下

# 豐鎬考信錄卷之三

大名崔述東壁謹考

受業門人石屏陳履和校刊

## 武王中

補　周武有孟津之誓　左傳昭公四年

一月戊午，師渡於孟津　書序見漢書律歷志

淮南子云武王渡于孟津陽侯之波逆流而擊疾風晦冥人馬不相見武王操鉞秉旄而撝之云云余按



此亦風折楯雨洒兵之事而傳聞異詞者不可信故不採

存參　○戊午度於孟津孟津去周九百里師行三十里故三十一日而度明日己未冬至辰星與婺女伏歷建星及牽牛至於婺女天黿之首　漢書律歷志

備覽　○十一年十二月戊午師畢渡盟津諸侯咸會武王乃作泰誓告於衆庶今殷王紂乃用其婦人之言自絕於天毀壞其三正離逷其王父母弟乃斷棄其先祖

之樂乃爲淫聲用變亂正聲怡說婦人故今予發維共行天罰勉哉夫子不可再不可三史記周本紀

齊梁以來所傳泰誓三篇語多淺陋先儒往往有疑之者吳氏云湯武皆以兵受命然湯之辭裕武王之辭迫湯之數桀也恭武王之數紂也傲學者不能無憾疑其書之晚出或非盡當時之本文也蔡氏跋牧誓篇後云此篇嚴肅而溫厚與湯誓相表裏眞聖人之言也泰誓武成一篇之中似非盡出於一人之口



豈獨此爲全書乎顧氏云商之德澤深矣尺地莫非其有也一民莫非其臣也武王伐紂乃曰獨夫受洪惟作威乃汝世讐曰肆予小子誕以爾衆士殄殲乃讐何至於此紂之不善亦止其身乃至并其先世而讐之豈非泰誓之文出於魏晉間人之僞撰者邪吳氏蔡氏蓋已見及乎此特以註家之體未敢直言其僞耳

余按紂之無道尚書言之詳矣牧誓數而不怒直而不絞聖人之言也微子意存規戒指陳無隱語曲而憂深情切而意悲忠臣義士之言也酒誥無逸立政等篇亦皆和平莊雅無可譏者獨此泰誓三篇數紂之罪切齒腐心矜張夸大全無聖賢氣象聖人伐暴救民何至於此豈惟武王必無此言三代以上從未有如是之言也至其語雖皆有所本而重複雜亂絶無章法卽移上篇語於中篇移中篇語於下篇亦未見其不可然則何所見而必分爲三度言之乎先儒



之論當矣惟是篇中所采經傳之文舛謬累累先儒尚多有未及者畧綴數則於左

天視自我民視二句本之孟子我武維揚五句本之孟子而少改之民之所欲二句本之春秋傳紂有億兆夷人四句本之春秋傳而少改之予克受六句本之坊記原文皆稱泰誓云云雖於上下文義未甚融恰然於理無大謬不必深論

雖有周親不如仁人百姓有過在予一人四語今見

於論語堯曰篇而不言其所引何書玩之殊與誓詞不類且其文本相連兼與上下之意相屬今割而分之以雖有周親係同心同德下百姓有過係自我民聽下則於文義不屬況六句中刪其中二句而但引首尾亦非引書之體

孟子引書云天佑下民作之君作之師惟曰其助上帝寵之四方有罪無罪惟我在天下曷敢有越厥志今改其文云惟其克相上帝可也云寵綏四方則不



可寵也者尊之也貴之也天可以寵君師君師安能寵四方乎蔡傳以寵爲愛亦强爲之說耳又刪惟我在天下五字而云予曷敢有越厥志全失孟子之意而語氣亦不完且孟子引泰誓我武維揚天視自我民視皆稱其篇名而此但稱書曰亦恐非泰誓中語也

春秋傳萇宏對劉子云同德度義泰誓曰紂有億兆夷人亦有離德予有亂臣十人同心同德則是泰誓

之文止後四句而同德度義乃萇宏之言同德云者即下同心同德之謂也今采此四語而改之以入中篇又采同德度義句入上篇而增同力度德於上如此則同德乃孟子德齊之意而德猶不足恃又覘其義何如不但與下同心同德之語不倫失萇宏之本意而德之與義豈容有淺深輕重之別乎況此五句果皆出於泰誓萇宏何得獨掠此一句以爲己言也

樹德務滋除惡務本本春秋傳伍員諫吳王語而少



改之不但不如原文之善而此言乃霸主之臣施之於敵國者若王者則必無是言況可施之於共主乎且伍員不稱書云則非尚書文明矣

時哉弗可失本春秋傳吳公子光語而少改之夫武王之伐紂以救民耳豈富天下哉使紂改過或紂死而嗣君賢武王之所深幸也今如此言則是武王幸紂無道惟恐過此以往後人改紀其政而不得滅之耳正與楚鬭伯比冀隨之意畧同豈聖人之心乎

歷觀三篇無非掇拾前人之語而刋用矣嘗者十之八九小者乖於文義大者傷於名教使武王光明磊落之心忠厚和平之意不白於後世者皆此三篇之惑之也嗟夫王肅之徒僞撰此書不過欲絀鄭學而伸肅説耳而豈知其誣聖人而惑後世至於如是乎

昔司馬遷親從安國問古文而史記所采泰誓文無三篇中一語則三篇非孔壁中原書明矣乃後儒反以史記所載者爲僞豈親承其人者反得其僞而數



百餘年後絶或失傳之餘反得其眞乎余不解其爲何理也故今三篇之文概不采至其年月之謬數紂罪之附會説已見前商紂篇中及前篇初伐紂條下

備覽○王以二月癸亥夜陳未畢而雨周語

存參○庚申二月朔日也四日癸亥至牧野夜陳甲子昧爽而合矣漢書律歷志

呂氏春秋云殷使膠鬲候周師武王曰將之殷膠鬲曰何至武王曰將以甲子至殷郊膠鬲行天雨日夜不休武王疾行不輟果以甲子至殷郊余按武王伐殷諸侯會者八百燧燧所及紂豈容不知之而待膠鬲之候膠鬲商之賢臣而不見用至伐殷時非已死則去或廢耳安得尚爲紂所倚任若鬲懷祿不去坐觀殷亡則亦不成爲膠鬲矣此皆後人妄撰以見武王之有信耳非實事也故不録

時甲子昧爽王朝至于商郊牧野乃誓王左杖黄鉞右秉白旄以麾曰逖矣西土之人王曰嗟我友邦冢君御事司徒司



馬司空亞旅師氏千夫長百夫長及庸蜀羌髳微盧彭濮人稱爾戈比爾干立爾矛予其誓王曰古人有言曰牝鷄無晨牝鷄之晨惟家之索今商王受惟婦言是用昏棄厥肆祀弗答昏棄厥遺王父母弟不迪乃惟四方之多罪逋逃是崇是長是信是使是以爲大夫卿士俾暴虐於百姓以姦宄於商邑今予發惟恭行天之罰今日之事不愆于六步七步乃止齊焉夫子勗哉不愆于四伐五伐六伐七伐乃止齊焉勗哉夫子尚桓桓如虎如貔如熊如羆于商郊弗迓克奔以役西

王曷哉夫子爾所弗曷其於爾躬有戮書牧誓

吾讀泰誓而知武王之必斬紂頭懸諸太白必不封
武庚於商也吾讀牧誓而知武王之必封武庚於商
必不忍斬紂頭而懸諸太白也何者牧誓數紂之罪
不過曰惟婦言是用而已惟多罪逋逃是崇是長是
信是使而已其暴虐百姓姦宄商邑雖紂主之而實
大夫卿士之成之也玩其詞揆其意克商之後必將
此暴虐姦宄者盡誅之以快人心至於紂卽俾死



亦不過廢而遷之使不得一有所爲不得復用此暴
虐姦宄之人如越勾踐之居吳王於甬東者而已若
惟不肯滅其社稷亦必不肯殘其身死於已死而尚
毀其屍乎而泰誓數紂之罪則曰淫酗肆虐曰罪浮
於桀曰殘害萬姓曰毒痡四海曰焚炙忠良刳剔孕
婦曰斮朝涉之脛剖賢人之心甚至斥爲獨夫名爲
世讎念除惡之務本必殄殲之乃止玩其詞揆其意
克商之後必生執紂而甘心焉然後始洩其忿至於

武庚不殺亦已幸矣亦必竄之流之其尚肯封之乎
由是言之牧誓與封武庚之武王一武王泰誓與懸
紂頭之武王又一武王也言牧誓之言者必不忍言
泰誓之言言泰誓之言者必不能言牧誓之言也忍
懸紂頭於太白者必不肯封武庚於商肯封武庚於
商者必不忍懸紂頭於太白也然則此二篇必有一
眞一僞此二事亦必有一是一非顯然而可見也猶
之乎匡章不忍欺死父之必不欺生君胡廣不肯舍



一豬之必不舍身命也牧誓一篇出於伏生孔安國
壁中而先行於兩漢泰誓三篇出於齊梁之際而晚
行於隋唐武庚之封與詩鴟鴞東山合與書金縢大
誥合紂頭之懸則經傳從未有一言及之者此果孰
是孰非孰眞孰僞學者苟平心而察之不難辨也如
牧誓果武王之言封武庚果武王之事則僞孔氏古
文與易周書所記不可信也明矣吾與作僞書者無
怨顧傷古聖人之事見誣於後世故不忍於不言說

並見前孟津之誓及後條下

唐國史補云高定讀牧誓問其父曰奈何以臣伐君父曰應天順人曰用命賞于祖不用命戮于社豈是順人父不能答余按武王與紂原非君臣但商紂世爲天子周乃一侯國耳故晉韓厥及司馬侯皆以周喻晉以紂喻楚孟子齊人伐燕章中亦嘗以周喻齊以紂喻燕皆若敵國然者至以賞于祖戮于社爲非順人語尤乖謬行軍必有賞罰豈無賞罰始爲順人



乎費誓云汝則有大刑汝則有常刑魯公之征徐戎亦不得謂之順人乎且此乃甘誓語何得用之牧誓武王不知其父何以不能答作書者又何以載之爲美談也說並見前武王篇中及後條下

殷商之旅其會如林矢于牧野維予侯興上帝臨汝無貳爾心 詩大雅

補 王曰無畏寧爾也非敵百姓也若崩厥角稽首 孟子

備覽〇諸侯兵會者車四千乘陳師牧野帝紂聞武王來亦發兵七十萬人距武王紂師皆倒兵以戰以開武王武王馳之紂兵皆崩畔紂紂走反入登於鹿臺之上蒙衣其珠玉自燔于火而死 史記周本紀

存疑〇粤若來二月既死魄越五日甲子咸劉商王紂 逸書武成

按武王之伐紂據孟子以民爲崩角稽首據史記以紂爲自燔于火而此文乃云咸劉商王紂若大行誅殺者語殊可疑蓋武成一篇本多言過其實故孟子止取二三策而謂血流漂杵之事無之況此篇乃安



國得多十六篇者非若二十八篇以今文讀之者可比蝌蚪之文本不易識亦豈能保無文字之偶誤故漢儒稱爲殘缺不全絕無師說固未可盡執爲實也惟其出師月日可與他書互証有不容盡廢者故列之於存疑

附錄〇闕鞏之甲武所以克商也 左傳昭公十五年

附論〇孟子曰盡信書則不如無書吾於武成取二三

策而已矣仁人無敵於天下以至仁伐至不仁而何其血之流杵也（孟子）

蘓氏云孔子蓋罪湯武曰大哉巍巍乎堯舜也禹吾無間然其不足於湯武也明矣使文王在必不伐紂紂不見伐而以考終或死於亂殷人立君以事周君臣之道豈不兩全而以兵取之而殺之可乎由是世之論者皆以文王不伐商而武王伐之為非是余獨以為不然聖人者奉天而行者也故孟子曰天與賢



則與賢天與子則與子文王之不伐紂與武王之不得不伐紂皆天也故孟子曰取之而民不悅則勿取文王是也取之而民悅則取之武王是也蓋文王之時諸侯新服周化猶未大行而紂賢臣尚多其虐未甚故文王可以不伐商至武王之世商之賢臣已盡而紂暴虐滋甚民困而無所告為武王者安能晏然聽其駢首而就死乎當商之末諸侯相吞併西方則崇為大東方則奄為大中州之地大河南北則殷之

王畿也文王起於西陲故先伐崇與密至武王而克商至成王周公而後踐奄自西而東化以漸及先後之勢然也故曰文王之德百年而後崩猶未洽於天下武王周公繼之然後大行言其三世相承以共安天下也但武王適當其中耳不得遂以此為聖人之優劣也高子曰禹之聲尚文王之聲孟子曰何以言之曰以追蠡曰是奚足哉城門之軌兩馬之力與夫禹與文王之樂未必即無高下然必不在於追蠡明



武與文之優劣亦不在於伐商與不伐商王與帝之升降亦不在於征誅與不征誅也如以其迹斷之是以追蠡而論樂耳記曰仲尼祖述堯舜憲章文武子貢曰文武之道未墜於地在人夫子焉不學皆以文武並稱從未有岐而二之者是孔子於文武其尊信無以異也且論語者後人之所記非孔子之所自著也其論堯舜禹亦僅一見則聖言之遺者尚多今也據孔子之贊舜禹而遂誣孔子之罪湯武則孔子嘗

稱稷即可謂之罪契嘗稱周公即可謂之罪召公矣欲誣聖人亦何患於無辭乎夫可以取信者孔孟而已孔子未嘗斥湯武也則曲爲之說曰孔子爲尊者諱爲親者諱也然則孟子不必諱矣而孟子不惟不斥且表章之蘊氏不復能曲爲說則直曰孟子之言不可爲訓而已孔子既未嘗言孟子之言又不可爲訓則雖欲不入於楊墨不可得矣至所稱兩全之術尤爲紕繆何者武王之伐紂不過欲救民耳以民困



於水火而不能待紂之死是以伐之非貪其地而滅之也若殷别立賢君武王又何必强之事巳且夫力能靖殷使之不至於亂而不肯一援手乃冀幸其自相屠戮而享其利而脱己之惡名此豈聖人正大光明之心也哉詳蘊氏之計盡皆曹操司馬懿狐媚竊國者之所爲蓋以利天下之心擬武王故欲進之以此而不自知其肝膽之楚越也一謂紂見殺於武王則亦承史記之謬耳武王豈有是事也哉張子厚云

一日之間天命未絶則爲君臣當日命絶則爲獨夫諸侯不期而會者八百武王安得而止之哉以此爲武王解似矣然天下事未有不以漸者天命之絶豈在一日況君臣之分猶天澤之不可更昨日竭忠貞而奉之矣今日稱干戈而加之可乎且夫孟津之會諸侯不期而至史記文耳武王宗必不告之也縱果諸侯自來要亦聞武王之伐商而會之耳武王早至孟津則諸侯早會遲至則遲會如之何其可以一日



之間爲天命去留之界也蓋殷天命之去當在文王之世故書曰天乃大命文王殪戎殷誕受厥命詩文王之篇曰周雖舊邦其命維新天命已去而久不肯伐商是以謂之至德若至孟津之會而後决則文王之伐密伐崇三分有二庸得不謂之跋扈乎蓋凡論周事者皆爲史記所悞而以文王之爲西伯專征伐爲紂之所賜故以後世君臣之分斷武王之是非不知殷衰以來聖賢之君不作諸侯固以漸而叛矣周

介戎狄之間乃商政所不及及其寖昌寖大諸侯歸之又商所不能臣自文王之世固已未嘗一日臣於商矣況武王乎牧誓曰惟四方之多罪逋逃是崇是長是信是使是以爲大夫卿士俾暴虐于百姓以姦宄于商邑夫曰于百姓而不曰于萬方曰于商邑而不曰于下國則是紂之號令止行於其畿內之明證也故凡眞古書之文未有謂桀紂之令行於天下者惟僞書乃往往有之如湯誓及此篇皆馬鄭相傳之



眞古文尚書也則其文但曰率割夏邑姦宄于商邑而已而僞古文尚書之湯誥則曰夏王滅德作威以敷虐于爾萬方百姓泰誓則曰殘害于爾萬姓曰毒痡四海矣何者僞書撰於東晉以後彼固以漢晉之事例之也學者苟能分別觀之則不但古聖人之眞可識而古書之眞僞亦可□矣由是言之紂與文武原無君臣之分而但爲名□统正朔所存苟非大無道則聖人亦不忍輕黜之苟其大無道則聖人亦不

敢擅廃之文武豈有二道也哉是故論文武者但當問其實爲紂臣與否而不必問其伐商與不伐商果君臣也則雖以曹操之不篡漢而罪與丕無殊果非君臣也則雖以武王之伐商而至德與文不異惜乎世之論者皆不折衷於此信楊墨者則以湯武爲罪人尊聖人者亦但以天命爲解釋六經之晦聖人之受誣也久矣余既有見於此不忍不言然言之亦未必其有信之者也嗟夫自戰國至秦世道之一大升



降也殺人動數十萬民之死者十而七八卒滅先王之法焚詩書廢禮樂而後已何以至於是也以自文武以後八九百年無聖人爲天子者以數之也然則使湯不放桀武王不伐紂將不待後世而即爲戰國可知也夫果不待後世而即爲戰國則當孔孟未生而堯舜之道久已泯沒孔孟且無所承以傳於後人類幾何而不盡即不盡而幾何不爲禽獸也嗚乎後世之人所以尚能生全而異於禽獸者湯武之功也

賴湯武之功以生而遂奮其筆以訾湯武以爲千古之罪人世之背本忘恩未有如是之甚者也且夫以湯武之放伐爲罪者黄老氏之言也黄老氏之言楊氏之言也後之儒者詆言楊墨而自以爲能闢異端然論聖人之事則皆祖述楊墨之賸言而不自知嗚乎吾不知其所闢者何異端也故今於湯武王之事特詳辨之說並見成湯王季文王伯夷篇中

史記周本紀云武王至紂死所自射之三發而後下車以輕劍擊之以黄鉞斬紂頭縣太白之旗已而至紂之嬖妾二女二女皆經自殺武王又射三發擊以劍斬以玄鉞縣其頭小白之旗余按聖人之伐暴以救民也非讎之而欲甘心焉者也桀雖虐湯放之而已使紂不死武王必不殺紂况於已死而戮其屍何爲也者春秋時滅國多矣於其君也遷之而已尚未有殺之者况商周之間風俗尤厚而武王聖人也安有已死而戮其屍者哉觀於武王之封武庚聖人之心可以見矣必無縣紂頭於旗以示衆者若武王之讐紂如是則必盡殺其子孫即不然亦必囚之放之烏有反封之者哉史記之言蓋本之逸周書劉向所謂孔子所論百篇之餘者也此本戰國時人所撰其中舛謬良多不可爲實史記誤采之耳惟賈誼新書謂紂死之後民之觀者皆進蹴之武王使人帷而守之爲彷彿於聖人之心然古者風俗淳厚厲王之暴周人流之於彘而遂已不甘心焉也烏有紂死而商民戮其屍者哉故並不錄

本紀又云叔振鐸奉陳常車周公旦把大鉞畢公把小鉞以夾武王散宜生太顛閎夭皆執劍以衛武王立於社南毛叔鄭奉明水衛康叔封布兹召公奭贊采師尚父牽牲尹佚策祝云云余按此亦采逸周書之文非其事實執劍牽牲自有有司職之非師傅大臣之事觀顧命之篇可見矣其祝文亦依倣牧誓之語以成文者故皆不錄又按周書之文多與史記異

同而皆不若史記之語完善疑史記所采者本書而今周書則傳寫而致誤者也

豐鎬考信錄　卷之三　三

武王下

【補】周有大賚善人是富（論語堯曰篇）

按史記稱武王克商散財發粟所謂大賚蓋即指此故次之於此

雖有周親不如仁人百姓有過在予一人（同上）

朱子論語集註云孔氏曰周王也言紂至親雖多不如周家之多仁人是以周親爲商之親戚也余按論語集解孔安國云親而不賢不忠則誅之管蔡是也仁人謂箕子微子來則用之安國初未嘗以周親屬商以仁人屬周也蓋此本承上文大賚二句言周雖有親戚不敵善人故賚之耳上文之周既指武王何得此文之周反屬之紂上下作兩解乎至以爲武王所自言而謂商親之不如周抑又夸矣朱子此文本之僞書僞傳僞書僞傳乃晉以後攻康成者之所僞撰朱子乃不從眞安國之論語註而反引僞安國之尚書傳且云孔氏云云安國之誣將望何人爲白之

豐鎬考信錄　卷之三　三

乎然安國之所釋亦尚未盡此本記武王事管蔡尚
未恭聞王室何由誅之仁人兼天下之遺賢言之亦
豈得專指微箕細玩此文乃聖人不私其親而惟求
天下之賢才與共天祿正與上章成湯之言相表裏
周親二句即所謂帝臣不蔽簡在帝心也百姓二句
即所謂萬方有罪罪在朕躬也故孟子曰先聖後聖
其揆一也故讀此章可以見聖人貴德尊賢大公無
我之心而約非劉氏不王特秦漢以後之事未足語



於唐虞三代聖帝哲王之度量也以周親爲商親失
其旨矣百姓有過蔡氏書傳以爲民皆有責於我謂
我不正商罪亦非是故今考而正之此文非泰誓語
說已見前篇中

備覽○命召公釋箕子之囚命畢公釋百姓之囚表商
容之閭命南宮括散鹿臺之財發鉅橋之粟以振貧弱
萌（疑與氓同）隸命南宮括史佚展九鼎保（一作寶）玉命閎夭封
比干之墓命宗祝享祠于軍（史記周本紀）

尚書大傳云紂死武王召太公而問焉太公曰愛人
者兼其屋上之烏不愛人者及其胥餘召公曰有罪
者殺無罪者活咸劉厥敵毋使有餘周公曰各安其
宅各田其田毋故毋新惟仁之親武王於是乃封墓
表閭發粟散財云云呂氏春秋云武王命周公進殷
之遺老而問衆之所說民之所欲乃發鉅橋之粟云
云余按散財發粟表閭封墓諸大政皆武王未克商
時心所欲爲而不能者一旦克商自當即時舉行不



待訪之於人而太公召公皆聖賢之臣何容見不及
此而但以殺戮導武王乎此皆後人附會之言故並
不錄

備覽○牧之野武王之大事也既事而退柴于上帝祈
于社設奠于牧室遂率天下諸侯執豆籩逡奔走追王
太王亶父王季歷文王昌（大傳）

追王之說凡三史記以爲文王受命稱王而追尊古
公公季皆爲王文王稱王先儒固多駁之苟文王未

嘗稱王則二王亦非文王之所追尊明矣中庸以爲
周公追王大王王季而無文王然書金縢篇文大王
王季於武王之世已皆稱王則中庸所稱亦不然矣
唯大傳以爲武王在牧野時三王同時追尊於理爲
近與尚書文亦合故今從之說詳見前文王及後周
公篇中
按本紀之散財發粟即論語大賚之典大傳之薦奠
追王即史記享祠之事故連類而次之



備覽○封商紂子祿父殷之餘民武王爲殷初定未集
乃使其弟管叔鮮蔡叔度相祿父治殷（史記周本紀）
史記此文在散財發粟之前按散財發粟與釋囚表
閭皆如救焚拯溺不可以夕緩者若封殷立監似當
從容議之故移置於此監殷止管蔡二叔無霍叔說
見周公相成王篇管蔡畔商條下
備覽○乃罷兵西歸行狩記政事作武成（同上）
僞尚書中有武成篇乃綴輯經傳孟子戴記之語而

采漢書律歷志所引武成原文以冠之者雖無大謬
於理而亦毫無所發明且既爲誥體而通篇皆叙事
殊不相稱其文亦雜亂無章蔡傳疑之是也顧不肯
料其僞而但爲改定其文豈知改定更不免於雜亂
乎况既叙伐商之文於誥前則所謂誥者僅寥寥數
語而亦仍是叙事初無所白於諸侯者尚書寧有此
誥體邪故今不采其文而但載漢志所引之原文
備覽○濟河而西馬散之華山之陽而弗復乘牛散之



桃林之野而弗復服車甲衅而藏之府庫而弗用倒載
干戈包之以虎皮名之曰建櫜（樂記）
備覽○散軍而郊射左射貍首右射騶虞而貫革之射
息也裨冕搢笏而虎賁之士說劍也（樂記）
附論○楚子曰夫武禁暴戢兵保大定功安民和衆豐
財者也故使子孫無忘其章今我使二國暴骨暴矣觀
兵以威諸侯兵不戢矣暴而不戢安能保大猶有晉在
焉得定功所違民欲猶多民何安焉無德而强爭諸侯

何以和衆利人之幾而安人之亂以爲己榮何以豐財
武有七德我無一焉何以示子孫（左傳宣公十二年）
余按春秋之時周室微弱楚地方千餘里僭王問鼎
其自中固已無周矣且距武王僅四百年文獻俱存
藉使武王有一二端未滿人意詩書所言之有虛美
楚子必無不知必不代爲之諱乃其頌武王如是則
是武王原無可議詩書所言皆實事也春秋時諸侯
自桓文以降莫如楚莊賢者縣陳而復封之克鄭而



復舍之雖漢高光及宋祖唐宗能之乎是其才識蓋
有大過人者是以士會稱其德立刑行政成事時典
從禮順蓋深賢之也乃其稱武王若於己有天淵之
限雲泥之隔者雖自謙之詞然何至於是然則武王
實大聖人非後世賢君所能及雖賢君莫不心折於
武王未有敢致不滿於武王者也蓋當其時湯武之
世未遠楊墨之說未起故知之眞而服之篤自戰國
以後異端橫行非堯舜薄湯武學者習聞其說而不

能辨其是非眞僞以故從風而靡不但劉知幾蘇子
瞻之屬以爲可譏以爲非聖即篤信好古之儒亦往
往於武王有憾詞焉豈非邪說之易惑特識之難遇
哉吾願世之學者以三代以上論武王者論武王而
毋以戰國以後之論武王者論武王也
【補】惟四月既旁生霸粤六日庚戌武王燎於周廟翌日辛亥
祀於天位粤五日乙卯乃以庶國祀馘于周廟（逸書武成）
存參〇大寒在周二月（即夏正十二月）己丑晦明日閏月庚寅



朔三月二日庚申驚蟄（古本正月中氣近世誤爲雨水）四月己丑朔甲
辰望乙巳旁之（漢書律曆志）
謹權量審法度修廢官四方之政行焉（論語堯曰篇）
興滅國繼絕世舉逸民天下之民歸心焉（同上）
論語之記此兩節何也所以紀武王之新政也聖人
之征不道也非利天下也以正天下也權量法度古
聖人之所以定民志而正風俗者也權量不謹則巧
僞日滋姦民得其利而良民受其害法度不審則姦

吏得以上下其手而民無所措手足虞舜所以同律
度量衡也古之聖帝名臣皆有大功於世其子孫皆
當世守其祀而不改當商之季賢聖之君不作諸侯
惟以力爭强吞弱衆暴寡聖帝名臣之裔殄滅者蓋
亦不少矣至於任官用人尤經世之大政官廢則民
事無由理不得其人則雖有官而事不治反以病民
者有之矣觀於伯夷之居北海太公之居東海天下
之大老且猶如是則賢才之伏處於草茅者固不可



以枚舉但無由盡歸於周耳賢才不用百姓何由得
安是以武王起而伐商以正之也使武王不伐商則
聖帝名臣之祀遂聽其滅絕乎蠢民亂俗姦吏害民
遂聽其縱恣乎職廢而不舉賢才隱居而不任職遂
聽其自然任斯民之重困乎吾知上帝之心必有所
不忍而聖人敬事上帝之心亦必有所不安也故曰
聖人非利天下也以正天下也興滅繼絕即史記所
稱封薊祝陳杞之事舉逸民即上文周親不如仁人

周頌求懿德肆時夏之意即成湯所云帝臣不蔽也
後世學者習見漢晉以後之事遂以爲三代亦復如
是而以利天下之心度古聖人甚至有以湯武之征
誅爲得罪於名教者而豈知聖人光明正大之心不
若是哉故今表而出之

備覽○武王旣勝殷邦諸侯班宗彝作分器（書序）

按諸侯之封當在歸自商以後故次之於此

附論○孟子曰武王不泄邇不忘遠（孟子）



按此文似指克商後諸大政而言故次之於此

鎬京辟廱自西自東自南自北無思不服（詩大雅）
考卜維王宅是鎬京維龜正之武王成之（同上）

武王宅鎬未知的在何時史記周本紀亦無之然此
似不可缺故因無思不服之文次之於此

本紀云武王徵九牧之君登豳之阜以望商邑武王
至於周自夜不寐周公旦曰曷爲不寐王曰云云又
云我南望三塗北望嶽鄙顧詹有河粤詹洛伊毋遠

天室營周居於洛邑而後去余按此本逸周書之文其意淺而晦其詞煩而澁與尚書大不類且周公之宅洛以殷民之遷也是時不惟未遷兼亦未眸宅洛何所取焉將以爲朝會道里均也則又無一言及之蓋後世之人聞周公之宅洛而不得其故揣度之而以爲武王之所命耳而商邑與阜相距千餘里亦非能望見者故不錄

綏萬邦屢豐年 詩周頌



存疑○周饑克殷而年豐 左傳僖公十九年

按詩但謂克殷之後年豐耳非必謂克殷之前而饑也饑以與師聖人恐不如是甯子但欲贊文公以伐邢遂不覺其言之過當將使後世好戰而不恤民者以是藉口故列之於存疑

旣克商二年王有疾弗豫二公曰我其爲王穆卜周公曰未可以戚我先王公乃自以爲功爲三壇同墠爲壇於南方北面周公立焉植璧秉珪乃告太王王季文王史乃册祝曰惟爾元孫某遘厲虐疾若爾三王是有丕子之責于天以旦代某之身予仁若考能多材多藝能事鬼神乃元孫不若旦多材多藝不能事鬼神乃命于帝庭敷佑四方用能定爾子孫于下地四方之民罔不祗畏嗚呼無墜天之降寶命我先王亦永有依歸今我即命于元龜爾之許我我其以璧與珪歸俟爾命爾不許我我乃屏璧與珪乃卜三龜一習吉啓籥見書乃并是吉公曰體王其罔害予小子新命于三王惟永終是圖茲攸俟能念予一人公歸乃納册于金縢之匱中王翼日乃瘳 書金縢



按此事在書金縢篇乃因成王之廸周公而追記此非謂其必在洪範旅獒後也史記以爲十三年事故記之於訪範之後然余觀三代以上皆以踰年爲二年恐當在訪範之前一年故次之於此

惟十有三祀王訪于箕子王乃言曰嗚呼箕子惟天陰隲下民相協厥居我不知其彝倫攸叙 書洪範

此篇據春秋傳以爲商書故稱十有三祀用商制也

今篇在周書中

箕子乃言曰我聞在昔鯀陻洪水汨陳其五行帝乃震怒不畀洪範九疇彝倫攸斁鯀則殛死禹乃嗣興天乃錫禹洪範九疇彝倫攸叙同上

初一曰五行次二曰敬用五事次三曰農用八政次四曰協用五紀次五曰建用皇極次六曰乂用三德次七曰明用稽疑次八曰念用庶徵次九曰嚮用五福威用六極同上

備覽○武王釋箕子之囚箕子不忍爲周之釋走之朝



鮮武王聞之因以朝鮮封之箕子既受周之封不得無臣禮故于十三祀來朝武王因其朝而問鴻範尚書大傳

箕子之訪據尚書大傳及史記皆當在克商後二年而劉歆三統歷獨據書洪範序以爲卽在克商之歲因移克商事於武王之十三年余按洪範云惟十有三祀王訪於箕子序云武王克殷以箕子歸作洪範見漢書今序與此小異此但追叙箕子至周之由爲作洪範張本非謂作範必在克商年也奄之踐在成王之初武之章稱武王之諡然詹作楚子皆蒙武王克商之文言之書特原其事之所始與傳文之先經以首事後經以終義者同不必其事定在此一時也劉歆不達其意遂以爲武王克殷在十三年是猶史記闕里志見春秋傳孟僖子學禮之文載於昭公七年而遂以爲孔子十七歲時事也亦鑿之至矣惟大傳以爲封朝鮮而後陳洪範史記以爲陳洪範而後封朝鮮其說敷爲小異然亦無大關於得失要之皆在克商



之後二年陳範在十三祀則克商固當在十一年也嗟夫自漢書載劉歆之說以克商爲在十三年僞古文經傳因之遂分書序四言爲兩年事蔡傳駁之又并歸之於十三年而武王之事遂雜亂不可考一語之誤解其所關豈小事哉故今載大傳之文以正三統之誤使其源清而後其流可得而漸釐也說並詳前卷中觀兵伐殷兩條下彙而考之事理自曉然矣

○大抵僞古文經傳多本之劉歆王肅豈孔安國所

傳司馬遷趙岐鄭康成杜預諸家皆不之見而獨歆與肅二人見之乎借令歆與肅獨見之又何故不明言其出於書之某篇而竊之爲己說以欺人乎然則其書出於歆肅之後明甚奈何世儒皆不之察也

存參〇武王封箕子於朝鮮箕子教以禮義田蠶又置八條之教其人終不相盜無門戶之閉婦人貞信飲食以籩豆（後漢書）

史記宋世家云箕子朝周過故殷墟感宮室毀壞生



禾黍乃作麥秀之詩曰（尚書大傳作微子事）麥秀漸漸（大傳作蘄蘄）兮禾黍油油（大傳作蝇蝇）彼狡童兮不與我好兮（大傳作不我好仇）

余按此歌有怨君之心無傷舊之意其詞亦大不敬必後人所擬作非微箕所爲故不載

存疑〇武王克商作頌曰載戢干戈載櫜弓矢我求懿德肆於時夏允王保之又作武其卒章曰耆定爾功其三曰鋪時繹思我徂惟求定其六曰綏萬邦屢豐年（左傳宣公十二年）

韜覽〇武始而北出再成而滅商三成而南四成而南國是疆五成而分周公左召公右六成復綴以崇天子夾振之而駟伐盛威於中國也分夾而進事蚤濟也久立於綴以待諸侯之至也（樂記）

附論〇吳公子札來聘見舞大武者曰美哉周之盛也其若此乎（左傳襄公二十九年）〇子謂武盡美矣未盡善也（論語八佾篇）

呂氏春秋云武王伐殷薦俘馘於太室乃命周公作



爲大武綱鑑大全因之於武王十四年書作樂曰大武余按楚子所引武樂三章中有於皇武王桓桓武王之語則斷非武王所自作矣故鄭孔及朱傳皆以爲武王崩後周公作此以象武王之功然則載戢干戈之頌亦未必即武王所作傳但本武王之克商而言之耳不但此也禹之夏湯之濩文王之南籥亦未必皆其人所自作但樂以象德季札所贊者其樂也即其人也故并附於其人之篇後遂皆以爲其人所

自作則誤矣

太子誦代立是爲成王 史記周本紀



豐鎬考信錄卷之三終

# 豐鎬考信錄卷之四

大名崔述東壁譔考
受業門人石屏陳履和校刊

## 周公相成王上

武王既喪管叔及其羣弟乃流言於國曰公將不利於孺子 書金縢

金縢一篇並無周公攝政之文唯戴記文王世子篇云成王幼不能涖阼周公相踐阼而治明堂位云武王崩成王幼弱周公踐天子之位以治天下六年朝諸侯於明堂制禮作樂頒度量而天下大服七年致政於成王由是史記漢書及諸說尚書禮記者并謂周公居天子位南面以朝諸侯而以洛誥之復子明辟爲復政成王之據蔡氏書傳駁之云有失然後有復武王崩成王立未嘗一日不居君位何復之有王莽居攝幾傾漢鼎皆儒者有以啟之是不可以不辨石梁王氏亦云周公爲冢宰時成王年已十四非攝

位但攝政豈可以天子為周公二子之言誠足以糾先儒之失絕後世之惑矣然以余考之周公不但無南面之事並所稱成王幼而攝政者亦妄也古者男子不踰三十而娶況君之世子乎邑姜者武王之元妃成王者邑姜之長子而唐叔其母弟也武王之娶邑姜邑姜之生成王皆當在少壯時明甚而今文王世子篇乃云文王九十七而終武王九十三而終成王幼不能涖阼則是武王年八十餘而始生成王六



十餘而始娶邑姜也此豈近於情理哉均之父子也且均之聖賢也王季之愛文王與文王之愛武王當無以異乃作記者言文王則云十二而生伯邑考十五而生武王（說見武王上編）言武王則八十餘而始生成王之嫡長子王季之為文王婚何其太早文王之為武王婚何其太遲乎由是言之凡記所載武王成王之年皆不足信況周公之東也唐叔實往歸禾則成王之不幼明矣蓋古者君薨百官總己以聽於冢宰三

年子張曰書云高宗諒陰三年不言何謂也孔子曰何必高宗古之人皆然然則武王崩時周公蓋以冢宰攝政不幸羣叔流言周公東辟遂不得終其攝及成王崩召公鑒前之禍遂率子釗以朝諸侯由是此禮遂廢後之人但聞有周公攝政之事而不知有冢宰總己之禮遂誤以成王為幼又見洛誥之末有周公誕保文武受命惟七年之文遂誤以為攝政之年數耳不思周公居東二年東征三年七年之中周公



之在外者四五年此時何人踐阼何人聽政成王之自臨朝視政明矣何故能踐阼聽政於四五年而獨此二三年中必待周公之攝之也鄭氏謂成王居喪不言周公以冢宰聽政而二叔流言是已然又謂成王親迎以歸然後攝政則亦未免惑於史記漢志之言也且復之為言下告上也春秋傳曰夔將復之又曰嘗將復於寡君孟子曰有復於王者王命周公作洛故周公使人復王耳豈謂其復政哉曰然則成王

何以稱爲孺子也曰孺子之稱不必其皆嬰兒也晉文公出亡數年而獻公卒其齒長矣而秦使及狐偃皆稱之爲孺子有大夫之嫡子而稱爲孺子者孟莊子武伯於其父時皆稱爲孺子是也有未成乎大夫而稱爲孺子者季孫之稱秩高氏之臣之稱子良是也而子旗於子良亦曰彼孺子也則是親之少之皆可以孺子稱之也是故金縢之孺子流言也未成乎君之稱也立政洛誥之孺子則周公自以親之少之之故而稱之耳豈得遂以爲童子哉晉蔡容盛謂



周公專權代主管蔡忠於王室故有不利孺子之言又謂周公知文王與武王三齡而求代其死者詐也雖盛本詐譌之人故以小人之腹度君子然要亦傳記之邪說之有以啟之也故今但載金縢本文而文王世子明堂位及史記漢志諸說概不妄附說並見前武王伐紂條下

戴記中庸篇云武王末受命周公成文武之德追王大王王季上祀先公以天子之禮斯禮也達乎諸侯大夫及士庶人余按尚書金縢篇云乃告大王王季文王又云若爾三王是有丕子之責于天又云予小子新命于三王則是武王未崩以前大王王季已追王也周公烏得有追王之事哉且二王果周公所追王則文王以何時稱王邪謂生而稱王邪則文王爲西伯傳記之文甚明宋歐陽永叔固已辨之矣謂武王克商之後追王邪則既追王文王何難複追王二



王若武王但追王文王而不追王二王則是以爲不當追王也武王以爲不當追王而周公追王之可乎考其首尾乃必無之事而儒者咸信之其亦異矣原其所以如是信者無他以中庸爲子思所作而此章爲孔子之言至朱子列中庸於四書遂愈莫敢有議者不知此章斷非孔子之言而中庸亦不出子思之手乃戠國之儒者采輯前人之言以成此書獲上一節采諸孟子實顯然可見者其冠以子曰者雖相傳

爲孔子之言而爲後人之所附會及假託者蓋亦有之是以中庸之言高者不減尚書論語而間亦有剌謬於經傳者爲是說者蓋亦習於世俗所傳文王受命稱王之說故但以爲追王二王而不言追王文王耳豈足爲據也哉且武王克商之後祀於周廟者屢矣用諸侯禮邪用天子禮邪武王旣爲天子而仍用諸侯之禮必有所未安若用天子之禮則武王固已上祀先公矣何勞於周公之成其德哉噫夫聖人之



言萬世所取信也然必眞爲聖人之言然後可以取信非可徒以名焉已也魯襄仲之將立宣公也以君命召惠伯其宰公冉務人止之曰入必死叔仲曰死君命可也公冉務人曰若君命可死非君命何聽弗聽遂入卒殺其君而殺其身然則言亦不可以妄信也是以余於傳記必其與經合者然後載之不敢信一人率爾之談遂以爲眞聖人之言也

衛宏毛詩序云七月陳王業也周公遭變故陳后稷先公風化之所由致王業之艱難也鄭氏謂此詩在周公居東之日朱子謂此詩在成王初立之時余按鴟鴞以下六篇皆周公時所作此篇若又出於周公則是七篇皆與豳無涉何以名之爲豳曰述豳俗也然流火授衣烹葵剝棗在在皆然以民間通行之事而獨謂之豳俗豳何在焉且玩此詩醇古樸茂與成康時詩皆不類竊嘗譬之讀大雅如登廊廟之上貂蟬滿座進退秩然煌煌乎大觀也讀七月如入桃源



之中衣冠樸古天眞爛熳熙熙乎太古也然則此詩當爲大王以前豳之舊詩蓋周公述之以戒成王而後世因誤爲周公所作耳竊疑豳之舊詩當不止此此篇因周公識之傳之而獨存猶商頌當時亦必多而正考父獨得其十二篇也至於鴟鴞以下則以其詩皆爲周公而作而音節亦近豳故附之於豳風之後而此一篇則豳之正風也故今不載之於周公之篇

周公乃告二公曰我之弗辟我無以告我先王周公居東二年則罪人斯得于後公乃爲詩以貽王命之曰鴟鴞王亦未敢誚公（同上）

鴟鴞鴟鴞既取我子無毀我室恩斯勤斯鬻子之閔斯迨天之未陰雨徹彼桑土綢繆牖戶今女下民或敢侮予予手拮据予所捋荼予所蓄租予口卒瘏曰予未有室家予羽譙譙予尾翛翛予室翹翹風雨所漂搖予維音嘵嘵（詩豳風）



金縢弗辟之辟鄭氏以爲退辟（同避）居東以爲辟位而居於東自僞孔傳出始訓辟爲法而以誅殺之意解之於是以居東爲東征以鴟鴞詩爲在黜殷之後隋唐之際鄭學浸微孔穎達作疏遂棄鄭而用僞傳唐宋學者靡然從之雖朱子詩傳初亦采其說及後答蔡沈書始覺其誤而蔡氏作書傳乃本朱子之意以正其失今載其說於左

【朱子覆蔡沈書說】弗辟之說只從鄭氏爲是向董叔重得書亦辨此一時信筆答之謂當從古註說（謂僞傳）（豈以孔在鄭前也）後來思之不然三叔方流言周公處骨肉之間豈應以片言半語遽然興師以征之聖人氣象大不如此又成王方疑周公周公固不應不請而自誅之若請之於王亦未必見從雖曰聖人心事公平正大區區嫌疑似不必避然舜避堯之子禹避舜之子自是合如此

【蔡氏尚書金縢篇傳】辟讀爲避（古字避皆作辟）鄭氏詩傳言周公以管蔡流言辟居東都是也漢孔氏（即僞傳蔡氏誤以爲



眞安國作）以爲誅殺之夫三叔流言以公將不利於成王周公豈容遽興兵以誅之邪（此下數句已見朱子書中今節之）我之弗辟我無以告我先王言我不辟則於義有所不盡無以告先王於地下也公豈自爲身計哉居東居國之東也孔氏以爲東征非也方流言之起成王未知罪人爲誰二年之後王始知流言之爲管蔡斯得者遲之之詞也

余按朱子之論正矣蔡傳之釋此文義尤詳盡復何

疑焉然後儒尚多從僞傳而非蔡者豈以詩傳出於朱子故耶抑未取詩書之言而深思之耶書云流言於國不云殷畔則是殷猶未畔但聞流言而遂辟也流言者道路之言事後知其所起乃追書之當時尚未知爲誰何周公可以疑似而遽殺其兄乎周公之東征討武庚也武庚未畔討之何名未畔而已伏誅則是初無殷畔之事而周公誣之也若謂武庚之畔即在流言之時則史當特書之以爲討之張本不得



但記流言遽云當誅誅流言者耶誅畔者耶雖初搦筆之童子不至如是況史臣而有此文理耶詩云曰予未有室家又云予室翹翹風雨所漂搖則是王室不安諸侯携貳而尚未知其所定也細玩通篇惓惓慮患之心溢於語言之表然則此詩作於東征之前明矣若以爲在東征之後則王室已安天下已靖而爲岌岌憂危不保終日之言於事爲不切於人爲不情矣而說者乃以既取我子爲東征後之証曰子喻

管蔡王喻王室言既取我子則管蔡既已受誅矣（朱氏公遷說）信如所云管蔡誅則武庚亦誅矣泉下游魂其尚能毀我王室乎嗟夫朱子之於傳豈能無千慮之一失況其晚年已不吝於自改其說而後儒反代爲朱子吝之何耶故今遵蔡傳之說而以東征之事次於成王親迎周公之後

秋大熟未穫天大雷電以風禾盡偃大木斯拔邦人大恐王與大夫盡弁以啟金縢之書乃得周公所自以爲功代武王



之說二公及王乃問諸史與百執事對曰信噫公命我勿敢言王執書以泣曰其勿穆卜昔公勤勞王家惟予沖人弗及知今天動威以彰周公之德惟朕小子其新逆我國家禮亦宜之王出郊天乃雨反風禾則盡起二公命邦人凡大木所偃盡起而築之歲則大熟（書金縢）

按書此文居東之非東征益明臨漳呂樂天先生游己酉記疑嘗辨之今錄於左

己酉記疑一則（節錄）周公居東去京師必不甚遠周公

此時亦無大責任故感風雷之變啟金縢之書執書以泣廼卽出郊迎公天乃雨反風也若以居東卽爲東征則武庚所都去國千餘里豈有不下班師之詔又不待風止卽出郊迎公之理由此看來論此事者當以蔡註金縢爲正鴟鴞詩傳雖不觀可也○余按此說深中事理蓋武庚未平周公必不能中道班師武庚既平周公又不可擁兵居外其爲無事顯然不得謂之爲東征也



史記云成王少時病周公自揃其蚤沈之河以祝於神及成王用事人或譖周公周公奔楚成王發府見周公禱書乃泣反周公譙周云秦既燔書時人欲言金縢之事失其本末乃云然耳余按一事而所傳聞異詞遂誤而兩載之傳記如是多矣慶封之聘魯也叔孫食之不敬賦詩譏之其奔魯也叔孫又食之氾祭亦賦詩譏之鄭之葬簡公也將毀游氏之廟而子產中止鄭之爲蒐除也亦將毀游氏之廟而子產中止此皆顯然一事而傳悉兩載之無他采之太博而擇之未精耳左傳猶然況其下焉者乎後人過於信古遂不敢議惑矣譙周之言是也然卽此可見史記之文傳而失其眞者甚多學者不可以其近古謂其必有所本遂概信之以爲實也

補管蔡啟商惎間王室左傳定公四年

管叔以殷畔孟子

存參○奄君薄姑謂祿父曰武王既死矣今王尚幼矣周公見疑矣此百世之時也請舉事尚書大傳



僞古文尚書云惟周公位冢宰正百工羣叔流言乃致辟管叔于商囚蔡叔于郭鄰云云余按傳稱管蔡啟商惎間王室孟子書中亦有管叔以殷畔語則是管蔡之誅以畔故不以流言故也烏有但聞流言而遂誅其親戚者哉僞書之文其誣聖人不小故今載春秋傳孟子之文以正之至大傳所言乃伐奄張本雖不敢必其實而理容或有之故附存之

王若曰猷大誥爾多邦越爾御事弗弔天降割于我家不少延洪惟我幼沖人嗣無疆大歷服弗造哲廸民康矧曰其有能格知天命○殷小腆誕敢紀其叙天降威知我國有疵民不康曰予復反鄙我周邦○予永念曰天惟喪殷若穡夫予曷敢不終朕畝天亦惟休于前寧人予曷其極卜敢弗于從率寧人有指疆土矧今卜并吉肆朕誕以爾東征天命不僭卜陳惟若兹（書大誥）

備覽○武王崩三監（傳云三監管蔡商）及淮夷叛周公相成王將黜殷作大誥（書序）



按大誥篇首嘗有數語序誥之所由作若盤庚多士多方者而今無之蓋缺文也故今取書序之文補之

武王於是乎殺管叔而蔡蔡叔以車七乘徒七十人（左傳定公四年）

戰國人多稱周公誅管蔡晉慕容盛遂以擅誅管蔡爲周公罪余按周公東征乃奉成王之命尚書春秋傳之文甚明不得以其事專屬之周公也蓋周公輔相兩朝勳崇望重故說成周事者多歸之於周公正如陳賈所云周公使管叔監殷是時武王在上太公望散宜生等共佐之周公安得自使管叔乎

僞古文尚書云致辟管叔於商囚蔡叔於郭鄰以車七乘降霍叔爲庶人三年不齒宋堯叟林氏春秋傳周公弔二叔之不咸註云周公傷夏殷之二叔世疏其親戚不能同心以至滅亡或以二叔爲管蔡者非

管叔蔡叔霍叔三叔不得稱二叔（杜註二叔說同無管蔡霍三叔之說）

余按春秋傳云管蔡啟商惎間王室王於是乎殺管叔而蔡蔡叔又云管蔡惎我周公右王無有一言及霍叔者史記殷本紀云武庚與管叔蔡叔作亂周本紀云武王爲殷初定未集乃使其弟管叔鮮蔡叔度相祿父治殷又云周公奉成王命伐誅武庚管叔放蔡叔皆與左傳文合而無霍叔其尤顯然無疑者管蔡世家稱封叔鮮於管封叔度於蔡下云二人相紂子武庚稱封叔處於霍則不言是然則霍叔未嘗監殷明矣而曾周公衞康叔宋微子各世家亦俱但稱

管叔蔡叔傅相武庚管叔蔡叔作亂周公誅管叔放蔡叔若霍叔果同監殷而同作亂不應數篇之文如合符然皆有管蔡而無霍也尚書大傳云武王使管叔蔡叔監祿父漢書地里志云周既滅殷封其畿內爲三國邶以封紂子武庚鄘管叔尹之衛蔡叔尹之以監殷民皆與左傳史記說同不言霍叔由是言之以殷畔者止管蔡二叔而無霍故傳云弔二叔之不咸不稱三叔也至晉皇甫謐作帝王世紀始稱自殷



都以東爲衛管叔監之殷都以西爲鄘蔡叔監之殷都以北爲邶霍叔監之僞尚書錄此遂采左傳語而增以降霍叔之文然則此書之撰於晉以後而非安國之所傳也彰彰明矣如果安國所傳不應兩漢諸儒皆不知有霍叔獨至皇甫謐始知之而左氏生於周世在焚書之前尤不應不知有霍叔而每文皆但言管蔡也杜氏以下文稱管蔡之故因釋二叔爲二代之叔世固已强詞至林氏乃據世俗相傳之語以

駁二叔之稱而不復考左傳他文及史漢舊說尤疎之甚矣且降爲庶人者漢以後法耳三代以上大臣有罪可殺可放而未嘗有降其爵者先王所以辨上下別嫌疑定民志也春秋之時卿奔他國乃有降從大夫之位者彼原非此國之卿故然耳本國固無是也烏有朝爲公卿而暮同編戶者哉且蔡叔罪重於霍叔尚有車七乘徒七十人以大夫之奉奉之而霍叔之罪遽輕乃反降爲庶人一何其賞罰之顛倒乎



或疑金縢有羣弟流言之文當不止蔡叔一人然即蔡霍二叔亦不得遂稱羣蓋流言者自多人監殷者自管蔡不得謂流言之人盡監殷之人也故今但據春秋傳文載之無稽之說不敢以妄增也

周公既承成王命誅武庚殺管叔放蔡叔乃命微子開（本啓字避景帝諱改）代殷後奉其先祀作微子之命以申之國于宋（史記宋微子世家）

僞古文尚書有微子之命篇余嘗別爲辨

之今錄於左

〔訥菴筆談一則〕封微子非封他人比也改革之際難爲言矣當時命之者之言其於理於勢必有其懇摯而婉篤者今皆不可得見作書者以其難於措辭故但爲膚廓通套之語於當日情勢無一語及之譬若扶墻而行不敢少動惟恐其有破綻以貽後世口實此正可見作者伎倆而後世乃猶以爲眞聖人之言也試使後世能文之士代爲此篇其揣情度勢亦必



有可以感動人心而慰安殷之遺民者寥寥數語苟且了事必不然矣

周公相成王中

〔論〕伐奄三年討其君（孟子）

近世讀孟子者以周公相武王爲句誅紂伐奄爲句遂以伐奄爲武王事朱子亦云奄助紂爲惡者余按經傳無武王伐奄事書多方云惟五月丁亥王來自奄多士云昔朕來自奄予大降爾四國民命是伐奄乃成王事也詩東山云我徂東山慆慆不歸又云自我不見于今三年是三年討其君卽周公東征事也尚書大傳亦稱奄君謂武庚請舉事書序又稱成王



伐淮夷遂踐奄然則伐奄决在成王之世無疑孟子此文當以周公相武王誅紂爲句伐奄三年討其君自爲一句非武王時事也蓋緣初學讀書多不能誦長句率於四五字處讀斷如知和而和何必讀書飽食煖衣夫子循循然之類相沿既久遂以爲固然耳嗟夫章句之學通儒所鄙然章句之士亦何可多得韓子云凡爲文宜略識字爲文而能識字說經而能

知何讀此固非易易事也故今伐奄一事載之周公相成王時僞孔傳又謂成王之世奄凡再叛乃因多方多士篇第失次而誤說見後多方多士條下

附錄○驅飛廉於海隅而戮之 孟子

此事時世無可考者然玩孟子此文曰驅飛廉於海隅似前嘗討飛廉而飛廉逃於海隅也者疑即武王伐紂之時史記所謂不與殷亂者也奄負東海海隅乃奄東境蓋因奄來臣服故得苟延殘喘至克奄後



始得而戮之耳然則此事當在伐奄之後是以孟子連而及之但於經傳皆無明文故附錄於此

史記秦本紀云周武王之伐紂時蜚廉爲紂石北方還無所報爲壇霍太山而報得石棺銘曰帝令處父不與殷亂賜爾石棺以華氏死遂葬於霍太山余按武王既已克殷蜚廉何由至霍既還至霍安能逃於武王之誅而得從容以終天年且蜚廉助紂爲虐者何以帝反嘉之而賜之石棺乎此事至爲荒謬蓋秦趙之人諱其戮而妄造此說以欺人者是以譙周古史考深所不信而司馬氏索隱亦以爲非實也當從孟子爲正

備覽○唐叔得禾異畝同穎獻諸天子王命唐叔歸周公於東作歸禾 書序

備覽○周公既得命禾旅天子之命作嘉禾 同上

按史記載此事與書序同尚書大傳及說苑皆以爲三苗貫桑而生大幾盈車恐係傳聞而甚其詞者故



不采

我徂東山慆慆不歸我來自東零雨其濛鸛鳴于垤婦嘆于室洒埽穹窒我征聿至有敦瓜苦烝在栗薪自我不見于今三年 詩豳風

按此詩稱我徂東山又稱于今三年是即周公伐奄三年討其君事也故次之於此衛宏詩序以爲周公東征而歸勞歸士大夫美之而作朱傳以爲周公自勞歸士之詞余按此篇毫無頌美周公一語其非大

夫所作顯然然亦非周公勞士之詩也細玩其詞乃歸士自叙其離合之情耳三年東征不爲不久破斧缺斨不爲不勞而其詞絶無一毫怨意若邶之擊鼓雅之漸石者卽此可見盛世景象以爲勞歸士美周公此意索然矣至序所稱說以使民民忘其死云者雖得詩人之旨然謂序其情而閔其勞所以民說亦非也聖人之於民必有撫愛於平日矜恤於臨時者是以民忘其死非徒用一詩勞之之虚文卽能有此



效也然則謂序其情而民說何若謂歸士自述其情雖極勞苦思念而毫無怨上之心由於上之愛民有素是以上下一體者爲得其眞乎

既破我斧又缺我斨周公東征四國是皇哀我人斯亦孔之將（詩豳風）

衛宏毛詩序云破斧美周公也周大夫以惡四國焉傳云四國管蔡商奄也既破我斧又缺我斨箋云四國流言既破毁我周公又損傷我成王余按破斧缺斨卽叙東征之事東征三年爲日久矣斧破斨缺則其人之辛勤可知猶宋人詞所云征衫着破着衫人可知矣之意不得以我屬之大夫而謂斧爲周公斨爲成王也朱傳以爲從軍之士所作破斧缺斨自言其勞是已又援斬伐四國之文斥序以爲管蔡商奄之謬其說尤正然謂答前篇周公之勞已故作此詩以美周公則尚似有未盡合者詳味此詩之意乃東征之士自述其勞苦絶無稱美周公一語惟其勞而



不怨由於周公勤勞王室不自暇逸是以其民皆悉周公之心敵愾禦侮不辭況瘁至於斧破斨缺而無異言卽此見周公之美耳以爲美周公淺矣以爲大夫所作以美周公而惡四國尤失之遠矣

備覽〇成王東伐淮夷遂踐奄（書序）

備覽〇成王既踐奄將遷其君於蒲姑（同上）

按唐叔之歸禾周公在東土成王在周京也此文則成王亦至東土矣疑克奄之後淮夷尚負固不服成

王因自往觀師也抑不知周公班師之後淮夷復畔而成王始東征與要之當在伐奄之後多方之前故次之於此

惟五月丁亥王來自奄至于宗周○王曰嗚呼猷告爾有多方士暨殷多士今爾奔走臣我監五祀越惟有胥伯小大多正爾罔不克臬自作不和爾惟和哉爾室不睦爾惟和哉爾邑克明爾惟克勤乃事爾尚不忌于凶德亦則以穆穆在乃位克閱于乃邑謀介爾乃自時洛邑尚永力畋爾田天惟畀矜爾我有周惟其大介賚爾廸簡在王庭尚爾事有服在大僚書多方

此多方篇文乃初遷殷民後誥之者

附錄○王曰猷告爾多士予惟時其遷居西爾非我一人奉德不康寧時惟天命無違朕不敢有後無我怨書多士

附錄○王曰多士昔朕來自奄予大降爾四國民命我乃明致天罰移爾遐逖比事臣我宗多遜同上



書序云成王東伐淮夷遂踐奄鄭康成云此伐管蔡時事偽孔傳云成王即政謂武王崩七年之後淮夷奄國又叛王親征之遂滅奄而徙之二說不同其後王顧諸儒皆以偽傳爲誤王論余沭之見顧云多方之誥曰惟五月丁亥王來自奄而多士王曰昔朕來自奄是多方當在多士之前後人倒其篇第耳奄之叛周是武庚既誅而懼遂與淮夷徐戎並興而周公東征乃至於三年之久孟子曰伐奄三年討其君是也既克而成王踐奄蓋行巡狩之事書序成王既踐奄將遷其君於蒲姑是也孔傳以爲奄再叛者拘於篇之先後而強爲之說

余按多方多士二篇首二章皆叙殷周革命之由次二章皆叙伐奄後遷殷民之事其文大同小異則多方之來自奄即多士之來自奄多方之自時洛邑即多士之遷居西爾無疑也多士後一章叙作洛之事多方絕無一言及之則多方在作洛之前多士在作

洛之後無疑也且多方文繁多士文簡豈非前日既言其詳故後日但舉其畧與然則多方固當在多士前而奄初無再叛之事明矣王肅說書專攻康成僞傳本王肅之徒所撰故好與康成爲異顧說是也惟謂奄因武庚既誅而懼則尚未盡蓋奄乃東方大國武王克商之後未必深服於周但聖人不窮兵於遠耳尚書大傳謂武庚之舉事奄實趨之然則武庚之叛必與奄連兵是以周公因黜殷而並伐之也故今以多方之文次於東征之後而取多士篇中追叙自奄歸後遷殷遺民之事附於其左以見其爲一時之事說並見後立政多士條下



備覽○成王既伐東夷肅慎來賀（書序）

周公若曰拜手稽首告嗣天子王矣用咸戒于王曰王左右常伯常任準人綴衣虎賁周公曰嗚呼休兹知恤鮮哉○嗚呼孺子王矣繼自今我其立政立事準人牧夫我其克灼知厥若丕乃俾亂相我受民和我庶獄庶愼時則勿有間之自一話一言我則末惟成德之彥以乂我受民嗚呼予旦已受人之徽言咸告孺子王矣繼自今文子文孫其勿誤于庶獄庶愼惟正是乂之自古商人亦越我周文王立政立事牧夫準人則克宅之克由繹之兹乃俾乂國則罔有立政用憸人不訓于德是罔顯在厥世繼自今立政其勿以憸人其惟吉士用勱相我國家

世傳尚書篇次多方立政二篇並在多士無逸之後

余按多方既當在多士前則立政無逸之先後亦未必果如今之次第也立政言孺子王矣似是成王即位未久時語無逸戒其逸豫勉以享國之久當是天下無事恐其狃於安樂有初無終之意然則多方立政二篇皆當在召誥前如康誥酒誥之當在金縢前也傳經者失其篇次耳故今仍以立政次多方後說並見前多方條下



周公何以作立政也蓋治國以用人爲要而用人以知人爲先一有不當則民受其殃大都小伯之衆庶

獄庶愼之繫人主安能一一而察之待其不才已著而後舍之亦已晚矣故必克灼知厥若乃使之治我受民也然欲庶官皆得其人非廣搜博采不可巖穴之內具有良材羈旅之中不乏奇士惟其賢則用之不拘於親舊也吾故讀此篇而知東周之世卿非先王之制也觀孟子稱文王治岐仕者世祿則是卿大夫之子孫但世守其宗邑初不世爲卿大夫也周衰卿大夫始多世爲之賢才不復進用以故王室日卑政不行於天下匪惟王朝卽侯國亦如是春秋時齊晉最强然皆至戰國之初而遂亡魯衛小國雖久然皆微弱役於大國惟楚與齊晉迭霸至秦并天下而後滅强且久莫如楚者楚有何功德而能如是余少讀春秋傳心常異之久之始悟其故蓋春秋自成襄以後齊晉魯衛卿皆世傳大夫亦多世者世則不必其賢而楚獨能用賢故也孫叔敖舉於海觀丁父彭仲爽皆舉於俘固已伯州犂然丹皆鄰國之逃臣初



無蚍蜉蟻子之援而仕至右尹太宰然此猶自來奔而用之者至申鮮虞僕賃於野以喪莊公而楚聞其賢遂召爲右尹其汲汲於求賢如是厥後王孫圉聘於晉猶以觀射父左史倚相誇于鄰國而曰楚惟善以爲寶是知楚人專以用賢爲事是以强且久而莫與比也甚矣周公之訓之爲至言也至秦以法令馭天下惟取吏能守法不復問其賢否故吏闒冗者多漢興始下求賢之詔以故守令多以循良著者然由恩澤佞倖鑽營權貴而得進者亦復不少元魏旣衰始循資格隋唐以降競尚科目由是授官惟憑科目遷官但用資格不復以度德量才爲事矣宋太宗論科目豈敢謂拔十得五拔十得一二足矣夫果拔十僅得一二彼八九人之相我受民者固已不勝其弊也信乎文武成康之治之非後世所能及也說並見別錄周政通考中

備覽○越裳氏重譯而朝曰道路悠遠山川阻深恐一

使之不通故重三譯而來朝也周公曰德澤不加則君子不饗其質政令不施則君子不臣其人譯曰吾受命於吾國之黃髮久矣天之無烈風淫雨意中國有聖人邪說苑

存忝○越裳氏重譯來貢白雉一黑雉二象牙一使者迷其歸路周公錫以文錦二疋軿車五乘皆爲司南之制使越裳氏載之以南緣扶南林邑海際期年而至其國古今注



按此事不見於經惟尚書大傳及說苑有之然於理無所害但大傳文有脫誤及不經之語故采說苑之文載之大傳以此事爲在歸禾之時說苑以爲在三年之後要之當在成王歸宗周後故附列於此至古今注所言頗近附會恐係後人增飾然亦未有以見其必不然姑附存之於後

惟二月既望越六日乙未王朝步自周則至於豐惟太保先周公相宅曰若來三月惟丙午朏越三日戊申太保朝至於洛卜宅厥既得卜則經營越三日庚戌太保乃以庶殷攻位於洛汭越五日甲寅位成書召誥

若翼日乙卯周公朝至于洛則達觀于新邑營越三日丁巳用牲于郊牛二越翼日戊午乃社于新邑牛一羊一豕一越七日甲子周公乃朝用書命庶殷侯甸男邦伯厥既命殷庶庶殷丕作同上

周公拜手稽首曰朕復子明辟王如弗敢及天基命定命予乃胤保大相東土其基作民明辟予惟乙卯朝至于洛師我



卜河朔黎水我乃卜澗水東瀍水西惟洛食我又卜瀍水東亦惟洛食伻來以圖及獻卜書洛誥

成王合諸侯城成周以爲東都崇文德焉左傳昭公三十二年

成王定鼎于郟鄏卜世三十卜年七百左傳宣公三年

按此文則遷鼎於洛者成王也而桓二年傳云武王克商遷九鼎於洛邑與此異者蓋古人之文多大畧言之遷鼎由於克商克商武王之事不可云成王克商遷九鼎於洛邑故統之於武王耳猶之魯晉諸國

皆封於成王世而成紂謂武王克商封兄弟之國十五姬姓之國四十也猶之武樂篇中稱桓桓武王於皇武王必非武王所自作而楚子謂武王克商作頌云云又作武云云也猶之成王之世周公東征而奄始滅而詹桓伯謂武王克商蒲姑商奄吾東土也且王孫滿以周人專叙周鼎沿革不應誤引而臧哀伯魯大夫因諫納郜鼎而語及之非其意之所重其詳固不暇深求也故今棄彼而錄此



戊辰王在新邑烝祭歲文王騂牛一武王騂牛一王命作册逸祝册惟告周公其後王賓殺禋咸格王入太室祼王命周公後作册逸誥在十有二月 書洛誥

此上皆記成王周公營洛之事○惟告周公其後僞孔傳以爲立周公之後於魯蔡傳以爲使周公留治洛邑蔡說是也作册逸誥僞孔傳以爲使史逸誥伯禽蔡傳以爲誥册史逸所作二說皆非也何者凡諸祝誥皆當成於史臣之手然他篇悉不載其名不應此獨記之且無關於事理於文可省豈逸者失也乃逸書逸詩之逸此篇後日之所追記故其中多缺文其祝與誥蓋失之矣然祝誥雖失其大意則可知故綴其下云惟告周公其後冠其上云王命周公後文義甚明不煩曲解且傳作史佚不作逸恐不得以此爲彼也

附錄○惟三月哉生魄周公初基作新大邑于東國洛四方民大和會侯甸男邦采衛百工播民和見士于周



周公咸勤乃洪大誥治 周書

此文在書大誥之後康誥之前舊誤以爲康誥篇序蔡氏以爲當在洛誥篇首然以文義按之亦不甚合蓋不知爲何篇之序而其誥已逸耳三月僞傳以爲作洛之三月然庶殷猶未丕作何以四方即大和會安知其非次年周公尹洛之三月也皆未有以見其必然姑附錄於此

惟三月周公初于新邑洛用告商王士○王曰告爾殷多士

今予惟不爾殺予惟時命有申今朕作大邑于茲洛予惟四方罔攸賓亦惟爾多士攸服奔走臣我多遜爾乃尚有爾土爾乃尚寧幹止爾克敬天惟畀矜爾爾不克敬爾不啻不有爾土予亦致天之罰於爾躬今爾惟時宅爾邑繼爾居爾厥有幹有年于茲洛爾小子乃興從爾遷書多士

此多士篇文乃作洛後誥殷民者○按此篇云予惟時命有申時是也時命者蒙上大降爾四國民命之文卽多方之命也申重也多方已命多士又命故云申也蓋多方以遷民故作誥多士以營洛故作誥故多方云爾乃自時洛邑尚永力畋爾田多士云今朕作大邑于茲洛予惟四方罔攸賓亦惟爾多士攸服奔走臣我多遜營洛以後更無他事何誥之有然則此篇在多方後益無疑矣蔡傳亦謂遷民在作洛前然不知多方卽以遷故誥遷民既在前多方安得獨在後邪故今次多方於東征次多士於作洛疏其事之次第一一瞭然說並見前多方條下



周公曰嗚呼君子所其無逸先知稼穡之艱難乃逸則知小人之依相小人厥父母勤勞稼穡厥子乃不知稼穡之艱難乃逸乃諺既誕否則侮厥父母曰昔之人無聞知○周公曰嗚呼繼自今嗣王則其無淫于觀于逸于遊于田以萬民惟正之供無皇曰今日耽樂乃非民攸訓非天攸若時人丕則有愆無若殷王受之迷亂酗于酒德哉

此篇仍當次於多士之後說已見前立政條下

周公何以作無逸也大凡人主値四方多難之日則憂勤惕厲之心易生當太平無事之時則驕奢安佚之念漸啟方成王之初政商奄迭畔王室不靖成王之不自暇逸固也商奄既定天下宗周飛廉戮淮夷服肅愼來越裳貢此正人主逸樂將萌之時也然人主一有逸樂之念則於庶政必有略不經意之時一有逸樂之念則左右臣僚之窺伺我者必有逢迎意旨以惑君心而自固其寵者昔梁武帝以開國之君及其晚節百度廢弛竟致侯景之亂唐明皇帝躬撥

大難致開元之盛治其後亦以荒淫無度馴致安史之亂播遷於蜀周公知其如是是以作此戒王以預遏其萌也故周頌云成王不敢康夙夜基命宥密惟成王能服習周公之言是以不敢荒寧克基天命於無窮也唐魏徵謂創業易守成難宋李沆數以四方水旱入奏以為太平無事恐啟人主泰侈之心其意蓋皆本之此篇此治忽興亡之大要故古人皆兢兢於是也○吾讀洪範而知武王之所以繼唐虞夏商



而成一代之盛治也吾讀立政無逸而知成王周公之所以紹文武而開八百年之大業也六經中道政事者莫過於尚書尚書中自堯典禹貢皋陶謨以外言治法者無如此三篇然虞夏書文簡意深而此則明切曉暢學者於此三篇熟玩而有得焉於以輔聖天子致太平之治綽有餘裕矣惜乎世之學者惟務舉業而於此多不究心也唐李德裕幼而敏捷武元衡問其所嗜何書德裕不應其父吉甫責之對曰武公身為宰相不問理國調陰陽而問所嗜書所以不應然則分詩書與政事為二自唐已然朝廷以六經取士果何為邪其亦可歎矣夫

# 豐鎬考信錄卷之五

大名崔述東壁譔考
受業門人石屏陳履和校刊

## 周公相成王下

周公相業前兩篇詳之矣惟記多稱周公制禮而春秋傳亦嘗及之必非無故而妄言者但經未有明文而傳亦不多見兩漢傳經之儒遇有古書莫知其出自何人者輒目之爲周公所作往往互相



乖刺遂致聖人之制淆亂而不可稽而釋經亦多失其旨學者惑焉而莫適從也故今復條之以此篇考而辨之

補周公思兼三王以施四事其有不合者仰而思之夜以繼日幸而得之坐以待旦孟子

按孟子言兼三王以施四事詳其語意蓋卽周公制禮事也周公制禮皆監前代而損益之是以有所不合待思而後能得之也

附錄〇先君周公制周禮左傳文公十八年

附論〇子曰周監於二代郁郁乎文哉吾從周論語八佾篇

古禮經十七篇今謂之儀禮世皆以爲周公所作余按此書周詳細密讀之猶足以見三代之遺識其名物之制以考經傳之文大有益於學者不可廢之書也然遂以爲周初之禮周公所作之書則非也周公曰享多儀儀不及物曰不享惟不役志於享孔子曰先進於禮樂野人也後進於禮樂君子也如用之則吾從



先進然則聖人所貴在誠意不在備物周初之制猶存忠質之遺不尚繁縟之節明矣今禮經所記者其文繁其物奢與周公孔子之意判然相背而馳蓋卽所謂後進之禮樂者非周公所制也且古者公侯僅方百里伯七十里子男五十里而今聘食之禮牲牢籩豆之屬多而無用費而無當度其禮每歲不下十餘舉竭一國之民力猶恐不勝至於上士之祿僅倍中士中士僅倍下士下士僅足以代其耕而今士禮

執事之人實繁有徒陳設之物燦然畢具又豈分卑祿薄者所能給乎此必春秋以降諸侯吞併之餘地廣國富而大夫士邑亦多祿亦厚是以如此其備非先王之制也襄王賜齊侯胙曰以伯舅耋老加勞賜一級無下拜齊侯曰小白余敢貪天子之命無下拜下拜登受是古禮臣拜君於堂下雖君有命仍俟拜畢乃升未有升而成拜者也齊桓爲諸侯盟主權過於天子然猶如是則尋常之卿大夫可知矣秦穆公



享晉公子重耳公子賦河水公賦六月公子降拜稽首公降一級而辭焉是古禮君自行君之謙臣自循臣之節辭者自辭拜者自拜不因其辭而遂不成拜於下也晉文乃鄰國之公子旦夕爲晉君與秦穆同列然猶如是則本國之卿大夫可知矣故孔子曰拜下禮也今拜乎上泰也今禮經臣初拜於堂下君辭之遂升而成拜是孔子所謂拜上矣齊桓晉文所不敢出而此書乃如是然則其爲春秋以降沿襲之禮

而非周公之制明矣朱子會信禮經爲周公所作乃曲解孔子之言謂禮必待君辭而後升成拜今不待辭而拜於上故謂之泰不知升成拜者果拜下邪抑拜上邪不辭而拜於上與辭而後成拜於上均之爲拜上也豈得謂之拜下孔子曰拜下禮也朱子則曰拜上禮也吾寧從孔子而背朱子不敢從朱子而悖孔子也孔子曰名不正則言不順言不順則事不成又曰惟名與器不可以假人名也者聖人之所尤重



者也吳楚之僭王也春秋書之曰子慎其名也故曰王臣公公臣大夫曰一國三公吾誰適從王之下不得復有王即公之下不得復有公明矣今禮經諸侯之臣有所謂諸公者此何以稱焉說經者無可置詞乃以大國之孤當之大國之孤僅見於周官經傳未嘗有也宋公爵也春秋之世誰爲之孤者即使大國果有孤既名爲孤矣亦不當復稱爲公而孤止一人亦不當稱之爲諸公也或又以爲寄公然寄公偶有

一人然耳何緣得有諸公而寄公於國君爲賓亦不應從臣禮也蓋自春秋之末大夫浸以上僭齊有案公鄭伯有之臣稱伯有曰公爲在此卿大夫僭稱公之始也其後晉韓趙魏氏滅知伯亦僭稱諸侯而仍朝事晉君竹書紀年所謂桓公邑哀侯于鄭鄭哀侯來朝者是也而魯三桓亦僭稱公孟子所謂費惠公史記年表所謂三桓勝魯如小侯者是也竊疑宋衛諸邦亦當類是但春秋戰國間百數十年載籍不存



無可考耳然則此書乃春秋戰國間學者所記所謂諸公即晉三家魯三桓之屬周公時固無此制也覲禮諸侯朝於天子天下之大禮也聘禮諸侯使大夫聘於諸侯禮之小焉者耳覲禮之詳雖百聘禮不爲過而今聘禮之詳反十倍於覲禮此何故哉此無他春秋以降王室微弱諸侯莫朝覲禮久失其傳矣但學士大夫聞於前哲者大概如此因而記之若聘禮乃當世所通行是以極其詳備然則此書之作當在

春秋以後明甚若果周公所爲豈容於其大者反略而其小者反詳輕重之顛倒如是乎蓋凡傳記所稱周公制禮云者亦止制其大綱而已古者風尚簡質周初雖視夏商爲文然較之春秋時已有野人之目而聖人創制顯庸以範圍天下欲其欣然樂就亦必不過爲繁賾難知之事故傳曰簡則易從仲弓曰居敬而行簡以臨其民不亦可乎況此十七篇中多係士禮推而上之爲大夫爲諸侯爲天子位益尊則其



禮名益衆而其禮文亦益繁度不下數百篇而後可而古者以竹爲簡策重墜難舉數百篇者非十餘車不能勝天下之人何由盡得之盡知之而盡遵守之乎唐之開元宋之開寶非不詳矣然止存諸秘府以美觀聽耳學士大夫猶多目不經見者況於蚩蚩之民周公之制必不如是明矣蓋春秋之書法即周禮之大綱正名定分尊尊親親其大較也故晉韓起聘于魯見易象與魯春秋曰周禮盡在魯矣然則周公

之禮固不在於繁文縟節而在於大綱大紀也由是言之周公所制特其大略至於潤澤則亦各隨其國之俗而自東遷以後世變風移亦頗有所更改故鄭世子忽返於陳陳鍼子送女先配而後祖鍼子曰是謂不夫婦誣其祖矣今昏禮篇正先配而後祖然則鄭人昏禮先配後祖陳人昏禮先祖後配也果周公所制之禮須行天下不應陳人獨不知即不知亦不當反以此爲譏也王穆后崩太子壽卒晉叔向曰王



一歲而有三年之喪二焉今喪服篇爲妻期年叔向博通古今楚欲傲以所不知而不能果周公所制之禮叔向何容不知叔向不知天下之人又誰知之蓋古者父母妻長子其體略同又皆主人自主喪妻之子爲母三年長子之子爲父三年故主喪者亦三年其後蓋以婦人之故不欲以大喪行之故減而爲期其子亦降爲期故喪服篇父在爲母期爲是故也說者拘於此篇爲周公所制乃曲爲之說謂天子絶期

故改而爲三年夫位尊則服降尊尊也重正統也今以絶期之故反改期爲三年以尊故而加服豈不倒行逆施矣乎記曰恤由之喪哀公使孺悲學士喪禮於孔子士喪禮於是乎書是士喪禮之文昉於孔子也以一反三則他篇亦必非周公之筆蓋自周衰禮樂散佚聖賢採列國之文獻參互考訂故孔子曰吾自衛反魯然後樂正雅頌各得其所樂既有之禮亦宜然故曰多聞擇其善者而從之多見而識之知之



次也然今士喪禮篇亦未必即孔子之所書司馬氏之史記褚先生補之後漢人續之矣劉向之列女傳後漢人續之矣許愼之說文徐鉉更定之矣況於秦火以前安能必其爲當日之原本猶不敢必爲孔子之書況欲篤信其爲周公之書乎惟是此書周密詳備學者藉是可以考經傳之遺文可以識三代之聲名文物而聖人之大經大法亦於是焉可以得之如是而已儒者必欲執爲周公之制遂使世之人疑古

禮之斷不可復行於後世而是今非古者接踵而起
備者亦不得不分其咎也故今十七篇之作不載於
周公之篇而附論之如此

西漢末周官一書出向歆之徒皆崇尚之然猶以爲
禮未以爲經也迄東漢末鄭康成註之名曰周禮與
禮經戴記並行於是世之學者咸以周官爲經且以
爲周公所作雖有宋諸大儒莫不信之不疑余按此
書條理詳備誠有可觀然遂以爲周公所作周一代



之制則非也九州之內約方三千餘里外盡四海不
過五千里故孟子曰海內之地方千里者九記曰四
海之內九州州方千里書曰弼成五服至于五千州
十有二師外薄四海咸建五長今周官封國之制諸
公方五百里侯方四百里伯三百里子二百里男百
里天子邦畿之外分九畿畿每面五百里通計爲方
萬里四海之內安所得如許地而封之而畿之今自
汧陽東際海西踰積石而西亦不過五千餘里經傳

之文較然可徵周官之誣亦已明矣國家之建必本
大而末小天子於諸侯君臣也公侯伯子男伯仲也
故天子之地百諸侯公侯倍伯伯倍子男本末之別
也今周官天子之地僅四諸公而諸公之地乃二十
五倍於男邦正賈誼所謂脛大如腰指大如股者豈
先王辨上下定民志之大法乎且春秋時列國吞併
之餘宋魯猶不過二三百里鄭許猶不過一二百里
其故墟具在而可按也故孟子曰今魯方百里者五



當封國之初必小於是不大於是明矣魯即今曲阜
若果方四百里則曹邾滕薛皆在境內何容復有此
四國乎春秋宣十五年初稅畝公羊傳曰古者什一
而藉又曰什一者天下之中正也多乎什一大桀小
桀孟子曰夏后氏五十而貢殷人七十而助周人百
畝而徹其實皆什一也是三代取民之制未有過於
十一者也今周官乃云遠郊二十而三甸稍縣都皆
無過十二其非周公之法明矣孟子曰廛無夫里之

布則天下之旅皆悅而願為之氓矣是三代正賦之外未有絲毫課於民也今周官乃云宅不毛者有里布民無職事者出夫家之征其非周公之法又明矣後儒乃曲為之解謂戰國時宅雖毛亦有里布民雖有職事亦有夫家之征孟子所謂無夫里之布者謂宅毛及民有職事者耳非謂一概無之也夫不毛無職事而使出夫里之布是有夫里之布乎是無夫里之布乎孟子謂無夫里之布而儒者謂有夫里之布



吾未見其可信也蓋此書撰於戰國之時彼固見當時有此法而遂以為其初固然耳不必强取孟子之言以曲就之也書云越三日丁巳用牲于郊牛二越翼日戊午乃社于新邑牛一羊一豕一記云郊特牲而社稷太牢又云帝牛不吉以為稷牛又云郊社之禮所以事上帝也是古者止有一郊祭天乃於郊而祭地則於社也今周官乃云冬至祭天於南郊夏至祭地於北郊果爾則周公於洛何以止一郊即兼祭

天地亦不當同日而郊況如此鉅典記禮者尤不應竟無一人知之也春秋中書郊者凡九皆但書郊未有書南北郊者果有兩郊不應混而同之則其說之出於後人所臆度明矣統言之則曰朝切指之則曰覲故書曰羣后四朝詩曰君子來朝春秋曰公朝於王所覲猶見也故書曰乃日覲四岳羣牧詩曰以其介圭入覲于王春秋傳曰王覲為可又曰受策以出出入三覲朝之外別無所謂覲也遇者不期而值之



謂故春秋曰公及宋公遇于清諸侯修歲事於天子不可謂之遇也書曰江漢朝宗於海朝即朝廷之朝宗即宗子之宗記所謂宗人莫之宗史記所謂學者宗之是也朝者君臣之事宗者族姓之事以人喻水故謂之朝宗非諸侯于天子又有所謂宗者也今周官之文乃以為春朝夏宗秋覲冬遇經傳有此事乎有此文乎蓋撰此書者亦當夫籍去之後故不得其實而妄以意度之也若夫土圭之法景朝景夕之言

尤爲乖謬蓋景但有長短之殊並無朝夕之異今東
去數百里則日出入先一刻西去數百里則日出入
後一刻無論何地置表待晷漏之半日莫不在正南
安得有所謂景朝景夕者此必不通曆法不遊四方
者之所爲寧周公之才之美而有是言乎此宜少知
人事者即不能欺而沈酣經傳之儒或反信之其亦
異矣至於史記所稱周公作周官作立政者乃指周
書中周官篇而言書序所謂成王還歸在豐作周官



者與此書無涉也嗟夫自周官一書出漢人據之以
釋經其有不合則穿鑿附會以致離經而畔道者不
少矣至宋王安石遂據泉府之法以行青苗蔡京復
據王及后世子不會之文以啓徽宗之奢侈而宋卒
以此亡雖二子之意但假此以濟其私然不可謂非
周官之有以啓之也可不爲世之大監戒與乃儒者
猶奉此以爲周公之書而反疑諸經孟子之惧亦可
謂倒行而逆施矣間有不信此書者無識之徒必力

排而痛詆之以故相視而莫敢議遂使三代之經制
爲後人所雜亂良可歎也或以爲劉歆所僞作固不
其然然必非周公之書則明甚也余故詳爲之辨而
周公之篇不載作周官之事
周頌三十一篇說詩者以爲皆周公所作小雅鹿鳴
以下諸篇說者亦以爲周公作余按周頌云成王不
敢康夙夜基命宥密又云噫嘻成王既昭假爾又云
自彼成康奄有四方詩中明舉二王之謚則非成王



時詩明甚由是言之周頌或有周公所作必不盡周
公所作也季札觀於周樂爲之歌小雅曰美哉思而
不貳怨而不言其周德之衰乎當周公時固不可謂
之衰說者曲爲之解訓衰爲小謂周德尚小也夫衰
者衰音縗也由盛而漸降焉之謂也故曰自是以衰即
未大盛亦不得謂之衰況周公之世周德方隆謂之
衰可乎且常棣乃小雅第四篇據左傳已爲召穆公
作出車乃小雅第八篇據漢書已爲宣王時詩然則

小雅之爲周衰時詩顯然無可疑者不得以爲周公之所作也蓋聖人所以爲聖人者非必事事皆躬爲之亦非必事事皆勝於人也正以不自有其善而能有天下之善爲人所不可及耳不必雅頌皆自己作而後足見周公之才之美惟其能致太平之盛而使天下後世有此雅頌是乃周公之大功也大抵世俗之情有惡則惡皆歸之有善則善亦皆歸之顧作詩之時世不待讀者必致失其本意穿鑿附會而詩之教遂荒故今正之而於周公之篇不載作雅頌事周頌不皆周公所作說詳見後成康之際篇中鹿鳴以下諸篇非周公作說詳見後宣王及召穆公篇中



月令一篇世多以爲周公所作鄭康成云此本呂氏春秋十二月紀之首禮家好事者抄合之其中官名時事多不合周法是漢儒固已非之矣而唐語林云月令出於周書第七卷周月時訓兩篇蔡邕云周公作是呂紀采於周書非戴記取於呂紀明矣則又以康成爲非是余按逸周書本後人所僞撰所言武王之事皆與經傳刺謬其非周初史官所記顯然然則周月時訓兩篇或即采之呂氏春秋或與呂紀同采之於一書均未可知烏得以逸周書有之遂斷以爲周公之書也哉況月令所言多陰陽家說所載政事雖有一二可取然所係之月亦未見有不可移易者蓋撰書者雜采傳記所載政事而分屬之於十二月是以純雜不均邪正互見豈惟非周公之書亦斷非



周人之制康成之言是也至於所推中星日躔尤彰彰較著者周公上距堯世止千二百餘年而月令季春昏七星中季秋昏虛中上距堯典之仲春星鳥仲秋星虛已差一月周公下至西漢之末千餘年至劉宋又數百年而月令孟春之月日在營室下至三統歷正月中日猶在室十四度至元嘉歷正月中日猶在室一度才差十餘度耳雖測驗或有疏密然不至大相逕庭上溯唐虞之世何太遠下逮漢宋之世何

太近其爲戰國時人所撰毫無疑義不知前人論者何以不考之此而遽信以爲周公之書也故今於周公之篇不載作月令之事

世或以爾雅爲周公所作或云周公止作釋詁一篇餘皆非也余按釋詁等篇乃解釋經傳之文義經傳之作大半在於周公之後周公何由預知之而預釋之乎至於他篇所記制度名物之屬往往有與經傳異者其非周公所作尤爲明著大抵秦漢間書多有



援古聖人以爲重或明假其名若素問靈樞之屬或傳之者謬相推奉若本草爾雅之類皆不可信故今不載

附錄〇公薨成王葬于畢（書序）

書序云周公在豐將沒欲葬成周公薨成王葬于畢告周公作亳姑尚書大傳云周公老于豐公疾曰吾死必葬于成周示天下臣於成王周公死成王不葬于周而葬之于畢示天下不敢臣也余按大傳之說蓋即本之書序而語殊淺陋無倫理周公爲成王臣天下誰不知者何待葬以示之而成王尚存亦不待稱其謚也史記魯世家與大傳畧同蓋即采大傳之文而少更定之惟書序之言較無大謬然序之失經意者亦多而亳姑之篇已亡無由決其是非故今刪而存之而大傳世家之文概不錄

成王感風雷之變而親迎周公一事史記載於周公卒後今按尚書金縢篇在作鴟鴞後伐武庚前惟顏



師古引尚書大傳文以此爲成王將葬周公於成周時事然則史記蓋因傳而誤也夫以爲在周公卒後則所謂親迎者迎何人乎所謂出郊者欲何爲乎史記不能解說遂以郊爲郊祀之郊而謂魯之得郊因此是因一誤而再誤矣此事幸金縢之篇猶存故人不之信不幸而此篇或逸人未有不以爲實然者然則史記中所采之書已亡無所考證而人莫由知其誤者可勝道哉吾願世之讀史記者聞一知二舉

一反三勿執先入之言以致失古人之實也



## 文武周公通考

經傳之文有兼言文武者有莫知其爲文王事武王事者亦有文武之事與周公相屬者不可强斷而分係之今通列之於此

允文文王克開厥後嗣武受之勝殷遏劉耆定爾功（詩周頌）

西伯旣戡黎祖伊恐奔告於王（書西伯戡黎）

尚書大傳言西伯戔（戡同）耆紂囚之羑里史記周本紀稱文王伐密須明年敗耆國殷之祖伊懼以告紂則是所謂耆者即商書之黎而以戡黎爲文王事也蔡氏書傳云或曰西伯武王也史記嘗載紂使膠鬲觀兵膠鬲問之曰西伯何爲而來則武王亦繼文王爲西伯矣金氏通鑑前編云觀祖伊之言曰天旣訖我殷命殷之即喪則是時殷已阽危亡無日矣其非文王也明矣綱目前編因之遂係之於武王觀兵之日余按黎近殷土則以爲武王者近是而文王旣未稱王則武王自當仍稱西伯但傳記皆無明文亦未敢

決為武王之事至綱目前編以此事為卽史記之觀兵於孟津則亦未合何者黎在東山孟津在南河甚黎不必由孟津渡河也黎近朝歌在孟津之東北數百餘里亦不得謂至孟津而還師也甚黎觀兵當是兩事恐不容合以為一也故今統載之於文武篇中寧闕其所不知不敢誤也

附錄○周有八士伯達伯适仲突仲忽叔夜叔夏季隨季騧 論語微子篇



或以八士為南宮氏伯适為南宮括其說近是然經傳未有明文故附錄於此

附論○子貢曰文武之道未墜於地在人賢者識其大者不賢者識其小者莫不有文武之道焉夫子焉不學 論語子張篇

自漢以來學者多稱文王而毀武王其意以為文與武若黑白之判然也余觀聖門論列則多以文武並稱未有岐而視之者然則是文武無二道也惟孟子書多稱文王蓋武王之道卽文王之道言文則足以兼武猶言伯夷而不及叔齊也故文王之與武王其德有高下其道無異同故今於通考錄此章以見學者於古聖人不可妄有所低昂也

文王之德百年而後崩猶未洽於天下武王周公繼之然後大行 孟子

滅國者五十驅虎豹犀象而遠之天下大悅 孟子

按伐紂為武王時事伐奄為成王時事經傳皆有明



文而此數語未有確據無由決其時世竊意滅國至五十之多必非一時之事疑此數語皆兼武成兩世言之故並錄於此

附錄○易之興也其當殷之末世周之盛德邪當文王與紂之事邪 易繫辭下傳

附論○晉侯使韓宣子來聘觀書於太史氏見易象與魯春秋曰周禮盡在魯矣吾乃今知周公之德與周之所以王也 左傳昭公二年

近世說周易者皆以彖詞爲文王作爻詞爲周公作朱子本義亦然余按傳前章云易之興也其於中古乎作易者其有憂患乎初未言中古爲何時而憂患爲何事也至此章始言其作於文王時然未嘗言爲文王所自作也且曰其當曰其有曰邪曰乎皆爲疑詞而不敢決則是作傳者但就其文推度之尚不敢決言其時世況能決知其爲何人之書乎至司馬氏作史記因傳此文遂附會之以爲文王羑里所演是



以周本紀云西伯之囚羑里蓋益易之八卦爲六十四卦自序亦云西伯拘羑里演周易演者增也即本紀所云益八爲六十四者也自是遂以易卦爲文王所重及班氏作漢書復因史記之言遂斷以詞爲文王之所繫是以藝文志云文王重易六爻作上下篇又云人更三聖世歷三古謂伏羲文王孔子自是遂以易彖爻之詞爲文王所作矣然其中有甚可疑者明夷之五稱箕子之明夷升之四稱王用亨於岐山皆文王以後事文王不應預

知而預言之史漢之說不復可通於是馬融陸績之徒不得已乃割爻詞謂爲周公所作以曲全之而鄭康成王弼復以卦爲包羲神農所重非文王之所演然後後儒始獨以彖詞屬之文王而分爻詞屬之周公而由是言之謂文王作彖詞周公作爻詞者乃漢以後儒者因史記漢志之文而展轉猜度之非有信而可徵者也夫以卦爲羲農所重雖無確據而理固或有之若周公之繫易則傳記從未有言及之者惟



春秋傳有見易象而知周公之德之語然此自謂易象非謂易詞也晉文公之謀迎襄王也筮之遇大有之睽曰吉遇公用亨于天子之卦則是易詞晉固有之不待至魯而後見且即使起所見者果易之詞而非爻之詞果文王與周公所分係則於文當兼言文王周公之德亦不得但美周公而不及文王也秦漢以後司馬班氏最爲近古然皆但言文王不稱周公乃至易緯乾鑿度通卦驗等書最善附會者亦但稱

羲文孔三聖人而無一言及於周公烏得分卦爻之詞而屬之兩人也且繫詞傳文云其初難知其上易知又云二與四同功而異位三與五同功而異位又云爻有等故曰物物相雜故曰文文不當故吉凶生焉然後承之曰易之興也其當殷之末世周之盛德邪當文王與紂之事邪是故其辭危危者使平易者使傾（此文朱子分爲兩章古本合爲一章）前呼後應詞意甚明所謂其辭危者正指諸爻之詞而言若果詞內有文王以後



事或易非文王作而史漢誤稱之不得獨摘彖詞屬之文王而別以爻詞屬之周公也乃朱子本義既不正其猜度之失又不詳其展轉之因而直曰此文王所繫此周公所繫若傳記確有明文可據傳經以來即如是說者無乃非闕疑之義而使後之學者靡所考證乎故今但錄易春秋傳原文以存疑義而不敢據漢儒展轉猜度之說遂直斷何者爲何人所作仍略記其爲說之因庶使學者有所考焉

## 周公事蹟附考

經傳所記周公之事不當入於成王篇中及無從辨其先後者統載於此

惟周公誕保文武受命惟七年（書洛誥）

按明堂位韓詩外傳皆以七年爲周公踐阼之年僞傳從之前篇已辨之矣蔡傳以爲周公在洛之年其說較正然竊疑此文似當自成王親迎周公之日數之乃於事理爲近特不當有攝政踐阼之事耳但經



傳皆無明文未敢臆斷今統載於篇後以存缺疑之義

自陝而東者周公主之自陝而西者召公主之（公羊傳隱公五年）

王制云八伯各以其屬屬於天子之老二人分天下以爲左右曰二伯按書康王之誥太保率西方諸侯入應門左畢公率東方諸侯入應門右春秋傳郤犨將新軍且爲公族大夫以主東諸侯則是所主者朝覲會同事耳至於政令之布仍當二相共理之若叛

天下而平分之二人亦非[illegible]也[illegible]成而分
周公左召公右世儒緣此遂有周召公分陝在武王
世者按史記燕世家此文載於成王之世蓋武王時
太公爲師位在召公之右似不應以周召分陝而[illegible]
樂亦成王時所作則分陝固不必定指武王時[illegible]
君奭篇序云召公爲保周公爲師相成王爲左右故
此文似史記爲得之今從之
說文陝字註云宏農陝也以數說者皆以此陝爲今



陝州按陝州之名陝古無所考既非都會之地又無
長山大川直亘南北若大行鴻溝可辨疆域者於此
分界將何取焉且自陝州以東青兗徐揚四州及冀
豫荊三州地十之八九陝州以西雍梁二州及冀豫
荊三州地十之一二廣狹亦大不倫傳云成王定鼎
於郟鄏周語云晉文公既定襄王於郟是洛亦稱郟
也洛邑天下之中當於此分東西爲均陝郟字形相
似或傳寫者之誤而古今地名同者亦多或別有地

名陝非宏農之陝亦未可知也
附錄○周公謂魯公曰君子不施其親不使大臣怨乎
不以故舊無大故則不棄也無求備於一人論語微子篇
韓詩外傳云周公踐天子之位七年布衣之士所贄
而師者十人所友見者十二人窮巷白屋先見者四
十九人時進善百人教士千人宮朝者萬人成王封
伯禽於魯周公戒之曰往矣子無以魯國驕士吾文
王之子武王之弟成王之叔父也又相天下吾於天



下亦不輕矣然一沐三握髮一飯三吐哺猶恐失天
下之士余按周公無踐天子位之事前固已辨之矣
即所稱師事友見握髮吐哺亦無此事也古者天下
有道進賢使能鄉有舉里有選有一賢人未嘗不知
知之未嘗不用也凡卿大夫士皆賢才也凡賢才皆
卿大夫士也周公安所得布衣之士而見之而禮之
乎古者士敦節義咸自重而輕功名不爲臣則不見
段干木踰垣而辟之泄柳閉門而不納春秋以後猶

然況成周之世乎天下之賢士誰肯自枉以見周公者而煩周公之吐哺握髮乎戰國之世卿大夫多世祿不則其姻族嬖倖之人賢才伏處而無由進由是爲士者不恥干謁以求榮顯是以有孟嘗信陵之屬以好士聞彼蓋見當時之風氣如是而因億料周公大聖之必有更甚於是者遂撰爲是說耳而豈知其不然也哉此說本之荀子其詞與此少異而尚書大傳史記說苑皆有之殊失聖人之眞故今不錄而爲之辨



尚書大傳云伯禽與康叔見周公三見而三笞乃見商子而問焉商子曰南山之陽有木曰橋二三子往觀之高高然而上商子曰橋者父道也南山之陰有木曰梓二三子復往觀焉晉晉然而循商子曰梓者子道也明日見周公入門而趨登堂而跪拂其首勞而食之曰爾安見君子乎余按孟子曰孩提之童無不知愛其親也及其長也無不知敬其兄也父子之道天性也或椎野之人頽敝之俗容有不知敬其親者若文王周公世濟其聖其家庭之間禮法之美伯禽必有習而安焉者何待見橋梓而後知哉且聖人之於子有不及教之而已不教而笞之何取焉使伯禽終不悟不徒傷其恩乎卽使伯禽能悟亦何如明告之之爲省且易也此說至爲淺陋而學者多貪用此典遂致傳布而信爲眞故今辨之

戴記祭統篇云周公旣没成王康王追念周公之所以勳勞者而欲尊魯故賜之以重祭外祭則郊社是也內祭則大嘗禘是也夫大嘗禘升歌淸廟下而管象朱干玉戚以舞大武八佾以舞大夏此天子之樂也程子曰周公之功固大矣皆臣子之分所當爲魯安得獨用天子禮樂哉成王之賜伯禽之受皆非也余按天子諸侯名器之異所以辨等威別上下定民志耳非以得之則爲優不得則爲絀也孔子疾病子路使門人爲臣孔子曰予與其死於臣之手也無寧

死於二三子之手乎孟懿子問孝孔子曰無違樊遲曰何謂也孔子曰生事之以禮死葬之以禮祭之以禮故無識者以僭爲榮稍有識者方且以僭爲耻成康皆周令主其不肯以非禮尊周公也明矣且春秋以降僭禮者多矣管仲之塞門反坫季氏之八佾雍徹此又誰實賜之蓋魯之君自僭天子禮樂相沿既久莫知所始其國人遂爲是想當然之說以曲護其失耳楚公子圍設服離衛諸侯之大夫譏之伯州犁



曰此行也辭而假之寡君其事與此正同安得據截記無稽之言遂定爲古人罪案也不然賜祭一事耳成則成康則康何以概云成王康王乎故今不錄

豐鎬考信錄卷之五終

# 豐鎬考信錄卷之六

大名崔述東壁謹考
安業門人石屏陳履和校刊

## 成康之際

昭彼成康奄有四方斤斤其明（詩周頌）

衛宏毛詩序云執競祀武王也不顯成康傳云不顯乎其成大功而安之由是鄭孔以來皆以此成康爲稱武王語余按自彼成康猶所云自彼氐羌也惟氐



羌之爲二國名也故自氐羌以東則云自彼氐羌惟成康之爲二王謚也故自成康以降則云自彼成康若訓以爲成大功而安之豈得謂之自彼乎哉宋歐陽永叔作詩時世論朱子詩序辨說皆以此篇爲昭王以後詩以昊天有成命篇爲康王以後詩其說良是今從之說詳見後條下

成王不敢康夙夜基命宥密於緝熙單厥心肆其靖之（詩周頌）

昊天有成命頌之盛德也其詩曰昊天有成命二后受之

成王不敢康夙夜基命宥密緝熙單厥心肆其靖之是道成王之德也成王能明文昭能定武烈者也周語

衛宏毛詩序云昊天有成命郊祀天地也鄭氏詩箋云文王武王受其業成此王功不敢自安逸韋氏國語解云文武修己自勤以成其王功非謂周成王身也後之說詩者皆從之至宋歐陽永叔始駁其謬朱子詩序辨說論之尤詳今載其說於左

歐陽永叔作詩時世論昊天有成命曰二后受之成



王不敢康所謂二后者文武也則成王者成王也當爲康王以後之詩而毛鄭以頌皆是成王之作遂以成王爲成此王功執競曰不顯成康自彼成康所謂成康者成王康王也猶文王武王謂之文武耳然則執競當是昭王以後之詩而毛以爲成大功而安之鄭以爲成安祖考之道皆以爲武王也噫嘻曰噫嘻成王者亦成王也而毛鄭皆以爲武王由其以頌皆爲成王時作耳以爲成王康王豈不簡且直而於詩文理易通如毛鄭之說豈不迂而曲文理亦不完而難通學者何苦從其迂曲而難通者哉

朱子詩序辨說一則此詩詳考經文而以國語證之其爲康王以後祀成王之詩無疑而毛鄭舊說定以頌爲成王之時周公所作故凡頌中有成王及成康字者例皆曲爲之說以附己意其迂滯僻澀不成文理甚不難見而古今諸儒無有覺其謬者獨歐陽公著時世論以斥之其辯明矣然讀者狃於舊聞亦未遽肯深信也小序又以此詩篇首有昊天二字遂定



以爲郊祀天地之詩諸儒往往亦襲其誤殊不知其首言天命者止於一句次言文武受之者亦止一句至於成王以下然後詳說不敢康寧緝熙安靜之意乃至五句而後已則其不爲祀天地而爲祀成王無可疑者故今特上據國語旁采歐陽以定其說庶幾有以不失此詩之本指耳或曰國語所謂始於德讓中於信寬終於固龢故曰成者其語成字不爲王誦

之謚而韋昭之注大畧亦如毛鄭之說矣此又何耶曰叔向盖言成王之所以爲成以是三者正猶子思所謂文王之所以爲文班固所謂尊號曰昭不亦宜乎者耳韋昭何以知其必謂文武以是成其王道而不爲王誦之謚乎盖其爲說本出毛鄭而不悟其非者今欲一滌千古之謬而不免於以誤而證誤則亦將何時而已耶

余按詩與國語之文明矣歐陽子朱子之辨詳且盡矣盖周之受命始於文王克商始於武王然奄淮夷未平而商遺民亦未心服迨成王之世周公東征而後四方始靖至康王而後安享之故傳云武王克商成王靖四方康王息民不云成王息民者成王之初四方猶未靖也故文王謚文言始以文德受天命也武王謚武言始以武功戡大難也成王謚成言商奄始靖王業成也康王謚康言天下無事但撫安之也故此詩言昊天有成命二后受之言文王武王始受



天命有天下也至於成王承家故業爲天子可以康矣而不敢也猶夙夜敬畏天命益懋其德是以能克商奄淮夷以靖四方肆其靖之之靖即成王靖四方之靖然則此詩即無成王明文亦斷斷必爲成王之詩而况已明言成王也即國語不言爲成王之德亦斷斷不得移置之於文武而况國語又明言爲成王也故今從歐陽子朱子之說置之成王篇中

又按自宋以來釋此詩及執競篇者多從序說或云成王非基命之君而周之奄有四方非自成康始然則洛誥之王如弗敢基命定命亦將以爲非告成王魯頌之奄有龜蒙亦將謂魯至僖公時始有龜蒙之地哉况傳稱成王靖四方靖也者亂而安之之謂也方且可謂之靖四方乃反不可謂之奄有四方乎或云酒誥稱成王畏相惟助成王德顯皆非周之成王夫成王畏相相對爲文助成二字相連爲義皆與此文不類此文成王上無他文下有不敢康之語成王

之爲一人甚明況執競之成康連言之者哉若以酒誥故凡言成王者皆不得爲成王則傳所稱夾輔成王成王定鼎成王周公之命祀亦皆將以爲武王乎原其所以穿鑿附會務以成康爲武王者無他狃於前人之說以爲頌皆周公所作周公制禮作樂不應無祀天地及祀武王之詩自周公後不當復有作頌者耳不知以此詩爲祀天地武王者序之言耳非經自言之也周頌三十一篇其中稱天及武王者甚多



何所見必此二詩然後可以祀天地武王詩之逸者多矣又安知祀天地武王者之非已逸乎周公以後不當有頌則何以宣幽之世尚有大雅又何以春秋之時魯尚有頌豈侯國可以作頌天子反不可乎若謂成王非世室不當有祀成王之詩則祀成王時將遂無樂乎而武王當周公時亦不得遂立世室也嗟夫國語以常棣爲周公之詩與傳相牴牾者則人皆信之此詩之言爲成王與經相合者則人不之信朱子於序之誤而未正者雖委曲難通皆相安爲固然至此詩正序之誤辨說詳明而反極力以攻之宋玉曰其曲彌高其和彌寡韓子曰小慙亦蒙謂之小好大慙亦蒙謂之大好小稱意人必小怪之大稱意人必大怪之吾始未以爲然及讀周頌而後深信其不謬也豈是所非而非所是人情固當然乎周頌非周公所作說已見前周公相成王篇中

(補)成有岐陽之蒐 左傳昭公四年



此未知爲周公存時事抑周公沒後事既無可考未便置前篇中故錄於此

僞古文尚書有君陳篇其序云周公既沒命君陳分正東郊余按此篇襲禮記數語見於坊記玩其語意乃人臣相語誡之詞非君命其臣之言也何者君人之道以能受言爲賢但取其謀之益於民而不必其謀之出於己故曰禹聞善言則拜大舜有大焉舍己從人樂取於人以爲善臣人者則不然但求其國

之受其益而不必已之擅其名是以善則歸君過則
歸已故此言出於人臣之口則爲忠出於人主之口
則不可以爲訓成王周之令主其必不出此言明矣
又按書君奭篇乃周公誥召公之詞周召位皆三公
同朝事主是以相稱爲君春秋傳鄰國諸侯皆相稱
以君若君處北海君命敝邑之類是也未聞君而稱
其臣爲君者然則君陳當爲同僚相稱之語是以篇
中有此文非成王語也且君陳分正東郊非居帷閫



而拾遺補闕者可比成王告以此言欲何爲乎此序
不見於史記周本紀疑與僞書同出一手然則君陳
之尹洛亦未必有此事矣又按論語孔子曰書云孝
乎惟孝友于兄弟施於有政所謂政者一家之政也
故曰是亦爲政奚其爲爲政今僞書以爲國政亦與
孔子之意相背包氏之註論語以孝乎惟孝爲句然
則包氏未嘗見此篇矣包氏不見則是書不出於安
國也大抵此篇之語多采之古傳記故今不錄

附錄○鳳凰鳴矣于彼高岡梧桐生矣于彼朝陽菶菶
萋萋雝雝喈喈詩大雅
附錄○周之興也鸑鷟鳴於岐山周語
存參○卷阿召康公戒成王也言求賢用吉士也詩序
按鳳鳴岐山不知的在何時大雅周語皆無明文惟
詩序以卷阿爲成王時所作或鳳鳴即在此時與然
未有以見其必然姑附錄於成王之世而存序文以
待參考



惟四月哉生魄王不懌甲子王乃洮頮水相被冕服憑玉几
乃同召太保奭芮伯彤伯畢公衛侯毛公師氏虎臣百尹御
事王曰嗚呼疾大漸惟幾病日臻既彌留恐不獲誓言嗣茲
予審訓命汝昔君文王武王宣重光奠麗陳教則肄肄不違
用克達殷集大命在後之侗敬迓天威嗣守文武大訓無敢
昏逾今天降疾殆弗興弗悟爾尚明時朕言用敬保元子釗
弘濟于艱難柔遠能邇安勸小大庶邦思夫人自亂于威儀
爾無以釗冒貢于非幾茲既受命還出綴衣于庭越翼日乙

丑王崩太保命仲桓南宮毛俾爰齊侯呂伋以二干戈虎賁百人逆子釗於南門之外延入翼室恤宅宗丁卯命作册度越七日癸酉伯相命士須材書顧命

王麻冕黼裳由賓階隮卿士邦君麻冕蟻裳入卽位太保太史太宗皆麻冕彤裳太保承介圭上宗奉同瑁由阼階隮太史秉書由賓階隮御王册命曰皇后憑玉几道揚末命命汝嗣訓臨君周邦率循大卞燮和天下用答揚文武之光訓王再拜興答曰眇眇予末小子其能而亂四方以敬忌天威乃受同瑁王三宿三祭三咤上宗曰饗太保受同降盥以異同秉璋以酢授宗人同拜王答拜太保受同祭嚌宅授宗人同拜王答拜太保降收諸侯出廟門俟同上



王出在應門之內太保率西方諸侯入應門左畢公率東方諸侯入應門右皆布乘黃朱賓稱奉圭兼幣曰一二臣衛敢執壤奠皆再拜稽首王義嗣德答拜太保暨芮伯咸進相揖皆再拜稽首曰敢敬告天子皇天改大邦殷之命惟周文武誕受羑若克恤西土惟新陟王畢協賞罰戡定厥功用敷遺後人休今王敬之哉張皇六師無壞我高祖寡命書康王之誥

王若曰庶邦侯甸男衛惟予一人釗報誥昔君文武丕平富不務咎底至齊信用昭明于天下則亦有熊羆之士不二心之臣保乂王家用端命于上帝皇天用訓厥道付畀四方乃命建侯樹屛在我後之人今予一二伯父尚胥暨顧綏爾先公之臣服于先王雖爾身在外乃心罔不在王室用奉恤厥若無遺鞠子羞羣公既皆聽命相揖趨出王釋冕反喪服同上

蘇氏云成王崩未葬君臣皆冕服禮歟曰非禮也使周公在必不爲此余按康王之誥諸侯咸在九月之時安能遽至此必成王葬後之事狄設黼扆之上蓋有闕文非皆癸酉一日內事也故顧君云傳言天子七月而葬同軌畢至而今太保率西方諸侯畢公率東方諸侯是七月之餘也因其中有脫簡而後之說書者並以繫之越七日癸酉之下所以生後儒之論而不思初崩七日之間諸侯何由而畢至乎又云狄設黼扆綴衣以下卽當屬之康王之誥自此以上記

成王顧命登遐之事自此以下記明年正月上日虞王即位朝諸侯之事也又云洛誥戊辰王在新邑則王之至洛可知乃二公至洛並詳其日月而王不書金氏以爲其間必有闕文然則顧命之脫簡又何疑哉由是言之則康王與卿士之冕服在成王葬後非未葬而冕服明矣蓋顧命康王之誥伏生本合爲一因其間有脫簡前後首尾不具故後人分兩篇之時不知當於何處畫斷誤以王出在應門之內爲康王



之誥之首是以狄設黼扆之文遂割屬於上篇之末耳蘇氏不知其有脫簡故於諸侯之至不能爲解乃以問疾之諸侯當之然觀康王之誥尤重諸侯故曰建侯樹屏曰爾身在外此篇之作尤重於朝諸侯故曰卿士邦君麻冕蟻裳入即位曰諸侯出廟門俟曰東方諸侯入應門左西方諸侯入應門右則是諸侯畢至明矣若止問疾之諸侯其人數必不多何得舍在內之百官卿士不言而反斤斤焉於其少者詳記

之乎至顧君以此爲周公所制之禮謂釋三年之喪以盡斯須之敬又謂康王當太平之時爲繼體之主而史錄其遺文訓誥以爲一代之法則於事理亦尚未合古者君薨百官總已以聽於冢宰三年其見於書傳者舜禹啟太甲武丁之事皆然及武王崩周公以冢宰攝政不幸羣叔流言周公東避遂不得終其攝至成王崩召公鑒前之禍故於葬後遽奉康王以朝諸侯其後春秋之世嗣君皆於葬後踰年即位蓋



始於此故史錄之爲書誌此禮所由變故曰王麻冕黼裳曰王釋冕反喪服喪未畢而朝諸侯者前未有此禮是以詳記其服謹其始耳非以此爲當然而著之篇以垂法也子張曰書云高宗諒陰三年不言何謂也孔子曰何必高宗古之人皆然傷周公召公處事之變而不得復然也故今申其說而正之說並見前周公篇中

〔補〕康有酆宮之朝（左傳昭公四年）

齊魯韓三家詩皆以周南之關雎篇爲康王時陳古刺今之作故漢書云佩玉晏鳴關雎歎之列女傳云康王晏出朝關雎預見余按論語孔子稱關雎樂而不淫哀而不傷則關雎乃和平中正之音詠歌當時之盛事者非刺詩也而細玩通篇之詞亦絕無刺時之意且康王之世乃周久道化成之時君子淑女莫如此時爲多然則謂爲康王之世或未必誣謂爲刺詩則斷非也故今不采漢書列女傳之說並見前文



王篇中刑于寡妻條下

附錄○惟十有二年六月庚午朏王命作策豐刑（逸書）

按史記書序並云康王命作策畢公分居里成周郊作畢命與此文意似異但此乃漢書所錄孔壁古文似不應誤又未見其下文如何難以懸斷姑列之於附錄至僞書畢命篇語多勦襲文亦雕琢乃因史記書序之言而衍之者故不載

成康之際天下安寧刑措四十餘年不用（史記周本紀）

此語似有所本於理亦當如是故存之

附錄○永言配命成王之孚下土之式永言孝思孝思維則○永言孝思昭哉嗣服昭茲來許繩其祖武於萬斯年受天之祜（大雅詩）

衛宏毛詩序云下武繼文也武王有聖德復受天命能昭先人之功焉鄭箋釋成王之孚云孚信也成我周家王道之信也余按文王之什稱文武之功德者凡六篇皆明稱爲文王云云武王云云未有含混其



詞者蓋詩作於成康之世不舉其謚則無以別於今王故也其餘四篇則不然棫樸言勉勉我王似稱現在之君者然旱麓言豈弟君子正與泂酌卷阿文同皆不似追述文王語而文王時亦初無六師也靈臺一詩前於文王篇中已辨之矣至此篇所云昭哉嗣服繩其祖武者玩其語意皆似指繼體之君尤不類創業之主恐所謂成王之孚者即謂成王非武王也蓋文武受天命者也成王繼而述之是以永保無失

故曰永言配命成王之孚繼成王者必法成王乃謂之孝故三章曰永言孝思孝思維則欲嗣成王之功必倣文武之跡故四章曰昭哉嗣服五章曰繩其祖武也如此訓釋似於事理為近較之以成王為成我周家之王道者於文理亦殊自然矣大抵三代以上賢臣哲輔於守成之世尤致慎焉不但召誥無逸聖賢之儆戒然也即詩人亦多於頌禱之中默寓勸勉之意泂酌卷阿其顯然較著者下至穆王之世祈招之詩猶以如玉如金而無醉飽為詞則知古人立言之體往往如是固不得盡以為稱功頌德詩也況成康之際正當王化之成當時群臣豈得絕無贊揚箴規之語見於經傳亦不得盡以為詠歌文武詩也但傳註皆未有言及此者故今不敢直斷為然姑附錄此文於成康之世以見其大凡而識其說如此後世有卓識之儒出當有以決之也



附錄○昔我先王熊繹與呂伋王孫牟燮父禽父並事康王 左傳昭公十二年

附錄○四國有王郇伯勞之 詩曹風

按丁公之仕王朝見於尚書其餘諸人則未知其果仕王朝否也郇伯舊說以為文王之子然郇世為諸侯則亦未有以見其必為文王之子也故並附錄於後

備覽○康王卒子昭王瑕立 史記周本紀

昭王

補昭王南征而不復左傳僖公四年

備覽○昭王之時王道微缺昭王南巡狩不返卒於江上其卒不赴告諱之也史記周本紀

帝王世紀云昭王德衰南征濟于漢船人惡之以膠船進王王御船至中流膠液船解王及祭公俱没于水中而崩余按昭王不復之故經傳文缺不可詳考若果别無他故但見惡於船人何至遽行弑逆船人自以私怨弑王其國之君何以不討嗣王何以亦不問乎船人或作楚人然是時楚境尚未至於漢也恐皆後人之所附會故今但録左傳史記之文庶不失闕疑之義

備覽○立昭王子滿是爲穆王同上

周語云昭王娶於房曰房后實有爽德協於丹朱丹朱馮身以儀之生穆王焉余按此與史記所載劉媪夢與龍交事正相類皆里巷不經之談耳丹朱鬼矣




安能馮生人而生子穆王果丹朱所生則非昭王子矣又安得繼周之統而爲天子乎

穆王

補穆有塗山之會 左傳昭公四年

備覽○穆王閔文武之道缺乃命伯冏申誡太僕之政作冏命 史記周本紀

穆王將征犬戎祭公謀父諫曰不可先王耀德不觀兵夫兵戢而時動動則威觀則玩玩則無震王不聽遂征之得四白狼四白鹿以歸自是荒服者不至 周語

按國語之作主於敷言與左傳主於紀事者不同故



以語名其書猶孔門之有論語家語也然其語亦非當日之語乃後世之人取前史所載良臣哲士諫君料事之詞而增衍之以成篇者是以言中所述古事率多荒誕不經與經傳相悖者十而八九而其文亦弱而不振繁而不節也且以左傳較之有同一事而所言亦同一意者在左傳不過以數語了之而意已足至國語則鋪張支蔓旁引疊出累牘而未肯已其爲後人所衍明甚惟其篇首所記之事以爲言張本者及篇末所記以驗其言者雖不悉實要之合於經傳者多而其文亦簡直疑此本之舊史原文是以獨爲可據耳故今於篇中所稱引往事卽無顯然之謬亦僅列之備覽而篇首尾所記本國本時之事審無可疑則仍從傳例次經一格書之至篇中所敷之言則但摘取其一二語以見大意而所衍繁文弗盡錄焉均此一書夫豈有所低昂於其間亦信其可信者而已矣



穆王欲肆其心周行天下將皆必有車轍馬跡焉祭公謀父作祈招之詩以止王心王是以獲沒於祇宮 左傳昭公十二年

史記秦本紀云造父以善御幸於周繆王得驥溫驪驊騮騄耳之駟西巡狩樂而忘歸徐偃王作亂造父爲繆王御長驅歸周一日千里以救亂後漢書云偃王處潢池東地方五百里行仁義陸地而朝者三十有六國穆王後得驥騄之乘乃使造父御以告楚令伐徐一日而至於是楚文王大舉兵而滅之偃王仁

而無權不忍鬬其人故致於敗乃北走彭城武原縣東山下百姓隨之者以萬數因名其山爲徐山韓文公衢州徐偃王廟碑亦本此以爲說余按前乎穆王者有魯公之費誓曰徂茲淮夷徐戎並興後乎穆王者有宣王之常武曰震驚徐方徐方來庭則是徐本戎也與淮夷相倚爲邊患叛服不常其來久矣非能行仁義以服諸侯亦非因穆王遠遊而始爲亂也且楚文王立於周莊王之八年上距共和之初已一百五十餘年自穆王至是不下三百年而安能與之共伐徐乎故張氏史記正義引古史考文云徐偃王與楚文王同時去周穆王遠矣且王者行有周衛豈得救亂而獨長驅日行千里乎並言此事非實是前人固已非之矣蓋穆王本巡遊無度者故傳稱周行天下將皆必有車轍馬跡焉後世稱造父者欲神其技因取偃王之事附會之以見其有救亂之功稱偃王者欲表其美因又取穆王之事附會之以爲能行仁



義而諸侯歸之耳初未暇計其乖舛於事理刺謬於經傳也韓子之文雖出於酬應不得已而作然采邪說以惑後世亦非大賢所宜爲也故今悉不錄

惟呂命王享國百年耄荒度作刑以詰四方○王曰吁來有邦有土告爾祥刑在今爾安百姓何擇非人何敬非刑何度非及兩造具備師聽五辭五辭簡孚正于五刑五刑不簡正于五罰五罰不服正于五過五過之疵惟官惟反惟內惟貨惟來其罪惟均其審克之五刑之疑有赦五罰之疑有赦其審克之簡孚有衆惟貌有稽無簡不聽具嚴天威墨辟疑赦其罰百鍰閱實其罪劓辟疑赦其罰惟倍閱實其罪剕辟疑赦其罰倍差閱實其罪宮辟疑赦其罰六百鍰閱實其罪大辟疑赦其罰千鍰閱實其罪墨罰之屬千劓罰之屬千剕罰之屬五百宮罰之屬三百大辟之罰其屬二百五刑之屬三千上下比罪無僭亂辭勿用不行惟察惟法其審克之上刑適輕下服下刑適重上服輕重諸罰有權刑罰世輕世重惟齊非齊有倫有要罰懲非死人極于病非佞折獄惟良折獄

罔非在中察辭于差非從惟從哀敬折獄明啓刑書胥占咸庶中正其刑其罰其審克之獄成而孚輸而孚其刑上備有并兩刑 書呂刑

按舜典之贖刑自別一法以處夫罪不至於刑而不可竟赦者非罪本當刑而許以金贖也若五刑果有疑自當酌量減免豈得反因之以爲利蔡氏書傳云穆王巡遊無度財匱民勞至其末年無以爲計乃爲此一切權宜之術以歛民財夫子錄之蓋亦示戒其



論當矣蓋周之衰自穆王始故錄此篇以志文武成康之法之所由變爲後世變祖宗之法以聚歛者之戒與後錄文侯之命篇意同此見周道之始衰彼見周勢之所以不再振也蔡傳又言書傳多稱甫刑疑呂之後爲甫按呂與甫古多通用故詩崧高揚水皆作申甫而春秋傳皆作申呂此蓋傳寫異文非改之也舜典之贖刑說已見唐虞辨相竟篇中

備覽○穆王崩子共王緊 世本作伊扈 立 史記周本紀

共王懿王孝王

備覽○共王游於涇上密康公從有三女奔之一年王滅密 周語

按征戎監謗皆彰彰耳目者此細事耳有無未可知也故列之備覽

備覽○共王崩子懿王囏 世本作堅 立 史記周本紀

備覽○懿王之時王室遂衰詩人作刺 同上

備覽○懿王時戎狄交侵中國被其苦詩人始作疾而



歌之曰靡室靡家獫允之故 玁狁通用 漢書匈奴傳

衛宏毛詩序云文王之時西有昆夷之患北有玁狁之難以天子之命命將帥遣戍役以守衛中國故歌采薇以遣之余按漢書以爲懿王之世詩人疾而歌之史記稱懿王時詩人作刺似亦指此而言則是漢時齊魯諸家說詩皆如此也今玩其詞但有傷感之情絕無慰藉之語非惟不似盛世之音亦無一言及天子之命者正與史漢之言相符然則齊魯說此篇

者必有所傳而然非妄撰也且文王之世初無有所謂玁狁者而文王亦未嘗奉紂命以征伐前於文王篇中固已詳辨之矣故朱子云此未必爲文王之詩以天子之命者衍說也其論當矣然亦以爲遣戍役之詩則猶依違於序說而未得其實際濬呂樂天游

戊申記疑嘗辨之今錄於左

戊申記疑一則采薇明是役畢還歸之詩序以爲遣戍役未出門而曰昔我往矣是今日適越而昔至也



又言將來雨雪霏霏何由而知之方出門不鼓其銳氣乃言載渴載饑我心傷悲豈欲其軍心之懈怠耶小序之謬類如此朱子詩於此條猶無論辨不知何故

○按此辨明甚以史記漢書證之尤無可疑者詩序之謬不待言矣故今采史漢之文載之但謂爲懿王之世則經傳皆無明文故僅列之備覽說並見後宣王篇中南仲條下

備覽○懿王崩共王弟辟方立是爲孝王（史記周本紀）

備覽○非子居犬丘好馬及畜善養息之犬丘人言之周孝王孝王召使主馬於汧渭之間馬大蕃息邑之秦（史記秦本紀）

史記稱孝王欲以非子爲大駱嗣以申侯言廼分土爲附庸按秦本周畿內國邑故秦仲爲宣王大夫伐西戎莊公爲西垂大夫居犬丘非附庸也詩曰錫之山川土田附庸孟子曰不能五十里不達於天子附於諸侯曰附庸今秦不惟直達於天子且爲王官矣



安得復屬諸侯而爲之附庸乎蓋秦與鄭號其初皆王朝之卿士大夫食采於畿內周室東遷各君其國乃列於諸侯會盟子長以其初未成爲諸侯未暇詳核遂疑以爲附庸至襄公乃受王命而爲諸侯失之矣且所載申侯語亦淺陋不足信而是時申亦未封爲諸侯故今刪而存之

備覽○孝王崩復立懿王大子燮是爲夷王（史記周本紀）

按懿王之崩子君弟不得立而立孝王孝王之崩子

又不立而仍立懿王子此必皆有其故史失之耳否則孝王乃懿王弟兄終弟及而仍傳之兄子於事理爲近然不可考矣史記又稱諸侯立懿王大子燮按立君大事自有朝廷大臣主之非若春秋之世王室微弱乃藉外兵以復國也諸侯安得操其權乎恐子長亦以春秋時事例之耳今刪諸侯之文



夷王

覲王于夷王王愆于厥身諸侯莫不並走其望以祈王身 左傳 昭公二十六年

戴記郊特牲篇云下堂而見諸侯天子之失禮也由夷王以下唐柳子厚遂據此文謂夷王害禮傷尊爲王室微弱之證余按書康王之誥云王出在應門之內畢公帥東方諸侯入應門左召公帥西方諸侯入應門右但云在應門內而無躋階之文則王非在堂上明甚然則夷王以前未必絕不下堂也春秋傳齊桓公受胙天子命無下拜下拜登受晉文公受策再拜稽首出入三覲其事天子皆未嘗敢失禮王室微弱號令不行則有之朝覲之文未之改也然則夷王以後亦未必皆下堂也且記此篇於庭燎之百云由齊桓公始於肆夏之奏云由趙文子始於大夫之强云由三桓始獨此文不云由夷王始而云由夷王以下玩其上文語意乃作記者生於周室積衰之後傳

殆其初之不然而無從考其所彷但約略之以爲當
在夷王以幷非確以爲夷王時也觀小雅中大東菀
柳諸篇幽厲之世諸侯猶苦於王室之誅求則夷王
時不應遽至微弱而此傳亦稱諸侯並走其望以祈
王身烏得遽謂下堂而見必爲夷王事乎故今不錄
又按古有師其臣者有賓其臣者成王之於周公拜
手稽首故凡經傳稱君弱臣强者多自臣之僭禮言
之若天子過於降抑此自其君之謙不必皆微弱而



後然故漢光武與子陵同寢唐神堯引羣臣升座而
宋度宗亦嘗拜賈似道雖其是非得失不同要不因
於君弱臣强之故然則王室之强弱亦未必盡在下
堂與否也

備覽〇夷王崩子厲王胡立 史記周本紀

豐鎬考信錄卷之六終

# 豐鎬考信錄卷之七

大名崔述東壁譔考
受業門人石屏陳履和校刊

## 厲王

補至于厲王王心戾虐 左傳昭公二十六年

厲王說榮夷公芮良夫曰王室其將卑乎夫榮公好專利
而不知大難若用周必敗 周語

采國語事而於其言但節錄之說已見前穆王篇中



後並倣此

備覽〇秦仲立三年厲王無道諸侯或叛之西戎反
王室滅犬丘大駱之族 史記秦本紀

按[illegible]采詩頌[illegible]之不爽畿國不泯則厲王之世諸侯
叛者蓋多但古書殘缺無可考惟秦史尚存故史
記得以采而錄之耳餘可以例推也

補萬民弗忍居王于彘 左傳昭公二十六年

按厲王之在彘左傳稱居國語稱流王天子也豈可

言流云居是也國語不及左傳此其一端

榮公爲卿士諸侯不享王流於彘周語

厲王虐國人謗王召公告王曰民不堪命矣王怒得衛巫使監謗者以告則殺之國人莫敢言道路以目三年乃流王於彘同上

國語云彘之亂宣王在召公之宮國人圍之召公曰昔吾驟諫王王不從以及此難今殺王子王其以我爲懟而怒乎云云乃以其子代宣王宣王長而立之



余按周民之居厲王於彘皆其暴虐不得已而出之使不得肆虐於已耳非必珍滅之無遺育而後甘心也使民果欲甘心於王王何以能安然而居於彘果欲甘心於王王出之後何不更立他人而虛王位者十四年王崩之後又何以共戴宣王而無異言乎蓋古者人情淳樸上下之間不甚猜疑故衛出成公以說於晉及晉許其復國盟于宛濮而國人無貳者況文武之德未忘於民心但以身在水火之中遂冒然不暇顧慮而爲此舉王出則已不讐王也況大子乎是以宣王之立民不畜怨亦不自危而宣王亦不復追理前事是其君臣相待猶然先代忠厚之遺安得有如後世所謂斬草除根之類俗乎且召公賢臣也於王子固當全之豈必避懟王之嫌而後如是諫王爲社稷也免王子亦爲社稷也藉令召公未有諫王不從之事將遂執大子以與國人而聽其殺之乎然則謂宣王避亂而奔召公之宫或有之若謂國人圍



而欲殺之召公避嫌而後以子代之則必無之事也蓋緣春秋戰國以降風俗日偷君與民相疾視如仇讐然故疑此時宣王必不能自免於難因揣度附會之而爲此說耳今不錄

備覽○召公周公二相行政號曰共和史記年表元年庚申共和

十四年厲王死于彘大子靜長於召公家二相乃共立之爲王是爲宣王史記周本紀

竹書紀年稱共伯和干王位蘇氏古史乎云厲王

居攝諸侯無所適從共伯和者時之賢諸侯也諸侯皆往宗焉因以名其年謂之共和余按人君在外大臣代之出政常也襄公之執子魚攝宋昭公之奔季孫攝魯厲王既出周召共攝周政事固當然不足異也若以諸侯而行天子之事則天下之大變也傳曰干王之位禍孰大焉又曰周德雖衰天命未改共伯果賢諸侯詎應如是春秋至閔僖以後天下之不知有王久矣然齊桓晉文猶藉天子之命以服諸侯不



敢公然攝天子事也況西周之世烏得有此事且夫召穆公周之賢相也能諫厲王之虐能佐宣王以興夫豈不能代理天下事而諸侯必別宗一共伯和乎齊桓晉文之霸傳記之紀述稱論者指不勝屈況攝天子之事尤爲震動天下而經傳反泯然無一語稱之亦無是理也竹書紀年唐人多有稱述之者其文往往與史記異以經傳考之自周東遷以後史記不如紀年得實（如梁惠王有後元年齊伐燕在宣王世之類）自周東遷以前紀年不如史記近正（如大甲殺伊尹文丁殺季歷之類）蓋此書乃戰國時所撰東遷以後本之晉魏舊史而東遷以前則簡策多逸或旁采異端之說以補之是以不能無謬猶之史記紀漢事多得實紀三代事多失眞也共和之名年意本因二相和衷共攝而稱之傳之既久而失其詳遂誤以爲有共伯和攝之撰紀年者因從而載之耳至於今世所傳紀年一書則又不知何人所撰唐人所引大半無之而其文往往反採之漢書律



歷志及僞古文尚書經傳此尤不足論矣古史又據春秋傳諸侯釋位以間王政及莊子共伯得之於共首之語爲共伯和之證然莊子所稱述本不皆實有其人而亦未見此文共伯之即爲干王位人也故今但據史記載之而紀年之文不錄焉其釋間王政之誤說見後宣王篇中

宣王元年甲戌（史記年表）

補 諸侯釋位以間王政宣王有志而後效官（而後諸本多同或作二公非是）

左傳昭公二十六年

杜氏左傳註云間猶與也去其位與治王之政事林氏以此爲周召事云二公與治王之政事號曰共和蘇氏古史以此爲共伯和事云厲宣之間諸侯有去其位而代王爲政者余按周召皆王室之相厲王雖出二公之在本位自若也不得謂之釋位當厲王在國時政固已共理之亦非待流於彘而後得與於王政也若以共伯和當之謂釋位爲去諸侯之位間王政爲干天子之權則而後效官將何解焉且子朝之爲此言因晉之納敬王故述諸侯之忠於王室以責晉之不輔已耳故曰並建母弟以蕃屏周曰諸侯莫不並走其望以祈王身曰攜王奸命諸侯替之而建王嗣周召皆王卿士不得謂之諸侯以此言而共伯和干天子之權亦非忠於王室者此皆與前後文義



不類子朝之述此何居焉蓋釋位效官本相對爲文釋猶解也釋位者解官也間王政者待王政之間也諸侯爲王卿大夫者因厲王在外故解官而歸其國以待王室之定宣王有志振作而後來效王官之職上下呼應本極了然分明但說者先有共和及共伯和之成見在心務强合之爲一是以乖剌不通而不知彼自一事此自一事也今正之共伯和之悞說已見前厲王篇中

存參〇雲漢仍叔美宣王也宣王承厲王之烈內有撥亂之志遇災而懼側身修行欲銷去之天下喜於王化復行百姓見憂故作是詩也（詩序）

綱鑑大全載此事於宣王六年征伐四方封申城齊之後繹史亦載之於常武崧高諸詩之末余按序文云承厲王之烈則是以爲初即位時事也且大雅自民勞以後篇次未有錯亂此詩既在崧高烝民之前則爲宣王初年之詩無疑故列之於此

存參〇周宣姜后賢而有德宣王常早卧晏起姜后脫
簪珥待罪於永巷王遂勤於政事早朝晏退卒成中興
之名（列女傳）
此事未知有無然於理無所害惟其文太冗弱必後
人所敷衍故今刪而存之綱鑑大全從外紀載此於
二十二年則此後乃宣王德衰之時豈勤於政事語
不符當以在初年爲是
宣王即位二相輔之修政法文武成康之遺風諸侯復宗



周（史記周本紀）
按此文即本詩春秋傳所述而言二相謂周公召公
也蓋宣王初政皆由大臣匡贊而成然二雅多稱召
公者而周公無聞焉或者亦如唐蘇頲之於宋璟乎
藉使周公不賢召公亦未必能獨行其志也
玁狁匪茹整居焦穫侵鎬及方至于涇陽（詩小雅）
薄伐玁狁至于大原文武吉甫萬邦爲憲〇吉甫燕喜既多
受祉來歸自鎬我行永久（同上）

王命南仲往城于方出車彭彭旂旐央央天子命我城彼朔
方赫赫南仲玁狁于襄〇赫赫南仲薄伐西戎（同上）
存參〇宣王興師命將詩人美大其功曰薄伐玁狁至
于大原出車彭彭城彼朔方（漢書）
衛宏毛詩序云文王之時西有昆夷之患北有玁狁
之難以天子之命命將帥遣戍役以守衛中國故歌
采薇以遣之出車以勞還杕杜以勤歸也由是鄭孔
以來諸儒之說詩者咸以出車爲文王詩南仲爲文



王臣而詩所謂王者紂也余按春秋之義莫嚴於辨
名分文王果受天子命伐玁狁則文王當自行不得
但遣陪臣帥師詩當稱王命西伯不得稱王命南仲
今詩稱天子之命以命陪臣若其間初無文王者僭
邪亂邪非惟不知有君抑亦非所以尊天子也蘇氏
知其不通於是又曲爲說以天子爲紂以王爲文王
後人之追稱云然耳然王即天子也一篇之中自天
子紂自王文王名實雜糅君臣同稱尚可以爲訓乎

天子之命陪臣則述之文王之命其大夫則又述之
錫天子之命文王則無一語及之有是理乎且經傳
記文王之臣多矣未有稱南仲者而常武宣王時詩
有南仲（舊說以南仲爲皇父之祖誤說見後常武詩下）大王時有獯鬻文王
時有昆夷未有稱玁狁者而六月采芑宣王時詩稱
玁狁然則此當爲宣王時詩非文王時詩矣不特此
也六月稱侵鎬及方此詩稱往城于方其地同六月
稱六月棲棲戎車既飭此詩稱昔我往矣黍稷方華



其時又同然則此二詩乃一時之事其文正相表裏
蓋因鎬方皆爲玁狁所侵故分道以伐之吉甫經略
鎬而南仲經略方耳故漢書以出車六月同爲宣王
時詩古今人表宣王時有南仲而文王時無之而馬
融上書亦稱玁狁侵鎬及方宣王立中興之功是以
南仲赫赫列在周詩然則是齊魯韓三家皆以此爲
宣王詩矣朱子云詩所謂天子所謂王命皆周王耳
是矣然云南仲此時大將不須言爲何時則猶未免

以先儒正雅變雅之說爲疑也夫雅本無正變之分
而詩篇亦不無錯簡春秋傳呉季札聘於魯請觀於
周樂爲之歌小雅曰美哉思而不貳怨而不言其周
德之衰乎召穆公思周德之不類故糾合宗族於成
周而作詩曰常棣之華鄂不韡韡（杜註誤說見召穆公篇中）則小
雅固不在文武世而鹿鳴什中固有宣王詩矣南陔
以下九篇皆笙歌之詩當次之鹿鳴之三而今反在
杕杜之後常棣伐木天保與蓼蕭以下四篇皆燕享



之詩采薇出車杕杜與六月采芑三篇皆征戍之詩
本當以類相從而今皆迭相間則今小雅篇次非當
日之舊第明矣先儒既誤以詩爲周公所作又不知
篇次之有錯簡但見六月篇中有稱吉甫明文勢不
可并以爲文武之詩遂斷自我以上謂之正雅六月
以下謂之變雅出車既在正雅又在南陔白華之前
因不得不以南仲爲文王時人伐玁狁爲文王時事
是以委曲遷就百方解說而理卒不可通然不可通

其失猶小而使商周革命之際事跡失實聖人之心不白於後世其失大故次之於六月之後以正其失

說並見前文王篇中

鄭氏以西戎爲昆夷玁狁爲北狄孔氏詩疏云玁狁大於西戎出師主伐玁狁故戒救戍役以玁狁爲主而畧於西戎也余按大原（即今陜西固原）及方皆在周之西北玁狁之國當在涼靈之間所謂西戎蓋即玁狁而變其文以叶韻耳玁狁之爲周患見於出車六月采



薇采芑四篇詳矣而傳記初未有言者國語有犬戎有姜氏之戎而史伯則但稱西戎足爲周患者皆戎然則玁狁亦戎也史記秦本紀厲王時西戎反王室滅犬邱大駱之族宣王時以秦仲爲大夫誅西戎西戎殺秦仲（在宣王之六年）宣王召其子莊公與兵七千使伐西戎破之幽王時戎圍犬邱莊公子世父爲戎所虜（在幽王之六年）厲宣間能爲周患者惟西戎然則詩之玁狁即西戎也是以一篇之中或稱玁狁或稱西戎非兩事也蓋西戎之國不一而玁狁爲最強專言之則曰玁狁概言之則曰西戎猶赤狄有潞氏甲氏留吁鐸辰而潞氏爲最強傳或專言潞氏亦或概言爲赤狄也玁狁文皆從犬疑即周語之犬戎猶鄭瞞之或稱爲長狄也以玁狁西戎爲二國而曲爲之解誤矣程子疑西戎兵不加而服朱子疑既却玁狁而還師以伐昆夷亦沿鄭孔之悞

按雅之詠文武事者事實多而鋪張少詠宣王事者



事實少而鋪張多此亦世變之一端也故今於小雅六月出車等篇大雅崧高烝民等篇每篇止摘切要數言載之以備當日之事實見中興之梗概其餘鋪張之詞不暇錄亦不勝錄也

備覽○周宣王即位乃以秦仲爲大夫誅西戎西戎殺秦仲秦仲立二十三年死於戎有子五人長者曰莊公周宣王乃召莊公昆弟五人與兵七千人使伐西戎破之於是復予秦仲後及其先大駱地犬邱并有之爲西

垂大夫莊公居其故西犬邱史記秦本紀

此以上宣王征西北之事

亹亹申伯王纘之事于邑于謝南國是式王命召伯定申伯之宅○王命申伯式是南邦因是謝人以作爾庸王命召伯徹申伯土田詩大雅

王命仲山甫式是百辟○出納王命王之喉舌○衮職有闕維仲山甫補之○王命仲山甫城彼東方○仲山甫徂齊式遄其歸同上



王錫韓侯其追其貊奄受北國因以其伯同上

此以上宣王經畧中原之事

蠢爾蠻荊大邦爲讎方叔元老克壯其猶方叔率止執訊獲醜○顯允方叔征伐玁狁蠻荊來威詩小雅

江漢浮浮武夫滔滔匪安匪遊淮夷來求○江漢湯湯武夫洸洸經營四方告成于王○江漢之滸王命召虎式辟四方徹我疆土詩大雅

赫赫明明王命卿士南仲大祖大師皇父整我六師以修我戎○王謂尹氏命程伯休父左右陳行戒我師旅率彼淮浦省此徐土○徐方既同天子之功四方既平徐方來庭同上

此以上宣王經畧東南之事○按詩所詠宣王之事其先後雖未敢盡以篇次爲據然以其言考之采芑稱方叔征伐玁狁蠻荊來威是玁狁之伐在東南用師之前也江漢稱經營四方告成于王常武稱四方既平徐方來庭是徐淮之役在四方畧定之後也以其理推之西戎逼近畿甸患在切膚所當先務封申



城齊皆關東事似可稍緩若淮漢荊徐則距畿較遠服之爲難近者未安不能遠圖理之常也而史記秦仲之死戎莊公之破戎亦在宣王初年故今畧依詩之先後次之要不至大相逕庭也

朱子詩傳釋南仲大祖大師皇父二句云謂南仲爲大祖兼大師而字皇父者余按春秋傳云昔我皇祖伯父昆吾離騷云朕皇考曰伯庸皆係祖考之名號於祖考之下未有反係子孫之名於祖考之文

之下者其或由祖考而及其子孫則云某人子某某人孫某若南仲果皇父之祖則文當云南仲曾孫大師皇父不當反云南仲大祖大師皇父也南與皇氏也仲與父字也猶春秋傳之稱智伯趙孟也其子孫當世以南與皇冠之故宣王時有皇父幽王時亦有皇父詩有家父春秋亦有家父春秋莊公時有单伯文公時亦有單伯成公以後又有單子然則南仲皇父當各自爲一族不得以此二人爲祖孫也古有以



祖爲名者有以祖爲氏者古之彭祖書之祖己祖伊是也大祖或南仲之稱號未可知也詩之假以溢我據春秋傳乃何以恤我假樂君子據戴記乃嘉樂君子大祖或音之轉字之誤亦未可知也鈌所疑焉可矣不得遂以爲祖考之祖也蓋朱子之誤由信毛鄭正雅變雅之說而以出車爲懿王以前詩南仲爲懿王以前人故不得已而曲爲之解耳說已見前命南仲條下

魯武公以括與戲見王王立戲樊仲山父諫曰不可立也不順必犯犯王命必誅故出令不可不順也王卒立之魯侯歸而卒及魯人殺懿公而立伯御三十二年宣王伐魯立孝公諸侯從是而不睦周語

宣王欲得國子之能導訓諸侯者樊穆仲曰魯侯孝乃命魯孝公於夷宮同上

三十九年戰於千畝王師敗績於姜氏之戎同上

宣王既喪南國之師乃料民於大原同上



余考宣王之事據詩則英主也據國語則失德實多判然若兩人者心竊疑之久之乃覺其故有三詩人之體主於頌揚然大雅之述文武者多實録而魯頌閟宮篇則專尚虛詞荆舒是懲莫我敢承僖公豈足以當之此亦世變之爲之也宣王之時雖尚未至是然亦不免小事而張皇之城方封申亦僅僅耳而其詞皆若威震萬里者是詩言原多溢美未可盡信其故一也國語主於敷言非紀事之書故以語名其書

而政事多不載焉然其言亦非當日之言乃後人取當日諫君料事之詞而衍之者諫由於君之有失道故衍諫詞者必本其失道之事言之非宣王之爲君盡若是亦非此外別無他善政可書也其故二也古之人君勤於始者多勉於終者少梁武帝創業之主勤於庶政而及其晚年百度廢弛卒致侯景之禍唐明皇帝躬勘大難致開元之治而晚年淫侈亦致祿山之患其始終皆判若兩人宣王在位四十六年始



勤終怠固宜有之故國語所稱伐魯在三十二年千畝之戰在三十九年皆宣王晚年事而詩稱封申伐淮夷皆召穆公經理之穆公厲王大臣又歷共和之十四年其相宣王必不甚久則此皆宣王初年事無疑也且使宣王果能憂勤振作四十餘年何至幽王之世無道十一年而遽亡其國由是言之詩固多溢美國語固專紀其失要亦宣王之始終本異也其故三也蓋召穆公周之賢相宣王初政實穆公主之故

能致中興之盛猶晉悼公任韓厥荀罃而復霸及荀偃爲政而釋衛不討伐秦遷延霸業遂衰也若以宣王比之大戊武丁誠爲不倫而東萊呂氏因王子晉厲宣幽平而貪天禍之語遂疑宣王無大異於幽厲則亦未免於太過矣故今載二雅之文於前國語之文於後庶宣王始終盛衰之故可考而知焉

四十六年宣王崩子幽王宮涅立史記周本紀

國語云杜伯射王于鄗墨子云宣王殺其臣杜伯而



不辜杜伯曰死而有知不出三年必使吾君知之三年宣王合諸侯而田於圃田杜伯乘白馬素車追宣王射入車上中心折脊殪車中伏弢而死余按君臣之義猶父子也子不可以讐父臣豈可以讐君乎使杜伯果賢臣必無射王之事杜伯可以死而射王則亦可以生而弒王矣此事不見於經傳惟國語有之然語之亦不詳不知杜伯究爲何人射王究爲何故而亦未言王之死於射也果如墨子之言則是人臣

見殺而非其罪者皆可爲厲鬼以弒其君而[illegible]不[illegible]也哉春秋傳云齊侯游于姑棼遂田于貝邱見大豕從者曰公子彭生也公怒曰彭生敢見射之豕人立而啼公懼隊于車傷足喪屨竊疑宣王之事當時言者或亦類是蓋人之將死則鬼神乘其衰氣而見形焉久之而好事者遂相附會遂以爲宣王之死於杜伯之射也故今並不錄



幽王 史記年表 元年庚申

補 王于幽王天不弔周王昏不若用愆厥位 左傳昭公二十六年

幽王二年西周三川皆震○是歲也三川竭岐山崩 周語

附錄○赫赫師尹不平謂何○尹氏大師維周之氏秉國之均○家父作誦以究王訩 詩小雅

按此詩專咎尹氏謂尹氏秉國之均而十月篇歷敘助虐之臣自皇父以下凡七人獨無尹氏則似此二詩非一時作也且此詩家父所作而十月篇有家伯雖未知其爲父子爲兄弟然要之必非一時之事矣豈此在幽王之初與抑非幽王時之詩與詩無明文未敢臆斷姑附錄之於此



赫赫宗周褒姒滅之 詩小雅

按史記稱幽王三年見褒姒而愛之雖其年未必有確據然觀正月十月二詩所稱則褒姒之寵固當在六年日食前也故次於三川震之後

存參○周幽王伐有褒有褒人以褒姒女焉 晉語

鄭語云宣王之時有童謡曰檿弧箕服實亡周國於是宣王聞之有夫婦鬻是器者王使執而戮之夏之衰也褒人之神化爲二龍以同于王庭而言曰余褒之二君也夏后卜殺之與去之與止之莫吉卜請其漦而藏之吉及厲王之末發而觀之漦流於庭不可除也王使婦人不幃而譟之化爲元黿以入于王府府之童妾未既齔而遭之既笄而孕當宣王而生不夫而育故懼而棄之爲弧服者方戮在路夫婦哀其夜號也而取之以逸逃於褒褒人褒姁有獄而以女入于王王遂置之而發是女也使至於爲后而生伯服其後司馬氏史記蘇氏古史咸采此文錄之余按神有氣而無形龍則有形物也神安能化爲龍漦在櫝中千年而不化何以一譟而遽爲黿也且童妾未既齔而遭黿既笄而後孕何以知其孕之因於黿厲王以後歷共和十四年宣王四十六年凡六十年幽王乃立若褒姒生於宣王之初年則至幽王之時已



老若生於宣王之末年則是童妾受孕四十餘年而始生也其荒唐也如是而司馬氏蘇氏咸信之其亦異矣唯晉語所稱理或有之然亦不敢必其果然故列之於存疑而鄭語不錄焉說並見後伯服條下及前穆王篇中

（補）周幽爲大室之盟戎狄畔之（左傳昭公四年）

備覽○戎圍犬邱世父世父（二字疑衍）擊之爲戎人所虜歲餘復歸世父（史記秦本紀）

按犬邱之圍即傳所稱戎狄畔之者史記以爲秦襄公二年則幽王六年也故次之於此

十月之交朔日辛卯日有食之（詩小雅）

按歷家推此詩日食在幽王六年故次之於圍犬邱之後

皇父卿士番維司徒家伯冢宰仲允膳夫棸子內史蹶維趣馬楀維師氏艷妻煽方處（同上）

皇父孔聖作都于向擇三有事亶侯多藏不慭遺一老俾守

我王擇有車馬以居徂向 同上

此詩衛序以爲刺幽王鄭箋以爲刺厲王鄭云節彼刺師尹不平此篇譏皇父擅恣正月惡褒姒滅周此篇疾艷妻煽處又幽王時司徒乃鄭桓公友非此篇之所云番也余按艷妻煽處與大雅瞻卬篇哲婦傾城意同即指褒姒而言不得分爲二人且十月日食與歷今川沸山崩與周語合則在幽王之世明矣鄭桓公之爲司徒據鄭語在幽王八年八年以前固不



妨於他人之爲之也故今從序次之幽王之時雖不及師尹未詳其故然師尹在幽王之初與說已見前師尹條下

備覽〇褒姒不好笑幽王欲其笑萬方故不笑幽王爲烽燧大鼓有寇至則舉烽火諸侯悉至至而無寇褒姒乃大笑幽王悅之爲數舉烽火其後不信諸侯益亦不至 史記周本紀

存疑〇虢石父讒諂巧從之人也而立以爲卿士 鄭語

按十月詩所刺助虐之臣七人無虢石父豈石父與七人不同時與抑國語稱其字而詩稱其名與要之國語本難盡信姑列之於存疑

懿厥哲婦爲梟爲鴟婦有長舌維厲之階亂匪降自天生自婦人 詩大雅

存疑〇褒姒有寵生伯服於是乎與虢石甫比逐太子宜臼而立伯服 晉語

按伯服字也太子名之伯服何以字之况王之幼子



亦不應字以伯也此事不見於他傳記即周語亦無之獨晉鄭二語史蘇史伯之言有是然觀所載二子之言荒誕殊甚伊尹膠鬲之事既誣安見此文之獨爲可信也大抵西周之亡載籍缺畧其流傳失實以致沿訛踵謬者蓋亦有之撰國語者聞有此說遂從而采之耳又按左傳稱携王奸命諸侯替之杜氏集解以携王爲伯服考竹書紀年云虢公翰立王子余臣于携則携王乃余臣非伯服也事固有在疑似之

間而揣度言之致失其真者安知晉語之不亦類是也故與戎衮之文均列之於存参說並見後條下

衛宏毛詩序云小弁刺幽王也大子之傅作焉朱子詩序辨說云此詩明白爲放子之作無疑但未有以見其必爲宜臼耳序又以爲宜臼之傅尤不知其所据也余按趙岐孟子注云伯奇仁人而父虐之故作小弁之詩曰何辜于天親親而悲怨之詞也王充論衡亦云伯奇放流首髮早白詩云維憂用老是此篇



在漢以前齊魯諸家說詩者皆以爲伯奇不以爲平王也且玩通篇語意亦未見其果爲王世子者固未敢决以爲伯奇即何容遂斷以爲平王也朱子之言深得古人慎重缺疑之意故今不錄此詩

詩序又云白華周人刺幽后也幽王取申女以爲后又得褒姒而黜申后故下國化之以妾爲妻以孼代宗而王弗能治周人爲之作是詩也朱子詩序辨說云幽后字誤當爲申后刺幽王也下國化之以下皆衍說耳余玩此序詞意似以此詩之所稱者乃下國之人以妾爲妻耳但下國之所以如是由於褒姒干后而人效之故推其本而以爲刺幽后非謂詩所言即申后事也且詩中樵彼桑薪卬烘于煁等語皆似里巷人之言不類王后語氣故序以下國之人當之但詩序之僻好以詩爲刺王不論何人何事務委曲而歸其故於王此其所蔽耳朱子反據首三句爲說而以下國化之云云爲衍說失序之本意矣朱子於



小弁篇序之明指爲宜臼者猶不敢必其果然况此序初未明指爲申后又安得遽以爲申后作乎大抵詩序之說揣度附會者多朱子所駁深中其病然亦間有誤會序意而反失其實者故今不錄此詩

降丧饑饉斬伐四國　詩小雅

瘨我饑饉民卒流亡　詩大雅

按饑饉之患衰世爲多而盛世亦往往有之但盛世政事清明上下一體而民亦有諸積以備不虞故不

足爲大患衰世政事廢弛上下之情不通而民亦多
躭於逸樂不知慮遠故遇荒歲即不免於流亡百姓
既無固志是以戎得乘其弊而攻之善乎秦鍼之言
曰國無道而年穀和熟天贊之也是知驪山之禍固
因於幽王失政亦因於饑饉流亡故錄此詩以著幽
王失國之由

邦君諸侯莫肯朝夕 詩小雅

今也日蹙國百里 詩大雅



世皆謂申侯啟戎戎遂克周殺幽王驪山下夫周之
王畿號爲千里有百二山河之險關東諸侯皆甚微
謂戎雖强大豈能一旦而遂破之蓋其來有漸矣觀
雨無正之二章則諸侯固已多不至者矣觀召旻之
卒章則戎之蠶食亦非一日矣周已衰微不振是以
戎得一舉而滅之但尚書無言幽之篇而傳記復多
缺軼無從考其詳耳故今采此二篇之文以補其缺

幽王八年而桓公爲司徒九年而王室始騷 鄭語

十一年幽王乃滅周乃東遷 周語

備覽○犬戎攻幽王幽王舉烽火徵兵兵莫至遂殺幽
王驪山下於是諸侯乃共立故幽王太子宜臼是爲平
王以奉周祀平王立東遷於雒邑 史記周本紀

晉語史蘇云王逐大子宜臼而立伯服大子出奔申
申人繒人召西戎以伐周周於是乎亡鄭語史伯云
王欲殺大子以成伯服必求之申申人弗畀必伐之
若伐申而繒與西戎會以伐周周不守矣史記周本



紀云王廢申后去太子申侯怒與繒西夷犬戎攻幽
王幽王舉烽火徵兵兵莫至遂殺幽王驪山下虜褒
姒盡取周賂而去於是諸侯乃即申侯而共立故幽
王太子宜臼是爲平王余按此事揆諸人情徵諸時
勢皆不宜有申在周之東南千數百里而戎在周西
北相距遼遠申侯何緣越周而附於戎黃與弦之附
齊也其國在楚東北然楚滅之齊桓猶不能救遠近
之勢然也王師伐申豈戎所能救乎陘庭之啟曲沃

以代翼也蔡之召吳與伐楚也其地皆相鄰接故以
沃吳得以因之申與戎相距數千里而申屈之以周
申安能敵戎戎之力果能滅周亦何藉於申之召乎
申之南荆也當宣王時荆已强盛爲患故封申伯於
申以塞其衝周衰申益微弱觀揚水之篇申且仰王
師以戍之當幽王時申畏荆自保之不暇何暇反謀
王室且申何不近附於荆以抗周而乃遠附於戎也
晉獻公欲立奚齊使人殺重耳夷吾重耳奔狄夷吾
奔梁獻公未嘗必求而殺之也楚平王信讒欲殺大
子建建奔鄭楚之强可以求建於鄭然平王亦竟聽
之宜臼既逐伯服得立則亦已矣幽王何故必欲殺
其子而後甘心也魯子亦齊甥也襄仲反請於齊侯
而殺之邾捷菑鄭駟絲晉甥也文公卒邾人立貜且
子游卒鄭人立駟乞晉雖伐之問之卒亦不强其必
從也此其相與爭者皆兄弟之屬其舅大國盟主也
然猶如是況宜臼之於王父子也申侯之於王君臣



也王逐宜臼聽之而已申侯亦不應必欲助其甥以
傾覆王室也君臣父子天下之大綱也文武未遠大
義猶當有知之者況晉文侯衛武公當日之賢侯也
而鄭武公秦襄公亦皆卓卓者宜臼以子仇父申侯
以臣伐君卒弒王而滅周其罪通於天矣此數賢侯
者當聲大義以討之即不然亦當更立幽王他子或
宣王他子何故必就無君之申而共立無父之宜臼
哉西周之亡詩書無言及者於經無可徵矣然春秋
傳往往及東遷時事而不言此至周語述西周事家
矣而亦未有此此君臣父子之大變動心駭目不應
皆無一言紀之而反旁見於晉鄭之語史蘇史伯追
述逆料之言耳所載二人之言荒繆亦多矣伊尹聖
人也而以爲與妹喜比而亡夏膠鬲賢人也而以爲
與妲己比而亡殷誣矣褒君也而化龍龍漦也而化
黿童妾也而生女而孕至數十年又妄矣吾聞以一
隅反三隅者未聞三隅不足以反一隅者此言之非

實亦明矣若之何史記猶據追述逆料之語而紀之爲實事也蓋嘗讀大雅瞻卬召旻二篇及小雅之節南山正月十月雨無正等篇所刺幽王失德羣姦植政之事正亦多端不但褒姒一事已也而周之患戎其來亦久穆王時嘗征犬戎宣王時玁狁內侵至于涇陽出車六月等篇屢言之至幽王時而周益衰故戎益肆耳傳云周幽爲大室之盟戎狄畔之詩云今也日蹙國百里然則戎之滅周非一朝一夕之故



蓋緣幽王昏縱淫暴掊克在位久矣失民之心是以戎來侵伐而不能禦日漸蠶食至十一年而遂滅戎之力自足滅周初不待於申侯之怒也乃世之論者遂據此以爲平王與於弑父其戍申也以爲平王德其立已而忘不共戴天之仇其亦過矣且晉語鄭語但稱西戎史記分爲西夷犬戎二國而疊言之亦非是故今但取大雅周語之文及鄭語篇終紀事之語次之以著周亡之由而於史記史伯所稱者不采於



史記所述者刪而存之權誣也

豐鎬考信錄卷之七終

# 豐鎬考信錄卷之八

大名崔述東壁譔考
受業門人石屏陳履和校刊

## 太伯虞仲

補太伯虞仲太王之昭也太伯不從是以不祀（左傳僖公五年）

太伯端委以治周禮仲雍嗣之斷髮文身蠃以爲飾（左傳哀公七年）

附論○子曰泰伯其可謂至德也已矣三以天下讓民無得而稱焉（論語泰伯篇）○謂虞仲夷逸隱居放言身中清廢中權（論語微子篇）

史記吳太伯世家云吳太伯弟仲雍皆周太王之子而王季歷之兄也季歷賢而有聖子昌太王欲立季歷以及昌於是太伯仲雍乃奔荊蠻文身斷髮示不可用以避季歷余按太王周之賢主也廢長立少庸主猶或不爲況太王乎聖人之生固有異於常兒然其德亦必待壯而後成生而有聖德特國語列女傳



事後之推崇云爾豈得以此爲據也哉且大王安知王季之必傳之文王也哉已既欲廢長而立少矣安知王季之不亦然吳諸樊欲傳季札矣卒傳之於州于晉武帝欲傳愍懷矣卒爲賈氏所殺宋杜后欲傳廷美德昭矣卒皆死於太宗之手故凡人主之欲相傳而至某人者皆愚主之所爲也以大王之賢智必不如此左計明矣況大伯之德固自足以興周而何爲舍之而待夫不可必立之文王乎由是言之太伯之讓王季乃大伯自欲讓之耳大王初無欲立季歷之事也曰然則泰伯何以讓國曰古人讓國常事耳不足異也宋襄公嘗讓子魚矣韓無忌常讓起矣卽吳諸樊亦嘗讓季札矣春秋時猶有以兄弟爲賢而讓之者況商周之際淳樸之世哉且古人非但讓國也卽授官亦多有讓者禹垂益伯夷之讓不待言矣春秋之世齊鮑叔讓相於管仲衛免餘讓卿於大叔儀晉匡句須讓宰於鮑國晉大夫之讓軍師者尤不

可一二數是知讓本古人常事不必有所爲不得已而後讓也但自戰國以後人惟知有利而不知有義爭國者多讓國者少遂以古人之讓爲異徃徃揣度附會曲爲之說故見益之不有天下則意度之以爲禹傳啟也不則以爲啟殺益也見伊尹之不有天下則意度之以爲大甲潛出自桐而殺之也見泰伯之長而不爲周君則意度之以爲太王欲傳聖孫泰伯知而逃也後人之說古人大抵皆如是矣韓詩外傳



亦載此事而語尤詳且云大王薨季之吳告伯仲伯仲從季而歸羣臣欲伯立季季遂立其語尤不近於情理古者列國各有疆界岐之去吳數千餘里使命所不能通王季安能捐社稷而遠去果羣臣皆欲立王季則是大伯不得已而讓也又豈足爲賢哉又按詩云作棫斯拔松柏斯兌帝作邦作對自大伯王季似太伯已嘗君周而後讓之王季也者論語記逸民有虞仲而無大伯亦似獨虞仲未嘗爲君也者或者

大伯既立之後讓之虞仲虞仲逃之而後讓之王季乎春秋傳又云大伯端委以治周禮仲雍嗣之斷髮文身祼以爲飾然則斷髮文身亦非大伯事矣學者奈何不詩論語春秋傳之信而獨史記外傳之信也哉故今世家外傳之文皆不載說並見前大王篇中世家又云大伯自號勾吳荊蠻歸之千餘家大伯卒無子弟仲雍立仲雍子季簡季簡子叔達叔達子周章周武王克殷求大伯仲雍之後得周章周章已君



吳乃封周章弟於故夏墟是爲虞仲余按傳所稱虞仲乃大王之子非周章之弟也若至仲之曾孫始遷於虞則傳不得稱爲虞仲大伯君吳而稱吳大伯仲君吳而稱虞仲有是理邪且論語以虞仲爲逸民者嗣大伯而有國豈容復謂之逸然則哀七年傳之仲雍非大王之子大王之子自號虞仲非傳之仲雍矣疑史記因見哀七年傳仲雍嗣大伯之文遂誤以仲雍爲大伯之弟因以傳之虞仲別屬之周章之弟也

大抵史記之言皆難取信故今但取經傳之文次第列之以俟學者熟玩而自得焉而凡世家之言概不敢載



伯夷叔齊

(補)逸民伯夷叔齊（論語微子篇）

備覽○伯夷叔齊孤竹君之二子也父欲立叔齊及父卒叔齊讓伯夷伯夷曰父命也遂逃去叔齊亦不肯立而逃之國人立其中子（史記伯夷列傳）

附論○冉有曰夫子爲衛君乎子貢曰諾吾將問之入曰伯夷叔齊何人也曰古之賢人也曰怨乎曰求仁而得仁又何怨出曰夫子不爲也（論語述而篇）



(補)伯夷叔齊餓於首陽之下（論語季氏篇）

(補)伯夷辟紂居北海之濱聞文王作興曰盍歸乎來吾聞西伯善養老者（孟子）

附論○子曰不降其志不辱其身伯夷叔齊與（論語微子篇）

呂氏春秋云武王使叔旦就膠鬲於四內而與之盟曰加富三等就官一列爲三書同詞血之以牲埋一於四內皆以一歸又使保召公就微子開於共頭之下而與之盟曰世爲長侯守殷常祀相奉桑林宜私

孟諸爲三書同詞血之以牲埋一於共頭之下皆以一歸伯夷叔齊聞之相視而笑北行至首陽之下而餓焉余按書微子篇深切懇摯無非愛君憂國之言正與箕比之心無絲毫異但補救無方不得已而去耳是以孔子稱仁孟子稱賢烏有佐周以覆宗國者乎膠鬲事雖不詳然孟子與傅說箕比並稱則亦必無私與周盟以邀利之事矣文王三分有二武王孟津之會諸侯八百是周之力本足以滅商故孔子曰



以服事殷可謂至德謂其能代商而不代商也何待於周召私與微子膠鬲盟而後能滅商哉微子膠鬲之與武王皆不應有此事然則伯夷叔齊亦必無此事也明矣蓋戰國之世邪說並作皆喜毀古聖人以便其私但聞微子封於宋而不知其故則以不肖之心揣之而以爲私與周盟也但聞伯夷嘗餓於首陽而不知其故則又以不肖之心附會之而以爲惡武王之伐商也武王果許封微子於宋何以克殷之後不封微子乃封武庚夷齊果避周而餓於首陽何以經傳皆無一言及之而但見於戰國諸子之書乎此宜少讀書者皆知其妄而儒者往往信之其亦異矣故今首陽之餓載之讓國之後歸周之前以証其謬

史記扣馬之諫蓋即本之於此等書說詳見後條下

伯夷叔齊不念舊惡怨是用希（論語公冶篇）

伯夷目不視惡色耳不聽惡聲非其君不事非其民不使治則進亂則退橫政之所出橫民之所止不忍居也思與



鄉人處如以朝衣朝冠坐於塗炭也當紂之時居北海之濱以待天下之清也故聞伯夷之風者頑夫廉懦夫有立志（孟子）

附論○孟子曰伯夷聖之清者也（同上）

伯夷非其君不事非其友不友不立於惡人之朝不與惡人言立於惡人之朝與惡人言如以朝衣朝冠坐於塗炭推惡惡之心思與鄉人立其冠不正望望然去之若將浼焉是故諸侯雖有善其辭命而至者不受也（同上）

附論○孟子曰伯夷隘（同上）

史記伯夷列傳云西伯卒武王載木主號爲文王東伐紂伯夷叔齊扣馬而諫曰父死不葬爰及干戈可謂孝乎以臣弑君可謂仁乎左右欲兵之大公曰此義人也扶而去之武王已平殷亂天下宗周而伯夷叔齊耻之義不食周粟隱於首陽山采薇而食之及餓且死作歌云云遂餓死於首陽山此說自漢以來皆信之不疑獨宋王安石嘗闢之今節錄其文於左



王安石伯夷論（節錄）伯夷古之論有孔子孟子焉孔子曰求仁而得仁餓於首陽之下逸民也孟子曰非其君不事不立惡人之朝避紂居北海之濱百世之師也孔孟皆以伯夷遭紂之惡不忍事之以求其仁餓而避不自降辱以待天下之清而號爲聖人耳然則司馬遷以爲武王伐紂扣馬而諫義不食周粟是大不然也夫商衰而紂以不仁殘天下天下孰不病紂而尤者伯夷也嘗與大公聞西伯善養老則往歸焉當是時欲夷紂者二人之心豈有異耶及武王一奮大公相之伯夷乃不與何哉蓋二老所謂天下之大老春秋固已高矣文王之興以至武王之世歲亦不下十數如是而言伯夷其亦理有不存者也

余按天下之是非一而已矣此是則彼非此非則彼是無兩是之理也是故啟之繼統爲是則有扈之阻兵爲非桀紂之暴虐爲非則湯武之弔伐爲是湯武是則佐湯武以伐桀紂者皆是桀紂非則助桀紂以



抗湯武者皆非戰國以降地醜德齊各以力爭爲君者各樹私恩以結其士爲士者各懷私恩以報其君而不復顧天下之大義於是各爲其主之說始興而豫讓以死報智伯矣聶政以死報嚴仲矣自世俗論之則以爲賢矣而自聖賢觀之特徒死而已故紂之臣未必無殉國者而孔子概未之論及其於殷臣而仁之者凡三其一則去紂其二則皆諫紂者也何者理固無兩是也齊桓能尊周室存亡國則以管仲之

佐之爲仁楚僭王滅諸姬則其臣雖忠如子文而不得爲仁而子西且有彼哉之嘆矣宗魯之殉公孟子路之殉孔悝未嘗非忠臣之節而孔子深罪宗魯亦不取於子路然則聖人之心可以見矣故伯夷之扣馬果是則殷紂之虐民無譏苟武王之救民不非則以伯夷之聖安得有扣馬之事哉且伯夷固嘗辟紂而居北海以待天下之清者也欲天下之清必無紂而後可欲無紂必有人伐之而後可紂死既不可待



紂讓又必不能不伐之無策也既不欲有紂而又不欲人伐之然則伯夷之心將令如何而後可也紂之暴甚矣民之困於紂極矣夫知保抱攜持厥婦子徂厥亡出執是人人皆欲辟紂而不能也伯夷既自辟紂矣則人之欲辟紂而不能者必伯夷之所哀憐而欲救之者也若但自免其身而已人之不能免者已不能救而又禁人救之是伯夷但知有己不知有人也惡足以爲聖哉然則叩馬信則辟紂必誣辟紂信

則叩馬必誣孟子與史記亦無兩皆是之理也史記記東遷以後事采之春秋經傳猶多乖謬況克商以前乎世家之與年表此傳之與彼傳抵牾至不可數自所作者自猶反之況經傳乎伊尹之割烹孟子辨之矣然史記猶信而采之烏在其可以誣伊尹而獨不可以誣伯夷也孟子之述伯夷詳矣言之重焉詞之複焉辟紂之文至於三見而無一言及於叩馬則首陽之餓因辟紂不因叩馬明矣辟紂故餓餓故思



養而歸於周是以論語但云餓於首陽而不云餓死於首陽不然何爲無故而思善養老者間關數千里而歸於周也哉學者但屏史記而不讀則論語孟子之文正相發明經旨自了然而無疑矣蓋當戰國之時楊墨並起處士橫議常非堯舜薄湯武以快其私故或自爲論以毀之或託諸人以毀之是以毀堯則託諸許由毀禹則託諸子高毀孔子則託諸老聃其大較也伯夷既素有清名又遂有餓首陽一事故附

會爲之說以毀武王若莊子及呂氏春秋說詳前條其明驗也太史公習聞其說不察其妄而誤采之耳王氏之辨是也然太史公尊黃老而齊六術其采之固無足怪獨怪唐之韓子自命爲抵排異端宋之程朱人以爲接孟子之傳而亦信楊墨之邪說而闢其謬者乃出於逢君之安石是猶魯之逆祀更數賢大夫莫能正而正之於陽虎也豈不惜哉異端之害莫甚於楊墨楊墨之罪莫大於非堯舜薄湯武此之不闢而但摭拾其他其毋乃豺狼當道而問狐狸乎至於父死不葬之言荒唐殊甚西山命衰之歌淺陋已極而舉世皆信之吁其眞可怪也夫



齊太公

史記稱大公曰呂尚而云文王遇於渭陽與語大說曰吾先君大公望子久矣故號之曰大公望其後譙周遂謂大公名牙索隱又謂尚名牙字而皆名爲尚父余按孟子春秋傳皆稱爲大公果如史記之說則大公乃王季豈可去望而以大公稱之蓋望其名也尚父其字也呂其氏也姜其姓也師其官也公其爵也大公齊人之追號之也是時諸侯尚未有謚周之大臣有謚自周公始而大公爲齊始封君故號之曰大公猶亶父之號爲大王也師尚父者連官與字而稱之者也猶所謂保奭史佚也大公望者連號與名而稱之者也猶所謂周公旦召公奭也呂尚者連氏與字稱之而省文者也猶子游之稱爲言游子華之稱爲公西華也牙之名尚父之官皆不見於經傳蓋由不知望之即名尚父之即尚而妄爲之說者也余性素昧每見古人世系名

姓爲世所淆亂常不平焉故正之

補大公辟紂居東海之濱聞文王作興曰盍歸乎來吾聞西伯善養老者（孟子）

史記齊世家云呂尚窮困年老以漁釣干西伯西伯將出獵卜之曰所獲非龍非彲非虎非羆所獲霸王之輔果遇大公於渭之陽與語大悅載與俱歸立爲師余按戰國時人以割烹要湯誣伊尹以食牛干秦誣百里奚孟子皆嘗辨之大公伊尹儔也其不以漁



釣干文王也明甚然即所謂文王田渭濱與語而載與俱歸者亦恐未必然也書曰文王武王克知三有宅心灼見三有俊心傳曰文王之朝士讓爲大夫大夫讓爲卿大公既歸於周見大公者必爭薦之文王必早知之不必待田獵而後遇之也後世大臣多固寵而不肯下賢是以英主往往求士於邂逅之中好事者遂以之度大公而以爲亦然耳世家又云或曰大公嘗事紂紂無道去之游說諸侯無所遇而卒歸周或曰西伯拘羑里散宜生閎夭招呂尚爲西伯求美女奇物獻紂以贖西伯而索隱引譙周言亦謂大公屠牛於朝歌賣飯於孟津余按孟子云大公辟紂居東海之濱則是大公不仕紂也大公方辟紂之不暇而寧肯自投於朝歌孟津紂之國中哉觀孟子之言大公之事蓋與伊尹相類躬耕自給安貧樂道而無求於外者必無游說諸侯屠牛賣飯求美女奇物以自污辱之事也故今但載孟子之語而史記及諸



家之言皆不錄焉

牧野洋洋檀車煌煌駟騵彭彭維師尚父時維鷹揚涼彼武王肆伐大商會朝清明（詩大雅）

世傳六韜爲大公所作戰國策稱蘇秦得大公陰符之謀史記亦云西伯之脫羑里歸與呂尚陰謀修德以傾商政其事多兵權與奇計故後世之言兵及周之陰權皆宗大公唐以後因尊大公爲武成王專祀武事如孔子之爲文宣王者然余按孟子云由文王

爭於孔子五百有餘歲若大公望散宜生則見而知之若孔子則聞而知之則大公者乃遂堯舜禹湯之道以佐文武而啟孔子者非徒以兵爭見長也古者有文事者必有武備況以三代以上文武之途不分無事則用之治國有事則用之行師故詩云維師尚父時維鷹揚涼彼武王肆伐大商要不過以仁義之道教民於平時儆民於臨事率有勇知方之衆為伐暴救民之舉耳後世儒者泥於章句之俗學忱於性



命之陳言不通達於世務故不知兵者多而所謂知兵者咸爲之於權謀術數之流由是文武遂分豈知三代以上不如是乎晉文公作三軍謀元帥趙衰曰郤縠可說禮樂而敦詩書霸者之佐猶能以詩書禮樂行兵況太公王者之佐而反爲此權謀術數之言乎且六韜所言術淺而文陋較之孫武吳起之書猶且遠出其下必秦漢間人之所僞撰蓋以大公嘗相武王伐商故託之耳後人信之爲寔過矣故今不載

大戴記云武王踐阼三日召師尚父而問焉曰黃帝顓頊之道存乎師尚父曰在丹書王欲聞之則齊王齊三日端冕師尚父亦端冕奉書而入道書之言曰敬勝怠者吉怠勝敬者滅義勝欲者從欲勝義者凶凡事不強則枉弗敬則不正枉者滅廢敬者萬世此事或以爲在武王即位之初或以爲在武王克商之後余按敬勝數言文簡而意周事約而功廣誠爲聖賢儆戒之言帝王修持之要術也然武王有文王之



聖父太姒之聖母其庭幃之教訓豈不以小心翼翼緝熙敬止之義朝夕而提撕之而必待爲君之日致齊三日而後得聞此剳論乎且以此爲在即位之初則與後文所監不遠視爾所代及予一人之語不合若以此爲在克商之後則尚父乃武王之師十餘年中所啓沃者何事而此語乃秘之而不以告乎要其先後實爲矛盾或大公嘗以敬義之旨告武王而後人遂附會之而爲此說矣故今不錄

附論〇吳公子札來聘請觀於周樂爲之歌齊曰美哉泱泱乎大風也哉表東海者其太公乎國未可量也左傳襄公二十九年

周公太公股肱周室夾輔成王成王勞之而賜之盟曰世世子孫無相害也左傳僖公二十六年

史記魯世家云伯禽受封之魯三年而後報政周公曰何遲也伯禽曰變其俗革其禮喪三年然後除之故遲太公亦封於齊五月而報政周公曰何疾也曰吾簡其君臣禮從其俗爲也及後聞伯禽報政遲乃嘆曰嗚呼魯後世其北面事齊矣說苑云伯禽與太公俱受封而各之國三年太公來朝周公曰何治之疾也對曰尊賢者先疏後親先義後仁也周公曰太公之澤及五世五年伯禽來朝周公曰何治之難也對曰親親者先內後外先仁後義也周公曰魯之澤及十世余按太公伯禽皆聖賢也其爲治不必盡同然大要不甚相遠至其久近强弱之異則其後世子



孫之故烏有立法之初而即相背而馳者哉齊封於武王世魯封於成王世其相隔遠矣安得同時而報政且報政之日史記以齊爲五月說苑以爲三年史記以魯爲三年說苑以爲五年傳聞之異顯然孔子曰苟有用我者朞月而已可也三年有成子路冉有之言志也皆云三年可使有勇足民子產之治鄭亦三年而後輿人誦之三年政成常也伯禽之三年何得爲遲太公之三年亦何得爲疾而周公乃異之乎此乃後人據其後日國勢而撰爲此說者不足據呂氏春秋亦載此事而其文尤支離故今皆不錄

備考〇齊侯以諸侯之師侵蔡蔡潰遂伐楚楚子使與師言曰君處北海寡人處南海唯是風馬牛不相及也不虞君之涉吾地也何故管仲對曰昔召康公命我先君太公曰五侯九伯女實征之以夾輔周室賜我先君履東至于海西至于河南至于穆陵北至于無棣左傳僖公四年

韓非云齊有居士曰狂矞華士昆弟二人者立議曰吾不臣天子不友諸侯耕作而食之掘井而飲之吾無求於人也太公使吏殺之周公發急傳而問之太公曰不臣天子是望不得而臣也不友諸侯是望不得而使也耕作而食掘井而飲是望不得以賞罰勸禁也是以誅之余按太公佐文武以開周孟子列太公於見知之數則太公必以仁義治國者也烏有怒人之不仕而殺之者哉齊國之民衆矣耕田掘井而不仕者不可勝數也太公又安能盡殺之曰爲其賢而不仕也然則是以其賢而後殺之齊國豈復敢有爲賢者哉人臣之患患在於貪爵祿貪爵祿則必不能直道而行故孔子曰苟患失之無所不至今以其不貪爵祿而殺之是驅一國而使之皆惟利是圖也堯舜在上不廢巢由箕子不臣於周則封之於朝鮮聖賢之心亦可見矣漢光武欲仕嚴子陵子陵曰士各有志豈相强哉光武猶能容子陵太公之賢乃反



不能容二子之不仕乎此乃法家之徒疾士之高尚欲强天下賢人使入已彀而僞託之於太公者故今不錄而爲之辨

春秋繁露稱管蕩爲齊司寇太公問以治國之要對曰仁者愛人義者尊老愛人者有子不食其力尊老者妻長而夫拜之太公立而誅之以定齊國余按此說至爲無理三代以上從無此等語言藉令果有此人太公必不仕之以官而訪之以政也此乃名法之徒毀仁義者之所爲說繁露誤采之耳今不錄

召康公

昔先王受命有如召公日辟國百里詩大雅

文武受命召公維翰同上

備覽○召公奭與周同姓姬氏史記燕召公世家

僞古文尚書有旅獒篇云惟克商遂通道于九夷八蠻西旅底貢厥獒太保乃作旅獒用訓于王余按此篇之文淺弱細碎乃雜綴傳記之嘉言以成篇者猶侮君子數言與篇意全不類爲山九仞二語則檃括



論語之文爲之者其僞固不待言而於召公稱爲太保亦與事理不合何者古之師保皆所以輔導人主體隆禮重故嘗以耆宿大臣爲之非若後世止爲官階以寵貴臣雖子弟武夫皆可循次而遷轉也故傳云无有師保如臨父母又云其爲太子也師保奉之以朝于嬰齊而夕于側也召公在文王時無所知名而至康王時猶存則其年當與周公相若少於武王者不得爲武王之太保也是以史記周本紀於文王時無一言及於召公者武王即位乃云召公畢公之徒左右王其後召公凡屢見皆稱爲召公不稱爲太保至成王世遷殷遺民之後乃云召公爲保周公爲師而書君奭篇序亦云召公爲保周公爲師相成王爲左右然則是召公於成王時始爲太保不得於武王時預書爲太保也周公不得爲武王師召公安得遂爲武王保也作僞書者蓋見召誥顧命之於召公皆稱之爲太保不求其故而遂於武王之世亦以是



稱之正如呂覽之稱武王使保召公與微子盟者然皆由於臆度而僞撰是以考其時勢而不符耳且史記多采書序之文而此篇之序獨不見於本紀疑書與序出於一人之手故今並不錄

太保乃以庶邦冢君出取幣乃復入錫周公曰拜手稽首旅王若公誥告庶殷越自乃御事嗚呼皇天上帝改厥元子茲大國殷之命惟王受命無疆惟休亦無疆惟恤嗚呼曷其奈何弗敬○嗚呼若生子罔不在厥初生自貽哲命今天其命

哲命吉凶命歷年知今我初服宅新邑肆惟王其疾敬德王其德之用祈天永命其惟王勿以小民淫用非彝亦敢殄戮用乂民若有功其惟王位在德元小民乃惟刑用于天下越王顯上下勤恤其曰我受天命丕若有夏歷年式勿替有殷歷年欲王以小民受天永命書召誥

周公若曰君奭弗弔天降喪于殷殷既墜厥命我有周既受我不敢知曰厥基永孚于休若天棐忱我亦不敢知曰其終出于不祥○公曰君告汝朕允保奭其汝克敬以于監于殷



喪大否肆念我天威予不允惟若茲誥予惟曰襄我二人汝有合哉言曰在時二人天休滋至惟時二人弗戡其汝克敬德明我俊民在讓後人于丕時嗚呼篤棐時二人我式克至于今日休我咸成文王功于不怠丕冒海隅出日罔不率俾書君奭

書序云召公爲保周公爲師相成王爲左右召公不說作君奭史記燕世家云成王既幼周公攝政當國踐阼召公疑之作君奭馬氏融云召公以周公既攝政致太平功配文武不宜復列在臣位故不說孔氏穎達云成王即政之初召公以周公嘗攝王之政今復在臣位其意不說蔡傳以爲諸家之說皆爲序文所誤乃召公自以盛滿難居欲避權位退老厥邑周公反覆告諭以留之爾余按史記之意以爲此篇作於周公踐阼之初馬孔之說則在周公還政之後然書序皆不見此意但云召公不說未言不說者何事云相成王爲左右則亦與周公踐阼無涉也蓋諸家



皆因戴記中有周公踐阼之說先入而爲之主故司馬氏億料之而爲是言馬氏孔氏又以史記之說與序相成王之文不合故曲爲之解以爲周公還政之後而召公不說其實皆非書序意也惟蔡傳謂召公欲避權位周公留之於義爲近然細玩篇中之語無非勉厲召公同心協力共輔大業不但不見召公有不說周公之意亦殊不見召公有盛滿難居之心然則此篇乃周公自與召公相勸勉之言初無別故如

後人所云云也禹皐陶之相舜也既各以讜言告戒矣而二人者亦互相勸勉不必相疑而後然也今周公既作立政無逸以勉成王召公亦作召誥以勉成王矣則二公之相處亦必有互相勉厲之語乃人情之常大臣憂國之心之所必至初不必於經文之外别尋事端而曲爲之說也召公當亦有告周公之篇但史逸之耳故今於書序史記諸家之言概不載周公無踐阼之事說已詳前周公相成王篇中



蔽芾甘棠勿翦勿伐召伯所茇蔽芾甘棠勿翦勿敗召伯所憩蔽芾甘棠勿翦勿拜召伯所說 詩召南

附録○武子之德在民如周人之思召公焉愛其甘棠况其子乎 左傳襄公十四年

召穆公

宣王之中興召穆公之功爲大故特録之

召穆公思周德之不類故糾合宗族于成周而作詩曰常棣之華鄂不韡韡凡今之人莫如兄弟其四章曰兄弟鬩于牆外禦其侮 左傳僖公二十四年

周語云周文公之詩曰兄弟鬩于牆外禦其侮衛宏毛詩序云常棣燕兄弟也閔管蔡之失道故作常棣焉其說皆與春秋傳異韋氏昭孔氏頴達咸謂召穆公重述此詩而歌之杜氏林氏註左傳遂亦沿其說



云周公作詩召公歌之富辰以爲召穆公所作者蓋樂章久廢召穆公始作周公樂歌也余按作也者前此未有而創之之謂也故曰述而不作若此詩果周公所作而召公但歌之則文當云糾合宗族於成周而歌常棣焉不當云作詩也周公之事此傳前文言之矣曰周公弔二叔之不咸故封建親戚以蕃屏周若此詩果周公所作則文當云封建親戚以蕃屏周

而作常棣焉其詞云云不當於周公絕口不言而於召公反歷歷述之也且其詩云死喪之威兄弟孔懷又云喪亂既平既安且寧皆似中衰之後不類初定鼎時語況作亂者管蔡兄弟也以殷畔者管蔡兄弟之親其所疏而疏其所親也而此詩反云兄弟急難良朋永歎兄弟外禦其侮良朋烝也無戎語語與其事相反何邪若周公果因閔管蔡而作此詩則當自愧無德以化兄弟使陷於大戾不然則述管蔡之甚



間王室以爲兄弟戒不當反護兄弟之罪而斥異姓之疏使天下勤王之賢侯從征之義士聞之而投戈太息也蓋此傳後文云周之有懿德也猶曰莫如兄弟故封建之其懷柔天下也猶懼有外侮扞禦侮者莫如親親故以親屏周召穆公亦云撰周語者誤會其意遂疑莫如兄弟外禦其侮之句爲周公之所作撰詩序者又爲國語所悞因臆度之而遂以管蔡之事當之耳不知所謂曰莫如兄弟者但謂其意如此

其言如此非謂其詩如此也所謂懼有外侮者但言其心懼有外侮非必作詩言外禦其侮然後得爲懼也周公之意召公之詩如合符節故云召穆公亦云非以歌周公之詩爲亦云也所以鄭唐舊說皆以此詩爲召穆公所作自韋氏杜氏曲護周語詩序之失於是傳之明明稱爲召公所作者巧辭强說百計以屬之周公雖以朱子之最不信序亦從而附和之遂致詩人之意大半晦於說詩之人亦可爲之長太息



矣且夫說經者惟期定於一是耳周語詩序既與左傳不同左傳果是則周語詩序必非周語詩序果是則左傳必非周則周召則召雖三尺童子皆知其不能兩是也乃必欲使之皆是而無非委曲展轉以求兩全而卒不可通其亦拙矣故今從左傳載之此說並見正錄中六月出車條下

肅肅謝功召伯營之烈烈征師召伯成之原隰既平泉流既清召伯有成王心則寧詩小雅

宣王封申之功具在崧高一詩已摘錄之於宣王篇
中矣此篇專美召公故錄於此

釐爾圭瓚秬鬯一卣告于文人錫山土田于周受命自召祖
命虎拜稽首天子萬年 詩大雅

此詩前三章叙召公經畧江漢之事乃國家大政故
摘錄之於宣王篇中後三章嵩言召公受賜事故摘
錄之於此



衛武公

西周之世諸侯賢者莫如武公且武公亦似爲王
卿士者故特錄之

昔衛武公年數九十有五矣猶箴儆於國曰自卿以下至
於師長士苟在朝者無謂我老耄而舍我必恭恪於朝朝
夕以交戒我○在輿有旅賁之規位宁有官師之典倚几
有誦訓之諫居寢有褻御之箴臨事有瞽史之道宴居有
師工之誦○於是乎作懿戒以自儆也 原註懿讀曰抑 及其沒也
謂之叡聖武公 楚語



存參○柏舟共姜自誓也衛世子共伯蚤死其妻守義
父母欲奪而嫁之誓而弗許故作是詩以絕之 詩序

附論○吳公子札來聘請觀於周樂爲之歌邶鄘衛曰
美哉淵乎憂而不困者也吾聞衛康叔武公之德如是
是其衛風乎 左傳襄公二十九年

史記衛康叔世家云釐侯卒太子共伯餘立共伯弟
和襲共伯於墓上共伯入釐侯羨自殺衛人立和爲

侯是爲武公司馬正索隱云季札美康叔武公之德國語稱武公年九十五猶箴誡於國恭恪於朝作抑自警至於沒身謂之叡聖詩著衛世子共伯早卒不云被殺若武公殺兄而代立豈可爲訓而形之於國史乎蓋太史公采雜說而爲此記耳其論當矣近世說者乃謂武公前後善惡自不相掩不必以其弒君爲諱反若眞有其事索隱之言爲非是者余按樂以象德故曰見其樂而知其德若武公弒兄自立大本



失矣其樂復何足觀而季札讓國之賢亦必不服膺於弒兄之賊也逆取順守以結民心世有之矣然必無稱以睿聖者苟非喪心病狂何至加此不情之名倚相引此以譏史老史老其無詞乎武公之未嘗弒兄亦明矣毛詩諸序固不能無附會然以其說與史記互較之柏舟在鄘風之首緇衣之前其世近是也我儀我特之稱之死靡他之語其事亦近是也廻環諷誦但有以死自守之心而絕無傷其夫死於非命

之意以爲早卒而非被弒此固無從見其爲誤者也康誥曰王若曰孟侯朕其弟小子封是武王誥康叔而封爲衛侯也而衛世家乃采世俗之說謂周公以康誥命康叔謂頃侯賂周夷王命爲衛侯其前文既與經刺謬如是此又不可據以爲實者也由是言之共伯之死當從詩序不當從史記斷斷然矣索隱之說是也又按髦者子事父母之飾父亡則脫左髦母亡則脫右髦今云髧彼兩髦則是共伯死時父母固



猶存也父母猶存則非立後爲弟所弒明矣乃孔氏詩正義謂共姜追述其父母在時之飾嗚乎但欲曲全前人之說遂不難於委曲宛轉以誣聖賢而入其罪吾誠不知其何心也故今復申索隱之意而詳辨之

存參○淇奥美武公之德也有文章又能聽其規諫以禮自防故能入相于周美而作是詩也詩序

按衛之賢君無如武公者序說近是至稱入相于周

雖無左証然賓筵與抑二詩皆列于雅則理亦或有之故列之于存疑

存疑○賓之初筵衛武公飲酒悔過也後漢書注

按賓筵詩意與抑畧相類但重在飲酒耳此說近是至詩序以爲刺王則篇中未見此意故舍彼而采此

史記武公立於周宣王十五年武公四十二年犬戎殺周幽王武公將兵佐周平戎有功余按大雅篇次無顛倒者而抑在桑柔雲漢之前故序以爲厲王時



詩若武公於厲王時已爲諸侯則非立於宣王之世而犬戎之亂不當武公世矣恐史記有悞也觀史記於齊威宣二王皆移前數十年說見孟子事實錄中則此年世寧可深信故今不敢輒載

豐鎬考信錄卷之八終

# 豐鎬考信別録

[清]崔述

清道光四年東陽縣署中刻本

大名崔東壁先生著

# 豐鎬考信別録

道光四年正月東陽縣署中刻

豐鎬考信別録目録



豐鎬考信別録　目録　一

豐鎬考信別錄卷之一

大名崔述東壁謹考　石屏門人陳履和校刊

## 周政盛衰通考

文武所以創業成康所以守成幽厲所以失政其治亂與衰之故有非紀事之文所能盡者故統其前後而考之庶學者可以一目了然

亦越文王武王克知三有宅心灼見三有俊心以敬事上帝立民長伯立政任人準夫牧作三事虎賁綴衣趣馬小尹左右攜僕百司庶府大都小伯藝人表臣百司太史尹伯庶常吉士司徒司馬司空亞旅夷微盧烝三亳阪尹書立政

篇名立政何以所言皆用人之事也政待人而後立者也雖有善政非賢莫行不得其人則政徒爲具文而甚者反足以擾民是以堯惟務舉舜舜惟務舉禹稷契皐陶自能庶績咸熙地平天成紂以多罪逋逃爲大夫卿士則暴虐於百姓而姦宄於商邑唐之府兵明之衛所皆古寓兵於農之意法非不善也未百年而已不可用是以其後變爲彍騎增之召募其尤甚者隋蘇威作五教以教民亦何嘗非唐虞敬敷五教之意然其後民相率殺其令長曰猶能令我誦五教不欲行善政而反失民心故政非人不能行也然人非用之難知之爲難非有克知灼見而惟資諸薦引推轂之人則鑽營大臣以求顯擢者有之賄賂近習以爲內援者有之廣交遊通聲氣以獵虛名者亦有之故孟子曰左右皆曰賢未可也諸大夫皆曰賢未可也國人皆曰賢然後察之見賢焉然後用之信乎克知灼見爲最要也如此然後帝臣不蔽而上契於天心使之爲民牧長而百姓被其澤故曰敬事上帝立民長伯此文武之所以德化流行而開八百年之業也

曰何以言善政非人莫行也曰天下無必善之法惟在乎其人耳自漢以來豈無良法惟不得其人則民受其害大抵三代以上之治皆恃人而不恃法三代

以下之治則恃法而不恃人由是不務擇人惟期變法是以其弊終不能革何以言之宋時州縣皆以民供役大戶往往有破家者執政者不知其由於任人之失也而以爲法之過遂改爲免役之法民出錢而官自召役歷代因之以爲善矣然吏胥遂横行於州縣魚肉小民而官又信任之遂致事權旁出獄訟顛倒民有貲産者咸與交懽以圖自保無賴者結以爲援而風俗遂大壞明初州縣之賦皆使大戶輸之京



師其後大戶亦多破家執政者不知其由於任人之失也而以爲法之過遂改而令官自督賦以爲善矣然追呼煩擾官吏藉以侵漁閭閻因之凋敝此無他得其人則法皆可行不得其人則用此亦弊用彼亦弊雖歲改而月易之無益也故曰善政非其人莫行也昔宋王安石行新法守令賢者多棄官去邵堯夫以爲不然曰寬一分則百姓受一分之賜是則政雖不善得其人民猶不至大受其害况行利民之政而得賢守令以布之百姓有不共享其福者乎是以文武惟以得人爲最要也

文王惟克厥宅心乃克立茲常事司牧人以克俊有德書立政

文王罔攸兼于庶言庶獄庶慎惟有司之牧夫是訓用違庶獄庶慎文王罔敢知于茲書立政

按文王之不兼于庶獄非輕於視獄也乃重於用人也謂庶人之輕獄也非士大夫之大獄也何則治獄猶用兵也情僞百出非可懸揣而遥制也必親察之



而後知之庶獄之繁人君所不能徧察也則擇其人而使治之然既委之人矣又何由知其違而訓之蓋古者上下之情常通民有寃情皆得自訴於君君召其人而親鞫之是以莫得施其朦蔽而文王之耳目尤廣故違與不違皆知之不然文王自朝至於日中昃不遑暇食果何爲乎一事違而訓之則百事皆不敢偏狥一人違而訓之則百人皆有所畏儆此文王所以不必兼也若士大夫之獄則不然孟子曰訟獄

者不之堯之子而之舜訟獄者不之益而之啟是古
者諸侯之獄皆天子自治之也王叔陳生與伯輿爭
政王叔之宰與伯輿之大夫瑕禽坐獄於王庭叔孫
昭子朝而命吏曰婼將與季氏訟書詞無頗是古者
卿大夫之獄皆其君自治之也邢侯與雍子爭鄐田
叔魚蔽罪邢侯邢侯殺叔魚與雍子於朝梗陽人有
獄魏戊不能斷以獄上是古者位相埒則不能治其
獄必尊者而後能治卑者之獄也明矣自秦始重獄



吏之權無論丞相大臣皆使治之而李斯以謀反誣
服矣唐高宗時人告長孫無忌謀反許敬宗文致而
上之高宗猶以元舅之故不忍殺而敬宗不可夫元
舅誠不可以謀反貸死顧無忌實未嘗謀反高宗何
不親鞫之乎至明置錦衣獄其禍尤烈楊漣左光斗
諸人皆忠直大臣一入獄中覆盆莫告榜掠至無完
膚卒以獄斃若此者豈非人主不自理之過與故曰
庶獄者庶人之輕獄也非士大夫之大獄也此文王

之所以不必兼也

思皇多士生此王國王國克生維周之楨濟濟多士文王以
寧 詩大雅

賢才之出非偶然也天地之氣清明醇粹然後所生
之人達於事理閑於道義而不惑於利欲之私此非
涵育數十年不能也上重德行則俗皆尚德行上重
才略則俗皆尚才略而父師以此爲教子弟以此爲
學此非培植數十年不能也周自太王遷岐以後脩



德行仁不下數十餘年是以賢才輩出卿大夫士莫
非宅俊雖由文王之克知灼見而立民長伯要亦其
先世涵濡而培植之者有素也故詩推本言之

文王蹶厥生予曰有疏附予曰有先後予曰有奔奏予曰有
禦侮 同上

周之賢才固多要亦文王用之各當其才故詩人以
疏附先後奔奏禦侮分別言之蓋才全德備者其人
艮少惟能各當其才斯能悉舉其職故周公曰無求

備於一人孔子曰及其使人也器之唐宋以後多循資格而不問其才具往往一人之身洊更十有餘職此果能悉舉其職乎抑未必然也讀此詩可以悟此理

亦越武王率惟牧功不敢替厥義德率惟謀從容德以並受此丕丕基書立政

武王克商作頌曰載戢干戈載櫜弓矢我求懿德肆于時夏允王保之左傳宣公十二年



武王克商之後干戈戢而弓矢櫜固已何以言求懿德而肆時夏也生民所以困而不安由於賢人棄而不用官不得其人則强凌弱衆暴寡者聽之子不孝弟不共者聽之淫荒無度侈靡自恣者聽之豈惟聽之而已重賦斂而民膏爲之竭黷訟獄而民冤不得伸非懿德之人不能撫安而整飭之也然使其人而果有懿德也必不肯希榮而干進隱於畎畝者有之遁於山林者有之非咨於衆訪於人夙夜求之不能得也思皇多士生此王國周非無懿德也然而天下之地廣矣天下之賢多矣是以廣求之而徧用之也肆陳也布也用賢者非以博好士之名也布之天下然後民得被其澤也以此觀之武王之伐商非富天下也正以賢才不用而生民不得安故不得已而伐商也賢才用而百姓安風俗厚而人心固則親賢樂利垂裕後昆是以永言保之至八百年之久也

附論○哀公問政子曰文武之政布在方策其人存則



其政舉其人亡則其政息人道敏政地道敏樹夫政也者蒲盧也中庸

哀公問政孔子何爲以人存人亡告之也政必待人而後行前固已備言之矣況魯周公之舊周公所行者即文武之政無事於別立章程也但相沿日久視爲具文實惠不逮於民亦有苦其不便而改之者舉而行之本非難事但患無其人耳無其人則非惟具文之無益也而復古亦足以滋弊故曰其人存則其

政舉也人道敏政地道敏樹極言非政之難而人之難猶樹必待地而生但有地未有不生樹者也蒲蘆者樹之尤易生者也所以申明政之易舉而惟患不得其人也孔子所言證以周公立政所言文武之事若合符節故孔子曰文王既沒文不在茲乎孟子曰由文王至於孔子五百有餘歲若太公望散宜生則見而知之若孔子則聞而知之信乎先聖後聖其揆一也



按孔子答哀公之問當至此而止下文乃作中庸者因爲政在人之意推而言之是以好學三句復冠以子曰之文則此數十言者非孔子之言明甚僞撰家語者不能辨文義之首尾乃誤以爲至擇善固執句止朝聘以時厚往薄來旣非諸侯之事孔子以告哀公何爲而在下位以下明明采錄孟子之言尤其顯然而可見者況論語所記孔子之言皆簡而潔從未有繁而曲如此章者而達道達德九經之屬亦與人存政舉之意了不相涉家語之悞顯然可見朱子章句亦未及正其失故今補而論之

蒲蘆或以爲蜾蠃或以爲蒲葦朱子章句從沈括以爲蒲葦正與上文地道敏樹文義相貫近世學者偶見蜾蠃之說以爲新奇遂極力駁朱子之悞非惟上下文義不相呼應卽令果是而於義理亦何足爲得失乎聖人此數言者實爲經世要務得文武之眞傳乃皆碌碌無所發明但斤斤於蒲葦蜾蠃之同異徒



勞筆舌良可嘆也○又按蒲蘆文皆從草本草名也故詩云彼澤之陂有蒲與荷又云魚在在藻依於其蒲而今人呼葦亦多云蘆葦又有蘆草生於田中以蒲蘆爲草其說爲得之爾雅一書本不足據九州之名與書不合謂夏改載爲歲亦與經傳乖剌其說豈盡可信就令蒲蘆果爲蟲名亦安見其必非草名也且非但蒲蘆也卽果蠃爲蟲名亦未嘗非草名也豳風云果蠃之實亦施于宇毛傳云果蠃栝樓也蓋蟲

不能施宇施宇必草木也故孔疏云栝樓葉如瓜葉形蔓延青黑色是果蠃不但名蟲亦兼以名草矣況於蒲盧文皆從草而反專以名蟲斷不可以之名草乎奈何據爾雅之一語遽欲駁朱子之惧也

泂酌彼行潦挹彼注茲可以餴饎豈弟君子民之父母 詩大雅

細玩詩意似以行潦喻人材以挹注喻擢用言水在泥中若不足用然挹彼注茲以澄之即可餴饎猶賢人困於泥塗擢而用之即可以為君宣猷布化而百



姓享其福此君子所以為民之父母也以行潦為喻者謂隨地有才不必其大也雖片長亦足錄止須一挹注之勞耳傳以行潦為喻豈弟君子似尚未盡詩意

有馮有翼有孝有德以引以翼豈弟君子四方為則。藹藹王多吉士維君子使媚于天子。藹藹王多吉人維君子命媚于庶人 同上

此詩三四兩章皆頌禱之詞曰土宇厚曰受命長曰百神爾主曰茀祿爾康何以忽繼之以馮翼孝德吉士吉人也蓋國祚之脩短在政事而政事之得失在人材人主雖甚賢聖然以一人而御四方其耳目必有所不周其心思必有所不及故常藉於人材苟左右非其人則下情不上聞都邑之宰非其人則君恩不下逮雖日下恤民之詔日行利民之政而民不受益也故必有馮翼孝德吉士吉人相與輔君之德宣君之治而後厚者常厚長者益長媚者愛而能遂其



心之謂人臣之所大患在迎合大臣以求援引剝削百姓以肥身家而國計民生遂置之於不問媚於天子其不附於權門可知媚於庶人其不黷於貨賄可知國固民安所以百神主而茀祿康也。此二篇序皆以為召康公戒成王之詩然玩其語意似皆咏當日之實事或成或康均未可知蓋守成之世太平無事上下恬熙人主最易安於逸樂不以人材為事而成康乃能法文武之所以立政者而繼述之故詩人

詠歌而嘆美之也

周芮良夫之詩曰大風有隧貪人敗類聽言則對誦言如醉匪用其良覆俾我悖（左傳文公元年）

此何以言貪人敗類也大凡國家用人才不能皆全總不能悉備所貴取其所長恕其所短惟貪人則斷不可用何者人一動於貪心則不復顧名義論是非較曲直止知利吾身耳昔有磁州知州以其子掌簿籍解官之日會計倉庫書吏有虧缺至千金者以二



百金納其子則以此千金入於其父之虧缺中貪之所致雖父子亦不顧復何有於君臣更何有於士民故使貪人主選舉則賄賂至者即爲賢才不至者即爲庸劣而庶僚皆不得其人使貪人主訟獄則關說至者訟即勝不至者寃即不得伸而百姓皆不得其平以至萬事莫不皆然由是爲都邑之宰者咸務剝取其民以求爲政者之拔擢而士大夫咸趨於貪爲民者亦咸務侵凌懦弱之人而吞其財而不畏上之加以罪而民咸趨於貪故曰貪人敗類言化國之庶官百姓使盡爲貪人也人心一動於貪則法語不改巽言亦不復繹故曰聽言則對誦言如醉也人心一動於貪則賢奸易位曲直莫不倒置故曰匪用其良覆俾我悖也甚至拒敵討賊勝敗呼吸之際而亦貪其賄者嶢關守將之受沛公賄而不設備陳良瑜之左右之受李自成賄而縱使出險是也何者人惟不貪貪即無所不至也故唐劉晏理財悉用士人而不



假手吏胥知其貪也宋太祖立法尙寬垂訓不得殺士大夫而犯贓者法無少貸深知貪之爲患大也歷觀前古未有不以廉吏致治以貪吏僨事者無怪乎良夫預知王室之將卑也按國語稱榮公專利而此詩言貪人敗類故朱子詩傳疑貪人爲即指榮公然則厲王之世皆由委任榮公以致用人行政皆失其宜周之所以由盛之衰此詩正與周語所載互相發明也

附録。鶴鳴于九皐聲聞于野魚潛在淵或在于渚樂彼之園爰有樹檀其下維蘀他山之石可以爲錯。鶴鳴于九皐聲聞于天魚在于渚或潛在淵樂彼之園爰有樹檀其下維穀他山之石可以攻玉（詩小雅）

鶴鳴一篇純用比喻在風雅中別爲一格毛傳以爲教宣王求賢人之未仕者朱傳則以首二句爲言誠不可揜次二句爲言理無定在樹檀三句言愛當知其惡他山二句言憎當知其善語殊傳妙然以揆之



詩詞考之時事殊未見確切不易處余初未閱毛鄭舊說但於吟誦之餘玩其詞意似爲用人而發因取毛鄭之說觀之乃知前人之見已有如是者雖其說尚有未盡合者要之謂爲求賢於文義爲得之蓋此詩首二句言賢人不難知鶴鳴九皐以喻賢人處於草莽聲聞于野以喻才德出衆人皆知之毛傳所謂身隱而名著者是也次二句言賢人不難得魚潛在淵或在于渚以喻賢人隨地有之固有遯於空谷者亦有隱於下位者樹檀以喻舊臣有功德者蘀穀以喻舊臣之子若孫檀雖佳樹而其下不保無蘀與穀以喻夫世族之家不必皆賢能繼其祖父之遺德也他山之石可以爲錯以喻庶族或草莽之中皆有賢材不當輕棄之也箋以他山爲喻異國亦通蓋周自中葉以後卿大夫多世爲之其見於經傳者若尹氏皇父家伯榮夷公虢石父之屬皆世族也王畿之人多矣世族不過百之一二耳必世族然後登高位則



人材之遺棄者多矣且世族豈能皆賢大抵人情涉歷艱難則其識日開坐享富貴則其心易蕩是以周公曰先知稼穡之艱難乃逸則知小人之依又曰厥子乃不知稼穡之艱難乃逸乃諺世族中之賢者能幾人哉故曰樂彼之園爰有樹檀其下維蘀深知夫世祿子孫之多不達於民情也居高位者既多持祿養交甚至有以貪著名者由是庶僚化之相習成風以承順爲適時以逢迎爲得計雖有方正之士然以

其戇直也莫肯舉之而亦莫能容之豈知聖君賢相亦未嘗不賴有戇直之人以拾其遺而補其缺石雖粗也而玉之溫潤者轉得藉之以成其美故曰他山之石可以攻玉深明夫世族之外樸直之材其可用者尚多也如此似與詩之詞意相合而於時事亦切言婉意深最耐學人咀嚼且與此後數篇正相表裏祈父檀下篇也白駒之伊人石在山魚在淵者也縶之維之聲已聞于野矣即轉予恤之爪牙亦未必非



魚之在渚者但能舉而用之則晨門荷蕢皆得效王官之職庶政畢舉閭閻富而風俗醇之異邦者自不復詠黃鳥依昏姻者亦不復歎采蓫矣

祈父予王之爪牙胡轉予于恤靡所止居○祈父亶不聰胡轉予于恤有母之尸饔詩小雅

爪牙傳以爲軍士轉于恤傳以爲久役呂氏引句踐信陵事以爲獨子當免征役故以之責司馬余按詩人既自以爲王之爪牙又以獨子爲詞以求免役於理殊屬難通鄭氏以爲宿衛之士不當從軍者較爲近理然王事多難義不當自顧其私而敵王所愾亦不得謂轉于恤也細玩其詞似所謂爪牙者即曲長屯將之屬所謂轉于恤者乃朘削貧困之意蓋周道既衰大臣養尊處優多失之於貪惰貪則惟事朘削惰則不知顧恤以致將士貧困不能自給故以此責司馬之不聰耳嗟夫自貪人敗類以來大臣之賢者漸少而持祿養交者多非但良人弗求弗迪也即爪



牙之士可以禦侮者亦使之轉于恤無怪乎王室之不復振也舊說以此爲宣王時詩當宣王之初召公輔政周室中興不當有此意者其宣王末年之事乎說已詳前宣王篇中

皎皎白駒食我場苗縶之維之以永今朝所謂伊人於焉逍遙○皎皎白駒在彼空谷生芻一束其人如玉毋金玉爾音而有遐心同上

此篇惜賢人之去而欲留之之詩也賢人何以去也

蓋自周道漸衰，卿大夫皆世及，草野之賢才罕有登顯位者。然即下僚亦稀進用。何者？人之貪爵祿者多工於鑽營，人之有學守者多拙於進取；而大臣皆世祿子弟，席豐履厚，自二三賢臣外，罕有以報國安民爲事者，不過貪賄賂喜容悅而已。貪賄賂則饋遺者升，喜容悅則柔媚者進。雖王之爪牙猶使之轉于恤，何有於草澤之逸賢而尚肯訪而求之，舉而用之乎！即幸而用矣，而時方尚逢迎，賢人亦不能爲，是以翩



然而去。雖欲縶維以永朝夕，而白駒已入於空谷也。此篇次於祈父之後，疑亦宣王晚年詩也。

附録○黃鳥黃鳥，無集于穀，無啄我粟。此邦之人，不我肯穀。言旋言歸，復我邦族。同上

附録○我行其野，蔽芾其樗。昏姻之故，言就爾居。爾不我畜，復我邦家。同上

吾少讀書傳，至周宣幽之際而不能無疑也。宣王中興之主，西擯諸戎，南卻淮夷、荊楚，諸侯復宗周。宣王崩，幽王立，僅十一年而遂亡，何哉？近年以來熟玩小雅諸篇，而後知其故也。蓋國家之所以久，不在聲靈之赫濯，而在人心風俗之美；而其所以美者，惟賴大都小伯之得其人，撫字而整飭之。周衰以來，賢才罕得進用，白駒入於空谷，故庶官多不得其人。不得其人則閭閻失所，風俗日敝。是以白駒之後繼之以此二篇。啄粟啄粱，以喻爲士人所凌藉，與碩鼠之食黍意同。采蓫采葍，言貧無所得食，但采野菜以自給也。



毛鄭以爲夫棄其妻者，非是；朱傳之說得之。蓋惟閭閻失所，則民不安其居，是以或轉徙於他邦，或依托於昏姻。風俗日敝，則民不相顧恤，是以雖他邦亦莫我穀，雖昏姻亦不我畜也。故雖車攻之會諸侯，庭燎之勤政事，尚未改盛世之規模，而里巷之間民貧俗漓，已無蒂固根深之勢。所幸朝無失政，故人得以苟安；一有蹉跌，即不復振。無怪乎十有餘年而遂有驪山之變也。

蟊賊內訌昏椓靡共潰潰回遹實靖夷我邦詩大雅

彼疏斯粺胡不自替職兄斯引同上

幽王何以有驪山之變也曰寵褒姒也固也衛靈之無道不亞於周幽南子之淫亂亦未必減於褒姒何以能保其國而無患也孔子嘗言之矣曰仲叔圉治賓客祝鮀治宗廟王孫賈治軍旅夫如是奚其喪然則幽王之失皆由於用人之不當耳幽王所用之人若皇父家伯仲允之屬十月一詩言之詳矣正錄中



亦已載之矣要其蠹國害民之實則莫如召旻篇中蟊賊昏椓等語為最得其情何者昏暗昧也椓譖也潰潰昏之狀也回遹椓之由也潰潰則萬事不理惟其左右親近之所欲為而莫之禁回遹則嫉賢惡異有直道而行不與為黨者必文致其罪而去之昏椓如是是蟊賊而已矣蟊賊者害苗之蟲也靖安也夷平也國之有民也猶田之有禾也田之蟊賊去而後禾得遂其長民之蟊賊去而後人得安其生而今

乃以安民平政之任付之蟊賊民亦何辜而罹此慘酷乎疏粺舊說以疏為糲以粺為精粟米之法糲十粺九故疏以喻小人粺以喻君子夫糲固粗矣十而減一豈得遂謂之精且上文兼稱疏粺下文胡不自替專承疏而言於文義亦不合職兄斯引舊說以為使我心為此故愴怳引長亦似與上文意未甚洽蓋疏粺皆糲米皆所以喻小人小人既無才德不能治民何以不自引退皆由大臣昏椓喜逢迎貪賄賂



引之使布於庶位耳大抵民之安危憂樂惟在親民之官立政所謂大都小伯者也然大都小伯何以能得其人由大臣廉明之察而用之也大臣昏椓則所用之人皆庸碌貪鄙者所以大都小伯非疏則粺而民困日甚也厲自厲王始用貪人宣王委任召伯南仲仲山甫等然後王室復安及末年乃祈父白駒之詩作周道固已衰矣迨幽王之世而遂惟昏椓之人是任以致都邑之宰莫非憸邪無怪乎其饑饉流亡

而日蹙國百里也
東人之子職勞不來西人之子粲粲衣服舟人之子熊羆是裘私人之子百僚是試或以其酒不以其漿鞙鞙佩璲不以其長同上
東有啟明西有長庚有捄天畢載施之行維南有箕不可以簸揚維北有斗不可以挹酒漿維南有箕載翕其舌維北有斗西柄之揭同上

此篇前言東人之困後言百僚之非其人二章杼柚



其空責也三章哀我憚人勞也東人之子貴且勞如此而西人之子乃美好其衣服至舟人之子亦以熊羆為裘其情固難堪矣乃至私人之子亦得百僚是試此何故哉蓋私人者工於嬪惑巧於貴緣是以執政大臣愛之拔擢其子皆得濫膺名器然私人之子何知知納取財賄耳知諂媚鄉里耳何以忠君報國彼不知也何以安民和衆彼不知也酒不以為漿璲不以為長言其侈也載施之行不可以簸揚挹酒漿喻其不事事也抑非但不事事而已且貪莫甚焉載吸其舌西柄之揭喻其吞噬之無厭也蓋惟其得財也易故其用財也侈竭東人終歲之入不足以奉私人一夕之歡惟其貪侈而不事事是以東人至於貴且勞而莫之恤也大抵盛世之俗多儉衰世之俗多奢豳風周之所以王也則首之以七月唐風晉之所以霸也則冠之以蟋蟀今大東一詩貪且侈如是周道安得而不衰乎姦人富則民必貧豐年耽於逸



樂則荒歲必無以自贍是以召旻之詩痛以饑饉而民遂流亡也嗟夫民猶是文武之民也法猶是文武之法也何以昔日之崇如墉比如櫛者至此日而杼柚其空也昔日之經始勿亟庶民子來者至此日而哀我憚人也昔日之狐貍為公子裘者至此日而熊羆止足為舟人裘也無他得人與不得人之異耳昔日之立民長伯者無非三宅三俊克知灼見之人此日之百僚是試者則多私人之子是以如此讀詩者

比而觀之周室盛衰之故昭然可見矣○三代考信錄共十有二卷惟辨其虛實眞僞使聖王之事不至爲傳記所誣未及詳其政事之得失也夏商之政不可詳考固已若周則典籍存於世者尚多可以考而知之故復作周政通考以究其盛衰之由但尚書多武成之世所作昭穆以後鈌然惟二雅中衰周之詩較多故今采之以補尚書之鈌傳記之文有互相發明者亦取而藏之綜而觀之庶足以見其初終得失之梗概也



周政盛衰續考

政之得失在於用人前篇言之詳矣然未盡也治國之務莫要於開言路人主以一人而撫有四方雖天亶之聰明其勢不能盡知故以明目達聰爲先務也然非但人主然也雖大臣雖羣臣雖一縣一邑之長其才豈能靡不長其事豈能靡不知惟能受善言則政皆無失所以孟子不以有智慮多聞識爲貴而惟欲四海之內皆將輕千里而來告之以善也所患者



自以爲智而不能受人言則奸人得以迎合其心而轉其意甚至聽讒而妄害賢人者有之況於其政尚可問乎故今於周政通考之後復附列之

古之人猶胥訓告胥保惠胥教誨民無或胥譸張爲幻書無逸

胥相也上可以之教下下可以之諫上即官同爵同者彼此皆可施之夫是之謂胥訓告胥保惠胥教誨也此篇前章述商中宗高宗祖甲及周文王之事而此獨言古之人者古人風俗淳厚以此爲常事不必

賢君而後能之亦不必人君而後如是也善言日進耳目日廣下情無不上達不但政事之無缺也雖奸人巧於陷人者亦苦於無隙可乘不復敢譸張爲幻非謂爲之而必破也而其人自不生心矣。按無逸一篇乃戒人主逸樂之意篇末何故繼之以此葢君道以用人爲要其次卽聽言故曰舜好問而好察邇言也然人主一躭於逸樂則羣臣相競於逢君而忠言多苦於逆耳故復繼之以此此亦無逸之餘意也



補 周辛甲之爲太史也命百官官箴王闕於虞人之箴曰芒芒禹迹畫爲九州經啟九道民有寢廟獸有茂草各有攸處德用不擾在帝夷羿冒於原獸忘其國恤而思其麀牡武不可重用不恢于夏家獸臣司原敢告僕夫（左傳襄公四年）

按傳稱命百官官箴王闕則非但虞人有箴也虞人之箴因晉侯好田而魏絳述之故遂傳於後耳舉一隅以三隅反則羣臣之箴皆當類是周公所謂胥訓告胥教誨者此其一事也然王安得多闕所謂箴王闕者乃不待王有闕而預箴之所謂防患於未萌也如是王安得復有闕王猶如此則羣臣之皆能受諫納誨可知周之所以治化隆而受命長也。杜註以辛甲爲武王臣卽武王臣亦未必不逮事成康此箴或作於成康之世未可知也

我有嘉賓鼓瑟吹笙吹笙鼓簧承筐是將人之好我示我周行（小雅）

駪駪征夫每懷靡及我馬維駒六轡如濡載馳載驅周爰咨諏（同上）



此所謂胥訓告云云也嘉賓在坐鼓吹以娛之承筐以進之惟欲其示我周行耳好聞善言之心可謂切矣皇華之征夫馳驅道上困頓之不暇而猶事周爰咨諏抑何其虛衷若谷也卽此二詩觀之可知當時風氣猶以聽納忠言爲事葢距成康之世尚不甚遠也。此公卿大夫也然皆勤於詢訪若此然則周公所謂古之人胥訓告胥保惠胥教誨者非專指天子而言可知矣公卿

大夫皆不敢自謂賢而孜孜焉惟欲訪之人以助其不逮其政事安得有缺者盛世景象於此可見一斑

我雖異事及爾同僚我即爾謀聽我囂囂我言維服勿以爲笑先民有言詢于芻蕘詩大雅

周道漸衰風氣日變卿士大夫莫不自以爲智自以爲賢雖有一二人尚知訓告者而其人且付之於一笑同僚之言猶不肯聽況於芻蕘政事安得不失正乎

營營青蠅止于樊豈弟君子無信讒言營營青蠅止于棘讒



人罔極交亂四國詩小雅

此所謂譸張爲幻也聞訓告而厭之則聞怨詈而必怒之故小人有以投其隙而讒言日盛也四國交亂周室之所以不振也

謂山蓋卑爲岡爲陵民之訛言寧莫之懲召彼故老訊之占夢具曰予聖誰知烏之雌雄詩小雅

舊說以訛言爲讒言然讒言不當屬之民上文謂山兩句亦無着落當指民間謗讟而言懲戒也蓋政事失則百姓困百姓困則謗讟興雖不必其盡實是以謂之訛言然不可以不戒譬若謂之爲山容有卑而過稱之者然必高於平地爲岡爲陵然後人始以山目之若之何其不之懲也無他卿士大夫皆自以爲賢智故爾自謂賢智則雖召故老訊占夢而人知我之自矜也必不肯直言以買禍不過具曰予聖而已求其若古之人胥訓告云云者不可得矣烏之雌雄何由辨之周道之所以日衰也

亂之初生僭始既涵亂之又生君子信讒君子如怒亂庶遄



沮君子如祉亂庶遄已同上

讒言何以能使人信也蓋有巧術存焉其始託爲無心微示其意使聽之者涵之於心漸而增之累之聽之者遂信以爲實故孔子曰浸潤之譖不行焉可謂明也已矣向使其譖之初而即平心核其眞僞其實邪則致之罪孟子所謂見不可焉然後去之見可殺焉然後殺之者也其誣邪則治言者之罪此後誰復敢譸張爲幻者故曰君子如怒亂庶遄沮也如弗大過則寧置之不問

雖有賢人不保無一二事之小失况於形跡疑似之間者乎孔子所以言赦小過也如是則守正之士皆盡心於國而不畏僉壬之忌故曰君子如祉亂庶遄已也○正月之五章與板之三章義同巧言此章與青蠅詩義同但一在厲王時一在幽王時耳詩中此類言語甚多不可悉載姑載四章以見大凡

附錄○鄭人游于鄉校以論執政然明謂子產曰毀鄉校如何子產曰何爲夫人朝夕退而游焉以議執政之善否



其所善者吾則行之其所惡者吾則改之是吾師也若之何毀之（左傳襄公三十一年）

欲人之議執政卽胥訓告之意子產此事誠爲政之要圖是以韓子爲之作頌曰鄉校不毀鄭國以理也此雖春秋時事然足以發明周公之意故附錄之於此○立政無逸兩篇乃周致治之要正錄中雖已論之然其蘊未盡故復有周政通考以暢立政之旨而無逸篇末三章猶未之論及故今復爲續考以補之但祭公祈招之

詩衛巫監謗之事已詳於正錄中故今但取詩詞著之

豐鎬考信別錄卷之一終

道光四年東陽署中刻

# 豐鎬考信別錄卷之二

大名崔述東壁譔著　　石屏門人陳履和校刊

## 周室封建彙考

周之制度儀禮周官所載正錄已辨之矣封建職官之制前篇亦詳之矣然尚有無所附麗而未及之者故復綴以此篇

補天子一位公一位侯一位伯一位子男同一位凡五等也

○天子之制地方千里公侯皆方百里伯七十里子男五十



里凡四等不能五十里不達於天子附於諸侯曰附庸孟子

周官大司徒云諸公之地方五百里諸侯方四百里諸伯方三百里諸子方二百里諸男方百里說者遂謂孟子當籍去之後不得其實未足爲據余按論語云可以寄百里之命春秋傳云天子之地一圻列國一同自是以衰易曰震驚百里不喪匕鬯傳曰出可以守宗廟社稷以爲祭主也是經傳皆以百里爲侯服之常非孟子一人之私言也周官乃戰國以後人所撰故不知而妄爲之說耳說並見前周公相成王篇中

武王克商光有天下其兄弟之國者十有五人姬姓之國者四十人左傳昭公二十八年

周公弔二叔之不咸故封建親戚以蕃屏周管蔡郕霍魯衛毛聃郜雍曹滕畢原酆郇文之昭也邗晉應韓武之穆也凡蔣邢茅胙祭周公之允也左傳僖公二十四年

按周之封同姓成鱄以爲武王富辰以爲周公以經



傳考之衛封於武王世晉封於成王世二子之言皆不盡合而姬姓之國至於四十晉韓邢茅必在其內武王必不自封其子周公尤不得自封其子也蓋古人之文多舉其大略以克商自武王故多推本武王言之富辰以與召公對舉則稱周公焉其實乃陸續所封不可概謂之武王尤不得專屬之周公也故今考其封之先後次第列之以見其非一時之事云

武王克商成王定之選建明德以蕃屏周（左傳定公四年）

武王克殷成王靖四方康王息民並建母弟以蕃屏周亦曰吾無專享文武之功且爲後人之迷敗傾覆而溺入於難則振救之（左傳昭公二十六年）

自富辰稱周公封建親戚以蕃屏周其後秦廢封建二世而亡及漢興大封同姓刑白馬而盟約非劉氏不王由是後之論者咸謂周之封建皆爲蕃衛子孫之計其久享天下皆封建之功貽謀之善也以余考



之不然禹之王皆因唐虞舊臣湯雖崛起一方而其賢臣多在異姓故孟子曰湯立賢無方周則賢多出於懿親其於傳記可考者同姓則召公近屬則二虢諸弟則周公康叔畢公毛公賢在親則封在親故曰選建明德其親親也卽賢賢也禹自躬稼而有天下湯雖起自諸侯然其先世亦微弱周自大王開基而大伯虞仲以長讓幼矣文王始受命而未得及身爲天子武王始克商而未得及身見四方之靖至成王然後安享之以爲祖父之德而吾獨享之於心不自安故分其祿而與諸父昆弟共之故曰吾無專享文武之功蓋不以祖父之祿私一身非以天祿而獨私其兄弟也周之封建親戚豈但爲蕃衛子孫計哉且周亦非獨封其親戚也記曰武王克商未及下車而封黃帝之後於薊封帝堯之後於祝封帝舜之後於陳下車而封夏后氏之後於杞然則同姓之封初不先於異姓蓋亦未必遂多於異姓也特其後嗣有盛



衰耳周之封建但不遺於親戚非專擇於親戚而封之也明矣論者但見富辰此言遂以後人自私之念度古聖人之心不知富辰特欲襄王之睦鄭以安王室故不言其他而但言蕃屏不言其封他國而但言其封親戚言固各有所重非先王封建之本意卽如是也正如王子朝云並建母弟以蕃屏周不過以晉爲王母弟故專言之豈武王成王但封母弟而不封曹滕應韓之庶弟乎嗟夫聖人之心其湮沒於不善

讀書之人者豈可勝道哉故今錄周之封建先先代之裔次功臣次武王之封文昭次周公之別封次成王之封武穆次蔡仲之紹封而取成鱄富辰祝鮀王子朝之言彙列於首庶學者參伍求之而有以識聖人封建之盛心也

右通論周之封建

補 昔虞閼父爲周陶正以服事我先王我先王賴其利器用也與其神明之後也庸以元女大姬配胡公而封諸陳以備三恪（左傳襄公二十五年）



備覽○武王追思先聖王乃襃封神農之後於焦黃帝之後於祝帝堯之後於薊帝舜之後於陳大禹之後於杞（史記周本紀）

樂記云武王克商未下車而封黃帝之後於薊帝堯之後於祝帝舜之後於陳下車而封夏后氏之後於杞投殷之後於宋呂氏春秋云武王勝殷未下車命封黃帝之後於鑄帝堯之後於黎帝舜之後於陳下車命封夏后氏之後於杞立成湯之後於宋以奉桑林余按此二書所載與史記國名互異古書散軼不可考矣惟所云未下車而封者於事理殊未允古者王畿之外莫非侯國滅一國始封一國今武王始克殷王城安所取地而封之封國大典也當先尋求其後然後備禮而命之於廟中又豈車中所能爲者而宋之封在成王世尤不得屬之克殷日也蓋此文特作者形容之詞正如春秋傳所云楚子伐宋屨及於窒皇劍及於寢門之外車及於蒲胥之市者但極言



其速耳非眞有此事也故今但列史記之文於備覽

右先代後裔之封

補 周克商使諸侯撫封蘇忿生以溫爲司寇與檀伯達封於河（左傳成公十一年）

補 太公之封於齊也亦爲方百里也（孟子）

備覽○武王已平商而王天下封師尚父於齊營邱（史記齊太公世家）

史記此文下云太公東就國道宿行遲逆旅之人曰吾聞時難得而易失客寢甚安殆非就國者也太公聞之夜衣而行黎明至國萊侯來伐與之爭營丘余按武王之封太公於齊必先克其地也克其地必有人守之萊人安能與爭太公至成王時猶在王室是太公未嘗親就國也安有夜衣而行之事乎此文絕類戰國策士之言蓋其所假托故不錄

右功臣之封



王若曰孟侯朕其弟小子封惟乃丕顯考文王克明德慎罰不敢侮鰥寡庸庸祗祗威威顯民用肇造我區夏越我一二邦以修我西土惟時怙冒聞于上帝帝休天乃大命文王殪戎殷誕受厥命越厥邦厥民惟時敘乃寡兄勗肆汝小子封在茲東土（書康誥）

分康叔以大路少帛綪茷旃旌大呂殷民七族陶氏施氏繁氏錡氏樊氏饑氏終葵氏封畛土略自武父以南及圃田之北境取於有閻之土以共王職取於相土之東都以會王之東蒐聃季授土陶叔授民命以康誥而封於殷墟（左傳定公四年）

書序云成王既伐管叔蔡叔以殷餘民封康叔作康誥酒誥梓材僞孔傳因之釋孟侯三句云周公稱成王命言王使我命其弟封蔡氏書傳駁之今錄於左

**蔡沈駁康誥篇序傳** 書序以康誥爲成王之書今詳本篇康叔於成王爲叔父成王不應以弟稱之說者謂周公以成王命誥故曰弟然既謂之王若曰則爲



成王之言周公何遽自以弟稱之也且康誥酒誥梓材三篇言文王者非一而略無一語以及武王何耶說者又謂寡兄勗爲稱武王尤爲非義寡兄云者自謙之詞寡德之稱苟語他人猶之可也武王康叔之兄家人相語周公安得以武王爲寡兄而告其弟乎特序書者不知康誥篇首四十八字爲洛誥脫簡遂因誤爲成王之書是知書序果非孔子所作也康誥酒誥梓材篇次當在金縢之前○余按經文明稱王

若曰朕其弟其爲武王誥之無疑蔡傳之說是也分器錫邑容或有在成王世者若受封則斷斷在武王之世矣故今從蔡傳列之武王之世封魯之前惟所云篇首四十八字爲洛誥脫簡尚恐未然蓋不知何篇之簡而其篇已逸耳說並見前武王克商周公弔二叔兩條下

附錄。曹叔振鐸文之昭也。滕侯曰我周之卜正也（並左傳）



按文昭惟封衛見於經傳曹滕郕霍諸國皆無可考以此推之可矣

右文昭之封。以上並武王世

王曰叔父建爾元子俾侯于魯大啟爾宇爲周室輔乃命魯公俾侯于東錫之山川土田附庸（詩魯頌）

補 周公之封於魯爲方百里也（孟子）

分魯公以大路大旂夏后氏之璜封父之繁弱殷民六族條氏徐氏蕭氏索氏長勺氏尾勺氏使帥其宗氏輯其分族將其類醜以法則周公用即命于周是使之職事于魯以昭周公之明德分之土田陪敦祝宗卜史備物典策官司彝器因商奄之民命以伯禽而封於少皞之虛（左傳定公四年）

史記周本紀云封功臣謀士而師尚父爲首封封尚父於營邱曰齊封弟周公旦於曲阜曰魯封召公奭於燕封弟叔鮮於管弟叔度於蔡餘各以次受封是謂燕魯之封皆在武王世也余按周公於武王爲弟於成王爲叔父而詩稱王曰叔父建爾元子俾侯于



魯則是封魯者成王也周公東征三年而奄始滅而傳稱因商奄之民命以伯禽則是封魯者成王時事也蓋周初之制親戚功臣之受祿內外皆有之周召畢郇在畿內者也齊衛曹滕在畿外者也不以內外分重輕也周公既受祿於周矣何事又封於魯至成王之世周公內輔政事外定商奄制禮樂靖四方成王以爲周公功大無以爲報故別封伯禽於魯而使其次子襲畿內之封其後於召公遂亦援以爲例而

別封於燕耳周衰王室東遷內諸侯漸微而外諸侯之勢盛由是後人不復知周公之先已受采於周而但疑周召之受封不當在蔡衛曹滕之後遂以爲武王之世齊魯同時而封誤矣故今載伯禽之封於成王之世而燕之封缺之

右別封

補 成王滅唐而封太叔焉（左傳昭公元年）

唐叔成王之母弟也（左傳昭公十五年）



分唐叔以大路密須之鼓闕鞏沽洗懷姓九宗職官五正命以唐誥而封於夏虛（左傳定公四年）

呂氏春秋說苑並云成王與唐叔虞燕居剪桐葉以爲珪曰以此封汝虞喜以告周公周公以請成王曰與虞戲也周公曰天子無戲言言則史書之工誦之士稱之於是遂封叔虞於晉史記所載略同惟以爲史佚事唐柳子厚嘗辨之今錄其文於左

柳子厚桐葉封弟辨 古之傳者有言成王以桐葉與小弱弟戲曰以封汝周公入賀王曰戲也周公曰天子不可戲乃封小弱弟於唐吾意不然王之弟當封耶周公宜以時言於王不待其戲而賀以成之也不當封耶周公乃成其不中之戲以地以人與小弱者爲之主其得爲聖乎且周公以王之言不可苟焉而已必從而成之耶設有不幸王以桐葉戲婦寺亦將舉而從之乎凡王者之德在行之何若設未得其當雖十易之不爲病要於其當不可使易也而況以其



戲乎若戲而必行之是周公教王遂過也。余按邑姜武王之元妃成王邑姜之長子而唐叔其母弟也武王之崩成王唐叔之年固已長矣（說見周公相成王篇武王崩喪條下）不得以唐叔爲小弱成王亦必不至以封國大典爲兒戲也柳子之辨詳矣獨其篇末云或曰封唐叔史佚成之則是猶以此事爲或有但非周公之所爲耳史佚亦賢臣詎宜有此事即有此事周公豈容不諫而聽之乎此必無之事故今不載而取柳子末數

語刪之

右武穆之封

補 蔡仲改行帥德周公舉之以爲己卿士見諸王而命之以蔡其命書云王曰胡無若爾考之違王命也左傳定公四年

僞尚書有蔡仲之命篇乃本左傳文而衍之者其序之謬前於周公篇中已辨之矣其命詞亦綴輯前人語言以成篇者故今但載左傳原文

右紹封○以上並成王世



天子適諸侯曰巡狩巡狩者巡所守也諸侯朝於天子曰述職述職者述所職也無非事者孟子

周官稱十有二年王巡狩殷國僞尚書采其說遂云六年五服一朝又六年王乃時巡考制度于四岳余按周時巡狩年數經傳未有言及之者惟春秋傳云先王卜征五年而歲習其祥祥習則行不習則增修德而改卜杜氏註云征謂巡守征行則是周亦以五年一巡狩也且唐虞五載一巡狩周乃改爲十有二年亦未免失之於疏闊大抵三代以上文多缺略事難詳考傳記各記所聞互有同異皆不足以爲據故今但采孟子之文記巡狩朝覲之大略至於年數多寡缺之不失爲慎

入其疆土地辟田野治養老尊賢俊傑在位則有慶慶以地入其疆土地荒蕪遺老失賢掊克在位則有讓一不朝則貶其爵再不朝則削其地三不朝則六師移之同上

自漢以來說者多謂周人弱於封建徒建空名於公



侯之上耳余按孟子此文王於諸侯慶之讓之貶之削之莫敢違王命者是其予奪之權操之天子何有於弱亦豈但空名而已哉但自平王東遷王室微弱號令始不行於天下耳故孔子曰天下有道則禮樂征伐自天子出天下無道則禮樂征伐自諸侯出西周以前自天子出者也東遷以後自諸侯出者也豈得見其後之微遂以概其前之盛乎晉文襄之世進退臣僚皆惟君命是聽頃定以後六卿專政公室始

卑魯僖文之世權亦在上襄昭以後政始出於三桓豈得謂文襄僖文之世已失政哉且自幽厲姒暴犬戎內侵驪山之變畿甸盡沒於戎使其時無諸侯則天下皆騷動非勝廣起於閭左則劉石興自塞外雖欲建空名於公侯之上且不可得奈之何以封建故咎周也且周之封國見於經傳者不過薊祝陳杞蘇檀齊宋諸國及兄弟之國十有五同姓之國四十而已其餘皆夏商之舊國也武王即不封建此千數百



餘國豈不能據地自雄者若盡取而滅之使先世帝王卿相之有功德於世者盡殄絕其祀而後已是豈聖人之心也哉大抵漢唐文士多好議論古人得失而不考其時勢其所關者非小故今考而辨之

右朝覲巡守之制

周之封建先後不一時其經制亦不能專繫於一代故不以載於正錄而別述此篇統紀其制而分類以記其事庶易於考核也

周職官附考

周之官制詩書皆未詳言周官一書亦多附會唯孟子文尚可得其梗概今附載之

君一位卿一位大夫一位上士一位中士一位下士一位

凡六等孟子

按春秋於列國之卿皆書爲大夫則是卿乃上大夫大夫則下大夫也故曰王臣公公臣大夫大夫臣士東遷以後卿日以尊故但稱爲卿以別於他大夫而



此文與王制遂沿而稱之耳又按春秋傳卿之下有上大夫嬖大夫周官亦有中大夫下大夫之別疑皆後世所增如魯三卿之外復有臧叔子服叔仲等氏晉六卿之外復有郤鈌趙穿等未有軍行之卿者然恐當以孟子此文爲近是

三代之所以異於兩漢者何在乎兩漢之所以異於唐宋者何在乎其事蓋非一端而設官其尤著者也周官王制雖皆出於後人之手不無揣度附會之失

當日官制不可詳考然以孟子此文推之諸侯之國大者僅及百里而有卿有大夫有上士中士下士佐治者要不下百數十人故其耳目易周精力亦無不逮一人有善得以賞之一人有惡得以罰之是以豪猾無所用其武斷吏胥無所施其朦蔽也孟子曰無君子莫治野人無野人莫養君子野人少而君子多則不足於養野人多而君子少則不足於治是以先王量民數以設官而不肯惜小費以致廢大事也兩



漢則不然自令丞尉以外止有鄉三老嗇夫游徼亭長之屬耳較之三代邈乎不相及矣然猶有秩有祿選其賢者充之是以其人尙知自重其耳目精力尙可勉强從事以故其治尙爲近古風俗尙多渾厚至隋盡廢鄉官一縣之中止有一令一丞一簿一尉然其時承南北朝之後久亂之餘戶口稀少猶之可也至唐開元天寶之際生聚蕃矣民事多矣逮宋熙寧元豐以後戶口之盛尤遠過於前代豈此數人者之所能徧理無怪乎百姓之爭日多而吏胥之權日重也

附論○官盛任使所以勸大臣也中庸

官何以當盛也所以優大臣也亦卽所以熙庶績也何者一國之政多矣非數十人所能徧理設官少則勢不能兼顧非惟政事之多廢也而吏胥皆得操其厚薄之權僕從皆得肆其上下之手其倒行逆施者亦不少矣故官必盛而後可任使也有一事卽設一



官則人有餘力而事有專責有一官卽擇一人則人知自愛而事無不舉爲大臣者但能課其勤惰而總其成而庶績自咸熙矣

大國地方百里君十卿祿卿祿四大夫大夫倍上士上士倍中士中士倍下士下士與庶人在官者同祿祿足以代其耕也次國地方七十里君十卿祿卿祿三大夫大夫倍上士上士倍中士中士倍下士下士與庶人在官者同祿祿足以代其耕也小國地方五十里君十卿祿卿祿二大

夫大夫倍上士上士倍中士中士倍下士下士與庶人在官者同祿祿足以代其耕也孟子

按大國地方百里倍次國也次國地方七十里倍小國也而小國之君十卿祿以田計之當食一萬六千畝（以下食田畝數並見集註中所引徐氏說）次國食二萬四千畝多於小國者僅三之一大國食三萬二千畝多於次國者僅四之一大國之閒田將何所置之乎卿亦大夫也故春秋與諸侯之卿皆書曰大夫猶士之有上中下耳



大夫與士則名分判然隔絕而卿祿有四大夫三大夫者大夫祿乃止倍於上士何邪竊謂讀此章者但當求其大意不必拘其細數孟子固曰其詳不可得聞也然則孟子之所言特其略耳嘗考春秋以前諸侯之國大約分為九區內一區為鄉遂以為君祿外八區為都鄙以為大夫士之祿猶海內之地方千里者九而王畿方千里也猶井田之制八家皆私百畝而中為公田也然則大國之君祿當倍次國次國當倍小國孟子特大略言之耳大國小臣數多則其祿之降殺亦多小國小臣數少則其祿之降殺亦少然則大國次國自大夫以下其祿亦必不止於倍而卿祿亦不得有三大夫四大夫之多但籍已去故其詳不可考耳天子之卿受地僅倍大夫況諸侯之卿何至遂三之四之乎蓋春秋之世卿權益重卿祿益厚故有三大夫四大夫之說其實皆當以漸而殺非獨卿與大夫然也大抵君臣之降殺以十一為率大小



臣之降殺以倍為率雖有增減要不甚多於此見先王之不以天祿自私而亦有以辨上下定民志也周衰典籍散軼後人雖有纂述而揣度附會者居多幸孟子此章猶存尚可得其大概餘已詳經界考中茲不悉贅

附論○忠信重祿所以勸士也中庸

祿何以當重也所以恤羣臣也亦即所以責羣臣也何者士既受官於朝必將資以養其父母妻子也位

益尊則所費益廣祿不足以贍之惟賢而有守者乃能潔已而安貧耳若其守少不堅則必有聚歛於百姓以自奉侵蝕於國帑以自肥者無怪乎民日困而國日貧也故善治國者必與士以重祿使無內顧之憂交謫之患則少知自愛者皆恥爲聚歛之臣恥爲盜臣矣而又擇其賢者用之有不百室盈而婦子寧者乎有不倉廩實而府庫充者乎故驟觀之若費而細察之實省如之何其可以不重也



附錄。管子於是制國以爲二十一鄉工商之鄉六士鄉十五。五家爲軌軌爲之長十軌爲里里有司四里爲連連爲之長十連爲鄉鄉有良人焉。是故匹夫有善可得而舉也匹夫有不善可得而誅也齊語

附錄。制鄙三十家爲邑邑有司十邑爲卒卒有卒帥十卒爲鄉鄉有鄉帥三鄉爲縣縣有縣帥十縣爲屬屬有大夫。是故匹夫有善可得而舉也匹夫有不善可得而誅也同上

此所謂鄉官也與前所載孟子六等之文互相發明何者治民必藉於人數十家而即爲之長數百家而即爲之帥則在下者不能欺在上者不難治吏胥無所投其隙奸豪無所肆其暴誠良法善政也桓公去古未遠先王之制猶多存者是以管仲本之立法以治齊國所以能霸諸侯而匡天下也後世惟務省費省費則必省官日減日少遂至於數萬戶而止付之一人即有賢令長亦不能以徧理況賢者不可多得



非假手於吏胥則置民事於不問耳假手吏胥故吏胥橫行賦歛獄訟何一非吏胥操其權倡賭盜賊何一非吏胥爲之主吏胥富而閭閻日以彫瘁矣置民事於不問則强凌弱衆暴寡良民日困非兇悍無以自全於是里巷之間相率習爲豪强爭鬭以自保其身家無怪乎民日貧而俗日敝也後世儒者往往輕視桓文羞言管仲吾獨以爲不然姑無論其他唐宋以來名臣賢相史不絕書有復古鄉官之制者乎有

一言之及於此者乎然則管仲未可輕也惟漢諸葛武侯嘗自比於管樂其後相業果爲秦漢以來第一人亦何必爲大言哉大抵霸之所以異於王者惟在假仁義以服人其實桓文之世上去文武不遠王政尚多存於世者漢唐以後王政存者寧有幾乎若之何輕視桓文也國語之文雖難盡信然此文於理與時勢皆得之必非妄者觀此猶足見三代之遺制故并錄之



存參。子曰求也千室之邑百乘之家可使爲之宰也論語公治長篇

千室大邑也百乘大家也晉文公在齊有馬二十乘齊陳文子有馬十乘則百乘家之最大者矣聖人以千室百乘相對爲言然則千室亦邑之最大者尋常之邑不過三百室二百室百室已耳是以其宰尚多能盡其職惟冉求足民之材政事之彥聖人始以千室許之非他人所及也後世乃以庸碌之人畀以數萬戶而使之治之欲令民之不困俗之不偷烏可得乎

存參。施氏之宰有百室之邑左傳成公十七年

按此文不以百室之邑爲小則邑之大者當亦不多也此雖家宰兼治之邑然百室而即有人治之則下情之不通者亦少矣觀此言猶可想見當時之美政也

鄉官之制乃三代聖人之大經大法必不可廢者亦



非但鄉官也百里之內亦必有分治之庶僚始可以無廢事而後世皆舉而付之於一二人民安得而治然名儒文士皆罕有言及此者但有言及於井田封建者耳井田封建雖屬王政然後世行之大不易若庶僚鄉官直舉而措之耳不知何以無人計及此也此治亂興亡之大要故因述周封建之制而附及之

## 周遺蹟補考

### 石鼓

岐陽石鼓十枚上皆刻四言詩唐韓退之以爲周宣王時所作宋歐陽永叔云自漢以來博古好奇之士皆略而不道隋氏藏書最多其志所錄秦始皇刻石婆羅門外國書皆有而獨無石鼓文遺近錄遠不宜如此況傳記不載不知二君何據而知爲文宣之鼓也二君謂韋與韓韋詩詳後汪上湖石鼓說中其論當矣而張溴雲谷雜紀則云石鼓經秦涉漢其亦久矣其間豈無好事者稱道之歷時之久書傳不存後人不知耳蘇勗載記云石鼓謂周宣王獵碣其十鼓其文則史籀大篆唐章懷太子注後漢書云今岐州石鼓銘凡重言者皆爲二字以二書言之則安知秦漢間無稱道之者則又以韓公之說爲是歐公之疑爲非汪上湖先生石鼓說辨之頗詳今載其文於左

汪上湖先生石鼓說 石鼓在陳倉野中隋以前無所見聞唐貞觀中蘇勗始紀其事鄭餘慶徙置鳳翔之夫子廟而亡其一宋仁宗皇祐四年向傳師得之民



間十數乃全至徽宗大觀二年徙於汴京之辟雍宣和元年又移之保和新殿以金填其字欽宗靖康末金人輦致於燕剔其金而留石於王宣撫家其家後改大興府學至元成宗大德十一年虞伯生爲大都教授求得於草土中洗刷而扶植之仁宗皇慶二年伯生助教成均言於時宰以大車十乘載於國子學大成門內左右各五鼓按韋蘇州詩謂是文王時鼓今本亦作宣王無文王字宣王時刻韓文公直稱宣王時作逮宋程泰之以左傳昭公四年椒舉云成有岐陽之蒐指是成王歐陽公集古錄乃有三疑而鄭夾漈以秦權秦斤證之指爲秦刻洎及金源元遺山中州集云茌平馬子卿以字畫考之云是宇文周時所造作辨萬餘言出入傳記引據甚明金史採其事入本傳鄭馬二說後人譏之者多信之者少以余考之竊嘆馬氏有卓識矣所惜其文未見曾不知其定爲後周何時耳此下節删一段西魏之末官法周禮詔法周書則詩雅

頌之文誠無足異但史稱周武帝崇尚儉樸校兵閲武步行山谷履涉勤苦人所不堪其於田獵豈肯夸耀其事徒惟武帝建德二年二月詔皇太子贇撫巡西土皇太子於岐州獲二白鹿以獻詔曰在德不在瑞今考九鼓中（其一無字）其稱及鹿者有四且有即一章而兩言鹿者合之則鹿字凡六見焉有曰我鹿允異豈非瑞應意乎文內鰋鯉楊柳靈雨舫舟皆春巡之景非冬狩也若其稱天子又稱嗣王者宣帝窮奢極



麗車旗章服倶倍數前王此詞當是大象元二年間天臺侍從之臣追紀其瑞而刻之似以天子稱武帝以嗣王稱宣帝而宣帝每自稱爲天則當時又未必稱以嗣王也文蓋以天子稱宣帝以嗣王稱靜帝雖宣帝於即位之始即傳位皇太子衍顧不稱太上皇而自稱天元皇帝是以文內天子嗣王連言之猶之周書宣帝紀內帝與皇帝連及也靜帝即位僅七歲其三年爲周大定元年二月即禪位於隋其時石鼓

甫成應即委棄而録文人識者少唐賢徒見車攻馬同之文同於小雅藉以潤色文章耳其詞其文後人自有明於鑒察者正不必依傍韓蘇篤信而不敢議也馬氏之辨安得世尚有傳與余言一證其同異哉

余按石鼓所刻詩詞不載宣王一事亦無宣王時一人名不知唐人何由決知其爲宣王自東周以後下迄於隋書之存於世者多矣石鼓果周宣王時物必爲世所寶貴稱道者當不知幾許何以稱者皆不存



存者皆不稱乎漢都長安距岐爲近班固扶風人郡中有此古物尤不應不知及知之而不言也且蘇勗與章懷太子皆唐人耳以唐證唐何足爲據自蘇勗至韓退之相距不二百年而書傳所載稱之者凡四人自周宣王逮隋千有餘年而反無一言之見於書傳然則此鼓之在漢魏以後而不在周秦以前明甚歐陽子之疑是而淏之言非矣是故韓昔謂爲宣王蘇子贍想當然之說也張淏言安知秦漢無稱道之

者秦檜莫須有之獄也以想當然莫須有折天下之獄則獄靡不冤以想當然莫須有斷古書古物之眞僞則書與物靡不失實然則即謂此鼓爲堯舜時所作謂夏商之時書傳不存安知無稱道者亦誰能窮其誣哉汪公之辨詳矣此鼓果爲宇文氏之物余雖未嘗詳考然斷非周物則較然也○又按雲谷雜紀以爲成王時物者乃韓元吉而上湖以爲程泰之以爲秦時刻者乃任汝弼而上湖以爲鄭夾漈所引互



異蓋韓程皆嘗謂爲成王任鄭皆嘗指爲秦刻論者各據所見之書言之是以不符不足以爲異也

羑里城

湯陰城北有文王演易臺其地高於旁者丈餘即唐人所稱羑里城也城中地故高日久城頹惟高原存焉故人以臺呼之唐封氏聞見記嘗辨其妄今錄於左

**封氏聞見記一則** 相州湯陰縣北有羑里城周迴可三百餘步其中平實高於城外丈餘相傳文王演易之所按此東頓邱臨黃諸縣多有古小城或周一里或三百步其中皆實然則小城而實皆古人因依立家以爲保固耳

余按湯陰之西爲林縣其北爲安陽又北爲磁州距余鄉近者百里遠者二百餘里其在山中者山上多壘石爲城寨在平地者其村外往往有高廣如封氏所言者其城或尚存或已頹或半頹余數往來於諸



縣間問之土人皆云前代避亂之所然則湯陰此臺亦如是而已矣封氏之言是也蓋築城自保勢須據險以高臨下有山則據山無山則築平地使高築城其上方足以制仰攻本理之常無足異者但臨大道者少人或不之見見亦不爲意而湯陰之臺東逼驛道人皆知之旣莫考其所始而其地近殷墟故好事者遂以羑里之事附會之耳余又嘗居開州即唐頓邱之南境也城以南如湯陰此臺者不下數十蓋即

封氏所謂古小城者其城率已頹土人呼爲骨堆最大者有霸王骨堆（蓋以大得此名）韓信骨堆（蓋韓姓之訛）其村農相傳云項羽與韓信相拒於此地以築骨堆大者爲勝夫羽與信固未嘗戰於此即至此亦豈有餘暇以築臺較其勝負乎羑里之城當亦類是里巷流傳之語固不可據以爲實也嗚呼湯陰有演易之臺則陝州亦當有修春秋之閣矣涿州有張飛井趙州有魯班橋甚矣邪說之入人深而不學無術者多喜事也



○按羑里之事本戰國人所述既相傳爲有此事矣秦漢以後因以演易附會之既復相傳有演易之事矣魏晉以後因又以古小城附會之證據既多遂成牢不可破之說市有虎而曾參殺人三人言之未有不信者矣而孰知其說皆相因而生者乎邠州山上有水自洞口下名水簾洞山下果樹甚繁好事者遂以爲西遊記孫悟空發祥之所而建猴王廟焉嗚呼世所言古跡者大率皆如此矣故今并附辨之

文武周公陵墓

備考○畢在鎬東南杜中（史記周本紀）

備考○文王武王周公冢皆在京兆長安鎬聚東杜中（皇覽）

備考○文王武王墓在雍州萬年縣西南二十八里畢原上（史記正義引括地志）

按此諸說則周文武王陵在渭水南長安之西南也自唐以前無異說者至宋乾德四年詔給守陵五戸



春秋奉祀始以咸陽縣之西北認惠文悼武二王冢爲周文武王陵而祭之沿謬八百餘年前人辨之詳矣今不復贅但取史記諸家之言載之以備後人考證云爾

○古物古蹟其於事理末矣然或以僞亂眞或附會舛謬而人遂信以爲實其所關亦不細故亦補而辨之

豐鎬考信別錄卷之二終　道光四年東陽署中刻

# 豐鎬考信別錄卷之三

大名崔述東壁謹考　石屏門人陳履和校刊

## 周制度雜考

春秋所書列國之君多有稱某子者滕侯杞伯亦多稱爲滕子杞子（春秋中無侯伯兼稱者惟杞薛嘗一稱爲侯然桓三年公會杞侯于郕據公羊乃會紀侯二家文誤則隱十一年薛侯來朝恐亦是文誤耳）說者謂周之列爵凡五子爵在伯之下男之上其本侯伯而稱子者或以爲時王所黜或以爲聖人所貶也余按列國之爵受之先王傳之先君周道既衰而孔子乃布衣之士安能黜之貶之若可以貶其爵則亦可以進其爵何以不聞有子而進稱爲公進稱爲侯伯者侯伯可貶公亦可貶既可貶爲子亦可貶爲男又何以不聞有公而貶爲侯伯侯伯而貶爲男者乎由是言之謂爲時王所黜聖人所貶恐皆未必然也余嘗細考經傳之文子之爲稱乃未成乎諸侯之名與伯及男不同義也故有天子之卿而稱子者尚書之微子箕子春秋之單子劉子是也有諸侯在喪未即位而稱子者葵邱之稱宋子

豐鎬考信別錄　卷之三　一

溫之稱陳子是也有撫有一國未成爲君而稱子者叔武之稱衛子子儀之稱鄭子是也皆不成之爲諸侯也若其國而夷也則亦稱之爲子吳楚邾莒徐沈鄭潞之屬是也此蓋古制如此此即本侯伯之爵而既雜於夷則亦概以子稱之故國語云命圭有命固曰吳伯不曰吳王然則吳本伯爵也滕杞之稱爲子當亦如是故傳曰杞桓公來朝用夷禮故曰子又曰杞夏餘也而即東夷非貶之黜之蓋略之而等之諸夷也猶後世之於僭國皆稱之爲魏主吳主也孟子曰天子一位公一位侯一位伯一位子男同一位凡五等夫爵既有五矣何以其等止分爲四公侯伯既各爲一等矣何以子男獨同爲一等乎蓋子也者未成乎諸侯之稱也既未成爲諸侯則其班當隨乎其最卑者是以與男同一位也說者不加細考誤以子與公侯伯爲一例遂謂貶黜其爵爲子則宋衛陳鄭之稱子又何說焉且非但國君有子之稱也其後大夫士亦稱之蓋春秋之初卿尚罕有稱子者間一有之（如衛石子齊高子之類）亦但以爲稱不以

豐鎬考信別錄　卷之三　二

爲諡也（若魯共仲成季齊管敬仲衛石駘仲之屬諡皆稱以字惟晉欒共叔國語作欒共子蓋後人所追稱）衛自甯莊子石祁子始連諡稱爲子晉自趙成子欒貞子以後魯自季文子孟獻子以後而卿莫不以子繫於諡矣大夫雖尚未諡以子（如子服景伯子家懿伯之類）然相稱亦以子若叔仲子子服子子家子之類是也至春秋戰國間而子遂爲通稱凡有名於時者雖布衣之士率稱爲子若莊子惠子鬼谷子之類是也故論語顏淵之賢子路之長皆不稱子（至孟子時顏淵始稱爲子）閔子騫冉有閒一稱子而曾子有子則皆稱



以子雖其門人所記亦其時之先後然也至孟子時則高夷徐陳公都之屬莫不稱子矣然則子也者本未成乎諸侯者之稱漸而卿稱之漸而大夫稱之又漸而布衣之士亦稱之者也猶之乎君本國君之稱漸而卿大夫亦稱君（儀禮公士大夫皆稱爲君）至後世而朋友亦相稱爲君也說者不考稱子之由故其釋君子也以爲有位者謂之君有德者謂之子豈知君子云者本皆有位者之稱（詩之君子至止君子來朝皆稱諸侯之詞）而後世以稱有德者耳猶稱大德者爲大人不肖者爲小人也（孟子云說大人則藐之薳罷云吾儕小人冉有云小人何知皆以位言）不詳究其始末而但揣度附會以爲說以君與子分屬之位與德失之遠矣、

逸周書中有諡法篇傳史記者取而冠之簡端其文云惟周公旦太公望開嗣王業建功於牧野終將葬乃制諡遂敘諡法云云後世儒者咸信之而不疑余按諡法之所爲制意必將以勸善而懲惡也善者諡以善惡者諡以惡大行受大名細行受細名然後人知所以勸懲今此篇中經



緯天地曰文錫民爵位亦曰文聖聞周達曰昭容儀恭美亦曰昭使膺聖之君與小才小善者同科固已不足爲勸至於克定禍亂曰武夸志多窮亦謂之武亂而不損曰靈死而志成亦謂之靈美惡同詞聖狂一例褒貶之義無存勸懲之道安在周之制此諡法欲何爲乎帝也王也公侯之與君也長民者之稱非諡也且亦不始於周何故先之以此欽明者史臣贊堯之詞克明克類克長克君克順克比成鱄引而釋之以見文王（詩本言王季鱄以爲文王）之德然耳豈得

皆謂之齊太公子丁公丁公子乙公乙公子癸公蓋沿
商制以干名爲號者今乃以丁爲謚然則乙癸亦當爲謚
何以又不之言他如正直忠愛夸惑之類春秋時從未有
以之爲謚者則此篇爲後人之所妄撰明矣且周既制此
謚法必先分別夫應謚之人或通行於諸侯或兼行於卿
大夫乃今以史考之衛康叔之後五世無謚齊太公宋微
子蔡叔度曹叔振鐸皆四世無謚太公以佐命之臣始封
之君而竟無謚周公子伯禽亦無謚晉唐叔子燮父子皆



無謚周果制爲謚法何以諸國之君皆無謚乎蓋謚法非
周之所制乃由漸而起者上古人情質樸有名而已其後
漸尚文而有號焉至湯撥亂反治子孫追稱之爲武王而
謚於是乎始然而子孫卿士未有敢擬之者周之二王謚
爲文武蓋亦彷諸商制以成王之靖四方也故亦謚之曰
成而康王以後遂倣而行之猶之乎商有三宗西漢亦有
三宗至後漢而宗始多及唐宋而遂無帝不宗也周公有
大功於天下故其沒也成王特賜之謚召公歷相三朝康

王遂倣周公之例而亦謚之然皆以爲特典非以爲常制
也是以成康昭穆之代諸侯謚者寥寥數世之後俗彌尚
文遂無有不謚者然卿大夫尚未敢擬也至周東遷以後
而卿大夫始漸有謚嘗以春秋傳考之晉自文公以前惟
欒共叔有謚國語有韓定伯狐偃先軫有佐霸之功而謚皆無聞
至襄公世趙衰欒枝始有謚而先且居胥臣之屬仍以字
稱則是亦以爲特典也成景以後卿始以謚爲常先縠三
郤以罪誅乃無謚降於平頃則雖欒盈之以作亂死荀寅



士吉射之失位出奔而靡不謚矣魯大夫有謚者較他國
爲獨多然桓莊以前卿尚多無謚者昭定之間則榮駕鵞
南宮說子服公父之倫下大夫靡不謚者鄭大夫初皆無
謚至春秋之末子思子儼亦有謚惟宋大夫始終無謚果
周所定一代之制何以先後不齊彼此互異若是然則謚
之由漸而起彰彰明矣即靈厲之屬其初亦非惡謚而子
孫臣庶公然加之也蓋賢者既奉以嘉名而不賢者無可
推崇則亦依傍其性情行事而謚之書云靈承於旅詩云

濯濯厥靈論語云子溫而厲又云君子聽其言也厲靈與厲何嘗卽爲不美之名但相牽以之謚暴主而其後遂以爲辱耳猶之乎周有恭王魯有恭公漢有順帝未嘗不爲美名而自南北朝宋有順帝周與隋有恭帝後世遂以恭順爲忌諱也周書之作蓋在戰國秦漢之間彼固取前世王侯卿大夫之行事而揣度言之復雜取傳記之文以附益之者若之何後儒之不之察也

戴記曲禮篇稱東夷北狄西戎南蠻王制篇云東方曰夷



南方曰蠻西方曰戎北方曰狄明堂位篇亦云九夷之國東門之外西面北上八蠻之國南門之外北面東上六戎之國西門之外東面南上五狄之國北門之外南面東上皆以蠻夷戎狄分屬四方後世說者沿而不察皆以爲然

余按禹貢梁州章云和夷底績綿之詩云昆夷駾矣孟子云文王事昆夷是西亦有夷也詩韓奕云以先祖受命因時百蠻是北亦有蠻也春秋經傳公及戎盟於唐公追戎於濟西齊侯伐山戎無終子使孟樂如晉請和諸戎楚大饑戎伐其西南又伐其東南是東與南北亦皆有戎也安在可以四方分哉蓋蠻夷乃四方之總稱而戎狄則蠻夷種類部落之號非以四者分四方也故禹貢云五百里要服三百里夷二百里蔡五百里荒服三百里蠻二百里流堯典亦云蠻夷猾夏則是九州之外皆爲蠻夷初未嘗分戎與狄也蓋夷猶裔也裔猶邊也以在九州邊上故附見於九州在冀揚爲島夷青爲嵎夷萊夷徐爲淮夷梁爲和夷謂之要服則是猶有禮教存焉故春秋傳稱用夷禮是



夷未嘗無禮但不及中原文物之盛耳蠻則蠢然無知故但謂之荒服然則蠻夷以內外分不以東南分四方皆有夷亦皆有蠻不得專屬之東南也蓋唐虞都冀北近南遠每服雖約以五百里然北常狹南常廣故蠻在南方爲多而記禮之家多齊魯之士地近東夷遂誤以夷專屬之東而以蠻專屬之南耳戎者西方蠻夷之一猶其有氐與羌也狄者北方蠻夷之一猶其有追與貊也其見於經傳者數者之外復有庸蜀髳彭微盧百濮百越之屬然惟戎與

狄爲最盛往往分居四方故狄或居冀或居雍而戎或鄰於秦或鄰於楚或鄰於晉於齊於魯於燕玁氐羌之盛於漢晉間也及戰國之世而戎狄漸微是以其後無聞不得以戎屬之西狄屬之北而與蠻夷分列而爲四也故春秋書公會戎于潛齊人狄人盟于邢公伐戎衛人侵狄戎侵曹狄伐鄭狄侵我西鄙晉人敗狄于箕如此者不啻數十事而從未有書夷伐某國蠻伐某國及會夷盟蠻伐夷侵蠻者傳稱晉武公伐夷此夷乃王畿采邑非蠻夷之夷而春秋傳與楚邾莒往



往稱爲蠻夷亦從未有稱爲戎狄者然則是戎狄爲國名而蠻夷乃其通稱彰彰明矣大抵戴記諸篇漢儒所撰其說多本之傳然沿而誤者常十之六七故考三代之事雖一名一物之微皆當取信於經其次則參考於傳不得但據戴記之言遂信以爲實也

隋唐以來世皆以左爲上或謂古人亦上左者或又因檀弓文孔子有姊之喪拱而尚右二三子皆尚左遂謂古人吉事以左爲上凶事以右爲上者余考之春秋傳皆上右者惟楚人上左耳桓王之伐鄭也虢公林父將右軍周公黑肩將左軍鄭曼伯爲右拒祭仲足爲左拒皆先書右而後書左其敘宋之六官亦皆先右師後左師則是皆以右爲上也即晉之三軍亦上軍在右而下軍在左何以知之城濮之戰胥臣以下軍之佐犯陳蔡而楚右師潰狐毛狐偃以上軍夾攻子西而楚左師潰邲之戰工尹齊將右拒卒以逐下軍潘黨率游闕四十乘從唐侯以爲左拒以從上軍夫晉楚之師相向而戰則楚之右晉之左楚之左晉之右而晉常以上軍當楚左下軍當楚右是上軍在右而



下軍在左也惟敘楚之軍帥皆先左而後右故季梁曰楚人上左君必左必言楚人上左者明諸侯之國皆上右也然右廣左廣右盂左盂右司馬左司馬皆先右而後左則是楚人且不盡上左矣由是言之三代以上固以上右爲常故禮賓由西階主人由阼階西在右東在左也王叔陳生與伯輿爭政王右伯輿王叔陳生怒而出奔是上之則曰右之下之則曰左之也豈但顧命之陳寶先西序後東

序先西房後東房必凶事乃上右乎哉戴記之文本難取信而檀弓中尤多乖謬況所謂尚右尚左者乃手之所向非身之所處初非以此别上下者烏得據此而以上下分吉凶乎下至漢世王陵爲右丞相陳平爲左丞相王陵既免乃徙陳平爲右丞相諸吕誅後平以周勃功大復以右丞相讓勃而自爲左則是此時猶以右爲上也況三代以上乎曰然則樂記之分周公左召公右史記信陵君傳之從車騎虚左往迎侯生何也曰傳曰自陝而東者周公主



之自陝而西者召公主之東在左西在右故謂分周公左召公右耳非以左右分上下也書曰太保帥西方諸侯入應門左畢公帥東方諸侯入應門右是亦畢公分左召公分右然乃先言太保後言畢公者則是但以東西分左右初未嘗以左右分上下也至於車中之位尤與堂上不同御者執轡必居車中持矛者必在右乃便於事惟左爲閒散之地故尊者常居之今公子自御車故虚其左以待侯生此自車中事宜與朝廷之班位賓主之揖讓無涉也

大雅既醉篇云公尸嘉告鳧鷖篇云公尸來燕來寧舊說皆以尸爲天子之尸毛傳云公尸天子以卿言諸侯也鄭箋云諸侯有功德者入爲天子卿大夫故云公尸然則大夫之爲諸侯尸者即稱曰大夫尸士爲大夫尸者即稱曰士尸乎朱傳蓋已覺其不合故改其說云周稱王而尸但曰公尸蓋因其舊如秦已稱皇帝而其男女猶稱公子公主也然秦事不師古故名多不正而言多不順豈得以之例周且周固稱王子王孫何獨於尸必稱爲公尸乎此無



他以大雅中爲皆天子祭祀之詩故不得不委曲以爲解耳然余細玩兩詩惟多頌禱之詞初無一語及天子若嘉樂之詩者何所見其必爲天子之尸而非公卿之尸經言公尸吾知爲公之尸而已以楚茨信南山例之可矣不必别爲說以通之也又按虞夏商周之書皆未有言祭之用尸者商頌亦無之周頌所稱祭品樂器牛羊鐘鼓之屬詳且備矣然獨無一言及於尸其見於二雅者鳧鷖既醉二篇皆云公尸不云王尸楚茨信南山二篇則卿大夫祭祀

之詩也且玩其詞意皆不似成康以前作或以天子至尊臣下不敢爲之尸邪抑尸本非聖人所制之禮周末文勝相習而成風邪儀禮本非周公之書亦無天子祭禮戴記後人所撰尤不足據學者缺所疑焉可矣

天子有天下者也諸侯則以國稱卿大夫則以家稱士庶人則以室稱故曰十室之邑百室之邑千室之邑皆稱士庶人者也曰三家者以雍徹三家未睦因其十家九縣皆稱卿大夫者也曰七國同役而不同心曰三國入函谷曰



六國連衡皆稱諸侯者也然下不得兼上上得以兼下故天子亦稱國詩所謂思皇多士生此王國王于出征以匡王國是也亦稱家書所謂惟公勤勞王家永不忘在王家是也亦稱室詩所謂王室如燬書所謂乃心罔不在王室春秋傳所謂王室實蠢蠢焉是也諸侯亦稱家傳所謂公家之利知無不爲是也亦稱室傳所謂三分公室四分公室是也卿大夫亦稱室傳所謂三室如一殺高厚於灑藍而兼其室是也卿之庶子亦稱側室故傳云卿置側室又曰趙有側室曰穿晉君之壻也其後相沿凡庶子皆稱爲側室漢文帝賜南越書曰朕高皇帝側室之子是也文帝高帝之庶子也後人不求其故但見此文遂以側室爲指薄后而稱妾爲側室失之遠矣

洪範補說

天錫禹九疇之文見於禹上篇又見於武王下篇皆未及詳疏其義故今補之

惟十有三祀王訪于箕子

按武王亂臣十人莫非賢聖乃復訪於勝國遺賢者何蓋聖人之心常自以爲不足好問好察舜武王無以異也此所以繼唐虞而成成周之盛治也

王乃言曰嗚呼箕子惟天陰騭下民相協厥居我不知其彝



倫攸敘

聖人者本天以出治者也故武王一啟口即曰惟天陰騭下民周自太王以及文王治極盛矣武王纘三王之緒豈容有所不知而此乃云不知彝倫攸敘何哉聖人之心常自處於不知聖人之志必欲追蹤唐虞而後已蓋聞箕子得九疇之傳故殷勤而訪之也

箕子乃言曰我聞在昔鯀陻洪水汨陳其五行帝乃震怒不畀洪範九疇彝倫攸斁鯀則殛死禹乃嗣興天乃錫禹洪範九疇彝倫攸敘

此原洪範之由。九疇錫於唐虞之世唐虞之書豈容無一言及之而竟缺焉者禹謨九共等篇書之缺者多也此可知唐虞之善政後人不得見者蓋亦不少幸而武王有此一訪否則九疇之學將至箕子而絕後人不復得見之矣

初一曰五行次二曰敬用五事次三曰農用八政次四曰協用五紀次五曰建用皇極次六曰乂用三德次七曰明用稽



疑次八曰念用庶徵次九曰嚮用五福威用六極

此舉九疇之目。五行者九疇之一耳水者五行之一耳然治水失宜即五行皆失其正五行失正即九疇皆失其傳故九疇必先以五行五行必先以水也五事以下皆言用者五行者天地自然之氣所生故不言用五事以下則皆人事之所當盡故言用也五福六極統於一疇者禍福賞罰相濟而行之不可分爲二也

一五行一曰水二曰火三曰木四曰金五曰土

此列五行之名。何以首五行也天地之大用也孟子曰民非水火不生活宋子罕曰天生五材民並用之故九疇先以五行也

水曰潤下火曰炎上木曰曲直金曰從革土爰稼穡潤下作鹹炎上作苦曲直作酸從革作辛稼穡作甘

此推五行之義。潤下炎上曲直從革皆所以表五行之性而土獨係以稼穡者何稼穡者養生之要務也人非是不能生故以此表土之用而云稼穡作甘也。世所傳五



行之術非尚書意說詳見五行辨中

二五事一曰貌二曰言三曰視四曰聽五曰思

此列五事之名。何以次五事也所以自淑其身者也施於民者謂之政故著於身者謂之事身之未正何以治民

[illegible]

貌曰恭言曰從視曰明聽曰聰思曰睿恭作肅從作乂明作哲聰作謀睿作聖

此推五事之義。言何以曰從也順理而成章之謂也後世悉尚新奇多求工於詞藻而或不必盡合於理三代以上不如是也思何以曰睿也人心之靈無所不通苟能用之於正則天地萬物之理皆可以思而得之故曰睿也

三八政一曰食二曰貨三曰祀四曰司空五曰司徒六曰司寇七曰賓八曰師

此列八政之名當爲八政章之上此下當有缺文推八政之義。次之以八政何也聖人之生非徒自淑其身而已必將使民各得其所者也故以政繼事也民莫衆於農治



國莫重於農事農者所以爲食也無食則不能生故稱農用八政而先之以食也此先王治民之要務下文必有良法精意可爲萬世法者惜乎其皆缺也

四五紀一曰歲二曰月三曰日四曰星辰五曰曆數

此列五紀之名當爲五紀章之上。次之以五紀何也聖人所以輔相天地之宜而以人事協於天道堯典所謂欽若昊天歷象日月星辰者也故以五紀繼八政也

庶徵章後自王省惟歲至則以風雨乃推歲月日星之得

失與此文正相表裏疑即五紀章之下而錯簡於彼者
五皇極皇建其有極斂時五福用敷錫厥庶民惟時厥庶民
于汝極錫汝保極
此立皇極之綱
凡厥庶民無有淫朋人無有比德惟皇作極凡厥庶民有猷
有爲有守汝則念之不協于極不罹于咎皇則受之而康而
色曰予攸好德汝則錫之福時人斯其惟皇之極無虐煢獨
而畏高明人之有能有爲使羞其行而邦其昌凡厥正人旣



富方穀汝弗能使有好于而家時人斯其辜于其無好德汝
雖錫之福其作汝用咎
此推皇極之義
無偏無陂遵王之義無有作好遵王之道無有作惡遵王之
路無偏無黨王道蕩蕩無黨無偏王道平平無反無側王道
正直會其有極歸其有極
此詠皇極之盛
三德章後自惟辟作福至民用僭忒所言乃會極歸極之

義與三德不相涉且以韻讀之亦與會極歸極相叶疑在
歸其有極之下亦詠皇極之盛而錯簡於彼者
曰皇極之敷言是彝是訓于帝其訓凡厥庶民極之敷言是
訓是行以近天子之光曰天子作民父母以爲天下王
此結皇極之旨
疇雖有九然尤重者皇極一章何者聖人之治天下非徒
使之安享太平之福而已誠欲正其心使無邪慝也故孔
子曰如有王者必世而後仁皇極一章所以一道德同風



俗而使民皆歸於仁也蓋聖人履中蹈和固已立四方之
標準然天下之民智愚不齊賢不肖互異或任其情性之
偏或染於習俗之惡淫朋比德所在有之勢不能歸於一
是以聖人斂時五福以敷錫厥庶民一人有善我得而賞
之一人有惡我得而罰之於其有猷有爲有守者則錫之
福而無好德者不得與焉然後天下咸望聖人之極而會
歸之淫朋比德無所施其巧即有一二敗類者而爲衆所
不容亦漸化而之善久之而遂習爲固然蕩蕩平平莫不

遵王之道所謂道德一而風俗同者此也是以成周之治幾於唐虞成康之世刑措不用豈不因於此哉自周之衰聖王不作國異政家殊俗由是楊墨之言得以大行於世秦漢以後益不復以化民成俗爲事郡縣鄉亭莫不自爲風氣鄉曲之豪皆得而簧鼓煽惑之而唐虞三代之盛遂不復可覩矣然則此篇者誠聖人經世之要務學者所當盡心者也故今表而出之。按此篇所謂王道也斂五福以敷錫庶民而使天下會其有極不罹於咎卽孟子所謂



民日遷善而不知爲之者也必如是始足爲王道儒者多談王道而罕有論及此者何歟其後晉文定王以示民義伐原以示民信大蒐以示民禮其意亦本於此然氣量之大小心術之純雜迥不相侔學者比而觀之則王霸之分皎然可見矣世儒多薄桓文至有謂漢在桓武之間者無論無偏無黨遵道遵路非漢所敢望卽示信示禮漢豈寧有類此者乎非惟藐桓文亦淺之乎覩武王矣學者熟玩此篇則知三代之治遠非後世之所及矣

六三德一曰正直二曰剛克三曰柔克

此列三德之名。次之以三德何也所以助建極之事也斂五福以錫民可以會極而歸極矣然人之性情各有所偏與其使畏威而寡罪不若使就學而益明故以此三者正之

平康正直彊弗友剛克燮友柔克沈潛剛克高明柔克

此推三德之義。正直順而導之也剛克柔克矯其偏而變化之也勝其偏之謂克孔子所謂克己復禮者也平康



則無所用於克導其先路可矣彊弗友剛克燮友柔克所以制其太過沈潛剛克高明柔克所以補其不足此先王之所以育人材正風俗而使咸歸於中正也

惟辟作福惟辟作威惟辟玉食臣無有作福作威玉食臣之有作福作威玉食其害于而家凶于而國人用側頗僻民用僭忒

聖人之治天下必合衆人之智以爲明非但謀及卿士也抑且謀及庶人然其權則不可以下移所以辨上下而定

民志也顧明作威福者猶易制而暗作威福者最難防魯季氏齊陳氏明作威福者也晉荀寅求貨不得則不使晉救蔡范鞅以錫楯之不獻於已則言於晉君使執樂祁荀躒納祁勝之貨則使晉君滅祁氏羊舌氏而晉遂以不振此皆暗作威福者也是以聖賢之君必勤政擇人以杜其源明目達聰以遏其流皆恐其權之下移也權一下移則非但害於家而凶於國也而居高位者惟財賄之是貪在下位者惟鑽營之是尚風俗自是大壞人安得不側頗僻



民安得不僭忒也是則此數言者乃聖人御世之大綱然與三德之義無涉蓋皇極章中文而錯簡於此者說已見前皇極章中

七稽疑擇建立卜筮人乃命卜筮曰雨曰霽曰蒙曰驛曰克曰貞曰悔凡七卜五占用二衍忒

此列稽疑之名。次之以稽疑何也所謂與鬼神同其吉凶者也庸人皆自以爲能知故常無疑賢人間有疑者惟聖人常自以爲不知故决疑爲要務非但訪於人也又復質諸鬼神此聖人之所以爲明也

立時人作卜筮三人占則從二人之言汝則有大疑謀及乃心謀及卿士謀及庶人謀及卜筮汝則從龜從筮從卿士從庶民從是之謂大同身其康彊子孫其逢吉汝則從龜從筮從卿士逆庶民逆吉卿士從龜從筮從汝則逆庶民逆吉庶民從龜從筮從汝則逆卿士逆吉汝則從龜從筮逆卿士逆庶民逆作内吉作外凶龜筮共違于人用静吉用作凶

此推稽疑之義。君從而龜筮從吉卿士從而龜筮從亦



吉庶民從而龜筮從亦吉在上者之謀不必定勝於在下者也是以聖人廣搜博采不以已所見遂以爲然人所見遂以爲非不然謀及卿士固已罕矣乃復謀及庶人誰屑爲之無怪乎聖人之能通於鬼神也三人占則從二人之言舊說以爲占用三人非也此但言於占者之言當從其多者不當從其少者耳非限以三人也

八庶徵曰雨曰暘曰燠曰寒曰風曰時五者來備各以其敘庶草蕃廡

此列庶徵之名。次之以庶徵何也此聖人爕理陰陽之事所謂與四時同其序者也肅乂哲謀聖修身事耳貌言視聽思之得其正耳而其效乃至此甚矣五事之所關者大也

一極備凶一極無凶曰休徵曰肅時雨若曰乂時暘若曰哲時燠若曰謀時寒若曰聖時風若曰咎徵曰狂恒雨若曰僭恒暘若曰豫恒燠若曰急恒寒若曰蒙恒風若

此推庶徵之義。吾閱休徵而不知其故也觀咎徵始知之豫則恒燠急則恒寒理固當然然則肅之時雨乂之時暘哲謀聖之時燠時寒時風亦皆理勢之自然矣



曰王省惟歲卿士惟月師尹惟日歲月日時無易百穀用成乂用明俊民用章家用平康日月歲時既易百穀用不成乂用昏不明俊民用微家用不寧庶民惟星星有好風星有好雨日月之行則有冬有夏月之從星則以風雨

此文疑係錯簡說已見前五紀章中

九五福一曰壽二曰富三曰康寧四曰攸好德五曰考終命六極一曰凶短折二曰疾三曰憂四曰貧五曰惡六曰弱

此列五福六極之名當爲五福章之上此下當有缺文推五福六極之義。次之以五福六極何也所以終建極之事也賞罰之權操之自上然後能使人協于極故曰嚮用五福威用六極此文之下蓋敘所以斂之敷之之事惜乎其文皆缺不得而見之也

僞孔傳云天與禹洛出書神龜負文而出列于背有數至于九禹遂因而第之以成九類自後說尙書者皆沿之余按洛之出書惟見於易大傳而亦不言其時不詳其事其他經傳絕無言及此者至西漢時讖緯之學日熾始以河圖洛書爲說春秋緯云河以通乾出天苞洛以流坤吐地符河龍圖發洛龜書感禮緯含文嘉云伏羲德合上下天應以鳥獸文章地應以河圖洛書則而象之乃作八卦自是學者始傳河圖洛書之數以推禍福然如所言則洛書與河圖皆伏羲畫卦時事與禹之九疇無涉也其以洛書爲即九疇者劉歆耳讖緯本異端之學而歆尤穿鑿附會

往往悖經戾傳而不自知觀其作符命以媚莽其説寧有依據然大儒皆遵之不敢有異詞噫其亦異矣且世所傳洛書之數戴九履一左三右七二四爲肩六八爲足而五居其中央今九疇之數爲五者四爲三爲七爲八爲十一者各一無數者一與所傳洛書之數皆不合何所見九疇之爲洛書者濟室陳氏以爲洪範一二三四五之文即洛書一二三四五之數五行即所履之一五福六極即所戴之九然則何所見一之當爲五行三之當爲八政八之當



爲庶徵又何所見三之必非三德八之必非八政一之必非皇極而五之必非五行乎以全不相涉之數而强取而合之毫無義理而後儒皆信之間有一二疑之者則斥之曰彼不精洪範之學耳然則孟子之闢楊墨韓子之闢佛老亦可謂之不精楊墨佛老之學乎且吾未見精此學者之果能言其所以然也大抵唐虞之世年歲久遠文獻無徵不可以强通之孔子曰知之爲知之不知爲不知是知也書言九疇吾知九疇而已書言天錫禹九疇吾知天錫禹九疇而已九疇之爲洛書天錫之爲神龜所負吾不得而知也世之學者不務求五行五事之實以闡禹箕子之蘊而苦思勞慮以九疇牽合於世所傳洛書之數吾不知其爲何心也惟林氏以爲洛書之說不可深信洪範發明彝倫之敘本非由數而起其識獨爲卓然惜未得見其全文也故今不載洛書之事大抵宋儒之說沿於漢晉諸儒者十之九然沿於他人者猶少而沿於劉歆王肅者頗多是誠不可解也今世之士醇謹者多恪遵宋儒高明者多



推漢儒以與宋儒角此不過因幼時讀宋儒注日久故厭常喜新耳其實宋儒之說多不始於宋儒宋儒果非漢儒安得盡是理但論是非耳不必胸中存漢宋之見也蓋凡學人性情多好博覽强記不肯專取一事平心殫力以求其首尾故及其久也遂忘其説之出於何人衍於何書而但習熟耳目以爲固然是以每沿前人之誤而不之覺至有斥其人鄙其學而恒襲其説而不自知者宋儒亦然今人亦然未可以此而笑彼也○周書中義最精深而文復

明暢易解者無如洪範立政無逸三篇前正錄中已言之矣盛衰通考闡立政之藴也續考發無逸末章之旨也獨洪範一篇未及詳疏其義故復爲此以闡發之篇中缺文錯簡頗多前人罕有言者姑據鄙見摘出數則以待精於尚書者決之

豐鎬考信別錄卷之三終

道光四年東陽署中刻

# 考信附錄

［清］崔述

清光緒五年定州王氏謙德堂刊畿輔叢書本

考信附錄卷上　　畿輔叢書

大名崔述著

## 家學淵源

人之登顯位享厚奉也有崛起於寒微者有業先世之業而得之者其於學問也亦然漢王充鄭康成崛起者也漢司馬遷班固晉王隱唐姚思廉李延壽則皆業業者也崛起者必特出之英才業業者英才固有之不必英才而但因有所憑藉而底於成者亦有之故孟子曰待文王而後興者凡民也若夫豪傑之士雖無文王猶興余幼而愚曾長而鈍拙於人事一無所長所幸先君邃於學而勤於教雖寢食出入時耳提面命曾不少懈以此得少有所窺不然為農為圃且不若人況知經史為何物哉先君既未及有所著述而述安敢不溯其所由來乎故於考信錄成之日備載家學淵源於後



自述解語後先君即教之識字遇門聯扁額之屬必指示之或攜至藥肆即令識藥題務使分別四聲字義淺顯者即略為詮釋識字稍多則令讀三字訓若神童詩隨讀隨為講說以故述授書時已識之字多未識之字少亦頗略解其義不以誦讀為苦即先君有事或不暇授書述亦能擇取其淺顯者自讀之

述五歲始授論語每一字旁必硃書平上去入字不使誤於方音每授若干必限令讀百徧以百錢置書左而遞傳之右無論若干徧能成誦非足百徧不得止也既足則令少憩然後再授如前論語既畢繼以孟子小學每日不過一生書一溫書不令多讀恐心不專故也惟大學中庸乃先孺人於黃昏時口授述而成誦者大約亦在五六歲時也

論孟既畢即令述讀朱子小學以小學乃日用躬行之要而文義亦易解宜於初學以故述自居家以至作吏皆不敢有蹉跌以有先入之言為主故也



南方人初讀論孟即合朱子集註讀之大學中庸章句亦然北方人則俟四書本文皆成誦後再讀經一二種然後讀四書註而讀註時亦連本文合而讀之先君教述讀註皆不然經文雖已久熟仍令先讀五十徧然後經註合讀亦五十徧於溫註時亦然謂讀註當連經文固也讀經則不可以連註讀經文而連註讀之則經之文義為註所間隔而章法不明脈絡次第多忽而不之覺故必令別讀也說世俗讀朱註者多所刪削有兩者必刪其一甚至某氏曰愚謂等字亦刪之文氣往往不貫先君教述讀註惟圈外註有與經旨未洽者不讀其餘皆讀不肯失其本來之

面目也

易自朱子始復古本之舊至明復用今本刻朱子本義坊間遂無復繙古本者先君乃遵古本手自抄錄俾述讀之

先君課述兄弟讀書務令極熟每舉前人書讀千徧其義自見之語以勖之十餘歲時每夕侍寢必令背誦舊所讀書若文旦醒後亦如是從行道中亦然非止欲玩其理亦兼以閑其心述兄弟舉於鄉暇中猶時命之背誦有不記憶則呵叱之令補讀焉

今人讀書惟重舉業自四書講章時文外他書悉所不問

先君教述自解語後即教以日數官名之屬授書後即教以歷代傳國之次郡縣山川之名凡事之有益於學問者無不耳提而面命之開講後則教以儒禪之所以分朱陸之所以異凡諸衞道之書必詳爲之講說神異巫覡不經之事皆爲指析其謬以故述自成童以來閱諸經史百家之書不至河漢而無極者先有以道其源故也

先君教述兄弟從不令閱時下講章惟即本文朱註細爲剖析有疑義則取諸名家論辨之書別其是非得失而折衷之若陸稼書先生之大全困勉錄松陽講義尤所愛玩不時爲述講授者

先君教述爲舉業必令先自化治名家入手以泰安趙相國所箸制義綱目及所選文統類編爲金針使之文從字順章法井然合於聖人語氣然後使讀嘉隆以後之文每日作文只是發揮聖賢道理此外別無巧法於天崇諸家內有議論精卓切於世事者尤所深賞使述熟讀而效法之不令其揣摩風氣敷衍墨調也

先君教述兄弟雖嚴然不禁其遊覽幼時不過旬月即攜之登城城在宅後故爾觀城外水渺茫無際不覺心爲之曠外城上禮賢逕旭兩臺亦往往攜之登眺蓋恐其心滯而不靈故也其後述每遇佳山水輒覺神識開朗詩文加進知幼時得力於景物者多也

述自能行後先君多以自隨不使與羣兒戲先孺人亦然姻族兄弟有好戲弄鬬嘗者必嚴禁述等不使與之接雖至必疏遠之先君嘗館於鄉以事他出先孺人召述等讀書於內室不使與館中諸童狎由是述等不在父側則在母側市井之言罕接於耳游蕩之行不經於目故今年雖已老而自讀書外聲色戲玩之事猶茫然無所解也

丁丑五月城沒於漳屋盡頹資用悉流於水先君徙家城外數月未有甯居日惟以扁豆充饑霜降後猶單衣冬不能具爐火明年春水退二月復移入城稍稍葺茅屋以庇風雨三月知府事朱公煐命知縣事王公沛生延入書院

訓士饘粥始給辛巳七月水復沒城居村中月餘復入時水尚深數尺出入皆自操舟十一月甃浚水復至復居村中俟水盡退然後入時壬午秋七月也時屢被水患數遷徙家益落至無隔宿糧而述方以文受知於知大名縣事秦公學溥（時魏縣廢併入大名）破格優待之是秋述與弟邁復同舉於鄉然人間以訟事浼先君居間許以金必正色斥之人見先君厄而介如故後遂無復言者秦公以是尤重先君數恤其急而乙酉丙戌間水三入城卒徙於禮賢臺之上者亦秦公力也

先君平居含忍退讓人數負先君或侵取田宅皆不與較



鄉人以盛德目之然臨大事必力爭是非未嘗稍退縮狥人意屢以此致危困終不爲少改自奉甚儉雖疏糲無不飽力即有餘褻衣未嘗用帛平生不食烟不佩荷包囊帨止用布素子婦有獻少逾常式即不免譴責然義所當費雖貧未嘗吝遇人有急輒傾囊助之少年時嘗謀刻先段垣公遺集節衣食買梨板數百方未果刻而沒於水每以此爲惜云

先君以名字皆取顯暴義惡其文之著故以誾名其齋

先府君少多疾先孺人侍湯藥按摩常竟夜不寐

家常苦貧先君以授館爲生子女漸成行所入不能敷而孺人支持計算於米鹽瑣碎間得以不凍餒

母性勤慎好整潔作苦常無暇時雖高年有子婦服勞猶躬理家務拄杖行視日十餘次恐他人不如己之盡心也飲食務儉約常有旨蓄以豫不虞客至則竭力營辦無所惜人訝其備不敢謂其貧也述兄弟舉於鄉親族多期其仕者母獨不願曰官不易爲吾望汝等讀書作正人而勤儉以治生不望汝等以祿養也

述上有一兄年十一而殤先君痛之甚故述之生也鍾愛莫與比行坐多自提抱之飲食起處無刻不縈於心有疾則顧復撫摩殊不自惜也然雖愛之而未嘗縱之惟愛之



愈不肯縱之幼時兩餐皆爲之限非食時雖饑不敢擅食市中所鬻餅餌從不爲買食之衣取足以禦寒不令華美有過輒督責之不少貸每語述異日若居官當以稼書陸先生爲法而述學行既無所成僅治一縣亦未克有所展布所爲承先志者止有考信錄一書所以命名爲述者如斯而已乎故備錄先君所以教述之方以見述之不才有負於先君之善教嘉慶已巳男述謹識時年七十七月初七日也

戊寅除夕先君作詩示述詩云壯強都浪擲衰病此侵尋奮勵難追昔修持不懈今閑家情嗃嗃啟後意深深率教

違嚴訓賢愚爾自斟時述年十九魏城第一次水後事也
此稿偶存故附錄云

先孺人最慈愛子女述幼時在家中讀書常令之服手足之勞或讀於外塾歸家後亦必令之少事奔走恐其坐多而血氣滯身弱易病也北方晝長盛夏未有不假寐者述每自塾午歸母即按之床上令睡飯熟乃喚之起恐其飯後輒睡致停飲食也父母之愛子至矣哉述幼而羸弱見者皆以余爲不壽使非吾父吾母調護周備斷不能至三十以後猶記十四五歲時嘗得腹疾先孺人百方爲之營救竟以漸愈而述自念生平毫無報答之處竭力服勞以



養口體遂足盡人子之責乎嗟乎今生已矣淸夜自思徒增悲感偶因今歲病中飲食起居多不自適不覺憶念及此時余七十四歲也

述弟邁幼而穎慧十歲能文十二歲與述同補諸生名噪一郡中性喜博覽一書未見如負芒刺於背聞有異書必求之常歷十餘人轉相囑託得觀之然後已讀書目力甚捷頃刻數葉過目覽十餘冊以爲常嘗與述同讀海賦述成誦未及半弟已熟之矣少年頗好詞賦擬上林七發等體繽紛陸離讀者幾不能句尤愛爲小詞倣宋柳耆卿名其稿曰步柳集三十以後文格漸老多直抒所見潮湧瀾翻浩浩汨汨不自知其所終極常好究考名人事蹟次其終始辨其同異暇則玩弄書翰流連花樹以自娛樂庭中種花無隙地不復容步武素耽山水常以不得遠遊爲恨弟所撰有魏壚雜志四卷魏郡瑣談三卷已成二卷訥菴筆談二卷已成一卷其末卷皆未成自訂其詩曰寸心知集凡二卷詞曰夢窗囈語凡一卷其所訂集鄉先輩之文曰大名文存凡三冊卒後余檢其遺稿復選訂其自所著文爲集一卷又爲續訂大名文存一冊大名詩存三冊一冊每人皆有序二冊無序蓋皆未成書者也此外復有尙友堂說詩一卷魏郡叢譚金石遺文記略雜記三種俱未



成卷以上各書皆藏於家未刻其但有草稿而未抄錄者尙多皆散亂無門類字亦難辨而余病目不能多覽尙未暇訂正也

考信附錄卷上終

# 考信附錄卷下

大名崔述著

## 陳履和刻書始末

余爲考信錄罕有人過而問焉者獨滇南陳履和見之即執弟子禮旣爲刻上古唐虞洙泗錄於江西矣復謀盡取而刻之因附載其始末於此

### 客京師時致書

滇後學陳履和頓首頓首東壁先生函丈旬月以來捧讀大著辨古書之眞僞折羣言之是非期於尊經明道無所淆亂而後已比於武事可謂敵愾禦侮之師雖以和之下



愚亦使之昭然發蒙略辨黑白生平謁見所及一人而已和少承庭訓稍知向學然至今行年三十有二矣於經傳文義曾無罅隙之明無論不知道也私心抱憾約有數端質下不能强記家貧奔走伏案無時而滇居僻遠求書頗不容易見聞寡少知識譾陋誠二十年來所抱恨於心者也然猶有甚於此者獨學無友古人所戒而師者於朋友一倫爲最尊故不能自得師則不可以爲學口耳佔畢之教習其讀不足以明理施諸行事不足以修身非所謂師與學也家居無所交接間取古人文讀之於本朝諸家最推服李榕村方望溪兩先生蓋觀其文知其爲篤行君子而不得與之同時同時者聞山左竇東皐先生鄉前輩錢南園先生文章行誼心向往之而又不得與之一面嗟乎有疑而莫與析也有惑而莫與解也若冥行而無燭焉耳矣天鑒其衷俾識先生於今日是望溪榕村同時而東皐南園面對也豈不幸哉昨晚朱君笏山爲和先容以致甘心北面之意而先生見辭過堅益深惶懼豈先生棄下愚而以爲不可教耶抑和之誠有未至而姑欲使之少安勿躁而深自省也和聞君子之教人也以是心至斯受之而已矣先生棄和不教是此生終已不得與於學問之事也此則生平所抱憾而茲復繼之以悲者也三日齋宿謹以



書獻唯先生察其意而受之和將卜日進謁以釋二十年不自得師之恨履和頓首

### 自南昌寄羅源書略

先生書四種俱已刻竣謹先印數十部寄呈先生之書不待序而傳而非其人亦不可序故不敢妄求人序履和謹附數語於後以識得師之幸及刻書年月而已所呈本有已改正而後印者有未及改正而先印者書中恐尚有誤並祈示知履和質劣心亂不能讀先生之書竊欲使天下能讀之士皆得受而讀之伏祈將全集寄賜俾得次第付梓不勝大幸

又

去歲差旋得讀老夫子大人先後來書諄諄以刻書爲過舉仰見虛懷謙德非末學後生所能窺見惘然自失者久之旣又念先生之書卽果有一二條未定處而使海內承學之士相與考訂而商論之未始非先生之所願也版成印四百部計寄閩及爲人乞去者幾二百部矣洙泗考信錄今所更定者義例更爲精嚴他日復將定本重刻自無不可唐虞三代考信之篇經界考及各種文集恨不能負笈入閩手錄以歸尙望先生憐而示之

自廣豐寄上杭書略



先生所著諸書不欲遽出問世是以唐虞考信錄經界通考未敢續刻第思先生之書先生亦不宜終以自私而校字之責實受業者所不得辭今先生旣有歸志履和亦擬於一二年中奉親南還不於此時盡求先生之書從此南北闊絕受業愈不易矣伏祈吾師出全書令人別錄副本俟到豐時盡以見賜將使同志之士共得受而讀之非獨履和一人之幸也

自廣豐寄羅源書略

伏念吾師窮年著作非徒一人一時之私論而庭前尙未有讀其書者古人師弟視猶父子卒業校字責有攸歸敢求全集而藏之爲吾師存此書爲天下後世人存此書此履和區區之私而不敢不再請於吾師者也

自南昌寄彰德書

受業門人陳履和頓首謹稟先生大人閣下履和得侍先生十七年矣履和不得侍先生亦十七年矣十七年中無日不思踵謁師門以償夙願而今恐不可遽得矣伏想先生北歸以後所著諸錄及古今體詩文當已次第定有全書卽師母大人詩文似亦宜附先生卷帙以傳自慽不得朝夕左右服校對之役爲可惜也履和自七年三月隨家大人宷銅赴滇十年二月家大人復任廣豐私計一年後



喘息稍定卽當稟之大人負笈北行受經魏臺以歸然後侍奉嚴君退休家園成算在胸謂操左券乃是年五月履和下堂傷足不下床者踰月不出戶者數月扶杖行者又數月一年之久蹣跚學步今雖愈十之六七而右股終不得力已矣負親負師長爲無用之身矣去年二月大人奉調贛縣事繁費大乃於五月告病而大吏不許十二月再具文求退始於今年二月朔卸事五月交代畢晉省大人之復來江也家眷俱未從故今日治裝尙易履和歸後卽將家務付弟輩經理田租百石僅足食米須就邑中假館以助薪蔬從此侍奉老親甘爲鄉人以不材終矣回首見

先生時年壯氣鋭豈料今日病廢至此夫不可知者數耳功名事業誠有非人所能自爲者至於讀書行己豈得復歸之時命齒長而學不加進且日損焉履和所以愍焉自疚而又傷心於離索廓落不得長侍先生者也雖然履和不得長侍先生以親故也每讀先生書又未嘗不如在左右先生經界考十年二月照羅源板重刻於南昌洙泗錄亦照改訂處修好今以六月刻唐虞考信錄七月可以蕆事誠能得先生生平著作之全刻而傳之天下後世俾承學之士有所取信而先生四十五年窮經論古之苦心亦永永垂諸無窮是則先生之志而履和雖病亦不敢不以



自任者謹遣人詣先生求書祈將唐虞以後三代考信諸錄及古今體詩文全集寄賜或有副本則賜副本或無副本則請賜原本俟抄錄後仍將原本寄呈師母大人詩文亦乞付與可否附刻不敢自定履和受書之日卽當束裝侍親行矣竊念先生視履和猶子也履和事先生不敢不猶父也自今以往倘二親精神日强一日履和足傷肺病日愈一日二三年中積累修脯之餘刻先生書竣親賫一帙以見先生先生鬚髯如昔矍鑠有加且聞弟子至而欣然也此願償否惟有日焚一瓣香祈天而已臨稟悵結不盡欲陳六月十一日南昌豫章樓內路南寓齋受業門人陳履和頓首拜書

自南昌寄彰德書略

退休以來所著書從容訂定不朽之業又別有在受書時履和方將爲贛州之行未暇付梓幸唐虞錄已刻成謹取自序一首附其後復謹識數語於卷末卽請先生閱之至於履和未見諸書尤望早寫副本全寄傳薪無盡履和有志望吾師鑒而許之及早爲之明年春闈後石屏南還之友必過彰德已致書都中託將來行者謁吾師而求書乞封固捘之內用油紙外加油布密縫庶可無虞也家大人因會審鄰邑之案忽須逗遛此時案已定局鬮印後可以



請咨經年閒住資斧日空到家何以自食履和現託京友改就教職非甘自閒散良以州縣之局知難而退親老家貧兼多疾病計不得不出於此功名富貴百念灰冷唯有登先生之堂刻先生之書此志畢生以之一旦獲遂則履和此生可以無憾遲速要自有時耳

自貴州道寄彰德兩書略

戊辰秋獲讀吾師寄示各書己巳春曾具稟請安並呈唐虞錄本不審得達左右否兩年以來家大人因會詳鄰案及買銅核減稽留江省去冬始得請咨今以三月三日行抵黔省計四月初可抵石屏家大人精神加健途次平安

足慰師懷履和肺病足傷亦似漸減從此舌耕養親功名之念都已淡然惟有省師一事義不可緩勢不宜遲然早遲殊難預定躊躇四顧未嘗不中夜起坐傍徨太息也

自雲南寄彰德書畧

履和三月中於貴州途次曾具兩函請安四月抵家得盧孝廉寄來書並洙泗餘錄刻本又於松田朱三叔處得五行辨救荒策各一本雜文稿二本捧讀如侍几席履和二十年來簿書累之疾病苦之於吾師之學絲毫不能盡心計唯收藏諸書傳之其人或可稍盡弟子之職然夏商二錄雖得稿本不識後來有無改定至於豐鎬二錄尚未見



也詩古文集在先生固屬餘事而生平踪跡往來師友淵源即此可以考見似亦未可令其散失此事和不敢不任而又恐不能勝任則私心抱恨無窮自惟肺病久成足傷亦甚自四月抵家至今未嘗獨步出城遇尊長勉強跪拜扶而後起昔年壯志如死灰矣尚思遠赴禮闈者欲借此爲省師受書計耳今亦不克如願念此後遠遊之事愈難而受書之期愈遠不覺當食而起廢寢而坐也和選期已近前曾託京中友人代爲改教未果今復欲託人爲之緣家父歸裝衣物圖書外別無長物不得不覓謀祿養今歲石屏孝廉北上者丁君運泰許君應藻胡君霖蒼均可託之寄書乞將師門一切近況詳悉示知凡鄴中已刻各書及周考信錄詩古文稿均乞交諸君寄賜嗚呼履和書唐虞錄後云先生視履和猶子也履和事先生不敢不猶父也和抱此心和何日盡此職哉臨書惘惘不罄欲言

癸酉十二月自雲南寄彰德書

辛未冬石屏公車諸君回蒙老夫子賜書並寄示三代考信錄各書均得捧讀壬申春履和因告教未果奉文截取家貧親老不能不出至今年五月遂請咨赴選一則爲升斗計一則欲借此省師乃行至蜀中風聞故鄉疫作心動奔歸到家兩日家大人卒中風疾頃刻長逝嗚呼鮮民之



生無父何怙而今而後履和長爲無父之人矣履和肺病廿年足傷九載憂虞疢疾未老先衰今復慘遭大故殆無復生理然亦不敢不偷生苟活者事親之事未終事師之事亦未終也雖然吾師老矣履和亦復衰病吾師未竟之業付與何人履和未了之志酬於何日言念及此能不倍增傷痛乎今乘同鄉孝廉公車之便謹將先考平生大略錄呈老夫子大人倘蒙賜之文字或志銘或墓表俾不孝子得刻一片石於墓門則先考不啻復生履和亦庶幾可以不死吾師著作履和未得見者十五種乞全賜之或抄寫一時難終則請將考信附錄五服考國風蠡測古文尚

書辨僞讀經餘論先發凡吾夫子之書履和能刻則刻之不能則守之有賢子弟良友朋則共傳之言不盡意臨風嗚咽

初刻上古洙泗二錄正朔禘祀二考跋

吾師東壁先生直隸大名縣人壬午舉於鄉今爲福建羅源令乾隆五十七年履和拜先生於京邸固請得爲弟子先生授所著書數種既歸復賜之序所以開示化誨甚至於今六年矣南北奔走未嘗不與是書偕也履和竊惟先生之書考古必確析理必精或獨申已見或更暢前說要天下之公言非一人之私論因以所鈔補上古考信錄三



卷洙泗考信錄六卷經傳禘祀通考一卷三正通考一卷付諸剞劂他著作未及鈔者俟異日重刻焉先生教履和曰說經欲其自然觀理欲其無成見於古人之言無所必從無所於必違唯其適如乎經而已嗚呼至矣讀先生書者亦即是以求之而已矣故此刻以序文殿履和少時聞鄉先輩大名守朱公試童子奇先生兄弟才館諸署一時二崔名籍甚又嘗見先生所爲太守公墓志憾不從先生遊越二十年而事先生事先生數月而别别六年而未能合并回首在京師時敝車蹇驢宛轉風雪中從問經義何其樂也及瓜載酒竟未由復斯言邪履和送先生還大名詩有及瓜應載酒覲造子雲居之句先生方宰閩而履和侍家君於豫章相距不二千里求先生之書並以觀先生之政或者會有期乎手是編益心向往之矣嘉慶二年丁巳夏四月甲申石屏門人陳履和謹跋於南昌寓館

又跋

是書刻既成使人呈於先生先生不許也答以三正禘祀兩考差可自信餘二種尚多應更定者近日胸中别有一部上古考信錄矣先生在羅源三年引疾乞歸大吏方重先生調署上杭而先生歸興益濃惟欲以著書老戊午秋示履和以唐虞考信錄六卷三代經界通考一卷皆二十



餘年不輕示人者且言三代考信錄當復貽吾介存唯與介存約毋復以吾未定書輕付梓人乃敢相寄耳先生之心視世之易足而求炫者爲何如甚矣履和之淺也嘉慶五年春正月丙辰履和謹識於廣豐署中

刻唐虞考信錄跋

嘉慶十三年夏五月履和侍家大人由贛州至南昌將還滇念從此去先生日遠而舊藏唐虞考信錄未刻乃以七月付梓並使人詣大名以行告且求書八月哉生明得讀夏考信錄二卷商考信錄二卷洙泗考信餘錄四卷考信錄釋例二卷易卦圖說一卷重訂前刻正朔經界禘祀三

考各一本其已成而未錄寄者豐鎬錄別錄雜著伏櫪寤言尚三十餘卷先生自閩歸後三遷而居彰德府老年善病又未有子亟欲全刻所著書印贈文學交游之士蓋寓書京師與履和商此者屢矣而履和久不與禮部試未得見年來侍家大人於豐谿章貢之間簿書束縛重以肺病足傷閉戶不出乃如婦人女子每病中夜坐北風起慨然遠念則取所刻諸錄讀之以當侍側計與先生別且十有六年矣先生日以北履和日以南設使今不求書則此十餘卷者又不知何日登堂而與其所未見之三十餘卷親受之也書至家大人行有日不及刻乃取考信錄自序一



首繫之唐虞錄後俾讀者知先生生平著書原委如此於戲先生視履和猶子也履和事先生不敢不猶父也凡書之成而未見見而未刻者其敢不盡心焉署中碌碌少暇故三錄先生書皆在南昌閒居之日自今以往則又不患無暇而患無力矣有志者事竟成況諸書顯晦關經史大綱天下之公言也天下之公事也非師弟子一二人之私也終勉之而已謹識諸唐虞錄後以自策焉中秋節受業門人陳履和書於南昌豫章樓西館中

考信附錄卷下終

# 考古續説

[清]崔述

清道光四年東陽縣署中刻本

大名崔東壁先生著

# 考古續說

道光四年正月東陽縣署中刻

## 考古續說目錄

# 考古續說卷之一

大名崔述東壁著　　石屏門人陳履和校刊

## 節錄昌黎韓子論道數則

古之時人之害多矣有聖人者立然後教之以相生養之道為之君為之師驅其蟲蛇禽獸而處之中土寒然後為之衣飢然後為之食木處而顛土處而病也然後為之宮室為之工以贍其器用為之賈以通其有無為之醫藥以濟其夭死為之葬埋祭祀以長其恩愛為之禮以次其先後為之樂以宣其湮鬱為之政以率其怠勌為之刑以鋤其強梗相欺也為之符璽斗斛權衡以信之相奪也為之城郭甲兵以守之害至而為之備患生而為之防今其言曰聖人不死大盜不止剖斗折衡而民不爭嗚呼其亦不思而已矣如古之無聖人人之類滅久矣何也無羽毛鱗介以居寒熱也無爪牙以爭食也。堯以是傳之舜舜以是傳之禹禹以是傳之湯湯以是傳之文武周公文武周公傳之孔子孔子傳之孟軻軻之死不得其傳焉荀與揚也擇焉而不精語焉而不詳由周公而上上而為君故其事行由周公而下下而為臣故其說長（原道）



楊墨行正道廢且將數百年以至於秦卒滅先王之法燒除其經坑殺學士天下遂大亂及秦滅漢興且百年尚未知修明先王之道其後始除挾書之律稍求亡書招學士經雖少得尚皆殘缺十亡二三故學士多老死新者不見全經不能盡知先王之事各以所見為守分離乖隔不合不公二帝三王羣聖人之道於是大壞後之學者無所尋逐以至於今泯泯也（與孟尚書書）

民之初生固若禽獸夷狄然聖人者立然後知宮居而粒食親親而尊尊生者養而死者藏是故道莫大乎仁義教莫正乎禮樂刑政施之於天下萬物得其宜措之於其躬體安而氣平堯以是傳之舜舜以是傳之禹禹以是傳之湯湯以是傳之文武文武以是傳之周公孔子書之於冊中國之人世守之（送浮屠文暢序）

按道統即治法也治法即道統也聖人之道非徒自治其

身而已必將上體天心而使天下民物皆得其所也故言道統者必始於堯舜而後繼以湯文迨於孔子孟子末章言之明矣但孔子不得位不能紹堯舜之盛治故不得已而傳詩書修春秋發明堯舜之道以教授諸弟子而使不墜於地故凡孔子所言之理即堯舜所行之事非有二也是以韓子論道必自堯舜推而下之而謂周公孔子之所書於册者即堯舜之道後人不能盡知先王之事則二帝三王羣聖人之道大壞誠深明乎聖道之本原也乃近世



儒者但知宗孔子而不知述堯舜但知談理而多略於論事以致唐虞三代之事多失其眞甚至異端迭起各尊其始爲教之人而視堯舜若粃糠然嗚乎使自古無堯舜人何以自異於禽獸如之何其可以忘所本也故今於考信錄成之後以韓子之論冠續說之始學者觀之其尚知所本乎

## 前人舊說八則

考信錄成之後眼中觀前人書往往有辨古事之是非古書之眞僞與錄中所言互相發明者既未及采入錄中且多泛論古書亦難專係之於一代故並編之於續說中以爲學人考古之一助云

儒者稱聖人之生不因人氣更稟精於天禹母吞薏苡而生禹故夏姓曰姒卨母吞燕卵而生卨故殷姓曰子后稷母履大人跡而生后稷故周姓曰姬詩曰不坼不副是生后稷說



者又曰禹卨逆生闓母背而出后稷順生不坼不副不感動母體故曰不坼不副逆生者子孫逆死順生者子孫順亡故桀紂誅死赧王奪邑言之有頭足故人信其說明事以驗證故人然其文讖書又言堯母慶都野出赤龍感己遂生堯高祖本紀言劉媪嘗息大澤之陂夢與神遇是時雷電晦冥太公往視見蛟龍於上已而有身遂生高祖其言神驗文又明著世儒學者莫謂不然如實論之虛妄言也彼詩言不坼不副言其不感動母體可也言其闓母背而出妄也夫蟬之生

復育也闓背而出天之生聖子與復育同道乎兔吮毫而懷子及其子生從口而出案禹母吞薏苡卨母嚥燕卵與兔吮毫同實也禹卨之母生宜皆從口不當闓背夫如是闓背之說竟虛妄也世間血刃死者多未必其先祖初爲人者生時逆也秦失天下閻樂斬胡亥項羽誅子嬰秦之先祖伯翳豈逆生乎如是爲順逆之說以驗三家之祖誤矣且夫薏苡草也燕卵鳥也大人跡土也三者皆形非氣也安能生人說聖者以爲稟天精微之氣故其爲有殊絕之知今三家之生以



草以鳥以土可謂精微乎天地之性唯人爲貴則物賤矣今貴人之氣更稟賤物之精安能精微乎王充論衡

蘇秦答燕易王稱有婦人將殺夫令妾進其藥酒妾佯僵而覆之又甘茂謂蘇氏曰貧人女與富人女會績日無以買燭而子之光有餘子可分我餘光無損子明此並戰國之時游說之士寓言設理以相比興及向之著書也乃用蘇氏之說爲二婦人立傳定其邦國加其姓氏以彼烏有持爲指實何其妄哉此處刪數句復有懷嬴失節目爲貞女劉安獲族定以登仙立言如是豈顧邱明之有傳孟堅之有史哉劉知幾史通

自戰國以下詞人屬文皆僞立客主假相訓答至於屈原離騷詞稱遇漁父於江渚宋玉高唐賦云夢神女於陽臺夫言並文章句結音韻以兹敘事足驗憑虛而司馬遷習鑿齒之徒皆採爲逸事編諸史籍疑誤後學不其甚耶必如是則馬卿遊梁枚乘贊其好色曹植至洛宓妃覩於岩畔撰魏史者亦宜編爲實錄矣嵇康撰高士傳取莊子楚詞二漁父事合成一篇夫以園吏之寓言騷人之假說而定爲實錄斯已謬



矣況此二漁父者較年則前後別時論地則南北殊壤而輒併之爲一豈非惑哉苟如是則蘇代所言雙禽蚌鷸此亦漁父之一事何不同書於傳乎必惟取褕袂緇帷之林濯纓滄浪之水彌見其未學也莊周著書以寓言爲主嵇康述高士傳多引其虛詞至若神有混沌編諸首錄苟以此爲實則其流甚多至如蛙鱉競長蚿蛇相憐鷽鳩笑而後育鯤魚怒以作色向使康撰幽明錄齊諧記怪並可引爲眞事矣同上

案晉太康二年汲郡民不準盜發魏襄王冢得古竹書凡七

十五篇晉征南將軍杜預云別有一卷純集左氏傳卜筮事上下次第及其文義皆與左傳同名曰師春師春似是鈔集人名也今觀中祕所藏師春乃與預說全異預云純集卜筮事而此乃記諸國世次及十二公歲星所在并律呂諡灋等未乃書易象變卦又非專載左氏傳卜筮事繇是知此非預所見師春之全也然預記汲冢他書中有易陰陽說而無彖繫又有紀年三代并晉魏事疑今師春蓋後人雜鈔紀年篇耳然預云紀年起自夏商周而此自唐虞以降皆錄之預云



紀年皆三代王事無諸國別而此皆有諸國預云紀年特記晉國起殤叔次文侯昭侯而此記晉國世次自唐叔始是三者又與紀年異矣及觀其紀歲星事有杜征南洞曉陰陽之語繇是知此書亦西晉人集錄而未必盡出汲冢也黄長睿校定師春書序

周書今七十篇殊與尚書體不相類所載事物亦多過實其克商解云武王先入適紂所在射之三發而後下車擊之以輕呂劍名斬之以黄鉞縣諸大白商二女既縊又射之三發擊之以輕呂斬之以元鉞縣諸小白越六日朝至於周以三首先馘入燎於周廟又用紂於南郊夫武王之伐紂應天順人不過殺之而已紂既死何至梟戮俘馘且用之以祭乎其必不然者也又言武王狩事尤爲淫侈至於擒虎二十有二猫二麋五千二百三十五犀十有三氂七百二十有一熊百五十一羆百十八豕三百五十有二貉十有八麈十有六麝五十鹿三千五百有二遂征四方凡憝國九十有九國馘磨億有十萬七千七百七十有九其多如是雖註家亦云武王



以不殺爲仁無緣所馘如此蓋大言也洪景盧容齋題跋

劉向敘戰國策言其書錯亂相揉莒本字多脫誤爲半字以趙爲肖以齊爲立如此類者多余按今傳於世者大抵不可讀其韓非子新序說苑韓詩外傳高士傳史記索隱太平御覽北堂書鈔藝文類序諸書所引用者多今本所無向博極羣書但擇焉不精不止於文字脫誤而已惟太史公史記所采之事九十有三則明白光豔悉可稽考視向爲有間矣高氏子略曰班固稱太史公取戰國策楚漢春秋陸賈新語作

史記三書者一經太史公采擇後之人遂以爲天下奇書予惑焉每讀此書見其叢脞少倫同異錯出事或著於秦齊又復見於楚趙言辭謀議如出一人之口雖劉向校定卒不可正其淆駁會其統歸故是書之汨有不可得而辯者況於楚漢春秋陸賈新語乎二書紀載殊無奇耳然則太史公獨何有取於此夫戰國楚漢之事舍三書他無可考者太史公所以加之采擇者在此乎柳子厚嘗謂國語其閎深傑異固世之所耽嗜而不已也而其說多誣淫不概於聖余懼世之



學者惑其文采而淪於是非作非國語昔讀是書殊以子厚言之或過反覆戰國策而後三歎非國語之作其用意切且深也予遂效此盡取戰國策與史記同異又與說苑新序雜見者各彙正之名曰戰國策戰上同

今夫子廟庭中有壇石刻曰杏壇闕里志杏壇在殿前夫子舊居非也杏壇之名出自莊子莊子曰孔子遊乎緇帷之林休坐乎杏壇之上弟子讀書孔子弦歌鼓琴奏曲未半有漁父者下船而來須眉交白被髮揄袂行原以上距陸而止左手據膝右手持頤以聽曲終又曰孔子乃下求之至於澤畔方將杖拏而引其船顧見孔子還鄉而立孔子反走再拜而進又曰客乃刺船而去延緣葦間顏淵還車子路授綏孔子不顧待水波定不聞拏音而後敢乘司馬彪云緇帷黑林名也杏壇澤中高處也莊子書凡述孔子皆是寓言漁父不必有其人杏壇不必有其地卽有之亦在水上葦間依陂旁渚之地不在魯國之中也明矣今之杏壇乃宋乾興間四十五代孫道輔增修祖廟移大殿於後因以講堂舊基甃石爲壇



環植以杏取杏壇之名名之耳

或問山海經夏禹及益所記而有長沙零陵桂陽諸暨如此郡縣不少以爲何也答曰史之闕文爲日久矣加復秦人滅學董卓焚書典籍錯亂非止於此譬猶本草神農所述而有豫章朱崖趙國常山奉高眞定臨淄馮翊等郡縣名出諸藥物爾雅周公所作而云張仲孝友仲尼修春秋而經書孔丘卒世本左丘明所書而有燕王喜漢高祖汲冢瑣語乃載秦望碑倉頡篇李斯所造而云漢兼天下海內并廁豨黥韓覆

畔討滅殘列仙傳劉向所造而贊云七十四人出佛經列女傳亦向所造其子歆又作頌終於趙悼后而傳有更始韓夫人明德馬后及梁夫人嫕皆由後人所羼非本文也（顏氏家訓）

附宋葉大慶攷古質疑二則

大慶觀孔叢子詰墨篇曰墨子稱景公問晏子以孔子而不對又問三皆不對公曰以孔子語寡人者衆矣俱以爲賢聖而不對何也晏子曰嬰聞孔子之荆知白公之謀而奉之以石乞勸下亂上非聖賢之行也詰之曰楚昭王之世夫子應



聘如荆不用而反周旋乎陳宋齊衛昭王卒惠王立十年令尹子西乃召王孫勝以爲白公是時魯哀公十五年也一年然後作亂在哀公十六年秋夫子已卒十旬矣墨子雖欲謗毁聖人虛造妄言奈此年世不相值何（原註以上乃孔叢子所載孔鮒子魚詰墨之詞）

大慶謂戰國之世諸子橫議如墨子假託晏子之言以毁聖人子魚以年世辨之則墨子之妄固可見矣大慶又攷之魯定公十年孔子相夾谷之會史記于齊世家載夾谷之會云是歲晏嬰卒然則白公之亂嬰死已二十二年矣左傳齊景公薨于魯哀公之五年是時景公亦死十年矣是知孔子非特無是事而景公晏子亦無是問答皆墨子鑿空造謗宜乎孟軻闢之以禽獸

按白公之亂在孔子卒後佛肸之畔亦在孔子卒後既可以白公事誣聖人亦卽可以佛肸事誣聖人其理一也蔡畏楚偪遷於州來楚取蔡故地使葉公鎭之孔子嘗至其地故論語載有與葉公問答之語乃蔡故國楚邊境非楚國中也（事詳洙泗考信錄中）孔子何由得與白公石乞相見皆緣戰



國之世楊墨盛行多誣聖人以自伸其說後人不加細考往往信以爲實弗擾佛肸之召亦如是耳惜乎昔人之辨之未及於是也

說苑曰趙襄子見圍于晉陽罷圍賞有功之臣五人高赫無功而受上賞張孟談曰晉陽之中赫無大功今與之上賞何也襄子曰在拘厄之中不失臣主之禮惟赫也子雖有功皆驕寡人與赫上賞不亦可乎仲尼聞之曰趙襄子可謂善賞士乎賞一人而天下之人臣莫敢失君臣之禮矣（原註見第六復恩篇）

周敬王四十一年也後一年而元王立九年而貞定王立至十六年時孔子卒已二十六年此謂趙襄子善賞士爲仲尼之言攷其年歲先後則知其誤也

按晉陽之圍在孔子卒後二十六年佛肸之畔在孔子卒後五年旣可以晉陽之圍爲孔子時事復何怪於以佛肸之畔爲孔子時事乎葉氏所辨說苑之誤凡十事其一言晏子使吳吳王曰夫差請見葉氏駁之以爲晏子卒於定之十年夫差立於定之十四年夫差立而晏子已卒四年



矣其一言晉人已勝智伯明年闔廬入郢葉氏駁之以爲智伯之亡在春秋後二十七年闔廬入郢在定公四年智伯亡而吳滅已久矣其餘六事所駁年世不符約皆類此劉向生於西漢之季距春秋時數百餘年何由知之其皆本於戰國時書明甚然則戰國人之所述尚可信乎大抵戰國之人惟欲快其口舌亡而爲有原不計其年世之符與否漢儒誤信而誤載之者多耳葉氏之論可謂大有功於古人獨是弗擾佛肸之事前人罕有言其誣者殊不可

解豈以其在論語中邪不知論語亦有後人之所增入齊魯篇章多寡互異其明驗也不幸遇一張禹采而合之後人奉爲蓍蔡以致古本盡亡（詳見論語源流考中）安得以其在論語中遂不辨其是非盡從而信之也

觀書餘論七則

前提要中統論考古得失有未盡者往往續有所論補錄於此

吾嘗日讀書不多亦未嘗深居博考每見人有據尚書僞孔傳及世所傳詩序以駁宋儒謂其師心自是者余心以爲魏晉以後人尚詞章不重經學先漢名儒之說失傳者多故後人不之見以致此耳近始知其不然經學之荒非不重經學之故乃重經學之所致也何者隋唐之際人未嘗重經學然



駱賓王討武氏檄文云公等或居漢地或協周親是其於周親二語仍用漢孔氏論語注不用尚書僞孔傳之說也李華弔古戰場文云周逐獫狁至於太原既城朔方全師而還是其於出車一詩猶用漢班固馬融舊解不用衛宏詩序之說也蓋唐自中葉以前士大夫尚知學古雖不深通經義然往往有沿用先漢名儒之說而未改者又其時以進士爲重唐劣者乃赴明經科以故僞傳衛序不甚行於當時天寶以後士習日卑人惟知重富貴重富貴則不得不取科第取科第則不得不趨風氣由是雖進士亦不復學古况於明經更不待言惟遵功令習孔穎達之五經疏僞傳衛序皆穎達五經疏內之文先漢名儒之說遂無復有寓目者矣至於有宋雖知崇重經學然沿唐末五代之習已久師弟子相授受皆視僞傳衛序若天柱地維之不可移易者雖有一二名儒駁其舛謬然沿其舊說者尚多而世且有以駁之爲非者欲求如駱賓王李華者不可多得矣尤可異者鄭樵之駁衛序亦尋常事而陳振孫馬端臨極力排之若斷不可容於世者豈非少而習之其心



安焉遂以爲固然哉甚矣科第之能變人心而晦聖道也豈夫唐太宗以明經設科取士誠欲士之通經學古也而經義反以之而晦古學反以之而衰此豈當日之所料及者哉其亦可嘆矣夫

嶺表錄異云兩頭蛇嶺外多此類一頭有口眼一頭似蛇而無口眼云兩頭俱能進退謬也昔孫叔敖見之不祥乃殺而埋之南人見之爲常其禍安在哉觀其所言仍係一頭蛇耳尾端並無口眼豈得謂之兩頭松江丁先生諱夏陛言館道署

時有一僮見兩頭蛇不知爲不祥也持之徧以示人至晉室丁先生見之令速將出其蛇兩頭皆在一端相並而生其後月餘僮死豈見之果不祥邪抑偶然邪蓋此蛇乃戾氣所感蛇中之妖非別有此一種蛇生生不已者故人以見之者爲不祥嶺外所謂兩頭蛇者乃蛇中之一種亦何足怪而以爲不祥乎蓋嶺外人聞有兩頭蛇之名見此蛇尾形似頭遂妄以呼之耳猶鄉中之人呼臘梅爲梅花晚粧爲茉蘂苦瓜爲荔枝也使嘗見兩頭蛇則知嶺外之蛇非孫叔所見矣唐人



諺云凌樹稼達官怕近世說者亦有以爲即春秋所書之雨木冰者然雨木冰余嘗見之雨着於樹木皆凝而爲冰如衣然如甲然與樹稼絕不類樹稼乃霧所凝河北常有之使嘗見雨木冰則知樹稼非春秋所書矣由是言之天下之本不相涉而誤以爲一者豈可勝道哉此目前之物猶如是況乎唐虞三代之事無由目覩者乎故炎帝也而以爲神農太皞也而以爲包羲重也而以爲羲黎也而以爲和庭堅也而以爲臯陶伯翳也而以爲益阿衡也而以爲伊尹南宮敬叔也而以爲南容但據後人之訓詁遂不復考前人之記載復何怪夫以一頭蛇爲兩頭蛇而以樹稼爲木冰也

昔有以知文名者或取徐渭文僞稱唐順之作以示之即書其尾云非荆川不能爲此文荆川順之號也小說載有馬生者以其詩示人人咸笑之乃假扶乩稱康狀元海詩座客無不贊者嗟夫世之不究其實而但狥其名者豈獨一二人哉賈誼之鵩鳥賦又見於鶡冠子夫誼感鵩鳥而作賦自言已志必非襲人之言明甚而世乃以爲誼錄鶡冠子者世稱鶡



冠子爲戰國時人故也君子思不出其位論語所記曾子言也而易大傳亦有之易傳所以釋經但取有合卦義原不妨兼采前人之言若曾子則必不冒前人之言爲己言明甚然世乃以爲曾子之言本於易傳者漢儒稱易傳爲孔子所作故也魯語柳下惠之述祭法其文又見於戴記之祭法篇而以四代郊禘之制置諸篇首以其全文置諸篇末全文記祀有稷而無舜後文敘功有舜而無稷先後倒置首尾衡決其爲勦襲前人之言明甚然世反以爲國語之文采之此篇者

漢儒稱祭法爲周公所制故也中庸在下位一節明明采之孟子而僞家語誤以爲孔子答哀公問政之言至擇善固執止載之於問政篇中世遂以爲孟子采中庸中庸采家語也夫孟子述孔子言多矣皆冠以孔子曰何以此文獨冐之爲已言且此文本開後文誠明之說初與哀公無涉豈得入孔子口中而僞家語之淺弱亦非難辨然世乃云云者以中庸爲子思所作而誤以僞家語爲卽漢儒所傳之眞家語故也至如僞尚書之爲山九仞不學墻面本之論語而世亦以爲



論語本之尚書僞孔傳之說多本之王肅而世亦以爲王肅私見孔傳諸如此類不可悉數豈非以其名哉甚矣徇名者多而究實者少也安得見世有眞能辨黑白之人而與之暢論古書也哉

周庾信爲枯樹賦稱殷仲文爲東陽太守其篇末云桓大司馬聞而歎曰云云仲文爲東陽時桓溫之死久矣然則是作賦者託古人以自暢其言固不計其年世之符否也謝惠連之賦雪也託之相如謝莊之賦月也託之曹植是知假託成文乃詞人之常事然則卜居漁父亦必非屈原之所自作神女登徒亦必非宋玉之所自作明矣但惠連莊信其世近其作者之名傳則人皆知之卜居神女之賦其世遠其作者之名不傳則遂以爲屈原宋玉之所爲耳推此而求則戰國以前帝王聖賢之事爲後人所託言者蓋不可勝道矣然當其初讀之者亦未必遂信爲實但姑妄言之姑妄聽之耳既而其傳日久矜奇愛博者多或徵引以備典故或組織以入詩賦而淺學之士習於耳目之所見聞遂以爲其事固然而編



古史者因采而載之論古人者遂據之以爲其人之是非優劣而古人之冤遂終古不白矣近世有作鬼方記者云殷高宗伐鬼方三年克之使鬼谷先生守其地其寓言正與庾賦同若不幸傳之後世淺學者必以鬼谷先生爲殷時人不則以爲有兩鬼谷先生矣

世傳宋梁灝及第時年八十二且載其詩云天福二年來應試雍熙二載始成名又云觀榜並無朋輩在歸家惟有子孫迎又載其謝表云白首窮經少伏生之八歲青雲得路多太

公之二年然據宋人諸書所載灝及第之時年方壯盛不知何以有此說也蓋天下原有一種好事之人專爲新奇可喜之說有因在疑似之間而附會之者亦有毫無影響而憑空捏爲此事者此乃常事不足爲異故萬章以孔子之主癰疽寺人爲問而孟子曰好事者爲之也近代之事猶致失實如此況三代以上世遠書缺而戰國橫議之士誣聖賢以自便其私其失實者寧可勝道哉惜乎孟子生於戰國之初所已辨者少所未辨者多也嗟乎孔子之主癰疽寺人孟子辨之



則人皆知其無公山佛肸之召孔子孟子未及辨之則人以爲二人果嘗召孔子也孔子曰舉一隅不以三隅反則不復也孟子曰古之人所以大過人者無他焉善推其所爲而已矣安得世有讀孟子之書推孟子之意能以三隅反者而與之上下古今也

古人之書往往有後人所補續及竄入者史記武帝本紀等篇漢書古今人表等篇及後漢書諸志皆後人之所補列女傳東漢諸人皆後人之所續是也史記文中往往敘及元成時事此則後人所竄入者也意所竄入尚不止此但無別本可校亦必不止史記如是但不見於傳記無從知耳惟經亦然孔子作春秋至獲麟而止而左氏春秋乃終於哀公之十六年而孟子七篇之外亦別有外篇四篇是也（孟子在十三經中所）幸傳春秋者五家尚存三家公羊穀梁所傳經文皆無獲麟後三年之事故得知其非孔門原本孟子則本存外篇之名而趙君去古未遠識足辨其眞僞斷然刪而去之故後人得不爲其所惑惟論語舊有三本諸家篇章亦各不同不幸遇



一張禹采其文而合之又不幸而禹位至三公當漢之末人皆趨富貴而薄品誼輕學問遂爭效其所爲以取爵祿於是諸家之本陸續皆亡無可校其眞僞公山佛肸兩事遂莫不信以爲實矣康成去古未遠諸本猶有存者乃亦沿時陋習不加校正已堪嘆惜朱子一代大儒乃亦不爲詳考而明辨之尤不可解也近世以來學者惟務舉業看講章讀墨卷自講章墨卷外諸書皆不寓目春秋孟子史漢原委亦都不復理會但知此兩章在論語中耳論語何人所傳何人所更定

是否漢初諸家之本茫然不知無怪乎其見此說而大駭而卻步而走也

余少年讀書見傳記之文多有可疑者經文中亦有不相類者然前人言及之者甚少心竊怪之間以語人人亦罕有覺其異者心益怪之夫古人之書眞僞高下昭然於耳目間曷爲讀之而皆若弗見也若弗聞也者近數年來年六十有餘矣始恍然悟其故然後知學問之無窮也南方夏晝短於北方冬晝長於北方此余十餘歲時觀時憲書而知之者壯年數客於外與南方人酬酢往來及北人之嘗遊於南者往往述其風土人情獨未嘗言及此皆如不知者然及余作吏閩南親驗其實則夏晝較北果短冬晝較北果長與時憲書之言脗合然北人在閩及閩人之嘗遊於北者仍未嘗言及此亦如不知者然此何故哉夫時憲一書家家所有少識字者皆能觀之而閩中冬夏晝之短長於北者四刻有餘何以皆如不見而不聞也嗟夫此顯然者猶且如是況古書之眞僞高下而猶望其能分別之甚矣余之少年不更事也莊子稱



藐姑射之山有神人居焉大旱金石流土山焦而不熱將毋所稟者厚則外物皆其前而不覺與嗟夫嗟夫是何今日藐姑射神人之多也

## 三代經制通考

火出於夏爲三月，於商爲四月，於周爲五月，夏數得天。左傳昭公十七年

附論○顔淵問爲邦，子曰：「行夏之時。」論語衛靈篇

按堯典「仲春日中星鳥」，「仲秋宵中星虛」，唐虞之世，歷本建寅；且其考驗之法最密，禹承堯舜之後，自無所用於更變，故夏時亦建寅，非有他也。

世儒皆謂成湯代夏，改建寅爲建丑，武王克殷，改建丑爲建子。余按堯舜之世，歷本建寅，湯何爲必改之



而建丑，武王又何爲必改之而建子哉！蓋虞夏以前，三正並行於侯國，閏餘節候之法互有遲速，不能歸一。相土上甲微以前，歷本建丑；公劉太王以前，歷本建子。民既安於舊歷，是以湯與武王皆因之不改耳。然則是湯未嘗改建丑爲建寅，非改建寅爲建丑也；武王未嘗改建子爲建丑，非改建丑爲建子也。湯與武王皆承先世之業而崛起一方者，不得以禹爲比，惜乎儒者不之察也！

夏后氏五十而貢，殷人七十而助，周人百畝而徹，其實皆什一也。孟子

附論○孟子曰：「欲輕之於堯舜之道者，大貉小貉也；欲重之於堯舜之道者，大桀小桀也。」孟子

按五十而貢，卽禹貢之「咸則三壤成賦中邦」也。禹承堯舜之後，故法皆因其舊，與湯武承先世之業而崛起一方者不同。故凡經傳所稱夏禮，卽唐虞之禮，此外無所謂夏禮也。而說經者務別求一夏禮，以故多



失其實，今正之。

世儒皆謂成湯代夏，改貢爲助，武王克商，改助爲徹。余按詩大雅公劉篇云：「徹田爲糧，度其夕陽，豳居允荒。」則是周之徹法始於公劉，不始於武王也。公劉當夏商之世而已用徹，則是諸侯各自順其土宜，初未皆取王畿之法強天下使皆從之也。民既相安於徹法矣，是以文武皆因之而不改。綱鑑乃於武王克商

之初書立徹法謬矣然則商之用助亦當如是相土上甲微以前本用助法故湯因之不改非取貢法而改之爲助也但其詩書多逸無可考耳且取五十畝而改爲七十畝取七十畝而改爲百畝勢必使民遷遷遞易閭閻之下皆騷然不得寧聖人豈肯爲是甚矣說經者之好自以爲知也此幸而公劉之篇尚存三代之制猶可考見不然聖人之事一任後人誣之不復能自白於天下矣



附論○子張問十世可知也子曰殷因於夏禮所損益可知也周因於殷禮所損益可知也其或繼周者雖百世可知也論語爲政篇

馬氏論語注云所因謂三綱五常所損益謂文質三統朱子集註全采其說至今說論語者沿之余按君臣父子夫婦人道之大者也自生民之初而已然故易傳曰有男女而後有夫婦有夫婦而後有父子有父子而後有君臣不得以爲夏禮而殷周因之也至於五常云者考之經傳三代以上從未有此名目不過漢儒強而命之耳孔子多專言仁間有兼言知者若安仁利仁樂山樂水之類從未有與義禮並列者也而顏淵問仁章且以循禮爲仁之事孟子始多兼言仁義間有一二兼及於禮智者不忍人之心無善兩章於四端之外復益以樂仁之實章與聖人者口之於味章有之矣然從未有與信並列爲五者也至漢好談術數欲以之配五行始有五常之說禹湯之世豈知有此而乃以爲殷因於夏周



因於殷也哉夏商之尚忠質周之尚文不過風會漸開人文漸盛時勢之所趨耳非湯不欲尚忠改而尚質武王不欲尚質改而尚文也至以三正分爲三統義亦牽強甘誓曰有扈氏威侮五行怠棄三正是知虞夏以前三正已並行於天下非至湯然後建丑至武王然後建子也蓋歷之初興必履端於始歲之始於南至猶月之始於朔也但冰堅水涸非發令布政之時而四時之節候亦不均故其後或改而建丑而

堯又改而建寅耳初非以天地人分之而命爲三統也且易忠而質而文雖無所損益可以謂之益若湯寅而丑而子於前代之建寅建丑初無所損亦無所益而乃以此當損益乎細玩語意所因與所損益當指一事而言所謂禮者亦當指設官建國制祿分田祭祀朝聘諸大政言之蓋前代之善政本不當改而時地之殊有不能悉仍其舊制者則量爲之增減以適時宜不得以所因別爲一事所損益又別爲一事也但夏殷之禮皆亡而周制亦缺略不全後之人無從而詳考耳孟子曰夏后氏五十而貢殷人七十而助周人百畝而徹其實皆什一也余竊謂此即所因所損益之一端何者分田以賦民而不使有畸多畸少之患定制以取民而不肯重之輕之於堯舜之道此其所因者也爲五十爲七十爲百畝爲貢爲助爲徹田與制亦不盡同此其所損益者也他經制亦當類此但不見經傳無可考耳孔子曰夏禮吾能言之



杞不足徵也殷禮吾能言之宋不足徵也文獻不足故也若不過三綱五常文質三統不惟無待杞宋之徵而亦人人所知不必聖人始能言之矣漢儒說經不肯缺所不知類多如是不知後世何以遵之而不改也

夏曰校殷曰序周曰庠學則三代共之皆所以明人倫也孟子

此三代學校之制與授時分田並重者然傳記罕及之幸有孟子此文故錄之以補其缺

夏人作誓而民始叛殷人作誥而民始疑

此無關於經制然亦世變之一端故錄之

附論○子曰夏禮吾能言之杞不足徵也殷禮吾能言之宋不足徵也文獻不足故也足則吾能徵之矣論語八佾篇

爾雅云載歲也夏曰歲商曰祀周曰年唐虞曰載南氏綱目前編因之於唐虞書元載二載於夏則書元歲二歲且於成湯即位之後書曰改歲曰祀以余考

之不然歲也者唐虞三代之通名積日則謂之月積月則謂之歲故虞書曰朞三百有六旬有六日以閏月定四時成歲又曰歲二月東巡狩洪範曰一曰歲二曰月三曰日歲月日時不易百穀用成洛誥曰王在新邑烝祭歲雖唐虞雖商周未有不稱爲歲者也載也祀也年也史官記事之文云爾更一歲則謂之一載非謂歲爲載也故虞書曰九載績用弗成曰朕在位七十載若云以閏月定四時成載載二月東巡



狩則文理不通矣其後商人建丑至子月冬至則當大享於先王故更一歲則謂之一祀周人建子而重農至亥月則納稼滌場而農事咸畢故更一歲則謂之一年蓋年由禾得名故文從禾禾收一度是爲一年豐則謂之有年凶則謂之無年是以史官記事則曰幾祀幾年若統四時十二月言之則皆曰歲不曰祀曰年也故詩云何以卒歲曰爲改歲歲亦陽止歲事云暮傳云歲云秋矣孟子云歲十一月徒杠成商

周之世亦無有不稱歲者也然則夏世亦當如是統言則皆曰歲紀事則仍曰載蓋夏承虞虞承唐堯舜之政原無所用於更變非若夏殷末造王章漸廢而湯武崛起一方者可比觀於歲仍建寅則禹之率由舊章可知但夏書罕存於世撰爾雅者因臆度之而遂以歲歸之夏耳作前編者因爾雅有是言遂公然於禹啟之世書曰元歲二歲而謂湯改歲以爲祀則益誤矣大凡後人編次古事但可采經傳之原文有



不知則缺之不可輕信雜說妄肆已見擅書之於文字一有不當則聖人之制淆亂不明而後人惑於先入之言將并其他文而誤之雖小事而不可小視也故今考而辨之

附錄○哀公問社於宰我宰我對曰夏后氏以松殷人以栢周人以栗（論語八佾篇）

按宰我之答哀公問社孔子以既往不咎深責之爲其使民戰栗之說之附會也朱子所謂啟時君殺伐

之心是也至於以松以栢以栗之言蚥有所本朱子以爲樹其土之所宜者近是故附錄之於此

今世所傳禮記明堂位篇內稱虞夏商周四代車旂彝勺牲鼓俎豆之屬具詳且備後人往往有信之者余按此篇本不在戴記中乃後人所妄入者且周公聖人也謹守臣節而篇中稱周公踐天子之位魯隱公見弑於其弟閔公見弑於其臣而篇中稱魯君臣未嘗相弑其於周於魯猶誣謬如是況虞夏商之事



烏在其可信乎其於大事猶致失實如此況車旂俎豆之細者而反能詳之乎故今概不之采

附刑法同異考

眚災肆赦怙終賊刑書堯典

人有小罪非眚乃惟終自作不典式爾有厥罪小乃不可不殺乃有大罪非終乃惟眚災適爾既道極厥辜時乃不可殺書康誥

按刑所以弼教非以示威故論其事尤論其情眚災而不赦則人無所措其手足怙終而不殺則奸猾之人恃法之止於此而恣行無所忌聖人所以分別而宥之懲之也堯舜以此立法而武王復以之誥康叔信乎先聖



後聖其揆一也後世不復論心而但據其跡以定罪於是刑綱日密眚災者不得赦而怙終者不必殺強暴得以長其惡而賢哲或反罹於法至於里巷之間橫逆之人欺良懦凌孤寡爲一方之大害然按其罪皆不至於死而他人之爲所困厄飢寒憂病以致隕其生者不可以枚舉而且一人行之衆人效之鬬闘由此日萌風俗由此日壞況於官吏之弄權竊柄而上下其手者乎甚

矣聖人之制之寬猛各得其宜也

用命賞于祖不用命戮于社予則孥戮汝 書甘誓

爾不從誓言予則孥戮汝罔有攸赦 書湯誓

文王之治岐也耕者九一仕者世祿關市譏而不征澤梁無禁罪人不孥 孟子

按夏商之書皆有孥戮之文而孟子述文王治岐之政則云罪人不孥將夏商之法與周互異乎蓋不孥者國之常法孥戮者乃一時權宜之制天下蓋有罪孽深重



妻子皆預其謀亦有貪冒無厭妻子皆享其樂者此而但誅其身使其妻子安然無事仍得享其餘澤不足以服人心而懲將來故有孥戮之法至於戰陳尤非尋常可比一人退走萬夫爲之奪氣所關甚鉅故以孥戮誓之使知進不必死而退且有不止於死者欲其致果毅以勝敵耳且所謂孥戮者非殺之也但致之於罪耳觀春秋傳稱夷之蒐賈季戮臾駢申之會越大夫戮焉其後臾駢越大夫皆仍見於傳此可以知戮之非殺也

附錄。與其殺不辜寧失不經 逸書

按爲政之道寬以濟猛猛以濟寬鄭太叔不忍猛而寬致有萑苻之盜今此乃文云爾者蓋就一人言之有陷於縲絏而罪在疑似之間無可證其眞僞者殺之則恐其含冤赦之則恐其失出以二者較之則寧失不經而不可以殺不辜也

附錄。乃有不吉不迪顛越不恭暫遇姦宄我乃劓殄滅之無遺育無俾易種于茲新邑 書盤庚



觀書此文其法可謂嚴矣蓋姦宄之人乃閭閻之蠹縱而不治則民不安其生故必絕其根株懲姦民正所以衞良民也此與怙終賊刑之義同故附錄之於此

附錄。夏有亂政而作禹刑商有亂政而作湯刑周有亂政而作九刑三辟之興皆叔世也 左傳昭公六年

按此文謂三辟之興皆在叔世然則禹湯文武之世皆無刑章乎恐未必然也竊意三代建國之初立法皆疏行法者臨事制宜酌其情理而權衡之故不至有過不

及之弊所謂眚災怙終者也其後刑章日密作爲一定之法不能無輕重之失宜是以叔向譏之但古書缺軼不可詳考姑附識其說於此

附錄○父不受誅子復讎可也父受誅子復讎此推刃之道公羊傳

按此文與眚災怙終之義無涉然本情理而分別之與舜武王之意正同而唐余長安父叔皆爲方全所殺年十七乃復讎然大理竟論死衢州刺史元錫爭之而裴



垍李鄘執不從無怪乎唐治之日衰而四方之不靖也

考古續說卷之一終

# 考古續說卷之二

大名崔述東壁譔考　石屏門人陳履和校刊

## 東周大事摘考

初余爲考信錄擬自羲農至秦皆攷辨之顧余學淺才鈍身弱病多常思得二三同志共成之而因循十餘年竟無所遇身既頻遭困境暇豫無多家復鮮有藏書檢閱不易中又作吏數載勞心民事以故二十餘年僅至豐鎬洙泗而止至於春秋戰國之間撰述既繁舛誤亦衆而余年日



以老病日以增自度力不能勝乃摘取其大者三事辨之其餘亦有附見於諸錄者而未及辨者尚多姑閒以待後之君子可也

### 齊晉魯之微

春秋魯襄公十一年作三軍傳云三分公室季氏盡征之叔孫氏臣其子弟孟氏取其半焉昭公五年舍中軍傳云四分公室季氏擇二二子各一皆盡征之而貢於公說者緣是遂謂魯國盡爲三桓所分而魯君無復尺

土一民之有決使魯國果盡屬於三桓則當將三桓之外魯之大夫尚多若叔氏臧氏施氏郈氏叔仲氏東門氏之屬其祿皆於何取之豈三桓所分者鄉遂至於都鄙之地固自若也古者鄉遂之地君所自奉謂之公室故曰三分公室曰四分公室明鄉遂以外魯之國自若也故臧氏之邑在防武仲出奔仍入據防而請後是諸大夫之采邑未嘗歸三桓也不但大夫之采邑然也都鄙之中亦有公邑仍爲公有故季武子取卞曰卞人將



叛旣取之矣故告襄公曰欲之而言叛祇見疏也是季氏未取卞以前卞仍屬於魯君也後人不達古人鄉遂都鄙之制遂謂通國盡屬三桓誤矣若晉之韓趙魏齊之陳氏又與魯事不同晉自六卿强盛欒氏祁氏羊舌氏盡爲所吞倂其後智趙韓魏又滅范中行氏而分其地趙韓魏又滅智氏而分其地由是都鄙盡歸於三卿而晉君止有鄉遂之地其後趙又滅代韓又滅鄭而魏亦滅中山甚尾大不能掉晉君無如其大夫何故得以

遷桓公於屯留而分其地晉事然也齊之陳氏則由於崔齊政高國旣微欒高又滅鮑氏亡而政遂盡歸於陳氏簡公力右闞止使與之抗卒不能勝於是陳氏得以盡置其宗族黨羽於內之百僚外之都邑久而其勢益固是以遷康公於海上而莫之禁齊事然也故齊之篡與魏晉之事同晉之分與周室之弱同晉之患在鄉遂如故而都鄙分屬於强宗魯之患在都鄙如故而鄉遂盡征於世族其君弱臣强雖同而其形勢實各不同



也後世論者罕能詳考古制遂若三國初無大異者故今分析其同異之故而備論之

韓趙魏之侯

按史記周本紀威烈王二十三年九鼎震命韓魏趙爲諸侯晉世家周威烈王賜趙韓魏皆命爲諸侯趙世家則云魏韓趙皆相立爲諸侯說與周晉互異韓魏楚鄭各世家皆但云列爲諸侯不言所因何事年表周威烈王二十三年亦不載命韓魏趙爲諸侯之文無從決其

孰是然嘗以其時事考之楚世家悼王二年三晉來伐楚至乘丘而還十一年三晉伐楚敗我大梁榆關楚厚賂秦與之平事在九鼎震後十餘年內竹書紀年韓滅鄭哀侯入于鄭明年晉桓公邑哀侯于鄭事在九鼎震後數十年內玩其文義皆似晉國未分然者若三國皆受王命爲諸侯則各君其國不相統屬何以同伐同和如一國然三國既自受王命爲諸侯則與晉侯同列無復君臣之分何以仍書桓公邑之於鄭蓋自春秋以降



大夫日以上僭齊大夫稱棠公鄭伯有之家臣亦以公稱伯有至戰國而益甚故史記年表稱三桓勝魯如小侯孟子書亦有費惠公之文然則三晉之僭稱侯乃事之常不必待王命也況當是時周室微弱已極王章蕩然無存非若春秋之初天下猶知尊周故晉武公必請王命然後爲晉侯也且五國相王誰命之周衰諸侯可以相王晉衰大夫獨不可以相侯乎趙世家紀趙事於戰國中較他國爲最詳蓋其世近國大紀載者多而周

自貞王（史記作元王今從世本）下逮愼靚皆自出公以後文皆疏略首尾不具難可徵信似以趙世家所載爲近是觀於分周爲兩本紀無文而趙世家有之則二籍之孰得孰失明甚故索隱云周室衰微略無紀錄太史公雖考衆書以卒其事然二國代系甚不分明大抵自秦以前春秋經傳以後數百年間史冊不存傳聞互異事多難考且宜旁參互證而缺其疑未可遽以斷簡殘編直斷其是非曲直也



又按六國年表周威烈王二十三年在韓爲景侯虔而世本紀年皆作景子似尚未爲諸侯也者在趙爲烈侯籍而烈侯父已稱獻侯似先已爲諸侯也者若果同時命爲諸侯何以其稱互異史記覺其不合乃以獻侯爲追尊然梁惠王生而稱王孟子國策紀年皆同而史記亦以爲追尊則獻侯之爲追尊未可信也三晉之列爲侯據周本紀年表三晉世家皆在威烈王之二十三年而楚世家則在簡王八年當周威烈王之二年於韓爲

武子於趙爲桓子則史記之年亦不能保其必無誤矣竊疑三晉之僭侯非一年之事趙最强故僭最先魏次强故次僭韓最弱故僭最後耳蓋不但威烈之命爲莫須有之事卽趙世家謂烈侯六年相立爲諸侯亦恐係後人揣度之詞未盡當時之事理也温公通鑑朱子綱目乃據周本紀文以爲王綱失守於焉托始書曰初命晉大夫魏斯趙籍韓虔爲諸侯其義雖正其論雖美而其事恐未必然也



又按晉世家靜公二年魏武侯韓哀侯趙敬侯滅晉後而三分其地靜公遷爲家人趙世家敬侯十一年魏韓趙共滅晉分其地卽晉靜公二年事也而成侯十六年又云與韓魏分晉封晉君以端氏夫既於敬侯之世滅晉而分之矣成侯之世又何分焉此文必有一誤乃顯然可見者竹書紀年云趙成侯韓共侯遷桓公于屯留考其時乃成侯五年魏武侯卒之歲是時魏䓨方與公子緩爭國以故韓趙得以乘其閒而分晉耳蓋晉六卿之中韓趙爲睦春秋傳載之詳矣而魏文侯尊賢重義號爲令主其子武侯亦尚能守家法故秦嬴之亂魏文侯以兵誅之而立烈公止攻周之役分周之舉皆韓趙連兵而魏獨不與竊疑晉室既衰魏獨忠於公室是以文侯武侯既卒韓趙無所顧忌然後敢遷晉君而分周室揆其時勢似紀年所載爲近理然則晉當爲桓公不當爲靜公分晉者當爲趙成侯韓共侯不當有魏武侯其事當在周烈王之六年辛亥（卽趙成侯五年）不當在周安王



之二十六年乙巳（卽趙敬侯十一年）矣史記旁采他書傳聞不一是以前後往往自相矛盾似未可以史記一篇之文遂據爲信史也

東西周之分

趙世家成侯七年　與韓攻周

八年　與韓分周以爲兩

按戰國策但有西周君東周君而絕無有所謂王者則周之分無可疑矣史記周本紀所謂東西周分治是也

成侯八年乃顯王之二年而本紀此文載於赧王時又未言所以分之故蓋周自貞王以後國史散軼文獻無徵故無可考而但散見於他國之簡策史記但因下文敘東西周二君之事故補此文以爲後文張本非至此時始分東西周也故今取趙世家之文補之

按周既分爲二而王但寄食於兩君則是非但政不在王并地與民亦胥失也築臺避債之說雖傳者甚其詞要已不成爲天子矣故傳但稱卜世三十卜年七百蓋



即以此時爲斷也自武王至烈王共三十世而說者乃欲以春秋之周例戰國之周謂孟子不當勸齊梁以行王政謬矣

周本紀赧王五十九年　秦取韓陽城負黍西周恐倍秦與諸侯約從將天下銳師出伊闕攻秦令秦無得通陽城秦昭王怒使將軍摎攻西周西周君犇秦頓首受罪盡獻其邑三十六口三萬秦受其獻歸其君於周周君王赧卒周民遂東亡秦取九鼎寶器而遷西周公於𢀖狐

按此文則倍秦者西周君非赧王也頓首獻地者亦西周君非赧王也周室既分王無地矣何獻之有唯周君王赧卒一句殊欠分曉索隱謂西周武公與王赧皆卒故連言之不知其果然邪抑史記即謂赧王爲周君邪或君字爲衍文邪然要之頓首獻地者必非赧王通鑑乃云赧王恐倍秦與諸侯約從又云赧王入秦頓首受罪綱目亦書云秦伐韓趙王命諸侯討之秦遂入寇王入秦盡獻其地歸而卒皆以西周君事移之赧王誤矣

秦本紀莊襄王元年　東周君與諸侯謀秦秦使相國呂



不韋誅之盡入其國秦不絕其祀以陽人地賜周君奉其祭祀

按此文即周本紀中秦莊襄王滅東西字疑衍周事也以此篇較詳故采之以補其缺前條西周之亡此條東周之亡至是而兩周皆盡矣

按兩周之分戰國時一大關目也不分則周爲有王分則周爲無王不分則周爲正統分則天下爲無統此豈可以略者而溫公通鑑朱子綱目皆不載此事竟如周

未嘗分然者所以西周君之事皆移之於赧王盖誤以赧王爲即西周君也大抵通鑑於戰國之世采摭頗雜疎漏亦多綱目但就通鑑原文錄之未嘗一一考其首尾是以如此昔人嘗言綱目義例朱子所定而綱目之文非朱子之筆乃其徒共成之以今觀之理或然也故今雜采史記之文補而正之



漢爲堯後附考

漢書高帝紀云范氏爲晉士師晉文公世奔秦後歸於晉其處者爲劉氏劉向云戰國時劉氏自秦獲於魏秦滅魏遷大梁都於豐故周市說雍齒曰豐故梁徙也是以頌高祖云漢帝本系出自唐帝降及於周在秦作劉涉魏而東遂爲豐公由是王莽班彪皆以漢爲帝堯之裔從向說也余按劉氏之見於春秋傳者有二其一姬姓周定王之季子封於劉以劉爲氏其一祁姓晉士會之族留於秦爲劉氏周之劉內諸侯



也世世見於傳其支庶之繁衍可知秦之劉庶人也無一人見於傳者何所見豐之劉之必爲秦而非周也者周距魏僅二三百里而秦遠在千數百里之外何所見魏之劉之必遷自遠而非近也者豐自梁徙固也劉氏自秦獲於魏何所徵乎向自以意揣度之耳漢書注文穎云六國時秦伐魏劉氏隨軍爲魏所獲故得復居魏也秦之伐魏何年之事秦强魏弱何以其臣見獲於魏且此事誰傳之高帝不言司馬子長掌國史者亦無一語及之向何從而知之史記周本紀云西

周君奔秦盡獻其邑周民遂東亡晉周民則劉氏在其中矣周之東則梁也然則由梁而遷豐者乃周之劉非秦之劉矣向但見春秋傳士會自秦歸晉有處者爲劉氏之文而忘周之劉氏族更繁而地更近遂以徙於豐者爲秦之劉因撰爲自秦獲於魏之說以曲全之耳大凡劉向及其子歆之所稱引多係猜度故其失實者散見史記尤多而後之人沿訛踵謬皆習以爲固然且多有不知其由於向與歆者亦可歎也夫



齊桓霸業附考

孔子稱晉文公譎而不正齊桓公正而不譎又稱管仲相桓公霸諸侯一匡天下民到于今受其賜孟子亦稱五霸桓公爲盛葵邱之會諸侯束牲載書而不歃血是五霸莫盛於桓公亦莫正於桓公也顧春秋傳載桓公事甚略不及晉文十之二三且其事亦有失實者蓋左傳皆采列國之書以成書卜筮之事采於師春其一斑也故得其當時紀事之書則載之詳或偶未得其當時紀事之書則無從而詳載但取其旁見於他書者而記之是以不能不略且既旁見於他國之書則不能無毀譽之私傳聞之異以故其事間亦有失實者不可以不察也今姑取其二三事言之

召陵之師齊以昭王南征不復責楚楚以問諸水濱拒齊齊無以復也屈完如師齊侯陳諸侯之師以夸之屈完以方城漢水自矜齊又無以答也是何其失詞乃爾且齊既爲楚所輕而楚猶受盟於齊亦於事理有未合者竊謂此事蓋采之楚史者乃楚人自張大之詞非實事也何以言之春秋時諸

侯皆自稱寡人天子降名始稱不穀諸侯未有敢稱不穀者也惟楚僭王號不敢稱余一人乃自稱爲不穀成王云公子若反晉國則何以報不穀共王云不穀不德生十年而喪先君是也今齊侯乃自稱爲不穀此必楚人所記以楚君之自稱不穀也故遂以加之齊而忘齊君之不如是稱也至謂因蔡姬之嫁而侵蔡伐楚亦不可信北杏之會蔡實與焉旣而叛附於楚遂不復與齊桓之會以人情時勢論之齊侯固當侵蔡伐楚不必因蔡姬之嫁也踐土之盟溫之會許再不至則晉以諸侯伐之豈亦別有所因者乎蓋當時適有蔡姬嫁事好事者因附會爲之說耳此其失實者一也

救許之役傳稱蔡穆侯將許僖公以見楚子於武城許男面縛銜璧大夫衰絰士輿櫬云云余按楚之圍許非爭許也特以齊帥諸侯伐鄭楚欲救鄭而畏其強故不得已圍許以致齊師使齊桓移伐鄭之師以救許耳兵法所謂攻其所必救也是以齊師一來楚師即退楚之不爭許明矣藉使許欲叛齊即楚亦當於楚圍許之時乃楚師在城下反不行成直待



楚師歸國然後帥其羣臣遠赴楚境而因蔡以求降此豈復近於人情哉晉楚之爭鄭也楚師至則鄭叛晉而受盟於楚晉聞之而來討則又叛楚而受盟於晉楚師來討則又從之若許果降於楚則以後必叛齊而從楚齊亦必聞而討之乃齊旣不伐許而許亦仍受盟於齊八年于洮九年于葵丘十年從齊而伐北戎楚亦若不聞也者而不之討乃至鹹淮之會牡丘之盟許始終皆與焉畢齊楚許三國皆如未嘗有此事者然然則是本無此事而楚人自張大之詞否則他國之事而訛傳爲許者左氏蒐羅太廣而誤采之耳此其失實者二也

春秋僖公十有七年冬十有二月乙亥齊侯小白卒而傳乃稱十月乙亥齊桓公卒蓋左傳之事皆采諸列國之史春秋時諸侯往往有用夏正者故傳文中兼有周正夏正參差不一韓之戰經在十一月壬戌傳在九月壬戌是也辛巳而殯僅七日耳而傳乃以十月爲周正則卒與殯遂隔六十七日誤矣好事者附會之因有尸蟲出戶之說則其誤更甚焉且

齊既不以實赴矣何爲改其月而仍用其日此其失實者三也

故以春秋所書考之則齊桓之霸業遠勝於晉文數倍若但以傳言之則非惟不逮晉文并晉悼楚莊亦有遜焉學者當熟玩經文以證論語孟子之實不得但據傳文遂以爲足也

世俗多輕桓文有謂齊桓尚不及兩漢之君者有謂春秋之世功莫大於五霸罪亦莫大於五霸者余獨以爲桓文未可輕也齊桓首止之會王室大定召陵之師荆楚受盟邢衛重



封諸侯共享太平之福其功大矣故孔子曰正而不譎曰一匡天下民到於今受其賜聖人已有定評不待言矣即晉文亦未可輕視也其治國也民易資者不求豐焉明徵其詞後世有如是之美俗乎固因春秋之世風氣近古亦由晉文之有以道之也其用人也不惟不私其親不私其從亡之臣而且不執已見務盡人言三軍之帥與諸大夫共謀之猶有唐虞咨岳之遺風焉而趙衰之薦郤縠曰說禮樂而敦詩書曰詩書義之府也禮樂德之則也則是當日行軍猶皆本之詩書禮樂而當日之所謂詩書禮樂者亦皆切於時務非若後世之止供記誦爲舉業之資也三代以下能用人者莫如漢高帝之於韓信宋太祖之於曹彬然較此猶遠不逮焉然則晉文亦令主也惜乎譎而不正專以權術制人故不能與齊桓度長絜大耳大抵霸之所以不逮王者惟在假仁義以服人王者以仁義之心行仁義之事無意於服人而人自歸之其征伐也以救民也非富天下也霸者則意在於服人以徒力之不足恃也故不得不勉而爲仁義此王霸之所以異也



然較之徒以力而不以義者固已遠出其上矣曰然則孟子何以薄桓文也曰孟子以三王之道較之故云然耳然云五霸者三王之罪人也今之諸侯五霸之罪人也則五霸雖遠不逮三王而戰國諸侯猶遠不逮五霸聖賢之論未嘗不平特後儒忽焉而不之察耳故凡論古者必先知桓文之事已高出於尋常者百倍而二帝三王又高出於桓文者百倍然後可以見帝王之道之尊之治之隆若於桓文而蔑視之則二帝三王之夐絶古今者亦無由進窺其涯涘矣

附齊爲田氏考

史記田敬仲完世家云敬仲之如齊以陳字爲田氏應劭云始食采地由是改姓田氏正義曰敬仲旣奔齊不欲稱故國號故改陳字爲田氏余按左傳稱陳文子陳桓子陳乞陳恒陳逆陳豹論語亦稱陳文子陳成子皆未嘗改爲田非但春秋之世而已孟子書亦稱陳賈陳仲子是戰國之時猶未嘗改也安在有改陳爲田之事哉蓋陳之與田古本同音顚天田年等字古皆入眞文韻而端透定泥母下之字與知徹澄



娘母下之字古音亦未嘗分皆自隋唐以後音轉始分爲二故詩曰倬彼甫田歲取十千我取其陳食我農人自古有年曰母也天只不諒人只曰采苓采苓首陽之顚人之爲言苟亦無信（讀著申）後人不知乃以爲先仙可與眞文通用故唐人古詩中往往雜用二韻而不知其誤也田字在定母下陳字在澄母下然則三代以上讀田音正與陳同故陳之文或訛而爲田爾非敬仲改之也正如左氏春秋傳中杞姓作姒而詩與公羊傳皆作弋傳於楚爲子馮亦作薳子馮耳以爲敬仲所改誤矣蓋由戰國之世競以力爭繼以秦焚詩書文學遂多失傳秦漢之際人皆習稱爲田遂誤以爲其先之所改耳朱子集註亦稱宣王姓田氏乃緣史記之誤今正之大抵前人敍述古事多好揣度言之以致失眞後人不加細考輒信爲實此雖小事然觀小可以知其大舉一可以推其百也

竹書紀年辨僞

世傳秘書二十一種內有竹書紀年二卷按此乃近代人僞作非晉唐人所見之書故考信錄中不采其一事猶恐世爲所惑故復要其始終而辨之

竹書紀年凡十三篇本戰國人所著而出於西晉者

晉杜預春秋經傳集解後序云汲郡汲縣有發其界內舊冢者大得古書皆簡編科斗文字發冢者不以爲意往往散亂科斗書久廢推尋不能盡通始藏在秘府余晚得見之所記大凡七十五卷多雜碎怪妄不可訓知周易及紀年最爲分了



序又云紀年篇起自夏殷周皆三代王事無諸國別也唯特記晉國起自殤叔次文侯昭侯以至曲沃莊伯莊伯之十一年十一月魯隱公之元年正月也皆用夏正建寅之月爲歲首編年相次晉國滅獨記魏事下至魏哀王（哀王當作襄王序誤）之二十年蓋魏國之史記也

自魏迄唐文學之士多引用之

北魏酈道元水經注多引竹書紀年之文

唐司馬貞史記索隱采紀年文尤多

劉知幾史通張守節史記正義亦嘗述之

大抵記東周事多與春秋經傳相應而自獲麟以後載籍多缺觀之尤足以證史記之舛誤而補其缺漏惟其紀述三代事多荒謬余於考信錄中固已辨之

春秋時事如會河陽戰洞澤之類並見杜序

獲麟後事如晉桓公田悼子之類並詳史記索隱



三代若益伊尹季歷共伯和事並詳考信錄中

然自宋元以來學士皆不之見疑其經唐末五代之亂而失之僅於前人之所徵引存千百之一二

宋陳直齋書錄解題編年類五十二種無此書

元馬端臨文獻通考經籍考編年類五十一種亦無此書

不知何人淺陋詐妄不自量度采摘水經索隱所引之文而取戰國邪說漢人謬解晉代僞書以附益之作紀年書二卷以行於世

禹受命于神宗及征有苗本僞尚書

帝乙命南仲西拘昆夷城朔方本毛詩傳

周公復政成王本尚書僞孔傳

禹殺防風氏紂伐有蘇氏獲妲己俱本國語

紂命九侯周侯邘侯本戰國策

桀囚湯於夏臺紂囚文王於羑里俱本史記

余自少年固已見之以其疏略舛謬不足欺人稍有識者自能辨之不暇爲之糾摘前歲余自閩還過蘇州買書於書肆



見甘泉張君宗泰校補竹書紀年因買歸而閲之見其徵引之詳考核之精糾其舛誤摘其缺略其用力之勤亦已極矣吾所見聞文學之士未有如張君之盡心者也顧吾猶惜其不肯直黜其書以絶後人之惑而但取其漏者補之誤者改之豈遂謂其他文皆可信乎夫他文之所以未經抉摘者特因水經索隱諸書未嘗引之無可考證其得失耳使此書果眞何以與水經索隱所引互異既與水經索隱互異則非眞古之紀年矣舉一反三則其餘皆其人之所僞撰無疑也且此書之僞所以顯然易知者正以其與水經索隱不同耳補之改之使與水經索隱文同世之學者復何由知其僞雖其補改之由悉注於文之下然安知後人翻刻此書不有存其文而遺其注如僞尚書武成篇淳于長夏承碑者勢且淆亂經文而失三代聖人之實

僞尚書武成篇宋蔡氏考定之録於篇後今坊本但載考定武成而删其原篇淺學者遂以爲梅賾所傳之尚書本如是



廣平府學有漢淳于長夏承碑經亂失之後人復取舊搨摹刻而識其本末於後其後搨者但搨碑文不搨其後所識之語四方見之者遂以爲眞漢人所刻也

余深懼焉乃於三代錄成之後詳考杜序索隱諸書之文並采張君之説而補辨之如左

一據杜氏春秋經傳後序紀年篇起自夏殷周皆三代王事無諸國別也今此書乃起於黄帝與序不同或以荀勗述和嶠言有紀年起於黄帝之語爲今書解然使果

起黃帝杜氏親見其書何得謂之起自夏乎杜氏之序與春秋經傳並傳不容有誤和嶠之言特出於荀勗之口荀勗之言又僅見於魏世家注所引遞相傳述安知其不失眞不得據此而疑杜序也且又安知其非紀夏之事而追述黃帝以來若左傳之於魯惠公晉穆侯然者而遂以爲起於黃帝乎晉書亦云紀年十三篇記夏以來今書之起黃帝其非原書之文顯然可見一也

一據史通引汲冢書云益爲啓所誅晉書亦云紀年益干



啓位啓殺之今書並無此文而夏啓二年云費侯伯益出就國六年云伯益薨然則唐人所見之紀年篇非今書矣且經傳稱益未有冠以伯者自班固誤以益爲伯翳後人乃有稱爲伯益者今云伯益則是撰書者習於近世所稱而不知秦漢以前之語之不如是也其非原書之文顯然可見二也

一據史記正義殷世家注引竹書紀年云自盤庚徙殷至紂之滅二百七十三年更不徙都今書武乙三年自殷遷於河北十五年自河北遷於沬文丁元年王即位居殷是都已三徙矣張氏何以謂之更不徙都且今書盤庚於十四年遷殷歷十五年至二十八年而王陟又歷十一君二百三十七年至紂五十二年而殷亡共三百五十二年其年數亦不合其非原書之文顯然可見三也

一據杜氏序云特記晉國起自殤叔次文侯昭侯以至曲沃莊伯曲沃莊伯之十一年十一月魯隱公之元年正



月也又云晉國滅獨記魏事下至魏哀（當作襄）王之二十年蓋魏國之史記也然則此書紀晉事必以晉紀年紀魏事必以魏紀年明矣故史記索隱引紀年文云魏武侯二十一年韓滅鄭哀侯入于鄭二十三年晉桓公邑哀侯于鄭正與春秋以魯紀年者同於他國事尚以魏年紀之況魏事乎今書概以周年紀之而晉自殤叔以後魏自武侯以後但旁註其元年於周王之年下與杜序所言者迥異其尤不通者水經注引紀年文云惠成

王如衛命子南爲侯今采其文而係之於周顯王十九年之下書云王如衛命子南爲侯不知所謂王者周王乎魏王乎其非原書之文顯然可見四也

一據杜氏序云曲沃莊伯之十一年十一月魯隱公之元年正月也皆用夏正建寅之月爲歲首編年相次則是莊伯即位之年先於史記二年所紀之事皆當先於春秋二月也故晉以十二月朔滅虢而卜偃謂在九月十月之交絳縣老人以周三月生而自言爲正月甲子而



左氏作傳亦多采晉史之文而未及改故申生之殺卓子之弑經皆在春傳皆在前年冬韓之戰經在九月壬戌傳在七月壬戌然則紀年之文亦當如是今書魯隱公之元年乃莊伯之九年與史記同然則是作書者采史記之文而不知其與本書之年不合也莊伯之世仍以平王紀年五十一年二月日食三月王陟與春秋同然則是作書者采春秋之文而不知其與本書之月不合也其非原書之文顯然可見五也

一據史記索隱之文今書漏者甚多宋微子世家注云紀年云宋剔成肝廢其君璧而自立趙世家注云紀年云召公子職於韓立以爲燕王田敬仲完世家注云紀年齊宣公十五年田莊子卒明年立田悼子悼子卒乃次立田和又云紀年齊康公五年田侯午生二十二年田侯剡立後十年齊田午弑其君及孺子喜而爲公又云紀年齊桓公十一年弑其君母宣王八年殺其王后今書皆無此文其非原書之文顯然可見六也



一據史記索隱之文推之今書漏者尤多燕召公世家注云王邵按紀年簡公後次孝公無獻公又云紀年智伯滅在成公二年魏世家注云紀年魏武侯元年當趙烈侯之十四年田敬仲世家注云紀年梁惠王十三年當齊桓公十八年後威王始見然則列國諸侯之年與世及智伯之滅皆當載於此書然後可以考而知爲何君何年而梁惠王之十三年必有齊威王事易見也今書一概無之彼司馬正者何所據而推之歷歷如是哉其

非原書之文顯然可見七也
一據史記索隱之文之義例推之今書所漏者葢不可勝數燕世家注云紀年成侯名載宋世家注云紀年作桓侯璧兵田侯剡之立田侯午之生皆見於田完世家注所引度此書必不獨私此數人而詳之也然則諸侯之名與謚皆當有之生卒廢立皆當載之晉世家注云紀年云魏武侯以桓公十九年卒韓哀侯趙敬侯並以桓公十五年卒度此書必不於韓趙獨載此二人之年也



然則韓趙前後諸君之卒之年亦必皆備列之由是推之紀年之文蓋多且詳其紀戰國之事當與春秋相埒而今書乃寥寥數語年或一事或無事諸侯之名謚卒年率略而不見其非原書之文顯然可見八也
一今書雖亦頗采索隱所引竹書之文然亦多與原文不符有采其文而缺焉者如田完世家注云紀年宣公五十一年公孫會以廩邱叛于趙十二月宣公薨今書止有公孫之叛而宣公薨無文是也有采其文而誤焉者如晉世家注云紀年夫人秦嬴賊公于高寢之上今書作大夫秦嬴是也有采其文而年與之異者如韓世家注引紀年文韓滅鄭在魏武侯二十一年晉桓公邑哀侯于鄭在魏武侯二十三年今書滅鄭八年之後始邑哀侯于鄭是也不知采輯之時何以舛漏如此然要之必非原書則較然無疑九也
一凡災異記則當盡記之否則概不之記自夏商逮西周日食多矣何以獨記仲康五年日食然則是作書者見



僞尚書之有此事故采而錄之其餘不見經傳故無從知之而錄之也春秋時日食書於經者亦不乏矣何以獨記平王五十一年日食然則是作書者因日食在春秋之初故憶而錄之其他不復記憶故無暇考之而錄之也其非原書之文顯然可見十也
右共十則書中舛誤缺漏如此類者尚多逐事辨之則不勝其辨而其淺陋亦殊不足辨略舉數端以見大凡其於戰國時事諸書之所徵引咸昭然耳目間

猶且乖謬如是況三代以上尚有一二之可信者乎然則此書之僞更無疑義所以三代考信錄中概不之齒及也



## 明論伏生傳經之功

唐儒之功孰爲大曰昌黎韓子宋儒之功孰爲大曰新安朱子何者晉魏以降佛氏之說盛行君大夫騖之若狂聖人之道浸微自韓子大聲疾呼以正之然後聖學賴以復昌韓之功也漢儒說經得失參半永嘉以後先漢名儒之說多亡學者沿訛踵謬莫之辨也自朱子與其門人作爲傳注以發明之然後六經之義始著朱之功也漢儒之功孰爲大乎世未嘗有言之者也雖然吾嘗思之萬古之所由開道統之所由



始曰堯舜而已有堯舜於是乎有禹湯有文武有周公孔子故孟子敘道統始於堯舜韓子之原道亦然堯舜之道果何在乎孔子之言具於論語文武之事著於雅頌然亦尚多未詳國風小雅衰世詩耳春秋則齊桓晉文事也皆未有及唐虞之事者欲求堯舜之道非尚書無由知之也尚書誰傳之伏生傳之也自秦焚書以後世不復有見尚書者矣獨伏生壁藏之以教於齊魯之間由是尚書得行於世使無伏生則二十八篇之書不傳二十八篇之書不傳則地平天成之業

不著於世而禹湯文武之事亦莫得其詳雖有論語孟子稱述之而見知聞知之實皆無由考而知之聖道幾何而不晦也由是言之伏生之功大矣曰伏生所傳者今文耳永嘉之亂今文已亡今所行者古文也傳經之功孔安國杜林爲最何爲歸之於伏生也（說見古文尚書眞僞考中）曰安國與林誠大有功於尚書然科斗之書漢世不行已久安國何由辨之正以先有伏生所傳今文之書就其文字推之而後知某爲某字某爲某篇耳故史記云安國以今文讀之因以起其家逸書得十餘篇使無伏生今文又安能有安國古文不然尚書凡百篇何以其餘皆不傳於世即所得多十六篇者又何以缺略不全絕無師說（說見尚書考中）由是言之傳尚書之功以伏生爲最其次乃安國次乃杜林又次乃賈逵耳嗟夫文帝之召伏生生已年九十餘矣幸而壽考晁錯得以受之尚書遂大行於世使不幸而生早亡不但不能上之於朝即張生歐陽生且恐無由得見此書此似有鬼神陰相之使堯舜之道之得傳於後世者豈偶然哉世之學者惟務舉業罕有能稽古者間有



以道學自命者亦惟知尊朱子稱宋儒而已至有以宋五子等量齊觀以配顏曾思孟而絕口不及唐之韓子者無他心無實得而但勦竊前人之唾餘者也夫韓子之原道深究聖道之原與孟子相表裏豈後儒專談心性者之所能望至於孟子之功不在禹下學聖人者當自孟子始亦自韓子始發之韓子之有功於聖道不淺矣通書正蒙恐皆未之逮也此猶未之能知況於漢儒之得失乎夫傳詩者四家傳春秋者五家論語有齊魯之別易於田何之外復有費高二氏書獨有伏生耳無伏生則無尚書無尚書則堯舜之道不傳於後世雖韓朱之大儒且無由深悉之吾故表而出之不知數千百年之後亦有與余同心者否也

按自孔子以後能發明堯舜之道者莫如孟子能傳堯舜之書者莫如伏生世之務舉業談道學者惟知尊宋儒不復知有漢儒矣聰明好奇之士則多據漢儒以駁宋儒然所尊信者不過衛宏之詩序晉宋以後之僞尚書傳强名之曰漢儒而遂自以爲奇貨可居耳烏知漢儒之高下淺

深哉故今於考信錄成之後特表伏生之功以附之

考古續說卷之二終

道光四年東陽署中刻

# 漢志武成日月表

[清]陳以剛

清宣統二年上虞羅氏玉簡齋叢書本

## 漢志武成日月表

海甯陳吕綱

武成逸書也其篇亡於建武之際卽馬鄭諸儒亦不得見論者未嘗不深惜之雖然在當時則以爲亡也至今時則不可謂亡而反可謂之存何也劉歆三統歷引武成篇曰惟一月壬辰旁死霸若翌日癸巳武王迺朝步自周于征伐紂又曰粤若來二月既死霸粤五日甲子咸劉商王紂又曰惟四月既旁生霸粤六日庚戌武王燎於周廟翌日辛亥祀於天位粤五日乙卯乃以庶國祀馘於周廟此數言者其於全書當不能十之一二然讀者可據是以斥梅本武成之僞則謂武成之篇亡而不亡可也獨是正月三日有癸巳則四月二十二日不得有庚戌四月二十二日有庚戌則癸巳當在前十二月三日而不得在正月展轉



推究莫能相通故歆以閏二月解之周武王時閏二月在十三年而不在十一年則移克殷之年以通之然又恐人之議已也則以洪範序武王克殷以箕子歸作洪範之說證之然又恐太誓序明言十一年武王伐紂之礙已也則移觀兵之事在十一年以避之欲解下此可謂巧矣然試細審之則其誤實多案史觀兵之誓在九年伐紂之誓在十一年梁王云伐紂時太誓聖人取爲尙書觀兵時太誓則錄之爲周書據此則序所謂十一年伐紂大誓八百諸侯者正克殷時事非觀兵時事也觀兵事在九年與十一年不相涉而歆以爲十一年觀兵其誤一史記武王已克殷後二年問箕子以天道大傳武王勝殷釋箕子之囚箕子不忍爲周之釋走之朝鮮武王聞之因以朝鮮封之箕子既受周之封不得無臣禮故於十三祀來朝武王因其

朝而問鴻範據此則鴻範序所云以箕子歸者猶言因箕子來朝問鴻範耳非謂卽克殷之歲俘箕子歸國卽作鴻範也今歆以十三年爲伐紂而以箕子歸比於以獻武歸以鼓子歸之例其誤二歷法十三年閏二月則十一年無閏而十年有閏今既明伐紂在十一年則此年無閏於癸巳庚戌之日仍不可通其誤四國語伶州鳩曰昔武王伐殷歲在鶉火月在天駟日在析木之津辰在斗柄星在天黿星與日辰之位皆在北維夫星辰與日連敘則辰在斗前晨星次於元枵俱在日在析木之日也日在析木之日繫伐商下則一月之於征伐紂正建亥之月也今歆以月在天駟日在析木之津隸亥月二十八日以辰在斗柄隸子月朔星在天黿隸子月二日如此則星在天黿之日辰已不在斗柄辰在斗柄之日日已不在析木矣豈國語皆



字之義乎其誤五又丙午逮師出秦誓則所逮者諸侯之師也今歆以爲周師初發以殷十一月戊子周正月癸巳武王始發丙午逮師以逮諸侯之師爲逮已師其誤六然此尙非其誤之本也誤之本在不知武成之惟一月爲周十二月而以爲周正月蓋以一月爲建子則四月不得有庚戌勢不得不以閏月通之旣欲通以閏月則不得不移十一年爲十三年而凡所引之書傳皆外矣且旣以一月爲周正月則顯與日在析木之津語相牴牾勢不得不創爲亥月發兵子月武王起行之說以通之而所引之國語大誓解亦錯矣故曰誤在以惟一月爲周正月也或曰周月解惟一月既南至召誥惟二月既望越六日乙未洛誥戊辰在十有二月始子終亥與歆義不異今子以一月爲亥月於國語則得矣其如書與逸書何予曰此子不緣武

成與二書之異時故也夫史之書月其例有二一爲昇平
時之例一爲鼎革時之例時而昇平也諸侯一秉天子正
朔不敢稍有改易以自取罪戾況當開國之初乎故周月
及洛召二誥必始子終亥也至於鼎革之時義旗已建則
彼之正朔有所不可奉尚未踐天子位則此之正朔尚未
定而史官有所不敢追書以沒其實於是特爲變例就起
兵之月書一月而積數之故二世元年戌月秦之十二月
也而以爲沛公始月二年亥月秦之正月也而以爲沛公
二月武成之日月義亦如此故一月爲伐商之一月而非
周月日南至之一月也二月爲伐商之二月而非召誥既
望之二月也今必以二書之一月二月與武成牽合是猶
但明乎漢王正月之建寅而并指起沛之始月爲寅二月
爲卯不幾使人齒冷乎或曰一月之爲建亥既聞命矣四

武表 三

月之建其寅乎其卯乎以爲寅則與庚戌之日不合以爲
卯則一篇之內而書月互異恐非史體願聞其說予曰此
當從卯以周於四月已改正朔故也於何見之則於世俘
解見之世俘辛亥薦俘殷王鼎乙卯籥人奏崇禹生開三
鍾庚子陳本命伐磨新方命伐蜀乙巳陳本新荒蜀磨至
以二月甲子步之則辛亥者三月二十二日也庚子者五
月十二日也乙巳者五月十七日也乃世俘於乙巳不曰
五月而獨曰時四月既旁生魄豈非改月之明證乎不盡
惟是世俘未述一月二月之事而先書曰維四月乙未日
武王成辟四方通殷命有國成辟四方者改正朔易服色
帝制大定成其爲四方之主而非一國之君也成辟在乙
未則前此者並未嘗改正朔而後此者並非侯制也前未
嘗改正朔而史追改之是爲誣故必書一月二月而始爲

得其實後乎乙未者已改正朔而史猶仍前例書之是爲
亂故必直書四月而始得其眞然則以亥月爲一月以卯
月爲四月尚當日之實事亦史家之定體也又何慮其書
月之前後異例乎或曰逸周書周月篇有改正之文則爲
改朔作也序云周公正三統之義作周月則改朔乃周公
事非武王事也世俘第四十周月第五十一則改朔不在
世俘時也此又不然尚書序成王東伐淮夷遂踐奄作成
王政成王歸自奄在宗周誥庶邦作多方多士篇曰昔朕
來自奄則多士當在多方後不當在無逸前書顧不然始
知書之次第別自有說初不可即以之定時事之先後也
尚書且然況乎逸周書且此書云夏數得天百王所同又
云亦越我周王致伐於商改正異械以垂三統至於敬授
民時巡守祭享猶自夏焉則此乃時邁既詠之後史臣追

武家 四

述周家所以建子之故作爲此書故其書但泛言子之當
建而不言改朔之歲其第則在五十一其稱惟一月則直
指斗柄建子之候而不與武成同也至以正三統之義屬
之周公則尤易見禮大傳云牧之野武王之大事也既事
而退追王太王亶父王季歷文王昌則追王乃武王事也
而中庸言周公成文武之德追王太王王季蓋主議者周
公而施行者武王故兩著之三統之正義亦如此又何疑
於周武之不相通乎或曰子之說固然矣古人亦有言之
者乎曰有在史記周本紀云武王十年十二月戊午師畢
渡盟津此建亥之說也本紀又云正月甲子武王朝至於
商郊齊世家亦云武王十一年正月甲子誓於牧野此建
子之說也建亥建子之說定而四月庚戌之建卯不言可
知矣夫一月戊午見於序二月甲子見於武成史遷曾從

安國問故則序與書定熟悉於胸中而史顧云爾者豈志之哉蓋史遷通星歷者也知日在析木之爲建亥則知序所謂一月戊午者非建子之一月知四月二十二日之爲庚戌則知書所謂二月甲子非建丑之二月而又恐後人之以一月爲子二月爲丑也故奮筆畝具以清千古之康眼乃遷既清之而歆復昧之韋昭之注國語徐廣之注史記又皆蹈歆說之謬而不顧本文之安遂致武成之日月千古長夜不亦謬哉惟是逸書之武成今已殘缺而世俘之首尾與武成脗合故借其書作日月表以告世之讀武成者

武成日月表

亥月　夏十月殷十一月周十二月

辛卯朔



初二壬辰　惟一月壬辰旁死魄（世俘文武成同）

初三癸巳　若翌日癸巳王乃步自周于征伐商王紂（世俘文武成同）

案王辰旁死魄別本作丙辰旁生魄癸巳別本作丁巳夫旁生魄在丙辰則後月五日不得爲甲子啟行在丁巳則丙午何以先逮師戊午何以創度何反覆推求其爲傳寫之誤不疑而閻百詩反據別本以疑世俘之僞何耶

十六丙午　惟丙午王逮師前師乃鼓鼙躁師乃慆前歌後舞（大傳太誓篇）格於上天下地咸曰孜孜無怠天將有立父母民之有政有居（詩大明疏引太誓）

案史記云諸侯咸會曰孜孜無怠則所逮者諸侯之師也華陽國志云周武王伐紂實得巴蜀之師巴蜀勇銳歌舞以淩殷人倒戈故世稱之曰武王伐紂前歌後舞也據此則所謂諸侯之師者卽庸蜀羌髳之蜀也後漢書蠻夷傳閬有渝水板楯蠻夷多居水左右天性勁勇初爲漢前鋒數陷陣俗喜歌高祖觀之曰此武王伐紂之歌也乃命樂人習之所謂巴渝舞也據此則所謂巴蜀之師者卽板楯蠻也三證得而逮師之非逮周師審矣

廿八戊午　一月戊午師度於孟津（書序）

案周本紀云武王十一年十二月戊午師畢度盟津以一月爲十二月此建亥之證

廿九乙未晦



子月　夏十一月殷十二月周正月

庚申朔　越若來二月既死魄（世俘文武成同）

初四癸亥　王以二月癸亥夜陳未畢而雨（國語文漢書同）

初五甲子　越五日甲子朝至接於商則咸劉商王紂執夫惡臣百人（世俘文武成無末句）

案周本紀云正月甲子昧爽武王朝至於商郊齊世家云正月甲子誓於牧野以書之二月爲正月此建子之證

初八丁卯　太公望命禦方來丁卯望至告以馘俘（以下皆世俘文）○方來紂黨

初九戊辰　戊辰王遂禦循自祀文王時日王立政（時是也是日立王政布天下）

案呂氏春秋云武王進殷之遺老而問衆之

所說民之所欲對曰欲復盤庚之政武王於
是復盤庚之政卽此書王立政事也
十三壬申 呂他命伐越戲方壬申至告以馘俘（呂他將也越戲方紂
邑二）
廿二辛巳 侯來命伐靡集於陳辛巳至告以馘俘（侯來亦將也靡
陳紂二邑）
廿五甲申 甲申百弇以虎賁誓命伐衞告以馘俘（百弇亦將）
三十己丑晦
丑月 夏十二月殷正月周二月
庚寅朔
廿二辛亥 辛亥薦俘殷王鼎武王乃翼矢珪矢憲告天宗
上帝王不革服格於廟秉語治庶國籥人九終
王烈祖自太王太伯王季虞公文王邑考以列



升維告殷罪籥人告王秉黃鉞正國伯（失陳也革改也）
不改祭天之服以告祖考急於語治也（廟）
無別人於籥人進則正進正伯之位也
案逸周書云乃命南宮百達史佚遷九鼎三
巫疑卽此書薦鼎事禮大傳云牧之野武王
之大事也既事而退柴於上帝祈於社稷奠
於牧室遂率天下諸侯執豆籩駿奔走追王
太王亶父王季歷文王昌卽此書告天宗上
帝及王烈祖事史記武王卽位社南伊佚筴
祝曰殷之末孫季紂殄廢先王明德侮蔑神
祇不祀昏暴商邑百姓其章顯聞於天皇上
帝於是武王再拜稽首曰膺更大命革殷受
天明命武王又再拜稽首乃出卽此書惟告
殷罪事也國語云以大簇之下宮布令於商

昭顯文德底紂之多辠故謂之宣所以宣三
王之德也卽此書籥人九終所奏之律也
廿三壬子 壬子王服袞衣矢琰格廟籥人造王秉黃鉞正
邦君（正諸侯之位也）
廿四癸丑 癸丑薦殷俘王士百人籥人造王矢琰秉黃鉞
執戈王奏庸大享一終王拜手稽首王定奏其
大享三終（大享獻爵奏庸擊鍾）
廿五甲寅 甲寅謁戎殷於牧野王佩赤白旂籥人奏武王
入進萬獻明明三終（謁告也明明詩篇名萬以干羽爲萬舞也）
廿六乙卯 乙卯籥人奏崇禹生開三鍾終王定（崇禹生開皆篇名告）
卅一故連日有事也
案王定當作王旋由王旋而誤也逸周書
云乃命宗祀崇賓饗禱之於軍乃班卽此篇



謁戎殷及連日之祭告也
三十己未晦
寅月 夏正月殷二月周三月
庚申朔
廿九戊子晦
案史記云乃罷兵西歸行狩記政事作武成
狩巡狩也序作歸嘼蓋音同而借歸狩事多
故其日比往伐爲多國語云反及嬴內以無
射之上宮布憲施舍於百姓故謂之嬴亂當
在此月
卯月 夏二月殷三月周四月
己丑朔
初七乙未 維四月乙未日武王成辟四方通殷命有國

案以此書四月之文逆數至子月恰爲正月與史記合則知史記之追改不謬而劉歆之舊聞爲妄也

十二庚子　庚子陳本命伐磨百韋命伐宣方新方命伐蜀

案蜀本從武王伐紂而此忽伐蜀者意蜀非一種有從有不從歟

十六甲辰　望

十七乙巳　乙巳陳本新荒蜀磨至告禽霍侯俘艾佚侯小臣四十有六禽禦八百有三百兩告以馘俘百韋至告以禽宣方禽禦三十兩告以馘俘百韋命伐厲告以馘俘時四月既旁生魄。禦大臣也末句與武成同

案自方來至厲命伐非一或疑其太甚不知滅國五十此尚未滿其數也



廿二庚戌　越六日庚戌武王燎於周廟武成同

廿三辛亥　若翼日辛亥祀於位用籥於天位郊天祭俘。武成無用籥句

廿七乙卯　越五日乙卯武王乃以庶國祀馘於周廟武成同

右漢志武成日月表海甯陳邑綱著乾隆己酉之秋曝書得於故簏中越歲庚戌冬十一月九日大興朱錫庚記

漢志武成日月表終

# 周公年表

[清]牟庭

清光緒中貴池劉氏刊聚學軒叢書本

# 周公年表一卷

記

棲霞牟陌人先生爲今文尚書之學與文登畢氏栢後
先著書五十餘種盅把不自足未嘗鋟板稿藏于家遭
寇亂亡佚大半福山王戶部懿榮方聞士之之謙從之
求齊魯先喆遺書因得見周公年表投壺算草刻本之
謙舊藏漢陽葉氏年表寫本取以互校則與原刻大異
蓋葉氏寫藏乃最後定本而刻本則初稿之未刪者因
舉以貽之并謀重刻戶部言先生遺稿多未經手定楚
辭述芳稿凡三易獨詩切一書首尾完具今藏其戚某
家卷帙緐重錄副非易同文尚書則不知尚存否先生
篤學至行箸作等身歿僅四十年遺編零落幸而得存
又不獲見定本徒使後賢滋疑名實豈不重可哀也此
此書時歲在戊辰越三年始刻於京師爲同治十年辛
未七月會稽趙之謙記

# 周公年表

棲霞牟　庭著　　聚學軒叢書第四集

貴池劉世珩校刊

應劭說周公之壽九十九歲金樓子之說亦然今不知所本何書要知此兩家非妄言者其時古籍猶多當有可據非欺我也雖然九十九歲大聖人光照人間若日若月而生卒無其年壯老無其徵茫乎昧乎不可得而述也斯豈非論古者之憒與庭以爲欲考周公之年先當論武王之年五經異義引大戴禮文王世子曰文王十三生伯邑考十五而生武王今大戴無此文淮南氾論漢書律歷志皆曰文王十五生武王與大戴同而不言其所出禮記文王世子曰我百爾九十吾與爾三焉



文王九十七乃終武王九十三而終疑皆秦漢閒好事者爲之而劉歆班固與大小戴妄有取焉考之書詩無一合也無逸曰文王受命惟中身厥享國五十年謂文王五十歲嗣立爲西伯踰年即位稱元年及百歲而崩是爲五十年韓詩外傳曰文王即位八年而地動地動之後四十三年凡涖國五十一年而終此通遭喪嗣位之年爲五十一年與無逸符合洪範曰惟十有三祀王訪於箕子此謂武王嗣位十三年克商而得箕子也若文王十五生武王則文王百歲而崩武王年已八十六又踰年至十三年而克商是武王百歲克商也豈可信乎金縢曰既克商二年王有疾又曰王翼日乃瘳又曰武王既喪管叔及其羣弟乃流言於國此言武王喪年雖無明文而多方曰今爾奔走臣我監五祀五祀者何謂也周之設監於殷必自克商之年殷之不臣於周即在流言之後流言起於武王崩年是武王克商五年而崩也多士曰天惟五年須暇之亦言武王克商五年崩天以是須暇殷人也武王未崩殷不即喪也逸周書明堂曰既克紂六年而武王崩多方多士去克紂之年爲五年明堂幷數克紂年則爲六年其言適相符也漢書律歷志言武王克殷後七歲而崩則不符矣逸周書度邑曰惟天不享於殷發之未生至于今六十年周本紀亦載此文是克商之年武王年六十歲古有明文矣又



五年而崩則是六十五歲也凡周公之書稱述文王必及武王惟無逸稱太王王季文王上及殷三宗享國久長獨無一言及於武王者以爲武王之年六十五歲未可謂壽考也故知文王世子稱武王九十三者誣也夫文王崩後又十八年而武王纔六十五歲故知大戴稱文王十五生武王者妄也或曰即如是則文王五十四歲始生武王乎安有文王太姒之子若是其暮乎曰然太姒固繼室也非元妃也詩曰思齊太任文王之母思媚周姜京室之婦太姒嗣徽音則百斯男嗣者繼也文王之元妃曰周姜周姜無子太姒繼之乃多男也毛傳曰周姜太姜乃以爲太王妃謬誤之甚者也一門之內

而婦任倆太姒姜稱周名豈正乎且太任一人之身而先爲人母後爲人婦言豈順乎詩曰文王嘉止大邦有子又曰文定厥祥親迎于渭據此詩文王娶太姒非在爲世子時也文王五十歲遭喪嗣立五十一歲踰年卽位稱元年五十二歲是文王之二年而周姜已前卒是歲三年之喪除嘉好之禮得通乃定祥親迎始娶太姒爲繼室而文王則已踰中身矣詩曰長子維行篤生武王是爲文王三年年五十三歲太姒生長子伯邑考文王四年年五十四歲生武王發當殷王帝乙十一年也從此下至壬紂三十三年正六十年故武王伐商時六十歲也既知武王之年又當論十子兄弟之長次史記



管蔡世家曰武王同母兄弟十人母曰大姒文王正妃也其長子曰伯邑考次曰武王發次曰管叔鮮次曰周公旦次曰蔡叔度次曰曹叔振鐸次曰成叔武次曰霍叔處次曰康叔封次曰冉季載謂管叔第三周公第四有孟荀列子韓詩外傳諸書足以證之孟子曰周公弟也管叔兄也荀子儒效曰周公以弟誅兄列子楊朱曰周公誅兄放弟韓詩外傳曰弟賢不過周公而管叔誅此皆司馬所聞之古說周公第四之證也此一說也皇甫謐帝王世紀曰文王娶太姒生伯邑考武王發次管叔鮮次蔡叔度次郕叔武次霍叔處次周公旦次曹叔振鐸次康叔封次聃季載此謂管叔第三蔡叔第四周

公第七又一說也亦有左傳賈杜義足以證之定四年左傳杜注曰蔡叔周公兄孔疏曰如史記管蔡世家文則蔡叔是周公弟今以爲周公兄者富辰言文之昭十六國蔡在魯上明以長幼爲次賈逵等皆言蔡叔周公兄故杜從之馬遷之言多僻謬故不用史記爲說據此則皇甫之說亦本賈逵可以爲周公第七之證此二說既不同矣而趙岐孟子注曰周公惟管叔弟也故愛之管叔念周公兄也故望之親親之恩此趙岐自據所聞管叔不得爲兄周公不得爲弟直以孟子爲誤而强屈其文以通其說是亦有不得已焉然亦非趙氏之臆說也白虎通姓名篇引詩傳曰文王十子伯邑考武王發



周公旦管叔鮮蔡叔度曹叔振鐸成叔武霍叔處康叔封南季載南與冉與聃古同聲通用字也所引詩傳應是魯韓詩漢之博士所共習卽趙岐所據以爲孟子注者也此說獨謂周公第三管叔第四與史記孟荀列子韓詩外傳及賈逵杜預皇甫謐等說又皆不合諸說紛岐各記其舊聞而欲於數千載後懸斷是非誠難言矣然嘗讀金縢篇有證爲曰管叔及其羣弟乃流言於國以管叔爲羣弟之首則周公固其兄也若管叔爲兄周公亦將在羣弟之列史文當不如是故觀金縢書法覺詩傳可信於是周公之長次能言之矣太姒之子武王發第二周公旦第三也然則周公之生年乃知之矣文

王四年武王發生其五年而周公旦生也時爲殷王帝乙十二年文王五十五歲武王二歲周公一歲

其後四十五年爲殷王紂之二十年周公四十六歲文王崩文王壽百歲

其後十三年當殷王紂三十三年周公五十九歲武王伐紂惟時武王六十歲

其後二年爲武王之十五年周公六十一歲武王有疾公乃冊祝告三王請以身代翼日瘳

其後三年爲武王十八年周公六十四歲武王崩成王立於是成王十三歲是年流言起周公避居於豳豳栒邑也在鎬京之東故書曰周公居東豳地多山故詩曰



我徂東山史記周公世家曰人或譖周公周公奔楚蒙恬傳曰周公旦走而奔於楚論衡感類引尙書古文說曰管蔡流言王意孤疑周公奔楚此爲眞孔安國古文說司馬遷年十歲之所誦也周初無楚國楚當爲豳豳亦作邠說文份古文作彬疑邠之古文作芭形與楚溷史記周本紀曰武王徵九牧之君登豳之阜以望商邑逸周書度邑曰升汾之阜以望商邑汾亦豳字又皆當爲楚楚阜卽衛之楚邱何以言之豳與商邈遠無緣登之以望商邑楚邱則至近此古文豳楚二字相溷之證也公之奔豳蓋以周九月當夏時七月故豳風之首曰七月流火記其始來之候也左傳吳公子札請觀於周樂爲之歌豳曰美哉蕩乎樂而不淫其周公之東乎豳詩爲周公之東季札知之矣左氏亦知之矣

成王元年周公六十六歲居豳作鴟鴞之詩以貽王秋大雷風王親行迎周公公自雨中行歸作詩曰我來自東零雨其蒙時則居豳正二年而首尾已三年矣蓋是年公夫人任氏卒於周京公歸而不及見矣庭竊以爲東山之詩周公悼亡作也一章言悲也二章言歸士有鰥居者獨出獨入室空無人惟此人宜知我悲而猶不能知也三章言士有室家者歸來相見而計離聚之年此人固不知我悲也四章言士未娶者歸及親迎而比量新舊之嘉此人亦更不知我悲也義詳詩切左傳宗



人釁夏曰昔者周公娶於薛薛任姓知夫人任氏也周公自豳歸遂以成王命東征伯禽母喪未除服亦興師征淮夷徐戎作費誓老聃所稱三年之喪卒哭金革之事無辟魯公伯禽有爲爲之者謂此役也賦東山三年之後周公作康誥猶自謂乃寡兄偪喪曰寡其詞有哀焉惜乎太姒薨年不能考之已

成王二年周公六十七歲在東土兵所

成王四年周公六十八歲在東土兵所

成王五年周公六十九歲既黜殷滅奄周公受命稱王五月歸至洛邑作多方至鎬京作君奭無逸立政

成王六年周公七十歲三月至洛邑相宅作多士康誥

酒誥梓材歸而獻卜遂乞休召誥曰今休今沖子嗣則無遺壽耇又曰今休王不敢後此召公先知周公將乞休而勸王留公也洛誥周公曰茲予其明農哉公乞休也王曰公躬棐乃篤罔不若時王留之也公何爲以是年乞休向讀書至此固疑焉曰其當致事之年乎今考其年果七十也曲禮曰大夫七十而致事曲禮所記爲舊典禮經周公之致事必以禮不後時不先時王旣留公不能得乃許公休而秬鬯明禋以康事之周公感焉復如成周承命啟監

成王七年周公七十一歲正月己巳朔周公監成周誕保文武受命自是年始周公居成周



其後二十八年爲成王三十五年周公九十九歲薨於成周葬於畢周公世家曰周公在豐病將沒曰必葬我成周以明吾不敢離成王周公旣卒成王亦讓葬周公於畢從文王以明予小子不敢臣周公也尚書大傳有此事文略同其下文曰故忠孝之道盛在成王周公之間蓋以爲周公不敢離成王者忠也成王不敢臣周公者孝也然其說周公沒於豐欲葬於成周此文謬誤非其實也自洛誥以來周公承命監成周曰考朕昭子刑乃單文祖德已自許老死於洛邑必不食此言矣何時去洛乃病沒於豐乎且成王在鎬京不在成周也安有不敢離成王而曰必葬成周者乎竊推求其故知是世家據大傳而大傳所據之舊文必曰周公在成周病將沒曰必葬我周以明吾不敢離成王也周鎬京也召誥曰王朝步自周則至于豐是矣成周者洛邑也周公世家曰周公往營成周洛邑公羊傳曰成周者何東周也是矣尚書今文家雖讀洛誥不知周公監成周又不知成王都鎬不在成周故讀舊文曰必葬我周明吾不敢離成王而惑焉以爲必成周之誤也則定之曰必葬我成周因讀舊文周公在成周而惑焉以爲必非成周也則定之曰周公在豐大傳已誤定之世家又誤從之好學者未必深思也心知其意可易言哉周本紀太史公曰學者皆稱周伐紂居洛邑綜其實不然武王營之成



王使召公卜居居九鼎焉而周復都豐鎬太史公考論此事信矣然亦不知周公監洛邑而但曰居九鼎焉知漢初學者尚書今文說未有能綜其實者故皆以爲成王在成周也史記集解徐廣曰衛世家云管叔作亂欲攻成周然則或說尚書者不以成周爲洛陽乎諸侯王表序曰齊晉秦楚其在成周微甚也徐廣此意乃疑尚書家謂鎬京曰成周矣然實無是說也管叔欲攻成周齊晉秦楚在成周微甚此竝漢時人語謂成王之朝曰成周如後世之稱年號焉非稱地名也惟其習於此言故皆以爲成王所居必在成周洛陽矣今據洛誥言之則周公病卒於成周遺言欲葬於周明白無疑也成王

彰德爲周公卒後事者由此而誤也成王三十八年四月成王崩成王五十一歲崩時召公猶存而周公薨已三年矣惟周公生四十有六年左右事文王鞠躬如畏文王已崩十八年輔武王伐商定天下武王崩相成王二年避流言三年東征歸一年定殷頑民又一年作洛邑又二十九年監成周誕保文武受命壽九十九歲薨於成周凡事成王三十五年此大彰明較著者其他事難具詳不敢傅會言之也



## 跋

周公年表一卷棲霞牟先生著先生次子房已刻於湖州校雪泥屋遺書目年表坿同文尚書洛誥篇門下士傳鈔者多故又有單行本同治五年懿榮求得手稿於掖林牟貽家以湖州本校之表前無小字原起五行表後無史記云云及太公召公年歲六行文字亦互有異同會稽趙撝叔大令言藏有漢陽葉氏鈔本假以校正則與林氏藏稿悉合始知湖州刊本乃同文尚書初稿之未刪者葉氏本當從手稿錄出爲最後定本惟表中引詩東山章三本皆坿載詩切原文湖州本并誤入年表詩切亦先生未定稿與撰表屬兩事撝叔謂無須夾注績溪胡甘伯同部亦以爲然因不具錄懿榮有志掇輯

國朝登州先喆說經之書曾校書目訪求先生遺著念此表文字無多各本岐出舊刻又燬於兵燹幸見定稿亟謀付梓以存遺文墜簡於什一異時刻同文尚書當仍編洛誥後也同治十年九月福山後學王懿榮志

懿榮坿校今河南偃師唐開元二年周公祠碑朝義郎行偃師縣尉賈□義撰碑文內稱公字朝明文王之子武王之弟云云公字他書未見稱引唐人石刻名字家世間有坿會此其一也

# 項羽都江都考

[清]劉文淇

揚州陳恒和書林一九三二年刻本

青溪舊屋文集卷四

儀徵劉文淇

## 項羽都江都考

前漢書地理志廣陵國高帝六年屬荊（毛本荊下衍州字非也荊謂劉賈國非州名）十一年更屬吳景帝四年更名江都武帝元狩三年更名廣陵領縣四廣陵江都高郵平安據志則江都郡乃景帝所立其以江都名郡者以郡有江都縣也顧廣陵之名已見于史記六國表楚懷王十年城廣陵此人所共知而江都之名景帝以前未之前聞今按史記秦楚之際月表知江都之名項羽時已有此縣（太平寰宇記謂漢景帝立江都遂因國以立縣者非也）月表分二十一格第一格載義帝事第二第三格皆言項羽事第二格言諸侯尊懷王爲義帝西楚伯項王籍始爲天下主命立十八王都彭城第三格言項籍自立爲西楚霸王都江都以下十八格分言十八王所都之地史記高祖本紀義帝元年正月項羽自立爲西楚霸王王梁楚地九郡都彭城以下紀十八王所分之地四月兵罷戲下諸侯各就國項羽亦于是月出關使人徙義帝于長沙郴縣是義帝之徙郴縣亦在四月也項羽本紀亦言項王自立爲西楚霸王王九郡都彭城而月表第二格言項羽都彭城第三格言都江都者江都乃項羽初都之地也懷王初都盱台後徙盱台之彭城項羽于義帝元年正月猶在關中分天下立諸將爲侯王是時雖有都彭城之意而懷王尚在彭城故先以江都爲都羽本紀云漢之元年四月諸侯罷戲下各就國項王出之國使人徙義帝長沙郴縣是羽于四月始都彭城且懷王未徙郴縣之先彭城方爲懷王所都羽豈能與懷王共都一地此亦事理之顯然

青集四　一

可見者故知江都爲項羽初都之地也羽雖未至江都然先議所都之地實在江都太史公于羽本紀直言都彭城不言都江都所以紀其實月表兼載都江都所以存其名此月表紀項羽事所以獨立二格一載都彭城一載都江都也此正史公體例之精若所都之地無先後之分則月表不必立二格矣漢書異姓諸侯王表紀項羽事第立一格言都彭城從其略也必知廣陵江都爲項王所分之地者史記羽本紀謂羽王梁楚地漢書高祖本紀五年漢王與齊王信魏相國越期會擊楚至固陵不會漢王謂張良曰諸侯不從柰何張良曰楚兵且破未有分地其不至固宜今能取睢陽㠯北至穀城皆㠯王彭越從陳以東傅海與齊王信則楚易敗也從之羽死漢王下令曰楚地已定義帝無後欲存恤楚衆㠯定其主齊王信習楚風俗更立爲楚王王淮北都下邳魏相國建成侯彭越勤勞魏民卑下士卒常㠯少擊衆數破楚軍其㠯魏故地王之號曰梁王都定陶是以羽之楚地分信羽之梁地分越也高祖本紀六年冬十月人告楚王信謀反執之上還至洛陽赦韓信春正月韓王信等奏請㠯故東陽郡（治廣陵說見後）鄣郡吳郡五十三縣立劉賈爲荊王㠯碭郡薛郡郯郡三十六縣立弟文信君交爲楚王楚王交傳高祖六年既廢楚王信分其地爲二國立賈爲荊王交爲楚王是又分韓信所封之楚爲二國而㠯故東陽郡鄣郡吳郡（即會稽郡）爲荊國也黥布傳布發兵反東擊荊荊王劉賈走死富陵高祖本紀十二年詔曰吳古之建國也日者荊王兼有其地今死亾後朕欲復立吳王乃立沛侯濞爲吳王吳王濞傳立濞爲吳王王三郡五十三城所謂三郡五十三城者卽賈所封故東

青集四　二

陽郡鄣郡吳郡五十三縣也江都易王非傳初立爲汝南王吳楚反時非自請擊吳吳已破徙王江都治吳故國子建有罪自殺地入于漢爲廣陵郡廣陵厲王胥傳武帝元狩六年立爲廣陵王前漢地理志廣陵下云江都易王非廣陵厲王胥皆都此由易王厲王而上溯之吳王濞所封之地因荆王賈賈因楚王信信因項羽有明徵矣灌嬰傳齊地已定使嬰別將擊楚將公杲于魯北破之前至下相以東南僮取慮徐度淮盡降其城邑至廣陵(蘇林曰別將兵屯廣陵也師古曰此說非也謂從下相以東南盡降城邑乃至廣陵皆平之)則廣陵爲項羽地尤爲確證或問曰廣陵爲項羽地信已第前志云高帝六年屬荆不知未屬荆之前廣陵江都二縣究屬何郡曰是則水經注言之矣水經注淮水篇云淮陰縣有中瀆水首受江於廣陵郡之江都縣縣城臨江下云楚漢之間爲東陽郡



高祖六年爲荆國十一年爲吳然則廣陵江都二縣楚漢之間屬東陽郡(太平寰宇記謂揚州在楚爲九江郡地項羽以封英布者非也)漢書地理志雖無東陽郡而高祖紀云以故東陽郡鄣郡吳郡立劉賈爲荆王是楚漢之間有東陽郡矣文穎注東陽今下邳文穎後漢時人按後漢書郡國志下邳國武帝置爲臨淮郡是後漢之下邳郡即前漢之臨淮郡亦即楚漢之間東陽郡也前志臨淮郡有東陽縣焦氏里堂謂東陽郡自治廣陵廣陵爲附郡之縣東陽縣自在廣陵之東東陽郡不治東陽其論甚覈而項羽之都江都自來方志諸書皆未之及幸賴月表有此一語余故廣引史漢諸書證成其說似足以爲江都最先之故實矣又按史記貨殖列傳云夫自淮北沛陳汝南南郡此西楚也彭城以東東海吳廣陵此東楚也衡山九江江南豫章長沙此南楚也項羽本紀云項王自立爲西楚霸王王九郡都彭城孟康注云舊名江陵爲南楚吳爲東楚彭城爲西楚即據貨殖傳而言羽自立爲西楚霸王都彭城而東海吳廣陵諸郡亦羽所分之地唐人之詠廣陵者每以西楚稱之司空曙送鄭況往淮南詩云西楚見南關韓翃送友之揚州詩云綠樹藂垓下青蕪潤楚西詠揚州而專及羽事又嘉靖志載隋彭城閣引大業雜記注云舊爲彭城鄉煬帝因地以名閣揚州而有彭城鄉是皆因江都爲項羽地故有西楚彭城之稱也

附跋　阮元

劉孟瞻明經文淇作項羽都江都考據史記秦楚之際月表第三格知項羽自立爲西楚霸王都江都然則項羽曾以江都爲都是秦楚之閒早有江都之名非始於



景帝矣此說甚爲新異可喜及檢新揚州府志沿革建置門有雙注云史記秦楚之際月表有項羽都彭城一本又云都江都考諸書無羽都江都之事殆傳刻誤此蓋嘉慶年間修志者見有無江都之本而致疑也(明人程正揆所刻張守節正義本月表脫去都江都三字)余檢至此亦爲之疑因思余家文選樓有舊本史記檢之則是元中統二年連索隱之板明明有都江都一事爲之大快然則府志所云有江都者古人之遺無者爲妄人削去也元中統與宋理宗時相值則與宋板無異(桓字缺筆世所習也)此書古色古香恐勝於今單行索隱之處尚多俟再校之因復思古人如項羽者滅秦封漢氣蓋一世快意之事正在爲霸王都江都之時而江都王者以項氏爲最先乃此事黯然不彰緜緜欲絕幸賴明眼人於旁行斜上蠅頭細書之月表

# 讀史記十表

[清]汪越撰　[清]徐克範補

一九二七年徐乃昌石印本

# 讀史記十表

今申十月南陵
徐乃昌景署

梅子方卧疴坐吉山中得汪子師退所箸讀史記十表而霍然興也夫史者經之翼太史公史記掇拾于亾秦煨燼之餘欲以上繼删述其義例皆特創爲歷代史書所宗其世家列傳以及八書或以國以人以事既各自爲首尾而挈其要於本紀又復爲十表以經緯之然後數千百年之平陂得失如指諸掌顧後之作史者多缺表何



也才有短長亦不能如司馬氏之父子相繼積歲綢羅綜互以定其指歸故所記注者雖只一代而不能表其年月然則十表者豈非太史公作書精意所存哉而經生家之讀史記或取其筆墨之高古以爲程度或徵其事實之詳覈以資辯議至于諸表各有小序讀者未嘗不愛其文辭而表中所列之經緯次第初無寓目焉者蓋有

之矣又何假深加討論乎汪子此編能一一為之疏剔使史記百三十篇之大義微旨皆炳然躍然於諸表之中可謂好學深思而心知其意者也其自小司馬而下以及宋明近代諸儒之所注釋譏評皆博蒐彙列而平懷以折其衷不為激論高言以吹索瑕疵亦不為曲說苟同以巧相傅會談言微中要歸於理汪子經術之湛深不於茲見一斑乎余為之反覆尋繹犁然有當於心謂其可以為讀書者法也因為之書其後

康熙己亥長至同郡眷弟梅文鼎旹年八十有九



尚書稱元祀十有二月乙丑惟十有三年春大會于孟津紀年之法肇此矣孔子因史文次春秋紀元年二百四十二年間積二千九百九十三月天道昭然人事概舉為萬世史法之祖三代以下其有稽歷譜牒指陳時政以紀年法尚書春秋遺意者其在司馬太史史記年月十表乎後世讀史者於十表不甚省覽即覽矣孰是鉤深索隱心解神悟多所證發者大約以十表空格遼濶文義錯綜不耐尋討亦古今才學人之通病也春穀汪君師退沉酣於史漢諸書就史表釐其所得裒為一編宛陵梅先生已為之序猶嗛然不自許致書余家弟堯民冀得一是正可否而堯民果出其平日所得者補之剖其義類考厥異同薈萃群書發揚疑意眞可並駕齊驅行遠

合轍者嘗竊綜十表論之敘三代必始黄帝何也孝武帝嘗曰吾誠得如黄帝吾視去妻子如脫躧耳史公于封禪一書特載其至黄帝之冢而祭之則自黄帝而後三世而顓頊四世而帝告夫且而唐而虞而夏而商而周也此史公微意也十二諸侯者首冠以周不直曰宣王元年而曰共和是時厲王雖流尚在彘故不得即書宣王

徐序一

共和內諸侯也則亦序王人於諸侯之上也始是而訖於孔子是猶終於獲麟之義也篇言十二實敘十三者或以爲賤吳不數非也秦自襄公盡有西周之地卒并天下不得終列於諸侯亦猶秦魏韓趙楚燕齊七雄虓闞分裂中夏而但繫之以六國六國具爲秦并故因秦紀踵春秋之後始周元王訖秦二世也至若秦楚之際世更

運促陳涉起陳凡六月武臣起趙凡四月皆繫以月而不年是矣而其中有四十八月三十八月者何以不年其時統無所屬不得以正元起數則直曰一月二月云耳按古公緘鼎銘云惟十有四月戊命尊云十九月管子書云二十四月二十八月書法古有是例不始龍門乎漢興以來同姓爲王者九國代最先次齊趙淮南次楚燕

徐序三

梁次荆次淮陽不數吳者吳最後以荆絕乃封也其後分王支庶凡百餘國疆幹弱枝之勢成而異姓擅權竊奪亦即由是起矣高祖功臣天下初定唯十八侯至陳平終竟列侯第錄百四十三人觀所以得尊寵廢辱者是亦考鏡得失之林也孝惠孝景歷載五十諸呂搆禍吳楚連兵欲盡令忠如長沙著爲令甲往往難之建元以來

封爵凡七十二國自周子南君平津牧丘而外樂通以方術餘皆多起於邊境征伐所由與漢初功臣異矣歷元光抵太初王子侯者百六十有二而坐酎金國除者五十有八太史公曰盛哉天子之德一人有慶兆民賴之其果爲稱頌不衰者耶將相名臣表首以大事爲主而有相位者位當爲立周禮小宗伯之職掌建邦之神位鄭



康成注曰故書位作立鄭司農立讀爲位古者位立同字古文春秋公卽位爲公卽立是相位卽爰立作相之説也高后八年七月辛巳食其爲太傅九月丙戌復爲丞相以長曆推之八年七月不得有辛巳九月不得有丙戌次曰將相周勃以太尉爲相太尉亞夫爲丞相並書於是故直曰將相或又曰相當爲位凡此隨事遂書零落

布散不啻如斷爛朝報非實有彈精畢慮鎔鑄經史者惡覩其賾而能疑疑而復補也哉且史記一書非盡皆史公之本文也史公記事訖於天漢自是以後卽褚少孫所補也又案成帝時長安人馮商待詔金馬門受詔續太史公書十餘篇後漢楊終受詔删太史公書爲十餘萬言從是觀之史記一書其有得免割裂譌缺者亦已少



矣堯民著述等身慨然以考訂自任行將大抒其所蘊備問史館爲石室蘭臺之望今乃於讀十表而補之疑之抑猶是膏之殘而馥之賸也然而缺者補誤者刊疑者析實有發前人所未發者其取義精矣其用心可謂勤矣亦可以謝師退是正之請已自是史記一書紀年紀月不媿爲尚書春秋嫡系卽十表空格遼濶微言大義俾

人人皆了然於心口間者未必非堯民所

證發之力也余家自史記音義而外復有

是書是殆於史記均有補天浴日之功者

與

雍正元年夏六月當塗文靖位山序

徐文靖

位山



記後

康熙壬寅五月余友師退汪君以書來云有讀史記十表一帙徧求友人商確殊無一人按定子長原表通首訖尾印證鄙說之是非者不辭何故豈以其文不續事不接空格累紙不耐討尋旨趣耶然則王荊公譏春秋為斷爛朝報無怪也仰惟細加推勘示明紕繆之處以便改訂有補義則亦書于篇將來授梓為讀史一助若空邀獎借原本封還非遠緘求正之本念也師退之言如此師退著作名天下垂老篤勤于學而又不自執所有不惜下問此余心之所傾也



用是遂忘其謭陋為之討論之義有未盡又為補著之凡坊本舛誤取諸本參校從其是者其當誤則不敢易按數字于表尾辨證更為存疑前人誤釋者亦約畧辨明不敢承訛凡以應師退命也既復師退繆為許可曰補訂義精詞簡已盡析之合之之妙正宜與原本並行余聞薛簡肅公有云吾懃不及古人而懼後世議我師退之論該覈精瑩其傳世行遠無可疑而以余說厠其間能免于議乎故序其所由使知

附之梓者師退志也非余也秋七月朔日堯民徐克

范記



讀史記十表目録

古春 汪越 輯
徐克范 補

太史公自序曰孔子作春秋學者至今則之自獲麟以來四百餘歲而諸侯相兼史記放絕漢興百年之間天下遺文古事靡不畢集太史公衛宏漢儀註太史公武帝置天下計書先上太史公副上丞相攢曰百官表無太史公司馬貞曰公者遷所著書尊其父云公也按遷序中亦自稱太史公非但尊其父也太史公仍父子相續纂其職談卒三年遷為太史令五年而當太初元年七年而太史公遭李陵之禍網羅天下放失舊聞



王跡所興原始察終見盛觀衰論考之行事畧推三代錄秦漢上記軒轅下至于茲著十二本紀既科條之矣並時異世年差不明作十表顏師古云並時異世則年歷差殊難以明辯故作表也正義云起黃帝訖天漢四年合二千四百一十三年

維三代尚矣年紀不可考蓋取之譜諜舊聞本于茲于是畧推作三代世表第一

幽厲之後周室衰微諸侯專政春秋有所不紀而譜諜經畧五霸更盛衰欲覩周世相先後之意作十二諸侯年表第二

春秋之後陪臣秉政彊國相王以至于秦卒幷諸夏滅封地擅其號作六國年表第三

秦旣暴虐楚人發難項氏遂亂漢乃扶義征伐八年之閒天下三嬗事繁變衆故詳著秦楚之際月表第四

漢興以來至于太初百年諸侯廢立分削譜紀不明有司靡踵彊弱之原云以世正義云譜紀不明故有司無所踵繼其後強弱之原乃云以世相代都不能有所錄記也按云字疑亡字之訛見亡以論其世也作漢興以來諸侯年表第五



維高祖元功輔臣股肱剖符而爵澤流苗裔忘其昭穆或殺身隕國作高祖功臣侯者年表第六

惠景之閒維申功臣宗屬爵邑作惠景閒侯者年表第七

北討彊胡南誅勁越征伐夷蠻武功爰列作建元以來侯者年表第八

諸侯旣彊七國爲從子弟衆多無爵封邑推恩行義其埶銷弱德歸京師作王子侯者年表第九

國有賢相良將民之師表也維見漢興以來將相名臣年表賢者記其治不賢者彰其事作漢興以來將相名臣年表第十

按太史公自序在史記篇末其歷序所以著本紀世家書表傳之意是一定文字不可割截茲所刻取特以其辭簡明使讀者觀其持論大旨耳至每表之前各自有序惟將相名臣闕此固具載全表也

司馬貞曰應劭云表者錄其事而見之按禮有表記鄭玄云表明也謂事微而不著者須表以明之故曰



表也

張守節曰表分代系年封又云作表十象天之剛柔十日也

鄭樵曰史記一書分爲五體本紀紀年世家傳代表以正曆書以類事傳以著人

林駉曰嘗觀遷史之表矣三代世表所以觀百世之本支也攷黃帝之初先列諸系以祖宗爲經以子孫爲緯則五帝三王皆出于黃帝此帝王授受之正統可見也六國年表所以示天下之名分故齊康公之

十九年爲田和遷居海上而書曰齊太公卒（田和亦稱太公）且繫之康公二十年康公既卒始書田齊此尊卑逆順之正理可見矣十二諸侯年表以下以地爲主故年經而國緯所以觀天下之大勢也功臣年表以下以時爲主故國經而年緯所以觀一時之得失也秦楚月表上尊義帝而漢居其中明大義也將相年表上繫大事記明職分也（凡表縱者爲經衡者爲緯）王應麟曰班固謂司馬遷史記十篇有錄無書顏師古以爲十篇具在或草具而未成也漢興以來將相年表其書具在但闕前序（按自序云凡百三十篇五十二萬六千五百字則當日全書已成或後散失故闕十篇耳）

按表者紀月編年聚而爲繪圖指掌經緯縱橫有倫有脊其書法謹嚴幾於春秋大義數千炳若日星矣至所不言尤寓褒譏未易測識後人欲穿鑿立論後所未安誠會本紀世家列傳窮厥事理當自得之也



# 讀史記　表卷之一

古歙　汪越
徐克范　訂正

## 三代世表第一

太史公曰五帝三代之記尚矣（劉氏云尚猶久古也尚矣之文元出大戴禮彼云黃帝尚矣）自殷以前諸侯不可得而譜（正義曰譜布也列其事也）周以來乃頗可著孔子因史文次春秋紀元年正時日月蓋其詳哉至于序尚書則略無年月或頗有然多闕不可錄故疑則傳疑蓋其慎也余讀諜記（索隱曰諜音牒牒者記系謚之書也下云稽歷譜諜謂歷代之譜諜也）黃帝以來皆有年數稽其歷譜諜終始五德之傳（索隱曰謂帝王更王以金木水火土五德傳次相承終而復始故云終始五德之傳）古文咸不同乖異夫子之弗論次其年月豈虛哉于是以五帝繫諜尚書集世紀黃帝以來訖共和爲世表（索隱曰按大戴禮有五帝德及帝繫篇蓋太史公取此二篇之諜及尚書集而紀黃帝以來爲系表也）

| 帝王世國號 | 顓頊屬 | 俈屬 | 堯屬 | 舜屬 | 夏屬 | 殷屬 | 周屬 |
|---|---|---|---|---|---|---|---|
| 黃帝號有熊 | 黃帝生昌意 | 黃帝生玄囂○（按索隱昊金天氏） | 黃帝生玄囂 | 黃帝生昌意 | 黃帝生昌意 | 黃帝生玄囂 | 黃帝生玄囂 |

| | | | | | | | |
|---|---|---|---|---|---|---|---|
| 帝顓頊 黃帝孫起黃帝至顓頊三世 | 昌意生顓頊爲高陽氏 | 玄囂生蟜極 | 玄囂生蟜極 | 昌意生顓頊顓頊生窮蟬 索隱曰系本作窮系 | 昌意生顓頊 | 玄囂生蟜極蟜極生高辛 | 玄囂生蟜極蟜極生高辛 |
| 帝俈 黃帝曾孫起黃帝至帝俈四世號高辛 | | 蟜極生高辛高辛生帝俈 按高辛即俈此誤 | 蟜極生高辛高辛生放勛 | 窮蟬生敬康敬康生句望 | | 高辛生卨 | 高辛生后稷爲周祖 |
| 帝堯 起黃帝至俈子五世號唐堯 | | | 放勛爲堯 | 句望生蟜牛蟜牛生瞽瞍 | | 卨爲殷祖 | 后稷生不窋 |
| 帝舜 黃帝玄孫之玄孫號虞 | | | | 瞽瞍生重華是爲舜 | 顓頊生鯀鯀生文命 索隱曰漢書顓頊五代而生鯀此及帝系皆云顓頊生鯀是古文缺其代系也 | 卨生昭明 | 不窋生鞠 |
| 帝禹 黃帝耳孫號夏 | | | | | 文命是爲禹 | 昭明生相土 | 鞠生公劉 |



| | | | | | | | |
|---|---|---|---|---|---|---|---|
| 帝啟 伐有扈作甘誓 | | | | | | 相土生昌若 | 公劉生慶節 |
| 帝太康 | | | | | | 昌若生曹圉曹圉生冥 | 慶節生皇僕皇僕生差弗 |
| 帝仲康 太康弟 | | | | | | 冥生振 | 差弗生毀渝毀渝生公非 |
| 帝相 | | | | | | 振生微微生報丁 | 公非生高圉高圉生亞圉 |
| 帝少康 | | | | | | 報丁生報乙報乙生報丙 | 亞圉生公祖類 |
| 帝杼 按舊本作予系本作佇左國作杼 | | | | | | 報丙生主壬主壬生主癸 | 公祖類生太王亶父 |
| 帝槐 | | | | | | 主癸生天乙是爲殷湯 | 亶父生季歷季歷生文王昌益易卦 |
| 帝芒 | | | | | | | 文王昌生武王發 |

帝泄
帝不降
帝扃 不降弟
帝廑
帝孔甲 不降子好鬼神淫亂不好德二龍去
帝皐
帝發 索隱曰帝皐子也系本云帝皐生發及履癸履癸一名桀
帝履癸 是爲桀
從禹至桀十七世從黃帝至桀二十世
殷湯代夏氏 從黃帝至湯十七世



帝外丙 湯太子太丁蚤卒故立次弟外丙
帝仲壬 外丙弟
帝太甲 故太子太丁子淫伊尹放之桐宮三年悔過自責伊尹乃迎之復位
帝沃丁 伊尹卒
帝太庚 沃丁弟
帝小甲 太庚弟殷道衰諸侯或不至○索隱曰殷本紀及系本皆云小甲太庚子
帝雍己 小甲弟
帝太戊 雍己弟以桑穀生稱中宗
帝中丁 俗作仲丁
帝外壬 中丁弟

帝河亶甲 外壬弟
帝祖乙
帝祖辛
帝沃甲 祖辛弟○索隱曰系本作開甲
帝祖丁 祖辛子
帝南庚 沃甲子
帝陽甲 祖丁子
帝盤庚 陽甲弟徙河南
帝小辛 盤庚弟
帝小乙 小辛弟



帝武丁 雉升鼎耳雊得傅說稱高宗
帝祖庚
帝甲 祖庚弟淫德○徐廣曰一云祖甲
帝廩辛 索隱曰或作馮辛系本作祖辛誤也按上祖乙已生祖辛故知非也
帝庚丁 廩辛弟殷徙河北
帝武乙 慢神震死
帝太丁
帝乙 殷益衰
帝辛 是爲紂
從湯至紂二十九世從黃帝至紂四十六世

| 周武王伐殷從黃帝至武王十九世 | 魯 | 齊 | 晉 | 秦 | 楚 | 宋 | 衛 | 陳 | 蔡 | 曹 | 燕 |
|---|---|---|---|---|---|---|---|---|---|---|---|
| 成王誦 索隱曰本或作庸非 | 周公旦 | 太公尚 | 唐叔虞 | 惡來助紂父蜚廉有力 | 熊繹繹父鬻熊 | 微子啟 | 康叔 | 胡公滿 | 叔度 | 叔振鐸 | 召公奭 |
| | 初封 | 初封 | 初封 | 初封 | 初封 | 初封 | 初封 | 初封 | 初封 | 初封 | 初封 |
| | 武王弟 | 文王師 | 武王子 | | 事文王 | 紂庶兄 | 武王弟 | 舜之後 | 武王弟 | 武王弟 | 周同姓 |
| 康王釗 刑錯四十餘年 | 魯公伯禽 | 丁公呂伋 | 晉侯燮 | 女防 | 熊乂 | 微仲啟弟 | 康伯 索隱曰康叔子 | 申公 | 蔡仲 | | 九世至惠侯 |
| 昭王瑕 南巡不返不赴諱之 | 考公 | 乙公 | 武侯 | 旁皋 | 熊黮 | 宋公 王孫伯父也 | 孝公 | 相公 | 蔡伯 | 太伯 名脾 振鐸子 | |
| 穆王滿 作甫刑荒服不至 | 煬公 考公弟 | 癸公 | 成侯 | 大几 | 熊勝 | 丁公 | 嗣伯 | 孝公 | 宮侯 | 仲君 | |
| 恭王伊扈 | 幽公 | 哀公 | 厲侯 | 大駱 | 熊煬 | 湣公 丁公弟 | 疌伯 | 慎公 | 厲侯 | 宮伯 | |
| 懿王堅 周道衰詩人作刺 | 魏公 索隱曰系本作微公 [illegible] | 胡公 | 靖侯 | 非子 | 熊渠 | 煬公 湣公弟 | 靖伯 | 幽公 | 武侯 | 孝伯 | |
| 孝王方 懿王弟 | 厲公 | 獻公 弒胡公 | | 秦侯 | 熊無康 | 厲公 | 貞伯 | | | 夷伯 | |
| 夷王燮 懿王子 | 獻公 厲公弟 | 武公 | | 公伯 | 熊摯紅 | 釐公 | 頃侯 | | | | |
| 厲王胡 以惡聞遇亂出奔遂死于彘 | 眞公 | | | 秦仲 | 熊延 紅弟 | | 釐侯 | | | | |
| 共和 二伯行政 | 武公 眞公弟 | | | | 熊勇 | | | | | | |

按舊本此後載褚先生語一段援殷周以稱霍將軍又謂堯知后稷子孫之後王故益封之百里索隱云褚先生蓋腐儒也言之不經蕪穢正史又按索隱各表述贊文義亦淺故皆不錄

讀三代世表

讀三代世表以黃帝爲主於顓頊屬俈屬堯屬舜屬於夏屬殷屬周屬皆曰黃帝生又曰起黃帝至顓頊三世起黃帝至帝俈四世起黃帝至俈子帝堯五世黃帝玄孫之玄孫虞舜明諸帝皆黃帝後也於夏殷周曰從禹至桀十七世曰從黃帝至桀二十世從湯至紂二十九世曰從黃帝至紂四十六世周武王伐殷曰從黃帝至武王十九世明三代皆黃帝後也此必古譜諜如帝繫姓本有成文



而史公据之以作表也世表者但次其世不可以紀年故也序言孔子次春秋則紀元年正時日月序尚書則弗論次其年月葢可詳者詳之不可詳者慎之故但据繫諜尚書作世表亦慎而闕疑之意也

索隱曰三代皆出自五帝故序三代要自五帝而起首也

表起于五帝而但曰三代世表何也正義云五帝久古傳記少見夏殷以來乃有尚書畧有年月比于五帝事跡易明故也索隱云三代之系長遠宜以名篇似正義説是也

索隱曰太史公作史記宜應上自開闢下迄當代以爲一家之首尾三皇以還載籍罕備然君臣之始敎化之先旣論古史不合全闕近代皇甫謐作帝王代紀徐整作三五曆皆論三皇已來事併採而補之

按司馬貞補三皇本紀以伏犧女媧皆蛇身人首神農人身牛首以至煉石斷鰲之誕皆筆之又推之開闢之初天地人三皇以爲圖緯所載不可全



棄又推人皇已後五龍氏以下十七君又引韓詩以爲自古封太山禪梁甫者萬有餘家又稱自開闢至于獲麟凡三百二十七萬六千歲分爲十紀其可信乎太史公託始黃帝而其間猶不免抵牾況欲論著開闢以降乎故曰百家言黃帝其言不雅馴薦紳先生難言之乃知其澄汰者已多矣

蘇轍曰司馬遷紀五帝遺羲農而黜少昊後世皆以爲非

按司馬貞補伏羲女媧神農而後及黃帝蘇轍作

古史去女媧進黃帝爲三皇以少昊顓頊帝佶堯舜爲五帝蘇勝于小司馬矣

柯維騏曰五帝之名見于孔子家語及大戴禮其說有二其一孔子答季康子以伏羲配木神農配火少昊配金顓頊配水此言數聖人革命改號取法于五行之帝非五帝之定名也其一則孔子所答宰我五帝德曰黃帝曰顓頊曰帝嚳曰堯曰舜太史公所述五帝紀是也（見五帝本紀贊中）厥後皇甫謐作帝王代記蘇子由作古史鄭樵作通志並祖孔安國以伏羲神農



黃帝爲三皇少昊顓頊帝嚳堯舜爲五帝五峰雙湖胡氏又主秦博士天皇地皇人皇之議而以伏羲神農黃帝堯舜爲五帝（主易繫詞）道原劉氏遂以爲定論竊謂皆不如太史公之說爲有徵也

楊慎曰譙周古史以炎帝與神農各爲一人羅泌路史以軒轅與黃帝非是一帝史皇與蒼頡乃一君一臣共工氏或以爲帝或以爲伯而不王祝融氏或以爲臣或以爲火德之主古云三皇之事若存若亡五帝之事若覺若夢益洪荒之世存而不論可也

索隱曰漢書顓頊五世而生鯀此及帝系皆云顓頊生鯀是古史闕其代系也

歐陽脩曰遷所作本紀出于大戴禮世本諸書今依其說圖而考之堯舜夏商周皆出黃帝堯之崩也下傳其四世孫舜舜之崩也復上傳其四世祖禹皆壽百歲稷契于高辛爲子乃同父異母之兄弟而以世次而下之湯與王季同世湯下傳十六世爲紂王季下傳一世爲文王二世爲武王豈不謬哉

按索隱五帝譜系圖契十四世至湯稷二十餘世



至文王益得其實矣

又按表舜禹之世次亦有可疑者黃帝生昌意昌意生顓頊顓頊生窮蟬窮蟬生敬康敬康生句望句望生蟜牛蟜牛生瞽瞍瞽瞍生帝舜世數何多黃帝生昌意昌意生顓頊顓頊生鯀鯀生文命是爲禹禹世數何少宜歐陽子深非之也惟堯之世次與禹合益皆四世而舜受中歷四世始與堯同時必有悞焉然此亦何足爲太史公病哉唐應德言秦興滅學而宗譜不立及漢司馬遷修史記上述

黄帝下迄麟止據世本世系而作帝紀採周譜國語而作世家由是人乃知姓氏之所出然則掇拾于煨燼之餘亦未可訾其鄙陋而不學疎畧而輕信也

自成王誦至厲王胡帝王世也至共和而訖下列諸侯凡十一國初封而後各有世數亦至共和而訖然不冠于十二諸侯年表之前而綴于三代世表之末何也明諸侯亦皆黄帝後也魯衛燕晉曹蔡周之同姓宋殷後陳舜後齊爲四岳伯夷之裔秦之先帝顓頊之苗裔楚之祖亦出顓頊本紀云黄帝二十五子其得姓者十四人是以附見三代世表也



讀三代世表補

世表惟名三代不言五帝者索隱謂三代之系長正義謂五帝傳記少見皆非也夏爲顓頊後商周爲帝告後同出黄帝則黄帝顓頊帝俈即表于三代堯授舜舜授禹無帝系可表故不得兼言五帝世表也

夏商表至桀紂訖周表不訖赧王訖于共和者太史公云周自厲王始亂共和行政此後以彊乘弱興師不請天子則是時天下大勢在諸侯不在王室宣王中興之業雖見于詩車攻吉日諸章據小序祈父白句黄鳥行野諸篇則皆爲刺宣王之詩而國語所載不籍千畝敗績姜戎建少奪長諸侯不睦料民太原卒及幽王乃廢滅則時事亦可知矣年表雖冠周于上實以諸侯爲主故不復曰周世表但曰十二諸侯年表六國年表而已

夏表書帝啟作甘誓見世變也征苗之誓惟曰一乃心力其克有勳甘誓則曰不用命孥戮汝故君子謂讀甘誓知唐虞之風微商周之運至矣

羿浞簒立不書削也索隱曰帝相既逐中間歷羿浞二氏凡三四十年而史表不載本紀直云帝相崩子少康立疎畧之甚按史之所以不載者初帝相尚在灌鄩繼則少康生于有仍故直削之但夏本紀亦當敘其事不應全闕徐孚遠云史遷時左傳未顯不知羿浞事此或然也

商表書伊尹卒書得傅說特筆也

表于五帝三王不繫一事獨文王書盛易卦特筆也



存疑

周懿王表云周道衰詩人作刺周本紀同十二諸侯年表序亦云周道闕仁義陵遲鹿鳴刺焉按詩小序王風皆東遷後刺平王及桓王莊王之詩小雅有刺幽王之詩大雅有刺厲王及幽王之詩並未云刺懿王即鹿鳴小序亦謂燕羣臣嘉賓之詩非刺也未審何據當日詩不一家或別有本耶

宋表湣公丁公弟按宋世家湣公丁公子家語本姓解亦云丁公申生湣公共弟字疑誤

衛表考公一本作靖伯按衛世家康伯卒子考伯立古史考亦云考伯考字疑誤

讀史記十表卷之二

古春穀　汪越　訂正
徐克范

## 十二諸侯年表第二

太史公讀春秋曆譜諜索隱曰案劉杳云三代系表旁行邪上並效周譜譜起周代藝文志有古帝王譜又自古爲春秋學者有年曆譜諜之說故杜元凱作春秋長曆及公子譜謚因于譙說至周厲王未嘗不廢書而歎也曰嗚呼師摯見之矣鄭玄曰魯太師摯識關雎之亂首理其亂也紂爲象箸而箕子唏索隱曰鄒氏及劉氏箸皆音直慮反郎筋亦今案箕子云爲象箸必爲玉杯則寄者是樹也周道缺詩



人本之衽席關雎作仁義陵遲鹿鳴刺焉及至厲王以惡聞其過公卿懼誅而禍作厲王遂奔于彘索隱曰彘地名在河東後爲永安縣也亂自京師始而共和行政焉是後或力政彊乘弱興師不請天子然挾王室之義以討伐爲會盟主政由五伯諸侯恣行淫侈不軌賊臣篡子滋起矣齊晉秦楚其在成周微甚封或百里或五十里晉阻三河齊負東海楚介江淮索隱曰介音界言楚以江淮爲界秦因雍州之固四國迭興更爲伯主文武所褒大封皆威而服焉是以孔子明王道干七十餘君莫能用

故西觀周室論史記舊聞興于魯而次春秋上記隱下至哀之獲麟約其辭文去其煩重索隱曰言約史記修春秋去其重複之文也以制義法王道備人事浹七十子之徒口受其傳指爲有所刺譏褒諱挹損之文辭不可以書見也魯君子左丘明懼弟子人人異端各安其意失其眞故因孔子史記具論其語成左氏春秋鐸椒爲楚威王傳爲王不能盡觀春秋采取成敗卒四十章爲鐸氏微索隱曰鐸椒所撰名鐸氏微者春秋有微婉之辭故也趙孝成王時其相虞卿上采春秋下觀近世亦著八篇爲虞氏春秋



呂不韋者秦莊襄王相亦上觀尚古刪拾春秋集六國時事以爲八覽六論十二紀爲呂氏春秋及如荀卿孟子公孫固韓非之徒各往往捃摭春秋之文以著書不可勝紀索隱曰荀況孟軻韓非皆著書自稱子宋有公孫固無所述此固蓋齊人轅固傳詩者也漢相張蒼歷譜五德索隱曰按張蒼著終始五德傳也上大夫董仲舒推春秋義頗著文焉索隱曰作春秋繁露是○徐孚遠曰惟董生所作推明春秋之指其餘雖沿其名自別記事不屬春秋也太史公曰儒者斷其義馳說者騁其辭不務綜其終始曆人取其年月數家索隱曰謂陰陽術數之家也隆于神運譜

譔獨記世謚其辭略欲一觀諸要難于是譜十二諸侯自共和訖孔子表見春秋國語學者所譏盛衰大指著于篇爲成學治古文者要刪焉

周魯齊晉秦楚宋衛陳蔡曹鄭燕吳

眞公武公靖侯秦仲熊勇釐公釐侯幽公武侯夷伯
濞　壽　宜臼索隱索隱索隱索隱寧　索隱索隱
索隱索隱索隱曰非曰楚曰微曰康索隱曰蔡曰名
曰立曰太曰唐子曾芊姓仲七叔七曰胡仲五喜振
孫係公五叔五孫公獨熊代孫代孫公五代孫鑠六
眞公代孫代孫伯之之後厲公後侯代孫也代孫
弟鄭獻公厲侯子宣曰氏之子之子也　也
也本子也之子王命熊勇也
頃侯

惠侯索隱曰召公奭九代孫也



庚申共和
元年一
以宣王六十
王少四年
大臣
共和
行政
徐廣
曰自
共和
元年
癸亥

作姓公子眞公伯禽之玄孫
宋衰爲大熊延
曰唐夫誅之子
叔己丙戎熊繹
下五也九代
代無孫
年紀

十五十年
十八年
十四年
七年
十八年
十四年
十四年
二十三年
二十四年

敗周
始命
爲侯

二十四年



庚申訖敬王四十三年凡三百六十五年共和在春秋前一百一十九年○索隱曰宣王少周召二公共相王室故曰共和宣王王厲王之子也

二　厲王子居召公宮是爲宣王

三

十六　十七
十一　十二
晉釐侯司徒元年　二
五　六
八　九
十九　二十
十五　十六
十五　十六
二十　四　二十　五
二十　五　二十　六
二十　五　二十　六

| | | | | | | | | | | | | | | |
|---|---|---|---|---|---|---|---|---|---|---|---|---|---|---|
| | 四 | 十八 | 十三 | 三 | 七 | 十 | 二十一 | 十七 | 十七 | 二十六 | 二十七 | | 二十七 | |
| 甲子 | 五 | 十九 | 十四 | 四 | 八 | 熊嚴元年 | 二十二 | 十八 | 十八 | 夷侯元年 | 二十八 | | 二十八 | |
| | 六 | 二十 | 十五 | 五 | 九 | 二 | 二十三 | 十九 | 十九 | 二 | 二十九 | | 二十九 | |
| | 七 | 二十一 | 十六 | 六 | 十 | 三 | 二十四 | 二十 | 二十 | 三 | 三十 | | 三十 | |
| | 八 | 二十二 | 十七 | 七 | 十一 | 四 | 二十五 | 二十一 | 二十一 | 四 | 幽伯彊元年 | | 三十一 | |
| | 九 | 二十三 | 十八 | 八 | 十二 | 五 | 二十六 | 二十二 | 二十二 | 五 | 二 | | 三十二 | |
| | 十 | 二十四 | 十九 | 九 | 十三 | 六 | 二十七 | 二十三 | 二十三 | 六 | 三 | | 三十三 | |
| | 十一 | 二十五 | 二十 | 十 | 十四 | 七 | 二十八 | 二十四 | 陳釐公孝元年 | 七 | 四 | | 三十四 | |
| | 十二 | 二十六 | 二十一 | 十一 | 十五 | 八 | 惠公覸元年 | 二十五 | 二 | 八 | 五 | | 三十五 | |
| | 十三 | 二十七 | 二十二 | 十二 | 十六 | 九 | 二 | 二十六 | 三 | 九 | 六 | | 三十六 | |
| | 十四 宣王即位共和罷○索隱曰二相還政宣 | 二十八 | 二十三 | 十三 | 十七 | 十 | 三 | 三十七 | 四 | 十 | 七 | | 三十七 | |



| | | | | | | | | | | | | | | |
|---|---|---|---|---|---|---|---|---|---|---|---|---|---|---|
| | 王稱元年也 | | | | | | | | | | | | | |
| 甲戌 | 宣王元年厲王子 | 二十九 | 二十四 | 十四 | 十八 | 楚熊霜元年 | 四 | 二十八 | 五 | 十一 | 八 | | 三十八 | |
| | 二 | 二十 | 二十五 | 十五 | 十九 | 二 | 五 | 二十九 | 六 | 十二 | 九 | | 燕釐侯莊元年索隱曰徐廣云一無莊字 | |
| | 三 | 晉獻公籍元年 | 二十六 | 十六 | 二十 | 三 | 六 | 三十 | 七 | 十三 | 曹戴伯鮮元年 | | 二 | |
| | 四 | 二 | 齊厲公無忌元年 | 十七 | 二十一 | 四 | 七 | 三十一 | 八 | 十四 | 二 | | 三 | |
| | 五 | 三 | 二 | 十八 | 二十二 | 五 | 八 | 三十二 | 九 | 十五 | 三 | | 四 | |
| | 六 | 四 | 三 | 魯武公敖元年 | 二十三 | 六 | 九 | 三十三 | 十 | 十六 | 四 | | 五 | |
| | 七 | 五 | 四 | 二 | 秦莊公元年 | 楚熊徇元年 | 十 | 三十四 | 十一 | 十七 | 五 | | 六 | |

八　六　五　三　二　二　十三　五　十十二十八六　七

九　七　六　四　三　三　十二　六　三十十三十九七　八

十　八　七　五　四　四　十三　七　三十十四二十八　九

甲申　十一　九　八　六　五　五　十四　八　三十十五二十九　十

十二　十　九　七　六　六　十五　九　三十十六　二　二十十　十一

十三　魯懿公戲元年　齊文公赤元年　八　七　七　十六　四十十七　三　二十十一　十二

十四　二　二　九　八　八　十七　一　四十十八　四　二十十二　十三

十五　三　三　十　九　九　十八　二　四十十九　五　二十十三　十四

十六　四　四　十一　十　十　十九　衛武公和元年　二十二十　六　二十十四　十五

十七　五　五　穆侯弗生元年索隱曰按系家名費生或作潰生亦名　十一　十一　二十二　一　二十二十　七　二十十五　十六



十八　六　六　二　弗生則生是稱公之名費潰弗不同耳　十二　十二　一　二十三　二十二　八　十十六　十七

十九　七　七　三　十三　十三　二　十四　三　二十　蔡釐侯所事元年　十七　十八

二十　八　八　四　取蔡女爲夫人　十四　十四　三　二十五　四　二十二　十八　十九

甲午　二十九　一　九　五　十五　十五　四　二十六　五　二十三　十九　二十

二十　二　魯孝公稱元年伯御立爲君稱爲諸公子云伯御武公孫　十　六　十六　十六　五　二十七　六　二十四　二十　鄭桓公友元年始封周宣王母弟索隱曰宣王二十二年封之鄭立三十六年與　一　二十一

一　一　幽王俱死犬戎

二十二　三　十一　七　以伐從宋太子佗　十七　十七　二十八　六　二十五　七　二十二　一　二十　二

二十三　四　十二　八　十八　十八　二十九　七　二十六　八　二十三　二　二十　三

二十四　五　成公說元年。索隱曰系家說作脫　九　十九　十九　三十　八　二十七　九　二十四　三　二十　四

二十五　六　二　十　以千畝戰生仇弟成師二子名反君子譏之後亂　二十　二十　九　三十一　二十八　二十五　四　二　五

二十六　七　三　十一　二十一　一　二十一　一　三十二　一　二十九　二十六　五　二十　六

二十七　八　四　十二　二十二　二　二十二　二　宋惠公薨　三十三　二　三十　二十七　六　二十　七

二十八　九　五　十三　二十　三　楚熊鄂元年　宋戴公立元年　十四　三十一　三　二十八　七　二十　八



三十九　六　十四　二十二　四　二　十五　三十　四　十二　二十九　八　二十　九

甲辰　三十　一　七　十五　二十三　五　三　十六　三十一　五　十三　三十　九　三十

三十一　二　周宣王誅伯御立其弟稱是為孝公　八　十六　二十四　六　四　十七　三十二　六　十四　三十一　三十　一

三十二　三　九　十七　二十五　七　五　十八　陳武公靈元年　十五　曹惠公伯雉元年。索隱曰雉一作兕　十二　三十　二

三十三　四　齊莊公贖元年　十八　二十六　八　六　十九　二　十六　二　十三　三十　三

三十四　五　二　十九　二十七　九　七　二十　三　十七　三　十四　三十　四

三十五　六　三　二十　二十八　八　二十一　四　十八　四　十五　三十　五

三十六　七　四　二十一　一　二十九　一　九　二十二　五　十九　五　十六　三十　六

三十七　八　五　二十二　二　三十　二　楚若敖元年　十　二十六　三　二十　六　十七　燕頃侯元年

索隱曰儀侯也號若杵

九三十十八六　三二十三十二　四十一二十七　一二十十七　十八二

四十十九七　四二十十三十三　五十二二十八　二二十十八　十九三

甲寅　一四十二十八　五二十七　五三十四　六十二二十九　三二十九　二十四

二四十二十九　一　六二十十三十五　六　十四　七二十十　四二十十　一二十五

三四十二十十　二　七二十十三十六　七　穆侯卒弟殤叔自立太子仇出奔　十五二十十　八　五二十十二十十　二二十六

四四十二十十一　三　晉殤叔元年　八三十七　十六二十十　九　六二十十二十二　三二十七

五四十二十十二　四　一　九三十八　十七三十十　七二十十三二十八　四



六四十二十十三　五　四十九　十八三十十四　一　八二十十四二十九　五

幽王元年　六二十十四四　仇攻殺殤叔立為文侯　一四十十　十九　二三十十五　九二十十五　六二十十

二　三川　七二十十五　晉文侯仇元年　二四十十　二十三十　三　陳夷公說元年　三十十六　七二十十一

三　褒　王取褒姒　八二十十六二　三四十十二　一二十三十二　四　一三十十七　八二十十二

四　九二十十七三　四四十十三　二二十三十三　五　二三十十八　九二十十三

甲子五　三十十八四　秦襄公元年　八十四二十十三　三六　陳平公元年　三三十十九二十四

六　一三十十九五　二十五二十十三十二　四七　四三十十二十三十五　一

七　二三十十二十六　三十六二十十三十三　五八　五三十十二十三十六　二

八　三三十十二十七　四十七二十十三十四　六九　六三十十二十三十七　三

九　四三十十二十八　五十八二十十四十五　七　七三十十二十三十八　三四

十　五三十十二十九　三六十九二十十四十六　八一　八三十十二十三十九　四五

讀史記十表　卷二　十二諸侯年表　二

十一　三十二　十　十　七　二十二　十四　十七　三十二　十三　十二　十
幽王六　為犬戎所殺　四　始列為諸侯　九　二　九　五　六　以幽王故犬戎所殺
平王元年　東徙雒邑　三十二　十　十一　八　初立西畤祠白帝　二十一　十四　十八　四十二　十　鄭武公元年　索隱曰名滑突滑一作掘並音胡忽反　二十一
七　五　一　三　六　一
二　三十二　十　十二　九　二十三　十四　十九　四十二　十二　二十
八　六　二　一　四　一　七　二

三　魯惠公弗湟元年　索隱曰系家作弗湟系本作息皇　二十　十三　十　二十　十三　四十　十　四十　二十　十三　二十
七　三　二　五　二　八　三
甲戌四　二　二十　十四　十一　二十　三十　四十　十一　四十　二十　四　二十
八　四　三　六　三　九　四
五　三　二十　十五　十二　二十　三十　四十　十二　四十　三十　五
九　伐戎至岐而死　四　七　四　陳夷侯元年

六　四　三十　十六　秦文公元年　二十　宋武公司空元年　四十　十三　四十　三十　十六　二
六　八　五　一
七　五　一　三十　十七　二　二十　十二　四十　十四　四十　十三　十七　燕鄭侯元年
七　九　六　二
八　六　三十　十八　三　楚霄敖元年　三　五十　十五　四十　十三　十八　二
二　七　三
九　七　三十　十九　四　二　四　五十　十六　四十　十三　十九　三
三　一　八　四
十　八　三十　十二　十五　三　五　五十　十七　蔡共侯興元年　五　三十　十　取申侯女武姜　四
四　二

十一　九　三十　十二　十六　四　六　五十　十八　二　三十　十一　五
五　一　三　六
十二　十　三十　十二　十七　五　七　五十　十九　蔡戴侯元年　曹穆公元年　十二　六
六　二　四
十三　十一　三十　十二　十八　六　八　五十　十二　二　十三　七
七　三　五
甲申　十四　十二　三十　十二　十九　楚蚡冒元年　索隱曰卯氏六　衛莊公楊元年　二十三　三　十四　生莊公寤生　八
八　四

妨一作粉音憤冒音尸緐反又音獻
十五十三三十二十十 二 十 二 二十四 曹桓 十五九
九 五 作郙 二 公終
時 生 元年
十六十四四十二十十一三 十一三 二十五 二 十六十
六 三
十七十五四十二十十二四 十二四 陳文六 三 十七十一
一 七 公圉 元年 生大 叔段
生桓 公鮑
厲公他他母蔡女〇按厲公名躍非他
十八十六四十二十十三五 十三五 二 七 四 十八十二
二 八
十九十七四十二十十四六 十四六 三 八 五 十九十三
三 九
二十十八四十三十十五七 十五七 四 九 六 二十十四
四
二十十九四十三十十六八 十六八 五 十 七 二十十五
五



二十二十四十三十十七九 十七九 六 蔡宣八 二十十六
二 六 二 二
侯措父元年
二十二十四十三十十八十 十八十 七 二 九 二十十七
三 一 七 三 三
生春桓公母
甲午二十二十四十三十十九十一 宋宣十一 八 三 十 二十十八
四 二 八 四 四
作和 [illegible]寶 公力 元年
三十二十四十三十二十十二二 十二九 四 十一 二十十九
五 三 九 五 五
二十二十五十 晉昭 二十十三二 十三十 五 十二二十二十
六 四 一 文公卒 六
侯元年封文侯弟成師于曲沃曲沃大于國君子譏曰晉人亂自曲沃始矣

二十二十五十二 二十十四四 十四桓公六 十三二十二十
七 五 一 二 元年 七 一
二十二十五十三 二十十五五 十五二 七 十四 二十
母欲立段公不聽鄭莊公寤生元年祭仲生
八 六 二 三 二
二十二十五十四 二十十六六 十六三 八 十五二 二十
九 七 三 四 三
三十二十五十五 二十十七七 十七四 九 十六三 二十
八 四 五 四
嬖妾子州吁州吁好兵
三十二十五十六 二十武王八 十八五 十 十七四 二十
一 九 五 六 立 五
三十三十五十 二十二 九 十九六 十一 十八五 二十
二 六 七 六
潘父弒昭侯納成師不克昭侯子立是為孝侯



三十三十五十二 二十三 十 二十七 十二十九六 二十
三 一 七 八 七
甲辰 三十三十五十三 二十四 十一二十八 十三二十七 二十
四 二 八 九 一 八
三十三十五十四 三十五 十二二十九 十四二十八 二十七
五 三 九 二 一 九
三十三十六十五 三十六 十三二十十 十五二十九 三十
六 四 三 二
三十三十六十六 三十七 十四夫人 十一 十六二十十 三十
七 五 二 三 一
無子桓公立衛桓公完元年
三十三十六十七 三十八 十五二 十二十七 二十 十一 三十
八 六 二 三 四 二
弟州吁驕桓黜之出奔
三十三十六十八 三十九 十六三 十三十八 二十 十二 三十
九 七 三 四 五 三
四十三十六十九 三十十 十七四 十四十九 二十 十三 三十
八 四 五 六 四
曲沃桓叔成師卒子代立

爲莊伯

四十三十齊釐十三十十一十八五十五二十二十十四三十
一 九 公祿父元年 六 七 五

四十四十二十一三十十二十九六十六二十二十十五三十
二 同母弟夷仲生公孫毋知也 七 公卒命立弟和爲穆公 一 八 六

四十四十三十二三十十三宋穆七十七二十二十十六燕穆
三 一 八 公和元年 二 九 侯元年

甲寅四十四十四十三三十十四二八十八二十三十十七二
四 二 九 三

四十四十五十四四十十五三九十九二十三十十八三
五 三 四 一

四十四十六十五四十十六四十二十二十三十十九四
六 四 一 五 二

四十四十七十六四十十七五十一二十二十三十二十五
七 五 曲沃二 莊伯殺孝侯晉人立孝侯子郤爲鄂 一 六 三



侯郤元年曲沃彊于晉

四十四十八晉鄂侯郤元年曲沃彊于晉四十十八六十二二十二十三十二十六
八 六 三 二 七 四 一

四十魯隱公息姑元年母聲子九二四十十九七十三二十二十三十二十七
九 四 三 八 五 二 段作亂奔

五十二十三四十二十八十四二十二十三十二十八
子徐廣曰春秋隱元年歲在己未索隱曰系家名息系本名息姑也
五 四 九 六 三 公悔

| | | | | | |
|---|---|---|---|---|---|
| | 五十一 | 桓王元年 | 二 使虢公伐晉之曲沃 | 甲子 三 |
| | 三 二月日蝕 | 四 | 五 公觀魚于棠君子譏之 | 六 鄭人來輸平 |
| | 十一 | 十二 | 十三 | 十四 |
| | 四 | 五 | 六 鄂侯卒曲沃莊伯復攻晉立鄂侯子光爲哀侯 | 晉哀侯光元年 |
| | 四十六 | 四十七 | 四十八 | 四十九 |
| | 二十一 | 二十二 | 二十三 | 二十四 |
| | 九 公屬孔父立殤公馮奔鄭 | 宋殤公與夷元年 | 二 鄭伐我我伐鄭 | 三 |
| | 十五 | 十六 州吁弒公自立 | 衛宣公元年晉共立之討州吁 | 二 |
| | 二十五 | 二十六 衛石碏來告故執州吁 | 二十七 | 二十八 |
| | 三十 | 三十一 | 三十二 | 三十三 |
| | 三十七 | 三十八 | 三十九 | 四十 |
| 思毋不見穿地相見 | 二十四 侵周取禾 | 二十五 | 二十六 | 二十七 始朝王王不禮 |
| | 九 | 十 | 十一 | 十二 |



| | | | | |
|---|---|---|---|---|
| 四 | 五 | 六 | 七 | 八 |
| 七 | 八 | 九 三月大雨雹 | 十 | 十一 大夫翬請殺桓公求爲相公不聽即殺公 |
| 十五 | 十六 | 十七 | 十八 | 十九 |
| 二 莊伯卒子稱立爲武公 | 三 | 四 | 五 | 六 |
| 五十 | 秦寧公元年 | 二 | 三 | 四 |
| 二十五 | 二十六 | 二十七 | 二十八 | 二十九 |
| 四 | 五 | 六 | 七 諸侯敗我我師與衛人伐鄭 | 八 |
| 三 | 四 | 五 | 六 | 七 |
| 二十九 | 三十 | 三十一 | 三十二 | 三十三 |
| 三十四 | 三十五 | 蔡桓侯封人元年 | 二 | 三 |
| 四十一 | 四十二 | 四十三 | 四十四 | 四十五 |
| 二十八 | 二十九 與魯祊易許田 | 三十 | 三十一 | 三十二 |
| 十三 | 十四 | 十五 | 十六 | 十七 |

九　魯桓公允元年　公允元年母宋武公女生手文爲魯夫人索隱曰允一作允一作軌　二十七　五　三十九　八　四　三十四　六　四十三　三　以璧加魯易許田　三十　十八

十　二　宋賂以鼎　一　二十八　六　一　三十　華督　見孔父妻　九　五　三十五　七　四十　四　三十　燕宣侯元年



十一　三　入于太廟君子譏之　二十　晉小子元年　七　二　三十二　好悅孔父之妻華督殺孔父及殤公宋公馮元年華督爲相　十　六　三十六　八　四十三　五　十二

翬迎女齊侯送女君子譏之

十二　四　甲戌十三　伐鄭　五　二十二　四　三　二十三　八　九　三十三　四　三　三十四　十一　十二　八　三十七　七　三十八　四十三　九　五十三　六　十三　七　伐周陽王　十四

十四　六　五　二十　山戎伐我　曲沃武公殺小子周伐曲沃立晉哀侯弟湣爲晉侯　十　五　三十五　十三　弟佗殺太子免代立國亂再赴陳厲公佗元年　九　一　五十三　八　太子忽救齊齊將妻之　十五



晉侯湣元年

十五　七　六　二十二　十一　六　三十六　十四　二　生敬仲完　十　二　五十　九　三十　十六

十六　八　七　二十三　十二　七　伐隨弗拔但盟罷兵　三十七　十五　三　周史卜完後世王齊　十一　三　五十　四十　七

十七　九　八　二十四　秦出公元年　十二　八　三十八　十六　四　十二　四　五十　一　四十　八

十八 二十五 二 三十九 十七 五 十三 五十四 十九
九 九 五 二
十九 十一 三十六 三 四十 十 十八 六 十四 曹莊 四 十 十
執祭仲 太子伋弟壽爭反 公射 姑元 年 三
二十 十二 三十七 四 四十 十一 十九 七 十五 二 鄭厲 十一
一 一 公淫 蔡蔡 殺公 公突 元年
二十 十三 三十八 五 四十 十二 衛惠 陳莊 十六 三 二 十二
二 二 公朔 元年 公林 元年 桓公 子
毋知 釐公 令秩 服如 太子

甲申
二十 十四 三十九 六 四十 十三 二 二 十七 四 三 十三
三 三 三父 殺出 公立 其兄 武公 三 諸侯 伐我 報宋 故
二十 十五 齊襄 十 秦武 四十 十四 三 三 十八 五 四 燕桓
三 天王 求車 非禮 公諸 兒元 年 貶毋 知秩 服毋 知怨 公元 年 伐彭 至華 山 四 朔奔 齊立 黔牟 祭仲 立忽 公出 居櫟 公元 年



莊王 十六 二 十二 四 十 五 衛黔 四 十九 六 鄭昭 二
元年 生子 頹 公會 晉謀 伐鄭 五 牟元 年 公元 年 忽母 鄧文 祭仲 取之 日按 取之 為公 取之 也
二 十七 三 十二 三 四十 十六 二 五 二十七 二 三
有兄 弟 日食 不書 日官 失之 六 渠彌 殺昭 公

三 十八 四 十三 四 四十 十七 三 六 蔡哀 八 鄭子 四
公與 夫人 如齊 齊侯 通焉 從彭 生殺 公于 車上 殺魯 桓公 誅彭 生 七 侯獻 舞元 年 亹元 年 齊殺 子亹 昭公 弟
四 魯莊 五 十四 五 四十 十八 四 七 二 九 鄭子 五
周公 欲殺 王而 立子 克王 誅周 公同 元年 八 嬰元 年亹 之弟 ○按 子嬰 左作

公元杏燕
五 二 六 十五六 九 四十十九五 一
陳宣公杵臼元年杵臼莊公弟
三 十 二 六 子儀
六 三 七 十六七 五十
宋湣公捷元年
六 一 四 十二 二 七
七 四 八 十七八 五十二 七 三 五 十二四
伐紀去其都邑
一 王伐
燕莊公元年

八 五
與齊伐衛納惠公
九 十八九
楚文王貲元年始都郢
三 八 四 六 十三五 二
隋夫人心動王卒軍中
九 六 十 十九十 二 四 九 五 七 十四六 三
伐申過鄧鄧人曰楚可取



甲午 十 七
星隕如雨與雨偕
十一 二 十 十二 三
鄭侯不許
五 十
齊立惠公黔牟奔周
六 八 十五七 四
十一 八
子糾來奔與管仲俱
毋知弑君自立
疑毋知亂
十二 十 十二 四 六
衛惠公朔復入十四年
七 九 十六八 五

十二 九
魯欲與糾入後小白齊距魯使生致管仲
齊桓公小白元年春齊殺毋知
二 十十三 五
息夫人陳女過蔡蔡不禮惡之
七 十五八 十 十七九 六
十三 十一
齊伐我爲糾故
二 三 二十十四 六
楚伐蔡獲哀侯以歸
八 十六九 十一
楚虜我侯
十八十 七
十四 十一 二 四 二十十五七 九 十七十 十二 十九十一 八
臧文仲弔
宋大水災

宋水

自罪魯使臧文仲來弔

十五 十二 四 二十 十六 八 十 十八 十一 十三 二十 十二 九

五

萬殺君仇牧有義

釐王十三 五 二十 十七 九 宋桓 十九 十二 十四 二十 十三 十

元年曹沫劫桓公反所亡地 與魯人會柯 六

宋桓公御說元年莊公子

一

二 十四 六 二十 十八 十 二 二十 十三 十五 二十 十四 十一

七 二

三 十五 七 二十 十九 十一 三 二十 十四 十六 二十 鄭厲十二

始霸會諸侯于鄄

八 曲沃武公滅晉侯緡以寶獻周周命武公為晉君并其地

一 二

鄭厲公元年厲公亡後七歲後入



四 十六 八 晉武二十 十二 四 二十 十五 十七 二十 十二 十三

公稱並雍伐鄂 并晉初以滅之 已立二十八年不更元因其元年 按世家與曲沃通年即位凡三十九年而卒此二十九年誤

二 四

諸侯伐我

甲辰五 十七 九 二十 秦德十三 五 二十 十六 十八 二十 十三 十四

九 公元年 武公卒子武公說諸弟立為獻公

三 五

惠王元年取陳后 十八 十 晉獻二 堵敖六 二十 十七 十九 二十 四 十五

晉獻公詭諸元年 初作伏祠社磔狗邑四門

四 六

| | | | | | |
|---|---|---|---|---|---|
| | 二 燕衛伐王王奔溫立子頹 | 三 | 四 誅頹入惠王 | 五 太子母早死惠后生叔帶 | 六 |
| | 十九 | 二十 | 二十一 | 二十二 | 二十三 公如齊觀社 |
| | 十一 | 十二 | 十三 | 十四 陳完自陳來奔田常始此也 | 十五 |
| | 二 | 三 | 四 | 五 伐驪戎得姬 | 六 |
| 四門作勤 〇索隱同籍音□□作仕敎 | 秦宣公元年 | 二 | 三 | 四 作密時 | 五 |
| | 二 | 三 | 四 | 五 弟惲殺堵敖自立 | 楚成王惲元年 |
| | 七 取衛女文公弟 | 八 | 九 | 十 | 十一 |
| | 二十五 | 二十六 | 二十七 | 二十八 | 二十九 |
| | 十八 | 十九 | 二十 | 二十一 厲公子完奔齊 | 二十二 |
| | 二十 按哀侯留楚九年歿 | 蔡穆侯肸元年 | 二 | 三 | 四 |
| | 二十七 | 二十八 | 二十九 | 三十 | 三十一 |
| | 五 | 六 | 七 救周亂入王 | 鄭文公踕元年 | 二 |
| | 十六 伐王王奔溫立子頹 | 十七 鄭執戊仲父 | 十八 | 十九 | 二十 |
| | | | | | |



| | | | | | | | |
|---|---|---|---|---|---|---|---|
| 七 | 八 | 九 | 甲寅 十 賜齊侯命 | 十一 | 十二 | 十三 | 十四 |
| 二十四 | 二十五 | 二十六 | 二十七 | 二十八 | 二十九 | 三十 | 三十一 |
| 十六 | 十七 | 十八 | 十九 | 二十 | 二十一 | 二十二 | 二十三 伐山戎為 |
| 七 | 八 盡殺故晉侯群公子 | 九 始城絳都之 | 十 | 十一 | 十二 太子申生居曲沃重耳居蒲城夷吾居屈驪姬故 | 十三 | 十四 |
| 六 | 七 | 八 | 九 | 十 | 十一 | 十二 | 秦成公元年 |
| 二 | 三 | 四 | 五 | 六 | 七 | 八 | 九 |
| 十二 | 十三 | 十四 | 十五 | 十六 | 十七 | 十八 | 十九 |
| 三十 | 三十一 | 衛懿公赤元年 | 二 | 三 | 四 | 五 | 六 |
| 二十三 | 二十四 | 二十五 | 二十六 | 二十七 | 二十八 | 二十九 | 三十 |
| 五 | 六 | 七 | 八 | 九 | 十 | 十一 | 十二 |
| 曹釐公夷元年 | 二 | 三 | 四 | 五 | 六 | 七 | 八 |
| 三 | 四 | 五 | 六 | 七 | 八 | 九 | 十 |
| 二十一 | 二十二 | 二十三 | 二十四 | 二十五 | 二十六 | 二十七 | 二十八 |

燕也

十五 三十 二 十 十五 二 十 二十七 三十 十三 九 十一 二十

二 莊公弟叔牙鴆友子般季友奔陳立湣公 ○按子般下脫卒字

四

一

九

十六 魯湣公開元年 二十 十六 三 十一 二十八 三十 十四 曹昭公元年 十二 三十

五

伐魏取霍始封趙夙耿畢萬魏始此

一

翟伐我公好鶴士不戰滅我國

二

十七 二 二十 十七 四 十二 二十 國怨 三十 十五 二 十三 三十

慶父殺湣公季友自陳立申為釐公殺慶

六

申生將軍君子知其廢

二

惠公亂滅其後更立黔牟弟衛戴公元

三

一



父 年

十八 魯釐二十 十八 秦穆 十三 二十 衛文 三十 十六 三 十四 三十

公申 七 元年殺女哀姜弟季從自莊公歸至夫人淫飲

公任好元年

三

公燬元年戴公弟也

四

三

十九 二 二十 十九 二 十四 二十 二 三十 十七 四 十五 三十

八 爲衛築楚丘救戎狄伐

荀息以幣假道于虞以伐虢滅下陽

四

齊桓公率諸侯為我城楚丘

五

三

甲子 二十 三 二十 十三 十五 二十三 三十 十八 五 十六 燕襄公元年

九 與蔡姬共舟蕩公公怒歸蔡姬

五

六

以女故齊伐我

二十 四 三十 二十 四 十六 二十 四 三十 十九 六 十七 二

一

率諸侯伐蔡蔡潰遂伐楚責包茅貢

一 申生以驪姬讒自殺重耳奔蒲夷吾

池頻蔡伐于晉我至陘使屈完盟

六

七

讀史記十表　卷二　十二諸侯年表　三十五

赤邑

二　二十五
一　三十二
二　二十五　戴庭　院室　耳奔　狄
十七
七　二十五
八　三十二
十七
十八三

三　二十六
二　三十二　率諸侯伐鄭　夷吾奔梁
三　二十六
十八　伐許　許公肉袒謝楚　從之
八　二十六
九　三十二
一　十八
十九四

四　二十七
三　三十二
四　二十七
十九
九　二十七
四十二
二　十九
二十五

二十八　五　襄王立　長太叔　除庚　曰曰　甫謚　云二　十四年　惠王崩
三十二　四
十八　五　代翟　以　耳奔
二十三　公疾　太子　請父　讓兄　目夷　賢公　不聽
十八
四十二　一
二十　三
曹共公元年
二十六　一

襄王九　元年　齊鄭五　諸侯戍周　立王　晉亂
三十二　六　代及　會六卒　使郤　夷吾　入
二十九
二十三　一　立夷吾　謂秦曰
十九　二　公禁　不立　齊桓
四十二　二
二十二　四
二十七　二

讀史記十表　卷二　十二諸侯年表　三十六

梁還丘天　克殺夷吾
于使之及　宮孔　卒于　賜胙　立夷
命無　吾
拜
會　丘

二十一　三
三十　六　晉惠公　十年　使隰朋　立晉　夷吾元年　公誅里克　秦約
二十一　二　宋襄公　不鄭　公茲父元年　目夷相
十一
四十二　三
十三　五
二十八　三

三十一　戎伐我　太
三十二　七
十一　放王三　伐戎　伐黃
二十二
十一
四十二　四
六　二十四
二十九　四　有妾

四　叔帶　召之　欲誅　叔帶　奔齊
十二
八　三十三　使管仲平戎于周　欲以上卿禮　管仲受下卿禮
十二　戎去
二十三　四
十二
四十五
二十五　七
二十一　五　夢天與之　蘭生　穆公　名蘭

甲戍　五
十三
九　三十四
十三　丕鄭　五　亂請欲無
二十四
十三　陳穆公欵元年
八　二十六
六　二十一
十一

使仲孫惠與公
孫請與我不聽
王言
叔帶
王怒
翰晉
兕庭
翟至
鋒○
按前
脫背
飢請
粱句

六
十四四十五
秦飢
請粟
晉倍
之
十四二十五
六
滅六
英
十四二
九二十七
七二十十二

七
十五四十六
五月一
秦穆以盜七
十五二十六
十五三
蔡莊八
公甲
八二十十三

讀史記十表　卷二　十二諸侯年表　三十七

日有
食之
不書
史官
失之
惠公餘吾
復立馬士
之　得破
晉
午元
年

八
十六四十七
二
重耳為河八
王以叔帶東翟
戎飛伐京官司
告齊太翟
齊徵之兵
諸侯
成周
十六二十七
開五
石六
鷁退
飛過
我都
十六四
二
九
九二十十四

九
十七四十八
三
十七二十八
九
十七五
三
十
三十十五

十
十八孝公元
昭元
年
十八三十九
一
十八六
四
十一三十十六
一

十一十九二
十
十九三十十
滅梁
梁好
城不
居民
罷相
驚故
亡
十九七
五
十二三十十七
二

十二二十三
十二二十三十十一
二
二十八
六
十三三十十八
三

十三二十四
十二二十三十十二
三
子楚一
執宋公
二十九
七
十四三十十九
四

讀史記十表　卷二　十二諸侯年表　三十八

惠公
復歸
之

十四二十五
叔帶二
復歸
于周
十三二十
歸王太子二
叔帶閔賢
秦亡
師四
宋隱
同閣
晉惠
公卒
晉之
子也
三十十三
四
十三二十
觀楚
敗之
十
八
十五三十二十
五
君如
楚宋
伐我

甲申
十五二十六
三
伐宋圍立三
以其為懷迎重耳
不同公
十四二十三十十四
五
公疾三
重耳來厭重耳
耳于晉陳
役齊
二十十一九
十六三十二十一
重耳六
一
過無重耳
遭慢過無

盟
楚厚禮之
禮之妻之女室年頓歸
過無禮
負羈禮叔私善厚諫
十六二十七晉文二十三十宋成二十十一二十十七三十二十
王奔四　公元四　六　公王四　七　二
氾氾鄭地也　年以兵　臣元年
誅子送重　閉魏耳年　武為　魏太　夫趙　襄約　宋大夫勞



十七二十八二十三十二二十十三十一十八三十二十
晉納王　二　犯曰宋霸　先如內王　五　欲內王軍河上　七　五　八　三
十八二十九三二十三十三衛成十四十二十九三十二十
六　宋服六　八　信楚親晉元年　公鄭　九　四
十九二十十四二十三十四二十五十三二十四十二十
七　孝公救宋七　九　楚伐　二　五
弟報曹　便子我我
滿因衛卸　王伐吉息

衛
開方
殺孝公子
立潘
宋
子晉
二十二十齊昭五二十四十五三十六十四二十四十二十
王狩八　公潘伐曹八　晉敗晉救晉伐會晉會晉一　一　六
河陽公如元年伐衛會晉子玉我楚我取伐楚伐楚晉伐
踐土會晉取五伐楚子城兵去五鹿朝周朝周我執
會朝敗楚鹿執朝周濮　公出　王　王　公復歸之
王　朝周曾伯　齊立公子　取會晉朝　復歸晉
諸侯敗楚而朝　河陽　周命賜公



二十二十二十四十六四陳共十五二十四十二十
九　六　九　晉以公朔　二　二　七
衛與元年　宋
土地
二十三十三七三十四十七五二十六二十四十二十
二　聽周歸衛有奇　圍鄭二　周入成公復衛　三　三　八
成公言即　與秦去　圍鄭
秦晉圍我以晉故
二十三十四八三十四十八六三十七二十四十二十
三　一　一　三　三　四　四　九

讀史記十表 卷二 十二諸侯年表 四十

二十三 四
十五 二
九 文公二 薨 將殺鄭臣 叔曰不可
三十四 四
十九
七
四
十八 五
二十四 五 文公薨
十三
十

甲午
二十 五
十三 三 倍公我 薨
十六 狄侵公 晉襄公驩元年 敗秦 晉收殺 于殽 我殺
三十 三
十四 五
十十
八
五
十九
二十 六 鄭穆公蘭元年 秦襲我 弦高詐之
三十 一

三十 六 秦文公七 公與元年
二 伐衛 衛伐 伐我 敗 我三 殺王 將殺 欲太
三十四 六
十十
九 晉伐我 伐晉
六
二十
二十 七
十二
三十 二

七 二十一
八
三 秦報我 殺于 我敗 汪 五 報殺 以其 汪 伐晉 王元年 晉臣 殺年 于王 太子
三十 穆王商臣元 楚太子商臣弒成王 歸公子立 其職 子悉官 與傳 潘崇 殺王 王欲 殺食 熊蹯 不聽 自立 為王
十二
十
七
二十 一
十三 八
三十 三

讀史記十表 卷二 十二諸侯年表 四十一

二十三 六 公如晉
九
四 秦伐我 取以 王官 我不 伐晉 不出 敢出 六 晉伐 以盂我 明等
三十二
十三
十一
八
二十 二
二十四 九
三十 四
宅賜 崇為 相

二十四 九
十
五 伐秦 圍邧 新城 晉伐我 圍邧 新城 七
三十三 滅江
十四
十二 公如晉
九
二十三 三
十五
三十 五

三十五
十
六 趙成子 樂貞子 霍伯 白季 皆卒 索隱曰 成子名衰 貞子名枝 霍伯先且居也 白季胥臣之子也 封于霍
三十四 八
六 滅蓼
十五
十三
十
二十 四
十三
十六
三十 六

秦晉 臣也 四大 夫弒 此年 辛

一

三十六 十二 七 三十五 十六 十四 十一 二十 三十 七 三十

公辛九 趙盾穆公 為太晁難 子少殉以 欲更入從 立君疾者 恐誅百七 遂立十人 太子君子 為室識之

五 二 七

公故不言卒

二

三十七 十三 晉靈 秦康 六 十七 十五 十二 二十 三十 八 三十

公夷皋元年 公罃元年 趙盾專政

公孫國殺成公

六 三 八

三十八 十四 二 一 七 宋昭 十六 十三 二十 三十 九 三十

三 襄王崩 王使衛來求金以葬非禮

秦伐我取武城報令狐之戰

公杵臼元年 襄公之子 徐廣曰

七 四 九



六成 公少 子宋 隱曰 徐廣 說允 也

頃王九 十五 三 三 八 二 十七 十四 二十 三十 十 四十

頃王元年

率諸侯救鄭

伐鄭以其服晉

八 五 楚伐我

甲辰二 十 十六 四 九 三 十八 十五 二十 曹文 十一 燕桓

伐秦晉伐 抗少我取 梁秦少梁 取我我代

九 公壽元年 公元年

北徵 晉取 北徵

三 十一 十七 五 五 十 四 十九 十六 三十 二 十二 二

敗長翟于鹹而歸得長翟

敗長翟長 五

四 十二 十八 六 六 十一 五 二十 十七 三十 三 十三 三

秦取伐晉 我羈取羈 馬與馬怒 秦戰與我 河曲大戰 秦師河曲 追

五 頃王崩
十三
十九
七 得隨會
七 晉詐得隨會
十二
六
二十 一
十八
三十 二
四
十四
四

六 公卿爭政故不赴
十四 彗星入北斗周史曰十年齊君晉君亂
二十 昭公卒弟商人殺太子自立是為懿公
八 趙盾以車八百乘納捷菑平王室
八 會
楚莊王侶元年
七
二
二十
陳靈公平國元年
三
三十
五
十五
五

匡王元年
十五 六月辛丑日蝕
齊懿公商人元年 我入蔡
九
二
八
二十二
三
三十六 四 齊入 晉伐我郛
十六
六



齊伐我
侯薨

二
十六
二 不得民心
十
十
三 滅庸
九 襄夫人使衛伯殺昭公弟鮑立
四
二十三
蔡文侯申元年
七
十七
七

三
十七 齊伐我
三 伐魯
十一 率諸侯平宋
十一
四
宋文公鮑元年 昭公弟 晉率諸侯平
五
二十四
二
八
十八
八

四
十八 襄仲殺嫡立庶子為宣公
四 公刖邴歜父而奪閻職妻二人共殺公立桓公子惠公
十二
十二
五
二 我
二十五 六
三
九
十九
九

五
魯宣公倭元年
齊惠公元年
十三 趙盾救陳
秦共公和元年
六 伐宋陳
三 楚師以伐我
七
二十六
四
十
二十一 與楚侵陳



襄立宣公不正公室卑
取魯濟西之田
宋伐鄭
倍我暇晉故
以我倍楚故也

甲寅
六 匡王崩
二
二 王子成父敗長翟
十四 趙穿殺靈公趙盾使穿迎公子黑臀于周立之
二
七
四 華元以羊羹陷鄭
八
二十七
五
十一
二十一 與宋師戰獲華元
十一

讀史記十表 卷二 十二諸侯年表 四十七

一 趙氏賜公旗
定王元年 三 三 晉成公黑臀元年伐鄭 三 八 伐陸渾至雒問鼎輕重 五 臏卒 九 二十 八 六 十二 宋圍我 二 華元亡歸 十 十二
二 四 四 二 四 九 若敖氏為亂滅之伐鄭 六 三十 九 七 十三 鄭靈公夷元年公子歸生以黿故弒 十三

宣公
三 五 五 三 中行桓子荀林父救鄭伐陳 五 十 七 三十二 楚伐鄭與我平晉中行桓子距鄭伐我 十 八 十四 鄭襄公堅元年靈公庶弟楚伐晉來救 十四
四 六 六 四 與鄭侵陳 秦桓公元年 十一 八 三十三 與晉侵陳 十一 晉衛侵我 九 十五 二 十五
三 五 七 七 五 二 十二 九 三十四 十二 十 十六 三 十六

讀史記十表 卷二 十二諸侯年表 四十八

六 八 七月日蝕 八 六 與翟伐秦獲秦諜殺之絳市六日而蘇 三 晉伐獲我 十三 伐陳滅舒蓼 十 四 三十三 楚伐我滅舒蓼 十二 十七 四 燕宣公元年
七 九 九 七 使桓子伐楚以諸侯師伐陳救鄭成 四 十四 伐鄭晉郤缺救鄭敗我 十一 五 三十 十四 十二 十八 五 楚伐我晉來救敗楚師 二

公薨
八 十 四月日蝕 十 公卒崔杼有寵高國逐之奔衛 晉景公據元年與宋伐鄭 五 十五 十二 衛穆公遫元年 十五 陳夏徵舒以其母辱殺靈公 十三 十九 六 晉宋楚伐我 三
九 十一 齊頃公無野元年 二 六 十六 率諸侯誅陳夏徵舒立陳靈公子午 十三 二 靈公奔 陳成公午元年靈公太子 十四 二十七 四
甲十十 十二 三 伐鄭 七 十七 圍鄭伐陳 十四 三 二 十五 二十 一 八 楚圍 五

為楚所敗河上 鄭伯肉袒謝釋之 我我甲解以解

十一 十三 三 四 八 十八 十五 四 三 十六 二十二 九 六

十二 十四 四 五 伐鄭 九 十九 圍宋殺楚 為殺使者 使者楚圍 我 十六 五 四 十七 二十三 文公晉伐 我 薨 十 七

十三 十五 初稅畝 五 六 救宋 執解楊 有使衛蔡伐 十 伐晉圍宋華元 五月告楚 華元楚去 告子反以 二十 十七 六 五 十八 曹宣公廬元年 伐宋執解楊 十一 八

我 讒楚 薨

十四 十六 六 七 隨會滅赤狄 十一 一 二十 十八 七 六 十九 二 十二 九

十五 十七 日蝕 七 晉使郤克使齊 齊使婦人笑之 克怒 歸 八 十二 二 二十 十九 八 七 二十三 文侯薨 十三 十

十六 十八 八 九 十三 三 十二 十九 八 蔡景侯固 四 十四 十一

薨 宣公晉伐伐齊 敗我質子 盟兵 薨 薨 莊王 元年

十七 齊成 九 公黑 元 年 春齊 取我 隆 十 十四 楚共王審元年 二十 十 九 二 五 十五 十二

十八 二 與晉晉郤克敗齊 伐齊 齊歸公于 我汶陽 武汶陽 十 十一 十五 二 秋中 公巫 臣竊 徵舒 二十 十一 穆公 盡與 諸侯 敗齊 十 三 六 十六 十三

陳 與楚 盟父 丑 毋齊 晉以 為卿 大夫 冬伐 衛衛 救齊 反侵 地楚 伐我

十九 三 魯晉頃公始置六卿 宋衛如晉 曹伐欲王 晉 晉晉侯伐 楚鄭 不敢鄭 十一 十二 十六 三 宋共公瑕元年 衛定公臧元年 十一 四 伐鄭 七 十七 十四 晉齊 衛侯 伐我

甲戌 二十四 公如晉 十二 十三 晉公 不來 十七 四 子反 救鄭 二 二 十二 五 八 十八 十五 晉樂 書取

| | | | | | |
|---|---|---|---|---|---|
| | 二十一　定王崩 | 簡王元年 | 二 | 三 |
| 不敢　公欲倍晉合于楚 | 五 | 六 | 七 | 八 |
| | 十三 | 十四 | 十五 | 十六 |
| 救 | 十四　梁山崩伯宗隱其人而用其言 | 十五　使欒書救鄭遂侵蔡 | 十六　以巫臣始通于吳而謀楚 | 十七　復趙武田 |
| | 十八 | 十九 | 二十 | 二十一 |
| | 五　伐鄭倍我故也鄭悼公來訟 | 六 | 七　伐鄭 | 八 |
| | 三 | 四 | 五 | 六 |
| | 三 | 四 | 五 | 六 |
| | 十三 | 十四 | 十五 | 十六 |
| | 六 | 七　晉侵我 | 八 | 九　晉侯伐我 |
| | 九 | 十 | 十一 | 十二 |
| 我范○按范左作氾祭鄭二邑鄭無范地或氾字之訛 | 鄭悼公費元年　公如楚訟 | 二　悼公薨楚伐我晉使欒書來救 | 鄭成公睔元年悼公弟也楚伐我 | 二 |
| | 燕昭公元年 | 二 | 三 | 四 |
| | | 吳壽夢元年 | 二　巫臣來謀伐楚 | 三 |



| | | | | | | | |
|---|---|---|---|---|---|---|---|
| | 四 | 五 | 六 | 七 | 八 | 甲申　九 | 十 |
| | 九 | 十　公如晉送葬諱之 | 十一 | 十二 | 十三　會晉伐秦 | 十四 | 十五　始與吳通 |
| | 十七　頃公薨 | 齊靈公環元年 | 二 | 三 | 四　伐秦 | 五 | 六 |
| 邑侯蔡 | 十八　執鄭成公伐鄭秦伐我 | 十九 | 晉厲公壽曼元年 | 二 | 三　伐秦至涇敗之獲其將成差 | 四 | 五　三郤讒伯 |
| | 二十二　伐晉 | 二十三 | 二十四　與晉侯夾河盟 | 二十五　歸倍盟 | 二十六　晉率諸侯伐我 | 二十七 | 秦景公元年 |
| | 九　救鄭冬與晉成 | 十 | 十一 | 十二 | 十三 | 十四 | 十五　許畏鄭請 |
| | 七 | 八 | 九 | 十 | 十一　晉率我伐秦 | 十二 | 十三　宋華元奔 |
| | 七 | 八 | 九 | 十 | 十一 | 十二　定公薨 | 衛獻公衎元年 |
| | 十七 | 十八 | 十九 | 二十 | 二十一 | 二十二 | 二十三 |
| | 十 | 十一 | 十二 | 十三 | 十四 | 十五 | 十六 |
| | 十三 | 十四 | 十五 | 十六 | 十七　晉率伐我秦 | 曹成公負芻元年 | 二　晉執我公 |
| | 三　與楚盟公如晉執公伐我 | 四　晉率諸侯伐我 | 五 | 六 | 七　伐秦 | 八 | 九 |
| | 五 | 六 | 七 | 八 | 九 | 十 | 十一 |
| | 四 | 五 | 六 | 七 | 八 | 九 | 十　與魯會鍾 |

分考·讀史記十表

讀史記十表　卷二　十二諸侯年表

會鍾 謙 宋賊之伯宋好直諫 從葉晉從還 以歸

十一 十六 七 宣伯告晉欲殺季文子文子待以義脫

六 敗楚鄢陵

二

十六 宋平公成元年 救鄭不利子反醉軍敗殺子反歸

二 四

二十 十七 三

十 倍晉盟楚晉伐我楚來救

十二 十一

十二 十七 八 七 三 十七 二 三 五 二十 十八 四 十一 十三 昭公[illegible] 十二

十三 十八 九 成公[illegible]

八 欒書中行偃殺厲公立襄公孫為悼公

四

十八 三 為魚楚伐石伐彭城宋彭封魚石

一 四 六 二十 十九 五

十二 [illegible]武 十三 與楚伐宋公元年

十四 簡王崩 宋襄十 晉悼公元年 救鄭 圍宋彭城 晉伐宋彭城我使城 太子光質晉

五

十九 四 侵宋楚侵我取彭城 圍宋 救鄭 犬丘 晉誅魚石歸我彭城

五 七

二十 十二 十六

十三 二 十四 晉伐我敗我兵次消上楚來救

讀史記十表　卷二　十二諸侯年表

靈王元年生有髭 會晉城虎牢

十一 二 率諸侯伐鄭城虎牢

六 二十 十五 六 八 二十一 二十七 十四 三 十五

二 三 十二 伐吳 三 魏絳辱楊干 七 二十 使子重伐吳至衡山使何忌侵陳 十六 七 九 二十一 倍楚盟楚侵我 二 十八 成公 晉悼率諸侯伐鄭 鄭釐公惲元年 四 十六 楚伐我

三 四 公如晉 十三 四 魏絳說和戎 八 二 伐陳 二十七 八 三十二 楚伐我 十九 二 五 十七

十七 四 五 六 十四 五 戎狄朝晉 季文子卒 九

二十 三 伐陳 十八 九 成公 陳哀公弱元年 四 二十 十 三 六 十八

五 六 十五 六 十 二十 四 十九 十 二 五 二十 十一 四 七 十九

六 七 十六 七 十一 五 圍陳 二十 十 十一 三 楚圍我為公亡歸 六 二十 十二 五 子駟使賊夜弒釐公詐以 八 二十

三五一

病卒赴諸侯

七 八 公如晉 十七 八 十二 二十 六 伐鄭 十一 十二 四 二十 七 鄭侵我 十三 鄭簡公喜元年釐公子 九 二十 一

八 九 與晉伐鄭會河上問公年十二可冠 十八 與晉伐鄭 九 率齊魯宋衛曹伐鄭秦伐我 十三 伐晉楚爲我援 二十 七 伐鄭師于武城爲秦 十二 晉率我伐鄭師 十三 晉率我伐鄭師曹成公卒安 五 二十 八 晉率我伐鄭 十四 二 誅子駟晉率諸侯伐我我與盟楚怒 十 二十 二

十 衛 伐我

九 王叔奔晉 ○按王叔陳生與伯輿爭政訟不勝王叔奔晉 十 楚鄭侵我西鄙 十九 令太子光高厚會諸侯鍾離 十 率諸侯伐鄭荀罃伐秦 晉伐我 十四 二十 八 使子囊救鄭 十 鄭伐我衛來救 十三 救宋 十四 六 九 二十 十五 三 晉率諸侯伐我楚來救子孔作亂子產攻之 十一 三 二十

十 十一 三桓分爲 二十 十一 率諸侯伐我使庶長鄭晉楚伐救鄭伐我我敗晉 十五 二十九 十四 十五 七 三十 十六 四 與楚伐宋 十二 四 二十



三軍各將軍 鄭秦敗我櫟公曰吾用魏絳九合諸侯 鮑伐晉救起敗之櫟○按左六救鄭魏字懼 師櫟 晉率諸侯伐我秦來救

十一 十二 公如晉 一 二十 十二 十六 三十 十五 十六 八 三十 一 十七 五 十三 二十 五 壽夢卒

十二 十三 二 二十 十三 十七 三十 吳伐我敗之共 十六 十七 九 三十 二 十八 六 十四 吳諸樊元年楚敗

王薨 我

十三 十四 日蝕三 二十 衛獻公來奔 十四 率諸侯大夫伐秦敗棫林 十 晉諸侯大夫伐我敗棫林 八 楚康王招元年共王太子出𢗰吳索隱曰系本名招 十七 十八 孫文子攻公公奔齊立定公弟秋 十 三十 三 十九 七 十五 二 季子讓位 楚伐我

十四 十五 日蝕 齊伐我 四 伐魯 悼公薨 二十 十五 十九 二 十八 衛殤公秋元年定公弟 十一 三十 四 二十 八 十六 三

甲辰 十五 十六 二十 晉平 二十三 十九 二 十二 三 十 二十九 十七 四
齊伐 五 公彪 晉伐 五 二
我地 伐邑 元年 我敗
圍郕 伐敗 湛坂
從伐 楚于
我北 湛坂
鄙
十六 十七 二十 二十二 二十四 二十三 十三 三十 二十 十 十八 五
齊伐 六 一 伐陳 伐曹 宋伐 六 二
我北 伐齊 我 伐衛
鄙
十七 十八 二十三 二十五 二十四 十四 三十 二 十 十一 十九 六
與晉 七 率齊 二 伐鄭 一 七 三 晉率 武公
伐齊 晉圍 宋衛 晉率 成公 我圍 費
臨淄 鄭圍 我伐 齊楚
晏嬰 齊大 齊 費 伐我
大破 破之
之

十八 十九 二十四 二十六 二十五 十五 三 十 曹武 十二 燕文 七
八 與衛 三 二 晉率 八 公勝 子產 公元
殺光 伐齊 我伐 元年 為卿 年
立子 齊
牙為
太子
光與
崔杼
殺牙
自立
晉衛
伐我
十九 二十 齊莊 五 二十七 二十六 十六 三十二 十三 二 八
日蝕 公元 四 三 九
年
二十二 十二 六 二十八 二十七 十七 四 十三 十四 三 九
魯襄 五 四



公如 公來
晉日 殺羊
再蝕 舌虎
二十二 十三 七 二十九 三十八 十八 四 十四 十五 四 十
三 晉欒逞 來奔 齊 六 五 一
孔子 逞來 奔齊
生 奔晏
嬰曰
不如
歸之
索隱
曰齊
欲晉
大夫
也
二十二 十四 八 二十 十 二十九 十九 四 十五 十六 五 十一
二 三 欲遂 七 六 齊伐 二

樂逞 我
入曲
沃伐
晉取
朝歌
二十二 十五 九 二十 十一 二十 十 二十四 十六 十七 六 十二
三 四 晏晉 八 與齊 七 楚率 三 子產
使齊 通楚 通率 我伐 楚率 曰范
再晏子 陳蔡 鄭 我伐 宣子
謀 伐鄭 鄭 為政
餓 救齊 我請
伐陳
二十二 十六 十 二十 十二 二十 十一 二十 四 十七 十八 燕懿 十三
四 五 晉伐 九 吳伐 八 一 四 伐陳 公元 諸樊
齊伐 我報 至高 公如 我以 鄭伐 入陳 年 伐楚
我北 朝歌 唐報 晉盟 報舟 我 迫巢

剮以崔杼太行不結師之 門傭
報孝以莊之仗 從射 射以
伯之公通 殺吳 焚
師 共妻 王
殺之
立共
弟為
景公

甲寅 二十二 十 齊景十一 三十 十三 二十 十二 二十四 十八 十九 二 吳餘
五 六 公杵誅衛 率陳九 齊晉二 五 楚率 祭元
臼元殤公 蔡伐 殺殤楚率 陳蔡 年
年從入 鄭 公從我伐 伐我
如晉獻公 內獻鄭
請歸 公
衛獻
公

二十二十二 十二 三十 十四 三十 衛獻 二十 十四 十九 二十三 二
六 七 慶封 公衎三 六
日做欲專 後元
誅崔 年
氏杼
自殺

二十二十三 十三 三十 十五 三十二 二十四 十十 二十四 三
七 八 冬鮑 二 康王一 四 七 一 燕懿
公如高欒 毀 公齊慶
楚葬氏誅 封來
康王虎封 奔
發兵
攻慶
封廢
封奔
吳

景王二十四 十四 三十 楚熊 三 十三 二 十四 十十 二 十 燕惠四
元年九 吳季 吳季三 郟敖 元年 二 五 八 二 公元守門
吳季札來 札來 季札年齊閽殺
子來使與曰晉 謂子高止餘祭
觀周晏嬰政卒 產曰來奔季札
樂盡歡 歸韓 政將 使諸
知樂 趙魏 歸子 侯
所為 子以
禮子罕
脫于
戹矣
二 三十五 十五 四 三十二 三 三十 衛襄二 十四 十十 二 三 二十二 五
公惡 元年 六 九 為太 諸公
子取 子爭
楚女 寵相
公通 殺子
焉太 產子

十二諸侯年表

子殺 公自立
成止之按左。云又殺子產子庚之又止脫欲殺三字成字訛

三 三十六 十六 三十三 三十二 二十 蔡靈 十三 二十三 六
一 五 七 四
襄公 王季 四 侯班 元年
卒昭 父圍
為令

| | | | |
|---|---|---|---|
| 1 | | 四 | 五 |
| 2 | 公年十九有童心 | 魯昭公稠元年 | 二 公如晉至河晉謝還之 |
| 3 | | 七 | 八 齊田無宇送女來 |
| 4 | | 十七 秦后子來奔 | 十八 齊田無宇送女來 |
| 5 | | 三十六 秦后子來奔晉車千乘 | 三十七 |
| 6 | 尹 | 四 令尹圍殺郟敖自立為靈王 | 楚靈王圍元年共王子肘玉 |
| 7 | | 三十五 | 三十六 |
| 8 | | 三 | 四 |
| 9 | | 二十八 | 二十九 |
| 10 | | 二 | 三 |
| 11 | | 十四 | 十五 |
| 12 | | 二十五 | 二十六 |
| 13 | | 四 | 五 |
| 14 | | 七 | 八 |

| | | |
|---|---|---|
| 1 | 六 | 七 |
| 2 | 三 | 四 稱病不會楚 |
| 3 | 九 晏嬰使晉見叔向曰齊政歸田氏叔向曰晉公室卑 | 十 |
| 4 | 十九 | 二十 |
| 5 | 三十八 | 三十九 |
| 6 | 二 | 三 夏合諸侯宋地盟伐吳朱 |
| 7 | 三十七 | 三十八 |
| 8 | 五 | 六 稱病不會楚 |
| 9 | 三十 | 三十一 |
| 10 | 四 | 五 |
| 11 | 十六 | 十七 稱病不會楚 |
| 12 | 二十七 夏如晉冬如楚 | 二十八 子產曰三國不會 |
| 13 | 六 公欲殺公卿立幸臣公卿誅幸臣公恐出奔齊 | 七 |
| 14 | 九 | 十 楚誅慶封 |



| | | | |
|---|---|---|---|
| 1 | | 甲子八 | 九 |
| 2 | | 五 | 六 |
| 3 | | 十一 | 十二 公如晉請伐燕入其君 |
| 4 | | 二十一 秦后子歸秦 | 二十二 齊景公來請伐燕入其君 |
| 5 | | 四十 公卒后子自晉歸 | 秦哀公元年 |
| 6 | 方誅慶封冬報我取五城 | 四 率諸侯伐吳 | 五 伐吳次乾谿 |
| 7 | | 三十九 | 四十 |
| 8 | | 七 | 八 |
| 9 | | 三十二 | 三十三 |
| 10 | | 六 | 七 |
| 11 | | 十八 | 十九 |
| 12 | | 二十九 | 三十 |
| 13 | | 八 | 九 齊伐我 |
| 14 | | 十一 楚率諸侯伐我 | 十二 楚伐我次乾谿 |

| | | | |
|---|---|---|---|
| 1 | 十 | 十一 | 十二 |
| 2 | 七 季武子卒日蝕 | 八 公如楚楚留之賀章華臺 | 九 |
| 3 | 十三 入燕君 | 十四 | 十五 |
| 4 | 二十三 入燕君 | 二十四 | 二十五 |
| 5 | 二 | 三 | 四 |
| 6 | 六 執芋尹亡人入章華 | 七 就章華臺內亡人實之滅陳 | 八 弟棄疾將兵定 |
| 7 | 四十一 | 四十二 | 四十三 |
| 8 | 九 夫人姜氏無子 | 衛靈公元年 | 二 |
| 9 | 三十四 | 三十五 弟招作亂哀公自殺 | 陳惠公吳元年哀公 |
| 10 | 八 | 九 | 十 |
| 11 | 二十 | 二十一 | 二十二 |
| 12 | 三十一 | 三十二 | 三十三 |
| 13 | 燕悼公元年惠公歸至卒 | 二 | 三 |
| 14 | 十三 | 十四 | 十五 |

| | | | | |
|---|---|---|---|---|
| | 十三 | 十四 | 十五 | 十六 |
| | 十四月日蝕 | 十一 | 十二朝晉至河晉謝之歸 | 十三 |
| | 十六 | 十七 | 十八公如晉 | 十九 |
| | 二十六春有星出婺女十月公薨 | 晉昭公夷元年 | 二 | 三 |
| | 五 | 六 | 七 | 八 |
| 陳 | 九 | 十醉殺蔡侯使棄疾圍之棄疾居之為蔡公 | 十一王伐徐以恐吳次乾谿民罷于役怨王 | 十二棄疾作亂自立靈王自殺 |
| | 四十四平公薨 | 宋元公佐元年 | 二 | 三 |
| | 三 | 四 | 五公如晉朝嗣君 | 六 |
| 孫也楚來定救 | 二 | 三 | 四 | 五楚平王復陳立惠公 |
| | 十一 | 十二靈侯如楚楚殺之使棄疾居之為蔡公 | 蔡侯廬元年景侯子 | 二楚平王復我立景侯子[illegible] |
| | 二十三 | 二十四 | 二十五 | 二十六 |
| | 三十四 | 三十五 | 三十六公如晉 | 鄭定公寧元年 |
| | 四 | 五 | 六 | 七 |
| | 十六 | 十七 | 吳餘眛元年 | 二 |



| | | | | | |
|---|---|---|---|---|---|
| | | 甲戌 | | | |
| | 十七 | 十八后太子卒 | 十九 | 二十 | 二十一 |
| | 十四 | 十五日蝕 | 十六公如晉晉留之葬公恥之 | 十七正月朔日蝕彗星見辰 | 十八 |
| | 二十 | 二十一 | 二十二 | 二十三 | 二十四 |
| | 四 | 五 | 六公卒六卿彊公室卑矣 | 晉頃公棄疾元年 | 二 |
| | 九 | 十 | 十一 | 十二 | 十三 |
| 徙陳蔡 | 楚平王居元年共王子抱玉 | 二王為太子取秦女好自取之 | 三 | 四與吳戰 | 五 |
| | 四 | 五 | 六 | 七 | 八火 |
| | 七 | 八 | 九 | 十 | 十一火 |
| | 六 | 七 | 八 | 九 | 十火 |
| | 三 | 四 | 五 | 六 | 七 |
| | 二十七 | 曹平公須元年 | 二 | 三 | 四平公薨 |
| | 二 | 三 | 四火欲禳之子產曰不如修德 | 五 | 六火 |
| | 燕共公元年 | 二 | 三 | 四 | 五共公薨 |
| | 三 | 四 | 吳僚元年 | 二與楚戰 | 三 |

二十　十九　二十三　十四　六　九　十二　十一　八　曹悼七　燕平四
二　地震五　公午元年　公元年
二十二　十二　十四　十五　七　十　十三　十二　九　二　八　二　五
三　齊景六　公與獵晏　嬰子界國　狩入入晉　祭問　禮
誅伍　奢尚　太子　建奔　宋伍　晉奔　吳奔
公母　信詐　殺公　子楚　太子　楚宋　見　亂之　鄭
平公　楚靈　公孫　東國　殺平　侯子　而自　立
楚太　子建　從宋　來奔
伍員　來奔
二十二　十二　二十五　十六　八　十一　十四　十三　蔡悼三　九　三　六
四　公如七　晉至　河晉
蔡侯　來奔
侯東　國元　年

二十二　十二　二十六　十七　九　十二　十五　十四　二　四　十　四　七
五　二　八　周室　亂公　平亂　立敬　王
謝之　歸日　蝕　月蝕
敬王　元年三　二十二　十七　十八　十　十三　十六　十五　三　五　十一　五　八
地震　九
吳伐　敗我
吳敗　我兵　取胡　沈
楚建　作亂　殺之
公子　光敗　楚
奔楚
二　二十　十三　十八　十九　十一　十四　十七　十六　蔡昭六　十二　六　九
四　鸛鵒　來巢
吳卑　梁人　爭桑
侯申　元年　悼侯
公如　晉請　納正



甲申三　二十　十三　十九　二十　十二　十五　十八　十七　二　七　十三　七　十
五　一
公欲　誅季　氏三　桓氏　攻公　公出　居鄆
伐取　我鐘　離
卒
○按　諸本　皆入　燕表　悞
四　二十　十三　十　二十　十三　宋景　十九　十八　三　八　十四　八　十一
六　二　知櫟　一
齊取鄆　星　趙鞅
欲立　公頭
子西　曼元

五　二十　十三　十一　二十　楚昭二　二十　十九　四　九　十五　九　十二
七　三　二
我鄆　鬼晏　內王
以虔　子曰　子王
公　田氏　城
有德　于齊　可畏
子西　年
不肯　蔡女　子為　昭王
王珍　元年　誅無　忌以　說衆
公子　光使　專諸　殺僚　光立
六　二十　十三　十二　二十二　三　二十　十二　十五　晉頃十六　十
八　四　六卿三　一
公如　晉求　入晉　弗聽
誅公　族分　其邑　各使
公元　年口　徐廣　曰一　作敬
吳闔　閭元　年

一　虒之乾侯　其子為大夫

七　二十九　三十　十三　二十三　四　二十二　十六　二　鄭獻十一　十二

公自五　乾侯如鄆　齊侯曰主　君公恥之　從之乾侯　四　二　一　公蠆元年

八　三十三　十十四　二十四　五　二十　二十七　三　二　十二三

六　頃公五　吳三　三　三　公子奔楚　二公

貴　公子奔來以封

折吳

九　三十三　十　晉定公元　二十五　六　二十二　十八　四　三　十三四

一　七　六　吳伐　四　三　伐楚六潛

日蝕　年　伐六潛

十　三十三　十二　二十六　七　二十二　十九　五　四　十四五

晉使諸侯為我築城　二　八　率諸侯為周築城　七　五　四　平公弟通殺襄公自立

十一　衛定三十三　二十七　八　二十二　十十　曹隱五　十五六

公宋九　元年　昭公自喪乾侯　八　襄五　伐吳吳敗我濮章奈　六　五　朝楚以裘故留公元年　楚伐我迎擊敗之取楚之



至　侯來朝蔡隱曰袁亙楚大夫子常也子囊之孫　吳學

十二三　四十四　二十八　九　二十　十二　二十一　十二　六　十六七

甲午十三三　一　四十五　三十九　十　八　二十　七　二十　十二三　七　十七八

九　七　六

蔡昭侯留三歲得裘歸　與子常裘得歸如晉請伐楚

十四四　與晉率諸侯侵楚　四十六　二　周與一　三十　吳蔡　十　十二　九　八　十三　與衛爭長　四　八　十八九　與蔡伐楚入郢

伐我率諸侯齊請入郢　楚自伐我　侵楚救　昭王以伍子胥平王墓　與蔡爭長　衛侵我吳與我伐楚郢

十五五　楊虎三　四十七　二　三十　秦救至吳去昭王使　十二　三十　陳懷公柳元年　十四　曹靖公路元年九　十九十

陽季桓子與盟釋之　日蝕　八

十六六　王子　四十八　四　三　三十　吳伐　十二　二十三　一　三十二　十五二　十　燕簡公元年伐楚　十一

朝之徒作亂故王年晉　我番楚恐徙鄀　我年取番
十七　四十九　三十　十三　十四　三十三　十六　三　十一　二　十二
劉子齊伐五　入周　迎王我　晉入　侵衛敬王　伐魯
二　衛侯　我
十八　八　四十十　三　十十四　十五　三十四　十七　四　十三　三　十三
子三　陽虎六　伐衛五　子西為民　位民　三　晉魯吳　公如吳　清公　陳懷公來　留之
欲伐我　三桓伐我　三桓伐魯　攻陽虎　亦泣　侯伐留　我　因夾　吳　死于吳
蔡故　侯恐　吳　寶

奔陽
閼
十九　九　四十十一　三十十五　十六　三十　陳潛　十八　曹伯　十三　四　十四
伐陽七　陽虎六　陽虎四　公越元年　陽元年　獻公
虎虎囚陽　來奔　襄公　來奔　悼公　元年　年　霆
奔齊虎虎　奔晉
二十十　四十十二　秦惠公元年　十六　十七　三十十二　十九　三　鄭獻公勝元年　五　十五
公會八　五
齊侯于夾谷孔子相齊歸我地　索隱曰司馬彪
彗星見
鄭卿駟歂



郡國志夷在谷其枳縣西南
二十十一　四十十三二　十七　十八　三十三　二十三　二　六　十六
一　九　六
生躁公　懷公　簡公
國人有夢衆君子立社宮謀亡曹振鐸止之請待公孫彊

許之
二十十二　五十十四　三　十八　十九　三十四　二十四　三　七　十七
一　七　一
齊來遺魯女樂　歸女樂季桓子受之孔子行
衛伐我

甲辰
三　二十十二　五十十五　四　十九　二十　三十五　二十五　四　八　十八
趙鞅伐范中行
八　孔子來祿之如
二
四　二十十四　五十十六　五　二十二　二十三　十六　二十六　五　九　十九
二　一　九
孔子三
公孫子産
伐越

讀史記十表　卷二　十二諸侯年表　七十

二十十五五十十七六
五　定公三　薨日　蝕
二十一二十四十七　戎朝二　以吳朝伐　收我我　倍之
四　二十七
六　伐宋
十
吳王夫差元年
太子來　蒯聵　出奔
彊好弋射獻爲君使爲司城夢者之子亡去
越敗我傷闔閭指以死
六　二十哀五十十八七　公將四　趙鞅　元年伐晉圍范　中行
二　二十二十四十八　三　一　吳伐五　率諸　伐晉我　侯圍
二十八　楚伐　我以
七
十一
二　伐越

二十二　七
朝歌　齊伐　我
九十十九八　五　趙鞅　榆范圍范　中行中行　氏來鄭來　救我　敗之
於
二十二十四十九　三　四　二　靈公　蒯聵　子立　輒立　晉納　太子　蒯聵　于戚
二十九　六　畏楚　私召　吳人　乞遷　于州　來州　來近　吳
吳恐　故
八　救范　中行　氏與　趙鞅　戰于　鐵敗　我師
十二三
一十三　八　地震六
五十二十九
二十二十衛出十　四　五　公輒
孔子元年　過宋
二十十九　七　宋伐　我
蔡獻四　公元年

讀史記十表　卷二　十二諸侯年表　七十二

二十四　九
五十二十十　七田一　惠公五　六　乞救趙鞅　范氏救即　邯鄲　人有　之
二十二十二
十
八　二十十十一十　大夫　共誅　昭侯
二
五
三十五
五十二十秦悼二十二十三　八　二　公元六　七　景公趙鞅年　悼立敗范　嬰姬中行　子為中行　太子奔齊　伐衛
晉伐　伐救　范氏　故
十二蔡成侯朔元年
十二十一三
六
相鄭　懲之

三十六　一
齊晏孺子三　二十二　元年　田乞　詐立　陽生　殺孺　子
二十二十四　七　八　救陳　伐曹　王　步　城父
十三二　吳伐　我楚　來救
十三十二四　宋伐　我
七　伐陳
三十七　二
公會吳王　齊悼　公陽生元　四　侯衛　二十三
二年　徵百　牢于　康子　使子　貢謝　之
楚惠二十五　王章九　元年　晉伐　侵鄭我　衛曹
十四三
十四十三五　宋圍　我鄭　救我
八　魯會　我繒

甲寅
三十八 三
吳為伐齊五 邾伐取三 我至邑 城下 盟而 去齊 取我 三邑
二
二十四
一 子西召建我我 子勝滅之 予吳 為白 公
三十六
十五 四
十五 宋滅曹虜伯陽
十四 六
九 伐魯

三十九 四
三
二十五 六
三 伐陳 陳與鄭圍 吳故我敗 之于 雍丘
三十七
十六 五 倍楚 與吳 成
十五 圍宋 敗我 師雍 丘伐 我
七
十

三十十 五
四 與吳吳齊七 伐齊伐我使趙 齊鮑殺伐 子殺齊 悼公 齊人 立其 子任 為簡 公
二十六
四 伐鄭
三十八 二 伐鄭自陳來 孔子
十七 六
十六 八
十一 與魯 伐齊 救陳 誅伍 員

三十十一 六 齊簡 齊伐公元 我冉年魯 有言與吳 故逆敗我 孔子 八
二十七
五
三十九 三 孔子 歸魯
十八 七
十七 九
十二 與魯 敗齊



三十十二 七 孔子 歸 與吳 會橐 皋用 田賦
二
二十八 九
三十十 六 向公 勝數 請子 西伐 鄭以 父怨 故
四 公如 晉與 吳會 橐皋
十九 八
十八 宋伐 我
十 十三 與魯 會橐 皋

三十十三 八 與吳 會黃 池
三
三十九 與吳 會黃 池爭 長
二十九 七 伐陳五
三十十一 鄭敗 我師
二十九
十九 十 敗宋 與晉 師
十一 十四 會黃 池

三十十四 九 西狩 田常
四
三十十 一
八
三十十二 六 父蒯
二十十
一
十十二
二十五

四十十五 齊平 子服 公會 景伯 元年 使齊 齊公 子貢 子也 為介 齊自 齊歸 是稱 我侵 田氏 地
二
三十十一
九
七 蒯聵 殺簡 公立 衛出 其弟 公來 為平 奔 公常 相之 母 權 國
三十 衛莊 公蒯 二 蒯聵 元年 哀公 守心 子韋 曰善
二十十一
一
二十十三 二十十六 蒯聵 入 輒出 亡

四十十六二　三十十二十　三十二　二十十二　二十十四十七
一　孔子卒　三　白公勝殺令尹子西攻惠王葉公攻白公白公自殺惠王復國　八　三　楚滅陳殺湣公　二
四十十七三　三十十三十一　三十十三　十三　二十十五十八
二　四　九　莊公辱戎州人戎州　三　楚敗我



甲子四十十八四　二十十四十二四十　衛君起元年石　十四　二十十六十九
二　二十十二十五　辛子五十六十　起　十九　四　二十二十
敬王七卒五卒三十厲公七卒四卒　卒　三十八卒三卒
七卒立　八卒
簡徐廣曰歲在甲子
入與趙簡子攻范中行出奔
傳逃起出輒入從輒
索隱曰二十三年滅

讀史記十表卷二終

讀十二諸侯年表

讀十二諸侯年表以周爲主

茅坤曰孔子作春秋而太史公得因之以表本末盛衰之迹也

索隱云篇言十二實敘十三者賤夷狄不數吳又霸在後故也不數吳而敘之者闔閭霸盟上國故也

蘇洵曰越不與中國會盟故不敘有越世家而不列于表

按十二諸侯年表並與三代世表之末相接續魯始眞公齊始武公晉始靖侯秦始秦仲楚始熊勇宋始釐公衛始釐侯陳始幽公蔡始武侯曹始夷伯燕始惠侯皆所謂自共和也三代世表下十二國無鄭者鄭至周宣王始封其母弟友也吳壽夢始見于周簡王元年

冠周于上尊王室也書甲子于周之上紀天道也共和元年庚申表元年諸侯各以次相反萃曆數以後但書六甲也書孔子生尊聖人也書孔子去留悼道之不行也書諸侯相侵伐明王室不能討也書篡逆罪無君也災異必書敬天也書會盟重息民且見夷夏

之勢所由分也書殺逆臣明法也諸侯之事必舉其要謂春秋國語學者所譏盛衰大指也觀世家所載之詳乃知此表斷其義不騁其詞非獨具年月世譜而已蓋自厲而宣自幽而平周轍既東以及春秋二百四十年之大勢也



## 讀十二諸侯年表補

司馬貞謂篇言十二實敘十三者賤夷狄不數吳又霸在後故竊疑楚亦夷也何以數況吳又太伯後耶至于霸在後尤非十二國非皆霸者何論先後所疑者十一國始封皆列世表之下鄭以宣王始封紀年獨吳前既不列于世表而年表初亦不載何也謂吳壽夢始見春秋適書夫春秋始平王四十九年前所書十二國初不以見于經也吳自太伯以後歷載世家又非不可詳敘而不數其得



其義或者舊譜十二不及吳史公以吳通中國會盟故敘之而數仍其舊耶

表于日食災異必書謹天戒也書于魯表從魯史也外此惟三川震彗星入斗屬周梁山崩星出婺女屬晉彗星見屬齊屬秦隕石鷁飛熒惑守心屬宋于其境也

盟會不書不勝書也有書者美惡之大者也

戰伐同取不書不勝書也有書者美惡之大者也

周定王以後晉楚爭鄭屢書傷霸之衰楚之橫也

朝聘不書不勝書也魯公如晉如楚悉書傷不自立也

于國君嗣位必詳表以紀年不詳則失也

平王室戍周城周必書尊王也

滅國必書傷不祀也

逆女送女娶夫人不悉書書者有爲也

淫者必書淫則亂也

國內亂必紀本末重內治也

殺逐必紀本末正始也



重耳過諸國悉書有禮無禮者譏晉文之陋也

秦書初立西畤祠白帝懼始僭也

卿卒不書晉襄公六年書趙成子欒貞子霍伯臼季皆卒明年書公卒傷賢臣亡霸業衰也至悼而復則書其言曰吾用魏絳九合諸侯

書齊景公與晏子狩入魯問禮賢晏子也故其事與言屢書

書子產爲鄭賢子產也故其事與言屢書

吳季子來魯及齊晉鄭皆書賢季子也于衛不書鬬也

梁山崩表云伯宗隱其人而用其言譏伯宗也卒爲三郤殺故曰不祥之實蔽賢者當之也

宋表書以羊羹陷鄭鄭表書以黿故殺君見飲食細節能召禍也

秦表書以盜食善馬士得破晉勸懲施也

事變必書紀異也如生有髭殺人絳市復蘇手文爲魯夫人鄭姞賜蘭曹夢社宮之類

書伍子胥鞭平王墓譏已甚也申包胥使人謂子胥曰子之報讎其已甚乎子胥曰吾日暮途遠故倒行而逆施之或曰子復讎也公羊傳云父不受誅子復讎可也



衛武公晉文侯鄭武公之賢不一書凡見于詩書者皆弗表也

存疑

魯世家云懿公兄括之子伯御與魯人弒懿公而自立在位十一年宣王伐魯殺伯御立孝公表不書伯御卽書魯孝公何也豈弒君者不得書乎春秋書者衆矣孝公實在位二十七年表紀三十八

年似非實錄

周襄王元年齊率戎伐晉亂至高梁還此宜入齊表或晉表不當入魯表左傳云令不及魯故不書

齊表項公十一年如晉欲王晉晉不敢受按春秋傳齊侯朝于晉將授玉杜氏註云凡諸侯相朝升堂授玉于兩楹之間索隱于齊世家引張衡之言謂諸侯朝天子執玉既授而反之諸侯自相朝則不授玉齊頃公授玉是欲尊晉爲王故史公採其言而書之按周禮典瑞公侯伯子男執圭璧以朝



覲宗遇會同于王諸侯相見亦如之鄭司農云亦執圭璧以相見故邾隱公來朝執玉高魯定公受玉卑是諸侯相朝未嘗不授玉也安得據張衡之言遂云欲王晉耶且衡東漢人索隱亦失攷

周靈王十七年諸侯同圍齊齊侯敗走入臨菑晏嬰止公公弗從晉焚郭中而去齊表云晉圍臨菑晏嬰大破之疑誤

晉表重耳聞管仲死去翟之齊晉文何畏管仲耶豈仲猶楚子玉輩耶不可解春秋國語晉世家俱

未載此疑誤

楚武王五十一年表云王伐隨夫人心動王卒軍中按左傳楚武王入告夫人鄧曼曰余心蕩夫人曰王祿盡矣盈而蕩天之道也表語疑誤

宋大水表云公自罪魯使臧文仲來弔按左傳文仲來弔宋對曰孤實不敬天降之災安得即書公自罪于來弔之前耶宋世家云魯使臧文仲來弔水公自罪曰云云較明

衛襄公九年表云夫人姜氏無子當有立賤妾子



元爲嗣句以便下書衛靈公元年疑缺

蔡表東國殺平侯子而自立蔡悼侯東國元年奔楚按春秋魯昭公二十年蔡平侯卒太子朱立楚費無極取貨于東國而謂蔡人曰將立東國不從必圍蔡蔡人懼出朱而立東國經書冬蔡侯朱出奔楚是朱已成君未見殺也出奔者朱繫于東國元年下亦誤

鄭表云太子忽救齊齊將妻之當有忽辭二字疑闕

鄭表書渠彌殺昭公書齊殺子亹子嬰十四年亦當書甫瑕殺子嬰疑缺

鄭簡公十二年表子產爲卿聲公五年表子產卒按左傳子產卒于魯昭公二十年鄭定公之八年也定公十六年卒獻公立獻公十三年卒聲公立是子產惟相簡定二君並未相獻聲也後人云歷相四君襲史表世家之訛

宋武公十八年書生魯桓公母鄭莊公元年書祭仲生齊僖公元年書同母弟夷仲生陳厲公二年



書生敬仲完其他不書獨書此數人者疑亦舊册所有筆削未淨耳如謂義所在春秋可勝書耶惟魯襄公二十二年書孔子生乃尊聖之辭爲不同耳

表中有撮敘一二語多簡而未明疑有脫誤如齊表彗星見晏子曰田氏有德于齊可畏宋表熒惑守心子韋曰善鄭表子產曰三國不會之類

# 讀史記十表卷之三

古歙汪越　徐克范　訂正

## 六國表第三

太史公曰讀秦記至犬戎敗幽王周東徙洛邑秦襄公始封爲諸侯作西畤用事上帝僭端見矣禮曰天子祭天地諸侯祭其域內名山大川今秦雜戎翟之俗先暴戾後仁義位在藩臣而臚于郊祀君子懼焉及文公踰隴攘夷狄尊陳寶營岐雍之間而穆公脩



政東竟至河則與齊桓晉文中國侯伯侔矣是後陪臣執政大夫世祿六卿擅晉權征伐會盟威重于諸侯及田常殺簡公而相齊國諸侯晏然弗討海內爭于戰功矣三國終之卒分晉田和亦滅齊而有之六國之盛自此始務在彊兵并敵謀詐用而從衡短長之說起矯稱蠭出誓盟不信雖置質剖符猶不能約束也秦始小國僻遠諸夏賓之比于戎翟至獻公之後常雄諸侯論秦之德義不如魯衛之暴戾者量秦之兵不如三晉之彊也然卒并天下非必險固便形

勢利也蓋若天所助焉或曰東方物所始生西方物之成孰夫作事者必于東南收功實者常于西北故禹興于西羌皇甫謐曰孟子稱禹生石紐西夷人也湯起于亳周之王也以豐鎬伐殷秦之帝用雍州興漢之興自蜀漢秦既得意燒天下詩書諸侯史記尤甚為其有所刺譏也詩書所以復見者多藏人家而史記獨藏周室以故滅惜哉惜哉獨有秦記又不載日月其文畧不具然戰國之權變亦有可頗采者何必上古秦取天下多暴然世異變成功大傳曰法後王何也以其近已



而俗變相類議卑而易行也學者牽于所聞見秦在帝位日淺不察其終始因舉而笑之不敢道此與以耳食無異悲夫余于是因秦記踵春秋之後起周元王表六國時事訖二世凡二百七十年著諸所聞興壞之端後有君子以覽觀焉

周　秦　魏獻子　韓宣子　趙簡子　楚　燕　齊

| | | |
|---|---|---|
| 周 | 元王元年 徐廣曰乙丑皇甫謐曰元年癸酉二十八年庚子崩索隱曰元王名仁系本名赤敎王子八年崩 | 二 |
| 秦 | 厲共公元年 索隱曰悼公子三十四年辛子躁公立 | 二 蜀人來賂 |
| 魏 | 衛出公輒後元年 索隱曰二十一年季父黔逐出公而自立為悼公 | 晉定公卒 索隱曰系本定公名午 |
| 韓 | | |
| 趙 | 四十二 索隱曰系家簡子名鞅文子武之孫景叔成之子 | 四十三 索隱曰按簡子以頃公九年在位頃公十四年卒而定公立定公三十七年卒是四十三為簡子在位之年又至出公十七年是在位六十年也 |
| 楚 | 楚惠王章十三年 吳伐我 徐廣曰亦當哀公十九年索隱曰五十七年卒 | 十四 越圍吳 |
| 燕 | 燕獻公十七年 索隱曰二十八年卒 | 十八 |
| 齊 | 齊平公驁五年 索隱曰二十九年卒 | 六 |

三 三 晉出公錯元年 索隱曰系本名鑿 四十四 十五 十九 七 越人始來 按世家因常通吳越之使

四 四 四十五 十六 越滅吳 二十 八

五 五 楚人來路 四十六 十七 蔡景侯卒 索隱曰按景字誤合作成侯景侯卯成侯之高祖父 廿一 九 晉知伯瑤來伐我

六 六 義渠來賂繇諸 乞援正義曰援一作表 四十七 十八 蔡聲侯元年 索隱曰名產成侯之子 二十二 十

七 七 彗星見 四十八 衛莊公飲大夫不解襪公怒郎攻公公奔宋 十九 王子英奔秦 二十三 十一



八 八 四十九 按此當入魏表詳存疑 二十 二十四 十二

定王元年 徐廣曰癸酉左傳盡此皇甫謐曰貞定王元年癸亥十年壬申崩之索隱曰定王名介二十八年崩 九 五十 二十一 二十五 十三

二 十 庶長將兵拔魏城彗星見 五十一 二十二 魯哀公卒 二十六 十四

三 十一 五十二 二十三 魯悼公元年三桓勝魯如小侯 二十七 十五

四　十二　五十三　二十四　二十八　十六

索隱曰悼公名寧

五　十三　知伯伐鄭駟桓子如齊求救　五十四　知伯謂簡子欲廢太子襄子襄子怨知伯　二十五　燕孝公元年　十七　救鄭晉師去中行文子謂田常乃今知以亡

六　十四　晉人楚人來賂　鄭敬公卒索隱曰敬公名勝獻公子也　五十五　二十六　二　十八

七　十五　三十八年卒子哀公易立八年鄭殺哀公立弟丑為共公也　鄭哀公元年　五十六　二十七　三　十九

八　十六　塹阿旁伐大荔補龐戲城　五十七　二十八　四　二十



九　十七　五十八　二十九　五　二十一

十　十八　五十九　三十　六　二十二

十一　十九　六十　三十一　七　二十三

十二　二十　公將師與綿諸戰　襄子元年未除服登夏屋誘代王以金斗殺代王封伯魯子周為代成君索隱曰襄子名無恤後四年與韓魏敗智伯晉陽分其地始有三晉也　三十二　蔡聲侯卒　八　二十四

十三　二十一　晉哀公忌元年　正義曰表云出公錯十八年晉哀公忌二年晉懿公驕十七　二　三十三　蔡元侯元年　九　二十五

七年丙午世本云昭公生桓子雝雝生忌忌生懿公驕世家云晉出公十七年晉表云公驕十八年而無懿公按出公道死智伯乃立昭公曾孫驕爲晉君是爲哀公哀公大父雍晉昭公少子雝戴子生忌忌善智伯蚤死故智伯欲并晉未敢乃立忌子驕爲君據三處不同未知孰是

十四

二十二

衛悼公黔元年○按悼公蒯聵庶弟輒季父也

鄭共公元年

三

三十四

十

齊宣公就匝元年○本作積索隱曰積平公子立五十一年子康公貸立



十五

二十三

四 以智伯分范中行地

三十五

十一

二

十六

二十四

魏桓子敗智伯于晉陽○索隱曰桓子名駒

韓康子敗智伯于晉陽○索隱曰康子名虎

五 襄子敗智伯晉陽與魏韓三分其地

三十六

十二

三

十七

二十五 晉大夫知開率其邑人來奔

六

三十七

十三

四

十八

二十六 左庶長城南鄭

七

三十八

十四

五 宋景公卒索隱曰景公立六十四年卒公子特殺太子自立是昭公

十九

二十七

衛敬公元年○按敬公名弗悼公子

八

三十九 蔡侯齊元年

十五

六 宋昭公元年

二十

二十八 越人來迎女

九

四十

燕成公元年

七

二十一

二十九 晉大夫知伯寬率其邑人來奔

十

四十一

二

八

| | | | | | | |
|---|---|---|---|---|---|---|
| 二十二 | 二十三 | 二十四 | 二十五 | 二十六 | 二十七 | 二十八 |
| 三十 | 三十一 | 三十二 | 三十三 伐義渠虜其王 | 三十四 日蝕晝晦星見 | 秦躁公元年 | 二 南鄭反 |
| | | | | | | |
| | | | | | | |
| 十一 | 十二 | 十三 | 十四 | 十五 | 十六 | 十七 |
| 四十二 楚滅蔡 | 四十三 | 四十四 滅杞杞夏之後 | 四十五 | 四十六 | 四十七 | 四十八 |
| 三 | 四 | 五 | 六 | 七 | 八 | 九 |
| 九 | 十 | 十一 | 十二 | 十三 | 十四 | 十五 |

| | | | | | | |
|---|---|---|---|---|---|---|
| 考王元年 徐廣曰辛丑 | 二 | 三 | 四 | 五 | 六 | 七 |
| 三 | 四 | 五 | 六 | 七 | 八 六月雨雪日月蝕 | 九 |
| | | | 晉幽公柳元年 服韓魏 按世家云○反朝韓趙魏之君 | | | |
| | | | | | | |
| 十八 | 十九 | 二十 | 二十一 | 二十二 | 二十三 | 二十四 |
| 四十九 | 五十 | 五十一 | 五十二 | 五十三 | 五十四 | 五十五 |
| 十 | 十一 | 十二 | 十三 | 十四 | 十五 | 十六 |
| 十六 | 十七 | 十八 | 十九 | 二十 | 二十一 | 二十二 |



| | | | | | |
|---|---|---|---|---|---|
| 八 | 九 | 十 | 十一 | 十二 | 十三 |
| 十 | 十一 | 十二 | 十三 義渠伐秦侵至渭陽 | 十四 | 秦懷公元年 生靈公 |
| | | 衛昭公元年 按昭公名糾敬公子 | | | |
| | | | | | |
| 二十五 | 二十六 | 二十七 | 二十八 | 二十九 | 三十 |
| 五十六 | 五十七 | 楚簡王仲元年 滅莒 | 二 | 三 魯悼公卒 | 四 魯元公元年 |
| 燕湣公元年 | 二 | 三 | 四 | 五 | 六 |
| 二十三 | 二十四 | 二十五 | 二十六 | 二十七 | 二十八 |

| | | | |
|---|---|---|---|
| 十四 | 十五 | 威烈王元年 徐廣曰丙辰○索隱曰名午考王子 | 二 |
| 二 | 三 | 四 庶長鼂殺懷公太子蚤死大臣立太子之子為靈公 | 秦靈公元年 生獻公 |
| | | 衛悼公亹元年 按世家公子亹弒昭公代立是為懷公悼字[illegible]侯 | 魏文侯斯元年 索隱曰生武侯擊 |
| | | | 韓武子元年 索隱曰生景侯虔 |
| 三十一 | 三十二 | 三十三 襄子卒 | 趙桓子元年 索隱曰桓子嘉襄子弟也元年 |
| 五 ○按元公名嘉 | 六 | 七 | 八 |
| 七 | 八 | 九 | 十 |
| 二十九 | 三十 | 三十一 | 三十二 |

| | | | | | | | |
|---|---|---|---|---|---|---|---|
| | | | | 案悼年固人共立襄子子獻侯脫 | | | |
| 三 | 二 | 二 | 二 鄭幽公元年韓殺之 | 趙獻侯元年 | 九 | 十一 | 三十三 |
| 四 | 三 作上下畤 | 三 | 三 鄭立幽公子為繻公元年 | 二 | 十 | 十二 | 三十四 |
| 五 | 四 | 四 | 四 | 三 | 十一 | 十三 | 三十五 |
| 六 | 五 | 五 魏誅晉幽公立其弟止○按世家止幽公子 | 五 | 四 | 十二 | 十四 | 三十六 |
| 七 | 六 | 六 晉烈公止元年魏城少梁 | 六 | 五 | 十三 | 十五 | 三十七 |
| 八 | 七 與魏戰少梁 | 七 | 七 | 六 | 十四 | 十六 | 三十八 |
| 九 | 八 城塹河瀕初以君主妻河○索隱曰謂初以此年取他女為君主君主猶公主也妻河謂嫁之河伯 | 八 復城少梁 | 八 | 七 | 十五 | 十七 | 三十九 |



| | | | | | | | |
|---|---|---|---|---|---|---|---|
| | 故魏俗猶為河伯取婦蓋其遺風殊異其事故云初 | | | | | | |
| 十 | 九 | 九 | 九 | 八 | 十六 | 十八 | 四十 |
| 十一 | 十 補龐城城籍姑靈公卒立其季父悼子是為簡公○索隱曰按龐及籍姑皆城邑之名補者修也謂修城而城籍姑也 | 十 | 十 | 九 | 十七 | 十九 | 四十一 |
| 十二 | 秦簡公元年 | 十一 衛慎公元年○按慎公名頹弒懷公代立 | 十一 | 十 中山武公初立○徐廣曰周定之孫西周桓公之子○索隱曰中山古鮮虞國姬姓也系本云中山武公居顧桓公徙靈壽為趙武靈王所滅 | 十八 | 二十 | 四十二 |

| | | | | | | | |
|---|---|---|---|---|---|---|---|
| | 十三 | 十四 | 十五 | 十六 | 十七 | 十八 | 十九 |
| | 二 與晉戰敗鄭下 | 三 | 四 | 五 日蝕 | 六 初令吏帶劍 | 七 塹洛城重泉初租禾 | 八 |
| | 十二 | 十三 公子擊圍繁龐出其民 | 十四 | 十五 | 十六 伐秦築臨晉元里 | 十七 擊宋中山伐秦至鄭還築洛陽徐廣曰一云擊宋中山又合陽世家云攻秦至鄭而還築合陽洛陽 | 十八 文侯受經 |
| | 十二 | 十三 | 十四 | 十五 | 十六 | 韓景侯虔元年 伐鄭取雍丘鄭城京 | 二 鄭敗韓 |
| 不言誰之子孫 | 十一 | 十二 | 十三 城平邑 | 十四 | 十五 | 趙列侯籍元年 魏使太子伐中山 | 二 |
| | 十九 | 二十 | 二十一 | 二十二 | 二十三 | 二十四 簡王卒 | 楚聲王當元年 |
| | 二十一 | 二十二 | 二十三 | 二十四 | 二十五 | 二十六 | 二十七 |
| | 四十三 伐晉毀黃城圍陽狐 | 四十四 伐魯莒及安陽○案世家作莒 | 四十五 伐魯取都 | 四十六 徐廣曰世家云取城 | 四十七 | 四十八 取魯郕 | 四十九 與鄭會 |



| | | | | | | | | | |
|---|---|---|---|---|---|---|---|---|---|
| | 二十 | 二十一 | 二十二 | 二十三 九鼎震 | 二十四 | | 安王元年 徐廣曰庚辰 | 二 | 三 王子定奔晉 |
| | 九 | 十 | 十一 | 十二 | 十三 | | 十四 伐魏至陽狐 | 十五 | 秦惠公元年 索隱曰簡公子史無名 |
| 子夏過段干木之閭常式 | 十九 | 二十 卜相李克翟璜爭 | 二十一 | 二十二 初為侯 | 二十三 | | 二十四 秦伐至陽狐○按諸本作伐秦悞 | 二十五 太子罃生○按罃武侯子 | 二十六 虢山崩壅河 |
| 于負黍 | 三 | 四 | 五 | 六 初為侯 | 七 | | 八 | 九 鄭圍陽翟 | 韓列侯元年 索隱曰名取系本作武侯也 |
| | 三 | 四 | 五 | 六 初為侯 | 七 列侯好音欲賜歌者 | 田徐越侍以仁義乃止 | 八 | 九 | 趙武公元年 |
| 魯穆公元年○按穆公名顯 | 二 | 三 | 四 | 五 韓魏趙始列為諸侯 | 六 盜殺聲王 | | 楚悼王類元年○按世家名熊疑 | 二 三晉來伐我至乘丘 | 三 歸榆關于鄭 |
| | 二十八 | 二十九 | 三十 | 三十一 | 燕釐公元年 | | 二 | 三 | 四 |
| 于西城伐衛取毋丘 | 五十 | 五十一 田會以廩丘反 | 齊康公貸元年 | 二 宋悼公元年 | 三 | | 四 | 五 | 六 |

| | | | | | | | | |
|---|---|---|---|---|---|---|---|---|
| 四 | 五 | 六 | 七 | 八 | 九 | 十 | 十一 | 十二 |
| 二 | 三 日蝕 | 四 | 五 伐諸縣 | 六 | 七 | 八 | 九 伐韓宜陽取六邑 | 十 與晉戰武城縣陝 |
| 二十七 | 二十八 | 二十九 | 三十 | 三十一 | 三十二 伐鄭城酸棗 | 三十三 晉孝公傾元年 | 三十四 | 三十五 齊伐取襄陽 |
| 二 鄭殺其相駟子陽 | 三 鄭人殺君 三月盜殺韓相俠累 徐廣曰一作殺其 | 四 鄭相子陽之徒殺其君繻公 | 五 鄭康公元年 | 六 救魯鄭負黍反 | 七 | 八 | 九 秦伐宜陽取六邑 | 十 |
| | 三 | 四 | 五 | 六 | 七 | 八 | 九 | 十 |
| 四 敗鄭師圍鄭鄭人殺子陽 | 五 | 六 | 七 | 八 | 九 伐韓取負黍 | 十 | 十一 | 十二 |
| 五 | 六 | 七 | 八 | 九 | 十 | 十一 | 十二 | 十三 |
| 七 | 八 | 九 | 十 宋休公元年 | 十一 伐魯取最 | 十二 | 十三 | 十四 | 十五 魯敗我平陸 |



| | | | | | | | |
|---|---|---|---|---|---|---|---|
| | 十四 | 十五 | 十六 | 十七 | 十八 | 十九 | 二十 |
| 十一 太子生 ○按本紀子出子生 | 十二 | 十三 蜀取我南鄭 | 秦出公元年 索隱曰惠公子 | 二 庶長改迎靈公太子立為獻公誅出公 | 秦獻公元年 索隱曰名師隰靈公太子 | 二 城櫟陽 | 二 日蝕晝晦 |
| 三十六 秦侵晉 | 三十七 | 三十八 | 魏武侯元年 襲邯鄲敗焉○索隱曰武侯名擊 | 二 城安邑王垣 | 三 | 四 | 五 |
| 十一 | 十二 | 十三 | 韓文侯元年 | 二 伐鄭取陽城伐宋到彭城執宋君 | 三 | 四 | 五 |
| 十一 | 十一 | 十二 | 趙敬侯元年 武公子朝作亂奔魏 | 二 | 三 | 四 魏敗我兔臺 | 五 |
| 十三 | 十四 | 十五 | 十六 | 十七 | 十八 | 十九 | 二十 |
| 十四 | 十五 | 十六 | 十七 | 十八 | 十九 | 二十 | 二十一 |
| 十六 與晉衛會濁澤 | 十七 | 十八 | 十九 田常曾孫田和始列為諸侯遷康公海上食一城索隱曰和田常曾孫號太公 | 二十 伐魯破之田和卒 | 二十一 田和子桓公午立 | 二十二 | 二十三 |

| | | | | | | | |
|---|---|---|---|---|---|---|---|
| 二十一 | 四 孝公生 | 六 | 六 | 六 | 二十一 | 二十二 | 二十四 |
| 二十二 | 五 | 七 伐齊至桑丘 | 七 伐齊至桑丘鄭敗晉 | 七 伐齊至桑丘 | 楚肅王臧元年 | 二十三 | 二十五 伐燕取桑丘 |
| 二十三 | 六 初縣蒲藍田善明氏 | 八 | 八 | 八 襲衛不克 | 二 | 二十四 | 二十六 康公卒田氏遂并齊而有之太公望之后絕祀 |
| 二十四 | 七 | 九 翟敗我澮伐齊至靈丘 | 九 伐齊至靈丘 | 九 伐齊至靈丘 | 三 | 二十五 | 齊威王因齊元年 自田常至威王威王始以齊強天下 |
| 二十五 | 八 | 十 晉靜公俱酒元年 | 十 | 十 | 四 蜀伐我茲方 | 二十六 | 二 |
| 二十六 | 九 | 十一 魏韓趙滅晉絕無後 | 十一 韓哀侯元年分晉國 | 十一 分晉國 | 五 魯共公元年 | 二十七 | 三 三晉滅其君 |
| 烈王元年 徐廣曰丙午 | 十 日蝕 | 十二 | 二 滅鄭康公二十年滅無後 | 十二 | 六 | 二十八 | 四 |
| 二 | 十一 縣櫟陽 | 十三 | 三 | 趙成侯元年 | 七 | 二十九 | 五 |
| 三 | 十二 | 十四 | 四 | 二 | 八 | 三十 | 六 |



| | | | | | | | |
|---|---|---|---|---|---|---|---|
| | | | | | | 敗齊林營 | 魯伐入陽關晉伐到鄄陵 |
| 四 | 十三 | 十五 敗趙北藺 衛聲公元年 | 五 | 三 伐衛取都鄙七十三魏敗我藺 | 九 | 燕桓公元年 | 七 宋辟公元年○索隱曰辟音璧辟公名辟兵生剔成 |
| 五 | 十四 | 十六 | 六 | 四 | 十 | 二 | 八 |
| 六 齊威王朝周 | 十五 | 惠王元年 伐楚取魯陽 | 懿侯元年 韓嚴殺其君 | 五 伐齊于甄魏敗我懷 | 十一 魏取我魯陽 | 三 | 九 趙伐我甄 |
| 七 | 十六 民大疫日蝕 | 二 敗韓馬陵 | 二 魏敗我馬陵 | 六 魏敗涿澤圍惠王 | 楚宣王良夫元年 | 四 | 十 宋剔成元年 |
| 顯王元年 徐廣曰癸丑 | 十七 櫟陽雨金四月至八月 | 三 齊伐我觀津 | 三 | 七 侵齊至長城 | 二 | 五 | 十一 伐魏取觀津趙取我長城 |

| | | | | | | | | |
|---|---|---|---|---|---|---|---|---|
| 二 | 三 | 四 | 五 賀秦 | 六 | 七 | 八 | 九 致胙于秦 徐廣曰紀年東周惠公傑薨 | 十 |
| 十八 | 十九 敗韓魏洛陽 | 二十 | 二十一 章蟜徐廣曰一云章蟜 與晉戰石門天子賀 一作阿斬首六萬 | 二十二 | 二十三 與魏戰少梁虜其太子 | 秦孝公元年 彗星見西方 | 二 天子致胙 | 三 |
| 四 | 五 與韓會宅陽城武都 | 六 伐宋取儀臺 | 七 | 八 | 九 與秦戰少梁虜我太子 | 十 取趙皮牢 衛成侯元年 | 十一 | 十二 星晝墮有聲 |
| 四 | 五 | 六 | 七 | 八 | 九 魏敗我于澮大雨三月 | 十 | 十一 | 十二 |
| 八 | 九 | 十 | 十一 | 十二 | 十三 魏敗我于澮 | 十四 | 十五 | 十六 |
| 三 | 四 | 五 | 六 | 七 | 八 | 九 | 十 | 十一 |
| 六 | 七 | 八 | 九 | 十 | 十一 | 燕文公元年 | 二 | 三 |
| 十二 | 十三 | 十四 | 十五 | 十六 | 十七 | 十八 | 十九 | 二十 |



| | | | | | | |
|---|---|---|---|---|---|---|
| 十一 | 十二 | 十三 | 十四 | 十五 | 十六 | 十七 |
| 四 | 五 | 六 | 七 與魏王會杜平 | 八 與魏戰元里斬首七千取少梁 | 九 | 十 衛公孫鞅為大良造伐安邑降之 |
| 十三 | 十四 與趙會鄗 | 十五 魯衛宋鄭侯來徐廣曰紀年一曰魯共侯宋桓侯衛成侯會燕成侯平安邑 | 十六 與秦孝公會杜平侵宋黃池宋復取之 | 十七 與秦戰元里秦取我少梁 | 十八 邯鄲降齊敗我桂陵 | 十九 諸侯圍我襄陵築長城塞固陽 |
| 韓昭侯元年 秦敗我西山 | 二 宋取我黃池魏取我朱 | 三 | 四 | 五 | 六 伐東周取陵觀廩丘 | 七 |
| 十七 | 十八 趙孟如齊 | 十九 與燕會河與齊宋會平陸○按河當作阿 | 二十 | 二十一 魏圍我邯鄲 | 二十二 魏拔邯鄲 | 二十三 |
| 十二 | 十三 君尹黑迎女秦 | 十四 | 十五 | 十六 | 十七 | 十八 魯康公元年 |
| 四 | 五 | 六 | 七 | 八 | 九 | 十 |
| 二十一 鄒忌以鼓琴見威王 | 二十二 封鄒忌為成侯 | 二十三 與趙會平陸 | 二十四 與魏會田于郊 | 二十五 | 二十六 敗魏桂陵○是年齊稱王 | 二十七 |

| | | | | | | | | |
|---|---|---|---|---|---|---|---|---|
| 十八 | 十九 | 二十 | | 二十一 | 二十二 | 二十三 | 二十四 | 二十五 諸侯會 |
| 十一 城商塞衛鞅圍固陽降之 | 十二 初取小邑為三十一縣令為田開阡陌 | 十三 初為縣有秩史 | | 十四 初為賦 | 十五 | 十六 | 十七 | 十八 |
| 二十 歸趙邯鄲 | 二十一 與秦遇彤 索隱曰彤地名商君紀彤地別氏云阡陌道非也 | 二十二 | | 二十三 | 二十四 | 二十五 | 二十六 | 二十七 丹封名會丹魏大臣 |
| 八 申不害相 | 九 | 十 韓姬弒其君悼公。索隱曰姬一作記同音怡辭之 | 大夫姓名按韓無悼公未詳 | 十一 昭侯如秦 | 十二 | 十三 | 十四 | 十五 |
| 二十四 魏歸邯鄲與魏盟漳水上 | 二十五 | 趙肅侯元年 索隱曰名語 | | 二 | 三 公子范襲邯鄲不勝死 | 四 | 五 | 六 |
| 十九 | 二十 | 二十一 | | 二十二 | 二十三 | 二十四 | 二十五 | 二十六 |
| 十 | 十二 | 十三 | | 十四 | 十五 | 十六 | 十七 | 十八 |
| 二十八 | 二十九 | 三十 | | 三十一 | 三十二 | 三十三 殺其大夫牟辛 | 三十四 | 三十五 田忌襲齊不勝 |



| | | | | | | |
|---|---|---|---|---|---|---|
| 二十六 致伯秦 | 二十七 | 二十八 | | 二十九 | 三十 | 三十一 |
| 十九 城武城從東方牡丘來歸天子致伯 | 二十 諸侯畢賀會諸侯于澤朝天子 徐廣曰紀年作逢澤 | 二十一 馬生人 | | 二十二 封大良造商鞅 | 二十三 與晉戰岸門 | 二十四 秦大荔圍合陽孝公薨商君反 |
| 二十八 | 二十九 中山君為相 | 三十 齊虜我太子申殺將軍龐涓 | | 三十一 秦商君伐我虜我公子卬 | 三十二 公子赫為太子 | 三十三 衛鞅亡歸我我恐弗內 |
| 十六 | 十七 | 十八 | | 十九 | 二十 | 二十一 |
| 七 | 八 | 九 | | 十 | 十一 | 十二 |
| 二十七 魯景公偃元年 | 二十八 | 二十九 | | 三十 | 楚威王熊商元年 | 二 |
| 十九 | 二十 | 二十一 | | 二十二 | 二十三 | 二十四 |
| 三十六 | 齊宣王辟彊元年 | 二 敗魏馬陵田忌田嬰田 | 朌將孫子為師 | 三 與趙會伐魏 | 四 | 五 |

| | | | | | | | |
|---|---|---|---|---|---|---|---|
| | 反彤地○按列傳云魏之予鄗鼂池 | | | | | | |
| 三十二 | 秦惠文王元年 楚韓趙蜀人來 | 三十四 | 二十二 申不害卒 | 十三 | 三 | 二十五 | 六 |
| 三十三 賀秦 | 二 天子賀行錢宋太丘社亡 | 三十五 孟子來王問利國對曰君不可言利 | 二十三 | 十四 | 四 | 二十六 | 七 與魏會平阿南○按世家作阿南 |
| 三十四 | 三 王冠 | 三十六 | 二十四 秦拔我宜陽 | 十五 | 五 | 二十七 | 八 與魏會于甄 |



| | | | | | | | |
|---|---|---|---|---|---|---|---|
| 三十五 | 四 天子致文武胙魏夫人來 | 魏襄王元年 與諸侯會徐州以相王 | 二十五 旱作高門屈宜臼曰昭侯不出此門 | 十六 | 六 | 二十八 蘇秦說燕 | 九 與魏會徐州諸侯相王 |
| 三十六 | 五 陰晉人犀首為大良造 | 二 秦敗我彫陰 | 二十六 高門成昭侯卒不出此門 | 十七 | 七 圍齊于徐州 | 二十九 | 十 楚圍我徐州 |
| 三十七 | 六 魏以陰晉為和命曰寧秦○徐廣曰今之華陰 | 三 伐趙 衛平侯元年 | 韓宣惠王元年 | 十八 齊魏伐我我決河水浸之 | 八 | 燕易王元年 | 十一 與魏伐趙 |



| | | | | | | | |
|---|---|---|---|---|---|---|---|
| 三十八 | 七 義渠內亂庶長操將兵定之 | 四 | 二 | 十九 | 九 | 二 | 十二 |
| 三十九 | 八 魏入少梁河西地于秦 | 五 與秦河西地少梁秦圍我焦曲沃 | 三 | 二十 | 十 | 三 | 十三 |
| 四十 | 九 度河取汾陰皮氏圍焦降之與魏會應 | 六 與秦會應秦取汾陰皮氏 | 四 | 二十一 | 十一 魏敗我陘山 | 四 | 十四 |
| 四十一 | 十 張儀相公子桑圍蒲陽降之魏納上郡 | 七 入上郡于秦 | 五 | 二十二 | 楚懷王槐元年 | 五 | 十五 宋君偃元年 |



| | | | | | | | |
|---|---|---|---|---|---|---|---|
| 四十二 | 十一 義渠君為臣歸魏焦曲沃 | 八 秦歸我焦曲沃 | 六 | 二十三 | 二 | 六 | 十六 |
| 四十三 | 十二 初臘會龍門 | 九 | 七 | 二十四 | 三 | 七 | 十七 |
| 四十四 | 十三 四月戊午魏君為王○按魏君字恐誤存疑 | 十 | 八 魏敗我將韓舉 | 趙武靈王元年 魏敗我趙護○按此事趙魏世家俱無 | 四 | 八 | 十八 |
| 四十五 | 相張儀將兵取陝 | 十一 衛嗣君 | 九 | 二 城鄗 | 五 | 九 | 十九 |

| | | | | | | | |
|---|---|---|---|---|---|---|---|
| | 初更元年 | | | | | | |
| 四十六 | 二年 相張儀 與齊楚會齧桑 | 十二 | 十 君為王 | 三 | 六 敗魏襄陵 | 十 君為王 | 齊湣王地元年 |
| 四十七 | 三 張儀免相相魏 | 十三 秦取曲沃 平周女化為丈夫 | 十一 | 四 與韓會區鼠 | 七 | 十一 | 二 |
| 四十八 | 四 | 十四 | 十二 | 五 取韓女為夫人 | 八 | 十二 | 三 封田嬰于薛 |
| 慎靚王元年 徐廣曰辛丑 | 五 王北遊戎池至河上 | 十五 | 十三 | 六 | 九 | 燕王噲元年 | 四 迎婦于秦 |
| 二 | 六 | 十六 | 十四 秦來擊我取鄢 | 七 | 十 城廣陵 | 二 | 五 |
| 三 | 七 五國共擊秦不勝而還 | 魏哀王元年 擊秦不勝 | 十五 擊秦不勝 | 八 擊秦不勝 | 十一 擊秦不勝 | 三 擊秦不勝 | 六 宋自立為王 |
| 四 | 八 與韓趙戰斬首八萬 張儀復相 | 二 齊敗我觀津 | 十六 秦敗我修魚得將軍申差 | 九 與韓魏擊秦 齊敗我觀津 | 十二 | 四 | 七 敗魏趙觀津 |
| 五 | 九 擊蜀滅之 取趙中都西陽安邑 | 三 | 十七 | 十 秦取我中都西陽安邑 | 十三 | 五 君讓其臣子之國顧為臣 | 八 |



| | | | | | | | |
|---|---|---|---|---|---|---|---|
| 六 | 十 | 四 | 十八 | 十一 秦敗我將軍英 | 十四 | 六 | 九 |
| 周赧王元年 徐廣曰丁未 | 十一 侵義渠得二十五城 | 五 秦拔我曲沃歸其人走犀首岸門 | 十九 | 十二 徐廣曰紀年云立燕公子職 | 十五 魯平公元年 | 七 君噲及相子之皆死 | 十 |
| 二 | 十二 樗里子擊藺陽虜趙將 公子繇通封蜀 索隱曰繇音由 秦之公子 | 六 秦來立公子政為太子 與秦王會臨晉 | 二十 | 十三 秦拔我藺虜將趙莊 | 十六 張儀來相 | 八 | 十一 |
| 三 | 十三 庶長章擊楚斬首八萬 | 七 擊齊虜聲子于濮 與秦擊燕 | 二十一 秦助我攻楚圍景座 | 十四 | 十七 秦敗我將屈匄 | 九 燕人共立公子平 | 十二 |
| 四 | 十四 蜀相壯殺蜀侯 | 八 圍衛 | 韓襄王元年 | 十五 | 十八 | 燕昭王元年 | 十三 |
| 五 | 秦武王 | 九 | 二 | 十六 | 十九 | 二 | 十四 |

元年 誅蜀相壯 張儀魏章皆出之魏 與秦會臨晉 吳廣入女生子何立為惠王后

六 二 初置丞相 樗里子甘茂為丞相 十 張儀死 十三 十七 二十 三 十五

七 三 十一 與秦會應 徐廣曰在潁川父城 四 與秦會臨晉 秦拔我宜陽 十八 二十一 四 十六

八 四 拔宜陽城 斬首六萬 涉河城武遂 十二 太子往朝秦 五 秦拔我宜陽 斬首六萬 十九 初胡服 二十二 五 十七

讀史記十表 卷三 六國表 廿八

九 秦昭王元年 十三 秦擊皮氏未拔而解 六 秦復與我武遂 二十 二十三 六 十八

十 二 彗星見桑君為亂誅 十四 秦武王后來歸 七 二十一 二十四 秦來迎婦 七 十九

十一 三 十五 八 二十二 二十五 與秦王會黃棘 秦復歸我上庸 八 二十

十二 四 彗星見 十六 秦拔我蒲坂晉陽封陵 九 秦取武遂 二十三 二十六 太子質秦 九 二十一

十三 五 十七 十 二十四 二十七 十 二十二

魏王來朝 與秦會臨晉 復我蒲坂 太子嬰與秦王會臨晉 因至咸陽而歸

十四 六 蜀反司馬錯往誅蜀守煇定蜀 日蝕晝晦 伐楚 十八 與秦擊楚 十一 秦取我穰 與秦擊楚 二十五 趙攻中山 惠后卒 二十八 秦韓魏齊敗我將軍唐眛于重丘 十一 二十三 與秦擊楚 使公子將 大有功

十五 七 樗里疾卒 擊楚斬首三萬 魏冉為相 十九 十二 二十六 二十九 秦取我襄城 殺景缺 十二 二十四 秦使涇陽君來為質

讀史記十表 卷三 六國表 廿九

十六 八 楚王來 因留之 二十 與秦王會于韓 十三 與魏王 立咎為太子 二十七 三十 王入秦 秦取我八城 十三 二十五 涇陽君復歸秦 薛文入相秦

十七 九 二十一 與齊韓共擊秦于函谷 河渭絕一日 十四 與齊魏共擊秦 趙惠文王元年 以公子勝為相 封平原君 楚頃襄王元年 秦取我十六城 十四 二十六 與魏韓共擊秦 孟嘗君歸相齊

十八 十 楚懷王亡之趙 趙弗納 二十二 十五 二 楚懷王死 秦來歸內 二 十五 二十七

十九 十一 二十三 十六 三 三 十六 二十八

| | | | | | | | |
|---|---|---|---|---|---|---|---|
| | 二十 | 二十一 | 二十二 | 二十三 | 二十四 | 二十五 | 二十六 |
| 基里見復與魏封陵 | 十二 樓緩免穰侯魏冉為丞相 | 十三 任鄙為漢中守 | 十四 白起擊伊闕斬首二十四萬 | 十五 魏冉免相 | 十六 | 十七 魏入河東四百里 | 十八 客卿錯擊魏至軹取城大小六十一 |
| | 魏昭王元年秦尉錯來擊我襄城 | 二 與秦戰不利 | 三 佐韓擊秦秦敗我兵伊闕 | 四 | 五 | 六 芒卯以詐見重 | 七 秦敗我取城大小六十一 |
| 與齊韓魏秦：山戎武遂和 | 韓釐王咎元年 | 二 | 三 秦敗我伊闕二十四萬虜將喜 | 四 | 五 秦拔我宛城 | 六 與秦武遂地方二百里 | 七 |
| | 四 圍殺主父與齊燕共滅中山 | 五 | 六 | 七 迎婦秦 | 八 | 九 | 十 |
| 楚王卒于秦來歸葬 | 四 魯文侯元年徐廣曰一作滁 | 五 | 六 | 七 | 八 | 九 | 十 |
| | 十七 | 十八 | 十九 | 二十 | 二十一 | 二十二 | 二十三 |
| | 二十九 佐趙滅中山 | 三十 田甲劫王相薛文走 | 三十一 | 三十二 | 三十三 | 三十四 | 三十五 |



| | | | | | | | |
|---|---|---|---|---|---|---|---|
| 二十七 | 二十八 | 二十九 | 三十 | 三十一 | 三十二 | 三十三 | 三十四 |
| 十九 十月為帝十二月復為王任鄙卒 | 二十 | 二十一 魏納安邑及河內 | 二十二 蒙武擊齊 | 二十三 尉斯離與韓魏燕趙共擊齊破之 | 二十四 與楚會穰 | 二十五 | 二十六 魏冉復 |
| 八 | 九 秦拔我新垣曲陽之城 | 十 宋王死我溫 | 十一 | 十二 與秦擊齊濟西與秦王會西周 | 十三 秦拔我安城兵至大梁而還 | 十四 大水衛懷君元年 | 十五 |
| 八 | 九 | 十 秦敗我兵夏山 | 十一 | 十二 與秦擊齊濟西與秦王會西周 | 十三 | 十四 與秦會兩周閒 | 十五 |
| 十一 秦拔我桂陽徐廣曰一作梗 | 十二 | 十三 | 十四 與秦會中陽 | 十五 取齊昔陽 | 十六 與秦王會穰 | 十七 秦拔我兩城 | 十八 秦拔我 |
| 十一 | 十二 | 十三 | 十四 與秦會宛 | 十五 取齊淮北 | 十六 | 十七 | 十八 |
| 二十四 | 二十五 | 二十六 | 二十七 | 二十八 與秦三晉擊齊燕獨入臨菑取其寶器 | 二十九 | 三十 | 三十一 |
| 三十六 為東帝二月復為王 | 三十七 | 三十八 齊滅宋 | 三十九 秦拔我列城九 | 四十 五國共擊湣王王走莒 | 齊襄王法章元年 | 二 | 三 |

爲丞相

三十五 二十七 擊趙斬首三萬地動壞城 十六 十六 十九 秦敗我軍斬首三萬 石城 十九 秦擊我與秦漢北及上庸地 三十二 四

三十六 二十八 十七 十七 二十 與秦會黽池藺相如從 二十 秦拔鄢西陵 三十三 按是年昭王薨惠王即位使騎劫代樂毅將 五 殺燕騎劫

三十七 二十九 白起擊楚拔郢更東攻竟陵以爲南郡 十八 十八 二十一 二十一 秦拔我郢燒夷陵王亡走陳 燕惠王元年 六

三十八 三十 白起封爲武安君 十九 十九 二十二 二十二 秦拔我巫黔中 二 七

三十九 三十一 魏安釐王元年 秦拔我兩城封弟公子無忌爲信陵君 二十 二十三 二十三 秦所拔我江旁反秦 三 八

四十 三十二 二 秦拔我兩城軍大梁城韓來救與秦溫以和 二十一 暴鳶救魏爲秦所敗走開封 二十四 二十四 四 九



四十一 三十三 三 秦拔我四城斬首四萬 二十二 二十五 二十五 五 十

四十二 三十四 白起擊魏華陽軍芒卯走得三晉將斬首十五萬 四 與秦南陽以和 二十三 二十六 二十六 六 十一

四十三 三十五 五 擊燕 韓桓惠王元年 擊燕 二十七 二十七 擊燕遼濆 公元年 七 十二

四十四 三十六 六 二 二十八 藺相如攻齊至平邑 二十八 燕武成王元年 十二

四十五 三十七 七 三 二十九 秦拔我閼與趙奢將擊秦大敗之賜號曰馬服 二十九 二 十四 秦楚擊我剛壽

四十六 三十八 八 四 三十 秦擊我閼與城不拔 三十 三 十五

四十七 三十九 九 秦拔我懷城 五 三十一 三十一 四 十六

四十八 四十 太子質于魏者死歸葬芷陽 十 六 三十二 三十二 五 十七

| | | | | | | | |
|---|---|---|---|---|---|---|---|
| 四十九 | 四十一 | 十一 秦拔我廩丘 徐廣曰或作邢丘 | 七 | 三十三 | 三十三 | 六 | 十八 |
| 五十 | 四十二 宣太后薨 安國君為太子 | 十二 | 八 | 趙孝成王元年 秦拔我三城 平原君相 | 三十四 | 七 齊田單拔中陽 | 十九 |
| 五十一 | 四十三 | 十三 | 九 秦拔我城汾旁 | 二 | 三十五 | 八 | 齊王建元年 |
| 五十二 | 四十四 秦拔韓取南陽 徐廣曰一作郡 | 十四 | 十 秦擊我太行 | 三 | 三十六 | 九 | 二 |
| 五十三 | 四十五 秦拔韓取十城 | 十五 | 十一 | 四 | 楚考烈王元年 秦取我州 黃歇為相 | 十 | 三 |
| 五十四 | 四十六 王之南鄭 | 十六 | 十二 | 五 使廉頗拒秦于長平 | 二 | 十一 | 四 |
| 五十五 | 四十七 白起破趙長平殺卒四十五萬 | 十七 | 十三 | 六 使趙括代廉頗將 白起破括四十五萬 | 三 | 十二 | 五 |
| 五十六 | 四十八 | 十八 | 十四 | 七 | 四 | 十三 | 六 |
| 五十七 | 四十九 | 十九 | 十五 | 八 | 五 | 十四 | 七 |



| | | | | | | | |
|---|---|---|---|---|---|---|---|
| 五十八 | 五十 王齕鄭安平圍邯鄲 及齕還軍拔新中 | 二十 公子無忌救邯鄲 秦兵解去 | 十六 | 九 秦圍我邯鄲 楚魏救我 | 六 春申君救趙 | 燕孝王元年 | 八 |
| 五十九 徐廣曰乙巳歳王卒 | 五十一 | 二十一 韓魏楚救趙新中秦兵罷 | 十七 秦擊我陽城拔 趙新中 | 十 | 七 救趙新中 | 二 | 九 |
| | 五十二 取西周王 徐廣曰丙午王稽棄市 | 二十二 | 十八 | 十一 | 八 取魯魯君封于莒 | 三 | 十 |
| | 五十三 | 二十三 | 十九 | 十二 | 九 | 燕王喜元年 | 十一 |
| | 五十四 | 二十四 | 二十 | 十三 | 十 徙于鉅陽 | 二 | 十二 |
| | 五十五 | 二十五 衛元君元年 | 二十一 | 十四 | 十一 | 三 | 十三 |
| | 五十六 | 二十六 | 二十二 | 十五 平原君卒 | 十二 柱國景伯攻 | 四 伐趙趙破我軍殺栗腹 | 十四 |
| | 秦孝文王元年 徐廣曰辛亥文王后曰華陽后 | 二十七 | 二十三 | 十六 | 十三 | 五 | 十五 |

| | | | | | | |
|---|---|---|---|---|---|---|
| 生莊襄王子楚母曰夏太后 | | | | | | |
| 秦莊襄王楚元年 徐廣曰壬子蒙驁取成皋滎陽元年初置三川郡呂不韋相取東西周 蒙驁擊趙榆次新城狼孟得三十七城 日蝕 | 二十八 | 二十四 秦拔我成皋滎陽 | 十七 | 十四 楚滅魯頃公遷下邑為家人絕祀 | 六 | 十六 |
| | 二十九 | 二十五 | 十八 | 十五 春申君徙封于吳 | 七 | 十七 |
| 王齮擊上党初置太原郡魏公子無忌率五國卻我軍河外蒙驁解去徐廣曰齮一作齕 | 三十 無忌率五國兵敗秦軍河外 | 二十六 秦拔我上黨 | 十九 | 十六 | 八 | 十八 |
| 始皇帝元年 徐廣曰乙卯擊取晉陽作鄭國渠 | 三十一 | 二十七 | 二十 秦拔我晉陽 | 十七 | 九 | 十九 |
| 二 | 三十二 | 二十八 | 二十一 | 十八 | 十 | 二十 |



| | | | | | | |
|---|---|---|---|---|---|---|
| 三 蒙驁擊韓取十三城 王齮死 | 三十三 | 二十九 秦拔我十三城 | 趙悼襄王偃元年 | 十九 | 十一 | 二十一 |
| 四 七月蝗蔽天下百姓納粟千石拜爵一級 | 三十四 信陵君死 | 三十 | 二 太子從質秦歸 | 二十 | 十二 趙拔我武遂方城 | 二十二 |
| 五 蒙驁取魏酸棗二十城初置東郡 | 魏景湣王元年 秦拔我二十城 | 三十一 | 三 趙相魏相會柯盟 | 二十一 | 十三 劇辛死于趙 | 二十三 |
| 六 五國共擊秦 | 二 秦拔我朝歌衛從濮陽徙野王 | 三十二 | 四 | 二十二 王東徙壽春命曰郢 | 十四 | 二十四 |
| 七 彗星見北方西方夏太后薨蒙驁死 | 三 秦拔我汲 | 三十三 | 五 | 二十三 | 十五 | 二十五 |
| 八 嫪毐封長信侯 | 四 | 三十四 | 六 | 二十四 | 十六 | 二十六 |
| 九 彗星見竟天嫪毐為亂遷其舍人于蜀彗星復見 | 五 秦拔我垣蒲陽衍 | 韓王安元年 | 七 | 二十五 李園殺春申君 | 十七 | 二十七 |

讀史記十表 卷三 六國表 三十八

| | | | | | |
|---|---|---|---|---|---|
| 十 相國呂不韋免齊趙來置酒太后入咸陽大索逐客 | 十一 呂不韋之河南王翦擊鄴閼與取九城 | 十二 發四郡兵助魏擊楚呂不韋卒復嫪毐舍人遷蜀者 | 十二 桓齮擊平陽殺趙扈輒斬首十萬因東擊趙王之河南 | 十四 桓齮定平陽武城宜安韓使非來我殺非韓王請臣 | 十五 興軍至鄴一軍至太原取狼孟 |
| 六 | 七 | 八 秦助我擊楚 | 九 | 十 | 十一 |
| 二 | 三 | 四 | 五 | 六 | 七 |
| 八 入秦置酒 | 九 秦拔我閼與鄴取九城 | 趙王遷元年 | 二 秦拔我平陽敗扈輒斬首十萬 索隱曰紀年趙將別有扈輒 | 三 秦拔我宜安 | 四 秦拔我狼孟番吾軍鄴 索隱曰 |
| 楚幽王悼元年 | 二 | 三 秦魏擊我 | 四 | 五 | 六 |
| 十八 | 十九 | 二十 | 二十一 | 二十二 | 二十三 太子丹質于秦亡來歸 |
| 二十八 入秦置酒 | 二十九 | 三十 | 三十一 | 三十二 | 三十三 |

讀史記十表 卷三 六國表 三十九

| | | | | | | |
|---|---|---|---|---|---|---|
| 十六 置麗邑發卒受韓南陽地 | 十七 內史騰擊得韓王安盡取其地置潁川郡華陽太后薨 | 十八 | 十九 王翦拔趙虜王遷之邯鄲帝太后薨 | 二十 燕太子使荊軻刺王覺之王翦將擊燕 | 二十一 王賁擊楚 | 二十二 王賁擊魏得其王假盡取其地 |
| 十二 獻城秦 | 十三 | 十四 衛君角元年 | 十五 | 魏王假元年 | 二 | 三 秦虜王假 秦滅魏 |
| 八 秦來受地 | 九 秦虜王安 | 秦滅韓 | | | | |
| 五 地大動 [illegible]名王常山 | 六 | 七 | 八 秦王翦虜王遷邯鄲公子嘉自立為代王 | 代王嘉元年 | 二 | 三 |
| 七 | 八 | 九 | 十 幽王卒弟郝立為哀王三月負芻殺哀王 | 楚王負芻元年 負芻哀王庶兄 | 二 秦大破我取十城 | 三 |
| 二十四 | 二十五 | 二十六 | 二十七 | 二十八 太子丹使荊軻刺秦王秦伐我 | 二十九 秦拔我薊得太子丹王徙遼東 | 三十 |
| 三十四 | 三十五 | 三十六 | 三十七 | 三十八 | 三十九 | 四十 |

二十三 王翦蒙武擊破楚軍殺其將項燕
四
四 秦破我將項燕
三十一
四十一

二十四 王翦蒙武破楚虜其王負芻
五
五 秦虜王負芻
三十二
四十二

二十五 王賁擊燕虜王喜又擊代虜王嘉五月天下大酺
六 秦將王賁虜王嘉秦滅趙
秦滅楚
三十三 秦虜王喜拔遼東
四十三

二十六 王賁擊齊虜王建初并天下立為皇帝
秦滅燕
四十四 秦虜王建

二十七 更命河為德水為金人十二命民曰黔首同天下書分為三十六郡
秦滅齊



二十八 為阿房宮之衡山治馳道帝之琅邪道南郡入為太極廟賜户三十爵一級

二十九 郡縣大索十日帝之琅邪道上黨入

三十

三十一 更命臘曰嘉平賜黔首里六石米二羊以嘉平大索二十日

三十二 帝之碣石道上郡入

三十三 遣諸逋亡及賈人贅婿略取陸梁為桂林南海象郡以適戍西北取戎為四十四縣徐廣曰一云為三十四縣築長城河上蒙恬將三十萬

三十四 適治獄吏不直者築長城及南方越地覆獄故失

三十五 為直道道九原通甘泉

三十六 徙民于北河榆中耐徙三處徐廣曰一作家拜爵一級石晝下東郡有文言地分

三十七 十月帝之會稽琅邪還至沙丘崩子胡亥立為二世皇帝殺蒙恬道九原入復行錢

二世元年

十月戊寅大赦罪人十一月為兔園十二月就阿房宮其九月郡縣皆反楚兵至戲章邯擊卻之出衛君角為庶人

二

將軍章邯長史司馬欣都尉董翳追楚兵至河誅丞相斯去疾將軍馮劫

三

趙高反二世自殺高立二世兄子嬰子嬰立刺殺高夷三族諸侯入秦嬰降為項羽所殺尋誅羽天下屬漢



## 讀六國表

讀六國表以秦為主周之後漢之先序所謂因秦紀踵春秋後表六國時事是也

冠周于上周雖衰未亡也至赧王五十九年卒而絕不即予秦者秦未并天下也蓋闕不書王者三十三年始皇二十八年六國皆滅乃書其年于上以代周

東周西周不書王以自貶為君卑若縣鄙不成王也

周無事可書書齊威王朝周兩書賀秦書致胙于秦書諸侯會致伯秦秦代周之徵也書九鼎震亡徵也書王子定奔晉王室難也書東周惠公斃自貶也于秦表則書曰天子致胙曰天子致伯曰諸侯畢賀曰會諸侯于澤朝天子曰天子賀曰天子致文武胙皆以傷王室而必正其名也曰取西周王曰呂不韋取東西周周始亡然不于周書者不予秦之滅周也

表秦詳于六國何也秦自為一代之制故置官書為賦書作上下畤書塹河築城書為縣書開阡陌

書令吏帶劒爲縣有秩史書行錢書初臘書置丞相書初置三川郡書初置東郡書百姓納粟拜爵書天下大酺書俱在始皇并天下三十八年前蓋先王封建井田周官周禮已盡湮于是矣此太史公微意也

秦滅六國以六國自相滅也表于攻伐拔地納地助擊助滅俱詳載合觀之可以見秦并天下之大機焉

表魏則大書云孟子來特識也王問利對曰君不



可言利載問答者為戰國所無也前表文侯受經子夏同意

魏韓趙三國其始猶表晉晉未亾也晉定公卒其後出公哀公幽公皆表元年而無事可書政不在公室也趙襄子與知伯分范中行又與魏桓子韓康子敗知伯于晉陽三分其地蓋周定王之十五十六年事而晉則為哀公時也至周威烈王二年魏文侯斯元年韓武子元年子景侯虔趙襄子卒弟子嘉立為趙桓子元年卒明年國人立襄子子浣是

爲獻侯于是三國皆紀年而晉無年表魏文侯五年誅晉幽公立其弟止爲晉烈公亦無年表至周威烈王二十三年魏韓趙初列爲諸侯而晉卑矣然晉猶表孝公傾元年又表靜公元年至周安王之二十六年魏韓趙滅晉分晉國晉絕無後然後晉乃亾

齊始平公五年至二十五年宣公立五十一年康公立十九年政皆在田氏也田和始列爲諸侯遷康公海上食一城事在周安王之十六年又六年



康公卒田氏遂并齊而有之太公望之後絕祀而威王始以齊强天下又三年而三晉亦滅其君分晉國先是齊桓公十四年陳完自陳來奔田氏始此也晉景公十二年始置六卿後齊政歸田氏晉六卿强誅公族分其邑各使其子爲大夫晏嬰叔向嘗相與語嬰曰齊政與田氏叔向曰晉公室卑此所謂履霜堅冰至國之大戒也

六國附見之小國凡十秦表之有蜀義渠也魏表之有衛也韓表之有鄭也趙表之有代也有中山

也楚表之有魯也有蔡也莒也齊表之有宋也太史公紀其君多爲書元年何也蜀義渠僻在庸蠻邊鄙小邑莒代亦微而魯宋鄭衛春秋時爲上國蔡爲周親中山又周公之孫西周桓公之子皆枝梧延息于諸雄之側至秦滅蜀義渠韓滅鄭趙與齊燕共滅中山楚滅魯滅莒滅蔡齊滅宋惟魏屢加兵于衛而衛君角至秦二世乃廢爲庶人故表于此皆不沒其年而附著之猶之皋陶庭堅不祀忽諸之慨嘆也昔周之封君蓋八百矣而彊侵弱衆暴寡遂至爲六國一折而胥入秦此戰國二百九十年之大勢也



讀六國表補

讀六國表見當日諸侯賊秦者不過洩一朝之忿媚秦者第以偷旦夕之安未見有能自强爲天吏者觀漢高祖約法三章天下歸心則孟子仁者無敵之言實可見諸事效非迂闊也論者不探其本徒咎六國之不能合力以拒秦于當日事理事情事勢均未之得也

周威烈王二十三年九鼎震是年始命韓趙魏爲諸侯晉三分而秦無敵矣故周亡徵于此也



周表書齊威王朝周非美威王傷周也故不入齊表

周顯王二十六年致伯秦二十七年秦朝周獨書致伯不書朝周者以空名無救于亡也詳書秦表者權在秦也

秦表屢書來賂見秦之好貨邦交之以利也

秦表屢書斬首數萬至數十萬見秦以嗜殺并天下宜乎祚之不永也

日蝕灾異不書于周書于秦表者非獨見于秦分

也以周不足係天下之存亾亦無與天㡳云耳
書五國共擊秦不勝而還繼書齊敗魏趙觀津罪齊也
秦嗣君生或書或不書何也有故則書無則否書生靈公書生獻公書惠公太子生書孝公生本紀載孝公之言曰往者厲躁簡公出子之不寧國家内憂未遑外事諸侯卑秦醜莫大焉故書此見内亂也秦至孝公用商鞅始大
秦昭王二年魏表書秦武王后來歸不書秦表何



也后無罪不與昭襄之出也本紀云武王取魏女爲后無子立異母弟是爲昭襄王卽位二年庶長與大臣諸侯公子爲逆皆誅及惠文后皆不得良死悼武王后出歸魏云及云皆不得良死刑亦濫矣云出歸情亦忍矣故後書宣太后薨譏昭襄之知有母而棄其君母也
后薨不悉書始皇七年書夏太后薨明其所自出夏太后莊襄王母書華陽太后薨明其所從立莊襄以華陽故得立十九年書帝太后薨明其旣還而復也十年書太后入咸陽此外無書后薨者
秦靈公八年書初以君主妻河爲後世敎邪之始
秦惠文王書初叓元年爲後世改元之始
秦始皇四年書納粟拜爵爲後世鬻爵之始
於魏書孟子來于齊不書何也聖賢道旣不行特一表焉不悉也
魏哀王六年書秦來立公子政爲太子譏魏之制於人也
魏昭王六年書芒卯以詐見重譏使詐也



韓表書昭侯不出高門見不善之可前知也
魏獻子韓宣子皆不紀年獨趙襄子紀年何也與智伯分范中行地與韓魏分智伯地釁皆由趙氏地分而晉亾矣故獨入趙表紀年以著之言與者罪襄子也
趙悼襄王齊王建入秦置酒無耻也趙八年入秦九年秦卽取趙九城書此見鄰人之無益也
趙表書烈侯欲賜歌者田徐越侍以仁義乃止見陳善之能閉邪也

趙武靈王五年書取韓女爲夫人十六年書吳廣入女生子何立爲惠后二十五年書惠后卒獨詳何也按世家武靈十六年夢見處女鼓琴而歌數言其狀吳廣聞之因納其女娃嬴有寵生子何二十七年乃廢太子章立何爲王傳國吳娃死愛弛憐故太子欲兩王之猶豫未決亂起武靈餓死書此見立寵奪嫡爲亂之本而猶豫更足以召禍也且亦有命焉初簡子夢之帝所有曰余思虞舜之勳將以其胄女孟姚配而七世之孫吳娃孟姚也武靈簡子七世孫也以簡子之夢合武靈之夢數之前定如此夫

蘇秦說六國獨入燕表何也以燕之亡國所由也三晉滅其君獨入齊表何也傷齊晉之同絕也

齊康公表載二十六年按田世家云康公十九年田和立爲齊侯稱元年二年和卒子桓公午立六年卒子威王因齊立則康公旣遷田氏已紀元矣而表猶紀康公之年迨康公卒乃書威王元年此史公書法也爲後來綱目書漢昭烈唐嗣聖之本



秦表丞相悉書魏表書卜相書中山君爲相書封無忌信陵君韓表書盜殺相俠累書申不害相趙表書以公子勝爲相封平原君楚表書張儀來相書黃歇爲相齊表書以鄒忌爲成侯書孟嘗君歸相齊凡此見相之重也

秦表書樗里子擊蒲陽虜長章擊楚司馬錯誅蜀任鄙守漢中白起擊伊闕擊楚擊魏破趙蒙武擊齊蒙驁擊趙擊韓破魏王齮擊上黨桓齮擊平陽內史騰取韓王翦拔趙破楚王負芻虜魏燕齊君魏表書齊殺將軍龐涓書秦虜公子卬韓表書秦得將軍申差書虜將喜書敗暴鳶趙表書秦敗將軍英書虜將趙莊書藺相如攻齊書趙奢大敗秦書廉頗拒秦書趙括代頗白起破括四十萬書秦敗扈輒楚表書秦敗我將屈匄書敗將軍唐眛書殺景闕書破我將項燕燕表書田單拔我中陽書趙破我殺栗腹書劇辛死于趙齊表書田忌田嬰田盼將孫子爲師書殺騎劫凡此見將之重也

取地與地必書見土地爲彊弱之由六國之割地

請和者真失策也

書迎女逆姻書夫人來書取女爲夫人見姻好之邦干戈隨之和親之不足恃如此後之議以此和匈奴者愚甚也

書滅杞滅莒不紋其君之年杞世家有云微甚不足數也

秦昭王五十二年取西周王是年楚考烈王取魯秦莊襄王元年取東西周周絕是年楚滅魯魯絕周魯之相爲存亡如此也



諸侯僭稱王自楚外齊威王二十六年首稱王魏襄王元年與諸侯會徐州以相王秦惠文王十三年稱王韓宣惠十年稱王燕易王十年稱王宋君偃十一年亦稱王中山亦稱王國策中山與燕趙爲王惟趙武靈王八年五國相王魏韓趙楚燕趙獨否曰無其實敢處其名乎令國人稱君尊亦稱王未紀其年至秦昭王十九年十月爲西帝十二月復爲王齊湣王三十六年爲東帝二月復爲王無其實處其名何取乎爾吁周王也後稱君衛侯也貶號曰君彊弱之勢至易名號可嘅也

存疑

秦惠文王十三年四月戊午魏君爲王按周本紀及齊世家楚世家俱載秦惠王稱王在十三年而秦世家獨未載稱王事惟惠王四年言齊魏爲王十三年又言四月戊午魏君爲王韓亦爲王據此魏稱王既在惠王四年不應又在十三年韓是年亦未嘗稱王則秦世家與表俱有誤也還以周本紀齊楚世家謂是年秦初稱王爲是



魏韓趙始列爲諸侯宜入周表不應獨書楚表疑誤

晉世家云出公十七年智伯與魏韓趙共分范中行地以爲邑出公怒表載襄子四年與趙世家同按襄子四年乃晉哀公三年既非出公時表又但書與智伯分范中行地不及韓魏疑有誤

趙表載衛莊公飲大夫酒云云按左傳魯哀公二十五年衛侯爲靈臺于藉圃與諸大夫飲褚師聲而登席公怒因攻公公奔宋是出公事諸本皆作莊

公悞且當附入魏表入趙表亦悞
越世家云楚威王大敗越殺王無疆盡取故吳地北破齊于徐州而越以此散楚表但載圍齊于徐州不書威越疑闕
周赧王五十九年西周君奔秦盡獻其邑秦受獻歸其君于周周君王赧卒索隱正義皆謂西周君即西周武公也通鑑綱目則書王入秦盡獻其地歸而卒是西周君即周赧王非西周武公按周自敬王遷都成周號東周至考王封弟揭于河南都



王城是爲河南桓公貫西周之始時則東有王西有公而東西之名未立至桓公孫惠公別封其少子班于鞏以奉王號東周惠公（没亦謚惠）是則有東西二周公二公雖各有食邑而周尚爲一顯王二年趙成侯與韓攻周分周以爲兩事載趙世家周本紀云王赧時東西周分治王赧徙都西周則爲西周王或以其微弱亦稱西周君而索隱釋本紀周君王赧卒云周君指武公此時與王赧皆卒故連言之于文義未安秦昭王五十二年表書取西周王明指赧王莊襄元年表書取東西周明指二周公又周本紀云王赧卒周民東亡秦遷西周公于惡狐後七歲秦莊襄王滅東西周東西周皆入于秦秦本紀則云東周君與諸侯謀秦秦使呂不韋誅之盡入其國不絕其祀以陽人地賜周君是時西周公已遷惡狐見于周本紀故秦本紀畧之也且本紀載王赧徙都西周既云徙都必有國邑索隱寄居西周之說亦未當也
衛世家昭公時三晉强衛如小侯屬之正義曰屬



趙按世家懷君三十一年朝魏魏殺懷君更立其弟爲元君元君十四年秦拔魏東地更徙衛野王并濮陽爲東郡則衛屬魏不屬趙也故附魏表鄭附韓中山附趙魯蔡附楚宋附齊皆爲所滅故也
魏表衛出公二十一年衛悼公立衛世家同索隱曰出公初立十二年亡在外四年復入九年是爲二十一年按左傳魯哀公十八年衛石圃逐其君起輒復歸哀公二十五年衛諸大夫攻公公出奔衛人立悼公輒遂卒于越則輒之後立僅八年年

表世家皆誤索隱以初立十二年後入九年附會之尤誤

趙桓子元年索隱曰桓子嘉襄子弟也元年卒明年國人共立襄子子獻侯晚按趙世家襄子兄伯魯之不立也伯魯襄子兄故太子廢必欲傳位伯魯子代成君成君死乃取成君子浣立為太子襄子卒浣立是為獻侯襄子弟桓子逐獻侯自立一年卒國人復迎立獻侯則獻侯襄子兄之孫索隱以為襄子子誤矣晚一本作脫疑浣字之訛



趙表武靈王二十五年惠后卒趙世家索隱註云謂前太子章之母惠文王之嫡母也按此惠后即吳娃惠文王之母故下文云吳娃死愛弛孝成二年惠文后卒乃惠文王之后孝成王之母所謂太后不肯以長安君為質者也索隱誤以惠文后為吳娃為惠文王之母因以惠后為惠文王之嫡母乃以下書吳娃死為誤不亦疎乎

燕表君噲及相子之皆死徐廣註世家曰年表云君噲及太子相子之皆死索隱云年表誤按今本俱無太子字將徐廣索隱所見之本不同耶書傳既久幾開舛誤大率可見故信以傳信疑以存疑不得妄為之說也

讀史記十表卷之四

古秦 汪越 徐克范 訂正

秦楚之際月表第四

太史公讀秦楚之際曰初作難發于陳涉虐戾滅秦自項氏撥亂誅暴平定海內卒踐帝祚成于漢家五年之閒號令三嬗按五年指漢王始封及為帝凡五年自亭云八年則統二世三年言之自生民以來未始有受命若斯之亟也昔虞夏之興積善累功數十年德洽百姓攝行政事考之于天



然後在位湯武之王乃由契后稷修仁行義十餘世不期而會孟津八百諸侯猶以為未可其後乃放弒秦起襄公章于文繆獻孝之後稍以蠶食六國百有餘載至始皇乃能并冠帶之倫以德若彼用力如此盛一統若斯之難也秦既稱帝患兵革不休以有諸侯也于是無尺土之封墮壞名城銷鋒鏑鉏豪傑維萬世之安然王跡之興起于閭巷合從討伐軼于三代鄉秦之禁適足以資賢者為驅除難耳故憤發其所為天下雄安在無土不王白虎通曰聖人無土不王使舜不遭堯當如夫

予老于此乃傳之所謂大聖乎豈非天哉豈非天哉闕當也非大聖孰能當此受命而帝者乎

起秦二世元年楚隱王陳涉至西楚項羽亡為秦楚之際凡五年



| | | | |
|---|---|---|---|
| 秦 | 二世元年 徐廣曰壬辰 | 七月 | 八月 |
| 楚 | | 楚隱王陳涉起兵入秦○按舊本諸國始立家隱各續後事所表所有故不載 | 二 葛嬰為涉徇九江立襄彊為楚王○索 |
| 項 | | | |
| 趙 | | | 武臣始至邯鄲自立為趙王始 |
| 齊 | | | |
| 漢 | | | |
| 燕 | | | |
| 魏 | | | |
| 韓 | | | |

讀史記十表　卷四　秦楚之際月表　三

陸司涉之二月也

九月　楚兵至戲
三　周文兵至戲敗走　葛嬰聞涉王即殺彊(?)
項梁號武信君　二
齊王田儋始起　狄人　田榮儋從弟　弟橫
沛公初起
韓廣為趙略地至薊自立為燕王始
魏王咎始咎在陳不得歸國○涂(?)齊魏咎字作咎(?)

二年
十月
四　誅葛嬰
二
三
二　儋之起殺狄令自王
二　擊胡陵方與破秦監軍
二
二

十一月
五　周文死
三
四　李良殺武臣張耳陳餘走
三
三　殺泗水守將薛西周市東略地豐沛間
三
三　齊趙共立周市市不肯曰必立魏咎云

十二月
六　陳涉死
四
五
四
四　雍齒叛沛公以豐降魏沛公還攻豐不能下
四
四　咎自陳歸立陳涉死

讀史記十表　卷四　秦楚之際月表　四

端月　索隱曰二世二年正月也秦諱正謂之端(?)
五　涉將召平矯拜項梁為楚柱國急西擊秦
趙王歇　五　始立張耳陳餘以趙歇為王○王不(?)請(?)在留往從與擊秦軍碭
索隱曰項羽立為代王后徙(?)
五　景駒沛公聞景駒王在留往從與擊秦軍碭　西(?)○徐廣曰一作濟(?)
五
五　辛卯已破涉閒咎臨濟

二月
二　嘉為上將軍
六　梁渡江陳嬰黥布皆屬
二
六　景駒使公孫慶讓齊誅慶
六　攻下碭收得兵六千與故凡九千人
六
六

三月
三
七
三
七
七　攻下
七
七

四月
四　梁擊殺景駒秦嘉遂入薛兵十餘萬眾
八
四
八
八　沛公如薛見項梁梁益沛公卒五千擊豐拔之
八
八　臨濟急周市如齊楚請救

邑遂擊豐不拔聞項梁兵眾往請擊豐

五月
五
九
五
九
九　雍齒奔魏
九
九

| | | | | | | | | |
|---|---|---|---|---|---|---|---|---|
| 六月 | 楚懷王始都盱台故懷王孫梁立之。索隱曰懷王孫名心 | 十 梁求楚懷王孫得之民間立為楚王 | 六 | 十 儋救臨濟章邯殺田儋榮走東阿 | 十 沛公如薛共立楚懷王 | 十 | 十 咎自殺臨濟降秦 | 韓王成韓始。索隱曰項羽更王之不使就封數月殺之立鄭昌為韓王降漢漢封韓信為王 |
| 七月 | 二 陳嬰為柱國 | 十一 天大雨三月不見星 | 七 | 十一 齊立田假為王秦急圍榮東阿 | 十一 沛公與項羽北救東阿破秦軍濮陽東屠城陽 | 十一 | 十一 咎弟豹走東阿 | 二 |



| | | | | | | | | |
|---|---|---|---|---|---|---|---|---|
| 八月 | 三 | 十二 救東阿破秦軍乘勝至定陶項梁有驕色 | 八 | 楚救榮榮得解歸逐田假立儋子市為齊王始 | 十二 沛公與項羽西略地斬三川守李由于雍丘 | 十二 | 十二 | 三 |
| 九月 | 四 徙都彭城 | 十三 章邯破殺項梁于定陶項羽恐還軍彭城 | 九 | 二 田假走楚楚趣齊救趙田榮以假故不肯 | 十三 沛公聞項梁死還軍從懷王軍于碭 | 十三 | 魏豹自立為魏王都平陽始 | 四 |

| | | | | | | | | |
|---|---|---|---|---|---|---|---|---|
| 後九月 徐廣曰恩閏建酉 | 五 拜宋義為上將軍 | 懷王封項羽于魯為次將屬宋義北救趙 | 十 秦軍圍歇鉅鹿陳餘出收兵 | 三 齊救假乃出兵項羽怒田榮。按列傳榮使楚殺假趙肯出兵楚不聽此云救假悞 | 十四 懷王封沛公為武安侯將碭郡兵西約先至咸陽王之 | 十四 | 二 | 五 |
| 三年十月 | 六 | 二 | 十一 章邯破邯鄲徙其民于河內 | 四 齊將田都叛榮往助項羽救趙 | 十五 攻破東郡尉及王離軍于成武南 | 十五 使將臧荼救趙 | 三 | 六 從項羽略入關 |



| | | | | | | | | |
|---|---|---|---|---|---|---|---|---|
| 十一月 | 七 拜籍上將軍 | 三 羽矯殺宋義將其兵渡河救鉅鹿 | 十二 | 五 | 十六 | 十六 | 四 | 七 |
| 十二月 | 八 | 四 大破秦軍鉅鹿下諸侯將皆屬項羽 | 十三 楚救至秦圍解 | 六 故齊王建孫田安下濟北從項羽救趙 | 十七 救趙至栗得皇訢武蒲軍與秦軍戰破之 | 十七 | 五 豹救趙 | 八 |

| | | | | | | | | |
|---|---|---|---|---|---|---|---|---|
| 端月 | 九 | 五 虜秦將王離 | 十四 張耳怒陳餘棄將印去 | 七 | 十八 | 十八 | 六 | 九 |
| 二月 | 十 | 六 攻破章邯章邯軍卻 | 十五 | 八 | 十九 得彭越軍昌邑襲陳留用酈食其策軍得積粟 | 十九 | 七 | 十 |
| 三月 | 十一 | 七 | 十六 | 九 | 二十 攻開封破秦將楊熊熊走滎陽秦斬熊以徇 | 二十 | 八 | 十一 |
| 四月 | 十二 | 八 楚急攻章邯章邯恐使長史欣歸秦請兵趙高讓之 | 十七 | 十 | 二十一 攻潁陽略韓地北絕河津 | 二十一 | 九 | 十二 |
| 五月 | 二年 一月 | 九 趙高欲誅欣 | 十八 | 十一 | 二十二 | 二十二 | 十 | 十三 |



| | | | | | | | | |
|---|---|---|---|---|---|---|---|---|
| | | 欣恐亡走告章邯謀叛秦 | | | | | | |
| 六月 | 二 | 十 章邯與楚約降未定項羽許而擊之 | 十九 張耳從楚西入秦 | 十二 | 二十三 攻南陽守齮破之陽城郭東。徐廣曰陽城在南陽 | 二十三 | 十一 | 十四 |
| 七月 | 三 | 十一 項羽與章邯期殷虛章邯等已降與盟以邯為雍王 | 二十 | 十三 | 二十四 降下南陽封其守齮 | 二十四 | 十二 | 十五 申陽下河南降楚 |
| 八月 趙高殺二世 | 四 | 十二 以秦降都尉翳長史欣為上將將秦降軍 | 二十一 趙王歇留國陳餘亡居南皮 | 十四 | 二十五 攻武關破之 | 二十五 | 十三 | 十六 |
| 九月 子嬰為王 | 五 | 十三 | 二十二 | 十五 | 二十六 攻下嶢及藍田以留侯策不戰皆降 | 二十六 | 十四 | 十七 |

十月 徐廣曰歲在乙未
六
十四 項羽將諸侯兵四十餘萬行略地西至于河南
三十三 張耳從楚西入秦
十六
二十七 漢元年秦王子嬰降沛公入破咸陽平秦還軍霸上待諸侯約
二十七
十五 從項羽略地遂入關
十八

十一月
七
十五 羽詐阬殺秦降卒二十萬人于新安
二十四
十七
二十八 沛公出令三章秦民大悅
二十八
十六
十九

十二月
八
十六 至關中誅秦王子嬰屠燒咸陽分天下立諸侯
二十五 分趙為代國
十八 項羽怒榮叛之分齊為三國○索隱曰臨淄濟北膠東
二十九 與項羽有郤見之戲下辭解羽倍約分關中為四國○索隱曰漢雍塞翟
二十九 臧荼從入分燕為二國○索隱曰燕遼東也
十七 分魏為殷國
二十 分韓為河南國

義帝元年
九 諸侯尊懷王為義帝
十七 項籍自立為西楚霸王
分楚為四 分為衡山
分為臨江
分為九江
二十六 更名為常山
分為代
十九 更名為臨菑
分為濟北
分為膠東
正月 分關中為漢
分關中為雍
分關中為塞
分關中為翟
三十 燕
分為遼東
十八 更為西魏
分為殷
二十一 韓
分為河南



二 徙都江南郴
西楚主伯項籍始為天下主命立十八王
○按舊本此下索隱所引漢書云一月及應劭之說無所取義故不載
王吳芮始故番君
王共敖始故楚柱國
王英布始故楚將
王張耳始故楚將○索隱曰故趙相
二十七 王趙歇始故趙王
王田都始故齊將
王田安始故齊將
二十 王田市始故齊王
二月 漢王始故沛公
王章邯始故秦將
王司馬欣始故秦將
王董翳始故秦將
王臧荼始故燕將
三十一 王韓廣始故燕王
十九 王魏豹始故魏王
王司馬卬始故趙將
二十二 王韓成始故韓將○索隱曰故韓王
王申陽始故楚將

三
二 都彭城
二 都江都
二 都邾
二 都江陵
二 都六
二 都襄國
二十八 都代
二 都臨菑
二 都博陽
二十一 都即墨
三月 都南鄭
二 都廢丘
二 都櫟陽
二 都高奴
二 都薊
三十二 都無終
二十 都平陽
二 都朝歌
二十三 都陽翟
二 都洛陽

四 五
三 諸侯罷戲下兵皆之國 四
三 四
三 四
三 四
三 四
二 十九 三 十
三 四 田榮擊部都
三 四
二 十二 二 十三
四 月 五 月
三 四
三 四
三 四
三 四
三 十三 四 十
二 十一 二 十
三 四
二 十四 二 十五
三 四

讀史記十表 卷四 秦楚之際月表 十一

五 六
五 六
五 六
五 六
五 六
五 六
三 十一 三 十二
卒楚 五 齊王田榮始故齊相 二
五 六 田榮擊殺
二 十四 田榮擊殺市 屬齊
六 月 七 月
五 六
五 六
五 六
五 六
三 十五 三 十六
二 十三 二 十四
五 六
二 十六 二 十七 項羽
五 六

八 九
七 八
七 八
七 八
七 八
七 八
三 十三 三
三 四
安 七 齊屬
八 月 九
七 邯守廢丘漢圍之 八
七 欣降漢國除 屬
七 翳降漢國除 屬
七 八
三 十七 臧荼擊殺廣無終滅之 屬
二 十五 二
七 八
誅成 二 十八 韓王鄭昌始項王立之 二
七 八

讀史記十表 卷四 秦楚之際月表 十二

十 項羽滅義帝○索隱曰
九
九
九
九
九 耳降漢
十四 三 十五 歌復王趙
五
月 二 年十月王至陝○徐廣
九
漢為河南上郡
漢為上郡
九
臻
十六 二 十七
九
五
九

讀史記十表 卷四 秦楚之際月表 十三

| | |
|---|---|
| 羽使九江王布殺之漢王為舉哀 | |
| | 廿 |
| | 十 |
| | 十 |
| | 十 |
| | 三十六 |
| | 六 |
| 曰弘農陝縣 | |
| | 十一月 |
| | 十漢拔 |
| | 十 |
| | 二十八 |
| | 十 |
| | 韓王信 |
| | 屬漢為 |

| | |
|---|---|
| | 十一 |
| | 十一 |
| | 十一 |
| | 十一 |
| | 以陳餘為代王號成安 |
| 代王歇還王趙 | 三十七 |
| | 七 |
| | 十二月 |
| 我隴西 | 十一 |
| | 十一 |
| | 二十九 |
| | 十一 |
| 始漢立之 | 二 |
| 河南郡 | |

讀史記十表 卷四 秦楚之際月表 十四

| | | |
|---|---|---|
| 十三 | | 二年 |
| 十二 | | 二年 |
| 十二 | | 十三 |
| 十二 | | 二年 |
| 君二 | | 三 |
| 三十八 | | 三十 |
| 八項籍擊榮走平原平原民殺之 | | 項籍 |
| 正月 | | 二月 |
| 十二漢拔我北城 | | 二年 |
| 十二 | | 二年 |
| 三十 | | 三十 |
| 十二 | | 十三 |
| 二 | | 四 |

| | |
|---|---|
| 一月 | 二 |
| 一月 | 二 |
| | 十四 |
| 一月 | 二 |
| | 四 |
| 九 | 四十 |
| 立故齊王田假為齊王 | 二田榮弟橫反城 |
| | 三月王擊歿 |
| 一月 | 二 |
| 一月 | 二 |
| 一 | 三十二降漢為齊 |
| | 十四降漢邛齊 |
| | 五 |

三 項羽以兵三萬破 漢兵五十六萬 四 五
三 四 五
十五 十六 十七
三 四 五
五 六 七
四十一 四十二 四十三
閒擊殺走楚楚陵殺 三 齊王田廣始負余 丁橫立之 二 三
四月王伐楚至彭城 撓定 五月王走滎陽 六月王
三 四 五漢援
三 四 五
王 三十三 從漢伐楚 三十四 豹歸叛漢 三十五
為河內郡屬漢
六 從漢伐楚 七 八



六 七 八
六 七 八
十八 十九 二十
六 七 八
八 九 十
四十四 四十五 四十六
四 五 六
入關立太子復如滎陽 七月 八月 九月
邯廢丘 屬漢為隴西北地 中地郡
六 七 八
三十六 三十七 三十八 漢將韓信虜豹
九 十 十一

九 十
九 十
二十一 二十二
九 十
十一 十二 漢將薛
四十七 四十八 漢戚
七 八
後九月○徐廣曰應閏建己三年十月
九 十
屬漢為河東上黨郡
十二 二年一月

十一 十二
十一 十二
二十三 二十四
信斬陳餘 十一 十二 布身降
歇立張耳屬漢為郡 十三 屬漢為太原
九 十
十一月 十二月
十一 十二
二 三



三年一月 二 三 四
三年一月 二 三 四
二十五 二十六 二十七 二
漢地屬項籍
郡
十一 十二 十三 十
正月 二月 三月 四
三年一月 二 三 四
四 五 六 七

五 六 七
五 六 七
八十 二十九 三十 三十一王敖
四 十五 十六 十七
月楚圍王滎陽 五月 六月王出滎陽○
五 六 七
八 九 十

讀史記十表 卷四 秦楚之際月表 十九

八 九 十 十一漢將薛

八 九 十 十一

歇 臨江王驩始敖子 二 三 四

趙王張耳始

十八 十九 二十 二十一漢將

徐廣曰項羽高紀七月出滎陽八月周苛縱公殺魏豹九月四年十月十一月

八 九 十 十一

十一 十二 三年一月 二

讀史記十表 卷四 秦楚之際月表 二十

信破殺龍且 十二 四年一月 二 三漢御史周苛入楚

十二 四年一月 二 三

五 六 七 八

漢立之 二 三 四 五

韓信擊殺廣屬漢為郡 齊王韓信始漢立之 二

十二月 正月 二月立信王齊 三月周苛入楚

十二 四年一月 二 三

二 四 五 六

讀史記十表　表四　秦楚之際月表　廿一

四　五　六　七
四　五　六　七
九　十　十一　十二
淮南王英布始立
六　七　八
三　四　五　六
四月王出滎陽豹亥○徐廣曰項羽紀曰　王出成皋　五月　六月　七月立布為淮南王
四　五　六　七
七　八　九　十

讀史記十表　表四　秦楚之際月表　廿二

八　九　十　十一　十二誅籍　齊王韓信徙楚王
八　九　十一　十一　十二　十三徙王長沙
十三　十四　十五　十六　十七漢虜驩屬漢為南郡
之二　三　四　五　六　七淮南國
十　十一　十二　二年一月　二　三趙國
七　八　九　十　十一　十二徙王楚為漢
八月　九月太公呂后歸自楚　五年十月　十一月　十二月　正月殺項籍天下
八　九　十　十一　十二　五年一月
從置梁國
十一　十二　四年一月　二　三　四韓王信徙王代
分臨江為長沙國

讀史記十表　卷四　秦楚之際月表　二十三

二
屬淮南國
八
四
南四郡
平諸侯臣屬漢二月甲午王更號即皇帝位于
二
一月梁王彭越始
川馬邑
五
衡山王吳芮為長沙王○索隱

三　四　五　六　七
九　十　十一　十二　二年一
五　六　七　八　九耳敖
定陶
三月　四月　五月　六月　帝入關　七月
三　四　五　六　七
二　三　四　五　六
六　七　八　九　十
曰故封也
二　三　四　五
謚說

讀史記十表　卷四　秦楚之際月表　廿四

八
九王得故項羽將
月
二
三
諡渠王趙王張敖立耳子
二
八月
九月
八
九反漢虜荼
七
八
十一
十二
王方
長沙成王臣始芮子
二

十
鍾離昧以聞
四
三
後九月○徐廣曰[illegible]閭[illegible]寅
燕王盧綰始漢太尉
九
五
年一月
三
卷四終

讀秦楚之際月表

讀秦楚之際月表以漢爲主六國表末已書天下屬漢明正統也

索隱云張晏曰時天下未定參錯變易不可以年紀故別其月按秦楚之際擾攘僭篡渾亂又促故以月記事而名表也

冠秦于上非尊秦也天下共苦秦欲亡之而漢受命猶後必起秦而次及義帝至義帝爲項羽所殺闕不書帝號凡四十有一月者天下未一也至漢



五年殺項籍天下平諸侯臣屬漢二月王更號即皇帝位然後大統有歸太史公全注意在漢漢書異姓諸侯王表序亦云據漢受命譜十八王月而列之天下一統乃以年數

沛公入咸陽即表曰漢元年何也子嬰已降秦亡矣約法三章秦民大悅惟恐沛公不王是漢之受命有天下決諸此也周赧王卒東西周亡而太史公不遽予秦必待六王畢而後許秦代周漢之代秦雖之何速益特筆也

讀秦楚之際月表當續六國表觀其時勢秦亡形已成六國滅而復起然齊三田韓成之外皆非六國後也特以六國爲名耳項梁立懷王羽尊之爲義帝欲以義帝爲名也且漢亦豈終臣義帝者哉羽殺義帝自假漢以出師之名也初懷王封羽爲次將屬宋義封沛公爲武安侯將碭郡兵楚漢雌雄始奏于此而有先入關者王之之約當是特諸侯受秦兵則相救各畧地以自廣志未嘗不在天下也鉅鹿之戰楚兵威震天下諸侯皆倚楚爲勍然最先入能亡秦者沛公也沛公入關子嬰降遂



除秦苛法還軍霸上待諸侯項羽入關誅子嬰阬秦降卒二十萬屠燒咸陽諸侯未嘗心服而主命分王帖然聽之者徒以挾義帝爲名也太史公月表進漢元年于入秦之初夫入秦之月猶未有漢而表漢元年于此又二月項羽入秦又一月始尊懷王爲義帝元年沛公始王漢中都南鄭然則先後將牴牾歟曰不然也天下不可一日無主故秦亡則進漢以明有統此太史公微意在筆墨蹊徑之外者顧史以記實而是時主命分王者西楚也

挾義帝以爲名則卽以其名奉之非諸侯之得已
也夫空名何啻弁髦然不可以假借義無予西楚
故寧予義帝予義帝猶曰空名若予西楚則何名
予且帝王舉動必以其正漢誠有天下何必汲汲
自王予故表漢于十八王之中者謂紀時事之實
且以戒後之人以數州土而盜名字者

諸侯起皆自王必皆各有元年而太史公但云秦
楚之際月表以正朔爲天子有天下所布令諸侯
各自王行于其所割據之土此而已故不許其元



而以月表其義例嚴矣惟秦未亡之先則記二世
元年義帝諸侯所共立則記義帝元年實則惟漢
元年爲此表之主也

班固異姓諸侯王表冠漢元年下列諸國不書義
帝尊漢也漢書一朝之體司馬遷作此表進漢元
年于入秦之初而王漢中必書義帝元年以爲非
一代之書不得而不詳其實也

嘗疑月表中諸侯亦有記年者何哉其就國之年
亦未嘗表元年也如西楚霸王二年一月同時有
衡山王吳芮二年一月九江王英布二年一月關
中雍王章邯二年一月燕王臧荼二年一月一也
西楚三年一月同時有衡山王三年一月燕王三
年一月二也項羽誅韓成立鄭昌漢立韓王信信
從漢伐楚故韓王信有二年一月三年一月三也
西楚四年一月同時有衡山四年一月燕四年一
月四也韓王信有四年一月五也漢立趙王張耳
有二年一月六也項籍誅後燕有五年一月七也
九江王英布身降漢地屬項籍漢立爲淮南王籍



誅後淮南有二年一月八也漢徙韓王信爲代王
有五年一月九也自義帝元年十八王就封以來
各自紀其年耳意亦别有據依太史公閒存之而
未削與然諸國之年參錯不齊因其就國之先後
非天下一統之正朔故不得而盡同也

秦以建亥爲歲首凡言一月端月正月者皆十月
也漢至武帝太初元年始用夏正

表言秦楚之際不言秦漢之際者秦無道天下共
亡之漢因滅秦不得獨言秦漢之際也西楚雖主

命分王諸侯與漢爭天下而漢踣之然漢得天下于秦及趙齊燕韓魏非苐得之于楚也且楚與項固非一也陳涉初起王楚葛嬰立襄彊亦王楚秦嘉立景駒亦王楚至項梁求懷王孫于民間亦立以爲懷王王楚其後楚漢相爭惟滎陽成皋垓下諸大戰乃獨項氏耳故亦不得獨言楚漢之際也二世元年同起兵者楚其一也次項次趙次齊次乃漢次燕次魏次韓凡八國而十三其姓表首列于下冠以秦年而諸侯不年者無統也積之至秦



亾有八月者十六月者十八月者二十月者二十五月者二十九月者各參錯不齊也義帝元年同就封者凡十有八楚分爲四西楚其一也次衡山臨江九江也趙更名常山分爲代是二也齊分爲三臨淄濟北膠東也關中分爲四漢其一也餘則雍塞翟也燕分爲遼東是二也西魏分爲殷韓分爲河南亦皆二也表列其始封姓名而曰故其王故某將故某官又曰都某地至漢誅籍即皇帝位于定陶諸侯畧盡其月亦各參錯不齊也今合爲一表歷歷指掌分明此特創于子長爲後來史家法

茅坤曰讀秦楚月表海內土崩鼎沸之始末甚矣其可累欷太息也而彼眞人者翱翔其間一切撥亂世反之正若轉圜然豈非神武而聖者乎按此語極得太史公尊漢之旨

索隱云趙歇前爲趙已二十六月今始王代之二月故云二十九月其膠東市之前爲齊三十九月韓廣魏豹韓成三人並先爲王已經多月故因舊月而載



按此知月表但以月爲主不編年也韓廣三十一月魏豹十九月韓成二十二月通前積月計之餘皆以受封就國之第二月起不數舊月也

凡表諸國前從楚入秦後從漢伐楚盡諸侯向背之機漢取天下善因而用之此高祖五年以前天下之大勢也

讀秦楚之際月表補

從來紀年必以正朔如秦以十月爲正朔每起十月訖九月以成一歲楚懷王之立在二世二年六月乃不依秦月而以一月起數適十二月復起懷王二年九月立爲義帝其一歲之月未適即紀元年起月是不復有正𦳝矣故諸國俱以始事之月起數其十八王雖同時封而據歐田市韓廣魏豹韓成及漢王仍累前月不同義帝即其同者義帝既滅之後猶各紀年月益以非正朔故不共遵故



謂之月表惟漢適當秦之十月至霸上子嬰降始稱元年遂依秦曆十月爲歲首以九月爲尾以後九月爲閏至五年成帝于是正朔乃一既以子嬰降書漢元年又大書義帝元年于秦後者義帝固楚漢諸侯所共立受命者書漢元年者明漢興所由始書義帝元年者明漢猶未成乎帝也漢至五年即帝位不更起元固以初破秦爲元年表亦錄其實耳非故進之也

秦表端月或云即秦正十月非也秦以建亥爲歲首仍稱十月未嘗以十月爲正月也故表紀年從十月起歷十一月十二月乃有端月則端月爲正月非十月也又按陳涉世家臘月陳王之汝陰其御莊賈殺以降秦張晏曰秦之臘月夏之九月瓚曰建丑之月也索隱曰按月表二世十月誅葛嬰十一月周文死十二月陳涉死瓚說爲是據張晏所云則易月據瓚索隱則不易月胡氏隱元年春王正月傳有不易月不易時之說蔡氏商元祀十有二月傳云三代雖正朔不同然皆以寅月起數



歷舉詩四月維夏六月徂暑及秦十二月更名臘曰嘉平爲証朱子註孟子七八月云夏之五六月綱目紀秦皇及漢太初以前事又皆從冬十月起故先儒或云改時改月或云改月不改時或云時月俱不改紛紛未有定論愚按商書云爰革夏正夫夏正寅也商革之則商正月建丑可知若元祀十有二月孔氏云湯崩踰月太甲即位爲建子之月商禮制未備不得據周禮踰年改元例之孔氏之言未可爲非詩所云四月維夏六月徂暑則漢

書律歷志所謂言歷者仍以夏月是也故左傳卜偃言號滅在九月十月之交晉滅虢在冬十二月丙子周十二月固夏之十月又申須曰火出于夏爲三月于商爲四月于周爲五月又彔僖公五年春王正月辛亥朔日南至漢書律歷志載彔諸公冬至俱春正月冬至在十一月此一定者參之正月其爲改月明矣至胡氏謂周建子非春夫子以夏時冠周月尤非朱子云正爲建子稱春不順故欲改從建寅耳如胡氏説則周改月不改時夫子



何不云行夏之月而云行夏之時耶是商周時月俱改無可疑者獨秦以建亥爲歲首其書始建國曰元年冬十月夫十月建亥夏月也周十月建酉秦雖繼周不仍周月而用夏月但歲首不以建寅耳不得據秦以例商周漢初仍秦舊武帝太初元年夏五月造太初曆始以春正月建寅爲歲首

楚項一耳特分書之者楚始陳涉繼景句繼懷王項故楚將既立懷王又不奉命故別項于楚義帝既亡乃稱項爲楚也

立義帝者項氏書諸侯尊懷王爲義帝衆所奉不與項氏之得立也徙義帝于郴者項氏書徙都江南郴者帝自徙然者不與項氏之得徙也書項羽滅義帝等篡弒也

月表所載大都諸國戰爭興滅之事獨漢二年六月書立太子或以爲前建國本知所先務非也是時漢敗彭城楚取漢王父母妻子置之軍中漢王使人求家室獨得孝惠立爲太子太子固當立獨不念太公乎何亟亟于此書非予其能知本也譏



忘親也

四年九月書太公呂后歸自楚危之也帝爲天下而幾戮其親微項伯之義謂何豈逆知項伯能解此之乎分羹之語今不忍入于耳也

周苛入楚並書楚表漢表者予節也故以官繫之

存疑

史公記事必簡而明不應作歇後語如周苛之入楚也因楚下滎陽生得周苛項王以上將炎之苛罵項王不屈王怒烹之入楚下疑闕烹之字

漢四年四月書王出滎陽豹疙未審豹爲何人若云魏豹三年八月已書周苛樅公殺豹或以此誤耶



讀史記十表卷之五

古春穀 汪越
徐克范 訂正

漢興以來諸侯年表第五

索隱曰應劭云雖名爲王其實如古之諸侯

太史公曰殷以前尚矣周封五等公侯伯子男然封伯禽康叔於魯衛地各四百里親親之義褒有德也太公于齊兼五侯地尊勤勞也武王成康所封數百而同姓五十五地上不過百里下三十里以輔衛王室管蔡康叔曹鄭或過或損厲幽之後王室缺侯伯彊國興焉天子微弗能正非德不純形勢弱也漢興序二等韋昭曰漢封功臣大者王小者侯也高祖末年非劉氏而王者若無功上所不置而侯者天下共誅之高祖子弟同姓爲王者九國○徐廣曰齊楚荊淮南燕趙梁代淮陽索隱曰徐氏九國不數吳蓋以吳絕乃封其故也仍以淮陽爲九今案下文所列有十國者以長沙異姓故言九國也唯獨長沙異姓而功臣侯者百有餘人自鴈門太原以東至遼陽爲燕代國常山以南太行左轉度河濟阿甄以東薄海爲齊趙國自陳以西南至九疑東帶江淮穀泗

徐廣曰穀水在沛薄會稽為梁楚吳淮南長沙國皆外接于胡越而內地北距山以東盡諸侯地大者或五六郡連城數十置百官宮觀僭于天子漢獨有三河東郡潁川南陽自江陵以西至蜀北自雲中至隴西與內史正義曰京兆也凡十五郡而公主列侯頗食邑其中何者天下初定骨肉同姓少故廣彊庶孽以鎮撫四海用承衛天子也漢定百年之閒親屬益疏諸侯或驕奢忕邪臣計謀為淫亂索隱曰忕音誓爾雅云忕習也紐亦訓習大者叛逆小者不軌于法以危其命殞身亡國天子觀于上



古然後加惠使諸侯得推恩分子弟國邑索隱曰案武帝用主父偃言而下推恩之令也故齊分為七徐廣曰城陽濟北濟南菑川膠西膠東是分為七趙分為六徐廣曰河間廣川中山常山清河梁分為五徐廣曰濟陰濟川濟東山陽也淮南分三徐廣曰盧江衡山及天子支庶子為王王子支庶為侯百有餘焉吳楚時前後諸侯或以適削地索隱曰適音宅或作謫是以燕代無北邊郡吳淮南長沙無南邊郡如淳曰長沙之南更置郡燕代以北更置緣邊郡其所有饒利兵馬器械三國皆失之也○正義曰景帝時漢境北至燕代燕代之北未列為郡吳長沙之國南至嶺南嶺南越未平亦無南邊郡齊趙梁楚支郡名山陂海咸納于漢諸侯稍微大國不過

十餘城小侯不過數十里上足以奉貢職下足以供養祭祀以蕃輔京師而漢郡八九十形錯諸侯閒犬牙相臨索隱曰錯謂交錯相銜如犬牙秉其阸塞地利彊本幹弱枝葉之勢也尊卑明而萬事各得其所矣臣遷謹記高祖以來至太初諸侯譜其下益損之時令後世得覽形勢雖彊要之以仁義為本

起高祖元年至孝武太初四年



| 高祖元年 | |
| --- | --- |
| 楚 | 索隱曰高祖五年封韓信六年王弟交也 |
| 齊 | 索隱曰四年封韓信六年封子肥 |
| 荊 | 索隱曰六年封劉賈十一年賈為黥布所殺其年 |
| 淮南 | 索隱曰四年封英布十一年反誅立子長 |
| 燕 | 索隱曰五年封盧綰十一年亡入匈奴十二年立 |
| 趙 | 索隱曰四年封張耳其年薨明年子敖立八年廢 |
| 梁 | 索隱曰五年封彭越十一年反誅十二年立子恢 |
| 淮陽 | 索隱曰十一年封子友二年為郡高后元年復為 |
| 代 | 索隱曰二年封韓王信五年降匈奴十一年立子 |
| 長沙 | 索隱曰五年封吳芮六年薨子成王臣立為長沙王 |

讀史記十表 卷五 漢興年表 四

| | |
|---|---|
| 二 | |
| 都彭城 | |
| 都臨菑 | |
| 都吳 | 立吳國封兄子濞也 |
| 都壽春 | |
| 都薊 | 子建也 |
| 都邯鄲 | 為宣平侯九年立子如意 |
| 都淮陽 | |
| 都陳 | 國封惠帝子遥 恒 |
| 十一月初韓王信元年 | |

都馬邑徐廣司本紀及表高祖五年始徙信故韓

讀史記十表 卷五 漢興年表 五

| | | |
|---|---|---|
| 五 | 四 | 三 |
| 齊王信 | | |
| 二 徙 | 初王信元年故相國 | |
| 十月乙丑初王武王英布元年 二 | | |
| 九月壬 王敖元 | 初王張耳元年薨 | |
| 初王彭 | | |
| 四 降 二月乙 | 三 | 二 王張 |

| | |
|---|---|
| 六 | |
| 正月丙午初王元王 | 從為楚王元年反廢 |
| 正月甲子初王郢恩 | 楚 |
| 正月丙午初王劉賈 | |
| 三 | |
| 二 | 子初王盧綰元年 |
| 二 | 年敖耳子 |
| 二 | 越元年 |
| 初王喜元年○按喜 | 四奴國除為郡 |
| 成王濞元年○吳尚 | 未初王文王吳尚元年楚 |

讀史記十表 卷五 漢興年表 六

交元年交高祖弟 七 二 八 三 九 四 來朝

王肥元年肥高祖子 二 三 四 來朝

元年 二 三 四

四 五 六 來朝

三 四 五

三 四 瘵 初王隱王

三 四 五 來朝

高祖兄子 二 三 四 匈奴攻

二 三 四

代伐王棄其國亡歸漢後置代都中都 五 來

如意元年高祖子 二

六 來

五 來
七 來
六 來

五 來

十 五 來

讀史記十表 卷五 漢興年表 七

朝 十六 一

朝 六

朝 反誅 為英布殺國除為郡 六
朝 二十月庚午厲王長元年長高祖子
朝 七 徐廣曰一六十月亡入于匈奴
三

朝 反誅 三月丙午初王恢元年恢高祖子

三月丙寅初王友元年友高祖子
三月丙子初王恒元年恒高祖子
六 朝

更為吳國十月辛丑初王濞元年濞高祖兄仲
二
三月甲午初王靈王建元年建高祖子
四 八

二

二 從趙
二
七

十七 二

七

讀史記十表 卷五 漢興年表 八

孝惠元年

八

八

子故沛侯

二
三
二

淮陽王徙于趙呂后元年是爲幽王

三

爲郡
三
八

九 來朝
三十
四十 一 來朝
五十 二

九 來朝
十
十 一 來朝
十 二

二 四 五 六 來朝
四 五 六 七 來朝
三 四 五 六 來朝
二 三 四 五

四 五 六 七

四 五 六 七
哀王間元年 二 三 四

讀史記十表 卷五 漢興年表 九

高后元年
七 六
四 來朝 十 三十
五十
初置魯國 四月元王張偃元年

十三 哀王恭元年 二

八 七 九 來朝
九 八 十 來朝
八 七 九 來朝
七 六 八 來朝

初置常山國 四月辛卯哀王不疑元年
九 來朝 十 八

初置呂國 四月辛卯呂王台
復置淮陽國 四月辛卯初王懷
九 十 八
六 七 五

高后外孫故趙王敖子
二十
六十
二
三

十
十一
十
九

疑元年薨 七月癸巳初王義
十一

元年薨 十一月癸亥王呂
王強元年 惠帝子 二十
十一
癸王若元年

元年哀王弟孝惠子初名山故襄城侯立為帝

嘉元年嘉肅王子。肅呂台謚

十

三十三　七
四十四　八

四朝來　五

十一　十二
十二　十三
十一　十二
十　十二

二十　二十三
五月丙午初王朝元年朝惠帝子故軹侯

二十二　三十三
三十　四
二　三
二朝來　三



○索隱曰軹縣在河內後文帝以封舅薄昭

十一

五十五　九
六二十六　十
六　七

初置琅邪國

十三朝來　十四
十四　十五
十三　十四
十二　十三

二十四　三十五

四十五　無嗣
四十四　五十五　五

嘉廢七月丙辰呂産元年産
初王武元年武孝惠帝子故

肅王弟故沃侯○索隱曰沃音交〻〻名在沛
壺關侯



七
二十一
七
八
王澤元年故營陵侯索隱曰營陵縣名屬北海
十五
十六
十五絕
十四幽死
四
十六徙王趙自殺王呂產元年
二呂產徙王梁七月丁卯王太元年惠帝子
二
十六
六

八
廿三
八
九
二
十六
十七
十月辛丑初王呂通元年肅王子故東平侯九月
初王呂祿元年呂后兄子胡陵侯誅國除○索隱
五非子誅國除為郡
二有罪誅為郡
二○按呂后紀更名呂曰濟川呂后崩後徙太王梁
三
十七
七



誅國除索隱曰東平縣屬梁國
曰胡陵縣屬山陽
與常山淮陽皆以非惠帝子誅

孝文前元年
廿三
九廢為侯
十薨
初置成陽郡
初置濟北
三徙燕
十七
十八
十月庚戌瑯和王
十月庚戌趙王遂
分為河間都樂陽
初置太原都晉陽
徙置梁國
四武誅國除
十八為文帝
八

讀史記十表　卷五　漢興年表　十四

二
吳王卯元年
文王則元年
二月乙卯景王章元年悼惠王
二月乙卯王興居元年興居悼惠
國除為郡
十八
十九
濟徙菑元年　二　是為敬王厲
元年幽王子　二
二月乙卯初王文王辟彊元年辟彊
二月乙卯初王參元年參文帝子
二月乙卯初王懷王勝元年勝文
二月乙卯初王武元年武文帝子
九

三
二
二
二　子故朱虛侯
二　王子故東牟侯
十　九　來朝
二　十　來朝
康王嘉元年
三
二　趙幽王子遂隱曰辟音壁
二
二　帝子○漢書勝作楫
復置淮陽國
二　徙淮陽
靖王著元年○著漢

讀史記十表　卷五　漢興年表　十五

四
三
三
吳王燕元年
為郡○世家濟北王
二十
二十一
二
四
三
三　更為代王
三
代王武徙淮陽三年
三　太原王參更號為代
二　譽作羌嗣立二年

五　六
四　哀王戊元年
四　五
二　三
反誅地入于漢
廿一　廿二
廿二　廿三　王無後
三　四
五　六
四　五
四　五
四　五
王三年安居太原是為孝王　四　五
三　四

| | | | |
|---|---|---|---|
| | 七 | 八 | 九 |
| | 二 | 三 | 四 |
| | 六 | 七來朝 | 八 |
| | 四 | 五 | 六來朝 |
| | 廿三 | 廿四 | 廿五 |
| 汜河收雍為郡 | | | |
| | 五 | 六來朝 | 七 |
| | 七來朝 | 八 | 九 |
| | 六 | 七來朝 | 八 |
| | 六來朝 | 七 | 八 |
| | 六來朝 | 七 | 八來朝 |
| | 六來朝 | 七 | 八 |
| | 五 | 六 | 七 |

| | | |
|---|---|---|
| 十 | 十一 | 十二 |
| 五 | 六 | 七 |
| 九 | 十 | 十一來朝 |
| 七 | 八從淮南為郡屬齊 | |
| 廿六 | 廿七 | 廿八 |
| | | 城陽王喜徙 |
| 八 | 九 | 十 |
| 十 | 十一 | 十二來朝 |
| 九 | 十 | 十一來朝 |
| 九 | 十來朝薨無後 | 十一淮陽王 |
| 九 | 十來朝徙梁為郡 | |
| 九 | 十來朝 | 十二 |
| 八來朝 | 九 | 十 |



| | | |
|---|---|---|
| | 十三 | 十四 |
| | 八來朝 | 九 |
| | 十二 | 十三 |
| | 廿九 | 三十 |
| 淮南元年 | 二 | 三 |
| | 十一 | 十二來朝 |
| | 十三 | 十四 |
| | 十二 | 十三薨 |
| 武徙梁元年是為孝王 | 十二 | 十三 |
| | 十二 | 十三 |
| | 十一 | 十二 |

| | |
|---|---|
| 十五 | 十六 |
| 十 | 十一 |
| 初置衡山 | 四月丙寅 |
| 十四薨無後 | 四月丙寅 |
| 復置城陽國 | 淮南王喜 |
| 復置濟北國 | 四月丙寅 |
| 分為濟南國 | 四月丙寅 |
| 分為菑川都劇 | 四月丙寅 |
| 分為膠西都宛徐廣曰樂安有宛縣 | 四月丙寅 |
| 分為膠東都即墨 | 四月丙寅 |
| 三十一 | 三十二 |
| 四徙城陽 | 四月丙寅 |
| 十三來朝 | 十四 |
| 十五 | 十六 |
| 哀王福元年薨無後國除為郡 | |
| 初置廬江國 | 四月丙寅 |
| 十四來朝 | 十五 |
| 十四 | 十五 |
| 十三 | 十四 |

後元年 二 三 四
十二 十三 十四 十五
二 王勃元年淮南厲王子故安陽侯 三 四 五
二 孝王將閭元年齊悼惠王子故楊虛侯 三 四來朝 五
十四 徙城陽十三年 十五 十六 十乙
二 初王志元年齊悼惠王子故安都侯 三 四來朝 五來朝
二 初王辟光元年齊悼惠王子故扐侯 三 四來朝 五
三 初王賢元年齊悼惠王子故武城侯 三 四 五
二 初王卬元年齊悼惠王子故平昌侯 三 四 五
二 初王雄渠元年齊悼惠王子故白石侯 三， 四 五
三十 三 三十四 三十五 三十六
二 王安元年淮南厲王子故阜陵侯 三 四 五
十五 十六 十七 十八來朝
十七 十八 十九 二十來朝
二 王賜元年淮南厲王子故陽周侯 三 四 五
十六 十七 十八來朝 十九
十六 十七薨 恭王登元年 二
十五 十六 十七 十八



五 六 七
十六來朝 十七 十八
六 七 八
六 七 八
十八來朝 十九 二十
六 七 八
六來朝 七 八
六 七 八
六來朝 七 八
六 七 八
三十七 三十八 三十九
六 七來朝 八
十九 二十 二十一
廿一 廿二 廿三
六 七 八
二十 廿一來朝 廿二
二 四 五
十九 二十來朝 廿一來朝 薨無後國除

孝景前元年 二
十九 二十來朝
分楚復置魯國
九 十
九 十
廿一 廿二
九 十來朝
九 十
九 十
九 十
九 十
四十 四十一
九 十
二十二 二十三
二十四 二十五來朝
後置河閒國 三月甲寅初王獻
初置廣川都信都 三月甲寅王彭祖
初置中山都盧奴
九 十
廿三 廿四來朝
初置臨江都江都 三月甲寅初王閼
初置汝南 三月甲寅初王非
初置淮陽國 三月甲寅初王餘
六 七
後國除 後置長沙國 三月甲寅定王發

三
二十一 反誅
六月乙亥淄陽王徙菑元
十一
十一
二十 三
十一 徙菑川
十一 反誅
十一 賢反誅濟北王志
十一 反誅 六月乙亥子
十一 反誅
四十二 反誅
十一
二十四
二十六 反誅
二來朝　王德元年景帝子
二來朝　元年景帝子
六月乙亥靖王勝元年景
十一
二十五來朝
二　元年景帝子
二　元年景帝子
二 徙魯　元年景帝子
八
二　元年景帝子

年是為於王
從菑川十一年是為懿王
王端元年景帝子索隱曰謚法能優其德曰于
帝子



四月乙巳立太子□名榮栗姬子因謂之
文王禮元年元王子平陸侯
二來朝
二十 徙濟北廬江王賜徙衡山王元年
懿王壽元年
二十四
衡山王勃徙濟北十二年
為郡
十二
二
四月乙巳初二元年是為孝武帝□名徹不害
初置江都六月乙亥汝南王非為江都王元年是
十二
二十五
為郡
三
三
二
十二 徙衡山國除為郡
二十六
三 薨無後國除為郡
三 徙江都
為郡
二
三

栗太子五　六
二　三
三　四
二　三
二 來朝　三
廿五　廿
十三 薨是為貞王　武王
十三　十
三　四
二　三　諱也
二　三　為易王
十三 來朝　十
廿六 薨　王定
廣川王彭祖徙趙四年是為敬肅王　五
四　五
四 徙趙國除為信都郡
三　四
廿七　廿
徙罷
十　十
四　五

夫朝蒙 | 七 十一月乙丑太子廢。廢為臨
安王道元年
五
四
四
六 | 廿 七
胡元年 | 二
四 | 十 五
五
四 四月丁巳為太子
四
四 | 十 五
國元年 | 二
六
六
五 來朝
八 | 廿 九 來朝
臨江國 | 十一月乙丑初王閼榮元年景帝太子
一 | 十 二
來朝 | 六

江王 | 中元年 | 二
二來朝 | 三
六來朝 | 七
五 | 六
五 | 六
廿 八 | 二 十九來朝
三 | 四
十 六來朝 | 十 七來朝
六 | 七
五 後置膠東國 | 四月乙巳初王康王寄
五 | 六
十 六 | 十 七
三 | 四
七 | 八 來朝
七 | 八 來朝
後置廣川國 | 四月乙巳惠王越元年
六 | 七
| 初置清河都濟陽
三 十 | 三 十一 來朝
子廢為王 | 二 | 三
十 三 | 十 四
七 | 八



三
四
八
七 來朝
七
三 十
五
十 八
元年景帝子 | 八
二
七
十 八
五 來朝
九
九
景帝子 | 二
八
三月丁巳哀王棄元年景帝子
三 十 二
四 坐侵廟壖垣為宮自殺除為南
十 五 來朝
九

四 | 五
五 | 六
九 | 十
八 | 九
八 | 九
三 十一 | 三
六 | 七
十 九 | 二
九 | 十
三 | 四
八 | 九
十 九來朝 | 二
六 | 七
十 | 十
十 | 十
三 | 四
九 來朝 | 十
二 | 三
役置常山國 | 三
三 十三 | 三
都索隱曰壖垣廟垣外之壖地也 | 分
分
分
分
十 六 | 十
十 來朝 | 十

| | | | |
|---|---|---|---|
| | 六 | | 後元元年 |
| 來朝 | 七 | | 八 |
| | 十一 | | 十二 |
| | 十 | | 十一 |
| | 十 | | 十一 |
| 十二 | 三十三薨 | | 頃王延元年索隱同頃音傾 |
| | 八 | | 九 |
| | | | |
| 十 | 二十一 | | 二十二來朝 |
| | 十一 | | 十二 |
| 來朝 | 五 | | 六 |
| | 十 | | 十一 |
| 十 | 二十一 | | 二十二 |
| | 八 | | 九來朝 |
| | 十二 | | 十三來朝 |
| 一 | 十二 | | 十三不朝 |
| | 五 | | 六 |
| | 十一 | | 十二 |
| | 四 | | 五 |
| 月丁巳初王憲王舜元年孝景子 | 二 | | 三 |
| 十四 | 三十五來朝 | 薨 | 恭王買元年孝王子 |
| 爲濟川國 | 五月丙戌初王 | 明元年梁孝王子 | 二 |
| 爲濟東國 | 五月丙戌初王 | 彭離元年梁孝王子 | 二 |
| 爲山陽國 | 五月丙戌初王 | 定元年梁孝王子 | 二 |
| 爲濟陰國 | 五月丙戌初王 | 不識元年梁孝王子 | 二薨無後國除 |
| 七 | 十八 | | 十九 |
| 一來朝 | 十二 | | 十三 |



| | | | | | | | |
|---|---|---|---|---|---|---|---|
| | 二 | 三 | 孝武建元元 | 年 | 二 | 三 | 四 |
| | 九 | 十 | 十一 | | 十二來朝 | 十三 | 十 |
| | 十三 | 十四 | 十五 | | 十六來朝 | 十七 | 十 |
| | 十二 | 十三 | 十四 | | 十五 | 十六 | 十 |
| | 十二 | 十三 | 十四 | | 十五 | 十六 | 十 |
| 城陽王子 | 二十 | 三 | 四 | | 九 | 六 | 七 |
| | 十來朝 | 十一 | 十二 | | 十三 | 十四 | 十 |
| | 廿三 | 廿四 | 廿五 | | 廿六 | 廿七 | 二 |
| | 十三 | 十四 | 十五 | | 十六 | 十七 | 十 |
| | 七 | 八來朝 | 九 | | 十 | 十一 | 十 |
| | 十二 | 十三 | 十四 | | 十五 | 十六 | 十 |
| | 廿三 | 廿四 | 廿五 | | 廿六來朝 | 廿七 | 二 |
| | 十來朝 | 十一 | 十二 | | 十三 | 十四 | 十 |
| | 十四 | 十五 | 十六 | | 十七 | 十八 | 十 |
| | 十四 | 十五 | 十六 | | 十七 | 十八 | 十 |
| | 七 | 八 | 九 | | 十 | 十一 | 十 |
| | 十三 | 十四 | 十五 | | 十六 | 十七來朝 | 十 |
| | 六 | 七 | 八 | | 九來朝 | 十 | 十 |
| | 四 | 五 | 六 | | 七 | 八 | 九 |
| | 二 | 三 | 四 | | 五 | 六 | 七 |
| | 三 | 四 | 五 | | 六 | 七坐射殺中傅廢遷房陵 | 八 |
| | 三 | 四 | 五 | | 六 | 七 | 八 |
| | 三 | 四 | 五 | | 六 | 七 | 八 |
| | 二十 | 廿一 | 廿二 | | 廿三 | 二十四來朝 | 二 |
| | 十四 | 十五 | 十六 | | 十七 | 十八來朝 | 十 |

五
四 十五
八 十九
七 十八
七 十八
八
五 十六
十 八 廿九
八 十九
二 十三
七 來朝 十八
十 八 廿九
五 十六
九 二十
九 二十
二 繆王帝元年徐廣曰稱立四十五年以征
八 十九
一 十二 薨無後國除為郡
來朝 十
薨 平王襄元年○脒王子
為郡
九
九 薨無後國除為郡
十 五 二十六
九 二十

紂元年乙丑有罪病死○索隱曰廣川惠王子



諡法名與實乖曰繆

六 元光元年
十六 十七
二十 廿一
十九 二十
十九 二十
九 十 來朝
十七 十八
三十 三十一
廿 來朝 廿一
十四 十五 來朝
十九 二十
三十 三十一
十七 十八 來朝
廿一 來朝 廿二
廿一 廿二
二 三
二十 廿一
十一 十二
二 三
十 十一
二十七 廿八
廿一 廿二

二 三 四
十八 來朝 十九 來朝 二十
廿二 廿三 廿四
廿一 廿二 廿三
廿一 廿二 辛 厲王次昌元年
十一 十二 十三
十九 二十 廿一
三十 二 三十 二 三十 四
廿二 廿三 廿四
十六 十七 十八
廿一 廿二 廿三
三十 二 三十 三 三十 四
十九 二十 廿一
廿三 廿四 廿五
廿三 廿四 廿五
四 五 六
廿二 來朝 廿三 來朝 廿四
十三 十四 十五
四 五 六
十二 十三 十四 來朝
廿九 來朝 王義元年 二
廿三 來朝 廿四 來朝 廿五

| | | |
|---|---|---|
| 五 | 六 | 元朔元年 |
| 廿一 | 廿二 敬 | 衰王注元年 |
| 廿五 | 廿六 薨 | 安王光元年 |
| 廿四 | 廿五 | 廿六 |
| 二 | 三 | 四 |
| 十四來朝 | 十五 | 十六 |
| 廿二 | 廿三 | 廿四來朝 |
| 三十五薨 | [illegible]王建元年 | 二 |
| 廿五 | 廿六 | 廿七 |
| 十九 | 二十 | 廿一 |
| 廿四 | 廿五 | 廿六 |
| 三十五 | 三十六 | 三十七 |
| 廿二 | 廿三 | 廿四米舍獄行 |
| 廿六 | 廿七來朝 | 廿八 |
| 廿六來朝 | [illegible]王不害元年 | 二 |
| 七 | 八 | 九 |
| 廿五 | 廿六 | 廿七 |
| 十六 | 十七 | 十八 |
| 七 | 八 | 九 |
| 十五 | 十六 | 十七 |
| 三 | 四 | 五 |
| 廿六 | 廿七 | 康王庸元年〇康 |

| | | |
|---|---|---|
| | 二 | 三 |
| | 二 | 三 |
| | 二 | 三 |
| | 廿七 | 廿公 |
| | 五薨無後國除為郡 | |
| | 十七 | 十八 |
| | 廿五 | 廿六 |
| | 三 | 四 |
| | 廿八來朝 | 廿九 |
| | 廿二 | 廿三 |
| | 王建元年 | 二 |
| | 三十八 | 三十九 |
| 自殺國除為郡 | | |
| | 廿九 | 三十 |
| | 三 | 四薨 |
| | 十 | 十一 |
| | 廿八 | 廿九來朝 |
| | 十九 | 二十 |
| | 十來朝 | 十一 |
| | 十八 | 十九 |
| | 六 | 七 |
| 漢書作戴 | 二 | |



| | | |
|---|---|---|
| 四 | 五 | 六 |
| 四來朝 | 五 | 六 |
| 四 | 五 | 六 |
| 廿九 | 三十 | 三 |
| 十九 | 二十 | 廿 |
| 廿七 | 廿八 | 二 |
| 五 | 六 | 七 |
| 三十 | 三十一 | 三 |
| 廿四 | 二十五來朝 | 二 |
| 三 | 四 | 五 |
| 四十 | 四十一安有罪削國二縣 | 四 |
| 三十一 | 三十二 | 三 |
| 剛王堪元年 | 二 | 三 |
| 十二 | 十三 | 十 |
| 三十 | 三十一 | 三 |
| 廿一 | 廿二 | 二 |
| 十二 | 十三 | 十 |
| 二十來朝 | 廿一 | 二 |
| 八 | 九 | 十 |
| 四 | 五 | 六 |

| | | |
|---|---|---|
| | 元狩元年 | 二 |
| | 七 | 八 |
| | 七 | 八來朝 |
| 十一 | 三十二反自殺國除 | |
| 十一來朝 | 廿二 | 廿三 |
| 十九 | 三十 | 三十一 |
| | 八 | 九 |
| 十二 | 三十三 | 三十四 |
| 十六 | 廿七 | 廿八 |
| | 六 | 七反自殺國除為 |
| 十二 | 四十三反自殺 | 置六安國以故陳 |
| 十三 | 三十四來朝 | 三十五 |
| | 四 | 五 |
| 四來朝 | 十五 | 十六 |
| 十二 | 三十二 | 三十四 |
| 十三 | 廿四 | 廿五 |
| 四 | 十五 | 十六 |
| 十二 | 廿三 | 廿四 |
| | 十一 | 十二來朝 |
| | 七 | 八來朝 |

廣陵都尉為七月丙子初王恭王慶元年睢東王于

讀史記十表 卷五 漢興年表 三十

一九九
廿四
三十二朝來
十
三十五
哀王賢元年
二
三十六
六
三十七
三十五朝來
廿六
十七
廿五
十三
九

四十
十朝來
十
廿五
二十三
十一
三十六
二
三
三十七
七
十八
三十六
廿七
十八
廿六朝來
廿四
十

五
十一
十一
後置採[?]
廿六來
三十四
十二表
三十七
三
吏為偈[?]
西
侯言殺閣
三十八
八
十九
三十七
廿八
十九
廿七
十五
十一

六
十二
十二
四月乙巳初王懷王閎元年州武帝子
[?]敬王義元年
三十五
朝
十三
三十八
四
閎
四月乙巳初王旦元年武帝子
五
四月乙巳初王剌王胥元年武帝子索隱曰注
三十九
九朝來
二十
三十八
廿九朝來
一十
廿十八
十六
十二

讀史記十表 卷五 漢興年表 三十一

元鼎元年
十三
十三
二
二
三十六
十四
三十九
五
二
六
二 法[?]棱無親門利
四十
十
廿一朝來
三十九
三十
廿一
廿九剃坎殺人遷上庸閣[?]大
十七
十三

讀史記十表 卷五 漢興年表 三十二

河郡

十十 三三三 十四六三七三四十廿四 廿廿 十十

十四 七十 五十 十 一 二十 一二 八四

溦朝來 朝來

三節王始元年 五十

初置河水都部徐廣曰河水廟 四四三 十四七四八四四十廿四徙二廿 十二三十 十五

八十 六十 一十 二十 溦二 二十三

朝來國河清 溦子為不□名勃生

徙清河為太原郡 十九

四二十 六十

東海忠王商元年徐廣曰一云勤王商元年商恆山

五五三 九十 十四 七十 二十 八五九五四 三十

頃王授元年 廿四 四 二十 溦

代王義徙清河二十年是為剛王

罷廢更為真定國頃王平元年常山憲王子

四廿

六十

讀史記十表 卷五 漢興年表 三十三

忍王子

五三十二六六四 十四九六十六四二廿哀廿二廿 七十

七 十 八十 三 四十 五五一 五

朝來昌元年 卯年 溦年

六四十三七七四 十四十七十七四三廿康廿三廿 八十

八 一十 九十 四十 一 五十 六 倡昆王二 六

朝來

朝

元年索隱曰蕭該云謚法好樂怠政曰康漢書

元封元年　二　三　四
五　六　七　八
十九　二十　廿一來朝　廿
四　五　六　七
八薨無後國除爲郡
八　九薨　懿王武元年　二
四十二　四十三　四十四　四
二十　頃王遺元年索隱曰　濟南王辟光之子　二　三
四十五　四十六　四十七薨無後國除
十一　十二　十三　十
八　九　十　十
十二　十三　十四　十
八　九　十　十
四十六　四十七　四十八　四
四　五　六　七
廿七　廿八　廿九　三
譌作　二　三　四　五
廿三　廿四　廿五來朝　廿
四來朝　五　六　七
廿七　廿八　廿九　三
十九　二十　廿一　廿

讀史記十表　卷五　漢興年表　三十四

一　五　六　太初元年　二
九　十　十一　二十
二　二十三朝泰山　廿四　廿五　廿六
八　九　十　薨子哀王安世元年卯戴王賀元年安世
三　四　五　六
五　十四六朝泰山　四十七　四十八　四十九
四　五　六　七
四　識王定子元年　二　三　四
一五　十二　十三　十四　十五
一十　十六　十七　十八　十九朝
九　十五　十一　十五　二十
十　十八　十九　十三　三十一
十　十三　十七　十八　十九
六　廿六　廿七　廿八　廿九
七　八　九　來朝十　十一
十　十三　十二朝　十三　十四
二　廿三　廿四　廿五　廿六

讀史記十表　卷五　漢興年表　三十五

索隱曰賀廣川惠王子

三十廿二七五八五十二十五十三十三十三

三七毅十六十六十二十十二十

四五一五

四十廿三究五九六十廿十五十三十三十三

四八于十七一七十三十一十三十

賀一五六二六

廿七

廿八



元年

來朝

徐廣曰孝武太始二年廣陵中山真定王來朝孝宣本始元年趙來朝二年廣川來朝四年清河來朝宣地節元年梁來朝二年河間來朝

朝孝宣地節元年梁來朝二年河間來朝

三年濟北來朝濟北分平原太山二郡

讀漢興以來諸侯年表

蔡邕曰漢制皇子封王其實諸侯也周末諸侯或稱王而漢天子自以皇帝爲號故以王名者總諸侯也

讀諸侯年表以天子爲主

冠漢帝紀年于上尊天子也下紀諸侯之事書始封國名都某地某年封某後或及誅或有罪自殺國除或從王或廢爲侯或無後國除皆書繼世者書王某元年遂以次紀年必表來朝者明不失臣節也



有自王爲帝者文帝之子代武帝之子膠東也按膠東孝惠王子寄孝武帝四年王子徵子賢東是爲孝武帝㷀孝武稱謚後人所加觀自序云作今上本紀稱今上者子長之文也

有自太子廢爲王者景帝太子之爲閔王封于臨江也

高后之時自王而爲帝者少帝義由常山王立常山始哀王不疑少帝入立改封軹侯朝淮陽封懷王彊皆非真惠帝子表紀時事亦不能竟泯之也

漢書無惠帝子王者刪之也

有同姓國廢而改封異姓者高后之王諸呂非漢

制也有異姓國廢而改封同姓者長沙始吳芮無後改封定王發景帝子衆始張偃後爲恭王餘亦景帝子是也

表列同姓九國而異姓獨長沙吳芮然楚始韓信淮南始英布燕始盧綰趙始張耳梁始彭越代始韓王信皆異姓也見秦楚之際月表漢書見異姓諸侯王表蓋漢得天下初封功臣楚爲大梁次之淮南又次之趙又次之燕代爲弱高祖心害六王之能叛漢也裂土而畀之初非得已至于夷滅皆盡而以樹同姓遂仍



其故不虞復爲異日之患也太史公以其懲秦孤立封建過制故以周初封國及厲幽之後言之

太史公序形勢二字其主意也侯國强則王室弱侯國弱則王室强故于諸國先言其疆域之大又言漢所有僅自三河至于內史此形勢在侯國也後言推恩分子弟國邑歷舉諸國分裂之數與天子支庶王子支庶尊卑之等其支郡山海咸納于漢與漢郡錯諸侯間此形勢在王室也一篇之中反覆照應而結之以仁義爲本與周之親親尊勞同道封建所以公天下其義自見

秦罷侯置守分天下爲三十六郡蓋懲周末諸侯遂廢封建漢復懲秦孤立而封建同姓錯處郡縣間諸侯反者數起何歟無制故也陳仁子曰國大則賦多賦多則兵强其爲亂也易國小則賦微賦微則兵寡其爲亂也難古制公侯百里伯七十里子男五十里不能五十里者附于諸侯曰附庸如此則國小變遲猶未至吳楚之亂近在目睫也按以勢論此言近之矣然漢高猜忌功臣誅鋤異姓



而七國之禍乃在宗親故曰形勢雖彊要以仁義爲本

衆建諸侯而少其力此賈誼之策以之于文帝者至景帝用鼂錯謀削七國山東諸侯皆反武帝用主父偃之說使推恩子弟分其國邑乃不削奪而自析矣然班固有言抑損諸侯減黜其官惟得衣食租稅不與政事至哀平之際皆繼體苗裔親屬疎遠不爲士民所尊王莽知漢中外殫微本末俱弱無所忌憚生其姦心顛作威福詐謀既成遂據

南面之尊分遣五威之使馳傳天下班行符命漢諸侯王厥角稽首奉上尊號惟恐在後或迺稱美頌德以求容媚豈不哀哉夫秦滅古法內無骨肉根本之輔外無尺土藩翼之衛漢矯枉過正藩國大者夸州兼郡宮室百官同制京師始嘗患宗室之過强至于其後又患在宗室之過弱讀此表者必通王子侯年表考之而漢一代封建之制利害乃盡矣



## 讀漢興以來諸侯年表補

諸侯年表自高祖六年而後王者皆劉氏耳其初封韓信英布張耳彭越韓王信吳芮盧綰七王已繫之月表不宜削仍列于前者月表訖高祖五年未及載諸國誅廢而長沙獨存亦不得俱沒也且建國之始本以功大故王天下既定隨以事誅報功之地盡樹同姓末年令非劉氏不王豈先王親賢並建天下為公之意乎表以功封敘起迄于同姓廢置之間觀者可為太息也



序言天子觀于上古推恩子弟索隱曰武帝用主父偃言下推恩之令按文帝六年用賈誼策已有衆建之事所云齊分為七趙為六梁為五淮南分三皆在文景時此天子亦統言不必專指武帝也趙隱王如意書死燕靈王建書絕趙幽王友書幽死趙共王恢書自殺不言其所由死深痛之也四王事史不各載統入呂后本紀中甚后惡也表特詳國都廢置封觧遷除不紀時事以將相表有大事記也來朝悉書者親親之情尊君之義所

當然也

凡言反誅反自殺者雖其自取亦上過也如孝文固稱寬仁而濟北王興居之反亦非無由初大臣誅呂氏時朱虛侯章功尤大許盡以趙地王朱虛盡以梁地王東牟及孝文入立聞朱虛東牟初欲立齊王故絀其功及二年王諸子僅割齊二郡以王章興居章興居自以失職奪功章死而興居遂乘匈奴之變反于濟北此由帝一念之私所召致也淮南厲王之反雖其凶橫性成亦帝縱使之過



瞽瞍殺人皐陶執之豈有骫天下正法而恣容一弟乎又重自切責乃使舅薄昭爲書以戒之彼凶橫者其何能降心也是速之亂耳斗粟尺布之謠當時必非無謂至景帝七國之亂更無論矣

高帝四年立太子不書文帝元年立太子不書獨景帝四年書立太子七年書太子廢譏之也太子榮不聞失德徒以嗛栗姬故聽長公主之譖輕易國本故是表于反誅外凡以罪廢者不詳其罪名獨書臨江王坐侵廟壖垣爲宮自殺夫壖垣廟境外之壖地也罪亦細矣何遽使中尉薄責處令自殺耶方太子之被徵也祖江陵北門江陵父老俱流涕是必有以感人者帝奈何立之而廢之而殺之史稱帝刻薄信哉

存疑

表太初二年泗水思王商薨子哀王安世嗣即薨王賀元年安世弟按漢書安世立一年薨亡後太初三年戴王賀以思王子紹封史五宗世家哀王安世立十一年卒無子上憐泗水王絕乃立安世



弟所云安世嗣立之年俱與表不符賀爲思王子安世弟則同索隱曰賀廣川惠王子此悞也蓋以廣川惠王孫戴文王訛耳

# 讀史記十表卷之六

古吳 汪越 
徐克范 訂正

## 高祖功臣年表第六

正義曰高祖初定天下表明有功之臣而侯之若蕭曹等

太史公曰古者人臣功有五品以德立宗廟定社稷曰勳以言曰勞用力曰功明其等曰伐積日曰閱封爵之誓曰使河如帶泰山如厲國以永寧爰及苗裔始未嘗不欲固其根本而枝葉稍陵夷衰微也余讀高祖侯功臣察其首封所以失之者曰異哉所聞書曰協和萬國遷于夏商或數千歲蓋周封八百幽厲之後見于春秋尚書有唐虞之侯伯歷三代千有餘載自全以蕃衛天子豈非篤于仁義奉上法哉漢興功臣受封者百有餘人索隱曰案下文高祖功臣百三十七人兼外戚及王子凡一百四十三人受封天下初定故大城名都散亡戶口可得而數者十二三索隱曰言十分纔二三在耳是以大侯不過萬家小者五六百戶後數世民咸歸鄉里戶益息蕭曹絳灌之屬或至四萬小侯自倍索隱曰倍其初封時戶數也富厚如之



子孫驕溢忘其先淫嬖至太初百年之閒見侯五正義曰謂平陽侯曹宗曲周侯酈終根陽河侯齊仁戴侯秘蒙穀陵侯馮偃也餘皆坐法隕命亡國耗矣罔亦少密焉然皆身無兢兢于當世之禁云居今之世志古之道所以自鏡也未必盡同帝王者各殊禮而異務要以成功為統紀豈可緄乎孚遠曰此數語無注蓋不敢斥言漢家少恩故為隱語也觀所以得尊寵及所以廢辱亦當世得失之林也何必舊聞于是謹其終始表見其文頗有所不盡本末著其明疑者闕之後有君子欲推而列之得以覽焉



| 國名 | 侯功 | 高祖十二 | 孝惠七 | 高后八 | 孝文二十三 | 孝景十六 | 建元至元封六年三十六 | 太初元年盡後元二年十八 | 侯第 索隱曰姚氏案蕭何第一曹參二張敖三周勃四樊噲五酈商六奚涓七夏侯嬰八灌嬰九傅寬十靳歙十一王陵十二陳武十三王吸十四薛歐十五周昌 |
|---|---|---|---|---|---|---|---|---|---|

十六丁坎
六嘉建十八
史記與漢表
同而於漢表
秋則不同者
漢書見前
高祖要害侯
漢書施澤
功臣分列及
陳平受呂后
命而除武已
改其號故
名亦別異高
祖初定唯十
八侯呂后令
陳平終竟以
下列侯第錄
亡國十大也



平陽
索隱曰漢書地理志平陽縣屬河東
以中涓從起沛至霸上侯以將軍入漢以左丞相出征齊魏以右丞相為平陽侯萬六百戶○如淳曰春秋傳曰猶人情作侯天子有也○如黃門師古曰中涓親近之臣若謂者舍人之類謂涓也主居中涓潔也
七
六年十二月甲申懿侯曹參元年○索隱曰謚益也次放此
五
其二年為相國
二
六年十月靖侯窋元年
八
九
四
後元四年簡侯奇元年
三
四年夷侯時元年
十三
十三
十四
元光五年恭侯襄元年
元鼎三年今侯宗元年
征和二年侯宗坐太子死國除
二

信武
索隱曰起宛朐入漢以騎都尉定三秦擊項羽別定江陵侯五千三百戶以車騎將軍攻黥布陳豨
地理志無信武縣當是後廢也
七
六年十二月甲申肅侯靳歙元年○索隱曰靳姓音紀靳又音斤歙音攝又音吸
七
五
六年夷侯亭元年
三
十八
後元三年侯亭坐事國人過律奪侯國除○事役使之也
十一



清陽
索隱曰漢表作清河定侯地理志清陽縣屬清河郡
以中涓從起豐至霸上為騎郎將入漢以將軍擊項羽功侯三千一百戶
七
六年十二月甲申定侯王吸元年
宋隱曰楚漢春秋作清陽侯王隆
七
八
七
元年哀侯彊元年
十六
八年孝侯伉元年
四
五年哀侯不害元年
十六
七
元光二年侯不害薨無後國除
十四

汝陰　索隱曰汝陰縣屬汝南凡縣名皆據地理志不言者從省文

以令史從降沛爲太僕常奉車爲滕公竟定天下入漢中全孝惠魯元侯六千九百户常爲太僕

六年十二月甲申文侯夏侯嬰元年　七

七

八

八　九年夷侯竈元年　七

十六年恭侯賜元年　八

十六

元光二年侯頗元年　七

元鼎二年侯頗坐尚公主與父御婢姦罪自殺國除　十九

八

陽陵　索隱曰陽陵縣屬馮翊　楚漢春秋作陰陵

以舍人從起橫陽至霸上爲騎將入漢定三秦屬淮陰定齊爲齊丞相侯二千六百户

六年十二月甲申景侯傅寬元年　七

五　六年隨頃侯靖元年

二　按漢表作頃侯清　列傳作頃侯精

八

十四　十五年恭侯則元年

九

三　前四年侯偃元年

十三

十八　元狩元年侯偃坐與淮南王謀反國除

十



廣嚴　索隱曰晉書地道記廣縣在東莞嚴謚也下文云壯誤口按此據漢表

以中涓從起沛至霸上爲連敖入漢以騎將定燕趙得將軍侯二千二百户

六年十二月甲申壯侯召歐元年　七

七

八

一　二年戴侯勝元年

九

十三　十一年恭侯嘉元年坐從　元七年嘉繇從國除

二十八

廣平　索隱曰縣名屬臨淮

以舍人從起豐至霸上爲郎中入漢以將軍擊項羽鍾離眛功侯四千五百户

六年十二月甲申敬侯薛歐元年　七

七

八　元年靖侯山元年

十八　後元二年侯澤元年

五

八　中二年有罪免

平棘

五　中五年復封節侯澤元年

十五　其十年爲丞相

三　元朔四年侯穰元年　元狩元年穰受淮南王財物稱臣在赦前詔問謾罪國除

十五

博陽 索隱曰博陽縣在汝南

以舍人從起碭，以刺客將入漢，以都尉擊項羽滎陽，絕甬道，擊殺追卒功，侯。

六年十二月甲申，壯侯陳濞元年。○索隱曰楚漢春秋名閔

七

七

八

後元三年，侯始元年。

十八

五

前五年，侯始有罪，國除。

四

中元年，復封始，索

塞

隱曰棄在柂林之西

後元元年，始有罪，國除。

二

十九

曲逆 索隱曰縣名，屬中山，章帝改曰蒲陰。

以故楚都尉，漢王二年初從修武，為都尉，遷為護軍中尉，出六奇計，定天下，侯，五千戶。

六年十二月甲申，獻侯陳平元年。

七

其五年為左丞相。

七

其元年徙為右丞相，後專為丞相，相孝文二年。

八

三年，恭侯買元年。

二

五年，簡侯悝元年。

十九

五年，侯何元年。

四

十二

十

元光五年，侯何坐略人妻，棄市，國除。

四十七



堂邑 索隱曰縣名，屬臨淮。

以自定東陽為將，屬項梁，為楚柱國四歲；項羽死，屬漢，定豫章、浙江，都浙，自立為王，壯息侯，千八百戶，復相楚元王，十二年。

六年十二月甲申，安侯陳嬰元年。

七

七

五年，恭侯祿元年。

四

四

三年，夷侯午元年。

二

二十一

十六

元光六年，季須元年。

元鼎元年，侯須坐母長公主卒，未除服，姦，兄弟爭財，當死，自殺，國除。

十

十三

八十六

周呂 索隱曰應劭云周呂國也，按周及呂皆國名，濟陰有呂都縣。

以呂后兄初起以客從，入漢為侯，還定三秦，將兵先入碭。漢王之解彭城，往從之，復發兵佐高祖定天下，功侯。

六年正月丙戌，令武侯呂澤元年。

三

索隱曰令武謚也。

九年，子台封酈侯元年。

四

七

有罪

建成　索隱曰縣名屬沛郡

以呂后兄初起以客從擊三秦漢王入漢而釋之還豐沛奉衛呂宣王太上皇天下已平封釋之為建成侯○索隱曰呂宣王呂公也

六年正月丙戌康侯釋之元年　七

三年侯則元年　二　五
有罪

元年五月丙寅封則弟　胡陵　大中大夫呂祿元年

八年祿為趙王國除追尊康侯為昭王祿以趙王謀為不善大臣誅祿遂滅呂　七

留　索隱曰韋昭云留今在彭城

以廐將從起下邳以韓申徒下韓國言上張旗志秦王恐降解上與項羽之郤為漢王請漢中地常計謀平天下侯萬戶○申徒即司徒志當作幟

六年正月丙午文成侯張良元年　七

七

三年不疑元年　二　六

四

五年侯不疑坐與門大夫謀殺故楚內史當死贖為城旦國除

六十二



射陽　索隱曰縣名屬臨淮射一作貫

兵初起與諸侯共擊秦為楚左令尹漢王與項羽有郤於鴻門項伯纏解難以破羽纏嘗有功封射陽侯

六年正月丙午侯項纏元年賜姓劉氏○索隱曰即項伯也　七

二

三年侯纏卒嗣子睢有罪國除

酇　索隱曰酇音贊縣名在沛○按諸家解作南陽酇

以客初起從入漢為丞相備守蜀及關中給軍食佐上定諸侯法令立宗廟侯八千戶

六年正月丙午文終侯蕭何元年　七

元年為丞相九年為相國

二年哀侯祿元年　二　五

二年懿侯同元年　七
同祿母按漢表高后二年封祿母何夫人為侯

筑陽○索隱曰筑音逐縣名
元年同有罪封何小子延元年　十九
後元四年煬侯遺元年
五年侯則元年　三

有罪
武陽
前二年封煬侯弟幽侯嘉元年　七
中二年侯勝元年　八

元朔二年侯勝坐不敬絕　十三
元狩三年封何孫恭侯慶元年　酇
元狩六年侯壽成元年
元封四年壽成為太常犧牲不如令國除　二十一

曲周

索隱曰縣名屬廣平

以將軍從起岐攻長社以南別定漢中及蜀定三秦擊項羽侯四千八百戶

六年正月丙午　七　景侯酈商元年

七

八

元年侯寄元年

二十三

有罪

九繆

中三年封商他　七　子靖侯堅元年

九年十廿八

元光四年康侯遂元年

元朔三年侯宗元年

元鼎二年侯終根元年

後二年五月侯終根坐祝詛誅國除

六

絳

索隱曰縣名屬河東

以中涓從起沛至霸上為侯定三秦食邑為將軍入漢定隴西擊項羽守嶢關定泗水東海侯八千一百戶

六年正月丙午　七　武侯周勃元年

七

八

其四年為太尉

元年為右丞相　十一　三年免復為丞相

十二年侯　條　勝之元年

後元二年封勃　六　子亞夫元年

其三年為太尉七　十三　為丞相有罪國除

平曲

後元元年封勃　三　子恭侯堅元年

元朔五年　十六　侯建德元年

元鼎五年侯建　十二　德坐酎金國除

四



舞陽

索隱曰縣名屬潁川

以舍人起沛從至霸上為侯入漢定三秦為將軍擊項籍再益封從破燕執韓信侯五千戶

六年正月丙午　七　武侯樊噲元年

其七年為將軍相國三月

六

七年侯伉元年呂須子

一

八

坐呂氏誅族

元年封樊噲子荒侯市人元年

二十三

六

七年侯它廣元年

六

中元五年侯它廣非荒侯市人子國除

五

潁陰

索隱曰縣名屬潁川

以中涓從起碭至霸上為昌文君入漢定三秦食邑以車騎將軍屬淮陰定齊淮南及下邑殺項籍侯五千戶

六年正月丙午　七　懿侯灌嬰元年

七

八

其一為太　四　尉三為丞相

五年平　十九　侯何元年

九

中三年　七　侯彊元年

有罪　十六　絕

元光三年封嬰孫賢　九　為臨汝侯

元朔五年侯賢行賕罪國除

九

讀史記十表　卷六　高祖功臣年表　十三

汾陰　索隱曰縣名屬河東

初起以職志擊破秦入漢出關以內史堅守敖倉以御史大夫定諸侯比清陽侯二千八百戶　○索隱曰周昌　如淳云職志官名主幡旗

六年正月丙午悼侯周昌元年　七

三　四年哀侯建平開方元年　有罪四絕

八

前五年侯意元年　四　有罪絕　十三

中二年封昌孫左車　安陽　八　建元元年有罪國除

十六

梁鄒　索隱曰梁鄒縣名屬濟南

兵初起以謁者從擊破秦入漢以將軍擊定諸侯功比博陽侯二千八百戶

六年正月丙午孝侯武儒元年　七　○索隱曰漢書作武虎

五年侯最元年　四　三

八

二十三

十六

元光元年頃侯嬰齊元年　六
元光四年侯山柎元年○師古曰柎音孚　三
元鼎五年侯山柎坐酎金國除　廿

二十

讀史記十表　卷六　高祖功臣年表　十四

成　索隱曰縣名屬涿郡

兵初起以舍人從擊秦為都尉入漢定三秦出關以將軍定諸侯功比厭次侯二千八百戶

六年正月丙午敬侯董渫元年　七　○索隱曰渫音息列反

元年康侯赤元年　七

八

二十三

有罪　六　絕

中五年復封康侯赤元年　節氏　五　年○索隱曰節氏縣名

建元四年恭侯罷軍元年　三
元光三年侯朝元年　五
元狩五年侯朝為濟南太守與成陽王女通不敬國除　十二

二十五

蓼　索隱曰縣名屬六安

以執盾前元年從起碭以左司馬入漢為將軍三以都尉擊項羽屬韓信功侯○索隱曰即漢五年圍羽垓下淮陰侯將四十萬自當之孔將軍居左費將軍居右是也孔將軍即蓼侯費將軍即費侯陳賀也○師古曰前元年謂初起之年

六年正月丙午侯孔藂元年　七　索隱曰姓氏族孔子家語云子武生子魚及子文子文生最字子產以說文尚積聚字此作藂不同

七

八

九年侯臧元年　八　十五

十六

元朔三年侯臧坐為太常南陵橋壞衣冠車不得度國除○索隱曰按孔臧云臧歷位九卿為御史大夫辭曰臣經學乞為太常典禮臣家業與安國綱紀古訓武帝難違其意遂拜太常典禮賜如三公臧子琳位至諸吏琳子璜失侯爵此云國除者恐後更封其子也　十四

三十

費 索隱曰費音祕一音扶未反縣名屬東海

以舍人前元年起碭以左司馬入漢用都尉擊項羽有功為將軍定會稽浙江湖陽侯

六年正月丙午圉侯陳賀元年 七 ○徐廣曰圉或作幽

七

八

元年共侯常元年 二十三

中六年侯賀元年 二元年五年封賀 一八 巢四 偃有子蒙元罪侯無年絕龍淡元國年除

陽夏 索隱曰縣名屬淮陽

以特將將卒五百人前元年從起宛朐至霸上為侯以游擊將軍別定代已破臧荼封豨為陽夏侯

六年正月丙午侯陳豨元年 五

十年八月豨以趙相國將兵守代漢使召豨豨反以其兵與王黃等略代自立為王漢殺豨靈丘



隆慮 索隱曰縣名屬河內音林閭隆避殤帝諱故改之

以卒從起碭以連敖入漢以長鈹都尉擊項羽有功侯○索隱曰徐廣以連敖為典客○長鈹為官名說文云鈹劍刀裝也○鈹音披○漢表作

六年正月丁未哀侯周竈元年 七 ○索隱曰漢表作克

七

八

後元二年侯通元年 十七 六

七

中元元年侯通有罪國除

三十四

陽都 索隱曰漢志缺 晉書地道記屬琅邪

以趙將從起鄴至霸上為樓煩將入漢定三秦別降翟王屬悍武王狀龍且彭依為大司馬破羽軍葉拜為將軍忠臣侯七千八百戶

六年正月戊申敬侯丁復元年 七

索隱曰復音伏

七

六年趮侯寧元年 五 師古曰趮古躁字

十年侯安成元年 三 九 十四 一

二年侯安成有罪國除

十七

| | |
|---|---|
| 新陽 | 索隱曰漢表作陽信縣名屬汝南 |
| | 以漢五年用左令尹初從功比堂邑侯千戶 |
| 七 | 六年正月壬子胡侯呂清元年 |
| 三 四 | 四年頃侯世元年 |
| 八 | |
| 六 二 十五 | 七年懷侯義元年 九年惠侯它元年 |
| 四 五七 | 五年恭侯善元年 中三年侯譚元年 |
| 二十八 | 元鼎五年侯譚坐酎金國除 |
| 八十一 | |

| | |
|---|---|
| 東武 | 索隱曰縣名屬琅邪郡 |
| | 以戶衛起薛屬悼武王破秦軍杠里楊熊軍曲遇入漢為越將軍定三秦以都尉堅守敖倉為將軍破籍軍功侯二千戶○徐廣曰越一作城 |
| 七 | 六年正月戊午貞侯郭蒙元年 |
| 七 | |
| 五 三 | 六年侯它元年 |
| 二十三 | |
| 五 | 六年侯它棄市國除 |
| | |
| 四十一 | |

讀史記十表　卷六　高祖功臣年表　十七

| | |
|---|---|
| 汁邡 | 如淳曰汁音什邡音方○索隱曰汁又如字縣屬廣漢 |
| | 以趙將前三年從定諸侯二千五百戶功比平定侯齒故沛豪有力與上有郤故晚從 |
| 七 | 六年三月戊子肅侯雍齒元年 |
| 二 五 | 三年荒侯巨元年 |
| 八 | |
| 二十三 | |
| 二 十 四 | 三年侯野元年 中元六年終侯桓元年 |
| 二十七 | 元鼎五年終侯桓坐酎金國除 |
| 五十七 | |

| | |
|---|---|
| 棘蒲 | |
| | 以將軍前元年率將二千五百人起薛別救東阿至霸上二歲十月入漢擊齊歷下軍田既功侯○按軍田既功漢表作擊臨菑 |
| 七 | 六年三月丙申剛侯陳武元年 |
| 七 | |
| 八 | |
| 十六 | 後元元年侯武薨嗣子奇反不得置後國除 |
| | |
| | |
| 十三 | |

讀史記十表　卷六　高祖功臣年表　十八

都昌

以舍人前元年從起沛以騎隊率先降翟王虜章邯功侯

六年三月庚子莊侯朱軫元年　七

七

元年剛侯率元年　八

八年夷侯詘元年　七　十六

元年恭侯辟元年　二
三年侯辟彊元年　五
中元年侯辟彊薨無後國除

二十三

武彊

以舍人從至霸上以騎將入漢還擊項羽屬丞相甯功侯用將軍擊黥布侯

六年三月庚子莊侯莊不識元年　七

七

七年簡侯嬰元年　六　二

後元二年侯青翟元年　十七　六

十六

元鼎二年侯青翟坐為丞相與長史朱買臣等逮御史大夫湯不直國除　二十五

三十三



貰　索隱同縣名屬鉅鹿　貰音世一音將夜反

以越戶將從破秦入漢定三秦以都尉擊項羽千六百戶功比台侯

六年三月庚子齊侯呂元年○徐廣曰呂一作台○索隱同謚法執心克莊曰齊　二

八年恭侯方山元年　五

七

八

元年煬侯赤元年　十一

十二年康侯遺元年　十二

十六

元朔三年侯倩元年　索隱倩音七淨反　十六

元狩元年侯倩坐殺人棄市國除　八

三十六

海陽　索隱曰海陽六　南越縣地理志缺

以越隊將從破秦入漢定三秦以都尉擊項羽侯千八百戶

六年三月庚子齊信侯搖毋餘元年○索隱曰毋餘東越之族也　七

三年哀侯招襄元年　二　五

五年康侯建元年　四　四

二十三

四年哀侯省元年　三

中六年侯省薨無後國除　十

三十七

南安
索隱曰縣名屬犍為建安六有此縣
以河南將軍漢王三年降晉陽以亞將破臧荼侯九百戶○索隱曰亞將漢表作連將
六年三月庚子 七 莊侯宣虎元年
七
八
九年共侯戎元年 八十四
後元四年侯千秋元年 四
七
中元元年千秋坐傷人免
六十二

讀史記十表 卷六 高祖功臣年表 廿一

肥如
索隱曰縣名屬遼西
以魏太僕三年初從以車騎都尉破龍且及彭城侯千戶
六年三月庚子 七 敬侯蔡寅元年
七
八
三年莊侯成元年 二十四
後元年侯奴元年
元年侯奴薨無後國除
六十六

曲成
索隱曰漢志缺表在涿郡
以曲成戶將卒三十七人初從起碭至霸上為執珪為二隊將屬悼武王入漢定三秦以都尉破項羽軍陳下功侯四千戶為將軍擊燕代拔之
六年三月庚子 七 圉侯蟲達元年
索隱曰逢漢云秋蒼夜侯表沒蓋之封也夜泉偏東萊人益武成侯逢武曰閔子恭侯捷封垣故位次曰夜侯坍六侯
七
八
元年侯捷元年 八 有罪絕
後元三年復封恭侯捷元年 五
有罪絕 十三
中五年復封恭侯捷元年 五
建元二年侯皋柔元年 三十五
元朔三年侯皋柔坐為汝南太守知民不用赤側錢為賦國除○索隱曰時用赤側錢而汝南不用為賦
十八

讀史記十表 卷六 高祖功臣年表 廿二

河陽
索隱曰縣名屬河內
以卒前元年起碭從以二隊將入漢擊項羽身得郎將處功侯以丞相定齊地
六年三月庚子 七 莊侯陳涓元年
七
八
元年侯信元年 三
四年侯信坐不償人責過六月奪侯國除
二十九

淮陰　索隱曰縣名屬臨淮

兵初起以卒從項梁梁死屬項羽為郎中至咸陽亡從入漢為連敖典客蕭何言為大將軍別定魏齊為王徙楚坐擅發兵廢為淮陰侯○索隱曰典客漢表作粟客蓋字誤傳作治粟都尉或先為連敖典客也

六年四月　五　侯韓信元年

十一年信謀反關中呂后誅信夷三族國除

芒　索隱曰縣名屬沛

以門尉前元年初起碭從霸上為武定君入漢還定三秦以都尉擊項羽　侯

六年侯昭元年漢表云芒侯耏跖○索隱　三　曰耏跖音耏只耏姓也左傳有耏班

九年侯昭有罪國除

孝景三年昭以故芒侯將兵從太尉亞夫擊吳楚有功復封　張　三

後元元年三月張侯申元年

十

元朔六年侯申坐尚南宮公主不敬國除○索隱曰主景帝女初南宮侯張生尚之有罪后張侯耏申尚之



故市　索隱曰縣名屬河南

以執楯初起入漢為河上守遷為假相擊項羽侯千戶功比平定侯

六年四月癸未　三　侯閻澤赤元年

九年夷侯　四　毋害元年

七

八

後四年戴　十九　侯續元年

四

孝景五年　四　侯穀嗣

十二

二十八

元朔五年侯穀坐酎金國除

五十五

柳丘　索隱曰縣名屬渤海郡

以連敖從起薛以二隊將入漢定三秦以都尉破項籍軍為將軍侯千戶

六年六月丁亥　七　齊侯戎賜元年

七

五年定侯　四　安國元年

四

二十三

四年敬侯　三十　嘉成元年

後元元年侯角有罪國除

三十九

讀史記十表 卷六 高祖功臣年表 廿五

魏其 索隱曰縣名屬琅邪

以舍人從沛，以郎中入漢，為周信侯，定三秦，遷為郎中騎將，破籍東城，侯，千戶。

六年六月丁亥莊侯周定元年。按漢表作周止。 七

七

五年侯間元年 四 四

二十三

前三年侯間反，國除 二

四十四

祁 索隱曰縣名屬太原

以執盾漢王三年初起從晉陽，以連敖擊項籍，漢王敗走，賀方將軍擊楚，追騎以故不得進。漢王顧謂賀祁王爾彭城軍執圭，東擊羽急，絕其近楚，侯，千四百戶。○徐廣曰戰彭城為對，敗斬將。又云漢王問執賀祁戰彭城斬將。

六年六月丁亥穀侯繒賀元年。○索隱曰謚法行見中外曰穀。 七

七

八

十二年頃侯湖元年 十一 十二

六年侯它元年 五 十一

元光二年侯它坐從射擅罷不敬，國除。○徐廣曰射一作酎。 八

五十一

讀史記十表 卷六 高祖功臣年表 廿六

平 索隱曰縣名屬河南

以舍人從擊，兵初起，以郎中入漢，以將軍定諸侯，守洛陽功，侯，比費侯賀，千三百戶。○按沛嘉漢表作工師喜。

六年六月丁亥悼侯沛嘉元年 六

十二年靖侯奴元年 一

七

八

十六年侯執元年 十五 八

中元五年侯執有罪，國除 十一

二十二

魯 索隱曰縣名屬魯國

以舍人從起沛，至咸陽為郎中，入漢以將軍從定諸侯，侯，四千八百戶，功比舞陽侯，死事無代侯。○徐廣曰漢書云母侯疵酒反無子封母疵。

六年中，母侯疵元年 七

七

五年侯母疵薨，無後，國除 四

七

故城　索隱曰漢表作故城　城父屬沛郡

兵初起以謁者從入漢以將軍擊諸侯以右丞相備守淮陽功比厭次侯二千戶

六年中莊侯尹恢元年　七

二　三年侯開方元年　五

二　三年侯方奪侯為關內侯

二十六

任侯　索隱曰縣名屬廣平

以騎都尉漢五年從起東垣擊燕代屬雍齒有功侯為車騎將軍

六年侯張越元年　七

七

二　三年侯越坐匿死罪免為庶人國除



棘丘　索隱曰漢志棘丘缺地

以執盾隊史前元年從起碭破秦以治粟內史入漢以上郡守擊定西魏地功侯

六年侯襄元年　七

索隱曰襄名也史失姓及謚侯余忠司侯夫凶大無謚非大之

七

四

四年侯襄奪侯為仕伍國除

阿陵　索隱曰縣名屬涿郡

以連敖前元年從起單父以塞疏入漢還定三秦屬周呂武王以都尉擊項籍功侯○徐廣曰一云塞路一云以路入漢中○索隱曰按路字與為疏小顏云王先遮參要路也

六年七月庚寅頃侯郭亭元年　七

七

八

二十一　三年惠侯歐元年

前二年侯勝客元年　六

有罪絕　南

中六年靖侯延居元年　四

元光六年侯則元年　十二

元朔四年侯則坐酎金國除　十七

二十七

| | |
|---|---|
| 昌武 索隱曰漢志昌武闕 | 高苑 索隱曰縣名屬千乘 |
| 初起以舍人從以郎中入漢定三秦以郎中將擊諸侯，侯九百八十戶比魏其侯 | 初起以舍人從入漢定三秦以中尉破籍侯千六百戶比斥丘侯 |
| 六年七月庚寅靖信侯單寧元年 七 | 六年七月戊戌制侯丙倩元年 七 索隱曰倩音七淨反 |
| 六年夷侯如意元年 五 二 | 元年簡侯得元年 七 |
| 八 | 八 |
| 二十三 | 十六年孝侯武元年 十五 八 |
| 中四年康侯賈成元年 十 六 | 十六 |
| 元光五年侯得元年 十四<br>元朔元年侯得坐傷人二旬內死棄市國除 | 建元元年侯信元年 二<br>建元三年侯信坐出入屬車間奪侯國除 |
| 四十五 | 四十一 |



| | |
|---|---|
| 宣曲 索隱曰漢志缺 | 絳陽 索隱曰漢志缺 漢表作終陵也 |
| 以卒從起留以騎將入漢定三秦破籍軍滎陽為郎騎破鍾離眛軍固陵侯六百七十戶 | 以越將從起留入漢定三秦擊臧荼侯七百四十戶從攻馬邑及布 |
| 六年七月戊戌齊侯丁義元年 七 | 六年七月戊戌齊侯華無害元年 七 |
| 七 | 七 |
| 八 | 八 |
| 十一年侯通元年 十 十三 | 四年恭侯勃齊元年 三 十六<br>後元四年侯祿元年 四 |
| 有罪<br>中五年後封<br>中六年侯通 四 癸婁<br>除<br>侯通元年<br>有罪國除 | 三<br>前四年侯祿坐出界有罪國除 |
| | |
| 四十三 | 四十六 |

東茅　索隱曰漢志鉄

以舍人從碭至霸上以二隊入漢定三秦以都尉擊項羽破臧荼侯捕韓信為將軍益邑千户

六年八月丙辰敬侯劉到元年　七

七

八

三年侯吉元年　二十三　十六年侯吉奪爵國除

四十八

斥丘　索隱曰縣名屬魏郡

以舍人從起豐以左司馬入漢以亞將攻籍尅敵為東郡都尉擊破籍武城為漢中尉擊布為斥丘侯千户○徐廣曰一云成武

六年八月丙辰懿侯唐厲元年　八

七

八

九年恭侯鼂元年　八十三　後元六年侯賢元年

十六

元朔二年侯尊元年　十五三　元朔五年侯尊坐酎金國除　二

四十



臺　索隱曰臨淄郡有臺鄉縣

以舍人從起碭用隊率入漢以都尉擊籍籍死轉擊臨江屬將軍賈功侯以將軍擊燕

六年八月甲子定侯戴野元年　七

七

八

四年侯才元年　三二十二

三年侯才反國除

三十五

安國　索隱曰縣名屬中山

以客從起豐以廄將別定東郡南陽從至霸上入漢守豐上東因從戰不利奉孝惠魯元出睢水中及堅守豐封雍侯五千户

六年八月甲子武侯王陵元年　七

其六年為右丞相　七

八年哀侯忌元年　七一

元年終侯游元年徐廣曰游作斿　二十三

十六

建元元年三月安侯辟方元年　元狩三年侯定元年　元鼎五年侯定坐酎金國除　二十八

十二

樂成 索隱曰 漢志缺

以中涓騎從碭中為騎將入漢定三秦侯以都尉擊籍屬灌嬰殺龍且更為樂成侯千戶

六年八月甲子節侯丁禮元年 七

七

八

五年夷侯馬元年 四 十八
後七年武侯客元年

十六

元光二年侯義元年 二十
元鼎五年侯義坐言五利侯不道棄市國除 五 三

四十二

辟陽 索隱曰縣名屬信都

以舍人初起侍呂后孝惠沛三歲十月呂后入楚食其從一歲侯

六年八月甲子幽侯審食其元年 七

七

八

三
四年侯平元年 二十
二
三年平坐反國除

五十九



安平 索隱曰縣名屬涿郡

以謁者漢王三年初從定諸侯有功秩舉蕭何功侯二千戶

六年八月甲子敬侯鄂千秋元年 七

二
孝惠三年簡侯嘉元年
五

七
八年頃侯應元年
一

十三
十四年煬侯寄元年
十

十五
後三年侯但元年
一

十八
元狩元年坐與淮南王女陵通遺淮南書稱臣盡力棄市國除

六十一

蒯成 索隱曰漢志缺 哥音 地道 記儀 北地 按鯀 封池 陽后 定封 蒯成 音苦 愧反 一音 裴小 顏音 苦背 反

以舍人從起沛至霸上侯入漢定三秦食邑池陽擊項羽軍滎陽絕甬道從出度平陰遇淮陰侯軍襄國楚漢約分鴻溝以緤為信戰不利不敢離上侯三千三百戶

六年八月甲子尊侯周緤元年 七
十二年十月乙未定蒯成

七

八

五
緤薨子昌代有罪絕國除
中元元年封緤子康侯鄲 一 應元年 ○索隱曰鄲音多
八
中二年侯中居元年 ○索隱曰中音仲

二十六
元鼎三年居坐為太常有罪國除

二十一

北平　索隱曰縣名屬中山

以客從起陽武至霸上為常山守得陳餘為代相徙趙相侯為計相四歲淮南相十四歲千三百户○按計相官名

六年八月丁丑文侯張蒼元年　七

七

八

其四為丞　二十三　相五歲罷

六年康侯　五　奉元年
八
後元元年　三　侯類元年

四
建元五年侯類坐臨諸侯喪後不敬國除

六十五

高胡　索隱曰漢志缺

以卒從起杠里入漢以都尉擊籍以都尉定燕侯千户

六年中侯陳夫乞元年　七

七

八

四
五年煬侯程嗣薨無後國除

八十二



厭次　索隱曰漢志缺晉書地道記屬平原後乃屬樂陵國也

以慎將前元年從起留入漢以都尉守廣武功侯○師古曰以謹慎為將也

六年中侯爰項元年　七　徐廣曰漢書作爰類

七

八

元年侯　五　賀元年
六年侯賀謀反國除

二十四

平皋　索隱曰縣名屬河內

項它漢六年以碭郡長初從賜姓為劉氏功比戴侯彭祖五百八十户

七年十月癸亥　六　煬侯劉它元年

五年恭　四　侯遠元年
三

八

二十三

元年節　十六　侯光元年

建元元年　二十八　侯勝元年
元鼎五年侯勝坐酎金國除

百二十一

**復陽**　索隱曰縣名屬南陽復音伏。應劭曰在桐柏山下復水之陽

以卒從起薛以將軍入漢以右司馬擊項籍侯千戶

六　七年十月甲子剛侯陳胥元年

七

八

十一　十二　十一年恭侯嘉元年

五　十一　六年康侯拾元年

十一　七　元朔元年侯彊元年　元狩二年坐父拾非嘉子國除

四十九

**陽河**　索隱曰縣名屬上黨

以中謁者從入漢以郎中騎從定諸侯〻五百戶功比高胡侯

三　三　七年十月甲子齊哀侯元年漢表云齊侯其石其姓石名　十年侯安國元年

七

八

二十三

十　六　中元四年侯午元年中絶

廿三　元鼎四年坪山赫侯　元年○坪音平　元封元年侯仁元年　征和二年十月仁與母坐祝詛大逆無道國除

八十三



**朝陽**　索隱曰縣名屬南陽

以舍人從起薛以連敖入漢以都尉擊項羽後攻韓王信侯千戶

六　七年三月丙寅齊侯華寄元年

七

八　元年文侯要元年

十三　十　十四年侯當元年

十六

十二　元朔二年侯當坐教人上書枉法罪國除

六十九

**棘陽**　索隱曰縣名屬南陽

以卒從胡陵入漢以郎將迎左丞相軍以擊項羽侯千戶

六　七年七月丙辰莊侯杜得臣元年

七

八

五　十八　六年質侯但元年

十六

九　七　元光四年懷侯武元年　元朔五年侯武薨無後國除

八十

涅陽　索隱曰縣名屬南陽

以騎士漢王二年從出關以郎將擊斬項羽侯千五百戶比杜衍侯

六

七年中莊侯呂勝元年

索隱曰五侯斬項羽皆詣莊漢表以避諱皆改作嚴侯也

七

八

四

五年莊侯子成實非子不當為侯國除

百四

讀史記十表　卷六　高祖功臣年表　三十九

平棘　索隱曰縣名屬常山

以客從起亢父斬章邯所署蜀守用燕相侯千戶

六

七年中懿侯執元年　徐廣曰漢書作林摯

七

七

八年侯辟彊元年

一

五

六年侯辟彊有罪鬼薪國除

六十四

羹頡　索隱曰羹頡爵號非縣名正義曰山名在嬀州懷戎縣

以高祖兄子從軍擊反韓王信為郎中將信母嘗有罪高祖微時太上憐之故封為羹頡侯。頡音戛

六

七年中侯劉信元年。索隱曰高祖兄子

七

元年信有罪削一級為關內侯

讀史記十表　卷六　高祖功臣年表　四十

深澤　索隱曰縣名屬中山

以趙將漢王三年降屬淮陰侯定趙齊楚以擊平城侯七百戶

五

八年十月癸丑齊侯趙將夜元年。索隱曰漢表作將夕

七

奪　一　絕

三年復封一年絕

四

十四年復封將夜元年

六

後元三年戴侯頭元年

二

三年侯脩元年

七

罪絕

更五

中五年封頭子夷侯胡元年

十六

元朔五年夷侯胡薨無後國除

九十八

栒至 索隱曰漢志缺

以駢憐從起昌邑以說衛入漢以中尉擊籍侯千戶 漢表師古曰二馬曰駢駢憐謂駢兩騎為軍翼也說讀曰稅說衛謂軍行止舍主為衛也○索隱曰姚氏隣鄰近駢鄰猶比隣也

七年十月戊辰靖侯許溫元年 六 索隱曰漢表作許盎

七

二年有罪絕 一

二年復封溫如故 六

元年簡侯祿元年 十四

十五年哀侯昌元年 九

十六

元光二年共侯如安元年 七

元狩三年侯福元年 十三

元鼎二年侯福有罪國除 五

五十八

中水 索隱曰縣名屬涿郡 應劭云易滱二水之中

以郎中騎將漢王元年從起好畤以司馬擊龍且後共斬項羽侯千五百戶

七年正月己酉莊侯呂馬童元年 六

七

八

九

十年夷侯假元年 三

十三年共侯青肩元年 十一

十六

建元六年靖侯德元年 五

元光元年侯宜成元年 一

元鼎五年宜成坐酎金國除 廿三

百一



杜衍 索隱曰縣名屬南陽

以郎中騎漢王三年從起下邳屬淮陰從灌嬰共斬項羽侯千七百戶

七年正月己酉莊侯王翳元年 六 ○索隱曰漢表作王翥

七

六年共侯福元年 五 三

五年侯市臣元年 四

十二年侯翕元年 七 十二

有罪絕後元元年復封翳子彊侯郢人元年 徐廣曰彊一作景 十三 三

元光四年侯定國元年 九

元狩四年侯定國有罪國除 十二

百二

赤泉 索隱曰漢志缺

以郎中騎漢王二年從起杜屬淮陰侯從灌嬰共斬項羽侯千九百戶

七年正月己酉莊侯楊喜元年 六

七

元年奪絕 一

二年復封 七

十一

十二年定侯殷元年 十二

四年侯無害元年 三

有罪絕 臨汝

中五年復封侯無害元年 五

七

元光二年侯無害有罪國除

百三

讀史記十表　卷六　高祖功臣年表　四十三

歷
索隱曰漢志缺表作歷歷縣在信都劉氏依字讀言天下地名多既無定證但依字是不決之詞地之與邑並無歷誤也
以趙衛將軍漢王三年從起盧奴擊項羽敖倉下為將軍攻臧荼有功侯千戶
八年十月癸丑　五　簡侯程黑元年
七
三年孝侯釐元年　二　六
十六　後元年侯竈元年　七
七　中元年竈有罪國除
九十二

栒
索隱曰縣名屬扶風故周文王封其子之邑河東亦有郇城
以燕將軍漢王四年從曹咎軍為燕相告燕王荼反侯以燕相國定盧奴千九百戶
八年十月丙辰　五　頃侯溫疥元年
七
八
六年文侯仁元年　五　十七　一　後七年侯河元年
十　中四年侯河有罪國除
九十一

讀史記十表　卷六　高祖功臣年表　四十四

武原
索隱曰漢志缺
漢七年以梁將軍初從擊韓信陳豨黥布功侯二千八百戶功比高陵
八年十二月丁未　五　靖侯衛胠元年
索隱曰漢表胠作胜音怯
四年共侯寄元年　三　四
八
二十三
四年侯不害元年　三　十三　後二年不害坐葬過律國除
九十二

槀
索隱曰漢志槀縣屬山陽
高帝七年為將軍從擊代陳豨有功侯六百戶
八年十二月丁未　五　祗侯陳錯元年
索隱曰漢表作錯音措
三年懷侯嬰元年　二　五
八
三年共侯應元年　六　十四　三　後五年侯安元年
十六
不淨千秋父○徐廣曰千秋父以元朔元年立　十七
元狩二年侯千秋元年　九
元鼎五年侯千秋坐酎金國除
百二十四

讀史記十表　卷六　高祖功臣年表　四十五

宋子
索隱曰漢志宋子縣屬鉅鹿
以漢三年以趙羽林將初從擊定諸侯功比歷侯五百四十戶
八年十二月丁卯惠侯許瘛元年　四　瘛音充志反
十二年共侯不疑元年　一
七
八
十年侯九元年　九　十四
中元三年侯九坐買塞外禁物罪國除　八
九十九

猗氏
索隱曰縣名屬河東
以舍人從起豐入漢以都尉擊項羽侯二千四百戶
八年三月丙戌敬侯陳遬元年　五　○索隱曰遬音速
七年靖侯交元年　六　一
八
二十三
三年頃侯差元年薨無後國除　二
五十

讀史記十表　卷六　高祖功臣年表　四十六

清
索隱曰清縣屬東郡
以弩將初起從入漢以都尉擊項羽代侯比彭侯千戶
八年三月丙戌簡侯空中同元年　五
徐廣曰空一作窒○索隱曰窒中姓見風俗通
元年頃侯聖元年　七
八
八年康侯鮒元年　七　十六
十六
元元
狩元鼎
三鼎五
年四年
恭年生
二十七一
侯侯坐
右坐酎
元元金
年年國
除
七十一

彊
索隱曰漢志彊闕
以客吏初起從入漢以都尉擊項羽代侯比彭侯千戶
八年三月丙戌簡侯留勝元年　三
十一年戴侯章元年　二
七
八
十三年侯服元年　十二
十五年侯服有罪國除　二
七十二

彭 索隱曰漢表屬東海郡

以卒從起薛以弩將入漢以都尉擊項羽代侯千戶

八年三月丙戌 五 簡侯秦同元年

七

八

三年戴侯執元年 二 二十一

三年侯武元年 二 十三 後元元年侯武有罪國除

七十



吳房 索隱曰縣名屬汝南

以郎中騎將漢王元年從起下邽擊陽夏以都尉斬項羽有功侯七百戶

八年三月辛卯 五 莊侯楊武元年

七

八

十三年侯去疾元年 十二 十一

十四 後元元年去疾有罪國除

九十四

甯 索隱曰漢表甯陽屬濟南郡

以舍人從起碭入漢以都尉擊臧荼功侯千戶

八年四月辛卯 五 莊侯魏選元年

七

八

十六年恭侯連元年 十五 八

元年侯指元年 三 四年侯指坐出國界有罪國除

七十八



昌 索隱曰縣名屬琅邪

以齊將漢王四年從淮陰侯起無鹽定齊擊籍及韓王信于代侯千戶

八年六月戊申 五 圉侯盧卿元年

索隱曰漢表姓張張則盧古張方字

七

八

十五年侯通元年 十四 九

二 二年侯通反國除

百九

讀史記十表 卷六 高祖功臣年表 四十九

共
索隱曰縣名
名屬河內
以隊將漢王四年從六月淮陰侯起臨淄擊籍及韓王信於平城有功侯千二百戶
五 莊侯盧罷師元年
七
八
七年惠侯 六 叢元年
十五年侯懷 八 侯商元年
後四年侯商 五 蔑無後 四 除
百十四

閼氏
索隱同縣名屬安定
以代太尉漢王三年降為雁門守以特將平代反寇侯千戶○索隱曰漢表太尉作太與前名
八年六月壬子 四 節侯馮解敢元年
十二年 一 恭侯它元年
孝文 無後 絕
二年封恭侯遺 十四 腹子文侯遺元年
十六年 八 恭侯勝之元年
前六年 五十一 侯平元年
元鼎五年侯平 二十八 坐酎金國除
百

讀史記十表 卷六 高祖功臣年表 五十

安丘
索隱曰安丘縣屬北海
以卒從起方與屬魏豹二歲五月以執鈹入漢以司馬擊籍以將軍定代侯三千戶
八年七月癸酉 五 懿侯張說元年
五
八
十三年恭 十二 侯奴元年
四年敬侯 十一 執元年
三年康侯 三十三 訢元年
元狩元年 十八 侯指元年
元鼎四年侯指坐入 九 上林謀盜鹿國除
六十七

合陽
索隱曰合陽屬馮翊
高祖兄兵初起侍太公守豐天下已平以六年正月立仲為代王高祖八年匈奴攻代王棄國
仲 九月丙午 五 侯劉仲元年
以子吳王故尊仲謚為代頃侯
索隱曰廣漢 一 二 名嘉 吳 王 為合陽侯

襄平

索隱曰縣名屬臨淮

兵初起紀成以將軍從擊破秦入漢定三秦功定平侯戰好畤死事子通襲成功侯

八年九月丙午 五 侯紀通元年

七

八

二十三

九 中元三年康侯相夫元年

七

十二 元朔元年夷吾元年

十九 元封二年夷吾薨無後國除

六十六

龐

索隱曰廬江有龍舒縣蓋其地也

以卒從漢王元年起霸上以謁者擊籍斬曹咎侯千户

八年後九月己 五 未敬侯媡署元年

七

七年侯 六 堅元年

二十六

後元元年侯堅奪侯國除

八十四



繁

索隱曰地理志魏郡有繁陽恐別有繁縣志缺

以趙騎將從漢三年從擊諸侯比吳房侯千五百户

九年十一月壬 四 寅莊侯彊瞻元年

索隱曰漢表作平嚴侯張瞻師

五年康侯昫獨 四 元年一云侯悖

三

八

二十三

四年侯 三 寄元年

中三年侯 六 安國元年

七

十八

元狩元年安國為人所殺國除

九十五

陸梁

索隱曰如淳說始皇紀所謂陸梁地按今在江南也

詔以為列侯自置吏受令長沙王

九年三月丙辰侯須毋元 三 年。索隱曰漢表作須元

十二年共 一 侯桑元年

七

八

後三年康侯 十八 慶忌元年

五

元年侯 十 冉元年

六

二十八

元朔五年侯冉坐酎金國除

百三十七

高京 徐廣曰一作景

周苛起兵以內史入從擊破秦爲御史大夫入漢圍取諸侯堅守滎陽功比辟陽以御史大夫死事子成爲後襲侯

九年四月丙寅侯周成元年

四

七

八

二十

後五年坐謀反係死國除絕
中元年封成孫應元年
繩
侯平嗣不得元年
元狩四年平坐爲太常不繕治園陵不敬國除

六十

離

元年四月戊寅鄧弱元年

史失此侯始所起及所絕之索隱曰按楚漢春秋亦缺洪亮吉曰時世恭大夫堪曰疑是鄧弱以長沙將兵侯是所起也



義陵 徐廣曰一作陽○索隱曰義陽縣在汝南

以長沙柱國侯千五百户

九年九月丙子侯吳程元年

四

四年侯種元年

三

四

六

七作侯種薨無後國除皆失謚

百三十四

宣平 索隱曰楚漢春秋南宮侯張耳此作宣平侯敖敖耳子陳平錄第時耳已薨故也

兵初起張耳誅秦爲相合諸侯兵鉅鹿破秦定趙爲常山王陳餘反耳棄國與大臣歸漢漢定趙爲王卒子敖嗣[illegible]

九年 四 武侯張敖元年

七

信平 六

薨子偃爲魯王國除・徐廣曰改封信平
元年以故魯 十五 王爲南宮侯

十六年哀侯歐元年 八

中三年侯生元年 九

七

元光三年封睢陽侯偃孫侯廣元年
元光二年 年 元 侯
太初三年侯昌爲太常乏祠國除漢表古曰祠事有缺也

七十三

三

| | |
|---|---|
| 東陽 | 索隱曰縣名屬臨淮 |
| | 高祖六年為中大夫以河間守擊陳豨力戰功侯千三百戶 |
| 二 | 十一年十二月癸巳武侯張相如元年 |
| 七 | |
| 八 | |
| 十五 五 三 三 十三 | 十六年共侯殷元年<br>後元五年戴侯安國元年<br>四年哀侯彊元年<br>一 |
| | 建元元年侯彊薨無後國除 |
| 百十八 | |

| | |
|---|---|
| 開封 | 索隱曰縣名屬河南 |
| | 以右司馬漢王五年初從以中尉擊燕定代侯比共侯二千戶 |
| 一 | 十一年十二月癸巳閔侯陶舍元年 |
| 一 | 十二年夷侯青元年 |
| 七 | 景帝特為丞相 |
| 八 | |
| 二十三 | |
| 九 | 中元三年節侯偃元年 |
| 七 | |
| 十 | 元光五年侯睢元年 |
| 十八 | 元朔五年侯睢坐酎金國除 |
| 百十五 | |



| | |
|---|---|
| 沛 | 索隱曰縣名屬沛郡 |
| | 高祖兄合陽侯劉仲子侯 |
| 一 | 十一年十二月癸巳侯劉濞元年 |
| | 十二年十月辛丑侯濞為吳王國除 |

| | |
|---|---|
| 慎陽 | 索隱曰慎陽屬汝南○如淳曰音震闞駰云今作滇陽永平五年失印更刻遂誤以水為心慎漢書亦滇陽也 |
| | 為淮陰舍人告淮陰侯信反侯二千戶 |
| 二 | 十一年十二月甲寅侯欒說元年<br>索隱曰漢表作欒說 |
| 七 | |
| 八 | |
| 二十三 | |
| 十一 | 中元六年靖侯願之元年 |
| 四 | |
| 二十二 | 建元元年侯買之元年 |
| 一 | 元狩五年侯買之坐鑄白金棄市國除 |
| 百三十 | |

| | | | | | | | | |
|---|---|---|---|---|---|---|---|---|
| 禾成 索隱曰漢志缺 | 以卒漢二年初從以郎中擊代斬陳豨侯千九百戶 | 十一年正月己未孝侯公孫耳元年 二 索隱曰漢表耳作昔 | 七 | 八 | 五年懷侯漸元年 四 十四年侯漸薨無後國除 九 | | | 百十七 |
| 堂陽 索隱曰縣名屬鉅鹿 | 以中涓從起沛以郎入漢以將軍擊籍為惠侯坐守滎陽降楚免後復來以郎擊籍為上黨守擊豨侯八百戶 | 十一年正月己未哀侯孫赤元年 二 | 七 | 元年侯德元年 八 | 二十三 | 十三 中六年侯德有罪國除 | | 七十七 |



| | | | | | | | | |
|---|---|---|---|---|---|---|---|---|
| 祝阿 索隱曰縣名屬平原 | 以客從起齧桑以上隊將入漢以將軍定魏太原破井陘屬淮陰侯以缻度軍擊籍及攻豨侯八百戶 | 十一年正月己未孝侯高邑元年 二 | 七 | 八 | 五年侯成元年 四 後二年侯成坐事國人過律國除 十四 | | | 七十四 |
| 長脩 索隱曰縣名屬河東 | 以漢二年用御史初從出關以內史擊諸侯功比須昌侯以廷尉死事千九百戶 | 十一年正月丙寅平侯杜恬元年 二 索隱曰按位次曰信平侯 | 三年懷侯中元年 二 五 | 八 | 五年侯喜元年 四 十九 | 八 罪絕 中五年復封陽平侯相夫元年 五 | 三十三 元封四年侯相夫坐為太常與樂令無可當鄭舞人擅繇不如令闌出函谷關國除 | 百八 |

索隱曰江邑漢志闕

以漢五年為御史用奇計徙御史大夫周昌為趙相而代之從擊陳豨功侯六百戶

十一年正月辛　二　侯趙堯元年

七

元年侯堯有罪國除

索隱曰縣名屬北海　營陵

以三年為郎中擊項羽以將軍擊陳豨得王黃為侯與高祖疏屬劉氏世為衛尉萬二千戶

十一年　二　侯劉澤元年

七

五

六年侯澤為琅邪王國除

八十八



索隱曰包愷云地理志西河有土軍縣　土軍

高祖六年為中地守以廷尉擊陳豨侯千二百戶就國後為燕相

十一年二月丁亥　二　武侯宣義元年

索隱曰按位次曰信成侯也

六年孝侯　五　莫如元年

二

八

二十三

三年康侯　二　十四　平元年

建元六年　五　侯生元年

八

元朔二年生坐與人妻姦罪國除

百二十一

索隱曰縣名屬鉅鹿　廣阿

以客從起沛為御史守豐二歲擊籍為上黨守陳豨反堅守侯千八百戶後遷御史大夫

十一年二月丁亥　二　懿侯任敖元年

七

八

三年夷侯　三　竟元年

四年敬侯　二十　但元年

十六

建元五年　四　侯越元年

元鼎二年侯越坐為太　二十一　常廟酒酸不敬國除

八十九

讀史記十表 卷六 高祖功臣年表 六一

須昌

索隱曰縣名屬東郡

以謁者漢王元年初起漢中雍軍塞陳謁上〻計欲還衍言從他道〻通後為河間守陳豨反誅都尉相如功侯千四百戶

十一年二月己酉貞侯趙衍元年

二

七

八

十五

十六年戴侯福元年

四

後元四年侯不害元年

四

五年侯不害有罪國除

百七

臨轅

初起從為郎以都尉守蘄城以中尉侯五百戶

十一年二月己酉堅侯戚鰓元年

二

五年夷侯觸龍元年

四

三

八

二十三

四年共侯忠元年

三

十三

建元四年侯賢元年

三

元朔五年侯賢坐酎金國除

二十五

百十六

讀史記十表 卷六 高祖功臣年表 六二

汲侯

索隱曰漢表作汲〻與汲縣並名屬河內

高祖六年為太僕擊代豨有功侯千二百戶為趙大傅

十一年二月己酉終侯公上不害元年○索隱曰公上姓不害名也

二

一

二年夷侯武元年

六

十四年康侯通元年

十三

十

十六

建元二年侯廣德元年

一

九

元光五年廣德坐妻精大逆罪頗連廣德棄市國除

百二十三

寧陵

索隱曰縣名屬陳留

以舍人從陳留以郎入漢破曹咎成皋為上麻隨馬都尉擊陳豨功侯千戶

十一年二月辛亥夷侯呂臣元年

二

七

八

十一年戴侯射元年

十

十三

四年惠侯始元年

三

一

五年侯始薨無後國除

七十三

汾陽　索隱曰縣名屬太原
以郎中騎千人前二年從起陽[illegible]擊項羽以中尉破鍾離眛功侯
十一年三月辛　二　亥侯靳彊元年
七
三年共侯解元年　二　六
二十三
五年康侯胡元年　四　十二　絕○按漢表云不得狀
元鼎五年江鄒侯石元年　十九　太始四年五月丁卯侯石坐為太常行太僕事治嗇夫可年益縱年國除
九十六

戴　索隱曰戴地名音再燕亦曰章帝改曰敬城在故苗縣
以卒從起沛以卒開沛城門為太公僕以中令擊豨侯千二百戶
十一年三月癸酉　二　敬侯彭祖元年　索隱曰漢表彭祖姓秘音筆案[illegible]音符莖反非也今檢史記諸本並作秘今見有姓秘者
七
三年共侯悼元年　二　六
八年夷侯安國元年　七　十六
十六
元朔五年侯安期元年　十六
元鼎五年侯蒙元年　十二
後元元年五月甲戌　廿五　坐祝詛無道國除
百二十六



索隱曰　衍　漢志闕
以漢二年為燕令以都尉下楚九城堅守燕侯九百戶
十一年七月己丑簡　二　侯翟盱元年
七
四年祗侯山元年　三　二
六年節侯嘉元年　三
二十三
十六
建元三年侯不疑元年　二　十
元朔元年不疑坐挾詔書論罪國除
百二十

平州　索隱曰漢志闕晉書地道記屬巴郡
漢王四年以燕相從擊籍還擊荼以故二千石將為列侯千戶
十一年八月甲辰共侯昭涉掉　二　尾元年○索隱曰昭涉姓掉尾名
七
八
二年戴侯福元年　一
五年懷侯它人元年　三
九年孝侯馬童元年　四　十五
後元二年侯昧元年　十四　二
二十二
元狩五年侯昧坐行馳道中更呵馳去罪國除
百十一

中牟

索隱曰縣名屬河南

以卒從起沛入漢以郎中騎從功侯二千三百户始高祖微時有急給高祖一馬故得侯

十二年十月乙未共侯單父聖元年○索隱曰漢表作單父左車

一

七

八

八年敬侯繒元年
七

五
十三年戴侯終根元年
十一

十六

元光五年侯舜元年
十

十八
元鼎五年侯舜坐酎金國除

百二十五

邔

漢書音義曰音巳臣瓚曰巳文○索隱曰邔縣屬南郡尚戚莊芋解古云即奇忌

以故群盜長臨江將已而為漢擊臨江王及諸侯破布功侯千户

十二年十月戊戌莊侯黃極忠元年

一

七

八

十二年慶侯榮成元年
十九

後元五年共侯明元年
三

十六

元朔五年侯遂元年
十六

八
元鼎元年遂坐賣宅縣官故貴國除

百十三



博陽

索隱曰縣名屬彭城

以卒從起豐以隊卒入漢擊籍成皋有功為將軍布反定吳郡侯千四百户

十二年十月辛丑節侯周聚元年

一

七

八

九年侯遬元年
八

十五

十二
中五年侯遬奪爵一級國除

五十三

陽義

索隱曰縣屬定陽漢表陽義作義陽

以荊令尹漢王五年初從擊鍾離眛及陳公利幾破之徙為漢大夫從至陳取韓信還為中尉從擊布功侯二千户

十二年十月壬寅定侯靈常元年

一

七

七年共侯賀元年
六

二
七年哀侯勝元年
六

六
十二年侯勝薨無後國除

百十九

| | |
|---|---|
| 下相　索隱曰縣名屬臨淮 | 德　索隱曰漢志缺　表在濟南 |
| 以客從起沛用兵從擊破齊田解軍以楚丞相堅守彭城擊布軍功侯二千户 | 以代頃王子侯頃王吳王濞父也廣濞之弟也 |
| 十二年十月己酉莊侯泠耳元年　師古曰泠音零　一 | 十二年十一月庚辰哀侯劉廣元年　一 |
| 七 | 七 |
| 八 | 三年頃侯通元年　二　六 |
| 三年侯慎元年　二　二十一 | 二十三 |
| 三年三月侯慎反國除　二 | 六年侯齕元年　五　十一 |
| | 元鼎四年侯何元年　元鼎五年侯何坐酎金國除　二十七　一 |
| | |
| 八十五 | 百二十七 |



| | |
|---|---|
| 高陵　索隱曰高陵縣屬琅邪 | 期思　索隱曰縣名屬汝南 |
| 以騎司馬漢王元年從起廢丘以都尉破田橫龍且追籍至東城以將軍擊布九百户 | 淮南王布中大夫有郄上書告布反侯二千户布盡殺其宗族 |
| 十二年十一月丁亥圉侯王周元年　○漢表王虞人　一 | 十二年十二月癸卯康侯賁赫元年　一 |
| 七 | 七 |
| 三年惠侯并弓元年　二　六 | 八 |
| 十三年侯行元年　十二　十一 | 十四年康侯赫薨無後國除　十三 |
| 二年反國除　二 | |
| | |
| | |
| 九十二 | 百三十二 |

戚
索隱曰漢志闕晉地道記屬東海
以都尉漢二年初起櫟陽攻廢丘破之因擊項籍別屬丞韓信破齊軍攻臧荼遷爲將軍擊信侯合千戶
十二年十二月癸 一 卯圍侯季必元年
索隱曰按灌嬰傳云重泉人李必此作季誤也
七
八
四年齊侯 三 班元年
二十
十六
建元三年侯 二 信成元年
元封五年侯信成坐爲太常 二十 縱丞相侵神道壖不敬國除
九十

穀陵
以卒從前二年起柘擊籍定代爲將軍功侯
十二年正月乙 一 丑定侯馮谿元年
七
八
七年共侯 六 熊元年
十七
三年隱侯 三 卬元年
五年獻侯 十二 解元年
建元四年 三 侯偃元年
百五



壯
徐廣曰一作莊○索隱曰漢表作嚴避明帝諱
以楚將漢王三年降起臨濟以郎中擊籍陳豨功侯六百戶
十二年正月乙丑 一 敬侯許倩元年
七
八
二十三
二年共侯 一 恢元年
十五
建元二年殤侯則元年
元光五年侯廣宗元年 九 十五
元鼎元年侯廣宗坐酎金國除
百十二

成陽
索隱曰縣名屬汝南
以魏郎漢王三年從起陽武擊籍屬魏豹豹反屬相國彭越以太原尉定代侯六百戶
十二年正月乙 一 酉定侯意元年○姓奚
七
八
十一年侯 十 信元年
十三
十六
建元元年侯信罪鬼薪國除
百一十

桃

索隱曰縣名屬信都

以客從漢王二年從起定陶以大謁者擊布侯千戶為淮陰守項氏親也賜姓

十二年三月丁巳　一　安侯劉襄元年

七

孝絕二年　一　復封襄

七

十年哀侯舍元年　九　景帝將為丞相

十四

十六

建元元年元朔五年元二年年侯厲侯自　十二　十五　侯自為申為坐元元酎年年金　國除

百三十五

高梁

食其兵起以客從擊破秦以列侯入漢還定諸侯常使約和諸侯列卒兵聚侯功比平侯嘉以死事子疥嗣父共功侯九百戶

十二年三月丙　一　寅共侯酈疥元年

七

八

二十三

十六

元光三年　八十　侯勃元年

元狩元年坐詐詔衡山王取金當死病死國除

六十六

紀信

以中涓從起豐以騎將入漢以將軍擊籍後攻盧綰侯七百戶

十二年一月壬　一　辰匡侯陳倉元年

七

三年夷侯　二　開元年

六

後二年六月　十七　侯陽元年

六

二

三年陽反國除

八十

甘泉

索隱曰按志世泉缺舒甘泉足甘水漢表作景侯

以車司馬漢王元年初從起高陵屬劉賈以都尉從軍侯五百戶

十二年六月壬　一　辰侯王歆元年

索隱曰漢表作王競

七年戴侯　六　莫從元年

一

八

十一年侯　十　嫖元年

十三

索隱曰嫖音匹妙反　漢表作嫖許孚反

九

十年侯嫖有罪國除

百六

煮棗　索隱曰徐廣云在宛句

以越連敖從起曹別以郎將入漢擊諸侯以都尉侯九百戶

一　十二年六月壬辰靖侯赤元年

索隱曰漢表作端侯革朱

七

八

一　二十二　二年赤子康侯武元年

八　三　中二年侯昌元年

中四年有罪國除

七十五

張　索隱曰縣名屬廣平

以中涓騎從起豐以郎將入漢從擊諸侯七百戶

一　十二年六月壬辰節侯毛澤元年

索隱曰一作釋之

七

八

十　二　十一　十一年庚侯慶元年

十三年侯舜元年

十二　中六年侯舜有罪國除

七十九



鄡陵　索隱曰縣名屬潁川

以卒從起豐入漢以都尉擊籍荼侯七百戶

一　十二年中莊侯朱濞元年

七

三　五　四年恭侯慶元年

六　七年恭侯慶薨無後國除

五十二

菌　徐廣曰一作內

索隱曰漢志缺菌音求閏反

以中涓前元年從起單父不入關以擊籍布燕王綰得南陽侯二千七百戶

一　十二年六月莊侯張平元年

七

四　四　五年侯勝元年

三　四年侯勝有罪國除

四十八

卷六終

讀高祖功臣年表

讀功臣年表以侯功爲主按漢書高祖八年天下平論功定封訖十二年侯者百四十有三人又作十八侯位次高后二年詔丞相陳平盡差列侯之功錄第下竟藏諸宗廟副在有司太史公所表侯第是也

韋昭曰漢封功臣大者王小者侯也

按功臣封王在高帝四年五年間是時天下初定如韓彭等不得不王之耳自六年以後漢約非劉



氏不王非軍功不侯

索隱曰漢書音義云曹參功第二而表在首蕭何功第一而表在十三者以封有先後故也

索隱曰封參在六年十二月封何在六年正月高祖十月因秦改元故十二月在正月前也

表侯功大約從起豐沛從至霸上定秦從至漢中從滅項羽功之大者也餘功如從大將擊齊魏擊趙韓燕代定諸侯如護太公呂后如奉孝惠魯元公主如解鴻門如爲漢守如從擊黥布彭越陳豨盧綰韓王信等皆表而出之明不與恩澤侯同也

凡有罪失侯者大約如酎金如爲太常犧牲不如令如爲太常酒酸罪之輕者也餘罪如爲太守知民不用赤仄錢爲賦如不償人責如尚南宮公主不敬如出入屬車間如坐出界如買塞外禁物如入上林謀盜鹿如爲太常與樂舞人闌入函谷關如賣宅縣官故貴猶皆在可議之列也餘重罪則謀爲大逆大不敬過律姦淫累人傷人摠之所謂不奉上法者也或但云有罪疑獄也不明所坐或



史闕之

按太史序曰漢興功臣受封者百有餘人至太初百年之間見侯五餘皆坐法隕命亡國嘆不能副河山帶礪之誓而苗裔衰微也今第追錄侯功謂察其首封所以得尊寵而各書罪狀國所自除則所以失之而致廢辱者責在下矣故曰當世得失之林也然本其先天下初定大都名郡户口散亡漸以益息乃至富厚末裔子孫驕溢不能篤于仁義奉上法以自取戾而首稱功有五品以深致歎

獻之意且夫惕和萬國遷于夏商或數千歲何古者封建之澤長而余孫之保也惜哉其罪累上毋亦使人謂漢法之過嚴乎

此下四表皆國經而年緯凡標國名侯功于端以貫其下者縱也標高祖孝惠高后孝文孝景與建元至太初已後準王朝曆數以紀諸侯之年者衡也前十二諸侯年表以下皆年經而國緯故冠帝年于端體各不同也

何謂準王朝曆數案諸侯之年如表首平陽侯曹



參在高祖朝以六年十二月封是其元年盡高祖十二年凡七年其在孝惠朝凡五年（合計之何在位十二年）子窋嗣盡孝惠七年凡二年其在高后朝八年在孝文朝凡十九年（合計之窋在位二十九年）子奇嗣盡孝文二十三年凡四年在孝景朝凡三年（合計之奇在位七年）子時嗣盡孝景十六年凡十三年至孝武元光四年凡十年（合計之時在位二十三年）子襄嗣至元鼎二年（襄在位凡十六年）子宗嗣至征和二年坐太子死國除（宗在位凡二十四年）自參始封至此凡百一十一年而國除也（除俱放此）

上表侯功下表侯第兩首序列帝相承得年若干盡六朝可有餘歲侯家之盛衰始卒具見矣是故以國為經以年為緯也

讀高祖功臣年表補

功臣年表以功論也自外戚周呂侯澤建成侯釋之王子羹頡侯信合陽侯喜德侯廣沛侯濞外凡百三十七人皆功臣侯者食邑多寡以功差獨其中有射陽侯纏即項羽季父項伯以鴻門解難破羽降漢得侯愼陽侯樂說以淮陽舍人告反得侯期思侯賁赫以鯨布中大夫告反得侯非所以敎忠也辟陽侯審食其以侍從呂后入楚一歲得侯非所以正體也使蕭曹良平與此等伍亟揭于表為之氣塞也

或云項伯有救太公功故丁公可斬項伯當報非也當太公在楚亦倖免耳帝爲人子謂何乃歸功項伯乎故史表漢表但云破羽不及救太公俎上事其旨微矣直云破羽併誅項伯也

漢王之敗彭城審食其從太公呂后間行求漢王反遇楚軍表云以舍人初起侍呂后孝惠沛三歲十月呂后入楚食其從一歲侯漢表亦同但云從呂后不及太公亦微辭也



羹頡侯表云信母嘗有罪高祖微時太上憐之故爲羹頡侯語詳楚元王世家夫仁人之于兄弟不藏怒宿怨況嫂婦人櫟釜小忿何怨之有兄子猶子也以太上之言過得封且名羹頡以辱之帝亦忍矣嗟乎羹頡之號不仁辟陽之封不智帝將謂善諱耶不顧天下後世笑譏乎

功臣子孫以罪失侯輕重無足論其中有無後國除者如魯侯奚涓棘陽侯杜得臣義陵侯吳程世絕無可繼除之非得已也若無嫡嗣有支庶未始不可後孝文以側室子後天子侯何異耶如清陽侯王吸廣侯召歐贊侯陳賀都昌侯朱軫海陽侯搖毋餘肥如侯蔡寅高胡侯陳夫乞涅陽侯呂騰深澤侯趙將夕猗氏侯陳遬共侯盧罷師襄平侯紀通繁侯强瞻宣平侯張敖東陽侯張相如禾成侯公孫耳寧陵侯呂臣陽義侯靈常郿陵侯朱濞先以無後國除及元康四年皆以其曾元詔復家則非無支庶可繼者何爲乎即除也故君子謂孝宣賜復哀平紹封皆盛德事也

存疑

表載功封始自高帝六年十二月至十二年六月止漢表同按高帝于十二年四月甲辰崩五月丙寅葬長陵不應有六月封侯之事或在孝惠卽位後耶又不應入高表此必有誤也



讀史記十表卷之七

古吳　汪越

徐克范　訂正

惠景閒侯者年表第七

太史公讀列封至便侯索隱曰便音鞭縣名吳淺所封曰有以也夫長沙王者著令甲稱其忠焉鄧展曰漢約非劉氏不王以芮忠故著令使特王昔高祖定天下功臣非同姓疆土而王者八國索隱曰謂楚王韓信韓王信燕王盧綰梁王彭越趙王張耳淮南王英布臨江王共敖長沙王吳芮也○孚遠曰項羽封諸將為王漢王初與不能一申古制易侯為王其勢亦勢也故末年有白馬之誓高祖本意見矣至孝惠時唯獨長沙全禪五世以無嗣絕徐廣曰孝文後七年靖王薨無嗣竟無過為藩守職信矣故其澤流枝庶毋功而侯者數人索隱曰案此表芮子淺封便侯傳至玄孫又封成王臣之子為沅陵侯至曾孫及孝惠訖孝景閒五十載追修高祖時遺功臣及從代來吳楚之勞諸侯子弟若肺腑索隱曰肺音柿肺腑音附輔木札也附木皮也喻人主疏末之親如木札出于木樹皮附于樹也外國歸義封者九十有餘咸表始終當世仁義成功之著者也

國名　侯功　孝惠七　高后八　孝文二十三　孝景十六　建元至元封六年三十六　太初已後

便 索隱曰縣名，屬桂陽。見前。
長沙王子，侯，二千戶。
元年九月，頃侯吳淺元年。七
八
後七年，恭侯信元年。二十二
一
五
前六年，侯廣志元年。十二
二十九
元鼎五年，侯千秋坐酎金，國除。

軑 索隱曰音大。縣名，在江夏。
長沙相，侯，七百戶。
二年四月庚子，侯利倉元年。六
索隱曰漢書作軑侯朱倉。
二
三年，侯豨元年。六
十五
十六年，侯彭祖元年。八
十六
三十
元封元年，侯秩為東海太守，行過不請，擅發卒為衛，當斬，會赦，國除。

讀史記十表 卷六 惠景間侯者年表 二

平都 索隱曰在東海。
以齊將，高祖三年降，定齊，侯，千戶。
五年六月乙亥，孝侯劉到元年。二
八
二
三年，侯成元年。二十三
十四
後元二年，侯成有罪，國除。

右孝惠時三

扶柳 索隱曰縣名，屬信都。
高后姊長姁子，侯。○索隱曰呂后所云姊，呂氏不言名，史不言族也。
元年四月庚寅，侯呂平元年。七
八年，侯平坐呂氏事，誅，國除。

鄃 索隱曰縣名，屬清河。一作郁。
呂后兄悼武王身佐高祖定天下，呂氏佐高祖治天下，天下大安，封武王少子產為鄃侯。
元年四月辛卯，侯呂台元年。五
高后六年七月壬辰，產為呂王，國除。八年九月，產以呂王為相國，謀為不善，大臣誅產，遂滅諸呂。

南宮 索隱曰縣名，屬信都。
以父越人為高祖騎將，從軍，以大中大夫侯。
元年四月丙寅，侯張買元年。七
高后八年，侯買坐呂氏事，誅，國除。

讀史記十表 卷七 惠景間侯者年表 三

梧 索隱曰縣名，屬彭城。
以軍匠從起郟，入漢，後為少府，作長樂、未央宮，築長安城，先就，功侯，五百戶。
元年四月乙酉，齊侯陽成延元年。六
七年，侯去疾元年。一
二十三
九
中元三年，侯偃元年。七
八
元光三年，侯戎奴元年。十四
元狩五年，侯戎奴坐謀殺季父，棄市，國除。

平定 索隱曰漢志缺。
以卒從高祖起留，以家車吏入漢，以梟騎都尉擊項籍，得樓煩將，功用齊丞相侯。一云項涓。
元年四月乙酉，敬侯齊受元年。八
二年，齊侯市人元年。一
四
十八
六年，恭侯應元年。
十六
元光二年，康侯延居元年。七
元朔二年，侯昌元年。十八
元鼎四年，侯昌有罪，國除。

博成

以悼武王郎中兵初起從高祖起豐攻雍丘擊項籍力戰奉衛悼武王出滎陽功侯

元年四月乙酉敬侯馮無擇元年

四年侯代元年

八年侯代坐呂氏事誅國除

沛　索隱曰縣名屬沛郡

呂后兄康侯少子侯奉呂宣王寢園

元年四月乙酉侯呂種元年　七

爲不　一　其侯

八年侯種坐呂氏事誅國除

襄成　索隱曰縣名屬潁川

孝惠子侯

元年四月辛卯侯義元年　一

二年侯義爲常山王國除

軹　索隱曰縣名屬河內

孝惠子侯

元年四月辛卯侯朝元年　三

四年侯朝爲常山王國除



壺關

孝惠子侯

元年四月辛卯侯武元年　四

五年侯武爲淮陽王國除

沅陵　索隱曰縣在長沙漢志屬武陵

長沙嗣成王子侯

元年十一月壬申頃侯吳陽元年　八

十七

後二年頃侯福元年　六

中元五年哀侯周元年　十一　四

後二年侯周薨無後國除

上邳

楚元王子侯

二年五月丙申侯劉郢客元年　七

孝文元年侯郢客爲楚王國除

朱虛　索隱曰縣名屬琅邪

齊悼惠王子侯

二年五月丙申侯劉章元年　七

孝文二年侯章爲城陽王國除　一

**昌平** 索隱曰縣名屬上谷

孝惠子侯

四年二月癸未，侯太元年

三

七年，太為呂王，國除

**贅其** 索隱曰縣名屬臨淮

呂后昆弟子，用淮陽丞相侯

四年四月丙申，侯呂勝元年

四

八年，侯勝坐呂氏事誅，國除

**中邑**

以執矛從高祖入漢，以中尉破曹咎，用呂相侯，六百戶

四年四月丙申，貞侯朱通元年

五

十七

後二年，侯悼元年

六

十五

後三年，侯悼有罪，國除

**樂平**

以隊卒從高祖起沛，屬皇訢，以郎擊陳餘，用衛尉侯，六百戶

四年四月丙申，簡侯衛無擇元年

二

六年，恭侯勝元年

三

二十三

十五

後三年，侯侈元年

一

五

建元六年，侯侈坐以買田宅不法，又請求吏罪，國除



**山都**

高祖五年為郎中柱下令，以衛將軍擊陳豨，用梁相侯

四年四月丙申，貞侯王恬開元年

五

四年，惠侯中黃元年

三

二十三

四年，敬侯觸龍元年

十三

元行五年，侯當元年

二十二

八

元封元年，侯當坐與奴闌入上林苑，國除

**松茲** 徐廣曰松一作祝。索隱曰縣名屬廬江

兵初起，以舍人從起沛，以郎吏入漢，還，得雍王邯家屬功，用常山丞相侯

四年四月丙申，夷侯徐厲元年

五

七年，康侯悼元年

六

十七

十二

中六年，侯偃元年

四

五

建元六年，侯偃有罪，國除

**成陶** 徐廣曰一作陰。索隱曰漢志闕

以卒從高祖起單父，為呂氏舍人，度呂氏淮之功，用河南守侯，五百戶

四年四月丙申，夷侯周信元年

五

十二年，孝侯勃元年

十三

十五年，侯勃有罪，國除

**俞** 如淳曰音輸。○索隱曰縣名屬清河

以連敖從高祖破秦，入漢，以都尉定諸侯，功比朝陽侯。嬰死，子它襲功，用太中大夫侯。○索隱曰它音蛇

四年四月丙申，侯呂它元年

四

八年，侯它坐呂氏事誅，國除

## 滕
索隱曰滕縣名屬沛郡

以舍人郎中十二歲以都尉屯霸上用楚相侯

四年四月丙申侯呂更始元年

四

八年侯更始坐呂氏事誅國除

## 醴陵
索隱曰縣名屬長沙

以卒從漢王二年初起櫟陽以卒吏擊項籍為河南都尉長沙相侯六百戶

四年四月丙申侯越元年

五

三

孝文四年侯越有罪國除

## 呂成
呂后昆弟子侯

四年四月丙申侯呂忿元年

四

八年侯忿坐呂氏事誅國除

## 東牟
索隱曰縣名屬東萊

齊悼惠王子侯

六年四月丁酉侯劉興居元年

三

一

二年侯興居為濟北王國除



## 鍾
一作鈃 索隱曰縣名屬東萊

呂肅王子侯

六年四月丁酉侯呂通元年

二

八年侯通為燕王坐呂氏事誅國除

## 信都
索隱曰縣名屬信都

以張敖魯元太后子侯

八年四月丁酉侯侈元年

元年侯侈有罪國除

## 樂昌
以張敖魯元太后子侯

八年四月丁酉侯受元年

一

元年侯受有罪國除

## 祝茲
索隱曰漢書作琅邪

呂后昆弟子侯

八年四月丁酉侯呂榮元年坐呂氏事誅國除

建陵 索隱曰漢表在東海

以大謁者侍宦者多奇計

八年四月丁酉侯張澤元年九月奪侯國除○索隱曰一名

東平 徐廣曰一作庚○索隱曰縣名屬東平

以燕王呂通弟侯

八年五月丙辰侯呂莊元年坐呂氏事誅國除

右高后時三十一

陽信 索隱曰表在新野志屬渤海有二縣

高祖十二年為郎以典客奪趙王呂祿印關殿門拒呂產等入共尊立孝文侯二千戶

元年三月辛丑侯劉揭元年

十四

十五年侯中意元年

九

五

六年侯中意有罪國除

軹 索隱曰縣名屬河內

高祖十年為郎從軍十七歲為大中大夫迎孝文代用車騎將軍迎太后侯萬戶薄太后弟

元年四月乙巳侯薄昭元年

十

十一年陽侯戎奴元年

十三

十六

建元二年侯梁元年



壯武 索隱曰縣名屬膠東

以家吏從高祖起山東以都尉從之滎陽食邑以代中尉勸代王入驂乘至代邸王卒為帝功侯千四百戶

元年四月辛亥侯宋昌元年

二十三

十一

中元四年侯昌奪侯國除

清都 徐廣曰一作鄡音苦堯反○索隱曰漢表作鄡侯鄡太原縣

以齊哀王舅父侯

索隱曰舅父即駟鈞侯曰侯母也

元年四月辛未侯駟鈞元年

五

前六年鈞有罪國除

周陽 索隱曰縣名屬上郡

以淮南厲王舅父侯

元年四月辛未侯趙兼元年

五

前六年兼有罪國除

樊 索隱曰縣名屬東平

以睢陽令高祖初起從阿以韓家子還定北地用常山相侯千二百戶

元年六月丙寅侯蔡兼元年

十四

十五年康侯客元年○徐廣曰一作容

九

九

中元三年恭侯平元年

七

元朔二年侯辟方元年

十三

十四

元狩四年侯辟方有罪國除

讀史記十表　卷七　惠景間侯者年表　十二

| 管 | 瓜丘 | 營 | 楊丘 |
|---|---|---|---|
| 索隱曰管，古國，今為縣，屬滎陽 | 索隱曰縣名，在魏郡 | 索隱曰表在濟南 | |
| 齊悼惠王子侯 | 齊悼惠王子侯 | 齊悼惠王子侯 | 齊悼惠王子侯 |
| 四年五月甲寅恭侯劉罷軍元年　二十 | 四年五月甲寅侯劉寧國元年　十一 | 四年五月甲寅平侯劉信都元年　十 | 四年五月甲寅共侯劉安元年　十二 |
| 十六年侯戎奴元年　八 | 十五年侯偃元年　九 | 十四年侯廣元年　十 | 十六年侯偃元年　八 |
| 二 | 二 | 二 | 三 |
| 三年侯戎奴反國除 | 三年侯偃反國除 | 三年侯廣反國除 | 孝景四年坐出國界耐為司寇 |

讀史記十表　卷七　惠景間侯者年表　十三

| 楊虛 | 扐 | 安都 | 平昌 |
|---|---|---|---|
| | 音力○索隱曰縣名，屬平原 | | 索隱曰縣名，屬平原 |
| 齊悼惠王子侯 | 齊悼惠王子侯 | 齊悼惠王子侯 | 齊悼惠王子侯 |
| 四年五月甲寅恭侯劉將閭元年　十二　○索隱曰漢書作將閭 | 四年五月甲寅侯劉辟光元年　十二 | 四年五月甲寅侯劉志元年　十二 | 四年五月甲寅侯劉卬元年　十二 |
| 十六年侯將閭為齊王有罪國除 | 十六年侯辟光為濟南王國除 | 十六年侯志為濟北王國除 | 十六年侯卬為膠西王國除 |

| | | | | | |
|---|---|---|---|---|---|
| 武城 索隱漢志闕凡闕者或鄉名或侯廢故志不載 | 齊悼惠王子侯 | | | 四年五月甲寅 十二 侯劉賢元年 | 十六年侯賢為菑川王國除 |
| 白石 索隱曰縣名屬金城 | 齊悼惠王子侯 | | | 四年五月甲寅 十二 侯劉雄渠元年 | 十六年侯雄渠為膠東王國除 |
| 波陵 索隱曰漢表波作泜音祗 | 以陽陵君侯 | | | 七年三月甲寅 五 康侯魏駟元年 | 十二年康侯魏駟薨無後國除 |
| 南鄭 索隱鄭音貞一音程李彤云河內有鄭亭音鄭 | 以信平君侯 | | | 七年三月丙寅 一 侯起元年 索隱曰起名也史失其姓 孝文時坐後父故奪爵級關內侯 | |



| | | | | | |
|---|---|---|---|---|---|
| 阜陵 索隱曰縣名屬九江 | 以淮南厲王子侯 | | | 八年五月丙午 八 侯劉安元年 | 十六年安為淮南王國除 |
| 安陽 索隱曰縣名屬馮翊 | 以淮南厲王子侯 | | | 八年五月丙午侯劉勃元年 八 | 十六年侯勃為衡山王國除 |
| 陽周 | 以淮南厲王子侯 | | | 八年五月丙午侯劉賜元年 八 | 十六年侯賜為廬江王國除 |
| 東城 索隱曰縣名屬九江 | 以淮南厲王子侯 | | | 八年五月丙午 七 哀侯劉良元年 | 十五年侯良薨無後國除 |

| | | | | | |
|---|---|---|---|---|---|
| 犂 索隱曰縣名屬東郡 以齊相召平子侯千四百一十戶 | | | 十年四月癸丑 十一 頃侯召奴元年 後五年侯澤元年 三 | 十六 | 元朔元年侯延元年 十六 元封六年侯延坐不出持馬斬國除 十九 |
| 餅 索隱曰縣名屬琅邪 以北地都尉孫卬匈奴入北地力戰死事子侯 | | | 十四年三月丁巳 十 侯孫單元年 | 二 前三年侯單謀反國除 | |
| 弓高 索隱曰漢表在營陵 以匈奴相國降故韓王信孽子侯千二百三十七戶 | | | 十六年六月丙子 八 侯韓頹當元年 | 前元年侯則元年 十六 | 十六 元朔五年侯則薨無後國除 |
| 襄成 索隱曰志屬潁川 以匈奴相國降侯故韓王信太子之子侯千四百二十一戶 | | | 十六年六月丙子 七 哀侯韓嬰元年 後七年侯澤之元年 一 | 十六 | 十五 元朔四年侯澤之坐詐病不從不敬國除 |



| | | | | | |
|---|---|---|---|---|---|
| 故安 索隱曰縣名屬涿郡 孝文元年舉淮陽守從高祖入漢功侯食邑五百戶用丞相侯一千七百一十二戶 | | | 後三年四月丁巳 五 節侯申屠嘉元年 | 前三年 二 恭侯元年 十四 | 元狩二年清安侯臾元年 十九 元鼎元年臾坐為九江太守有罪國除 五 |
| 章武 索隱曰縣名屬渤海 以孝文后弟侯萬一千八百六十九戶 | | | 後七年六月乙卯 一 景侯竇廣國元年 | 前七年恭侯完元年 六 十 | 元光三年侯常坐元年 八 元狩元年侯常坐謀殺人未殺罪國除 十 |
| 南皮 索隱曰縣名屬渤海 以孝文后兄竇長君子侯六千四百六十戶 | | | 後七年六月乙卯 一 侯竇彭祖元年 | 十六 | 建元六年夷侯良元年 五 元光五年侯桑林元年 五 元鼎五年侯桑林坐酎金罪國除 十八 |

右孝文時二十九

| | | | | | |
|---|---|---|---|---|---|
| 平陸 索隱曰縣名屬西河又有東平陸在東平 楚元王子侯三千二百六十七戶 | | | | 元年四月乙巳 二 侯劉禮元年 三年侯禮為楚王國除 | |

## 休

楚元王子侯

元年四月乙巳三年休侯富以兄子戊為楚王反富與家屬至長安北闕自歸不能相教上印綬詔復王後以平陸侯為楚王更封為紅侯 二

## 沈猶

索隱曰漢表在高苑

楚元王子侯千三百八十戶

元年四月乙巳 十六 夷侯劉穢元年

建元五年侯受元年 四十八

元狩五年侯受坐為宗正聽謁不具宗室不敬國除

## 紅

索隱楚元王子劉富也前作休侯富此又封紅侯者以休侯富之後別封耳漢表一云紅侯富二已作紅休名紅休劉富封紅侯一云紅

元年四月乙巳莊侯富元年 四 一

前七年悼侯澄元年 九

中元年侯澄元年

朔元四年侯章元年 十五 一

元朔五年侯章薨無後國除

## 宛朐

索隱曰縣名屬濟陰

楚元王子侯

元年四月乙巳侯劉埶元年 二 索隱曰埶音藝

三年侯埶反國除



## 魏其

索隱曰縣名屬琅邪

以大將軍屯滎陽扞吳楚七國反已破侯三千三百五十戶

三年六月乙巳 十四 侯竇嬰元年

建元元年為丞相二歲免 九

元光四年侯嬰坐爭灌夫事上書稱為先帝詔矯制害棄市國除

## 棘樂

楚元王子侯戶千二百一十三

三年八月壬子 十四 敬侯劉調元年

建元二年恭侯應元年 一

元朔元年侯慶元年 十二

元鼎五年侯慶坐酎金國除 十六

## 俞

索隱曰俞音輸縣名屬清河

以將軍吳楚反時布功侯布故彭越舍人越反時布使齊還已梟越布祭哭之當亨出忠言高祖舍布為都尉侯戶千八百

六年四月丁卯 六 侯欒布元年

中五年侯布薨

元朔二年侯賁元年 十二

元狩元年侯賁坐為太常雍犧牲不如令不敬國除 十

## 建陵

以將軍擊吳楚功用中尉侯戶一千三百一十

六年四月丁卯 十一 敬侯衛綰元年

元光五年侯信元年 十八

元鼎五年侯信坐酎金國除

建平　索隱曰縣名屬沛郡
以將軍擊吳楚功用江都相侯戶三千一百五十
六年四月丁卯哀侯程嘉元年　十一
元光二年節侯橫元年　七
元光五年侯回元年　一
元光四年侯回薨無後國除　一

平曲　索隱曰漢表在高城
以將軍擊吳楚功用隴西太守侯戶三千二百二十
六年四月己巳侯公孫昆　五　邪元年○漢書作渾
中元四年侯昆邪有罪國除太僕賀父○李遠曰賀後封侯故載之

江陽　索隱曰縣名在東海
以將軍擊吳楚功用趙相侯戶二千五百四十七
六年四月壬申懿侯蘇嘉元年　四　曰索隱漢表作蘇息
中元三年懿侯盧元年　七
建元五年　二　侯明元年
元朔六年　十三　侯雕元年
元狩五年雕坐　十一　酎金國除

遽　索隱曰漢表縣名在常山
以趙相建德王遂反建德不聽死事子侯戶千九百七十
中元二年四月己巳侯橫元年○索隱曰史大夫
後元二年侯橫有罪國除



新市　索隱曰縣名屬鉅鹿
以趙內史王慎王遂反慎不聽死事子侯戶一千十四○侯傳作悍
中元二年四月乙巳侯康元年　五
後元元年殤　三　侯始昌元年
九　元光四年殤侯始昌為人所殺國除

商陵　索隱曰漢表在臨淮
以楚太傅趙夷吾王戊反不聽死事子侯戶一千四十五
中元二年四月乙巳侯周元年　八
二十九　元鼎五年侯周坐為丞相知列侯酎金輕下廷尉自殺國除

山陽
以楚相張尚王戊反尚不聽死事子侯戶千一百一十
中元二年四月乙巳侯當居元年　八
元朔五年侯當居坐為太常程博士弟　十六　子故不以實罷國除○徐廣曰程一作擇

安陵
以匈奴王降侯戶一千五百一十七
中元三年十一月庚子侯子軍元年　七
建元六年侯子軍薨亡後國除

**垣** 索隱曰縣名屬河東

以匈奴王降侯

中元三年十二月丁 三 丑侯賜元年

六年賜死不得及嗣

**遒** 索隱曰縣名屬涿郡音蘇鳩反

以匈奴王降侯戶五千五百六十九

中元三年十二月丁丑侯隆彊元年不〇隆彊嗣不年後曰明得吉祿知者失之後誤為其名蓋其則者也侯元成少子

後元年四月甲申侯則坐使巫齊少君祠祝詛上大逆無道國除

**容成** 索隱曰縣名屬涿郡

以匈奴王降侯七百戶

中元三年十二月丁 七 丑侯徐盧元年

建元元年康 十四 侯綽元年

元朔二年 十二 侯光元年

十八

後二年三月壬辰侯光坐祠祝詛國除

**易** 索隱曰縣名屬涿郡

以匈奴王降侯

中元三年十二月丁 六 丑侯僕黥元年

後元二年侯僕黥薨無嗣



**范陽** 索隱曰縣名屬涿郡

以匈奴王降侯戶千一百九十七

中元三年十二月丁 七 丑侯代端元年

元光二年懷 七 侯德元年

二

元光四年侯德薨無後國除

**翕** 索隱曰漢表在內黃

以匈奴王降侯

中元三年十二月丁 七 丑侯邯鄲元年

九

元光四年侯邯鄲坐行來不請長信不敬國除

**亞谷** 索隱曰一作亞父漢表在河內

以匈奴東胡王降故燕王盧綰子侯千五百戶

中元五年四月丁巳 二 簡侯它父元年

後元元年安 三 侯種元年

建元元年康 十一 侯偏元年

元光六年 二十二 侯賀元年

十五

征和二年七月辛巳侯賀坐太子事國除

**隆慮** 索隱曰音林閭縣名屬河內

以長公主嫖子侯戶四千一百二十六

中元五年五月丁丑 五 侯蟜元年

徐廣曰按表也乃前五年非中元年

二十四

元鼎元年侯蟜坐母長公主薨未除服姦禽獸行當死自殺國除

| 國名 | 侯功 | 孝景 | 建元至元封 |
| --- | --- | --- | --- |
| 乘氏 索隱曰縣名屬濟陰 | 以梁孝王子侯 | 中元五年五月丁卯 一 侯買元年 中元六年侯買嗣為梁王國除 | |
| 桓邑 | 以梁孝王子侯 | 中元五年五月丁卯 一 侯明元年 中六年為濟川王國除 | |
| 蓋 索隱曰縣名在勃海 | 以孝景后兄侯戶二千八百九十 | 中元五年五月甲戌 五 靖侯王信元年 | 元狩三年 二十八 侯偃元年 元鼎五年侯偃坐酎金國除 |
| 塞 | 以御史大夫前將軍兵擊吳楚功侯戶千四十六 | 後元元年八月 三 侯直不疑元年 | 建元四年侯 二十 相如元年 元朔四年 二 侯堅元年 元鼎五年堅 十三 坐酎金國除 |



| 國名 | 侯功 | 孝景 | 建元至元封 |
| --- | --- | --- | --- |
| 武安 索隱曰縣名屬魏郡 | 以孝景后同母弟侯戶八千二百一十四 | 後元三年三月 一 侯田蚡元年 | 元光四年 九 侯梧元年 元朔三年 五 侯梧坐以襜褕入宮廷中不敬國除 |
| 周陽 索隱曰縣名屬上郡 | 以孝景后同母弟侯戶六千二十六 | 後元三年三月 一 懿侯田勝元年 | 元光六年侯 十一 彭祖元年 元狩二年彭祖坐當歸與章侯宅不與罪 八 國除 |

右孝景時三十一

讀惠景間矦者年表

讀惠景間矦者年表以四朝事勢爲主孝惠之時天下無事惟修遺功高后之時欲矦諸呂故先封高祖功臣及諸王子（見高后本紀中）孝文從代邸入爲帝則有誅諸呂功有從代來功是時王子漸繁則有分封有外戚恩澤孝景更有吴楚之變有匈奴之降凡此事勢各異公私亦别不得一例論之也

孝惠時矦者三人高后時矦者三十一人孝文時矦者二十九人孝景時矦者三十人



漢約非有功不矦此表以功得矦者有四曰修高祖時遺功臣也曰誅諸呂也曰從代來也曰吴楚之役也此外同姓若孝惠子（漢書以非眞孝惠子削不書）齊悼惠王子淮南厲王子楚元王子梁孝王子則推親親之恩而封矦者也異姓惟長沙王子吴淺長沙嗣成王子吴陽長沙王相利倉則以吴芮忠而無功得矦者也外戚若呂后姊子呂后兄子呂后諸昆弟子呂氏王子孝文太后弟薄昭孝文后弟竇廣國后兄竇長君子彭祖孝景后兄王信孝景后母弟田蚡田勝長公主嫖子蟜張敖魯元太后子齊哀王舅父駟鈞淮南厲王舅父趙兼則所謂恩澤矦者也

有死事而其子得矦者若匈奴入北地力戰死事之孫卬趙相建德不聽王遂反而死内史王悍亦不聽王遂反而死楚太傅趙夷吾不聽王戊反而死楚相張尚亦不聽王戊反而死是也此外高祖時有哭彭越之欒布當烹出忠言帝赦之以爲都尉而有功得矦者也



有外國歸義自匈奴降漢而矦者凡七人其故韓王信之孼子與其太子之子故燕王盧綰之子則漢人歸自匈奴者也

董份曰太史公獨以長沙起論卽賈生所謂欲諸王之忠附則莫若令如長沙反覆論敘以見其國小而得完見賜土之不可盛而矦王之不可不忠也

讀惠景閒侯者年表補

漢約非有功不侯其不謂之功臣年表何也按表惠景閒侯者凡九十四人內王子侯者及外戚恩澤侯者凡四十九人則以功封及以功廕者四十五人耳高祖功臣年表外戚僅二人王子僅四人兵爭之日亦共歷艱難故皆謂之功臣也是未可比而同之

高后時侯者三十一人不數年坐呂氏事誅者十三人身死名惡爲世大戒而人卒不悟何也



孝景吳楚之變以軍功侯者凡七人死事侯者四人當時七國雖横皆同氣也身爲天子旣不能篤親親之仁以服其心又不筭防禦之以弭其孽遂發大難使骨月傷殘士民蹂躪倖免殲亡論功行賞之日帝亦有悔心否乎

景帝以匈奴降侯者凡八人初匈奴王之來帝欲侯之以勸後周亞夫曰彼背其主而降侯之則何以責人臣不守節者乎帝不聽悉侯之亞夫之言以理論耳卽以事勢論匈奴之性服叛無常降何利之有彼來降不可拒厚蓄之而已尊之以侯是使匈奴有輕中國之心其失與和親同又何以勸甚矣帝之愚也或謂文帝時已行之蓋文帝所侯者固韓王信之子孫其父叛其子復歸是能反之正者侯之可也然亦過矣

存疑

孝文侯者二十九人其中章武侯竇廣國南皮侯竇彭祖乃孝景卽位始封班入景表是

孝景侯者三十一人其中休侯紅侯實一人並書



誤也班表但一書爲是又武安侯田蚡周陽侯田勝乃孝武卽位始封班入武表是

讀史記十表卷之八

古歙 汪越 徐克范 訂正

## 建元以來侯者年表第八

索隱曰七十二國太史公舊餘四十五國褚先生補也

太史公曰匈奴絕和親攻當路塞閩越擅伐東甌請降二夷交侵當盛漢之隆以此知功臣受封侔于祖考矣何者自詩書稱三代戎狄是膺荊荼是徵索隱曰荼音舒齊桓越燕伐山戎武靈王以區區趙服單于秦繆用百里霸西戎吳楚之君以諸侯役百越況乃以中國一統明天子在上兼文武席卷四海內輯億萬之衆豈以晏然不爲邊境征伐哉自是後遂出師北討彊胡南誅勁越將卒以次封矣



| 國名 | 侯功 | 元光 | 元朔 | 元狩 | 元鼎 | 元封 | 太初已後 |
|---|---|---|---|---|---|---|---|
| 翕 索隱曰漢表在內黃 | 匈奴相降侯元朔二年爲車騎將軍擊匈奴有功益封 | 四年七月壬午侯趙信元年 五 | 五 | 六年信爲前將軍擊匈奴兵敗信降匈奴國除 | | | |



| 國名 | 侯功 | 元光 | 元朔 | 元狩 | 元鼎 | 元封 | 太初已後 |
|---|---|---|---|---|---|---|---|
| 持裝 索隱曰漢表作裝在南陽 | 匈奴都尉降侯 | 六年後九月丙寅侯樂元年 一 | 六 | 六 | 元年侯樂死無後國除 | | |
| 親陽 索隱曰漢表在舞陽 | 匈奴相降侯 | | 二年十月癸巳侯月氏元年 五 | 五年侯月氏坐亡斬國除 | | | |
| 若陽 索隱曰表在平氏 | 匈奴相降侯 | | 二年十月癸巳侯猛元年 | 五年侯猛坐亡斬國除 | | | |
| 長平 索隱曰地理志縣名屬汝南 | 以元朔二年再以車騎將軍擊匈奴取朔方河南功侯元朔五年以大將軍擊匈奴破右賢王益封三千戶 | | 二年二月丙辰烈侯衛青元年 五 | 徐廣曰青以元封五年薨 六 | 六 | 六 | 太初元年今侯伉元年 |

平陵

索隱曰表在武當

以都尉從車騎將軍擊匈奴功侯以元朔五年用游擊將軍從大將軍益封

二年二月丙辰侯蘇建元年

五

六

六

六年侯建為右將軍與翕侯信俱敗獨身來歸當斬贖國除

岸頭

索隱曰漢表在皮氏

以都尉從車騎將軍擊匈奴功侯元朔六年從大將軍益封

二年六月壬辰侯張次公元年

五

元年次公坐與淮南王女陵姦及受財物罪國除

平津

以丞相詔所褒侯

三年十一月乙丑獻侯公孫弘元年

四

二

三年侯慶元年

四

六

三

四年侯慶坐為山陽太守有罪國除

涉安

以匈奴單于太子降侯

三年四月丙子侯於單元年

二

五年卒無後國除



昌武

索隱曰表在武陽

以匈奴王降侯以昌武侯從驃騎將軍擊左賢王功益封

四年七月庚申堅侯趙安稽元年

三

六

六

一

二年侯充國元年

五

元年侯充國薨亡後國除

襄城

索隱曰漢表作襄武侯按韓嬰亦封襄城侯地理志襄城在潁州襄武在隴西

以匈奴相國降侯

四年七月庚申侯無龍元年

三

一六乘龍

六

六

六

太初三年無龍從浞野侯戰歿

一

四年侯病已元年

二

南奅

徐廣曰匹孝反

以騎將軍從大將軍擊匈奴得王功侯太初二年以丞相封為葛繹侯

五年四月丁未侯公孫賀元年

二

六

四

二年賀坐酎金國除絕十歲

十三

太初二年三月丁卯封葛繹侯征和三年賀子敬聲有罪國除

合騎

索隱曰表在高城

以護軍都尉三從大將軍擊匈奴至右賢王庭得王功侯元朔六年益封

五年四月丁未侯公孫敖元年

二

二年侯敖將兵擊匈奴與驃騎將軍期後當斬贖為庶人國除

## 樂安

索隱曰表在昌地理志昌縣在琅琊

以輕車將軍再從大將軍青擊匈奴得王功侯

五年四月丁未侯李蔡元年

二

四

五年侯蔡以丞相侵盜孝景園神道壖地罪自殺國除

## 龍頟

索隱曰地理志縣名屬平原劉氏音額蓋浩音洛屬蘇又云今在河閬有龍頟雀村典弓滿相近

以都尉從大將軍青擊匈奴得王功侯元朔六年以橫海將軍擊東越功為按道侯○索隱曰漢表以龍頟案道為二人封非也韋昭云案道屬齊

五年四月丁未　二　侯韓說元年

六

四

五年侯說坐酎金國絕二歲

元年五月丁卯　六　按道侯說元年

十三

征和三年子長代有罪絕子曾復封為龍頟侯



## 隨成

索隱曰表在千乘

以校尉三從大將軍青擊匈奴功農吾先登石累得王功侯○索隱曰累音壘地名漢表作壘音門

五年四月乙卯侯趙不虞元年

二

三

三年侯不虞坐為定襄都尉匈奴敗太守以聞非實坐謾國除○索隱曰謂上聞天子狀不實為謾而國除

## 從平

索隱曰表在樂昌邑

以校尉三從大將軍青擊匈奴至右賢王庭數為雁行上石山先登功侯

五年四月乙卯　二　公孫戎奴元年

一

二年侯戎奴坐為上郡太守發兵擊匈奴不以聞謾國除

## 涉軹

索隱曰表表在西安無步字涉軹乾之縣狀背曲時慈也故上又有涉安侯

以校尉三從大將軍青擊匈奴至右賢王庭得王虜閼氏功侯

五年四月丁未　一　侯李朔元年

元年侯朔有罪國除

**宜春**

索隱曰志縣名屬汝南豫章亦有之

以父大將軍青破右賢王功侯

五年四月丁未

二　侯衛伉元年

六

元年侯伉坐矯制不害國除

**陰安**

索隱曰志縣名屬魏郡

以父大將軍青破右賢王功侯

五年四月丁未

二　侯衛不疑元年

六

四

五年侯不疑坐酎金國除

**發干**

索隱曰志縣名屬東郡

以父大將軍青破右賢王功侯

五年四月丁未

二　侯衛登元年

六

四

五年侯登坐酎金國除

**博望**

索隱曰志縣名屬南陽

以校尉從大將軍六年擊匈奴知水道及前使絕域大夏功侯

六年三月甲辰

一　侯張騫元年

一

二年侯騫坐以將軍擊匈奴畏懦當斬贖國除



**冠軍**

以嫖姚校尉再從大將軍六年從大將軍擊匈奴斬相國功侯元狩二年以驃騎將軍擊匈奴至祁連益封迎渾邪王益封擊左右賢王益封

六年四月壬申景桓侯霍去病元年

一

六

元年哀侯嬗元年

六

元年哀侯嬗薨無後國除○徐廣曰嬗字子侯為武帝奉車登封泰山暴病歿

**衆利**

索隱曰表在陽城姑莫後以封伊即軒也

以上谷太守四從大將軍六年擊匈奴首虜千級以上功侯

六年五月壬辰

一　侯郝賢元年

一

二年侯賢坐為上谷太守入戍卒財物上計謾罪國除

**潦**

索隱曰表在舞陽

以匈奴趙王降侯

元年七月壬午悼侯趙王煖訾元年

一

二年煖訾歿無後國除

宜冠 索隱曰冠音官表在昌

以校尉從驃騎將軍二年出擊匈奴功侯故匈奴歸義

二年正月乙亥侯高不識元年 二

四年不識擊匈奴戰軍功增首不以實當斬贖罪國除

煇渠 索隱曰鄉名按表在魯陽

以校尉從驃騎將軍二年再出擊匈奴得王功侯以校尉從驃騎將軍二年虜五王功益封故匈奴歸義

二年二月乙丑忠侯僕多元年

五

索隱曰漢表作僕朋此云僕多與衛青傳同

三

四年侯電元年

三

六

四

從驃 索隱曰以從驃騎將封故曰從驃後封浞野侯

以司馬再從驃騎將軍數深入匈奴得兩王子騎將功侯以匈河將軍元封三年擊樓蘭功復侯

二年五月丁丑侯趙破奴元年

五

四

五年侯破奴坐酎金國除

浞野

三年侯破奴元年

四

一

二年侯破奴以浚稽將軍擊匈奴失軍為虜所得國除

下麾 索隱曰表在猗氏

以匈奴王降侯

二年六月乙亥侯呼毒尼元年

五

四

五年煬侯伊即軒元年

二

六

四



漯陰 索隱曰表在平原

以匈奴渾邪王將衆十萬降侯萬戶

二年七月壬午定侯渾邪元年 四

元年魏侯蘇元年 六

索隱曰魏謚蘇名謚法克捷行軍曰魏

五

五年魏侯蘇薨無後國除

煇渠 索隱曰案此云僕多所封則作渾渠應庀所封則作渾渠二者皆鄉名在魯陽今並作[illegible]

以匈奴王降侯

三年七月壬午悼侯扁訾元年 四

索隱曰漢表作煇侯應庀庀諸為以二反

二年侯扁訾坐無後國除

| | | |
|---|---|---|
| 河綦 索隱曰表在濟南 | 常樂 索隱曰表在濟南 | 符離 索隱曰縣名屬沛郡 |
| 以匈奴右王與渾邪降侯 | 以匈奴大當戶與渾邪降侯 | 以右北平太守從驃騎將軍四年擊右王將重會期首虜二千七百人功侯○索隱曰將字上屬重者再也會期言再赴期 |
| | | |
| | | |
| 三年七月壬午康侯烏犂元年○索隱曰漢書作侖犂 四 | 三年七月壬午肥侯稠雕元年 四 索隱曰漢書衛青傳作雕離 | 四年六月丁卯侯路博德元年 三 |
| 二 三年餘利鞮元年 四 | 六 | 六 |
| 六 | 六 | 六 |
| 四 | 二 太初三年今侯廣漢元年 | 太初元年侯路博德有罪國除 |



| | | | |
|---|---|---|---|
| 壯 索隱曰表在東平 | 衆利 | 湘成 索隱曰表在陽城 | 義陽 索隱曰表在平氏 |
| 以匈奴歸義匈奴因淳王從驃騎將軍四年擊左王以少破多捕虜二千一百人功侯 | 以匈奴歸義樓剸王從驃騎將軍四年擊右王手自劍合功侯○索隱曰剸音專手自劍謂手刺其王而合戰得封 | 以匈奴符離王降侯 | 以北地都尉從驃騎將軍四年擊左王得王功侯 |
| | | | |
| | | | |
| 四年六月丁卯侯復陸支元年 三 | 四年六月丁卯侯伊即軒元年 三 | 四年六月丁卯侯敞屠洛元年 三 | 四年六月丁卯侯衛山元年 三 |
| 二 三年今侯偃元年 四 | 六 | 四 五年侯敞屠洛坐酎金國除 | 六 |
| 六 | 五 六年今侯當時元年 一 | | 六 |
| 四 | 四 | | 四 |

| | | | | | | | | |
|---|---|---|---|---|---|---|---|---|
| 散　索隱曰表在陽城 | 以匈奴都尉降侯 | | | 四年六月丁卯侯董荼吾元年 三 索隱曰其人名余吾 余吾白奴水名荼侯 | 六 | 六 | 二 太初三年今侯安漢元年 |
| 臧馬　索隱曰表在朱虛 | 以匈奴王降侯 | | | 四年六月丁卯康侯延年元年 一 五年侯延年薨不得置後國除 | | | |
| 周子南君　索隱曰表在長社 | 以周後紹封 | | | 四年十一月丁卯侯姬嘉元年 三 | 三 四年君買元年 三 | 四 |
| 樂通　索隱曰韋昭云在臨淮高平 | 以方術侯 | | | 四年四月乙巳侯五利將軍欒大元年 一 五年侯大有罪斬國除 | | |



| | | | | | | | |
|---|---|---|---|---|---|---|---|
| 瞭　索隱曰音遼表在舞陽 | 以匈奴歸義王降侯 | | | 四年六月丙午侯次公元年 一 五年侯次公坐酎金國除 | | |
| 術陽　索隱曰表在下邳 | 以南越王兄越高昌侯 | | | 四年侯建德元年 一 五年侯建德有罪國除 | | |
| 龍亢　索隱曰音剛六龍闕左傳齊侯圍龍之音呂靜說云齊德所封上是龍有亢者誤也 | 以校尉摎世樂擊南越死事子侯○摎音居求反 | | | 五年三月壬子侯廣德元年 二 | 六 六年侯廣德有罪國除 | |
| 成安　索隱曰表在郟志在[illegible] | 以校尉韓千秋擊南越死事子侯 | | | 五年三月壬子侯延年元年 二 | 六 六年侯延年有罪國除 | |

| 昆 | 騏 | 梁期 | 牧丘 |
|---|---|---|---|
| 索隱曰表在鉅鹿 以屬國大首渠擊匈奴功侯 | 索隱曰志屬河東表在北屈 以屬國騎擊匈奴捕單于兄功侯 | 索隱曰志屬魏郡 以屬國都尉五年間出擊匈奴得復累絺縵等功侯 | 索隱曰表在平原 以丞相及先人萬石積德謹行侯 |
| | | | |
| | | | |
| 五年五月戊戌昆侯渠復累元年 二 | 五年五月壬子侯句幾元年 二 六年一騎發 | 五年七月辛巳侯任破胡元年 二 | 五年九月丁丑恪侯石慶元年 二 |
| 六 | 六 | 六 | 六 |
| 四 | 四 | 四 | 二 三年侯德元年 二 |



| 瞭 | 將梁 | 安道 | 隨桃 |
|---|---|---|---|
| 索隱曰表在下邳 以南越將降侯 | 以樓船將軍擊南越椎鋒卻敵侯 | 索隱曰表在南陽 以南越揭陽令聞漢兵至自定降侯 | 索隱曰表在南陽 以南越蒼梧王聞漢兵至降侯 |
| | | | |
| | | | |
| 六年三月乙酉 一 侯畢取元年 索隱曰初以封次公又封畢取 | 六年三月乙酉 一 侯楊僕元年 | 六年三月乙酉 一 侯揭陽令定元年 | 六年四月癸亥 一 侯趙光元年 |
| 六 | 四年侯僕有罪國除 | 六 | 六 |
| 四 | | 四 | 四 |

| 湘成 | 海常 |
|---|---|
| 湘成 索隱曰表在堵陽 | 海常 索隱曰表在琅邪 |
| 以南越桂林監聞漢兵破番禺，諭甌駱兵四十餘萬降侯 | 以伏波司馬捕得南越王建德功侯 |
| | |
| | |
| | |
| 六年五月壬申侯監居翁元年 一 索隱曰監官也居姓翁字 | 六年七月乙酉莊侯蘇弘元年 一 |
| 六 | 六 |
| 四 | 太初元年侯弘死無後國除 |

| 北石 | 下鄜 |
|---|---|
| 北石 索隱曰漢表作外石在濟南 | 下鄜 索隱曰漢表作鄜 |
| 以故東越衍侯佐繇王斬餘善功侯 | 以故甌駱左將斬西于王功侯 |
| | |
| | |
| | |
| | |
| 元年正月壬午侯吳陽元年 六 | 元年四月丁酉侯左將黃同元年。索隱曰兩南表皆甌駱左將黃同，表云及注俱漢表云作黃同，則左將是官不姓 六 |
| 三 太初四年今侯首元年 | 四 |



| 繚嫈 | 蘌兒 |
|---|---|
| 繚嫈 索隱曰嫈乙庚反 | 蘌兒 索隱曰韋昭云在吳越界今為鄉也 |
| 以故校尉從橫海將軍說擊東越功侯 | 以軍卒斬東越徇北將軍功侯 |
| | |
| | |
| | |
| 元年五月乙卯侯劉福元年 一 二年侯福有罪國除 | 元年閏月癸卯莊侯轅終古元年 六 徐廣曰閏四月也 |
| | 太初元年終古死無後國除 |

| 開陵 | 臨蔡 |
|---|---|
| 開陵 索隱曰表在臨淮 | 臨蔡 索隱曰表在河內 |
| 以故東越建成侯與繇王共斬東越王餘善功侯 | 以故南越郎聞漢兵破番禺為伏波得南越相呂嘉功侯 |
| | |
| | |
| | |
| 元年閏月癸卯侯建成元年 六 | 元年閏月癸卯侯孫都元年 六 |
| 四 | 四 |

東城 索隱曰表在九江
以故東越繇王斬東越王餘善功侯萬戶
元年閏月癸卯侯居股元年 六
四

無錫 索隱曰表在會稽
以東越將軍漢兵至棄軍降侯
元年侯多軍元年 六
四

涉都 索隱曰表在南陽
以父棄故南海守漢兵至以城邑降子侯
元年中侯嘉元年 六
三
初二年侯嘉薨無後國除

平州 索隱曰表在梁父
以朝鮮將漢兵至降侯
三年四月丁卯侯唊元年 一 如淳曰唊音頰
四年侯唊薨無後國除



荻苴 索隱曰音狄沮表在渤海
以朝鮮相漢兵至圍之降侯
三年四月侯朝鮮相韓陰元年 四
四

澅清 索隱曰表在齊澅音獲水名又音乎卦反
以朝鮮尼谿相使人殺其王右渠來降侯
三年六月丙辰侯朝鮮尼谿相參元年 四
四

騠茲 索隱曰騠音啼表在琅邪
以小月氏右苴王將衆降侯
四年十一月丁卯侯稽谷姑元年 三
太初元年侯稽谷姑薨無後國除

浩
以故中郎將將兵捕得車師王功侯
四年正月甲申侯王恢元年 一
四年四月侯恢坐使酒泉矯制害當死贖國除封凡三月

瓡讘　庶曰在河東猗音胡讘音之涉反○索隱曰讘縣名按表在河東志亦同即孤字

以小月氏王將眾千騎降侯

四年正月乙酉侯扜者元年　二　索隱曰扜音烏亦音汙

六年侯一勝元年

四

幾　索隱曰音機表在河内

以朝鮮王子漢兵圍朝鮮降侯

四年三月癸未侯張䧄最元年　二　○索隱曰䧄音胡敢反

六年侯張䧄使朝鮮謀反死國除

涅陽　索隱曰表在齊志屬南陽

以朝鮮相路人漢兵至首先降道死其子侯

四年三月壬寅康侯子最元年　三

太初二年侯最死無後國除　二



右太史公本表七十三

當塗　索隱曰表在九江　魏不害以圉守尉捕淮陽反者公孫勇等侯

蒲　索隱曰表在琅邪　蘇昌以圉尉史捕淮陽反者公孫勇等侯

潦陽　索隱曰潦音遼表在清河　江德以圉廐嗇夫共捕淮陽反者公孫勇等侯

富民　索隱曰表在蘄　田千秋家在長陵以故高廟寢郎上書諫孝武曰子弄父兵罪當笞父子之怒自古有之蚩尤畔父黃帝涉江上書至意拜為大鴻臚征和四年為丞相封三千戶至昭帝時病死子順代立為虎牙將軍擊匈奴不至質誅死國除　漢書音義曰質所期處也

右孝武封國名四

後進好事儒者褚先生曰太史公記事盡于孝武之事故復修記孝昭以來功臣侯者編于左方令後好事者得覽觀成敗長短絕世之適得以自戒焉當世之君子行權合變度時施宜希

世用事以建功有土封侯立名當世豈不盛哉觀其持滿守成之道皆不謙讓驕蹇爭權喜揚聲譽知進不知退終以殺身滅國以三得之（以三得之者即上所謂行權合變度時施宜希世用事也）及身失之不能傳功于後世令恩德流子孫豈不悲哉夫龍頟侯曾爲前將軍世俗順善厚重謹信不與政事退讓愛人其先起于晉六卿之世有土君國以來爲王侯子孫相承不絕歷年經世以至于今凡八百餘歲豈可與功臣及身失之者同日而語之哉悲夫後世其誡之（孚遠曰龍頟侯已具前表此復推美以其貴盛傳後故也）



博陸霍光家在平陽以兄驃騎將軍故貴前事武帝覺捕得侍中謀反者馬何羅等功侯三千户（文穎曰博廣陸平取其嘉名無此縣也食邑北海河東瓚曰漁陽有博陸城也）中輔幼主昭帝爲大將軍謹信用事擅治尊爲大司馬益封邑萬户後事宣帝歷事三主天下信鄉之益封二萬户子禹代立謀反族滅國除

秺（漢書音義曰音妬在濟陰成武今有亭）金翁叔名日磾以匈奴休屠王太子從渾邪王將衆五萬降漢（孚遠曰休屠王畔約不降故日磾没爲官奴表不詳其事詳之也）歸義侍中事武帝覺捕侍中謀反者馬羅何等功侯三千户中事昭帝謹厚益封三千户子弘代立爲奉車都尉事宣帝

安陽（索隱曰表在蕩陰志爲汝南）上官桀家在隴西以善騎射從軍稍貴事武帝爲左將軍覺捕斬侍中謀反者馬何羅弟重合侯通功侯三千户中事昭帝與大將軍霍光爭權因以謀反族滅國除



桑樂（索隱曰表在千乘）上官安以父桀爲將軍故貴侍中事昭帝安女爲昭帝夫人立爲皇后故侯三千户驕蹇與大將軍霍光爭權因以父子謀反族滅國除

富平（索隱曰志爲平原）張安世家在杜陵以故御史大夫張湯子武帝時給事尚書爲尚書令事昭帝謹厚習事爲光祿勳右將軍輔政十三年無適過侯三千户及事宣帝代霍光爲大司馬用事益封萬六千户子延壽代立爲太僕侍中

義陽 索隱曰表在平氏 傅介子家在北地以從軍爲郎爲平
樂監昭帝時刺殺外國王天子下詔書曰平樂
監傅介子使外國殺樓蘭王以直報怨不煩師
有功其以邑千三百戶封介子爲義陽侯子厲
代立爭財相告有罪國除
商利 索隱曰表在徐郡 王山壽人也故爲丞相史會騎將軍
上官安謀反山說安與俱入丞相斬安山以軍
功爲侯三千戶上書願治民爲代太守爲人所
上書言繫獄當死會赦出爲庶人國除



建平 索隱曰表在濟陽 杜延年以故御史大夫杜周子給事
大將軍幕府發覺謀反者騎將軍上官安等罪
封爲侯邑二千七百戶拜爲太僕元年出爲西
河太守五鳳三年入爲御史大夫
弋陽 索隱曰志屬汝南 任宮以故上林尉捕格謀反者左將
軍上官桀殺之便門封爲侯二千戶後爲太常
及行衛尉事節儉謹信以壽終傳于子孫
宜城 索隱曰表在濟陰 燕倉以故大將軍幕府軍吏發謀反
者騎將軍上官安有罪功封侯邑二千戶爲汝
南太守有能名
宜春 索隱曰志屬汝南 王訢家在齊本小吏佐史稍遷至右
輔都尉武帝數幸扶風郡訢共置辦拜爲右扶
風至孝昭時代桑弘羊爲御史大夫元鳳三年
代田千秋爲丞相封二千戶立二年爲人所上
書言暴自殺不殊子代立爲屬國都尉
安平 索隱曰表在汝南志屬涿郡 楊敞家在華陰故給事大將軍
幕府稍遷至大司農爲御史大夫元鳳六年代
王訢爲丞相封二千戶立二年病死子翁君代



立爲典屬國三歲以季父惲故出惡言繫獄當
死得免爲庶人國除
右孝昭時所封國名十二
陽平 索隱曰志屬東郡 蔡義家在溫故師受韓詩爲博士給
事大將軍幕府爲杜城門候入侍中授昭帝韓
詩爲御史大夫是時年八十衰老常兩人扶持
乃能行然公卿大臣議以爲爲人主師當以爲
相以元平元年九月代楊敞爲丞相封二千戶
病死絕無後國除

扶陽 索隱曰志屬沛郡表在蕭 韋賢家在魯通詩禮尚書爲博士
授魯大儒入侍中爲昭帝師遷爲光祿大夫大
鴻臚長信少府以爲人主師本始三年代蔡義
爲丞相封扶陽侯千八百戶爲丞相五歲多恩
不習吏事免相就第病死子玄成代立爲太常
坐祠廟騎奪爵爲關內侯

平陵 索隱曰表在武當 范明友家在隴西以家世習外國事
使護西羌事昭帝拜爲度遼將軍擊烏桓功侯
二千戶取霍光女爲妻地節四年與諸霍子禹



等謀反族滅國除 按班表入孝昭欄目兩擊烏桓皆昭帝時事宜從班表

營平 索隱曰表在濟南 趙充國以隴西騎士從軍得官侍中
事武帝數將兵擊匈奴有功爲護軍都尉中事
昭帝昭帝崩議立宣帝決疑定策以安宗廟功
侯封二千五百戶

陽城 索隱曰表在濟陰非也且濟陰有城陽縣耳而潁川汝南又各有陽城縣城字送上在陽之下今此似誤不可分別也 田延年以軍吏事昭帝發覺上官
桀謀反事後留遲不得封爲大司農本造廢昌
邑王議立宣帝決疑定策以安宗廟功侯二千
七百戶逢昭帝崩方上事並急因以盜都內錢
三千萬 漢書百官表曰司農屬官有都內 發覺自殺國除

平丘 索隱曰志屬陳留表在肥城 王遷家在衛 索隱曰一作衙地理志衙縣在馮翊
爲尚書郎習刀筆之文侍中事昭帝帝崩立宣
帝決疑定策以安宗廟功侯二千戶爲光祿大
夫秩中二千石坐受諸侯王金錢財漏洩中事
誅死國除

樂成 索隱曰表在平氏志屬南陽 霍山山者大將軍光兄孫也光
未死時上書曰臣兄驃騎將軍去病從軍有功



病死賜謚景桓侯絕無後臣光願以所封東武
陽邑三千五百戶分與山天子許之拜山爲侯
後坐謀反族滅國除

冠軍 索隱曰志屬南陽 霍雲以大將軍兄驃騎將軍適孫爲
侯地節三年天子下詔書曰驃騎將軍去病擊
匈奴有功封爲冠軍侯薨卒子侯代立病死無
後春秋之義善善及子孫其以邑三千戶封雲
爲冠軍侯後坐謀反族滅國除

平恩 索隱曰志屬魏郡 許廣漢家昌邑坐事下蠶室獨有一

女嫁之宣帝未立時素與廣漢出入相通卜相者言當大貴以故廣漢施恩甚厚地節三年封爲侯邑三千户病死無後國除

昌水（索隱曰表在於陵）田廣明故郎爲司馬稍遷至南郡都尉淮陽太守鴻臚左馮翊昭帝崩議廢昌邑王立宣帝決疑定策以安宗廟本始三年封爲侯邑二千三百户爲御史大夫後爲祁連將軍擊匈奴軍不至質當死自殺國除

高平（索隱曰志屬臨淮）魏相家在濟陰少學易爲府卒史以



賢良舉爲茂陵令遷河南太府坐賊殺不辜繫獄當死會赦免爲庶人有詔守茂陵令爲揚州刺史入爲諫議大夫復爲河南太守遷爲大司農御史大夫地節三年譖毀韋賢代爲丞相封千五百户病死長子賓代立坐祠廟失侯

博望（索隱曰志屬南陽）許中翁（名舜）以平恩侯許廣漢弟封爲侯邑二千户亦故有私恩爲長樂衛尉死子延年代立

樂平　許翁孫以平恩侯許廣漢少弟故爲侯封二千

户拜爲彊弩將軍擊破西羌還更拜爲大司馬光祿勳亦故有私恩故得封嗜酒好色以早病死子湯代立

將陵　史子回（名曾）以宣帝大母家封爲侯二千六百户與平臺侯昆弟行也子回妻宜君故成王孫嫉妬絞殺侍婢四十餘人盜斷婦人初產子臂膝以爲媚道爲人所上書言論棄市子回以外家故不失侯

平臺（索隱曰志屬常山）史子叔（名玄）以宣帝大母家封爲侯三



千五百户衛太子時史氏内一女於太子嫁一女魯王今見魯王亦史氏外孫也外家有親以故貴數得賞賜

樂陵（索隱曰志屬臨淮平原六有樂陵）史子長（名高）以宣帝大母家貴侍中重厚忠信以發覺霍氏謀反事封三千五百户

博成（索隱曰表在臨淮）張章父故潁川人爲長安亭長失官之北闕上書寄宿霍氏第舍卧馬櫪閒夜聞養馬奴相與語言諸霍氏子孫欲謀反狀因上書

告反爲侯封三千户
都成　索隱曰志屬潁川　金安上先故匈奴以發覺故大將軍
霍光子禹等謀反事有功封侯二千八百户安
上者宗卒都尉秺侯從群子行謹善退讓以自
持欲傳功德于子孫
平通　索隱曰表在博陽　楊惲家在華陰故丞相楊敞少子任
爲郎好士自喜知人居衆人中常與人顏色以
故高昌侯董忠引與屏語言霍氏謀反狀共發
覺告反侯二千户爲光祿勳到五鳳四年作爲



妖言大逆罪腰斬國除
高昌　索隱曰志屬千乘　董忠父故潁川陽翟人以習書詣長
安忠有材力能騎射用短兵給事期門與張章
相習知章告語忠霍禹謀反狀忠以語常侍騎
郎楊惲共發覺告反侯二千户今爲梟騎都尉
侍中坐祠宗廟乘小車奪百户
爰戚　趙成　索隱曰漢表作趙長平　用發覺楚國事侯二千三百
户地節元年楚王與廣陵王謀反成發覺反狀
天子推恩廣德義下詔書曰無治廣陵王廣陵

王不變更後復坐祝詛滅國自殺國除今帝復
立子爲廣陵王　孚遠曰廣陵王事不宜載在趙成表中此刪截未淨
酇　地節三年天子下詔書曰朕聞漢之興相國蕭
何功第一今絕無後朕甚憐之其以邑三千户
封蕭何玄孫建世爲酇侯
平昌　王長君　名無故　家在趙國常山廣望邑人也衛太
子時嫁太子家爲太子男史皇孫爲配生子男
絕不聞聲問行且四十餘歲至今元康元年中
詔徵立以爲侯封五千户宣帝舅父也



樂昌　索隱曰表在汝南　王稚君　名武　家在趙國常山廣望邑人
也以宣帝舅父外家封爲侯邑五千户平昌侯
王長君弟也
邛成　索隱曰表在濟陰　王奉光家在房陵以女立爲宣帝皇
后故封千五百户言奉光初生時夜見光其上
傳聞者以爲當貴云後果以女故爲侯
安遠　索隱曰表在慎　鄭吉家在會稽以卒伍起從軍爲郎使
護將弛刑士田渠黎會匈奴單于死國亂相攻
日逐王將衆來降漢先使語吉吉將吏卒數百

人往迎之衆頗有欲還者因斬殺其渠率遂與俱入漢以軍功侯二千戶

博陽 索隱曰表在南頓 邴吉家在魯本以治獄爲御史屬給事大將軍幕府常施舊恩宣帝遷爲御史大夫封侯二千戶神爵二年代魏相爲丞相立五歲病死子翁孟代立爲將軍侍中甘露元年坐祠宗廟不乘大車而騎至廟門有罪奪爵爲關內侯

建成 索隱曰表在沛 黄霸家在陽夏以役使徙雲陽以廉吏



爲河內守丞遷爲廷尉監行丞相長史事坐見知夏侯勝非詔書大不敬罪久繫獄三歲從勝學尚書會赦以賢良舉爲揚州刺史潁川太守善化男女異路耕者讓畔賜黄金百斤秩中二千石居潁川入爲太子太傅遷御史大夫五鳳三年代邴吉爲丞相封千八百戶

西平 索隱曰表在臨淮 于定國家在東海本以治獄給事爲廷尉史稍遷御史中丞上書諫昌邑王遷爲光祿大夫爲廷尉乃師受春秋變道行化謹厚愛人遷爲御史大夫代黄霸爲丞相

右孝宣時所封二十九

陽平 索隱曰表在東郡 王稚君 名傑○索隱曰漢表名禁 家在魏郡故丞相史女爲太子妃太子立爲帝女爲皇后故侯千二百戶初元以來方盛貴用事游宦求官于京師者多得其力未聞其有知略廣宣于國家也

右孝元初元元年三月封

讀建元以來侯者年表

讀建元侯者表以誅伐四夷爲主

表建元至太初已後侯者甚主軍功而擊匈奴則軍功之大者或從大將軍衛青或從驃騎將軍霍去病多以封侯而越東甌朝鮮功又其次也有自匈奴降者有自南越東甌朝鮮小月氐降者可以威遠固矣亦有父死事南越而其子侯者摎世樂韓千秋是也有以父擊匈奴功而其子侯者大將軍衛青之三子是也有從擊匈奴及使絕域而侯者張騫是也其不以軍功則周子南君以周後紹封公孫弘以丞相詔襃爲侯石慶以丞相及先人萬石積德謹行侯是也最下則樂通以方術侯矣

按孝武之時虛中國以事四夷好大喜功之蔽也太史公不爲開邊而引詩書稱征伐爲非得已且同功臣受封侔于祖考其亦微詞與

褚孝孫同太史公記事蓋于孝武之事故復修記孝昭以來功臣侯者編于左方令後好事者得覽觀成敗長短絕世之適得以自戒焉



按功臣如霍光輔昭帝後立宣帝漢室以安金日磾張安世杜延年皆忠謹有功傅介子斬樓蘭宣威異域趙充國屯金城蔡義韋賢通經術爲人主師黃霸以循吏于定國爲定尉民自以不冤邴吉有德皇孫終不自言皆人所未易能然惟光與安世日磾發立行權合變功莫大焉其餘亦贊決定策者也至或出于告捕發覺逆謀以致封侯上官桀霍氏顏雲山禹馬何羅楚王之屬適爲用事者資也豈非時勢使然與此外外戚恩澤侯宣帝大母家史氏宣帝后兄許氏太子妃家王氏是也惟鄭侯續封以蕭何功第一而驃騎將軍霍去病續封其後庶幾賞延于世之義乎

按褚先生補孝昭以來功臣侯者而諄諄于其子孫持滿守成之道可謂審矣獨舉龍額侯韓說厚重謹信果與韓嫣不同趣與至稱其先起晉六卿至今八百餘歲此與其論三代世表稱霍光爲皇帝後者皆不經宜司馬貞誠其蕪穢正史也

讀建元以來侯者年表補

高帝功臣及惠景閒侯者皆兼同異姓敘之獨建元以來分侯者年表王子侯表爲二何也葢是時征伐四出軍功既多支庶亦侯分邑又衆故分敘之以致意也

漢表衛青霍去病入外戚夫二人皆以征討大功得侯非以外戚侯也豈得與田竇同論又凡功廕紹封丞相爲侯固是恩澤但與宦者張澤方術欒大等並亦豈得竟無區別乎大抵分屬不倫不如史表合一之爲當也



存疑

索隱曰七十二國太史公舊今據表凡七十三國褚孝孫補四國凡七十七國以軍功侯者三十三人補三人以降侯者三十一人以功廕者三人以死事廕者二人紹先代封者一人以丞相侯者二人補一人以方術侯者一人班表載八十九人內武安周陽二人史入景表仍八十七人計增十人海西侯李廣利新畤侯趙弟承父侯續相如開陵侯成娩秺侯商丘成重合侯莽通德侯景建題侯張富昌邘侯李壽丞父侯孫王

褚少孫補孝昭時十二侯班表載功臣八人外戚恩澤七人凡十五人計增三人陽平侯蔡義平陵侯范明友成安侯郭忠蔡范褚入宣表郭忠缺按蔡義元平元年九月爲丞相侯是年四月昭帝崩六月立昌邑王廿七日廢七月迎宣帝卽位義封于九月依褚入宣表爲是范明友以昭帝元鳳四年七月封褚入宣表非也班入昭表是



褚少孫補孝宣時二十九侯按班表功臣恩澤外戚共載三十二人又隨父四人共三十六人計增七人又除蔡義范明友班入昭表實增九人長羅侯常惠合陽侯梁喜歸德侯先賢撣信成侯王定義陽侯溫敦爰氏侯便樂成陽侯劉德周子南君延年陽都侯張彭祖孝孫既云修記何又缺而弗備也

讀史記十表卷之九

# 建元已來王子侯者年表第九

古歙 汪越
徐克范 訂正

制詔御史諸侯王或欲推私恩分子弟邑者令各條上朕且臨定其號名

太史公曰盛哉天子之德一人有慶天下賴之

| 國名 | 王子號 | 元光 | 元朔 | 元狩 | 元鼎 | 元封 | 太初 |
|---|---|---|---|---|---|---|---|
| 兹 | 河間獻王子 | 五年正月壬子侯劉明元年 二 | 二 三年侯明坐謀反殺人棄市國除○徐廣曰一作使殺人棄市 | | | | |
| 安成 索隱曰表在豫章 | 長沙定王子 | 六年七月乙巳思侯劉蒼元年 一 | 六 | 六 | 元年今侯自當元年 六 | 六 | 四 |



| 國名 | 王子號 | 元光 | 元朔 | 元狩 | 元鼎 | 元封 | 太初 |
|---|---|---|---|---|---|---|---|
| 宜春 | 長沙定王子 | 六年七月乙巳侯劉成元年 一 | 六 | 六 | 四 五年侯成坐酎金國除 | | |
| 句容 索隱曰表在會稽 | 長沙定王子 | 六年七月乙巳哀侯劉黨元年 一 | 元年哀侯黨薨無後國除 | | | | |
| 句陵 徐廣曰一作容陵 | 長沙定王子 | 六年七月乙巳侯劉福元年 一 | 六 | 六 | 四 五年侯福坐酎金國除 | | |
| 杏山 | 楚安王子 | 六年後九月壬戌侯劉成元年 一 | 六 | 六 | 四 五年侯成坐酎金國除 | | |

| 國名 | 王子號 | 元光 | 元朔 | 元狩 | 元鼎 | 元封 | 太初 |
|---|---|---|---|---|---|---|---|
| 浮丘 索隱曰表在沛 | 楚安王子 | 六年後九月壬戌侯劉不審元年 一 | 六 | 四 五年今侯霸元年 二 | 四 五年侯霸坐酎金國除 | | |
| 廣戚 | 魯共王子 | | 元年十月丁酉節侯劉擇元年徐廣曰擇作將 六 | 元年侯始元年 六 | 四 五年侯始坐酎金國除 | | |
| 丹楊 索隱曰表在蕪湖 | 江都易王子 | | 元年十二月甲辰哀侯敢元年 六 | 元狩元年侯敢薨無後國除 | | | |
| 盱台 | 江都易王子 | | 元年十二月甲辰侯劉象之元年○索隱曰表作蒙之 六 | 六 | 四 五年侯象之坐酎金國除 | | |



| 國名 | 王子號 | 元光 | 元朔 | 元狩 | 元鼎 | 元封 | 太初 |
|---|---|---|---|---|---|---|---|
| 湖孰 索隱曰表在丹陽 | 江都易王子 | | 元年正月丁亥頃侯劉胥元年○索隱曰表作胥行 六 | 六 | 四 五年今侯聖元年 二 | 六 | 四 |
| 秩陽 索隱曰表作秣陵 | 江都易王子 | | 元年正月丁卯終侯劉漣元年○索隱曰表名纏 六 | 六 | 三 四年終侯漣薨無後國除 | | |
| 睢陵 索隱曰表在淮陵 | 江都易王子 | | 元年正月丁卯侯劉定國元年 六 | 六 | 四 五年侯定國坐酎金國除 | | |
| 龍丘 索隱曰表在琅邪 | 江都易王子 | | 二年五月乙巳侯劉代元年 五 | 六 | 四 五年侯代坐酎金國除 | | |

讀史記十表　卷九　建元已來王子侯者年表　五

| 國名 | 王子號 | 元光 | 元朔 | 元狩 | 元鼎 | 元封 | 太初 |
|---|---|---|---|---|---|---|---|
| 張梁 | 江都易王子 | | 二年五月乙巳哀侯劉仁元年　五 | 六 | 二　三年今侯順元年　四 | 六 | 四 |
| 劇 | 菑川懿王子 | | 二年五月乙巳原侯劉錯元年　五 | 六 | 一　二年孝侯廣昌元年　五 | 六 | 四 |
| 壤 | 菑川懿王子 | | 二年五月乙巳夷侯劉高遂元年　五 | 六 | 元年今侯延元年　六 | 六 | 四 |
| 平望 | 菑川懿王子 | | 二年五月乙巳夷侯劉賞元年 | 二　二年今侯楚人元年　四 | 六 | 六 | 四 |

讀史記十表　卷九　建元已來王子侯者年表　六

| 國名 | 王子號 | 元光 | 元朔 | 元狩 | 元鼎 | 元封 | 太初 |
|---|---|---|---|---|---|---|---|
| 臨原（索隱曰表作臨衆） | 菑川懿王子 | | 二年五月乙巳敬侯劉始昌元年　五 | 六 | 六 | 六 | 四 |
| 葛魁（徐廣曰葛一作莒○索隱曰表志作鈇或鄉名） | 菑川懿王子 | | 二年五月乙巳節侯劉寬元年　五 | 三　四年今侯戚元年　三 | 二　三年侯戚坐殺人棄市國除 | | |
| 益都 | 菑川懿王子 | | 二年五月乙巳侯劉胡元年　五 | 六 | 六 | 六 | 四 |
| 平酌（索隱曰漢表作平的志屬北海） | 菑川懿王子 | | 二年五月乙巳戴侯劉彊元年　五 | 六 | 元年思侯中時元年　六 | 六 | 四 |

| | | | | | | | |
|---|---|---|---|---|---|---|---|
| 劇魁 索隱曰志屬北海 | 菑川懿王子 | | 二年五月乙巳夷侯劉墨元年 五 | 六 | 六 | 元年侯昭元年 三 四年侯德元年 三 | 四 |
| 壽梁 索隱曰表在壽樂 | 菑川懿王子 | | 二年五月乙巳侯劉守元年 五 | 六 | 四 五年侯守坐酎金國除 | | |
| 平度 索隱曰志屬東萊 | 菑川懿王子 | | 二年五月乙巳侯劉衍元年 五 | 六 | 六 | 六 | 四 |
| 宜成 索隱曰表在平原 | 菑川懿王子 | | 二年五月乙巳康侯劉偃元年 五 | 六 | 六 元年侯福元年 | 六 | 太初元年侯福坐殺弟棄市國除 |



| | | | | | | | |
|---|---|---|---|---|---|---|---|
| 臨朐 索隱曰表在東海 | 菑川懿王子 | | 二年五月乙巳哀侯劉奴元年 五 | 六 | 六 | 六 | 四 |
| 雷 索隱曰表在東海 | 城陽共王子 | | 二年五月甲戌侯劉稀元年 五 | 六 | 五 五年侯稀坐酎金國除 | | |
| 東莞 索隱曰志屬琅邪 | 城陽共王子 | | 二年五月甲戌侯劉吉元年 三 五年侯吉有痼疾不朝廢國除 | | | | |
| 辟 索隱曰表在東海 | 城陽共王子 | | 二年五月甲戌節侯劉壯元年 三 五年侯朋元年 二 | 六 | 四 五年侯朋坐酎金國除 | | |

| | | | | | | | |
|---|---|---|---|---|---|---|---|
| 尉文 索隱曰表在南郡 | 趙敬肅王子 | | 二年六月甲午節侯劉丙元年 五 | 元年侯犢元年 六 | 四 五年侯犢坐酎金國除 | | |
| 封斯 索隱曰志屬常山 | 趙敬肅王子 | | 二年六月甲午共侯劉胡陽元年 五 | 六 | 六 | 六 | 二 四年今侯如意元年 三 |
| 榆丘 | 趙敬肅王子 | | 二年六月甲午侯劉壽福元年 五 | 六 | 四 五年侯壽福坐酎金國除 | | |
| 襄嚵 索隱曰表作平縣 嚵音仕咸反 | 趙敬肅王子 | | 二年六月甲午侯劉建元年 五 | 六 | 四 三年侯建坐酎金國除 | | |



| | | | | | | | |
|---|---|---|---|---|---|---|---|
| 邯會 索隱曰志屬魏郡 | 趙敬肅王子 | | 二年六月甲午侯劉仁元年 五 | 六 | 六 | 六 | 四 |
| 朝 索隱曰凡侯不言郡縣皆表志缺 | 趙敬肅王子 | | 二年六月甲午侯劉義元年 五 | 六 | 二 二年今侯祿元年 四 | 六 | 四 |
| 東城 索隱曰志屬九江 | 趙敬肅王子 | | 二年六月甲午侯劉遺元年 五 | 六 | 元年侯遺有罪國除 | | |
| 陰城 | 趙敬肅王子 | | 二年六月甲午侯劉蒼元年 五 | 六 | 六 | 元年侯蒼有罪國除 | |

| | | | | | | | |
|---|---|---|---|---|---|---|---|
| 望廣 索隱曰志屬涿郡 | 中山靖王子 | | 二年六月甲午侯劉安中元年 五 | 六 | 六 | 六 | 四 |
| 將梁 索隱曰表在涿郡 | 中山靖王子 | | 二年六月甲午侯劉朝平元年 五 | 六 | 四 五年侯朝平坐酎金國除 | | |



| | | | | | | | |
|---|---|---|---|---|---|---|---|
| 新館 索隱曰表在涿郡 | 中山靖王子 | | 二年六月甲午侯劉未央元年 五 | 六 | 四 五年侯未央坐酎金國除 | | |
| 新處 索隱曰表在涿郡 | 中山靖王子 | | 二年六月甲午侯劉嘉元年 五 | 六 | 四 五年侯嘉坐酎金國除 | | |

| | | | | | | | |
|---|---|---|---|---|---|---|---|
| 陘城 索隱曰表在涿郡志屬中山 | 中山靖王子 | | 二年六月甲午侯劉貞元年 五 | 六 | 四 五年侯貞坐酎金國除 | | |
| 蒲領 索隱曰表在東海 | 廣川惠王子 | | 三年十月癸酉侯劉嘉元年 四 | | | | |



| | | | | | | | |
|---|---|---|---|---|---|---|---|
| 西熊 | 廣川惠王子 | | 三年十月癸酉侯劉明元年 四 | | | | |
| 棗彊 索隱曰志屬清河 | 廣川惠王子 | | 三年十月癸酉侯劉晏元年 四 | | | | |

| 國名 | 畢梁 | 房光 | 距陽 | 蔞安 |
| --- | --- | --- | --- | --- |
| 索隱 | 索隱曰表在魏郡 | 索隱曰表在魏郡 | | 索隱曰蔞力侯反漢表蔞節侯徐廣字誤也 |
| 王子號 | 廣川惠王子 | 河間獻王子 | 河間獻王子 | 河間獻王子 |
| 建元 | | | | |
| 元光 | | | | |
| 元朔 | 三年十月癸酉侯劉嬰元年 四 | 三年十月癸酉侯劉殷元年 四 | 三年十月癸酉侯劉白元年 四 | 三年十月癸酉侯劉邈元年 四 |
| 元狩 | 六 | 六 | 四 五年侯渡元年 二 | 六 |
| 元鼎 | 六 | 元年侯殷有罪國除 | 四 五年侯渡有罪國除 | 六 |
| 元封 | 三 四年侯嬰有罪國除 | | | 元年今侯嬰元年 六 |
| 太初 | | | | 四 |



| 國名 | 阿武 | 參戶 | 州鄉 | 成平 |
| --- | --- | --- | --- | --- |
| 索隱 | | 索隱曰表在渤海 | 索隱曰志屬涿郡 | 索隱曰表在南皮 |
| 王子號 | 河間獻王子 | 河間獻王子 | 河間獻王子 | 河間獻王子 |
| 建元 | | | | |
| 元光 | | | | |
| 元朔 | 三年十月癸酉湣侯劉豫元年 四 | 三年十月癸酉侯劉勉元年 四 | 三年十月癸酉節侯劉禁元年 四 | 三年十月癸酉侯劉禮元年 四 |
| 元狩 | 六 | 六 | 六 | 二 三年侯禮有罪國除 |
| 元鼎 | 六 | 六 | 六 | |
| 元封 | 六 | 六 | 五 六年今侯惠元年 一 | |
| 太初 | 二 元年今侯寬元年 | 四 | 四 | |

史記考證文獻彙編

| 廣（索隱曰表在渤海） | 盍胥（索隱曰漢志在太山表在魏郡） | 陪安（索隱曰表在魏郡） | 榮簡（索隱曰漢表作茅簡在茌平） |
|---|---|---|---|
| 河間獻王子 | 河間獻王子 | 濟北貞王子 | 濟北貞王子 |
| | | | |
| 二年十月癸酉侯劉順元年 四 | 三年十月癸酉侯劉讓元年 四 | 三年十月癸酉康侯劉不害元年 四 | 三年十月癸酉侯劉騫元年 四 |
| 六 | 六 | 六 | 二 三年侯騫有罪國除 |
| 四 五年侯順坐酎金國除 | 四 五年侯讓坐酎金國除 | 二年哀侯秦客元年 一 三年侯秦客薨無後國除 | |
| | | | |
| | | | |



| 周堅 | 安陽（索隱曰表在平原） | 五據（索隱曰表在泰山） | 富 |
|---|---|---|---|
| 濟北貞王子 | 濟北貞王子 | 濟北貞王子 | 濟北貞王子 |
| | | | |
| 三年十月癸酉侯劉何元年 四 | 三年十月癸酉侯劉桀元年 四 | 三年十月癸酉侯劉臒丘元年○索隱曰臒作[illegible]音劬 四 | 三年十月癸酉侯劉龔元年 四 |
| 四 五年侯當時元年 二 | 六 | 六 | 六 |
| 四 五年侯當時坐酎金國除 | 六 | 四 五年侯臒丘坐酎金國除 | 六 |
| | 六 | | 六 |
| | 四 | | 四 |

讀史記十表　卷九　建元以來王子侯者年表　十七

| 羽 | 平 | 叢 | 陪 |
|---|---|---|---|
| 索隱曰志屬平原 | 索隱曰志屬河南 | 徐廣曰一作叢○索隱曰叢書續漢表作藂在平原平原無藂縣此恐並一地名也 | 索隱曰表在平原 |
| 濟北貞王子 | 濟北貞王子 | 濟北貞王子 | 濟北貞王子 |
| | | | |
| 三年十月癸酉侯劉成元年 四 | 三年十月癸酉侯劉遂元年 四 | 三年十月癸酉侯劉信元年 四 | 三年十月癸酉繆侯劉明元年 四 |
| 六 | 元年侯遂有罪國除 | 六 | 六 |
| 六 | | 四 五年侯信坐酎金國除 | 三年侯邑元年 二 二 五年侯邑坐酎金國除 |
| 六 | | | |
| 四 | | | |

讀史記十表　卷九　建元以來王子侯者年表　十八

| 利昌 | 邵 | 離石 | 胡母 |
|---|---|---|---|
| 索隱曰志屬齊郡 | 索隱曰表在山陽 | 索隱曰表在上漢志屬西河 | 索隱曰表在泰山 |
| 代共王子 | 代共王子 | 代共王子 | 濟北貞王子 索隱曰分濟陰安侯不害已下王今是濟北有王子而漢六國表陽侯已下是濟北式王子國是元朔三年十月封因此誤也 |
| | | | |
| 三年正月壬戌侯劉嘉元年 四 | 三年正月壬戌侯劉慎元年 四 | 三年正月壬戌侯劉綰元年 四 | 三年十月癸酉侯劉楚元年 四 |
| 六 | 六 | 六 | 六 |
| 六 | 六 | 六 | 四 五年侯楚坐酎金國除 |
| 六 | 六 | 六 | |
| 四 | 四 | 四 | |

| | | | | | | | |
|---|---|---|---|---|---|---|---|
| 藺 索隱曰志屬西河 | 代共王子 | | 三年正月壬戌侯劉憙元年<br>四 | 六 | 六 | 六 | 四 |
| 臨河 索隱曰志屬朔方 | 代共王子 | | 三年正月壬戌侯劉賢元年<br>四 | 六 | 六 | 六 | 四 |
| 隰成 索隱曰志屬西河 | 代共王子 | | 三年正月壬戌侯劉忠元年<br>四 | 六 | 六 | 六 | 四 |
| 土軍 索隱曰志屬西河 | 代共王子 | | 三年正月壬戌侯劉郢客元年<br>四 | 六 | 侯郢客坐與人妻姦棄市 | | |



| | | | | | | | |
|---|---|---|---|---|---|---|---|
| 皋狼 索隱曰表在臨淮 | 代共王子 | | 三年正月壬戌侯劉遷元年<br>四 | 六 | 六 | 六 | 四 |
| 千章 索隱曰表在平原 | 代共王子 | | 三年正月壬戌侯劉遇元年<br>四 | 六 | 六 | 六 | 四 |
| 博陽 索隱曰志屬汝南 | 齊孝王子 | | 三年三月乙卯康侯劉就元年<br>四 | 六 | 二<br>三年侯終吉元年<br>二<br>五年侯終吉坐酎金國除 | | |
| 寧陽 索隱曰表在濟南 | 魯共王子 | | 三年三月乙卯節侯劉恢元年<br>四 | 六 | 六 | 六 | 四 |

| | | | |
|---|---|---|---|
| 瑕丘　索隱曰志屬山陽 | 公丘　索隱曰志屬沛郡 | 郁狼　索隱曰韋昭云屬魯志不載 | 西昌 |
| 魯共王子 | 魯共王子 | 魯共王子 | 魯共王子 |
| | | | |
| 三年三月乙卯節侯劉貞元年　四 | 三年三月乙卯夷侯劉順元年　四 | 三年三月乙卯侯劉騎元年　四 | 三年三月乙卯侯劉敬元年　四 |
| 六 | 六 | 六 | 六 |
| 六 | 六 | 四　五年侯騎坐酎金國除 | 四　五年侯敬坐酎金國除 |
| 六 | 六 | | |
| 四 | 四 | | |



| | | | |
|---|---|---|---|
| 陘城　索隱曰漢表云陸地在平原于理爲得靖王子貞已封陘二人不應重封 | 邯平　索隱趙曰表敬肅在廣王平子 | 武始　索隱趙曰表敬肅在魏王子 | 象氏　索隱曰韋昭云在鉅鹿 |
| 中山靖王子 | 索隱曰以果年封故别見于此 | 索隱曰後立爲趙王 | 趙敬肅王子 |
| | | | |
| 三年三月癸酉侯劉義元年　四 | 二年四月庚辰侯劉順元年　四 | 三年四月戊辰侯劉昌元年　四 | 三年四月庚辰節侯劉賀元年　四 |
| 六 | 六 | 六 | 六 |
| 四　五年侯義坐酎金國除 | 四　五年侯順坐酎金國除 | 六 | 六 |
| | | 六 | 二　三年思侯安德元年　四 |
| | | 四 | 四 |

| | | | |
|---|---|---|---|
| 易 索隱曰志屬涿郡表在鄗 | 洛陵 索隱曰表作路陵在南陽 | 攸輿 索隱曰按今長沙有攸縣本名攸輿漢表在南陽 | 茶陵 索隱曰表在桂陽志屬長沙 |
| 趙敬肅王子 | 長沙定王子 | 長沙定王子 | 長沙定王子 |
| | | | |
| 三年四月庚辰安侯劉平元年 四 | 四年三月乙丑侯劉章元年 三 | 四年三月乙丑侯劉則元年 三 | 四年三月乙丑侯劉欣元年 三 |
| 六 | 一 二年侯章有罪國除 | 六 | 六 |
| 六 | | 六 | 一 二年哀侯陽元年 五 |
| 四 五年今侯種元年 二 | | 六 | 六 |
| 四 | | 元年侯則篡死罪棄市國除 | 元年侯陽薨無後國除 |



| | | | |
|---|---|---|---|
| 建成 索隱曰表在豫章 | 安衆 索隱曰志屬南陽 | 葉 索隱曰葉音攝縣名屬南陽 | 利鄉 |
| 長沙定王子 | 長沙定王子 | 長沙定王子 | 城陽共王子 |
| | | | |
| 四年三月乙丑侯劉拾元年 三 | 四年三月乙丑康侯劉丹元年 三 | 四年三月乙丑康侯劉嘉元年 三 | 四年三月乙丑康侯劉嬰元年 三 |
| 五 六年侯拾坐不朝不敬國除 | 六 | 六 | 二 三年侯嬰有罪國除 |
| | 六 | 四 五年侯嘉坐酎金國除 | |
| | 五 六年今侯山柎元年○索隱曰柎音跌 一 | | |
| | 四 | | |

讀史記十表 卷九 建元已來王子侯年表 廿五

有利　索隱曰表在東海
城陽共王子
四年三月乙丑侯劉釘元年
三
元年侯釘坐遺淮南書稱臣棄市國除

東平　索隱曰表在東海
城陽共王子
四年三月乙丑侯劉慶元年
三
三
三年侯慶坐與姊妹姦有罪國除

運平　索隱曰表在東海
城陽共王子
四年三月乙丑侯劉訢元年
三
六
四
五年侯訢坐酎金國除

山州
城陽共王子
四年三月乙丑侯劉齒元年
三
六
四
五年侯齒坐酎金國除

讀史記十表 卷九 建元已來王子侯年表 廿六

海常　索隱曰表在琅邪
城陽共王子
四年三月乙丑侯劉福元年
三
六
四
五年侯福坐酎金國除

釣丘　索隱曰漢表作騶丘
城陽共王子
四年三月乙丑侯劉憲元年
四年今侯執德元年
三
六
六
四

南城
城陽共王子
四年三月乙丑侯劉貞元年
三
六
六
六
四

廣陵　徐廣曰一作陽
城陽共王子
四年三月乙丑常侯劉表元年
三
四
五年侯成元年
二
四
五年侯成坐酎金國除

| | | | | | | | |
|---|---|---|---|---|---|---|---|
| 莊原 索隱曰漢表作杜原 | 城陽共王子 | | 四年三月乙丑侯劉皋元年 三 | 六 | 五年侯皋坐酎金國除 四 | | |
| 臨樂 索隱曰韋昭云縣名屬渤海 | 中山靖王子 | | 四年四月甲午敦侯劉光元年 三 | 六 | 六 | 五 六年今侯建元年 一 | 四 |

讀史記十表 卷九 建元已來王子侯年表 廿七

| | | | | | | | |
|---|---|---|---|---|---|---|---|
| 東野 | 中山靖王子 | | 四年四月甲午侯劉章元年 三 | 六 | 六 | 六 | 四 |
| 高平 索隱曰表在平原 | 中山靖王子 | | 四年四月甲午侯劉嘉元年 三 | 六 | 五年侯嘉坐酎金國除 四 | | |

| | | | | | | | |
|---|---|---|---|---|---|---|---|
| 廣川 | 中山靖王子 | | 四年四月甲午侯劉頗元年 三 | 六 | 五年侯頗坐酎金國除 四 | | |
| 千鍾 索隱曰漢表作重侯在平原地理志有重丘 | 河閒獻王子 | | 四年四月甲午侯劉搖元年 漢表作劉搖 三 | 一 二年侯搖不使人爲秋請有罪國除 | | | |

讀史記十表 卷九 建元已來王子侯年表 廿八

| | | | | | | | |
|---|---|---|---|---|---|---|---|
| 披陽 索隱曰披音皮劉氏音皮彼反志屬千乘 | 齊孝王子 | | 四年四月乙卯敬侯劉燕元年 三 | 六 | 四 五年今侯隅元年 二 | 六 | 四 |
| 定 索隱曰定地名 | 齊孝王子 | | 四年四月乙卯敷侯劉越元年 索隱曰漢表作敷侯敷延七 三 | 六 | 三 四年今侯德元年 三 | 六 | 四 |

| | | | | | | | |
|---|---|---|---|---|---|---|---|
| 稻　索隱曰志屬琅邪 | 齊孝王子 | | 四年四月乙卯夷侯劉定元年　三 | 六 | 二　三年今侯都陽元年　四 | 六 | 四 |
| 山　索隱曰表在渤海 | 齊孝王子 | | 四年四月乙卯侯劉國元年　三 | 六 | 六 | 六 | 四 |
| 繁安 | 齊孝王子 | | 四年四月乙卯侯劉忠元年　三 | 六 | 六 | 六 | 三　四年今侯壽元年　一 |
| 柳 | 齊孝王子 | | 四年四月乙卯康侯劉陽元年　三 | 六 | 三　四年侯罷師元年　三 | 四　五年今侯自爲元年　二 | 四 |



| | | | | | | | |
|---|---|---|---|---|---|---|---|
| 雲　索隱曰志屬琅邪 | 齊孝王子 | | 四年月卯侯信元年　三 | 六 | 五　六年今侯歲發元年　一 | 六 | 四 |
| 牟平　徐廣曰一作羊○索隱曰志屬東萊 | 齊孝王子 | | 四年四月乙卯共侯劉渫元年○索隱曰渫音薛　三 | 二　三年今侯奴元年　四 | 六 | 六 | 四 |
| 柴　索隱曰志屬泰山 | 齊孝王子 | | 四年四月乙卯原侯劉代元年　三 | 六 | 六 | 六 | 四 |
| 柏陽　索隱曰表在中山 | 趙敬肅王子 | | 五年十一月辛酉侯劉終吉元年　二 | 六 | 六 | 六 | 四 |

| 國名 | 侯功 | 元光 | 元朔 | 元狩 | 元鼎 | 元封 | 太初 |
| --- | --- | --- | --- | --- | --- | --- | --- |
| 鄗 索隱曰漢表鄗作歆 音呼各反 韶志屬常跡 | 中山靖王子 |  | 五年十一月辛酉侯劉延年元年 二 | 六 | 四 五年侯延年坐酎金國除 |  |  |
| 桑丘 索隱曰表在深澤 | 中山靖王子 |  | 五年十一月辛酉節侯劉洋元年 索隱曰漢表名將夜 二 | 六 | 三 四年今侯德元年 三 | 六 | 四 |
| 高丘 | 中山靖王子 |  | 五年三月癸酉哀侯劉破胡元年 二 | 六 | 元年侯破胡薨無後國除 |  |  |
| 柳宿 索隱曰表在涿郡 | 中山靖王子 |  | 五年三月癸酉夷侯劉蓋元年 二 | 二 三年侯蘇元年 四 | 四 五年侯蘇坐酎金國除 |  |  |



| 國名 | 侯功 | 元光 | 元朔 | 元狩 | 元鼎 | 元封 | 太初 |
| --- | --- | --- | --- | --- | --- | --- | --- |
| 戎丘 | 中山靖王子 |  | 五年三月癸酉侯劉讓元年 二 | 六 | 四 五年侯讓坐酎金國除 |  |  |
| 樊輿 | 中山靖王子 |  | 五年三月癸酉節侯劉條元年 二 | 六 | 六 | 六 | 四 |
| 曲成 索隱曰表在涿郡 | 中山靖王子 |  | 五年三月癸酉侯劉萬歲元年 二 | 六 | 四 五年侯萬歲坐酎金國除 |  |  |
| 安郭 索隱曰表在涿郡 | 中山靖王子 |  | 五年三月癸酉侯劉博元年 二 | 六 | 六 | 六 | 四 |

| | | | |
|---|---|---|---|
| 安險 索隱曰志屬中山 | 安遙 索隱曰表作安道 | 夫夷 | 舂陵 索隱曰志屬南陽 |
| 中山靖王子 | 中山靖王子 | 長沙定王子 | 長沙定王子 |
| | | | |
| 五年三月癸酉侯劉應元年 二 | 五年三月癸酉侯劉恢元年 二 | 五年三月癸酉侯劉義元年 二 | 五年六月壬子侯劉買元年 二 |
| 六 | 六 | 六 | 六 |
| 四 五年侯應坐酎金國除 | 四 五年侯恢坐酎金國除 | 四 五年今侯禹元年 二 | 六 |
| | | 六 | 六 |
| | | 四 | 四 |

讀史記十表 卷九 建元已來王子侯者年表 三十三

| | | | |
|---|---|---|---|
| 都梁 索隱曰志屬零陵 | 洮陽 索隱曰志屬零陵洮音滔又音道 | 泉陵 索隱曰志屬零陵 | 終弋 索隱曰表在汝南 |
| 長沙定王子 | 長沙定王子 | 長沙定王子 | 衡山王賜子 |
| | | | |
| 五年六月壬子敬侯劉遂元年 二 | 五年六月壬子靖侯劉狗彘元年 索隱曰漢表名將燕 二 | 五年六月壬子節侯劉賢元年 二 | 六年四月丁丑侯劉廣置元年 一 |
| 六 | 五 六年侯狗彘薨無後國除 | 六 | 六 |
| 元年今侯係元年 六 | | 六 | 四 五年侯廣置坐酎金國除 |
| 六 | | 六 | |
| 四 | | 四 | |

讀史記十表 卷九 建元已來王子侯者年表 三十四

| | | | | | | |
|---|---|---|---|---|---|---|
| 參 索隱曰表在琅邪 | 城陽頃王子 | | | 元年四月戊寅侯劉昌元年 | 六 四 | 五年侯昌坐酎金國除 |
| 鉅合 索隱曰表在平原 | 城陽頃王子 | | | 元年四月戊寅侯劉發元年 | 六 四 | 五年侯發坐酎金國除 |
| 昌 索隱曰志屬琅邪 | 城陽頃王子 | | | 元年四月戊寅侯劉差元年 | 六 四 | 五年侯差坐酎金國除 |
| 賁 索隱曰戎作賁表在琅邪 | 城陽頃王子 | | | 元年四月戊寅侯劉方元年 | 六 四 | 五年侯方坐酎金國除 |



| | | | | | | | |
|---|---|---|---|---|---|---|---|
| 零殷 索隱曰志屬琅邪表作虖葭 | 城陽頃王子 | | | 元年四月戊寅康侯劉澤元年 六 | 六 | 六 | 四 |
| 石洛 索隱曰表在琅邪 | 城陽頃王子 | | | 元年四月戊寅侯劉敬元年 六 | 六 | 六 | 四 |
| 扶𣳚 索隱曰漢表作扶術在琅邪𣳚音浸 | 城陽頃王子 | | | 元年四月戊寅侯劉昆吾元年 六 | 六 | 六 | 四 |
| 校 索隱曰音姣志缺說者或以為琅邪校縣恐非 | 城陽頃王子 | | | 元年四月戊寅侯劉霸元年○索隱曰按城陽頃王子二十人校侯名姿扶𣳚侯名霸此止十九人疑脫 六 | 六 | 六 | 四 |

枸　索隱曰音劬枸縣屬平原
城陽頃王子
元年四月戊寅侯劉讓元年
六
六
六
四

父城　徐廣曰一作六。索隱曰志在遼西表在東海
城陽頃王子
元年四月戊寅侯劉光元年
六
四
五年侯光坐酎金國除

庸　索隱曰表在琅邪
城陽頃王子
元年四月戊寅侯劉譚元年。索隱曰漢表名餘
六
六
六
四

翟　索隱曰表在東海
城陽頃王子
元年四月戊寅侯劉壽元年
六
四
五年侯壽坐酎金國除
一



鱣　索隱曰表在襄賁縣名
城陽頃王子
元年四月戊寅侯劉應元年
六
四
五年侯應坐酎金國除

彭　索隱曰表在東海
城陽頃王子
元年四月戊寅侯劉偃元年
六
四
五年侯偃坐酎金國除

瓡　索隱曰縣名志屬北海顏師古曰即瓡字
城陽頃王子
元年四月戊寅侯劉息元年
六
六
六
四

虛水　索隱曰志屬琅邪
城陽頃王子
元年四月戊寅侯劉禹元年
六
六
六
四

| 國名 | 王子號 | 元光 | 元朔 | 元狩 | 元鼎 | 元封 | 太初 |
| --- | --- | --- | --- | --- | --- | --- | --- |
| 東淮 索隱曰表在東海 | 城陽頃王子 | | | 元年四月戊寅侯劉類元年 | 六 | 四 | 五年侯類坐酎金國除 |
| 栒 索隱曰栒音荀表作栒音詢在東海志栒在扶風與栒別也 | 城陽頃王子 | | | 元年四月戊寅侯劉買元年 | 六 | 四 | 五年侯買坐酎金國除 |
| 涓 索隱曰表作涓在東海於涓水在句陽濟陽県疑表非也 | 城陽頃王子 | | | 元年四月戊寅侯劉不疑元年 | 六 | 四 | 五年侯不疑坐酎金國除 |
| 陸 索隱曰表在壽光 | 菑川靖王子 | | | 元年七月辛卯侯劉何元年 | 六 | 六 | 六 | 四 |



| 國名 | 王子號 | 元光 | 元朔 | 元狩 | 元鼎 | 元封 | 太初 |
| --- | --- | --- | --- | --- | --- | --- | --- |
| 廣饒 索隱曰志屬齊郡 | 菑川靖王子 | | | 元年七月辛卯康侯劉國元年 | 六 | 六 | 六 | 四 |
| 缾 索隱曰缾音瓶案地理古缾邑志屬琅邪 | 菑川靖王子 | | | 元年七月辛卯侯劉成元年 | 六 | 六 | 六 | 四 |
| 俞閭 | 菑川靖王子 | | | 元年七月辛卯侯劉不害元年 | 六 | 六 | 六 | 四 |
| 甘井 索隱曰表在鉅鹿 | 廣川穆王子 | | | 元年七月乙酉侯劉元元年 | 六 | 六 | 六 | 四 |

襄陵 索隱同表在鉅鹿志屬河東
廣川穆王子
元年七月乙酉侯劉聖元年
六
六
六
四

皋虞 索隱曰志屬琅邪
膠東康王子
元年五月丙午侯劉建元年 三
四年今侯處元年 三
六
四

魏其 索隱曰志屬琅邪
膠東康王子
元年五月丙午侯劉昌元年
六
六
四

祝茲 索隱曰按志松茲在廬江亦作祝茲表在琅邪列代云誤侯封名 史漢表多有不同不能輒改今亦略檢表志同異以洪多識也
膠東康王子
元年五月丙午侯劉延元年 四
五年延坐棄印綬出國國除

卷九終



讀建元以來王子侯者年表

讀王子侯者表亦以天子爲主時主父偃說上曰古者諸侯不過百里強弱之形易制今或連城數十地方千里緩則驕奢易爲淫亂急則阻其彊而合從以逆京師若以法制削之則逆節萌起今諸侯子弟或十數而適嗣代立餘無尺寸地封願陛下令諸侯得推恩分子弟以地侯之彼人人喜得所願上以德施實分其國不削而自弱矣上從之故太史公曰盛哉天子之德一人有慶天下賴之

陳仁子云還之言似頌似諷

秦制有徹侯漢避武帝名諱徹爲通有關內侯無食邑以賞功勞漢約非軍功不侯武帝始侯諸王子有食邑但即其父所封國使支庶侯者分食之此所謂衆建而少其力賈誼遺策也

表國名今所受侯食邑也次表王子號從其父明宗室親屬也次表姓名王朝年月侯者元年或不具年月者闕文也

漢書侯所食邑多書其郡縣于下史記不書而索

隱具載之劉氏曰諸侯封名史漢表各有不同不敢輒改但畧撿表志同異以備多識也
黄履翁曰史記王子侯者表斷自建元蓋是特始行分封之典邊意正自有在也固則起于高祖自謂聖祖建業以廣親親殊失王子侯表之本旨矣
按史記斷自建元以大封諸王支庶實始于主父偃策也漢書起高祖訖孝平離爲上下篇備一代王子封矦故也



河間獻王子十一人長沙定王子十五人楚安王子二人魯共王子六人江都易王子七人菑川懿王子十二人城陽共王子十三人趙敬肅王子十四人中山靖王子十九人廣川惠王子四人濟北貞王子十一人（漢書載濟北貞王子六人濟北式王子五人）代共王子八人齊孝王子十人衡山王賜子一人城陽頃王子十九人菑川靖王子五人廣川穆王子二人膠東康王子三人有同是一王之子而前後别見者蓋異年封也

諸王子之後失矦者坐酎金凡五十五無後四此外則不朝不敬一棄綬出國不敬一其甚者則篡死罪一姦人妻一姦姊妹一殺人坐棄市一殺弟坐棄市一有罪不明所坐十而謀叛者無聞焉豈非户邑分而勢銷弱故與然漢自是遂無大藩國至于哀平之際王氏專政一歲之中無罪而免者數十捽而去之如拉朽豕其欲誅莽者武平矦璜陵鄉矦會翟義所立者嚴鄉矦信祇駢首就戮無一人懸惡覩所謂百足不僵者乎故觀王子矦表合漢興以來諸矦表究其終始此西京二百三十年之大勢也



洪邁曰漢列矦八百餘人至光武而存者平陽富平二矦耳（按獨八百餘則是兼異姓也）

讀建元以來王子侯者年表補

王子封侯在昔已然不自主父偃言始也偃之言在元朔二年元光五六年閒已封河閒獻王子侯一人長沙定王子四人楚安王子二人元朔元年侯衆共王子一人江都易王子五人論者謂建元始行分封之典何也蓋前此之封恩自上逮或侯或不侯不盡封也至是始令諸侯各得推私恩分子弟恩自下推上特臨定之耳所以藩國悉分支庶畢侯不削而自弱也



文帝采賈誼之言武帝用主父之策其事一也而實不同文帝之心在分地以保全之不失親親之本故淮南厲王廢死隨立其嗣武帝之心在分地以削弱之假以推恩之名故封不數年以酎金小過除國者凡五十六人汲黯所謂內多欲而外施仁義者即此可見也惡得與文帝比哉

論者輙謂封建不行則三代之治不復非也自古有治人無治法謂封建為聖王公天下之心則可謂天下之治安繫于此則不然漢事不足論觀周之天下可見矣列國分爭干戈不息無論天子僅守府生民之塗炭其何以堪如謂秦以孤立速亾夫以秦之暴即封建得無亾乎柳子厚謂秦之失在政不在制非過論也天下之治亂安危繫于君德封建何與焉

存疑

元鼎元年四月戊寅封城陽項王子十九人按漢表二十人內有挾侯雲挾釐侯霸史表載挾侯霸名邑參錯故失其一當從漢書為是漢表別載不



得封年十人史表無之又征和元年封四人二年封一人此在史表後也

讀史記十表卷之十

古歙　汪越　徐克范　訂正

# 漢興以來將相名臣年表第十

黃震翁曰將相名臣表以六事為主所以觀君臣之職分

高皇帝元年
大事記（索隱曰謂誅伐封拜及廢叛）
相位（索隱曰置立丞相太尉三公）
將位（索隱曰命將興師）
御史大夫位（索隱曰亞相）

春沛公為漢王之南鄭秋還定雍
一　丞相蕭何守漢中

二
春定塞翟魏河南韓殷國
二　守關中
一　太尉長安侯盧綰
御史大夫周苛守滎陽



三
夏伐項籍至彭城還據滎陽
魏豹反使韓信別定魏代
趙楚圍我滎陽
三
二

四
使韓信別定齊及燕太公自楚歸與楚界洪渠
四
三
周苛守滎陽死
御史大夫汾陽侯周昌

五
入都關中○索隱曰咸陽也東函谷南嶢武西散關北蕭關在四關之中用劉敬張良之計故也
冬破楚垓下殺項籍春王踐皇帝位定陶
五
[illegible]
四　後九月綰為燕王

六
尊太公為太上皇劉仲為代王立大市更命咸陽曰長安○索隱曰按上盧綰已封長安侯者蓋當時別有長安號
六　封為酇侯張蒼為計相○索隱曰計相主天下書計及計吏○乎遂曰計相司計之官不當載入將相表中

七
長樂宮成自櫟陽徙長安伐匈奴匈奴圍我平城
七



八
擊韓信反虜于趙城貫高作亂明年覺誅之匈奴攻代王代王棄國亡廢為郃陽侯
八

九
未央宮成置酒前殿太上皇輦上坐帝奉玉卮上壽曰始常以臣不如仲力今臣功孰與仲多太上皇笑
九　遷為相國
御史大夫昌為趙丞相

| 年 | 大事記 | 相位 | 將位 | 御史大夫位 |
| --- | --- | --- | --- | --- |
| 十 | 殿上捕蕭嚴徙齊田楚昭屈景懷于關中 | | | |
| | 太上皇崩陳豨反代地 | 十 | | 御史大夫江邑侯趙堯 |
| 十一 | 誅淮陰彭越黥布反○子遠曰韓彭一名一否亦格例未詳也 | 十一 | 周勃為太尉攻代後官省 | |
| 十二 | 冬擊布還沛夏上崩置長陵 | 十二 | | |
| 孝惠元年 | 趙隱王如意死始作長安城西北方除諸侯丞相為相 | 十三 | | |
| 二 | 楚元王齊悼惠王來朝 | 十四 七月癸巳齊相平陽侯曹參為相國 | | |
| 一 | 初作長安城蜀湔氐反擊之○索隱曰湔音煎氐音低蜀郡縣名 | 二 | | |



| 年 | 大事記 | 相位 | 將位 | 御史大夫位 |
| --- | --- | --- | --- | --- |
| 四 | 三月甲子赦無所復作 | 三 | | |
| 五 | 為高祖立廟于沛城成置歌兒一百二十八 | | | |
| 六 | 七月齊悼惠王薨立太倉西市八月赦齊 | 一十月乙巳安國侯王陵為右丞相十月 | | 廣阿侯任敖為御史大夫徐廣曰漢書在高后元年 |
| 七 | 上崩大臣用張辟彊計呂氏權重以呂台為呂王立少帝己卯葬安陵 | 己巳曲逆侯陳平為左丞相 | | |
| 高后元年 | 王孝惠諸子置孝悌力田 | 二 十一月甲子徙平為右丞相辟陽侯審食其為左丞相 | | |

二

十二月呂王台薨子嘉代立為呂王行八銖錢

四 平 一 食其

平陽侯曹窋為御史大夫。一本在六年

三

五

三

四

廢少帝更立常山王弘為帝

六

四

一 絳侯周勃為太尉

置太尉官

五

八月淮陽王薨以其弟壺關侯武為淮陽王令戍卒歲更

七

五

六

以呂產為呂王四月丁酉赦天下晝昏

八

六

三

七

趙王幽死以呂祿為趙王梁王徙趙自殺

九

七

四

八

七月高后崩五月誅諸呂後九月代王至

[illegible]

十

七月辛巳為帝太傅九月丙戌復為丞相

八

五

隆慮侯竈為將軍擊南越徐廣曰姓周

御史大夫蒼。張蒼



孝文元年

踐位皇帝

除收孥相坐律立太子賜民爵

十一

十一月辛卯平徙為左丞相太尉絳侯周勃為右丞相

六

勃為相頳陰侯灌嬰為太尉

二

除誹謗律皇子武為代王參為太原王勝為梁王

十月丞相平薨

十一

十一月乙亥絳侯勃復為丞相

三

為梁王 徙代王武為淮陽王上幸太原濟北王反匈奴大入上郡以地盡與太原

十一月壬子勃免相之國

一

十二月乙亥太尉頳陰侯灌嬰為丞相

罷太尉官

二

棘蒲侯陳武為大將軍擊濟北昌侯盧卿共侯盧罷師寧侯遬深澤侯將夜皆為將軍屬武祁侯賀將兵屯滎陽徐廣曰遬姓魏將夜姓趙

| | | | | |
|---|---|---|---|---|
| 四 | 太原更號代 | 十二月乙巳嬰卒（倒書） 一 正月甲午，御史大夫北平侯張蒼為丞相 | 安丘侯張說為將軍擊胡出代 | 關中侯申屠嘉為御史大夫。○按漢書御史大夫圍 |
| 五 | 除錢律民得鑄錢 | 二 | | |
| 六 | 廢淮南王遷嚴道，道死雍。○索隱曰：嚴道在蜀，雍在扶風盩厔縣 | 三 | | |
| 七 | 四月丙子初置南陵 | 四 | | |
| 八 | 太僕汝陰侯滕公卒（倒書） | 五 | | |
| 九 | 溫室鐘自鳴。以芷陽鄉為霸陵。索隱曰：地理志有正陽縣霸陵，今霸水 | 六 | | 御史大夫敬。○馮敬 |



| | | | | |
|---|---|---|---|---|
| 十 | 諸侯王皆至長安 | 七 | | |
| 十一 | 上幸代，地動 | 八 | | |
| 十二 | 河決東郡金堤，徙淮陽王為梁王 | 九 | | |
| 十三 | 除肉刑及田租稅律、戍卒令 | 十 | | |
| 十四 | 匈奴大入蕭關，發兵擊之，及屯長安旁 | 十一 | 成侯董赤、內史欒布、昌侯盧卿、隆慮侯竈、甯侯遬皆為將軍，東陽侯張相如為大將軍，皆擊匈奴。中尉周舍、郎中令張武皆為將軍，屯長安旁 | |
| 十五 | 黃龍見成紀。上始郊見雍五帝 | 十二 | | |
| 十六 | 上始見渭陽五帝 | 十三 | | 按漢書申屠嘉為御史大夫 |

後元元年
新垣平詐言，方士覺，誅之。
十四

二
匈奴和親。地動。
[illegible]相免
十五
八月庚午，御史大夫申屠嘉為丞相，封故安侯。
御史大夫青
○陶青

三
置谷口邑。
二

四
三

五
上幸雍。
四

六
匈奴三萬人入上郡，二萬人入雲中。
五
以中大夫令免為車騎將軍，軍飛狐；故楚相蘇意為將軍，軍句注；將軍張武屯北地；河內守周亞夫為將軍，軍細柳；宗正劉禮軍霸上；祝茲侯徐厲軍棘門：以備胡。數月胡去，亦罷。



七
六月己亥，孝文皇帝崩。其年丁未，太子立。民出臨三日。葬霸陵。
六
中尉亞夫為車騎將軍，郎中令張武為復土將軍，屬國悍為將屯將軍，詹事戎奴為車騎將軍，侍太后。○索隱曰：悍，亦作捍，姓徐，名厲，即祝茲侯。

孝景元年
立孝文皇帝廟為太宗廟。
七
[illegible]

二
立皇子德為河間王，閼為臨江王，餘為淮南王，非為汝南王，彭祖為廣川王，發為長沙王。四月中，孝文太后崩。
[illegible]
開封侯陶青為丞相。
御史大夫錯
○晁錯

三
吳楚七國反，發兵擊，皆破。
二
中尉條侯周亞夫為太尉。

讀史記十表 卷十 漢興將相年表 十一

| 年 | 大事記 | 相位 | 將位 | 御史大夫位 |
|---|---|---|---|---|
| | 皇子端為膠西王，勝為中山王 | | 擊吳楚曲周侯酈寄為大將軍擊趙竇嬰為大將軍屯滎陽欒布為大將軍擊齊 | |
| 四 | 立太子 | 三 | 二 太尉亞夫 | 御史大夫蚡 ○田蚡按漢書御史大夫介 |
| 五 | 置陽陵邑 丞相北平侯張蒼卒 | 四 | 三 | |
| 六 | 徙廣川王彭祖為趙王 | 五 | 四 | 御史大夫陽陵侯岑邁○按漢書無此人 |
| 七 | 廢太子榮為臨江王。四月丁巳，膠東王立為太子 | 六月乙巳太尉條侯亞夫為丞相 罷太尉官 | 五 遷為丞相 | 御史大夫舍 ○劉舍 |
| 中元元年 | [illegible] | 二 | | |
| 二 | 皇子越為廣川王，寄為膠東王 | 三 | | |

讀史記十表 卷十 漢興將相年表 十二

| 年 | 大事記 | 相位 | 將位 | 御史大夫位 |
|---|---|---|---|---|
| 三 | 皇子乘為清河王 | 亞夫免相 四 御史大夫桃侯劉舍為丞相 | | 御史大夫綰 ○衛綰 |
| 四 | 臨江王徵自殺，葬藍田，燕數萬為銜土置冢上 | 二 | | |
| 五 | 皇子舜為常山王 | 三 | | |
| 六 | 梁孝王武薨，分梁為五國，王諸子：子買為梁王，明為濟川王，彭離為濟東王，定為山陽王，不識為濟陰王 | 四 | | |
| 後元元年 | 五月地動，七月乙巳日蝕 | 舍免相 五 八月壬辰御史大夫建陵侯衛綰為丞相 | | 御史大夫不疑 ○直不疑 |
| 二 | | 二 | 六月丁丑御史大夫岑邁卒 | |
| 三 | 正月甲子孝景崩，二月丙子太子立 | 三 | | |

| 孝武建元元年 | 二 | 三 | [三] | 四 | 五 | 六 |
|---|---|---|---|---|---|---|
| 索隱曰年之有號始自武帝自建元至後元共十一號○按孝武字從人作加 | | | | | | |
| | 置茂陵 | 東甌王廣武侯望率其衆 | 四萬餘人來降處廬江郡 | | 行三分錢○徐廣曰漢書云半兩四分曰內 | 正月閩越王反孝景太后崩徐 |
| 四 魏其侯竇嬰為丞相 嬰免相 罷太尉 | 二月乙未太常柏至侯許昌為丞相 嬰免相 太尉蚡 | 二 | | 三 | 四 | 五 六月癸巳武安侯田蚡為丞相 昌免相 |
| 武安侯田蚡為太尉 | | | | | | 青翟為太子太傅 |
| 御史大夫抵○漢表云牛抵 | 御史大夫趙綰○漢書有罪自殺 | | | 御史大夫青翟○索隱曰姓莊 | | 御史大夫安國○韓安國 |



| [六] | 元光元年 | 二 | 三 | 四 | 五 | 六 |
|---|---|---|---|---|---|---|
| 廣曰景帝姊竇氏 | | 帝初之雍郊見五畤 | 五月丙子決河于瓠子 | 十二月丁亥地動 | 十月族灌夫家棄魏其侯市○按在四年十月此誤 | |
| | 二 | 三 | 四 | 五 平棘侯薛澤為丞相 蚡 | 二 | 三 |
| | | 夏御史大夫韓安國為護軍將軍衛尉李廣為驍騎將軍太僕公孫賀為輕車將軍大行王恢為將屯將軍太中大夫李息為材官將軍篡單于 | 馬邑不合誅恢 | | | 太中大夫衛青為車騎將軍出上谷衛 |
| | | | | 御史大夫歐○張歐 | | |

夷始置郵
亭

尉李廣為驍
騎將軍出雁
門大中大夫
公孫敖為騎
將軍出代太僕
公孫賀為輕
車將軍出雲
中皆擊匈奴

元朔元年
衛夫人立為
皇后
四
車騎將軍青
出雁門擊匈
奴衛尉韓安
國為將屯將
軍軍代明年
屯漁陽卒

二
五
春車騎將軍



衛青出雲中
至高闕取河
南地

三
匈奴敗代太
守友徐廣曰
太守姓共名
友
六
御史大夫弘
○公孫弘

四
匈奴入定襄
代上郡
七

五
匈奴敗代都
尉朱英
八
十一月乙丑
御史大夫公
孫弘為丞相
封平津侯
春長平侯衛
青為大將軍
擊右賢衛尉
蘇建為游擊
將軍屬青
按漢書百官
表是年番係
為御史大夫

[illegible]所殺

六
二
內史李沮為
彊弩將軍太
僕賀為車騎
將軍代相李
蔡為輕車將
軍岸頭侯張
次公為將軍
大行息為將
軍皆屬大將
軍擊匈奴

大將軍青再
出定襄擊胡
合騎侯公孫
敖為中將軍



太僕賀為左
將軍郎中令
李廣為後將
軍翕侯趙信
為將軍敗降
匈奴衛尉蘇
建為將軍敗
身脫左內史
沮為彊弩將
軍皆屬青

元狩元年
十月中淮南
王安衡山王
賜謀反皆自
殺國除
三
御史大夫蔡
李蔡

| | | | | | |
|---|---|---|---|---|---|
| | 二 | 三 | 四 | 五 | 六 |
| | 匈奴入鴈門代郡江都王建反膠東王子慶立為六安王 | 匈奴入右北平定襄 | | [倒書：蔡坐侵園壖自殺○索隱曰壖垣外垣短墻也] | 四月乙巳皇子閎為齊王旦為燕王胥為廣陵王 |
| | 四 御史大夫樂安侯李蔡為丞相 | 二 | 三 | 四 太子少傅武彊侯莊青翟為丞相 | 二 |
| | 冠軍侯霍去病為驃騎將軍擊胡至祁連合騎侯敖為將軍出北地博望侯張騫郎中令李廣為將軍出右北平 | | 大將軍青出定襄郎中令李廣為前將軍太僕公孫賀為左將軍主爵趙食其為右將軍平陽侯曹襄為後將軍擊單于 | | |
| | 御史大夫湯 ○張湯 | | | | |



| | | | | | | | |
|---|---|---|---|---|---|---|---|
| | 元鼎元年 | 二 | 三 | 四 | 五 | 六 | 元封元年 |
| | | [倒書：青翟有罪自殺] | | 立常山憲王子平為眞定王六月中河東汾陰得寶鼎 | 三月中南越相嘉反殺其王及漢使者 [倒書：八月周坐酎金自殺] | 十二月東越反 | |
| | 三 | 四 太子太傅高陵侯趙周為丞相 | 二 | 三 | 四 九月辛巳御史大夫石慶為丞相封牧丘侯 | 二 | 三 |
| | | [倒書：湯有罪自殺] | | | 衛尉路博德為伏波將軍出桂陽主爵楊僕為樓船將軍出豫章皆破南越 | 故龍額侯韓說為橫海將軍出會稽樓船將軍楊僕出豫章中尉王溫舒出會稽皆破東越 | |
| | | 御史大夫慶 ○石慶 | | | | | 御史大夫寬 ○兒寬 |

二

三　五

四　四　秋樓船將軍楊僕左將軍荀彘出遼東擊朝鮮

五　七

六　八

太初元年　改曆以正月為歲首○索隱曰始用夏正也　九

二　十　二月丁卯太僕公孫賀為丞相封葛繹侯

三　[illegible]　二

四　三　御史大夫延廣

天漢元年　四

二　五　御史大夫卿○索隱曰王卿

三　六　御史大夫周○索隱曰杜周



四　七　春貳師將軍李廣利出朔方至余吾水上游擊將軍韓說出五原因杅將軍公孫敖皆擊匈奴○因杅地名

太始元年　班固云司馬遷記事訖于天漢自此已後後人所續○索隱曰即褚先生所補也後史所記又無異乎故今不討論也　八

二　九　御史大夫勝之○暴勝之

三　十

四　十一

征和元年　[illegible]　十二

二　七月壬午太子發兵殺游擊將軍說使者江充　三月丁巳涿郡太守劉屈氂為丞相封彭城侯　御史大夫成○商丘成

三　六月劉屈氂因蠱斬　二　春貳師將軍李廣利出朔方以兵降匈奴重合侯莽通出酒泉御史大夫商丘成出河西擊匈奴

四　六月丁巳大鴻

後元元年
二
臚田千秋為丞相封富民侯
二
三
七月己巳光祿大夫霍光為大將軍博陸侯都尉金日磾為車騎將軍秺侯太僕安陽侯上官桀為大將軍○子遠曰桀為左將軍非大將軍也
按漢書桑弘羊為御史大夫七年坐謀反誅

孝昭始元元年
二
三
四
[illegible]
五
六

讀史記十表　卷十　漢興以來將相名臣年表　廿一

四
七
三月癸酉衛尉王莽為左將軍騎都尉上官安為車騎將軍
五
八
六
九
元鳳元年
十
九月庚午光祿勳張安世為右將軍
御史大夫訢　○王訢
二
十一
三
十二
十二月庚寅中郎將范明友為度遼將軍擊烏桓
四
[illegible]
三月乙丑御史大夫王訢為丞
御史大夫楊敞

五
相封宜春侯
六
[illegible]
二
十一月乙丑御史大夫楊敞為丞相封安平侯
九月庚寅衛尉范明友為度遼將軍擊烏桓
按漢書蔡義為御史大夫
元平元年
九月戊戌御史大夫蔡義為丞相封陽平侯
四月甲申光祿大夫龍額侯韓曾為前將軍五月丁酉水衡都尉趙充國為後將軍右將軍張安世為車騎將軍
御史大夫昌水侯田廣明
孝宣本始元年
[illegible]
二

讀史記十表　卷十　漢興以來將相名臣年表　廿二

二
三
七月庚寅御史大夫田廣明為祁連將軍龍額侯韓曾為後將軍營平侯趙充國為蒲類將軍度遼將軍平陵侯范明友為雲中太守富民侯田順為虎牙將軍皆擊匈奴
三
三月戊子皇后崩
[illegible]
六月甲辰長信少府韋賢為丞相封扶陽侯
[illegible]
御史大夫魏相

四
地節元年
十月乙卯立霍后
二
三
二月丁卯侍中中郎將霍禹為右將軍
四
立太子
六月壬辰御史大夫魏相為丞相封高平侯
七月安世為大司馬衛將軍禹為大司馬
御史大夫邴吉
元康元年
二
三
四

三
四
神爵元年
上郊甘泉太畤汾陰后土
五
六
七
四月樂成侯許延壽為彊弩將軍後將軍充國擊羌酒泉太守辛武賢為破羌將軍韓曾為大司馬車騎將軍
二
上郊雍五畤祋祤出寶璧玉器
八
四月戊戌御史大夫邴吉為丞相封博陽侯
三
御史大夫蕭望之



四
五鳳元年
三
二
五月延壽為大司馬車騎將軍
御史大夫黃霸
三
四
三月壬申御史大夫黃霸為丞相封建成侯
御史大夫杜延年
四
甘露元年
二
三
赦殊死賜高年及鰥寡孤獨帛女子牛酒
四
御史大夫于定國
三
七月丁巳御史大夫于定國為丞相封西平侯
太僕陳萬年為御史大夫

四
二
黃龍元年
三
樂陵侯史子長為大司馬車騎將軍太子太傅蕭望之為前將軍
初元元年
四
二
五
三
六
十二月執金吾馮奉世為右將軍

讀史記十表 卷十 漢興將相年表 廿五

四
七

五
八
二月丁巳平恩侯許嘉為左將軍
中少府貢禹為御史大夫。十二月丁未卒。長信少府薛廣德為御史大夫

永光元年
[illegible]
九
[illegible]
九月衛尉平昌侯王接為大司馬車騎將軍
七月太子太傅韋玄成為御史大夫

二
三月壬戌朔日蝕
二月丁酉御史大夫韋玄成為丞相，封扶陽侯，丞相賢子
七月太常任千秋為奮武將軍擊西羌，雲中太守韓次君為建威將軍擊羌，後不行
二月丁酉右扶風鄭弘為御史大夫

三
二
右將軍平恩侯許嘉為車騎將軍，侍中光祿大夫樂昌侯王商為右將軍，右將軍馮奉世為左將軍

四
三

五
四

建昭元年
五

二
六
[illegible]
光祿勳匡衡為御史大夫

三
七月癸亥御史大夫匡衡為丞相，封樂安侯
[illegible]
衛尉李延壽為御史大夫。○一本姓繁

讀史記十表 卷十 漢興將相年表 二六

四
二

五
三
三月丙寅太子少傅張譚為御史大夫

竟寧元年
四
六月己未衛尉楊平侯王鳳為大司馬大將軍
[illegible]

孝成建始元年
五

二
六

三
七
[illegible]
十月右將軍樂昌侯王商為光祿大夫右將軍執金吾[illegible]千秋為右將軍
[illegible]
廷尉尹忠為御史大夫

四
三月甲申右將軍樂昌侯王商為右丞相
右將軍任千秋為車騎將軍，衛尉史丹為右將軍
[illegible]
少府張忠為御史大夫

河平元年
二

二
三

三
四
十月辛卯史丹為左將軍，太僕平安侯王章為右將軍

四
六月丙午諸吏散騎光祿大夫張禹為丞相
[illegible]

陽朔元年　一

二　三　譚卒　六月太僕王音為御史大夫

三　九月甲子御史大夫王音為車騎將軍　十月乙卯光祿勳于永為御史大夫

四　王商免卒　閏月壬戌永卒

鴻嘉元年　四月庚辰薛宣為丞相



讀漢興以來將相名臣年表

此表年經而人緯冠年于上以元起數者高祖孝惠高后孝文孝景孝武即位之年也列年于中以一二起數者則蕭何曹參王陵陳平周勃諸人為相及將在官之年也相必記年將則有年者有不年者御史大夫皆不年

讀將相名臣年表以大事為主

大事記○索隱云謂誅伐封建薨叛

大事者天子之事也而見于將相名臣表者何將相代天子而行之者也觀其事可察人君治忽之機即可定人臣賢不肖之分非極有關繫者不屑書故曰大事記

大事首誅伐以漢用兵取天下入秦破楚臣同列諸侯功臣異姓王者俱征滅之至景帝時定吳楚七國匈奴世為漢患武帝屢出師是也次封建則同姓諸侯王反推恩封王子侯是也首表劉仲為代王表楚元王齊悼惠王來朝表諸侯皆至長安明親親之恩上下無猜也諸侯王薨則表如齊悼

惠王淮陽王梁孝王言其宜後也叛則表魏豹反
韓信反陳豨反代地彭越黥布反高帝諸功臣也
同姓諸侯王反者濟北王興居吳楚七國淮南衡
山也表匈奴凡十平城一也攻代王二也入上郡
三也入蕭關四也入上郡雲中五也敗代守六也
入襄代上郡七也敗代都尉八也入雁門代郡九
也入右北平定襄十也索隱之說當矣然不止此
也如高祖二年立太子五年八都關中皆冠于上
如破項籍春踐皇帝位如尊太公爲太上皇其後



如城長安赦無所復作赦齊除諸侯丞相爲相置
孝弟力田行八銖錢除收帑相罪律除誹謗律除
肉刑郊見上帝見渭陽五帝地動河決改曆以夏
正月爲歲首皆索隱所未該至于表太公自楚歸
表未央宮奉太上皇壽表爲高祖立廟沛爲立孝
文皇帝廟郡國爲太宗廟表置諸陵此何等事而
可忽諸若夫高后立少帝廢少帝更立弘王呂產
呂祿其後大臣誅諸呂迎代王即帝位漢不絕如
帶僅而復興表于此者正以明後之誅亂定策不

爲無功則前之阿呂后亂漢約惡得無罪也不然
帝紀外戚世家已詳矣平勃諸人列傳又言之矣
而後挈于表何哉

漢書百官公卿表詳一代之官制史記但表相與
將御史大夫意在論世知人以備勸懲故舉其大
者不在備官若曰于此得賢任職斯可也

建元以來武功侯者七十二國而衛霍功最高然
北討胡南誅越又以通大宛烏孫龜茲諸國及西
南夷海內虛耗幾因輪臺太史公不敢斥言惟表



同南夷始置郵亭其微旨與
表新垣平詐言方士覺誅之此諷武帝也以孝文
而有玉杯改元之失況後之王者乎黃龍見成紀
寶鼎出汾陰皆不爲瑞況于求神仙冀黃金成而
河決可塞乎封禪書大旨即此具矣

大事記附表丞相薨卒免及自殺者何重相也相
得其人則書惜之也相非其人則亦書幸之也不
于相位書而表于大事記正以見相之重也

凡表相薨卒免自殺于大事記皆變文倒置者何

古之人未嘗言及此也竊臆揣之此記中表六上
皇崩表高帝同上崩孝文皇后崩孝文太后崩孝
景太后崩及諸王薨而丞相薨卒亦書如故是無
別也雖輟朝臨祭大臣有異數而書之遂同國卹
可乎然則太尉置罷表于相位而倒置御史大夫
先抵罪自殺表于將位而亦倒置何也恐此或使
觀覽未必有深旨也存以質史學淹通之君子
相位○索隱云置立丞相太尉三公
漢書百官公卿表相國丞相皆秦官掌丞天子助



理萬幾應劭曰丞者承也相者助也秦有左右高帝即位置一
丞相十一年更名相國孝惠高后置左右丞相許應
元曰漢右丞相在左丞相上文帝二年復置一丞相後哀帝元
壽元年更名大司徒
太尉秦官掌武事應劭曰自上安下曰尉武帝建元二年省
元狩四年初置大司馬以冠將軍之號後成帝時
大司馬祿比丞相
太傅古官高后元年初置王陵審食其嘗爲之尋罷
太師太保皆古官茅坤曰漢三公並虛額

將相○索隱云命將興師
漢百官表前後左右將軍皆周末官秦因之位上
卿漢不常置或有前後或有左右皆掌兵及四夷
茅坤曰大約漢制太尉即今之本兵而前後左右即
今之五府也
林駉曰高祖二年拜曹參爲假左丞相蓋漢初以丞
相征伐而借名未嘗居位如韓信以左丞相擊魏樊
噲以定韓王信遷左丞相酈商以破臧荼遷左丞相
按高帝十一年周勃爲太尉主攻伐武帝後元元年



以光祿大夫霍光爲大將軍元狩四年大將軍衛青
爲大司馬大將軍驃騎將軍霍去病爲大司馬驃騎
將軍索隱以命將興師釋將相者殆此類非凡將軍
皆可謂之爲將相也
御史大夫位○索隱云亞相
漢百官表御史大夫秦官位上卿掌副丞相應劭曰侍
御史之率故稱大夫云後成帝綏和元年更名大司空
大書丞相蕭何守漢中守關中稟元功也相曹參
何所舉以自代將薨帝臨視問之而舉參也孝惠

六年相王陵陳平遵高帝臨崩之命也周勃亦以
遵命爲太尉遂安劉氏漢初之相蓋如此
有自太尉而爲丞相者絳侯周勃潁陽侯灌嬰條
侯周亞夫武安侯田蚡四人建元元年上議置丞
相太尉籍福說武安曰即上以將軍爲丞相必讓
魏其將軍必爲太尉太尉丞相尊等耳又有讓賢
名是漢制太尉與丞相等也
有自御史大夫爲丞相者張蒼申屠嘉陶青劉舍
衛綰公孫弘李蔡莊青翟石慶自太初訖凡九人



漢稱制詔丞相御史制詔御史是御史大夫亞于
丞相貴于諸卿也
六書御史大夫周苛守滎陽者嘉宛節也漢以關
中爲根本而與楚相持滎陽其重地雖水敗敖倉
數被侵奪諸侯背漢紀信誑楚脫高帝苛守滎陽
陷爲羽所烹時天下未定漢未嘗定官制則御史
大夫者不過假秦官以授之權而已太史公表御
史大夫必首苛以志官所由始實重其人也書太
尉盧綰例雖似同但綰後九月即封燕王無事可

表卒以扳匈奴非苟偷也
凡命將興師有大將軍有前後左右將軍而將軍
有屬大將軍者有不屬大將軍者其爲將軍有侯
者有不侯者丞相不言長史司直太尉亦不言官
屬御史大夫不言侍御史員而列將軍則備書之
邊事所倚以辨離偏裨不敢畧也且以責戰守之
實功焉
御史大夫周昌以貴彊徙爲趙王如意相呂后酖
王昌憤以死不書卒呂后以非罪殺趙堯書抵罪



不言所坐皆刺高后也御史大夫鼂錯誅漢書表
云錯有罪腰斬而太史公不書謀削七國忠而受
禍爲景帝諱有微詞矣
史表有御史太夫敬括漢書典客馮敬有御史大
夫歐括漢書中尉張歐此可以證明而得之者也
班固曰劉向楊雄博極羣書皆稱遷有良史之才服
其善序事理辯而不華質而不俚其文直其事核不
虛美不隱惡故謂實錄
司馬貞曰太史公其人好奇而詞省故事覈而文微

葉清臣曰史記其意深遠則其言愈緩其事愈碎則其言愈簡此詩春秋之意也

呂祖謙曰太史公書法微而顯絕而續正而變文見于此而起意在彼可不參考互觀究其大指之所歸乎

右班氏以下四家之說採自諸家史論中讀十表可以想見當日筆削之微意焉



讀漢興以來將相名臣年表補

讀將相名臣表固以大事爲主但觀其所書必于其所不書者參互考核乃知所書之義

高帝約法三章及爲義帝發喪是滅秦破楚之本不書何也約法在未爲漢王前已見月表發喪非其本意姑以揀云不過假羽失着廹取天下耳觀異日罷秦皇楚衛齊趙冢田橫亦爲改葬何獨于義帝參聚耶劉辰翁云漢王棄其父若敝屣于義帝何有而爲之縞素此不書亦春秋誅意之法



元年書沛公爲漢王之南鄭是項羽之要立也不言羽立見沛公之能自詘也漢王以羽負約怒欲攻之以蕭何言卽止

二年書立太子四年書太公自楚歸爲書于策其義自見也

五年封諸侯王不書不保其終也

六年封功臣及封兄荊王賈弟楚王交子齊王肥不書獨書劉仲爲代王何也以明年匈奴寇代仲棄歸廢爲合陽侯夫平城之圍帝幾不免何責于仲耶身爲天子不能保一兄之封故特繫于尊太

公爲太上皇之下見不友非所以爲孝也

九年遣劉敬使匈奴和親不書爲內諱也

未央宮帝上太上皇壽書帝語譏反唇也

十年令諸侯王立太上皇廟不書生事不以禮故削之也

十一年詔郡國求遺賢不書未得賢也四皓有曰陛下輕士善罵臣等義不受辱故恐而亡匿

十二年祠孔子不書缺也

孝惠二年書楚元王齊悼惠王來朝凡來朝不書



書此者以齊之倖而免也

三年與匈奴和親不書爲內諱也

四年除挾書律不書缺也

五年書爲高祖立廟沛置歌兒百一十人事亡如存也高祖十二年置酒沛宮發沛中兒得百二十人教之歌酒酣高祖擊筑自爲歌詩令習之

高后元年王孝惠諸子不數疑辭也

二年書行八銖錢重民用也故孝文五年除錢律

孝武五年行三分錢皆書

六年書晝昏紀變也呂后惡之曰此爲我也凡災異不悉書

書者何爲也

孝文元年書除收帑相坐律首施仁也書立太子樹國本也

南越王稱臣不書外事也

二年書立皇子武參揖爲王凡封皇子皆書封王子不書尊王也初有司請立皇子爲王詔先立河間城陽濟北然後立皇子高帝時封皇子肥長建如意恢友恒亦不書傷功臣也

六年匈奴請和親不書爲內諱也



十五年親策賢良能直言極諫者不書未得賢也

書黃龍見成紀上始郊見雍五帝見渭陽五帝謹始也

後元年書誅新垣平大改過也故前以垣平爲上大夫不書

後二年書匈奴和親前此不書此獨書何也前六年和親十一年寇狄道是年又和親後六年又寇上郡雲中以帝之德天下之治安和親不足恃如此故一書焉爲鑒也

孝景元年匈奴入代與約和親不書爲內諱也

四年立皇子徹爲膠東王不書避所諱也

五年遣公主嫁單于不書爲內諱也

六年廢皇后薄氏不書諱也外戚世家云景帝爲太子時薄太后以薄氏女爲之妃及即位立爲后無子無寵薄太后崩廢薄皇后夫后不聞有罪又太后所立太后崩即廢帝亦忍矣帝本紀缺其事或武帝削之與衛宏漢書儀注云太史公景帝紀極言其短武帝怒削去孝孫補之

七年書廢太子榮爲臨江王四月丁巳膠東王立



爲太子識易樹子也

中元四年書臨江王徵自殺譏帝也書塟藍田燕數萬爲銜土置冢上記異且隱之也

六年書分梁爲五國王梁孝王諸子封王子不書者美順親也陳子龍曰既以悅太后又以分梁國非也是時梁王薨太后哀哭不食帝憂懼不知所爲盡立孝王子太后乃說爲帝加一餐則分削國邑爾時念不到此

孝武建元元年舉賢良方正直言極諫之士不書賢不用也時待董仲舒以爲江都相未竟大用

二年書置茂陵豫凶事也丘濬曰初即位即置陵邑古人不以豫凶事爲忌

三年書東甌王來降始外事也中元三年匈奴降者七人不書獨書此者志武帝事四夷之始此後邊事屢書矣

五年置五經博士不書歛也丘濬曰秦焚詩書惟存博士官五經爲世大禁漢興稍稍復出然皆私相傳習于其家至是官始置五經博士然後天下靡然向風公相授受以爲世業武帝有功儒教豈小小哉

元光二年書帝初之雍郊見五畤始神事也

四年族灌夫竇嬰棄市灌夫例不書書爲魏其譏枉殺也

元朔元年書衛夫人立爲皇后立后不書書譏之



也外戚世家衛皇后字子夫生微矣末論李夫人尹姬邢之屬云皆以倡見非王侯有土之女士不可以配人主蓋微譏之也

元狩元年立子據爲皇太子不書諱也

四年方士少翁伏誅不書諱也本紀云誅文成將軍而隱之上復用欒大封五利將軍

元鼎四年書立常山憲王子平爲真定王商爲泗水王凡立王子不書書此者帝哀憲王之廢故封其子是爲能友非他分邑比也

五年欒大伏誅不書諱也大既誅又拜公孫卿爲大夫卒候氏觀仙人跡

元封元年帝出長城登單于臺勒兵還不書危也時遣郭吉告單于曰單于能戰天子自將待邊不能亟來臣服單于怒留吉上乃還

封禪不書妄也封禪書末云方士言神仙者彌衆然其效亦可睹矣蓋諷之也

太初元年書改曆以正月爲歲首行夏時也

天漢四年立皇子髆爲昌邑王不書削也

相兒寬卒自殺皆書將御史不書尊重相也周苛守滎陽死則書予節也太僕汝陰侯滕公卒則書賢之也堯抵罪則書無罪也湯有罪自殺則書誅不仁也韓安國屯漁陽卒則書以安國嘗行丞相



事也惟孝景後二年書御史大夫岑邁卒未知何義漢表亦無其人

孝武朝相十二人棄市斬自殺者凡六人其相位之殆如此此公孫賀之所以哀也

存疑

索隱于相位云置立丞相太尉三公其實太尉屬將位特置罷倒書相位耳故漢百官表三公與丞相並太尉與大司馬並雖云與丞相等尊位次自在丞相下

將位一本作將相後人強釋之疑將相本訛也從將位爲是天官書有將位星

高后元年陵免相不書疑缺

八年七月辛巳爲帝太傅九月丙戌復爲丞相此審食其也疑缺

孝文十年書諸侯皆至長安按諸侯王表是年惟長沙王來朝他國前朝不一年楚王戊十三年乃朝本紀亦無此疑誤

孝景後元年下周亞夫獄不食死例當書疑缺



御史大夫自孝文以後史表與漢百官表多異疑從漢書爲是蓋漢御史大夫只一人漢書孝文四年圍七年馮敬十六年申屠嘉後元二年陶青孝景二年錯四年介七年劉舍中三年衛綰後元年直不疑孝武元年牛抵二年趙綰四年莊青翟六年安國元光四年張歐元朔三年公孫弘五年番係凡此敘遷甚明史表孝文四年嘉爲御史大夫後二年嘉相計十四年乃孝文九年又載御史大夫敬是同時有兩御史也故從漢書四年圍七年

敬十六年嘉爲是漢書嘉傳亦云十六年爲御史大夫又孝景四年史表有御史大夫蚡按蚡傳孝景時爲中大夫並未遷御史大夫孝武元年始封蚡武安侯爲太尉則蚡疑介字之訛當從漢表四年介爲是又史表孝景六年有御史大夫陽陵侯岑邁漢表無之元朔五年漢表有番係史表無之按岑邁無所考若番係則史表缺耳當元朔三年公孫弘爲御史五年弘相應有繼爲御史者史表未有蔡至元狩元年乃書御史大夫蔡此三年中御史不應缺又從漢表爲是雖闕與介與係與邁皆無傳可考以次求之漢書固爲明也

班固云司馬遷記事訖于天漢自此以後後人所續按史公大事記筆削本朝尤其精意所在前人謂得詩春秋之意是不誣司馬貞弗究其義但以六事槩之陋矣因爲比事參觀發明篇末其意義顯爍衆見者不贅辭也若褚孝孫所續太始以後猶衆數事事多缺旨亦無取故不論

卷十終



讀史記十表凡十卷康熙間吾鄉汪師退先生撰吾家堯民先生補之曾經副都御史黄登賢進呈收入四庫具考校精密訂譌砭漏足正史記之牴牾且入略我詳尤爲提要所稱許惟是書絕少流傳讀者憾焉乃昌藏有原刻未敢自秘亟付景印俾先正撰述不致湮没並以供讀史之一助云丁卯嘉平月南陵後學徐乃昌謹跋

# 史記月表正譌

[清]王元啓

清光緒二十年廣雅書局刊本

# 史記月表正譌一卷

光緒甲午歲
廣雅書局槧

史記正譌

嘉興王元啟撰

## 校正史記月表

史記月表因秦楚之際世短變繁難以年計故十八王皆以始王之月爲一月其先已立國如趙歇齊市燕廣魏豹韓成止承前月爲數幷不書一月蓋以歷月多少別其享國之久近非謂始王之月每歲必改稱一月也今表于丙申建卯之月西楚衡山九江雍燕五王皆書二年一月前此二世一統書年子嬰爲王即不書年惟義帝曾爲天下共主故于爲懷王之十三月書年即帝位之寅月書年至丙申十月被弒即不書年十月之朔義帝猶在漢未一統亦不書年五國書年似乖史法且以一月代正月則不辭謂五國獨改卯月爲歲始則非實又張耳以十一月王趙英布以七月王淮南歲以十一月七月爲一月稱名九不順惟漢封韓王信在二年十一月是年有後九月適足十二月之數故于漢三年十月特書二年一月較爲近理然已不免自亂其例故今于俗本所書二年一月悉改十三年一月悉改二十五庶不謬史公本旨他若二世二年九月齊表田假走楚下有楚趨齊救趙田榮以假故不肯十二字當列後九月楚殺假乃出兵之上今列前九月乙未十二月楚表八月下當有諸侯尊懷王爲義帝八字今列義帝元年一月下是爲錯簡其錯簡之重出者若二世二年十二月陳涉死楚魏二表並列三年端月齊表多添項羽怨田榮分齊爲三國十字是年六月

趙表添張耳從楚西入關七字是皆後文之錯見於前者漢王出滎陽在三年六月表於四年四月復書之是前文之複衍於後者又加乙未十二月齊表項羽怨滎下衍殺之二字漢三年十月趙表漢滅歇下衍立張耳三字英布王淮南張耳王趙皆在漢之四年五年正月復衍淮南國趙國等字悉宜刪去至脫文譌字及舊注舛謬處則隨事覈正不能殫述若夫諸表經緯之度前後不同隨時分合史公具有深意如世表以世爲經然自黃帝以下有顓佶堯舜夏殷周諸屬爲緯則兼列縱橫二格自帝泄以下有經無緯則至殷代帝辛之亡凡更三十八帝止用縱格直書至周武王伐殷又有魯齊等十一國爲緯則仍列縱橫二格然而王朝所占分數獨寬取其便于紀事故不與諸



國一例六國年表始皇既幷天下更無他國可書則其後皆用直書月表前列秦楚項趙齊漢燕魏韓九國其後項羽立十八王幷義帝西楚凡二十今表義帝下別餘一空格總計橫格二十一考漢表河南下畱一空格爲漢五年別置長沙國地史表但取格中有空即書故列長沙于河南屬漢爲郡之後其說別見漢興以來諸侯年表或欲用十二侯表之例燕下虛列一格爲後吳壽夢以下作地亦得然多添格數似非史公本意又自田榮擊殺田市田安之後三齊當幷一格欣翳降漢臧荼殺廣之後須滅去塞翟遼東三格義帝既滅楚項當幷一格殺邯虜豹之後雍魏二格須滅去三年十月之後常山代二格須滅去十二月後幷須滅去九江一格張耳王趙當幷趙代爲一格擊殺田廣之後幷須滅去三齊至二月王信仍幷三齊爲一格五年十二月後滅去臨江一格正月韓信從楚漢幷三秦三齊通七國爲一格凡此總期無失史公本指要于原文無更惟九江改封淮南衡山爲其屬郡中間不宜闕以臨江一國三秦幷漢塞翟最先不宜爲雍所隔考前項梁之起在武臣王趙之後表取楚項地比易合爲一特爲先項後趙今倣其意列九江于衡山之上降雍于塞翟之下當亦史公所許因見後代史表字數必拘一例首行既定後雖有經無緯亦必局書一格之中以致曳白累幅觀者厭之余于三代世表六國年表見史公翦裁鎔鑄隨宜變化之方月表前半分楚爲四分齊爲三關中爲四分燕爲二分魏爲殷分韓爲河南其由少分多之法史公益自言



之後半獨不能由多改少是謂不充其類輒意爲斟定如左舊本傳刻甚多今故不復重列止錄考定今文世有好學深思之士當不至罪其妄作

## 考定月表今文

| 秦 | 二世元年（廣曰壬辰）七月 | 八月 |
| --- | --- | --- |
| 楚 | 楚隱王陳涉起兵入秦 | 二 葛嬰爲涉徇九江立襄 |
| 項 | | |
| 趙 | | 武臣始至邯鄲自立爲趙王始 |
| 齊 | | |
| 漢 | | |
| 燕 | | |
| 魏 | | |
| 韓 | | |

| | | | |
|---|---|---|---|
| | 九月 楚兵至戲 | 二年十月 | 十一月 |
| 彊爲楚王 | 三 周文兵至戲敗葛嬰聞涉王卽殺彊 | 四 誅葛嬰 | 五 周文死 |
| | 項梁號武信君 | 二 | 三 |
| | 二 | 三 | 四 李良殺武臣張耳陳餘走 |
| | 齊王田儋始儋狄人諸田宗彊從弟榮從弟橫 | 二 儋之起殺狄令自王 | 三 |
| | 沛公初起 | 二 擊胡陵方與破秦監軍 | 三 殺泗水守拔薛西周市略地豐沛閒 |
| | 韓廣爲趙略地至薊自立爲燕王始 | 二 | 三 |
| | 魏王咎始咎在陳不得歸國 | 二 | 三 齊趙共立周市市不肯曰必立魏咎 |
| | | | |

廣雅書局栞

| | | |
|---|---|---|
| 十二月 | 端月 索隱秦諱正謂之端 | 二月 |
| 六 陳涉死 | 楚王景駒始秦嘉立之 | 二 嘉爲上將軍 |
| 四 | 五 涉將召平矯拜項梁爲楚柱國 | 六 梁渡江陳嬰黥布皆屬 |
| | 趙王歇始張耳陳餘立之 | 二 |
| 四 | 五 讓景駒以擅自王不請我 | 六 景駒使公孫慶讓齊誅慶 |
| 四 雍齒叛沛公以豐降魏沛公還攻豐不能下 | 五 沛公聞景駒王在留往從與擊秦軍碭西 | 六 攻下碭收得兵六千與故凡九千八 |
| 四 | 五 | 六 |
| 四 咎自陳歸立○此下有陳涉死三字今減去 | 五 章邯已破涉圍咎臨濟 | 六 |
| | | |

| | | |
|---|---|---|
| 三月 | 四月 | 五月 |
| 三 | 四 梁擊殺景駒秦嘉遂入薛兵十餘萬衆 | |
| 七 | 八 | 九 |
| 三 | 四 | 五 |
| 七 | 八 | 九 |
| 七 攻拔下邑遂擊豐豐不拔聞項梁兵衆往請擊豐 | 八 沛公如薛見項梁梁益沛公卒五千擊豐拔之 | 九 雍齒奔魏 |
| 七 | 八 | 九 |
| 七 | 八 臨濟急周市如齊楚請救 | 九 |
| | | |

廣雅書局栞

| | | |
|---|---|---|
| 六月 | 七月 | 八月 |
| 楚懷王始都盱眙故懷王孫梁立之 | 二 陳嬰爲柱國 | 三 |
| 十 梁求楚懷王孫得之民間立爲楚王 | 十一 天大雨三月不見星 | 十二 救東阿破秦軍乘勝至定陶項 |
| 六 | 七 | 八 |
| 十 儋救臨濟章邯殺儋榮走東阿 | 十一 齊立田假爲王秦急圍榮東阿 | 楚救榮得解歸逐田假立儋子市爲齊王始 |
| 十 沛公如薛共立楚懷王 | 十一 沛公與項羽北救東阿破秦軍濮陽東屠城陽 | 十二 沛公與項羽西略地斬三川守 |
| 十 | 十一 | 十二 |
| 十 咎自殺臨濟降秦 | 十一 咎弟豹走東阿 | |
| 韓王韓成始 | 二 | 三 |

| | | | | | | |
|---|---|---|---|---|---|---|
| | 九月 | 後九月 廣曰歷閏建酉 | | 三年十月 | 十一月 | 十二月 |
| | 四 徙都彭城 | 五 拜宋義爲上將軍 | | 六 | 七 拜籍上將軍 | 八 |
| 梁有驕色 | 十三 章邯破殺項梁于定陶項羽恐還軍彭城西 | 懷王封項羽于魯爲次將屬宋義北救趙 | | 二 | 三 羽矯殺宋義將其兵渡河救鉅鹿 | 四 大破秦軍鉅鹿下諸侯將皆屬 |
| | 九 | 十 秦兵圍歇鉅鹿陳餘不出救兵 | | 十一 章邯失邯鄲徙其民于河內○破誤失 | 十二 | 十三 楚救至秦圍解 |
| | 二 田假走楚○此下原衍十二字今移後 | 三 楚趨齊救趙田榮以假故不肯○此十二字原本錯簡在前楚殺假乃出兵 | 項羽怨田榮 | 四 齊將田都叛榮往助項羽救趙 | 五 | 六 故齊王建孫田安下濟北從項 |
| 李由于雍丘 | 十三 沛公聞項梁死還軍從懷王軍于碭 | 十四 懷王封沛公爲武安侯將碭郡兵西約先至咸陽王之 | | 十五 攻破東郡尉及王離軍于武城南 | 十六 | 十七 救趙至栗得皇訢武蒲軍與秦 |
| | 十三 | 十四 | | 十五 使將臧荼救趙 | 十六 | 十七 |
| | 魏豹自立爲魏王都平陽始 | 二 | | 三 | 四 | 五 豹救趙 |
| | 四 | 五 | | 六 從項羽略入關 | 七 | 八 |





| | | | | | |
|---|---|---|---|---|---|
| | 端月 | 二月 | 三月 | 四月 | 五月 |
| | 九 | 十 | 十一 | 十二 | 二年一月 |
| 項羽 | 五 虜秦將王離 | 六 攻破章邯章邯軍卻 | 七 | 八 楚急攻章邯邯恐使長史欣歸秦請兵趙高讓之 | 九 趙高欲誅欣欣 |
| | 十四 張耳怒陳餘棄將印去 | 十五 | 十六 | 十七 | 十八 |
| 羽救趙 | 七 ○此下有項羽怨田榮分齊爲三國十字今滅去 | 八 | 九 | 十 | 十一 |
| 軍戰破之 | 十八 | 十九 得彭城軍昌邑襲陳留用酈食其策軍得積粟○城當作越 | 二十 攻開封破秦將楊熊熊走滎陽秦斬熊以徇 | 二十一 攻潁陽略韓地北絕河津 | 二十二 |
| | 十八 | 十九 | 二十 | 二十一 | 二十二 |
| | 六 | 七 | 八 | 九 | 十 |
| | 九 | 十 | 十一 | 十二 | 十三 |

| | | | | | | |
|---|---|---|---|---|---|---|
| | 六月 | | 七月 | | 八月 | 趙高殺二世 |
| ○按懷王以六月王楚必欲以始封之月爲一月亦宜書於六月之下因前有閏月已足十二之數遂於五月豫書之然殊無理據例當書十三 | 二 | | 三 | | 四 | |
| 恐亡走告章邯謀叛秦 | 十 | 章邯與楚約降未定項羽許而擊之 | 十一 | 項羽與章邯期殷虛章邯等已降與盟以邯爲雍王 | 十二 | 以秦降都尉翳長史欣爲上將 |
| | 十九 | ○此下有衍文七字見後三十三月此減去 | 二十 | | 二十一 | 趙王歇畱國陳餘亡居南皮 |
| | 十二 | | 十三 | | 十四 | |
| | 二十三 | 攻南陽守齮破之陽城郭東 | 二十四 | 降下南陽封其守齮 | 二十五 | 攻武關破之 |
| | 二十三 | | 二十四 | | 二十五 | |
| | 十一 | | 十二 | | 十三 | |
| | 十四 | | 十五 | 申陽下河南降 | 十六 | |



| | | | | | | | | | | |
|---|---|---|---|---|---|---|---|---|---|---|
| | 九月 | 子嬰爲王 | 十月 廣曰乙未 | | 十一月 | | 十二月 | | 九 | 當楚分爲四云○西楚下 |
| | 五 | | 六 | | 七 | | 八 | 諸侯尊懷王爲義帝○此八字舊係義帝元年下別作一空格今改正 | 十七 | |
| 將秦降軍 | 十三 | | 十四 | 項羽將諸侯兵四十餘萬行略地西至于河南 | 十五 | 羽詐坑殺秦降卒二十萬人于新安 | 十六 | 至關中誅秦王子嬰屠燒咸陽分天下立諸侯 | 二十 | 六 |
| | 二十二 | | 二十三 | 張耳從楚西入關 | 二十四 | | 二十五 | 分趙爲代國 | 十九 | |
| | 十五 | | 十六 | | 十七 | | 十八 | 項羽怨榮分齊爲三國○怨榮下舊衍殺之二字今減去 | 正月 | ○舊注漢王未立而 |
| | 二十六 | 攻下嶢及藍田以畱侯策不戰皆降 | 二十七 | 漢元年秦王子嬰降沛公入破咸陽平秦還軍霸上待諸侯約 | 二十八 | 沛公出令三章秦民大悅 | 二十九 | 與項羽有郄見之戲下講解羽背約分關中爲四國 | | |
| | 二十六 | | 二十七 | | 二十八 | | 二十九 | 臧荼從入分燕爲二國 | 三十 | |
| | 十四 | | 十五 | 從項羽略地遂入關 | 十六 | | 十七 | 分魏爲殷國 | 十八 | |
| | 十七 | | 十八 | | 十九 | | 二十 | 分韓爲河南國 | 二十 | 一 |

二十一，云九，蓋承前誤　　義帝元年一月　應劭

原列衡山、臨江、九江，今改列九江于衡山之上　　項籍自立為西楚霸王
分為九江
分為衡山
分為臨江

更名為常山
分為代

更名為臨菑
分為濟北
分為膠東

子丑月稱正不可考漢書同十八王稱一月按舊注非是辨詳篇末又原表以漢雍塞翟為次今改列雍于翟下　　分關中為漢
分關中為塞
分關中為翟
分關中為雍

燕
分為遼東

更為西魏
分為殷

韓
分為河南



曰十八王始受封之月稱一月　　二月　徙都江南郴

西楚霸王項籍始為天下
王英布始故楚將
王吳芮始故番君
王共敖始故楚柱國
王張耳始故楚將○按耳
二十七　王趙歇始
王田都始故齊將
王田安始故齊將
二十　王田市始故齊
二月　漢王始故沛公
王司馬欣始故秦將
王董翳始故秦將
王章邯始故秦將
王臧荼始故燕將
三十一　王韓廣始
十九　王魏豹始故魏
王司馬卬始故趙將
二十二　王韓成始
王申陽始故楚將

主命立十八王

本趙相，因率兵從楚入關，得王，故目為楚將
故趙王。○索隱：趙齊燕魏韓並先為王，故因舊月而數

王

故燕王
王

故韓將。○按：將當作王



| | |
|---|---|
| 三 | 四 |
| 二　都彭城 | 三　諸侯罷戲下兵皆之國 |
| 二　都六 | 三 |
| 二　都邾 | 三 |
| 二　都江陵 | 三 |
| 二　都襄國 | 三 |
| 二十八　都代 | 二十九 |
| 二　都臨菑 | 三 |
| 二　都博陽 | 三 |
| 二十一　都即墨 | 二十二 |
| 三月　都南鄭 | 四月 |
| 二　都櫟陽 | 三 |
| 二　都高奴 | 三 |
| 二　都廢丘 | 三 |
| 二　都薊 | 三 |
| 三十二　都無終 | 三十三 |
| 二十　都平陽 | 二十一 |
| 二　都朝歌 | 三 |
| 二十三　都陽翟 | 二十四 |
| 二　都洛陽 | 三 |

| | | | | |
|---|---|---|---|---|
| 五 | 六 | | 七 | 八 |
| 四 | 五 | | 六 | 七 |
| 四 | 五 | | 六 | 七 |
| 四 | 五 | | 六 | 七 |
| 四 | 五 | | 六 | 七 |
| 四 | 五 | | 六 | 七 |
| 三十 | 三十一 | | 三十二 | 三十三 |
| 四田榮擊都都降楚 | 齊王田榮始故齊相 | | 二 | 三○按是月田榮并王三齊 |
| 四 | 五 | | 六田榮擊殺安屬齊 | |
| 二十三 | 二十四田榮擊殺市屬 | 齊 | | |
| 五月 | 六月 | | 七月 | 八月 |
| 四 | 五 | | 六 | 七欣降漢國除 |
| 四 | 五 | | 六 | 七翳降漢國除 |
| 四 | 五 | | 六 | 七邯守廢邱漢圍之 |
| 四 | 五 | | 六 | 七 |
| 三十四 | 三十五 | | 三十六 | 三十七臧荼擊殺 |
| 二十二 | 二十三 | | 二十四 | 二十五 |
| 四 | 五 | | 六 | 七 |
| 二十五 | 二十六 | | 二十七項羽誅成韓王鄭昌始項王立之 | |
| 四 | 五 | | 六 | 七 |

| | | | | |
|---|---|---|---|---|
| | 九 | 十項羽滅義帝 | | 十 |
| | 八 | 九 | | |
| | 八 | 九 | | 十 |
| | 八 | 九 | | 十 |
| | 八 | 九 | | 十 |
| | 八 | 九耳降漢 | | |
| | 三十四 | 三十五歇復 | 王趙 | 三十六代王歇還王趙 |
| | 四 | 五 | | 六 |
| | 九月 | 十月王至陝○十月上應有二年二字因初改歲時 | 義帝猶在故不書漢年又是年漢巳并有塞翟之地當聯為一格 | 十一月 |
| | 屬漢為河南郡 | | | |
| | 屬漢為上郡 | | | |
| | 八 | 九 | | 十漢拔我隴西 |
| 廣無終滅之屬燕 | 八○此後遼東并屬燕 | 九 | | 十 |
| | 二十六 | 二十七 | | 二十八 |
| | 八 | 九 | | 十 |
| | 二 | 三○按當有昌降 | 漢三字 | 韓王信始漢立之 |
| | 八 | 九○當有申陽降 | 漢國除六字 | 屬漢為河南郡 |

| | |
|---|---|
| 十一 | 十二 |
| 十一 | 十二 |
| 十一 | 十三 |
| 十一 | 十三 |
| 歇以陳餘爲代王號成安君 | 二 |
| 三十七 | 三十八 |
| 七 | 八 項籍擊榮走平原平原民殺之 |
| 十二月 | 正月 |
| 十一 | 十二 漢拔我北地 |
| 十 | 十 |
| 一 | 二 |
| 二十九 | 三十 |
| 十一 | 十二 |
| 二 | 三 |

| | |
|---|---|
| 十三 舊表西楚衡山九江雍燕五王皆書二年一月今悉改十三 | 十四 |
| 十三 | 十四 |
| 十三 | 十四 |
| 十三 | 十四 |
| 三 | 四 |
| 三十九 | 四十 |
| 項籍立故齊王田假爲齊王 | 二 田榮弟橫反城陽擊假走楚楚殺假 |
| 二月 | 三月 王擊殷 |
| 十三 | 十四 |
| 十 | 十 |
| 三 | 四 |
| 三十一 | 三十二 降漢 |
| 十三 | 十四 降漢卬廢 |
| 四 | 五 |

| | | | |
|---|---|---|---|
| | 十五 項羽以兵三萬破漢兵五十六萬 | 十六 | 十七 |
| | 十五 | 十六 | 十 |
| | 十五 | 十六 | 十 |
| | 十五 | 十六 | 十 |
| | 五 | 六 | 七 |
| | 四十一 | 四十二 | 四 |
| | 三 齊王田廣始廣榮子橫立之 | 二 | 三 |
| | 四月 王伐楚至彭城懷定○按懷定字誤當別考 | 五月 王走滎陽 | 六月 |
| | 十五 | 十六 | 十 |
| | 十 | 十 | 十 |
| | 五 | 六 | 七 |
| 爲廢王 | 三十三 從漢伐楚 | 三四 豹歸叛漢 | 三 |
| | 爲河內郡屬漢 | 十 | 十 |
| | 六 從漢伐楚 | 七 | 八 |

| | | |
|---|---|---|
| | 十八 | 十九 |
| 七 | 十八 | 十九 |
| 七 | 十八 | 十九 |
| 七 | 十八 | 十九 |
| | 八 | 九 |
| 十三 | 四十四 | 四十 |
| | 四 | 五 |
| 王入關立太子復如滎陽 | 七月 | 八月 ○按是月漢王并王 |
| 七 漢殺邯廢邱 | 屬漢爲隴西北地上郡 | |
| | 十八 | 十九 |
| 五 | 三六 | 三七 |
| | 十 | 十 |
| | 九 | 十 |

| | | | | | | |
|---|---|---|---|---|---|---|
| | 二十 | 二十一 | 二十二 | | 二十三 | 二十四 |
| | 二十 | 二十一 | 二十二 | | 二十三 | 二十四 布身 |
| | 二十 | 二十一 | 二十二 | | 二十三 | 二十四 |
| | 二十 | 二十一 | 二十二 | | 二十三 | 二 |
| | 十 | 十一 | 十二 漢將 | 韓信斬陳餘 | 屬漢為太原郡 | 十 |
| 五 | 四十六 | 四十七 | 四十八 | 漢滅歇屬漢為郡 | | 四 |
| | 六 | 七 | 八 | | 九 | 十 |
| 三秦 | 九月 | 後九月 | 三年十月 | | 十一月 | 十二月 |
| | 二十 三十 八 漢將韓信虜豹 | 二十一 屬漢為河東上黨郡 | 二十二 | | 二十三 | 二十四 |
| | 十一 | 十二 | 十三 | | 十四 | 十五 |



| | | | | | | |
|---|---|---|---|---|---|---|
| 降漢地屬項籍 | 二十五 ○按是月西楚幷九江地 | 二十六 | 二十七 | 二十八 | 二十九 | 三十 |
| | 二十五 | 二十六 | 二十七 | 二十八 | 二十九 | 三十 |
| | 二十五 | 二十六 | 二十七 | 二十八 | 二十九 | 三十 |
| | 十一 | 十二 | 十三 | 十四 | 十五 | 十六 |
| | 正月 | 二月 | 三月 | 四月 楚圍王滎陽 | 五月 | 六月 王出滎陽○廣曰高紀云七月按紀不書月廣誤 |
| | 二十五 | 二十六 | 二十七 | 二十八 | 二十九 | 三十 |
| | 十六 | 十七 | 十八 | 十九 | 二十 | 二十一 |

| | | | | | | | |
|---|---|---|---|---|---|---|---|
| 三十一 | 三十一 | 三十一 王敖薨 | | 十七 | 七月 | 三十一 | 二十二 |
| 三十二 | 三十二 | 臨江王驩始敖子 | | 十八 | 八月 周苛樅公殺魏豹 | 三十二 | 二十三 |
| 三十三 | 三十三 | 二 | | 十九 | 九月 | 三十三 | 二十四 |
| 三十四 | 三十四 | 三 | | 二十 | 四年十月 | 三十四 | 二十五 |
| 三十五 漢將韓信擊殺龍且 | 三十五 | 四 | 趙王張耳始漢立之 | 二十一 漢將韓信擊殺廣 | 十一月 | 三十五 | 二十六 |
| 三十六 | 三十六 | 五 | 二 | 屬漢為郡 | 十二月 | 三十六 | 二十七 |
| 三十七 | 三十七 | 六 | 三 | | 正月 | 三十七 | 二十八 |

| | | | | | | | | |
|---|---|---|---|---|---|---|---|---|
| 三十八 | | 三十八 | 七 | 四 | 齊王韓信始漢立之 | 二月 立信王齊 | 三十八 | 二十九 |
| 三十九 漢御史周苛入楚 | | 三十九 | 八 | 五 | 二 | 三月 周苛入楚 | 三十九 | 三十 |
| 四十 | | 四十 | 九 | 六 | 三 | 四月 王出滎陽豹死○廣曰項羽紀云出成皋按王出滎陽四字衍文豹疑苛字之誤 | 四十 | 三十一 |
| 四十一 | | 四十一 | 十 | 七 | 四 | 五月 | 四十一 | 三十二 |
| 四十二 | | 四十二 | 十一 | 八 | 五 | 六月 | 四十二 | 三十三 |
| 四十三 | 三 淮南王英布始漢立之 | 四十三 | 十二 | 九 | 六 | 七月 立布為淮南王 | 四十三 | 三十四 |

| | | | | | |
|---|---|---|---|---|---|
| 四十二 四 | 四十三 五 | 四十四 六 | 四十五 七 | 四十六 八 誅籍 | 齊王韓信徙王楚 七 |
| 四十四 | 四十五 | 四十六 | 四十七 | 四十八 | 四十九 徙王長沙 |
| 十三 | 十四 | 十五 | 十六 | 十七 漢虜驩 | 屬漢爲南郡 |
| 十 | 十一 | 十二 | 十三 | 十四 | 十五 |
| 七 | 八 | 九 | 十 | 十一 | 十二 徙王屬漢爲楚四郡 |
| 八月 | 九月 太公呂后歸自楚 | 五年十月 | 十一月 | 十二月 | 正月 殺項籍天下平諸侯臣屬漢 |
| 四十四 | 四十五 | 四十六 | 四十七 | 四十八 | 四十九 燕國〇按此二字係衍文 |
| | | | | | 復置梁國 |
| 三十五 | 三十六 | 三十七 | 三十八 | 三十九 | 四十 韓王信徙王代都馬邑 |
| | | | | | 分臨江爲長沙國 |



| | | | | | |
|---|---|---|---|---|---|
| 二 | 三 | 四 | 五 | 六 | 七 |
| 八 屬淮南國 | 九 | 十 | 十一 | 十二 | 十三 |
| 十六 | 十七 | 十八 | 十九 | 二十 | 二十一 耳薨謚景 |
| 十二月 甲午王更號即皇帝位于定陶 | 三月 | 四月 | 五月 | 六月 帝入關 | 七月 |
| 五十 | 五十一 | 五十二 | 五十三 | 五十四 | 五十五 |
| 一月 梁王彭越始 | | | | 五 | 六 |
| 四十一 | 四十二 | 四十三 | 四十四 | 四十五 | 四十六 |
| 衡山王吳芮爲長沙王 | 二 | 三 | 四 | 五 | 六 芮薨謚文王 |

| | | | | |
|---|---|---|---|---|
| | 八 | 九 王得故項羽將鍾離昧斬之以聞 | 十 | |
| | 十四 | 十五 | 十六 | |
| 王 | 趙王張敖立耳子 | 二 | 三 | |
| | 八月 帝自將誅燕 | 九月 | 後九月 廣曰應閏建寅 | |
| | 五十六 | 五十七 反漢虜荼○索隱漢書作四年九月誤 | 燕王盧綰始漢太尉 | |
| | 七 | 八 | 九 | |
| | 四十七 | 四十八 | 四十九 | |
| | 長沙成王臣始芮子 | 二 | 三 | |



書月表後

史表于項羽誅子嬰後誅國月數悉承其舊于漢獨書正月余有丁曰漢王未立而于丑月稱正不可當同十八王例概稱一月余謂此寅月非丑月前此秦諱正故書端月秦亡自宜復書正月顧不繫之義帝繫之漢者漢得正統故也至其他新封諸國皆在卯月惟義帝于誅子嬰後諸侯先共尊立之故于是月書一月其餘但于辰月書二卯月上書王始今謂漢未一統則此當承前二十九月止書三十亦不當于未受封之前預書一月漢表雖概書一月亦于卯月書之未嘗于寅月書一也惟是史公敘秦楚間事當糾紛雜亂之時猶書漢之寅月為正以見正朔之有在班固特記漢事顧下夷高祖于僭亂諸邦余于漢書中嘗極辨其非而讀史者反欲舍而從彼可謂去取兩無所據矣

秦楚之際月表

陽湖吳翊寅初校

華陽王秉恩覆校

# 楚漢帝月表

[清]吴非

一九二六年貴池劉氏唐石簃貴池先哲遺書本

貴池縣志人物志文苑本傳
吳非原名應箎字山賓應箕從弟嘗一應童子試不合有司程尺遂棄去專肆力於古自經史外山經地志齊諧稗乘無不綜覽工鐵筆聞佳山水輒裹糧往遊挾鐫刻之具從懸崖劖石留姓名縷詩而去兼善畫家近黃山古牛岡自號古牛耕者詩文聱詰讀者或不能句以爲蹊故又自號蹊齋應箕殉難非撫其孤善教之俾成龍守池紳士無入宅闕者獨懸一榻以禮非總督于成龍聘修江南通志李振裕視學江南按池事竣遣官迎非至釋菜書院因列饗之推爲祭酒非著述甚富而廿一史畧同考三㞐編年自謂得史家之祕從遊者劉廷厥廷鑒郎遂沈思倫皆有名於時見南湖集吳非傳



序

余閱吳子山賓楚漢帝月表而知其原於春秋之旨也春秋之旨在正名名之正莫大於尊君名之不正莫大於弑逆故其託始也以魯隱之見弑而其終以陳恆而請討蓋所以警之者至矣凡二百四十二年閒但聞大夫弑諸侯不聞諸侯弑天子齊桓殺哀姜威之所懾其稱霸時無有敢於弑君者楚莊殺徵舒威之所懾其稱霸時無聞有弑君之患者諸如此類皆關乎君臣之大而懲乎弑逆之非司馬子長之作記是史法而非春秋法其初立月表也曰秦楚之際不言漢而漢敘於中意主漢不主楚也其刱帝紀也曰項羽本紀不特書義帝而義帝無名名之隱義亦隱也惟義乃可以正名而動天下之人心惟名乃可以立義而存天下之綱常夫既推孫心爲義而帝之矣假使天下不歸漢而別屬之他則義帝可不紀也假使漢不共推而自立爲王則義帝可不紀也又使義帝亦自立而天下卒歸漢則義帝可不紀也乃既共推之爲義而帝之帝見弑矣而天下屬統於初所共推之漢王作史者有漢而無楚其可乎徒有楚而無義帝其可乎故項羽不必紀而義帝必不可以不紀以必不可不紀者而吳子紀之正訂月表略見於二辯中尊諸侯所公戴之主申項羽私行弑之罪具千古之心開千秋之眼使綱常名義曉然而不至於墜則雖本紀並列夫項羽義帝未紀夫楚號而無逃於後世之正訂夫孰謂不原乎春秋之旨也哉吳子自稱野史其亦所云禮失而求諸野者邪此余所爲亟呼剞劂氏而公傳之也時康熙二十八年歲次己巳冬月賜進士文林郎知貴池縣事趙衍拜題

余至秋浦相與過從者皆友也已乃聞有古牛耕者名非字

亦非人猶呼之爲吳山賓氏以傳於江上近復入郭授童子句讀故避匿不多見客矯潔自守余亟與訂交不矜於外退然若無一能者此其所爲[illegible]異於夫人者也竊私自喜曰至秋浦者再而三使不一交山賓氏則此來爲徒矣唱和之餘得讀其雜著一二種出經入史發揮聖賢不妄作語其所更訂楚漢帝月表所以正史記之漏略而補之也司馬公表秦楚之際刱矣使不共奉義帝則楚安得而接秦別項羽於本紀過矣使不竊弑義帝則漢安得而責羽故發喪以申楚之罪者大義也大義所在或蒙昧於一時而不能終蔽於後世即習陋於舊文而不能終掩於特筆曰楚漢曰帝此山賓本春秋之書法而非徒司馬公之史法矣若起涑水新安而見之不將曰留遺義於後人乎即更起司馬公而見之不且曰悔疏失之未逮乎聞之錢虞山舊史也其答杜蒼略書有云子長楚漢月表之義誰知之者虞山之論不曰秦楚不曰楚漢帝亦不過就月表言楚漢耳未申明其說也惟人不知而山賓知之故正之惟山賓知而正之故又以知虞山之所未知而通乎虞山之知之精此義出則豈惟香沙趙明府歎賞之余亦心服之不容口而慫恿之梓以傳蒼略固山賓舊友也當亦謂發前賢之未發與天下後世同之也山賓誠良史才著述頗多無不及乎經史則安得胠其藏弆於古牛山中者而悉以行之康熙二十九年歲次庚午七月既望浦江年家眷弟虞邦瓊題於秋浦之陽春亭





# 楚漢帝月表序

貴池野史吳非

序曰凡讀司馬史者賞其詞章於所立表多忽之至月表則尤蔑之也凡評司馬史者亦惟賞其詞章於所立表雖析之至月表則姑存而不必論之也聽諸坊刻譌以傳譌已爾若全史列此無甚關係視爲可有可無者矣而豈知其既刱有之而必不可無者哉月表之文原春秋書法而通變爲詳也詳於他表也亦略也略於諸紀傳也所云秦楚之際初作難發於陳涉虐戾滅秦自項氏撥亂誅暴成於漢家五年之閒號令三嬗意重楚也重楚而卒歸重於漢也無重楚之名而有重楚之實有重楚之實而不可無重楚之名夫名重楚者豈以瞋目怒叱人莫敢仰視之爲重哉漢王曰吾與項羽俱北面受命懷王固以懷王名重爾名重故楚重以楚而際夫秦秦亡而楚隨之亡秦楚連稱可也以漢而始於楚楚雖亡而漢不忘楚去楚而漢不可也故推司馬史意爲楚漢帝月表

# 楚漢帝月表正例

貴池野史吳非

太史公稱秦楚之際故先秦而楚而項而趙而齊而漢而燕而魏而韓以南公三戶之言諸楚皆不成而始之者楚也自楚舉之而二世即有不終日之勢矣況於懷王尊之以義帝乎故宜首楚不及秦而秦之餘附焉諸借楚者亦附焉項原楚不別凡統以楚名而歸之也

後世但言秦漢耳不及楚矣班書異姓諸侯表先漢而楚而趙而齊而雍而塞而翟而燕而魏而韓以尊本朝自漢首之楚以下次與史記同雍塞翟皆分關中即分漢也僅從十八王始不及前表仍從十八王前故仍先楚於漢亦以明有楚也不因漢而掩沒之也余未見楚漢春秋存其意於表可也



項羽曰懷王者吾家項梁所立爾非有功伐何以得主約佯尊義帝而自欲爲天下主命封十八王權雖自羽然義帝之名猶諸侯共主也無其名何以號令天下而僄悍猾賊可終特乎故於懷王稱年雖追敘實大義矣

史記表漢次於齊始之終之未易位也夫義帝既弒無楚矣西楚霸王僞耳借耳則移漢以續之續之者所以並義帝之楚而非並項羽之西楚也使懷王即不帝而奉楚爲正懷王之約先入關者王是沛公已先於項羽矣即項羽並漢分天下猶不得先漢而況其卒不得以分天下而並之乎負約何爲乎自失信矣不信何以服天下

表始於陳涉之稱楚則二世元年七月也訖於漢皇帝之五年後九月月凡九十二歲次八漢書則前稱秦年月平秦之後元年歲首依秦十月月表漢二十七月即秦降之十月也特並書以表其時之同一覽了然徐廣以漢元年十月爲歲次乙未者誤以元年爲正月矣乙未當在後正月沛公平秦之月尚未稱王也史氏追敘紀元年十月矣因紀元年故稱正月表之正月接前二十九月已除去十二月而與義帝之元年一月同義帝則以尊帝而建元也漢王正月屬建寅之月論史者以謂爲丑月而於丑月稱正不可者何哉故特爲正之後至孝武太初元年乃改正月建寅爲歲首

懷王未立稱秦年於楚懷王既立稱懷王於上方楚主之即王主之王主之亦即楚主之也

沛公起沛一月索隱注原書於十四月內則此注似複可以去

秦王子嬰既以十月降則秦之十一月十二月不得有也去之



十八王始受封之月稱一月漢已先稱正月漢書則同十八王稱一月也趙歇田市韓廣魏豹韓成五人並先爲王故因舊月數

史記漢書本紀皆歲首十月漢書表則元年一月首史記表則元年無十月之文而實十月也

月表與紀傳敘次微有後先不合即書與記亦微有後先不合正其大者雖小不合可無疑於史也

厤書曰歸邪於終履端於始邪餘也閏也按秦宣公初志閏耳在成公繆公前始皇諱政故正月稱端月文穎以爲秦厤廢紀閏於歲終稱後九月師古則以爲左傳所云歸餘於終也故漢未改秦厤之前迄高后孝文猶書後九月非厤之廢也徐廣曰表後九月凡三一當建酉一當建巳一

當建寅酉在二世二年屬楚懷王之五月巳在漢王二年
五月寅在漢帝五年二月存此以並考而仍後九月之文
月表前後次第分明于分立十八王之前月以懷王之九接
八項之十七接十六趙之二十六接二十五齊之十九接
十八漢之正月接二十九燕之三十接二十九魏之十八
接十七韓之二十一接二十而從前較書者沿習不察矣
分楚爲四分趙爲二分齊爲三分關中爲四分燕爲二分
韓爲二圖格不清又其後漢五年之二月接正月燕國之
二月接一月梁王之一月接梁國淮南之七八趙之三四
韓王信五年一版一月接五年皆格不相對閱者惑焉今
一一正之
爲義帝發喪于史義甚正何可不書漢王曰非夫子無所聞
敬信董公矣故于布衣尊稱夫子其後葬魯公葬田横未



嘗非董公一語啟之也即其以秦皇帝葬隱王等皆絕亡
後爲置守冢亦未嘗非此語啟之武陵人縞素哭義帝漢
王特義之曰義陵
范增之去楚韓信之亡漢皆關於楚漢成敗廢興之大者不
可去而聽去不可亡而追亡當補書之以示後世之知人
而用之者也
紀信詐漢王時無紀信則無漢王惟無紀信乃有漢王此信
死君之大節所不可不表者也然漢于紀信略之矣
周苛罵項羽而烹其詞氣慷慨激烈不少屈表周苛殺魏豹
于三年八月而後書周苛于四年三月入楚則相去八越
月而又書四月王出滎陽豹死豈豹至此月而後死乎不
無疑文豹死二字可去
襄彊景駒皆稱楚景駒猶四月也襄彊立旋殺之不月
陳涉先事而項梁後起故涉書于上而項梁書于下項梁先
而景駒後故梁上而景駒下
秦附楚而秦事與楚並書楚可以並秦也亦以受秦
沛公封漢王始稱漢表于沛公起即分漢矣後事之文也
張敖耳子也漢帝五年八月立則正月所同上尊號耳尚未
死當用耳名而漢書以爲敖者何也宜改正故衡山王吳
芮于是年二月始改封長沙正月即稱故者亦追敘之文
周文即周章黥布即英布項羽即項籍史文錯見



貴池先哲遺書第二十

# 楚漢帝月表論

論曰漢朝廷不重引春秋乎哉春秋滅國者貶復讐者予齊襄公滅紀爲復九世祖哀公之讐仲尼以紀侯大去其國爲文先書曰紀季以酅入于齊去其國國亡而猶于齊存其祀也葢不貶夫滅國而予夫復讐者矣其將復讐乎紀也卜之曰師喪分爲則曰寡人死之不爲不吉國君之讐雖百世可也而況六國于秦之近乎秦餘陳涉忽起立楚社稷爲名王凡六月耳當是時應涉者蠭從六國後燕趙齊魏皆自立報讐秦初項燕以立楚王昌平君反秦自殺矣至項梁乃立楚懷王而併以張良請爲立韓此不惟自以世楚將報讐秦且欲爲人報讐秦也雖其他聲楚伐秦者尋亦滅尚無如秦何而惟懷王遣沛公先滅秦既奉之爲其主矣功首沛公名歸懷王大度豁如誠有然者豈人得而易測哉項羽自伐卒未免不以驕悍失之與項梁等也徒爲漢驅除難耳葢懷王稱義帝志共復讐而不得不謀滅秦滅秦乃所以復讐沛公能使秦王子嬰出降而封存之沛公之受降懷王之受降也沛公之封存懷王之封存也懷王遣沛公而爲之復讐無異于齊襄之于紀紀季何罪而不得不爲其先君受罪子嬰何過而不得不爲其先皇受過受過而讐復義帝即死之不爲不吉如齊襄之所云云自是春秋所予者而不應死于項羽之手然則項羽何恐哉祗自成其逆爾司馬史不紀義帝于史義未合而紀首項羽于高祖無所忌諱或曰不以成敗論英雄作者寓意然漢朝廷之寬大何如也吾故據義帝事略爲本紀以正史之所不逮而特列于月表間世之論定者



| 歲次 | 執徐壬辰 | | | | | |
|---|---|---|---|---|---|---|
| 秦二世元年七月 | | | | | | |
| 楚（秦附） | 陳涉起蘄據陳復立楚國社稷爲王號張楚擊伐秦 | 八 涉二 葛嬰爲涉狥九江立襄彊爲楚王 | 九 涉三 涉遣周文兵數十萬至戲敗走 葛嬰聞涉王即殺彊 | 秦二世二年十月 涉四 誅葛嬰 | 十一 涉五 章邯擊周文文死 田臧矯殺假王吳廣獻首于王涉 | 十二 涉六 陳涉爲其將莊 |
| | | | 項梁起吳與兄子項羽得精兵八千人 | 梁二 | 梁三 | 梁四 |
| 漢 | | | 沛公起沛應楚王涉從楚舊制如縣宰稱公 | 二 擊胡陵方與破秦軍 令雍齒守豐 | 三 殺泗水守拔薛西周市東略地豐沛閒 | 四 雍齒叛沛公以豐降魏 沛公還攻豐不 |
| 趙 | | 武臣始至邯鄲自立爲趙王始 | 二 | 三 | 四 李良殺武臣張耳陳餘走 | 五 |
| 齊 | | | 齊王田儋始 儋狄人諸田宗彊從弟榮弟橫 | 二 儋之起殺狄令自王 | 三 | 四 |
| 燕 | | | 韓廣爲趙略地至薊自立爲燕王始 | 二 | 三 | 四 |
| 魏 | | | 魏王咎始 咎在陳不得歸國 | 二 | 三 齊趙共立周市市不肯曰必立魏咎 | 四 咎自陳歸立 |
| 韓 | | | | | | |

| | | | | | | |
|---|---|---|---|---|---|---|
| | 昭陽大荒落癸巳 | | | | | |
| | | | | | | 楚懷王元年 |
| 賢毅之以降秦譎月 | 梁五　涉將召平矯拜項梁爲楚柱國急西擊秦軍 | 二　梁六　梁渡江陳嬰黥布皆屬 | 三　梁七 | 四　梁八　梁擊殺景駒秦嘉遂入薛兵十餘萬衆 | 五　梁九 | 六　梁十　求楚懷王孫得之民閒立爲王即稱楚懷 |
| | 楚王景駒始秦嘉立之 | 景駒　二 | 景駒　三 | 景駒　四 | | |
| 能丁怨雍齒 | 五　沛公聞景駒王在留往從與擊秦軍碭西 | 六　攻下碭收得兵六千與故凡九千人 | 七　攻拔下邑遂擊豐豐不拔聞項梁兵衆往請與共擊之 | 八　沛公如薛見項梁梁益沛公卒五千擊豐拔之 | 九　雍齒奔魏 | 十　沛公如薛共立楚懷王 |
| | 趙王歇始張耳陳餘立之 | 二 | 三 | 四 | 五 | 六 |
| | 五　讓景駒以擅自王不我請 | 六　景駒使公孫慶來讓齊誅之 | 七 | 八 | 九 | 十　儋救臨濟章邯殺田儋榮走東阿 |
| | 五 | 六 | 七 | 八 | 九 | 十 |
| | 五　章邯已破涉圍咎臨濟 | 六 | 七 | 八　臨濟急周市如齊楚請救 | 九 | 十　咎自殺臨濟降秦 |
| | | | | | | 韓王成始以張良之請立之 |



| | | | | | | |
|---|---|---|---|---|---|---|
| 月 | 二月 | 三月 | 四月 | 五月　徙都彭城 | 六月 | |
| 王使張良求韓成立爲韓王 | 七　梁十一　陳嬰爲柱國梁自號武信君天連雨至于九月凡三月不見星 | 八　梁十二　梁救東阿破秦軍乘勝至定陶梁有驕色 | 九　梁十三　梁爲章邯破殺于定陶項羽恐還軍彭城 | 後九月以沛公爲碭郡長封之將其兵以項羽爲魯公封長安侯拜宋義爲上將項羽爲次將范增爲末將[illegible]宋義北救趙 | 秦二世三年十月　羽二　懷王初與諸將約先入定關中者王之乃遣沛公西入關 | 十一 |
| | 十一　沛公與項羽北救東阿破秦軍濮陽東屠城陽 | 十二　沛公與項羽西略地斬三川守李由于雍邱 | 十三　沛公聞項梁死還軍從懷王軍于碭 | 十四　沛公來侯王封爲武安侯將碭郡兵 | 十五　奉懷王約先入咸陽攻破東郡尉及王離軍于武城南 | |
| | 七 | 八 | 九 | 十　秦兵圍歇鉅鹿陳餘出救兵 | 十一　章邯破邯鄲徙其民于河內 | |
| | 十一　齊立田假爲王秦急圍榮東阿 | 楚救榮得解歸逐田假立儋子市爲齊王始 | 二　田假走楚楚趣齊救趙田榮以假故不肯 | 三　齊救假乃出兵項羽怒田榮 | 四　齊將田都叛榮往助項羽救趙 | |
| | 十一 | 十二 | 十三 | 十四 | 十五　使將臧荼救趙 | |
| | 十一　咎弟豹走東阿 | 十二 | 魏豹自立爲魏王都平陽 | 二 | 三 | |
| | 二 | 三 | 四 | 五 | 六　從項羽略入 | |

閼逢敦牂 甲午

| 七月 | 八月 | 九月 | 十月 | 十一月 | 十二月 | 二年一月 |
|---|---|---|---|---|---|---|
| 羽三 羽矯殺上將軍宋義假之使桓楚報命懷王因使羽爲上將羽將其兵渡河救鉅鹿 | 十二 羽四 大破秦軍鉅鹿下諸侯將皆屬羽 | 端月 羽五 [illegible]秦雍王[illegible] | 羽六 攻破章邯章邯軍卻 | 三 羽七 | 四 羽八 急攻章邯章邯恐使長史欣歸秦請兵趙高讓邯與欣 | 五 羽九 秦趙高欲 |
| 十六 | 十七 引兵至栗得皇欣武蒲軍與秦軍戰破之 | 十八 | 十九 得彭越軍攻昌邑襲陳留用酈食其之策軍得所積粟 | 二十 攻開封破秦將楊熊熊走滎陽秦斬熊以徇 | 二十一 攻潁陽略地于北絕河津 | 二十二 |
| 十二 | 十三 楚救至秦圍解 | 十四 張耳怒陳餘棄將印去 | 十五 | 十六 | 十七 | 十八 |
| 五 | 六 故齊王建孫田安下濟北從項羽救趙 | 七 項羽田榮分齊爲二國 | 八 | 九 | 十 | 十一 |
| 十六 | 十七 | 十八 | 十九 | 二十 | 二十一 | 二十二 |
| 四 | 五 豹救趙 | 六 | 七 | 八 | 九 | 十 |
| 七 | 八 | 九 | | 十一 | 十二 | 十三 |



| | 二月 | 三月 | 四月 | 五月 | 六月 | 七月 |
|---|---|---|---|---|---|---|
| 誅欣欣恐亡走告章邯謀叛秦東歸 | 六 羽十 秦章邯來約降未定羽許而擊之 | 七 羽十一 羽與秦章邯期殷虛章邯等已降與盟以邯爲雍王 | 八 羽十二 趙高弒二世以秦降都尉翳長史欣爲上將將秦降軍 | 九 羽十三 秦子嬰立爲王 | 十 羽十四 羽將諸侯兵四十餘萬行略地西至于河南秦王子嬰降沛公 | 羽十五 羽詐阬殺秦降卒二 |
| | 二十三 攻南陽守齮破之齮欲自殺陳恢勸之見沛公 | 二十四 降下南陽封其守齮殷侯陳恢千戶以約降先擊引兵西無不下者 | 二十五 攻武關破之入秦趙高恐乃殺二世使人來請約分王關中沛公不許 | 二十六 攻下嶢山及藍田以張良策不戰皆降 | 二十七 漢元年十月仍秦歲首側入咸陽受降秦王子嬰孑秦還畢霸上待請侯約隴元 | 二十八 十一 |
| | 十九 張耳從楚西入秦 | 二十 | 二十一 王歇留國陳餘亡居于南皮 | 二十二 | 二十三 張耳從楚西入秦 | 二十四 |
| | 十二 | 十三 | 十四 | 十五 | 十六 | 十七 |
| | 二十三 | 二十四 | 二十五 | 二十六 | 二十七 | 二十八 |
| | 十一 | 十二 | 十三 | 十四 | 十五 從項羽略地入關 | 十六 |
| | 十四 | 十五 申陽下河南降楚 | 十六 | 十七 | 十八 | 十九 |

| | | |
|---|---|---|
| | 八月 | 旃蒙協洽乙未 楚義帝元年一月 |
| 十萬人[illegible]新安 | 羽十六 [illegible]伯公關[illegible]王子嬰[illegible]燒咸陽分天下立諸侯 | 羽十七 諸侯尊懷王爲義帝遂分楚爲四國 月自立爲西楚 |
| | | 分爲衡山 |
| | | 分爲臨江 |
| | | 分爲九江 |
| 沛公與秦民約法三章守函谷關毋內諸侯 | 二十九 十二 與項羽有郤見之戲下講解羽倍約分關中爲四國 | 正月 分關中爲漢 |
| | | 分關中爲雍 |
| | | 分關中爲塞 |
| | | 分關中爲翟 |
| | 二十五 分趙爲代國 | 二十六 更名爲常山 |
| | | 分爲代 |
| | 十八 項羽怨榮殺之分齊爲三國 | 十九 更名爲臨淄 |
| | | 分爲濟北 |
| | | 分爲膠東 |
| | 二十九 臧茶從入分燕爲二國 | 三十 燕 |
| | | 分爲遼東 |
| | 十七 分魏爲殷國 | 十八 更名爲西魏 |
| | | 分爲殷 |
| | 二十 分韓爲河南[illegible] | 二十一 韓 |
| | | 分爲河南 |

| | | |
|---|---|---|
| | 二月 徙都江南郴 | 三月 |
| 霸王 | 西楚霸王項羽命立十八王 | 三 都彭 |
| | 一 王吳芮始故番君 | 二 都邾 |
| | 一 王共敖始故楚柱國 | 二 都江 |
| | 一 王英布始故楚將 | 二 都六 |
| | 二 漢王始故沛公 | 三 都南 |
| | 一 王章邯始故秦將 | 二 都廢 |
| | 一 王司馬欣始故秦將 | 二 都櫟 |
| | 一 王董翳始故秦將 | 二 都高 |
| | 一 王張耳始故楚將 | 二 都襄 |
| | 二十七 王趙歇始故趙王 | 二十 |
| | 二十 王田市始故齊王 | 二十 |
| | 一 王田都始故齊將 | 二 都臨 |
| | 一 王田安始故齊將 | 二 都博 |
| | 一 王臧茶始故燕將 | 二 都薊 |
| | 三十一 王韓廣始故燕王 | 三十 |
| | 十九 王魏豹始故魏王 | 二十 |
| | 一 王司馬卬始故趙將 | 二 都朝 |
| | 二十二 王韓成始故韓將 索隱曰故韓王 | 二十 |
| | 一 王申陽始故楚將 | 二 都洛 |



| | | |
|---|---|---|
| | 四月 | 五月 |
| 城 | 三 令諸侯罷戲下兵各皆之共國 | 四 |
| | 三 | 四 |
| 陵 | 三 | 四 |
| | 三 | 四 |
| 鄭 | 四 至南鄭韓信亡去蕭何追還 | 五 擊雍敗章邯 |
| 丘 | 三 | 四 |
| 陽 | 三 | 四 |
| 奴 | 三 | 四 |
| 國 | 三 | 四 |
| 八 都代 | 二十九 | 三十 |
| 一 都即墨 | 二十二 | 二十三 |
| 淄 | 三 | 四 田榮擊都都 |
| 陽 | 三 | 四 |
| | 三 | 四 |
| 二 都無終 | 三十三 | 三十四 |
| 都平陽 | 二十一 | 二十二 |
| 歌 | 三 | 四 |
| 三 都陽翟 | 二十四 | 二十五 |
| 陽 | 三 | 四 |

| | | |
|---|---|---|
| | 六月 | 七月 |
| | 五 | 六 |
| | 五 | 六 |
| | 五 | 六 |
| | 五 | 六 |
| 于好時定其地 | 六 | 七 |
| | 五 | 六 |
| | 五 | 六 |
| | 五 | 六 |
| | 五 | 六 |
| | 三十一 | 三十二 |
| | 二十四 田榮擊殺市[illegible]齊 | |
| 降楚 | 五 齊王田榮始故齊相 | 二 |
| | 五 | 六 田榮擊殺安 |
| | 五 | 六 |
| | 三十五 | 三十六 |
| | 二十三 | 二十四 |
| | 五 | 六 |
| | 二十六 | 二十七 項 |
| | 五 | 六 |

| | | | | | |
|---|---|---|---|---|---|
| | 八月 | 九月 | | 十月 義項羽殺之 帝項所滅 | 漢王二年 |
| | 七 | 八 | | 九 羽陰令九江王布等擊殺義帝江南 | 十 |
| | 七 | 八 | | 九 | 十 |
| | 七 | 八 | | 九 | 十 |
| | 七 | 八 | | 九 | 十 |
| | 八 | 九 | | 二年十月王至陝撫關外父老以漢 | |
| | 七 邯守廢邱漢圍之 | 八 | | 九 | 十 [illegible] |
| | 七 欣降漢國除 | 屬漢 | 屬渭南郡 | | |
| | 七 翳降漢國除 | 屬漢 | 屬上郡 | | |
| | 七 | 八 | | 九 [illegible]降漢 | |
| | 三十三 | 三 | 十四 | 三十五 歇復王趙 | 三十 |
| | 三 | 四 | | 五 | 六 |
| 屬齊 | | | | | |
| | 七 | 八 | | 九 | 十 |
| | 三十七 [illegible] | | | | |
| | 二十五 | 三 | 十六 | 二十七 | 二十 |
| | 七 | 八 | | 九 | 十 |
| 羽誅成無車功涉 | 鄭昌始項羽立之以拒漢 | 二 | | 三 昌不聽降漢漢使韓信擊之乃降 | 韓王信始 |
| | 七 | 八 | | 九 陽降漢 | 屬漢為河 |



| | | | | | |
|---|---|---|---|---|---|
| | | 乖北 滑灘 丙申 | | | |
| 十一月 | 十二月 | 正月 | | 二月 | 三月 王殷洛宗[illegible] 擊至陽城老[illegible] |
| | 十一 | 十二 | | 二年一月 | 二 |
| | 十一 | 十二 | | 二年一月 | 三 |
| | 十一 | 十二 | | 十三 | 十四 |
| | 十一 | 十二 | | 二年一月 | 二 |
| 屬隴西 | 十一 | 十二 漢拔我 | 北地 | 二年一月 | 二 |
| | | | | | |
| | | | | | |
| | 歇以陳餘爲代王號成安君 | 二 | | 三 | 四 |
| 六 代王歇還王趙 | 三十七 | 三十八 | | 三十九 | 四十 |
| | 七 | 八 項羽擊走 | 平原平原民殺之項籍立故齊王田假爲齊王 | | 二 田榮弟橫反城 |
| | 十一 | 十二 | | 二年一月 | 二 |
| 八 | 二十九 | 三十 | | 三十一 | 三十二 降漢 |
| | 十一 | 十二 | | 十三 | 十四 降漢卬虜 |
| 漢立之韓太尉 | 二 | 三 | | 四 | 五 |
| 南郡 | | | | | |

楚漢之際月表 十一

| | | | | |
|---|---|---|---|---|
| 遮說下遂乃爲義帝發喪以項羽大逆告天下諸侯 | 四月王伐楚至彭城壞定 | | 五月王走滎陽 | 六月王入關立太子 |
| | 三項羽以兵三萬破漢兵五十六萬遇 | 漢太公呂后爲質之 | 四 | 五 |
| | 三 | | 四 | 五 |
| | 十五 | | 十六 | 十七 |
| | 三 | | 四 | 五 |
| | | | | |
| | 三 | | 四 | 五漢拔我廢邱自 |
| | | | | |
| | | | | |
| | 五 | | 六 | 七 |
| | 四十一 | | 四十二 | 四十三 |
| | | | | |
| 陽擊假走楚楚殺假 | 三齊王田廣始廣榮子橫立之 | | 二 | 三 |
| | | | | |
| | 三 | | 四 | 五 |
| | | | | |
| 爲廢王 | 三十三從漢伐楚 | | 三十四豹歸叛漢 | 三十五 |
| | 屬漢爲河內郡 | | | |
| | 六從漢伐楚 | | 七 | 八 |

楚漢之際月表 十二

| | | | | |
|---|---|---|---|---|
| 七月 | 八月復如滎陽 | 九月 | 後九月 | 三年十月 |
| 六 | 七 | 八 | 九 | 十 |
| 六 | 七 | 八 | 九 | 十 |
| 十八 | 十九 | 二十 | 二十一 | 二十二 |
| 六 | 七 | 八 | 九 | 十 |
| | | | | |
| 殷屬漢爲隴西北地中地郡 | | | | |
| | | | | |
| | | | | |
| 八 | 九 | 十 | 十一 | 十二漢將韓信斬陳餘 |
| 四十四 | 四十五 | 四十六 | 四十七 | 四十八漢滅歇立張耳屬漢爲 |
| | | | | |
| 四 | 五 | 六 | 七 | 八 |
| | | | | |
| 六 | 七 | 八 | 九 | 十 |
| 三十六 | 三十七 | 三十八漢將韓 | 信虜豹屬漢爲河東上黨郡 | |
| 九 | 十 | 十一 | 十二 | 二年一月 |

| | | | |
|---|---|---|---|
| 十一月 | 十二月 | 正月 | 疆圉 作噩 丁酉 |
| 十一 | 十二 | 三 | 年一 |
| 十一 | 十二 | 三 | 年一 |
| 二十三 | 二十四 | 二 | 十五 |
| 十一 | 十二 布身降漢地屬項羽 | | |
| 屬漢爲太原郡 | | | |
| 九 | 十 | 十一 | |
| 十一 | 十二 | 三 | 年一 |
| 二 | 三 | 四 | |

楚漢帝月表　十三

| | | | |
|---|---|---|---|
| | 二月 | 三月 | 四月 王被楚圍滎陽 |
| 月 | 二 | 三 | 四 范增以漢間見疑怒而去 |
| 月 | 二 | 三 | 四 |
| | 二十六 | 二十七 | 二十八 |
| | 十二 | 十三 | 十四 |
| 月 | 二 | 三 | 四 |
| | 五 | 六 | 七 |

| | | | |
|---|---|---|---|
| 五月 紀信詐王降楚令周苛樅公守滎陽地 | 六月 王出滎陽周苛殺魏豹 | 七月 得韓信軍 | |
| 五 羽燒殺漢紀信 | 六 得漢周苛烹之併殺樅公 | 七 | |
| 五 | 六 | 七 | |
| 二十九 | 三十 | 三十 | |
| 十五 | 十六 | 十七 | |
| 五 | 六 | 七 | |
| 八 | 九 | 十 | |

楚漢帝月表　十四

| | | | | |
|---|---|---|---|---|
| 復大振 | 八月 | 九月 | 四年 | 十月 |
| | 八 | 九 羽令曹咎謹守成皋 | 十 | 六 |
| | 八 | 九 | 十 | |
| 一 王敖薨臨江王敖子驩始 | | 二 | 三 | |
| | 十八 | 十九 | 二十 | |
| | 八 | 九 | 十 | |
| | 十一 | 十二 | 三 | 年 |

著雍閹茂 戊戌

十一月 數羽不與獨身挑戰 十二月 正月 二月 立信王齊 三月 四月 王出榮陽 五月 六月 七月

十一 十二 四年 一月 二 三 四 五 六 七

十一 十二 四年 一月 二 三 四 五 六 七

四 五 六 七 八 九 十 十一 十

淮南

趙王張耳始漢立之 二 三 四 五 六 七 八 九

二十一 漢將韓信擊殺田廣屬漢為郡 齊王韓信始漢立之 二 三 四 五 六

十一 十二 四年 一月 二 三 四 五 六 七

一月 二 三 四 五 六 七 八 九 十

秦楚之際月表 五

立布為淮南王 八月 遣陸賈請太公于楚 九月 太公呂后歸自 共 五年十月 追項羽與韓信彭越期會擊之 十一月 十二月 誅西楚項羽

八 羽與漢割鴻溝西為漢東為楚 九 十 十一 十二 羽被圍

八 九 十 十一 十二

二 十三 十四 十五 十六 十七 漢虜籍

淮南王英布始漢立之 二 三 四 五 六

十 十一 十二 二年 一月 二

七 八 九 十 十一

八 九 十 十一 十二

十一 十二 四年 一月 二 三

秦楚之際月表 六

屠維大淵獻己亥

正月 定楚地天下平諸侯臣屬漢楚王韓信韓王信淮南王英布梁王彭越故衡山王吳芮趙王張耳燕王臧荼上皇帝尊號 漢皇帝五年二月甲午王即皇帝位于定陶都洛陽 三月 四月

于垓下漢灌嬰追斬之齊王韓信徙楚王 二 三 四

十三 徙王長沙

屬漢為南郡 屬淮南國

七 淮南國 八 九 十

三 趙國 四 五 六

十二 徙楚王屬漢為四郡

五年一月 二 三 四

復置梁國王彭越始 二 三 四

四 韓王信徙王代都馬邑 五 六 七

分臨江為長沙國 衡山王吳芮為長沙王改封也 二 三

五月 六月 帝入關都之 七月 八月 帝自將誅燕 九月 後九月 徙諸侯于關中

五 六 七 八 九 十 王得故項羽將鍾離眛斬之以聞

十一 二十 二年一月 二 三 四

七 八 九 耳薨謚景王 趙王耳子張敖立 二 三

五 六 七 臧荼反 八 九 虜荼 燕王盧綰始漢太尉

五 六 七 八 九 十

八 九 十 十一 十 二 五年一月

四 五 六 芮薨謚文王 長沙王芮子臣立 二 三

楚義帝本紀

楚義帝者以諸侯推尊為共主而奉命由王稱帝故義之心

其名世系所傳故楚懷王孫也自懷王疏宗臣屈平後秦昭王與楚婚期與懷王會懷王欲行屈平諫曰秦虎狼之國不可信不如無行懷王以稺子子蘭慫恿勸是子蘭而不然屈平卒往入武關秦伏兵絕其道留懷王請割地懷王不聽亡走趙趙不內復之秦竟死秦而歸葬訖後五王至負芻見虜于秦始皇而楚與五國俱以亡矣秦既幷天下六國後系未嘗不潛跡民閒帝亦以羊牧隱雜出入于荷蓑荷笠負饑饜肱侶中而人固猶知其所自產爲懷王孫焉者則以秦滅六國楚最無罪懷王且死于秦不反楚人久猶憐之見孫心猶之見懷王也項燕故楚將項梁項羽不忘楚兵起吳時秦二世元年七八月之際陳涉始起蘄至陳爲王號張楚燕趙齊魏皆自立爲王應涉沛公亦因起與項氏同應之已項梁聞陳涉死召諸別將會計于薛沛公亦起沛往焉項梁乃信居



鄛人范增說立楚後爲名以協羣情從民望求得義帝于牧而立之即號楚懷王雖同稱楚者不一也而惟懷王爲真楚都盱眙以陳嬰爲楚上柱國項梁自號爲武信君居數月項羽拔東阿破秦軍使沛公與項羽別攻城陽屠之西破秦軍濮陽東秦軍復振守濮陽沛公項羽乃攻定陶西略地大破秦軍斬李由還攻外黃項梁益輕秦有驕色宋義知武信君必敗諫不聽秦益章邯兵夜銜枚擊項梁大破之于定陶項梁死呂臣方軍彭城東項羽方軍彭城西沛公方軍碭懷王見項梁軍破恐徙盱眙都彭城幷呂臣項羽軍自將之以沛公爲碭郡長封爲武安侯將碭郡兵封項羽爲長安侯號魯公呂臣爲司徒其父呂青爲令尹秦擊趙趙數來請救懷王乃以齊高陵君顯之言稱宋義于項梁未戰而先料梁之必敗也信其知兵特召宋義與計大悅遂以爲上將軍項羽爲

次將范增爲末將北救趙諸別將皆屬宋義號卿子冠軍下令軍次暗詆項羽欲項羽之如所屬秦令也項羽怒即宋義帳中斬之諸將莫敢枝梧乃共立項羽爲假上將軍羽意耳羽使桓楚報命于懷王懷王因如項羽報使爲上將軍救趙破秦軍初懷王與諸將約先入定關中者王之擬令沛公西略地入關項羽奮怨秦破項梁軍願與沛公偕而西懷王諸老將皆進謂項羽僄悍猾賊凡所過無不殘滅不如沛公素寬大長者可遣懷王乃卒不許項羽而獨遣沛公沛公先破咸陽秋毫無所犯秦王子嬰降封之與咸陽民出令三章耳果不負諸老將所稱于懷王者也項羽聞復引兵屠咸陽殺降王子嬰燒秦宮室使人致命懷王懷王曰如約乃尊懷王爲義帝項羽欲自王稱西楚霸王都彭城而先王諸將相又負義帝爲王時初約也陰謀曰巴蜀道險秦之遷人皆居蜀



然巴蜀亦關中地故更立沛公爲漢王王巴蜀漢中都南鄭而三分關中王秦降將以距塞漢王乃立秦章邯爲雍王王咸陽以西都廢丘司馬欣爲塞王王咸陽以東至河都櫟陽董翳爲翟王王上郡都高奴徙魏王豹爲西魏王王河東都平陽楚將瑕丘申陽爲河南王都洛陽韓王成因故都都陽翟趙將司馬卬爲殷王王河內都朝歌趙王歇徙王代趙相張耳爲常山王王趙地都襄國當陽君黥布爲九江王都六懷王柱國共敖爲臨江王都江陵番君吳芮爲衡山王都邾燕將臧荼爲燕王都薊故燕王韓廣徙王遼東徙齊王田市爲膠東王都即墨齊將田都爲臨淄王都臨淄田安爲濟北王都博陽項羽令諸侯各就國使人徙義帝曰古之帝者地方千里必居上游乃徙義帝長沙郴縣趣行羣臣稍倍叛之項羽陰令九江王等行擊義帝黥布乃使將追殺之于郴稱

王者二年月二十稱帝元年者月十是項羽終之以大不義矣而真楚亡新城三老董公言于漢王漢王聞之袒而大哭爲義帝發喪臨三日盡君臣之禮使使告項羽放逆之罪于諸侯願從擊楚之弑義帝者而西楚亦因以亡

野史吳非曰天下共立義帝北面事之以其名也名之既正義矣帝不自用其謂宋義爲知兵者齊高陵君言之而遣沛公入關不果遣項羽者諸老將言之斯不亦斷乎顧其所以被弑者未嘗不由于此也雖然宋義即不上將軍沛公即不獨遣跡項羽之行以測其心豈真能終全大義而以其名尊義帝而不弑哉故其他惟聽于項羽之爲之耳使項羽不弑義帝而義帝在吾不知漢王功成時所以處義帝者何如不幸而既弑之矣漢王于發喪後猶且曰義帝無後齊王韓信習楚風俗徙爲楚王嗟乎是又高祖之巧以其名歸義帝即



亦巧以其名自歸矣心焉奚問則其爲陳涉于碭置守冢與以魯公禮葬項羽以王者禮葬田橫有以也

史記不立義帝本紀辯附後

辯曰范增之請立楚後申大義以樹敵也故以楚懷王爲名名正乃可以號召天下而動人心卽沛公無不然項梁之所然者張良稱善計者也初未及此因立楚而乃亦請梁以立成爲韓後矣陳勝之首稱楚也僞者也項梁之立楚真而僞者也陳勝僞故其勢不長項氏真而僞故尊之義帝殺之江南惟其所爲者若人爲可欺而不之顧此三老董公遮說漢王明羽爲賊故殺其主宜爲之發喪以告諸侯于是漢王爲義帝發喪哭臨三日一如董公言范增非不在也回思立楚智計何後不及前有若董公之義正者乎推漢楚之隱微漢亦豈真始終于義帝事定而歸之者乎然自漢行之則名正于楚而奪楚矣君臣名正故以羽之爲魯公者楚王命也漢王之以魯公禮葬羽者魯最後下固不無私心猶楚王命亦猶義帝命也西楚霸王何有哉以彼其時義帝始元年訖二年合之楚王其三年猶漢楚之各爲元年二年也王且紀元而帝不紀元乎王紀元而且尊帝而帝尊不紀元乎既共尊之爲帝矣帝卽不終一年亦帝二年亦帝既當紀元作史記者項羽且以本紀同高祖而並列之不當本紀而紀而反不及乎義帝當本紀而不紀者何也

又曰此豈其以牧羊之微略之耶抑豈其以自項立之而項廢之乎夫以懷王爲義而帝之矣義之者羽義之也羽以義告王如約乃通聞之諸將相也魯仲連義不帝秦甘爲蹈海項羽以義帝楚佯爲尊稱跡各別而義則同在仲連存一心之正而在羽則一己之私惟其私故假義爲名以自利耳亦



惟假義爲名自益當君臣有義義不存于空名乎哉或曰非所帝而帝之爲義義則假矣後世之所爲義子義婢皆是類也不終歸于假與曰此與爾時之假王者不其語也假王多自立上無先世之傳下非羣衆之戴矣于孫心始奉之爲王已奉之爲帝溯其先則懷王真楚也楚真則王亦真王真則帝亦真帝真而義真矣羽欲自立爲西楚故先之以義帝之尊而陰謀定漢王之封然其名則義帝也其敖以義帝上柱國王臨江名亦義帝也乃羽之使殺義帝者其敖與楚絕矣楚絕而立懷王以復楚楚立而又殺義帝以絕楚而自假楚羽不亦愚乎羽冒義而陰行不義義帝因人之義以爲義漢王奉義而終不失其爲義義之名正吾故曰楚真則王真而帝真帝真而義真雖非有功伐興滅繼絕安見其爲假也若使義帝不見殺而尚在項羽以身敗而事定吾又不知義帝

之所以自處與漢王之所以處義帝者當何如矣



貴池先哲遺書第二十

快讀月表標之曰楚漢帝此千古卓識兼以文筆之高古簡潔真作史手也更訂爲此視馬遷立表之義又上一層吳子則曰吾豈能不取材于司馬公之原表乎哉即後之作史者又豈能不取法于司馬公之史記乎哉而愈以見史記之大長于鄭濂蓮水

所傳楚漢春秋不知何人作今莫得其書矣亦不知何以載筆但劉與項爭而非與義帝爭在漢王尊奉之隱微未可知而楚與楚爭意先行弒羽知其旋以亡也若此哉祇自成其爲愚而已矣當是時愚者失而智者得漢王豁達焉得不即以董公之智爲智也此表之特見乎此也廣陵宗觀崔問

李映碧廷尉精于論史者也閒山賓論梁唐史見于陳石莊徵君序中深相契合遂遠致手書以詒若使廷尉尚在月表大義定爲之洞心駭目矣嗟夫如廷尉者幾人哉能知月表



之義者幾人哉蘭水同學孔尚大五若

先生經史辨略未刻行者尚若干篇史論則又一門而皆出于獨斷三唐編年已行世三梁系譜稿猶藏于名山月表之袞其史學之一說耳孰謂不可以見論史大義趙公刻行固亦欲因以見先生大義矣連江後學陳元鍾孝受

漢承秦統曷爲先楚予復讐以甚秦也秦滅六國天下爭起而叛秦曷爲獨以復讐予楚懷王之死比六國尤烈天下傷之以天下之所傷攻天下之所叛名正而事易舉也夫諸侯爭以楚爲名而推懷王孫心爲真楚史氏不予楚則已史氏而予楚無踰楚義帝明矣項氏世爲楚將雖羽曰義帝吾家所立業已常北面而臣之而可弒之乎史記敘項羽本紀于漢帝之前而義帝反缺焉不無疏漏牛岡先生予楚之能復讐而爲義帝補本紀此春秋法也將起作史者心服之矣趙

公既欲梓此繍卿嚴甫能不共速成之乎梳山後學危映壁東原

趙公專治春秋學凡言春秋言者鮮有當意楚漢帝月表易秦楚之際此以春秋之義治史史與經合矣公覽而擊節即爲表章以傳是亦異書之遇異人而後能知之也月表出豈無觀感而傳其所未傳者乎濬原後學李廷弼夢予

古人之于經不必兼治而經皆有史凡後之作史者分門各任亦不必兼也故即注書者皆不必其兼而要于可傳此更正月表之所以單行也其義精其論正正而精則太史公功臣哉吳山同學李時男蛾

有秦楚之際月表而後楚漢帝月表可立也顧巳立楚漢帝月表矣讀史記者參考之可以見書之同異同而異夫何嫌其爲異以明夫大義葛源同學王自省問眉



叔師嘗以史學教堅之讀史漫筆則一一奉乎昔之指示觸而爲之者也吾叔師序之曰孔子巳前無論史者曰每目擊時事託之古史開著爲論未嘗不本于春秋之法云云知此意而讀月表豈僅盡于楚漢而巳哉受業姪孟堅子班

太史公秦楚之際之文蓋本于孔子唐虞之際語不曰閒而曰際閒隙而際會閒遠而際近閒離而際聯似同而實別漢書五際卯酉午戌亥陰陽終始際會之歲則有變革之政際言其始也言其交也兩相遞接故稱際何以楚漢不稱際懷王沛公並起而取天下者也且懷王又沛公與諸侯共立爲楚者也項羽自立爲西楚霸王矣又分立十八王雖尊義帝而貨無義帝惟義帝漢王名分而實一無所爲交無所爲始義帝之號始之終之皆漢王意也有漢而後名存夫楚有楚而後義見于漢表之更正有以哉蘭水私淑王爾綱紹李

系受春秋于吾師讀至隱公之終羽父請弑桓公將以求太宰公曰爲其少故也吾將授之矣吾師曰跡此一語而隱公之志可知不意羽父反譖隱于桓而請以弑之也桓已與聞乎故矣罪可辭乎初懷王與諸將約先入定關中者王沛公之所以同奉命也雖懷王尊稱義帝使羽不遺弑懸知天下大定之後不如隱之所欲以授桓者授漢王爲漢帝羽雖强惑不必其授羽而無如羽之不能終奉一義帝也羽自王之矣于漢王何尤通乎春秋乃可與讀楚漢帝月表誠門受業劉漢系王孫

楚懷王者七國之共主也衆既立之不可謂非帝矣既稱帝則後乎秦者楚也先乎漢者楚也況秦失其鹿衆共逐之七八年閒何紛然其擾乎更立月表而于義帝特爲本紀以補司馬之闕敘次其際較若列眉關于史氏正義不小也豈僅



以讀史之法教後學云爾哉趙師臺行時猶亟爲命梓蓋特見而契深矣磬城受業江表稱舞

宋人有班馬異同之書不過据摭字句以馬先而班後班之異于馬班之原下　而爾史家大義無與也讀史者惟貴得其大義而已矣吾師讀二十一史時雖先後書有得失皆從其大義而言之一一作跋陳士業州刺覽過豈得不爲之驚怖縮舌哉月表則又讀史之一端耳即一端之關乎大義者匪尠小也杏村受業郎遂趙客

憶受業于吾師吳夫子時杜蒼略先生來取吾師詩文本獨坐郡東門外橋上誦讀之望九華而挹湖光清新無滓歎曰妙境也吳子詩文其得之于此山川者乎今虞明府序月表舉虞山公舊與蒼略先生書語及此亦知虞山公見吾師三梁系譜三唐編年曾欲序之而未果者邪使虞山尚在見楚

漢帝月表夫豈不爲之心折趙師臺寓我東園于此刻誠特舉矣五松受業佘之延州來

先君于家樓座右拈秦楚之際月表題而未言其旨開嘗學史記法作明建文遜國之際月表蓋與吾師共裁而筆之者也建文雖革除而未嘗不復紀年朱白民謂建文標之以遜國不得列于帝紀曾不如革除之名晦而實存云云吾師辨之曰既復紀年矣何晦焉不得列于帝紀乎推斯義也月表之所以大書懷王義帝之紀年于首也而況其有不容終晦者乎漢自入關可稱元年羽弒義帝而漢繼之統以稱元羽安得竊比也惜先君不及見吾師此表耳石渡受業劉漢胄耳孫

貴池先哲遺書第二十

## 楚漢帝月表原跋

昔司馬遷之作史記也列項羽於本紀列陳涉於世家後之儒者譏其名實乖謬吾謂不然遷於秦楚之際月表曰初作難發於陳涉虐戾滅秦自項氏撥亂誅民平定海內卒踐帝阼成於漢家五年之閒號令三嬗自生民以來未有受命若斯之亟是嘗揭明其義直以涉與羽爲受命之君漢之克成帝業由其遞嬗而得也夫以漢之帝業由涉與羽遞嬗而得則羽爲本紀涉爲世家豈不宜哉雖然涉之稱王僅六月耳義帝者天下所推戴漢與羽皆臣事之高祖所謂始與項羽俱受命懷王是也夫天下歸往之謂王以羽入本紀而於義帝則闕之何哉吾觀月表之中盡以月紀其有稱年者則從二年爲始猶於義帝大書特書曰義帝元年春秋之義王者當繼天奉元養成萬物故變一爲元然則史公取義帝紀元始亦帝統歸之乎今夫義帝之存亡漢與羽之成敗繫焉羽自殺義帝諸侯多有畔之者卒至身死國亡爲天下笑故史本紀贊曰及羽背關懷楚放逐義帝而自立怨王侯叛己難矣高祖用三老董公之言爲義帝發喪並遣使告諸侯曰天下共立義帝北面事之今項羽放殺義帝於江南大逆無道又數羽之罪曰夫爲人臣而殺其主天下所不容可知義帝爲當時共主羽則蹈弒君之惡漢之所爲實足以激人心而扶名教一興一廢其機在此吾特惜史遷知以義帝紀元而溯漢家創業乃與陳項相襲一若漢之得天下非受之於義帝者宜吳氏緣隙奮筆生千載以後起而訂其誤也其書正名曰楚漢帝帝者義帝與高祖耳表居楚爲首而以漢繼之明乎漢之崛起在帝位與楚而代興也不用秦年而附於楚至項羽則合併之所以見秦自二世後天下非復秦有羽則爲漢驅除實一僭竊耳其例言曰義帝既弒無楚矣移漢以

續之續之者所以並義帝之楚而非並項羽之西楚彼觀其
意蓋謂義帝在則帝厤在楚義帝亡則帝厤在漢不特如史
記之以共尊爲義帝乃書元年於義帝之初立爲王並直書
曰楚懷王元年一月復作義帝本紀而以史之不立本紀附
辯於後凡以補史之遺糾史之失雖才識如劉知幾氏通泫
史學亦未見及此也且古今論帝運者莫不曰秦漢矣以爲
帝王授受自有統緒漢則繼秦而帝耳惟陸賈春秋命名楚
漢似予楚而奪秦不欲以秦之閏位使漢紹其後也然據司
馬貞索隱賈所記者爲項氏與漢高祖初起及惠文間事不
數義帝要豈若此書之辨真僞嚴名分上法春秋達吾王心
有大義存乎其間哉壬子冬十有二月元和孫德謙識



太史公作秦楚之際月表以起兵發難張楚之陳涉爲首涉
死景駒次之楚懷王繼景駒而立是時秦未亡也至軹道之
降遂躋懷王爲共主其下皆以起兵年月爲次雖沛公不得
而踰故曰秦楚之際史公立言不苟如此至吾鄉與去非氏
獨更爲楚漢帝月表一以春秋之法繩之若故與史公異趣
夫秦失其鹿天下共逐六國之後特起與秦爲難皆扶義假
名非春秋世傳已久可比安得以春秋之法繩之楚爲帝漢
猶王也漢爲帝則楚熸矣何以名楚漢帝然則去非讀書人
覓嘗識如此乎余曰此去非之隱痛特假書法以寓其意不
得不迂回其說以避世難同時紛紛尊去非之書者無異盲
人之道黑白而去非不與之較者
國初禁令森嚴去非安敢昌言之以自觸忌諱此蓋爲永厤
而發也永厤屆彊西南十有五年我



世祖章皇帝之八年平西王吳三桂羈繫永厤以歸雲南
聖祖元年平西遂忍行楚圍之弒而明以亡嗟乎永厤一義
帝也平西一項籍也籍不弒義帝可以與漢分王天下平西
不弒永厤使如元順帝父子漠北之遁一成之旅之興遺臣
故老猶有望也至是則索然意盡矣此去非泣涕灑血著此
表之微意也余生去非後略二百年不幸又值不諱之世特
揭去非之隱以示古人著書必有爲而發司馬相如云焦明
已翔乎寥廓羅者猶視乎藪澤藪澤之見安足預於寥廓之
大也嗟夫去非之得余言可以慰矣奈余之隱痛又適與去
非同耳宣統癸丑正月初六日縣後生劉世珩謹跋

# 楚漢諸侯疆域志

[清]劉文淇

清光緒十五年廣雅書局刊本

# 楚漢諸侯疆域志三卷

光緒十五年廣雅書局刊

古人著書主於記載時事昭示錯置得失之理其不免於疏略者將使後人依類稽尋然有正求之不得則旁求之旁求之不得則互參之且博證之反覆詳盡務使數千年以上政令之迹如在今世此通儒之學也年丈劉孟瞻先生近世純粹而閎博之儒也所著楚漢諸侯疆域志三卷則以項王所王九郡史漢注無明文是正求之不得矣羽紀傳所記羽初起至於入關歸楚無從徵九郡之事故旁求之亦不得先生乃即梁楚以求其疆班志以辨其域而九郡之界見更即同時受封十八國以正其孤離之界互參博證而所解益明確而不誣先生之有功乙部豈在小司馬顏監下哉顧先生所言於秦三十六郡凡得其六曰東辥泗水碭會稽潁川於陳嬰事得東陽於高祖紀六年得鄣郯此皆秦楚之際分置者注皆言故有以也蓋由是而羽所據之九郡如睹司空之圖而昭然共曉余昔于役彭城借府主歸值豐北河決不可行欲北傍運河又阻陸路坡阜不能達乃使從者覗行李易小舟棹枯河中而自以輕車馳六日抵袁浦遲一月而書裝亦至其理殆於此方佛先生之子伯山余同歲生也伯山不幸今草已宿其門子恭甫將爲先生刊是書問序於余遂書此以歸之書引班志言趙地南至浮水浮水疑洹水之譌東平國下引太平元和二志按樂史言屬碭郡似隔秦東郡之濟陰不如吉甫言屬辥郡爲相近惜先生已往無從奉手請益矣光緒二年四月年家子江甯汪士鐸拜譔

# 楚漢諸侯疆域志卷一

儀徵劉文淇撰

## 項羽九郡

史記項羽本紀云項王自立爲西楚霸王王九郡都彭城高祖本紀云項王自立爲西楚霸王王梁楚地九郡都彭城漢書高祖紀及項羽列傳俱云羽自立爲西楚霸王王梁楚地九郡都彭城自來注史記漢書者俱不釋九郡所在余按羽所王之九郡謂會稽郡故鄣郡故東陽郡泗水郡郯郡薛郡碭郡潁川郡東郡是也史記項羽本紀籍下相人漢臨淮郡楚漢之際爲東陽郡其季父項梁殺人與籍避仇於吳中秦二世元年七月陳涉等起大澤中會稽守欲發兵召籍入籍擊斬守梁佩其印綬遂舉吳中兵徇下縣於是梁爲會稽守籍爲裨將漢書地理志謂會稽郡治吳元和郡縣志云秦置會稽郡二十六縣於吳項羽初起殺會稽太守殷通卽此是項氏初起事時已得會稽郡矣羽本紀又云廣陵人召平爲陳王徇廣陵未能下廣陵於楚漢之閒爲東陽郡聞陳王敗走秦兵又且至乃渡江矯陳王命拜梁爲楚王上柱國曰江東已定急引兵西擊秦項梁乃以八千人渡江而西聞陳嬰已下東陽東陽縣漢屬臨淮郡楚漢之閒屬東陽郡使使欲與連和俱西嬰以兵屬項梁項梁渡淮軍下邳屬秦郯郡秦嘉已立景駒爲楚王軍彭城東欲距項梁梁乃進兵擊秦嘉秦嘉軍敗走彭城楚漢之閒屬泗水郡項梁乃引兵入薛屬秦薛郡項梁前使項羽別攻襄城襄城堅守不下已拔皆阬之襄城屬潁川郡梁乃求楚懷王孫心立以爲楚王都盱台漢屬臨淮楚漢之閒亦屬東陽郡



項梁引兵攻亢父屬東平國與齊田榮司馬龍且軍救東阿大破秦軍於東阿屬東郡項梁起東阿西北至定陶屬濟陰郡楚漢之閒亦屬東郡項梁死羽引兵救鉅鹿大破秦軍行略定秦地函谷關有兵守關不得入又聞沛公已破咸陽項羽大怒使當陽君等擊關項羽遂入引兵西屠咸陽分天下立諸將爲侯王漢之元年四月諸侯罷戲下各就國漢之二年春漢王東伐楚項王南從魯屬秦薛郡出胡陵屬山陽郡楚漢之閒亦屬東郡四月漢皆已入彭城收其貨寶美人日置酒高會項王乃西從蕭屬沛郡秦屬泗水郡晨擊漢軍漢軍皆走楚起於彭城常乘勝逐北與漢戰滎陽南京索閒彭越渡河擊楚東阿殺楚將軍薛公彭越數反梁地梁國故秦碭郡漢五年漢王追項王至陽夏南屬淮陽國楚漢之閒屬潁川郡止軍與韓信彭越期會擊楚楚軍至固陵晉灼以爲卽固始屬淮陽國韓信彭越皆會垓下徐廣曰在沛之洨縣按沛郡在秦爲泗水郡項王潰圍南出至陰陵屬九江郡按九江郡本屬英布布降漢地屬項氏在九郡之外迷失道項王乃復引兵而東至東城屬臨淮郡楚漢之閒屬東陽郡漢軍圍之項王欲東渡烏江太平寰宇記云和州有烏江縣本秦烏江亭漢東城縣地烏江亭長檥船待謂項王曰江東雖小地方千里衆數十萬人亦足王也願大王急渡項王笑曰天之亡我我何渡爲且籍與江東子弟八千人渡江而西今無一人還縱江東父兄憐而王我我何面目見之乃自刎而死項王已死楚地皆降漢獨魯不下漢乃引天下兵欲屠之爲其守禮義爲主死節乃持項王頭示魯魯父兄乃降始楚懷王初封項籍爲魯公及其死魯最後下故以魯公禮葬項王穀城皇覽曰項羽冢在東郡穀城東去縣十五里太平寰宇記鄆州壽張縣漢爲壽良縣屬東郡穀城山在邑界又

東阿縣有故穀城在今縣東漢於此立縣後廢故城存焉項羽墓在縣東二十七里漢書灌嬰列傳韓信
使嬰別將擊楚將公杲於魯北破之轉南破薛郡長攻博陽漢屬
汝南郡前至下相以東南僮取慮徐僮取慮徐三縣漢屬臨淮楚漢之閒爲東陽郡度淮
盡降其城邑至廣陵項羽使項聲薛公郯公復定淮北嬰度淮
擊破項聲郯公下邳斬薛公下下邳壽春屬九江郡擊破楚騎平陽
顏師古漢書注云此平陽在東郡按東郡有陽平無平陽遂降彭城虜柱國項佗降留薛沛
酇蕭相凡六縣留漢屬楚國秦屬泗水郡沛酇蕭相漢屬沛郡秦屬泗水郡攻苦譙苦縣漢屬淮陽國譙漢屬
沛郡秦屬泗水郡與漢王會頤鄉徐廣曰苦縣有頤鄉從擊項籍軍陳下破之陳屬
淮陽國項籍敗垓下去也嬰別追項籍至東城破之所將卒五人
共斬項籍下東城歷陽歷陽屬九江郡渡江破吳郡長吳下得吳守吳郡
卽會稽郡吳守卽會稽守遂定吳豫章會稽郡此吳謂縣非謂郡也漢書地理志有會稽郡無吳郡地理



志又云豫章郡高帝置錢坫云秦爲廬江南部高帝六年分置也按黥布列傳漢王六年布遂剖符爲淮南王都六九江廬江
衡山豫章郡皆屬布項羽未死皆屬羽不在九郡之數還定淮北凡五十二縣周勃傳還
守敖倉追籍籍已死因東定楚地泗水東海凡得二十二縣泗水
郡漢改沛郡東海郡本秦郯郡以上項羽本紀及灌嬰周勃列傳所載楚漢戰
爭之迹及漢所得楚地至爲詳悉合而觀之亦可略見羽所王
九郡之地矣又按史記項羽本紀漢王至固陵而信越之兵不
會漢王謂張子房曰諸侯不從約奈何對曰楚兵且破信越未
有分地其不至固宜君王能自陳以東傅海盡與韓信睢陽以
北至穀城以與彭越睢陽漢屬梁國秦屬碭郡穀城卽項羽所葬之穀城山漢屬濟陰郡後漢始立穀城
縣使各自爲戰則楚易敗也漢王曰善漢書高祖紀五年春正
月下令曰楚地已定義帝亡後欲存卹楚衆以定其主齊王信

習楚風俗更立爲楚王王淮北都下邳魏相國建城侯彭越勃
勞魏民卑下士卒常以少擊衆數破楚軍其以魏故地王之號
曰梁王都定陶夫項羽王梁楚地九郡今以項羽所分楚地王
韓信梁地王彭越則項氏所得之九郡皆分與信越而地又
大於越信得會稽東陽鄣郡泗水薛郡郯郡凡六郡越得碭郡
潁川東郡凡三郡故賈誼對文帝云大抵彊者先反淮陰王楚
最彊則最先反是也高祖本紀又云六年冬十月人告楚王信
謀反上會諸侯於陳楚王信迎謁因執之韓王信等奏請以故
東陽郡鄣郡吳郡卽會稽郡五十三縣立劉賈爲荊王以碭郡薛郡
郯郡三十六縣立弟文信君交爲楚王按碭郡誤當作泗水郡楚元王交傳王薛郡東
海彭城三十六縣東海本郯郡彭城本泗水郡地楚元王交傳漢元年既廢楚王信分



其地爲二國立賈爲荊王交爲楚王王薛郡東海彭城三十六
縣先有功也然則楚王信所得六郡之地分與荊王賈楚王交
有明徵矣高祖本紀又云十一年三月梁王彭越謀反夷三族
詔曰擇可以爲梁王淮陽王者燕王綰相國何等請立子恢爲
梁王子友爲淮陽王罷東郡頗益梁罷潁川郡頗益淮陽按東
郡潁川本秦所置郡梁國故秦碭郡高帝五年爲梁國乃封越
時所立淮陽國乃高帝十一年所置在彭越既誅之後太平寰
宇記云陳州春秋時之陳國後屬楚秦滅楚改爲潁川郡漢爲
淮陽王國漢書地理志云山陽郡故梁景帝中六年別爲山陽
國濟陰郡故梁景帝中六年別爲濟陰國東平國故梁景帝中
六年別爲濟東國宣帝甘露二年爲東平國然則山陽濟陰東

平皆梁地也太平寰宇記云濟州理鉅野縣郡理卽碻磝城地理志注碻磝古津也城名因字之秦爲東郡茌平縣地是山陽之鉅野在秦爲東郡地寰宇記又云濮州濮陽郡春秋時爲衛地秦滅濮陽併天下置三十六郡今州卽秦之東郡地在漢爲濟陰之鄄城縣是濟陰之鄄城亦爲秦東郡地寰宇記又云鄆州戰國時屬魏秦兼天下屬碭郡漢爲東平國是漢之東平在秦爲碭郡地以水道驗之應劭注地理志云濮水自濮陽南入鉅野濮陽屬東郡鉅野屬山陽郡水經河水篇云河水東逕鄄城縣北又東逕范縣之秦亭西鄄城屬濟陰范縣屬東郡汶水篇汶水西南過平章縣南又西南過無鹽縣南又西南過壽張縣北平章無鹽屬東平壽張屬東郡則是東郡與山陽濟陰三



郡地犬牙相錯皆梁地也漢書高祖本紀云張良謂高祖曰彭越本定梁地信家在楚其意欲復得故邑能出捐此地以許兩人使各自爲戰則楚易敗也彭越傳越昌邑人常往來爲漢游兵擊楚攻下睢陽外黃十七城復下昌邑旁二十餘城項籍死立越爲梁王都定陶是漢之山陽濟陰淮陽皆爲越有山陽濟陰在秦爲東郡地淮陽在秦爲潁川郡地秦之東郡兼有山陽濟陰地秦之潁川兼有淮陽國地越所封地全得碭郡而於東郡僅得山陽濟陰於潁川僅得淮陽而不能全得東郡潁川地故彭越既誅漢以子恢爲梁王子友爲淮陽王罷東郡頗益梁罷潁川郡頗益淮陽也錢坫云高祖十一年罷東郡頗益梁罷潁川郡頗益淮陽者因立子恢爲梁王友爲淮陽王也然淮陽立二年卽徙趙梁立十六年亦徙趙而志不言改置疑當時徑以二郡滋益二王實未除二郡之目徙國之後仍復還漢故不致詳焉然則彭越所得三郡爲碭郡東郡潁川郡無疑合之韓信所得六郡共成九郡乃項羽所王之九郡也夫高祖所分巴蜀漢中三郡之地僅四十一縣而項羽所王之九郡綜計二百四十八縣亦足見項氏之强盛而卒爲高祖所滅太史公所謂非大聖孰能當此受命而帝者其信然已今舉項氏所王之九郡依漢書地理志表之於左雖郡邑分幷不必盡與志同如彭越所攻下之睢陽外黃十七城睢陽於漢屬梁國外黃於漢屬陳留地理志武帝元狩元年始置陳留郡其未置郡之先又隸別郡矣然亦可犄識其崖略焉

會稽郡　漢志云秦置高帝六年爲荊國十二年更名吳縣二十六

吳　曲阿　烏傷　毗陵　餘暨　陽羨　諸暨　無錫



山陰　丹徒　餘姚　婁　上虞　海鹽　剡　由拳　大末　烏程　句章　餘杭　鄞　錢唐　鄮　富春　冶　回浦

鄣郡　漢志云丹揚郡故鄣郡屬江都謂以鄣郡屬江都易王國武帝元封二年更名丹揚縣十七

宛陵　於潛　江乘　春穀　秣陵　故鄣　句容　涇　丹揚　石城　胡孰　陵陽　蕪湖　黝　溧陽　歙　宣城

東陽郡　漢志云臨淮郡武帝元狩六年置縣二十九按元和郡縣志泗州徐城縣本徐子國周穆王殺偃王其子北徙彭城原東山之下百姓歸之號曰徐山楚漢之際項羽置東陽郡漢

誅英布置徐縣屬臨淮郡
徐　取慮　淮浦　盱眙　厹猶　僮　射陽　開陽　贅
其　高山　睢陵　鹽瀆　淮陰　淮陵　下相　富陵
東陽　播旌　西平　高平　開陵　昌陽　廣平　蘭陽
襄平　海陵　輿　堂邑　樂陵
水經注云廣陵楚漢之際爲東陽郡漢書地理志云廣陵國
高帝六年屬荆州十一年更屬吴景帝四年更名江都武帝
元狩三年更名廣陵縣四
廣陵　江都　高郵　平安
泗水郡　漢志云沛郡故秦泗水郡高帝更名縣三十七
相　龍亢　竹　穀陽　蕭　向　銍　廣戚　下蔡　豐



鄲　譙　蘄　蛭　輒與　山桑　公丘　符離　敬丘
夏丘　洨　沛　芒　建成　城父　建平　酇　栗
扶陽　高　高柴　溧陽溧本或作漂　平阿　東鄉　臨都　義
成　祁鄉
漢志云楚國高帝置宣帝地節元年更爲彭城郡黄龍元年
復故縣七按元和郡縣志云徐州本禹貢徐州之域春秋時
爲宋滕薛小邾偪陽之地六國時屬楚秦并天下爲泗水郡
楚懷王自盱眙徙都之後項羽遷懷王於郴自立爲西楚霸
王又都於此漢改泗水郡爲沛又分沛郡立楚國寰宇記亦
云秦併天下以彭城屬泗水郡
彭城　留　梧　傅陽　呂　武原　甾丘

郯郡　漢志云東海郡高帝置縣三十八應劭曰秦郯郡按元
和郡縣志海州春秋時魯國之東鄙七國時屬楚秦置三十六
郡以魯爲薛郡後分薛郡爲郯郡漢改郯郡爲東海郡
郯　蘭陵　襄賁　下邳　良成　平曲　戚　朐　開陽
費　利成　海曲　蘭祺　繒　南成　山鄉　建鄉
即丘　祝其　臨沂　厚丘　容丘　東安　合鄉　承
建陽　曲陽　司吾　于鄉　平曲侯國郡有二平曲縣疑亦一地而分兩縣也當
時分封侯國有此例　都陽　陰平　郚鄉　武陽　新陽　建陵　昌
慮　都平
漢志云泗水國故東海郡武帝元鼎四年別爲泗水國縣三
按武帝時分東海郡三縣別爲泗水國則亦秦之郯郡也



淩　泗陽　于
薛郡　漢志云魯國故秦薛郡高后元年爲魯國縣六
魯　卞　汶陽　蕃　騶　薛
碭郡　漢志云梁國故秦碭郡高帝五年爲梁國縣八
碭　甾　杼秋　蒙　已氏　虞　下邑　睢陽
漢志云東平國故梁國景帝中六年別爲濟東國武帝元鼎
元年爲大河郡宣帝甘露二年爲東平國縣七按太平寰宇
記鄆州戰國時屬魏秦兼天下屬碭郡漢爲東平國元和郡
縣志以爲秦屬薛郡非也
無鹽　任城　東平陸　富城　章　亢父　樊
潁川郡　漢志云秦置高帝五年爲韓國六年復故縣二十按

史記項羽紀韓王成因故都都陽翟又據漢志知成僅得潁川郡之父城定陵襄城潁陽潁陰長社陽翟郟密高陽城十縣餘仍屬潁川郡也說詳十八王分地

昆陽　新汲　郾　舞陽　許　傿陵　臨潁　成安　周承休　綸氏

漢志云淮陽國高帝十一年置縣九按元和郡縣志陳州本太皞之虛周武王時封嬀滿於陳春秋時楚滅之秦滅楚屬潁川郡漢高帝分潁川置淮陽國太平寰宇記云陳州周初爲陳國楚惠王滅陳而其地盡爲楚有秦滅楚改爲潁川郡漢爲淮陽國之地

陳　苦　陽夏　寧平　扶溝　固始　圉　新平　柘



東郡　漢志云秦置縣二十二

濮陽　畔觀　聊城　頓丘　發干　范　茌平　東武陽　博平　黎　清　東阿　離狐　臨邑　利苗　須昌　壽良　樂昌　陽平　白馬　南燕　廩丘

漢志云山陽郡故梁景帝中六年別爲山陽國武帝建元五年別爲郡縣二十三太平寰宇記濟州理鉅野縣郡理即碻磝城地理志注碻磝古津也城名因字之秦爲東郡茌平縣地

山陽漢曰昌邑　南平陽　成武　湖陵　東緡　方與　橐　鉅壄　單父　薄　都關　城都　黃　爰戚　郜成　中鄉　平樂　鄭　瑕丘　甾鄉　栗鄉　曲鄉　西陽

漢志云濟陰郡故梁景帝中六年別爲濟陰國縣九太平寰宇記濮陽郡春秋時爲衞地秦滅濮陽併天下置三十六郡今州秦之東郡地在漢爲濟陰郡之鄄城縣是濟陰亦秦之東郡地也

定陶　冤句　呂都　葭密　成陽　鄄城　句陽　秺　乘氏



楚漢諸侯疆域志卷一終

番禺范公詒初校沈傣和覆校

# 楚漢諸侯疆域志卷二

儀徵劉文淇撰

## 十八王分地上

史記秦楚之際月表西楚伯項王籍始爲天下主命立十八王分楚爲四項籍自立爲西楚霸王不在十八王之中餘分爲衡山臨江九江分趙爲代趙更名常山分齊爲三臨菑濟北膠東分關中爲四國漢雍塞翟分燕爲二燕遼東分魏爲殷國魏更爲西魏分韓爲河南國此所謂十八王也項羽本紀云項王范增疑沛公之有天下業已講解又惡負約恐諸侯叛之乃陰謀曰巴蜀道險秦之遷人皆居蜀乃曰巴蜀亦關中地也故立沛公爲漢王王巴蜀漢中都南鄭而三分關中王秦降將以距塞漢王項王乃立章邯爲雍王王咸陽以西都廢丘長史欣者故爲櫟陽獄掾嘗有德於項梁都尉董翳者本勸章邯降楚故立司馬欣爲塞王王咸陽以東至河都櫟陽立董翳爲翟王王上郡都高奴徙魏王豹爲西魏王王河東都平陽瑕丘申陽者張耳嬖臣也先下河南郡迎楚河上故立申陽爲河南王都雒陽韓王成因故都都陽翟趙將司馬卬定河內數有功故立卬爲殷王王河內都朝歌徙趙王歇爲代王趙相張耳素賢又從入關故立耳爲常山王王趙地都襄國當陽君黥布爲楚將常冠軍故立布爲九江王都六鄱君吳芮率百越佐諸侯又從入關故立芮爲衡山王都邾義帝柱國共敖將兵擊南郡功多因立敖爲臨江王都江陵徙燕王韓廣爲遼東王燕將臧荼從楚救趙因從入關故立荼爲燕王都薊徙齊王田市爲膠東王齊將田都從共救趙因從入關故立都爲齊王都臨菑故秦所滅齊王建孫田安項羽方渡河救趙田安下濟北數城引其兵降項羽故立安爲濟北王都博陽漢書項籍列傳與此略同漢書高祖紀所載次序則自關中四王以下四王謂漢雍塞翟次以河南王殷王九江王臨江王衡山王濟北王西魏王遼東王燕王膠東王齊王代王常山王與項籍列傳不同史記高祖紀關中四王以下次以河南殷代常山九江臨江衡山燕遼東僅十三王而無西魏濟北膠東齊當是史公略耳 夫項羽之分立十八王也當時共謂不平故陳餘陰使張同夏說說齊王田榮曰項羽爲天下宰不平今盡王故王於醜地而王其羣臣諸將善地見史記項羽紀漢書項籍傳 高祖數項王之罪云始與項羽俱受命懷王曰先入定關中者王之項羽負約王我於蜀漢罪一項羽皆王諸將善地而徙逐故主令臣下爭叛逆罪七項羽出逐義帝彭城自都之奪韓王地幷王梁楚多自予罪八見史記漢書高帝紀是項羽之分地不平史有明文顧月表本紀於所分之地第載其大凡而自來注史漢者又未之縷析則亦無以知其所分之多少與其地之善惡也今詳考其地依史記項羽本紀之次表之於左

月表沛公爲漢王王巴蜀漢中都南鄭漢書高祖紀王巴蜀漢中四十一縣都南鄭按地理志巴郡十一縣蜀郡十五縣漢中十二縣共三十八縣尚少三縣而廣漢犍爲二郡係從巴蜀二郡割出者則所少之三縣必在廣漢犍爲之中然不可考矣又按張良傳漢元年沛公爲漢

王王巴蜀賜良金百溢珠二斗良具以獻項伯漢王亦因令良厚遺項伯使請漢中地項王許之服虔云本不盡與漢中故請求之

（漢）

漢中郡　漢縣十二

西城　旬陽　南鄭　褒中　房陵　安陽　成固　沔陽　錫　武陵　上庸　長利

蜀郡　漢縣十五

成都　郫　繁　廣都　臨邛　青衣　江原　嚴道　緜虒　旄牛　徙　湔氐道　汶江　廣柔　蠶陵



巴郡　漢縣十一

江州　臨江　枳　閬中　墊江　朐忍　安漢　宕渠　魚復　充國　涪陵

漢分為廣漢郡縣十三華陽國志云高帝分巴置廣漢郡武帝又割置犍為郡故曰分巴割蜀以成犍廣

梓潼　汁方　涪　雒　緜竹　廣漢　葭明　郪　新都　甸氐道　白水　剛氐道　陰平道

漢分為犍為郡縣十二

僰道　江陽　武陽　南安　資中　符　牛鞞　南廣　漢陽　郁鄢　朱提　堂琅

月表章邯為雍王都廢丘司馬欣為塞王都櫟陽董翳為翟王都高奴項羽本紀云項王乃立章邯為雍王王咸陽以西都廢丘長史欣者故為櫟陽獄掾嘗有德於項梁故立司馬欣為塞王都尉董翳者本勸章邯降楚故立董翳為翟王王上郡都高奴漢書地理志云京兆尹故秦內史高帝元年屬塞國二年更為渭南郡左馮翊故秦內史高帝元年屬塞國二年更名河上郡右扶風故秦內史高帝元年屬雍國二年更為中地郡上郡秦置高帝元年更為翟國七月復故是章邯分得右扶風地司馬欣分得京兆尹左馮翊地董翳分得上郡地史有明文又案漢書高祖紀元年四月漢王至南鄭五月引兵從故道出襲雍雍王邯迎擊漢陳倉雍兵敗還走戰好畤又大敗走廢丘地理志右扶風槐里周曰犬丘秦更名廢丘漢王遂定雍地東如咸陽地理志右扶風渭城故咸陽引兵圍雍王廢丘而遣諸將略地秋八月塞王欣翟王翳皆降漢



二年冬十月漢王如陝十一月還歸都櫟陽諸將略地拔隴西六月引水灌廢丘廢丘降章邯自殺雍州定八十餘縣置河上渭南中地隴西上郡服虔曰河上即左馮翊渭南京兆也中地右扶風也師古曰凡新置五郡則隴西郡亦平章邯後所復置者高祖紀所云引兵從故道襲雍故道在漢屬武都郡元和郡縣志云鳳州秦幷天下為隴西郡武帝分廣漢隴西置武都郡兩當縣本漢故道縣地然則漢王從故道襲雍殆由隴西以攻邯則隴西亦章邯所分地也漢書地理志京兆尹縣十二左馮翊縣二十四右扶風縣二十一上郡縣二十三隴西郡縣十一凡九十一縣除後置之十二縣實止七十九縣與高祖紀所云八十餘縣之言略相合矣又漢書高祖紀二年春正月諸將拔

北地屬雍王弟章平赦罪八月表漢殺邯廢丘屬漢爲隴西北地中地郡則北地郡亦章邯所分地也（高祖紀不言置北地郡故止八十餘縣表言置隴西北地中地郡表詳紀略）

〔雍〕

內史　漢爲右扶風縣二十一（除後置之安陵茂陵平陵實十八縣）

咸陽（漢渭城）　廢丘（漢槐里）　鄠　盩厔　漦　郁夷　美陽　郿

雍　漆　栒邑　隃麋　陳倉　杜陽　汧　好畤　虢

安陵（惠帝置）　茂陵（武帝置）　平陵（昭帝置）　武功

隴西郡　漢縣十一

狄道　上邽　安故　氐道　首陽　予道　大夏　羌道

襄武　臨洮　西

北地郡　漢縣十九（除後置之靈州實十八縣）

馬領　直路　靈武　富平　靈州（惠帝置）　昫衍　方渠　除道　五街　鶉孤　歸德　回獲　略畔道　泥陽　郁郅

義渠道　弋居　大要　廉

〔塞〕

內史　漢爲左馮翊縣二十四（除後置之池陽祋祤雲陵萬年長陵實十九縣）

高陵　櫟陽　翟道　池陽（惠帝置）　夏陽　衙　粟邑　谷口

蓮勺　鄜　頻陽　臨晉　重泉　郃陽　祋祤（景帝置）　武城

沈陽　褱德　徵　雲陵（昭帝置）　萬年（高帝置）　長陵（高帝置）　七陽（漢陽陵）　雲陵

漢爲京兆尹縣十二（除後置之長安新豐南陵奉明實八縣）

長安（高帝置）　新豐（高帝置）　船司空　藍田　華陰　鄭　湖　下邽　南陵（文帝置）　奉明（宣帝置）　芷陽（漢霸陵）　杜（漢杜陵）

〔翟〕

上郡　漢縣二十三

膚施　獨樂　陽周　木禾　平都　淺水　京室　洛都

白土　襄洛　原都　漆垣　奢延　雕陰　推邪　楨林　高望　雕陰道　龜茲　定陽　高奴　望松　宜都

月表更爲西魏王魏豹都平陽羽本紀云徙魏王豹爲西魏王都平陽漢書魏豹傳其兄魏咎秦滅魏爲庶人陳勝之王也咎往從之勝使魏人周市徇魏地立咎爲魏王章邯擊魏王於臨濟咎自殺魏豹亡走楚楚懷王予豹數千人復徇魏地項羽已破秦降章邯豹下魏二十餘城立爲魏王豹引精兵從項羽入關羽封諸侯欲有梁地迺徙豹於河東都平陽高祖紀二年漢王自臨晉渡河魏王豹謁歸視親疾至則絶河津反爲楚韓信與曹參灌嬰俱擊魏九月信等虜豹傳詣滎陽定魏地置河東太原上黨郡三年令周苛魏豹樅公守滎陽周苛樅公殺魏豹曹參傳獲魏王豹取平陽得豹母妻子定魏地凡五十二縣史記高祖紀亦云漢王使酈生說豹豹不聽漢王遣將軍韓信擊大破之虜豹遂定魏地置三郡曰河東太原上黨而月表於第八格云歇以陳餘爲代王號成安君立十二月漢將韓信斬陳餘屬漢爲太原郡第十八格云魏豹立三十八日漢將韓信虜豹屬漢爲河東上黨郡與高祖紀及曹參等傳不同當是表誤

西魏

河東郡　漢縣二十四

安邑　大陽　猗氏　解　蒲反　河北　左邑　汾陰

曲沃漢聞喜　濩澤　端氏　臨汾　垣　皮氏　長脩　平陽

襄陵　彘　楊　北屈　蒲子應劭曰故蒲反舊邑武帝置師古曰重耳所居也應說失之　絳　狐讘　騏

太原郡　漢縣二十一

晉陽　葰人　界休　榆次　中都　于離　茲氏　狼孟

鄔　盂　平陶　汾陽　京陵　陽曲　大陵　原平

祁　上艾　慮虒　陽邑　廣武

上黨郡　漢縣十四

長子　屯留　余吾　銅鞮　沾　涅氏　襄垣　壺關

泫氏　高都　潞　陭氏　陽阿　穀遠

月表申陽爲河南王都洛陽羽本紀云申陽者張耳嬖臣也先下河南郡迎楚河上故立申陽爲河南王都雒陽漢書高祖紀二年冬十月河南王申陽降置河南郡漢書地理志河南郡故秦三川郡又云弘農郡武帝元鼎四年置元和郡縣志云虢州秦兼天下屬三川郡至漢武帝元鼎四年置弘農郡則漢之弘農郡地亦秦之三川郡也

河南

三川郡　漢爲河南郡縣二十二除後置之新成實二十一縣

洛陽光武改雒陽　滎陽　偃師　京　平陰　中牟　平　陽武

河南　緱氏　卷　原武　鞏　穀成　故市　密　新成惠帝置　開封　成皋　苑陵　梁　新鄭

漢分爲弘農郡縣十一

弘農　盧氏　陝　宜陽　黽池高帝八年復黽池中鄉民　丹水　新安

商　析　陸渾　上雒

月表韓成爲韓王都陽翟羽本紀云韓王成因故都都陽翟漢書高帝紀元年秋八月項羽以韓王成無功故不遣就國與俱至彭城殺之及聞漢王并關中而齊梁畔之羽大怒乃以故吳令鄭昌爲韓王距漢令蕭公角擊彭越十月使韓太尉韓信擊韓韓王鄭昌降十一月立韓太尉信爲韓王三年六月羽拔滎陽虜韓王信韓王信傳五年春剖符王潁川六年迺更以太原郡爲韓國按韓王信先都潁川卽因韓王成故都漢書地理志韓分晉得南陽郡及潁川之父城定陵襄城潁陽潁陰長社陽翟郟又云鄭國今河南之新鄭及成皋滎陽潁川之崈高陽城皆鄭分也後爲韓所滅是韓之得地頗廣而韓王信傳云五年春與信剖符王潁川六年春上以爲信壯武北近鞏雒南迫宛葉東有淮陽皆天下勁兵處也鞏卽河南鞏縣宛葉卽南陽郡之二縣旣云近則韓王信所封之地無鞏雒及宛葉二縣矣淮陽本屬潁川項羽旣滅之後淮陽四縣始屬韓信未滅之前地不屬韓然則韓王成所封之地得潁川之父城定陵襄城潁陽潁陰長社陽翟郟崈高陽城十縣而已

韓

潁川郡　漢縣二十（除昆陽新汲郾舞陽許傿陵臨潁成安周承休綸氏十縣在項羽所王九郡之潁川郡內實十縣）

陽翟　潁陽　定陵　長社　襄城　郟　潁陰　密高　父城　陽城

月表司馬卬爲殷王都朝歌羽本紀趙將司馬卬定河內數有功故立卬爲殷王王河內都朝歌漢書高祖紀二年三月魏王豹降將兵從下河內虜殷王卬置河內郡四月殷王卬死漢書地理志河內郡高帝元年爲殷國二年更名縣十七元和郡縣志云懷州屬縣有河內武德脩武獲嘉秦兼天下滅韓爲三川郡滅魏爲河東郡今州爲三川郡之北境河東郡之東境楚漢之際項羽立司馬卬爲殷王王河內高帝二年卬降以其地爲



河內郡領縣一十八

殷

三川郡

河東郡　此郡東境幷三川郡之北境漢爲河內郡縣十八（除後置之獲嘉實十七縣）

懷　汲　武德　波　山陽　河陽　州　共　平皋　朝歌　脩武　溫　埜王　獲嘉（故汲之新中鄉武帝六年得南越相呂嘉首更名）　軹　沁水　隆慮　蕩陰

月表趙王歇爲代王都代羽本紀云徙趙王歇爲代王漢書高祖紀二年冬十月陳餘迎歇還趙三年韓信張耳擊趙獲趙王歇置常山代郡月表又云張耳爲常山王都襄國羽本紀云趙相張耳素賢又從入關故立耳爲常山王王趙地都襄國則趙王歇初封地得代郡張耳初封地得常山郡也元和郡縣志蔚州云戰國時屬趙襄子殺代王有其地後武靈王置雲中雁門代郡秦亦爲代郡漢元年項羽徙趙王歇爲代王然則雲中雁門亦代郡也漢書張耳傳與韓信擊破趙井陘斬餘泜水上追殺趙王歇襄國四年立耳爲趙王是時代地當幷屬耳高祖紀五年七月燕王臧荼反九月虜荼立盧綰爲燕王使丞相噲將兵平代地（燕代相鄰燕反代地亦叛故平之）六年以雲中雁門代郡五十三縣立兄宜信侯喜爲代王七年韓王信亡走匈奴與其將曼丘臣王黃共立故趙後趙利爲王收信散兵與匈奴共距漢上從晉陽連戰乘勝逐北至樓煩（屬雁門郡）遂至平城（亦屬雁門）爲匈奴所圍用陳平祕計得出使樊噲留定代地是月匈奴攻代代王喜弃國自歸雒陽九年廢趙王敖爲宣平侯徙代王如意爲趙王王趙國十年九月代相國陳豨反上曰豨常爲吾使甚有信代地吾所急故封豨爲列侯以相國守代（盧綰傳上至平城還豨以郎中封爲列侯監趙代邊兵皆屬焉豨常告過趙賓客隨之者千餘乘邯鄲官舍皆滿趙相周昌乃求入見上具言豨賓客盛擅兵於外恐有變上令人覆案豨客居代者諸爲不法事多連引豨豨恐漢十年上召豨豨遂與王黃等反自立爲代王劫略趙代）今乃與王黃等劫掠代地吏民非有罪也能去豨黃來歸者皆赦之上自東至邯鄲趙相周昌奏常山二十五城亡其二十城請誅守尉上曰是力不足亡罪十一年將軍柴武斬韓王信於參合（屬代郡）上還雒陽詔曰代地居常山之北與夷狄邊趙乃從山南有之（據此知張耳爲趙王時兼有代地）遠數有胡寇難以爲國頗取山南太原之地

益屬代代之雲中以西爲雲中郡則代又邊寇益少矣擇可立爲代王者燕王綰相國何等三十三人皆曰子恆賢知溫良請立爲代王都晉陽此楚漢間趙代之沿革也元和郡縣志又云邢州秦屬鉅鹿郡項羽改曰襄國恆州秦爲鉅鹿郡之地漢以鉅鹿之北境置恆山郡（即常山郡）貝州秦兼天下爲鉅鹿郡漢文又分鉅鹿置清河郡洺州秦邯鄲郡漢分置廣平國冀州秦屬鉅鹿漢分趙鉅鹿立清河信都常山文帝又分立河間廣平二郡定州秦爲趙郡鉅鹿二郡之地漢分趙鉅鹿置常山中山二郡又恆州真定縣本名東垣屬中山國高帝改曰真定屬恆山郡武帝改爲真定國魏州漢高祖使韓信定河北以秦邯鄲郡南部東郡之邊縣置魏郡漢書地理志云趙地南至浮水（地理志魏郡武始縣漳水東至邯鄲入漳錢坫云此當作滏水按志所云南至浮水或亦滏水之誤歟）繁陽內黃斥丘則鉅鹿常山清河信都趙國河間廣平中山真定魏郡之繁陽內黃斥丘皆張耳所封地也

代

代郡　漢縣十八

桑乾　道人　當城　高柳　馬城　班氏　延陵　狋氏　且如　平邑　陽原　東安陽　參合　平舒　代　靈丘　廣昌　鹵城

雲中郡　漢縣十一

雲中　咸陽　陶林　楨陵　犢和　沙陵　原陽　沙南　北輿　武泉　陽壽



雁門郡　漢縣十四（除後置之陰館實十三縣）

善無　沃陽　繁畤　中陵　陰館（樓煩鄉景帝後三年置）　樓煩　武州　汪陶　劇陽　崞　平城　埒　馬邑　彊陰

常

邯鄲郡　漢爲趙國縣四

邯鄲　易陽　柏人　襄國

漢分爲廣平國縣十六

廣平　張　朝平　南和　列人　斥章　任　曲周　南曲　曲梁　廣鄉　平利　平鄉　陽臺　廣年　城鄉

漢分爲魏郡縣十八（常山得縣三）

斥丘　內黃　繁陽

趙郡

鉅鹿郡　漢縣二十　此郡漢承秦名其與趙郡秦所隸縣輿地之書未析言今無以考

鉅鹿　南䜌　廣阿　象氏　廮陶　宋子　楊氏　臨平　下曲陽　貰　鄡　新市　堂陽　安定　敬武　歷鄉　樂信　武陶　柏鄉　安鄉

漢分爲恆山郡縣十八

元氏　石邑　桑中　靈壽　蒲吾　上曲陽　九門　井陘　房子　中丘　封斯　關　平棘　鄗　樂陽　平臺　都鄉　南行唐

漢分爲清河郡縣十四

淸陽 東武城 繹幕 靈 厝 鄃 貝丘 信成 搋
題 東陽 信鄉 繚 棗彊 復陽
漢分爲眞定國縣四
東垣漢眞定 稾城 肥纍 綿曼
漢分爲中山國縣十四
盧奴 北平 北新成 唐 深澤 苦陘 安國 曲逆
望都 新市 新處 毋極 陸成 安險
漢分爲信都國縣十七
信都 歷 扶柳 辟陽 南宮 下博 武邑 觀津
高隄 廣川 樂鄉 平隄 桃 西梁 昌成 東昌
脩
漢分爲河閒國縣四
樂成 候井 武隧 弓高



楚漢諸侯疆域志卷二終 番禺范公詒初校沈葆和覆校

# 楚漢諸侯疆域志卷三

儀徵劉文淇撰

## 十八王分地下

月表英布爲九江王都六羽本紀云當陽君黥布爲楚將常冠軍故立布爲九江王都六漢書高祖紀三年隨何旣說黥布布起兵攻楚楚使項聲龍且攻布布戰不勝十二月布與隨何閒行歸漢四年秋七月立黥布爲淮南王布前所分之地已爲楚有是時漢封布僅虛號耳五年滅項羽乃還就國五年十一月劉賈入楚地圍壽春漢亦遣人誘楚大司馬周殷殷畔楚以舒屠六舉九江兵迎黥布並行屠城父黥布傳布與隨何俱歸漢於是乃使人之九江楚已使項伯收九江兵盡殺布妻子四年立布爲淮南王與擊項籍布使人之九江得數縣五年布與劉賈入九江誘大司馬周殷殷反楚遂舉九江兵與漢擊楚項籍死布遂剖符爲淮南王都六九江廬江衡山豫章郡皆屬焉按項羽封吳芮爲衡山王漢徙芮爲長沙王都臨湘因以芮舊封之衡山益英布其九江廬江豫章等郡皆項羽時所封布之舊地也然衡山雖屬吳芮而六爲英布所都則六當屬英布矣廬江豫章皆秦九江郡地元和郡縣志蘄州春秋戰國並屬九江郡在漢爲蘄春縣地屬江夏郡光州在秦屬九江郡在漢爲西陽屬江夏洪州七國時全爲楚地秦滅楚爲九江郡南昌縣漢高六年置唐屬洪州漢屬豫章郡 饒州本秦鄱陽縣也屬九江郡漢屬豫章 太平寰宇記舒州秦置九江郡自舒縣徙居皖縣又云廬州秦置三十六郡此爲廬江九江王郡地按廬

江非秦所置寰宇記以為在三十六郡中誤矣是江夏之蘄春西陵及廬江豫章皆秦之九江郡地漢書地理志云九江郡秦置高帝四年更名爲淮南國武帝元狩元年復故縣十五廬江郡故淮南縣十二豫章郡高帝置縣十八

九江

九江郡　漢縣十五

壽春邑　浚遒　成德　橐皋　陰陵　歷陽　當塗　鍾離　合肥　東城　博鄉　曲陽　建陽　全椒　阜陵

漢分爲六安國縣五惟六屬英布

六

漢分爲江夏郡縣十四惟西陵蘄春之地屬英布

西陵　蘄春太平寰宇記云蘄州秦滅六國此爲九江郡地今州廣濟縣即秦漢之六縣而英布即縣人項羽封布淮南王而都於六今古城猶存後爲蘄春元和郡縣志云蘄州黃梅縣本漢蘄春縣地九江故城在縣西南七十里漢九江王黥布所築

漢分爲廬江郡縣十二

舒　居巢　龍舒　臨湖　雩婁　襄安　樅陽　尋陽　灊　晥　湖陵邑　松滋

漢分爲豫章郡縣十八

南昌　廬陵　彭澤　鄱陽　歷陵　餘汗　柴桑　艾　贛　新淦　南城　建成　宜春　海昏　雩都　鄡陽　南壄　安平

月表吳芮爲衡山王都邾羽本紀鄱君吳芮率百越佐諸侯又



從入關故立芮爲衡山王都邾漢書高祖紀五年詔曰故衡山王吳芮項羽侵奪之地謂之番君其以長沙豫章象郡桂林南海立番君芮爲長沙王吳芮傳項羽立芮爲衡山王都邾漢徙爲長沙王都臨湘高祖詔謂之故衡山王者張晏注云漢元年項羽立芮爲衡山王後又奪之地謂之番君是以曰故按衡山王都邾邾在漢屬江夏郡秦屬九江郡漢書地理志六安國故楚高帝元年別爲衡山國五年屬淮南武帝元狩二年別爲六安國縣五而六又爲英布所都則是羽初封芮時僅六安國之四縣及江夏郡之一縣也高祖徙之長沙豫章象郡桂林南海時屬南粵王佗漢並未得其地芮僅得長沙及豫章郡數縣耳太平寰宇記云壽州秦爲九江郡漢爲淮南國據高祖封英布而言其實羽先以之封芮也有安豐等縣則秦之九江地也

衡山

九江郡　漢分爲江夏郡縣十四英布得二縣共敖得十一縣實一縣

邾

漢分爲六安國縣五六屬英布實四縣

蓼　安豐　安風　陽泉

月表共敖爲臨江王都江陵羽本紀義帝柱國共敖將兵擊南郡功多因立敖爲臨江王都江陵漢書高祖紀五年初項羽所立臨江王共敖前死子尉嗣立爲王不降遣盧綰劉賈擊虜尉荊王賈傳尉死以臨江爲南郡地理志南郡秦置高帝元年更爲臨江郡五年復故縣十八元和郡縣志秦兼天下自漢以北

為南陽郡今鄧州南陽縣是也漢以南為南郡今荊州是也又云復州史記白起拔郢東至竟陵即此是也秦屬南郡在漢即江夏郡之竟陵縣也沔陽縣本漢雲杜縣地安州春秋時鄖國後為楚所滅漢為安陸縣高帝六年分南郡置江夏郡於此鄂州武昌縣舊名鄂漢以為縣屬江夏郡建安二十五年吳大帝以下雉尋陽新城柴桑沙羨武昌六縣為武昌郡

臨江

南郡　漢縣十八

江陵　臨沮　夷陵　華容　鄀（漢宜城）　郢　邔　當陽　中盧　枝江　襄陽　編　秭歸　夷道　州陵　若　巫

高成




九江郡　漢分為江夏郡縣十四（西陵蘄春屬英布郡屬吳芮實十一縣）

竟陵　西陽　襄　軑　鄂　安陸　沙羨　鄳　雲杜

下雉　鍾武

月表燕王韓廣為遼東王都無終羽本紀云徙燕王韓廣為遼東王燕將臧荼從楚救趙因從入關故立荼為燕王都薊漢書高祖紀元年燕王韓廣亦不肯徙遼東臧荼殺韓廣幷其地五年荼反虜荼立盧綰為燕王十二年陳豨降將言豨反時燕王盧綰使人之豨所陰謀上使辟陽侯審食其迎綰綰稱疾遂亡入匈奴周勃傳破綰軍追至長城定上谷十二縣右北平十六縣遼東二十九縣漁陽二十二縣月表又云臧荼反九月虜荼立盧綰為燕王按遼東為韓廣所封之號而所都之無終屬右北平則遼東右北平俱當屬廣而遼西一郡即今奉天及永平府地與遼東北平相接則遼西疑亦廣所分地也地理志遼東郡領縣十八遼西郡領縣十四而周勃傳云定遼東二十九縣或合遼西言之二郡計三十二縣勃傳言二十九縣或漢時有所增益也元和郡縣志云易州秦置三十六郡以為上谷郡漢分置涿郡太平寰宇記云幽州始皇滅燕置三十六郡以燕都及燕之西陲為上谷郡楚漢之際項羽封臧荼為燕王都薊昭帝改燕國為廣陽郡薊州云春秋戰國屬燕秦於此置漁陽郡則上谷漁陽及漢之涿郡廣陽皆燕王臧荼所分地也

遼東

右北平郡　漢縣十六




平剛　無終　石城　廷陵　俊靡　薋　徐無　字　土垠　白狼　夕陽　昌城　驪成　廣成　聚陽　平明

遼西郡　漢縣十四

且慮　海陽　新安平　柳城　令支　肥如　賓從　交黎　陽樂　狐蘇　徒河　文成　臨渝　絫

遼東郡　漢縣十八

襄平　新昌　無慮　望平　房　候城　遼隊　遼陽　險瀆　居就　高顯　安市　武次　平郭　西安平　文

番汗　沓氏

燕

上谷郡　漢縣十五

沮陽 泉上 潘 軍都 居庸 雊瞀 夷輿 寍 昌
平 廣寍 涿鹿 且居 茹 女祁 下落
漢分爲涿郡縣二十九
涿 迺 穀丘 故安 南深澤 范陽 蠡吾 容城
易 廣望 鄚 高陽 州鄉 安平 樊輿 成 良鄉
利鄉 臨鄉 益昌 陽鄉 西鄉 饒陽 中水 武
垣 阿陵 阿武 高郭 新昌
漢分爲廣陽國縣四
薊 方城 廣陽 陰鄉
漁陽郡 漢縣十二
漁陽 狐奴 路 雍奴 泉州 平谷 安樂 厗奚



獷平 要陽 白檀 滑鹽
月表田安爲濟北王都博陽齊王田市爲膠東王都卽墨田都爲齊王都臨菑羽本紀云徙齊王田市爲膠東王齊將田都從共救趙因從入關故立都爲齊王都臨菑故秦所滅齊王建孫田安項羽方渡河救趙田安下濟北數城引其兵降項羽故立安爲濟北王都博陽漢書高祖紀元年五月田榮以齊兵迎擊田都都走降楚六月田榮殺田市自立爲齊王時彭越在鉅野衆萬餘人無所屬榮與越將軍印因令返梁地越擊殺濟北王安榮遂幷三齊之地服虔曰齊與濟北膠東也二年春正月羽擊田榮城陽文帝二年立城陽國榮敗走平原平原民殺之漢屬平原郡四月田榮弟橫收得數萬人立榮子廣爲齊王四年冬十月韓信襲破齊齊王東走高密漢屬高密國楚使龍且救之十一月韓信殺楚將龍且追至城陽虜齊王廣齊相田橫自立爲齊王田儋傳橫復收齊城邑立榮子廣爲王而橫相之閒漢將韓信引兵且東擊齊齊使華毋傷田解軍歷下以距漢歷下卽歷城縣漢屬濟南韓信迺渡平原襲破齊歷下軍因入臨淄漢屬齊郡廣東走高密橫走博博屬漢泰山郡守相田光走城陽將軍田既軍於膠東楚使龍且救齊齊王與合軍高密漢將灌嬰敗橫軍於嬴下地理志嬴作嬴屬泰山郡橫亡走梁歸彭越韓信已殺龍且因進兵破田既於膠東灌嬰破殺齊將田吸於千乘屬千乘郡遂平齊地曹參傳定齊郡凡得七十縣韓信立爲齊王引兵東詣陳與漢王共破項羽而參留平齊未服者高祖紀五年以齊王信王楚六年以膠東膠西臨淄濟北博陽城陽郡七十三縣立子肥爲齊王齊悼惠王傳高祖六年立食七十餘城參傳云七十縣舉成數耳



按元和郡縣志青州云田和子孫强盛五世至建爲秦所滅分齊地置齊琅邪二郡漢元年冬更爲臨淄項羽立田都爲王都臨淄其屬縣有臨淄臨朐屬漢齊郡千乘博昌屬漢千乘郡齊州云秦幷天下爲齊郡卽漢分齊郡立濟南國景帝三年爲濟南郡其屬縣有歷城陽丘全節本漢東平陵章丘本漢陽丘臨濟本漢菅縣屬濟南郡漢書齊悼惠王傳濟北王志吳楚反時初亦與通謀後堅守不發兵故得不誅徙王菑川元朔中齊國絕悼惠王後唯有城陽菑川菑川地比齊武帝爲悼惠王冢園在齊迺割臨淄東圜悼惠王冢園邑盡以予菑川旣云菑川地比齊則菑川未封之先當屬齊國然則田都所封得漢之齊郡琅邪濟南

千乘菑川五郡地也漢書曹參傳云韓信已破趙東擊齊參以左丞相屬焉攻破齊歷下軍遂取臨淄（歷下臨淄皆屬齊國）還定濟北郡攻著（屬濟南郡）漯陰平原鬲（三縣屬平原郡）盧（屬泰山郡）師古云時未有濟北郡史追書之耳鄒陽傳云城陽顧於盧博孟康曰城陽王喜也喜父章與弟興居討諸呂有功本當盡以趙地王章梁地王興居文帝聞其欲立齊王更以二郡王之（章爲城陽王興居爲濟北王）章失職歲餘薨興居誅死盧博濟北王治處喜顧念而怨也城陽與濟北地比然則田安所封得濟南郡之著縣及泰山平原城陽三郡地也田市所都之卽墨在漢屬高密國又封號爲膠東則漢之膠東高密二國皆屬田市矣又案元和郡縣志云萊州漢高帝四年韓信虜齊王廣分齊郡置東萊郡屬縣有卽墨本漢舊縣



屬膠東國有膠水縣本漢膠東國之地又有掖縣膠水西去縣七十五里則東萊郡亦當爲市之所分地

膠東

齊郡　漢分爲膠東國縣八

卽墨　昌武　下密　壯武　郁秩　挺　觀陽　鄒盧

漢分爲東萊郡縣十七

掖　腄　平度　黃　臨朐　曲成　牟平　東牟　惤

育犂　昌陽　不夜　當利　盧鄉　陽樂　陽石　徐鄉

漢分爲高密國縣五

高密　昌安　石泉　夷安　成鄉

齊

齊郡　漢縣十二

臨淄　昌國　利　西安　鉅定　廣　廣饒　昭南　臨朐　北鄉　平廣　臺鄉

漢分爲千乘郡縣十五

千乘　東鄒　溼沃　平安（當作安平）　博昌　蓼城　建信　狄

琅槐　樂安　被陽　高昌　繁安　高宛　延鄉

漢分爲濟南郡縣十四（著屬田安實十三縣）

東平陵　鄒平　臺　梁鄒　土鼓　於陵　陽丘　般陽

菅　朝陽　歷城　猇　宜成

漢分爲甾川國縣三

劇　東安平　樓鄉



琅邪郡　漢縣五十一

東武　不其　海曲　贛榆　朱虛　諸　梧成　靈門

姑幕　虛水　臨原　琅邪　祓　柜　缾　邞　雩段

黔陬　雩　計斤　稻　皋虞　平昌　長廣　橫　東莞

魏其　昌　茲鄉　箕　椑　高廣　高鄉　柔　卽來

麗　武鄉　伊鄉　新山　高陽　昆山　參封　折泉

博石　房山　愼鄉　駟望　安丘　高陵　臨安　石山

濟北

東郡

碭郡　漢分此郡及東郡地爲泰山郡縣二十四其秦郡所隸

縣輿地之書未析言今無以考

奉高　博陽〔漢博陽錢坫云縣於楚漢之閒曰博陽項羽封田安為濟北王都博陽卽此縣也〕　茌

盧　肥成　虵丘　剛　柴　蓋　梁父　東平陽　南武陽　萊蕪　鉅平　嬴　牟　蒙陰　華　寧陽　乘丘

富陽　桃山　桃鄉　式

齊郡　漢分為平原郡縣十九

平原　鬲　高唐　重丘　平昌　羽　般　樂陵　祝阿

瑗　阿陽　濕陰　朸　富平　安悳　合陽　樓虛

龍頟　安

漢分為濟南郡縣十四〔田都得十三縣實一縣〕

著

漢分為城陽國縣四

莒　陽都　東安　慮

以上皆十八王所分地也漢得巴蜀漢中三郡章邯得隴西北地二郡董翳得上郡〔京兆馮翊扶風本秦京師內史不在三十六郡之數〕魏豹得河東太原上黨三郡申陽得三川郡趙歇得代郡雲中雁門三郡張耳得鉅鹿邯鄲二郡黥布吳芮共得九江郡共敖得南郡韓廣得右北平遼東遼西三郡臧荼得上谷漁陽二郡田都田安田市共得齊琅邪二郡司馬卬得三川郡之北境河東郡之東境韓王成僅得潁川十縣且其地卽為項羽所奪故不復計諸王所分凡二十三郡加以項羽所得之東郡潁川泗水郯郡會稽鄣郡薛郡碭郡凡八郡〔項羽王九郡其東陽一郡乃楚漢之閒所置亦不在三十六郡之中漢分東郡碭郡為秦山郡其池當屬田安〕共三十二郡餘　有南陽九原黔中長沙四郡九原界邊黔中長沙與尉佗之南海桂林相近故不以封人其後項羽遷義帝於長沙郴縣〔郴縣在漢屬桂陽郡秦屬長沙郡〕正以其迫近南海數被寇害〔武帝時路博德出桂陽至番禺平南粵〕所謂惡地也若秦之南陽郡本屬韓地漢書地理志云韓分晉得南陽郡及潁川之父城定陵襄城潁陽潁陰長社陽翟郟而南陽一郡不以之封韓成者漢書王陵傳云高祖起沛入咸陽陵亦聚黨數千人居南陽不肯從沛公及漢王之還擊項籍陵迺以兵屬漢項羽取陵母置軍中高祖紀元年九月漢王遣將軍薛歐王吸出武關因王陵兵如淳注云王陵亦聚黨數千人居南陽卽據王陵傳而言〔高祖紀秦二世三年六月沛公與南陽守齮戰犨東七月南陽守齮降王陵聚黨居南陽當在南陽守旣降之後故王陵傳謂高祖起沛入咸陽陵亦聚黨數千人居南陽不肯從沛公也〕然則王陵未從漢王之先獨據南陽旣不從漢又不附楚故項羽不得以南陽封人歟又按漢書地理志云本秦京師為內史分天下作三十六郡漢興以其郡太大稍復開置又立諸侯王國武帝開廣三邊故自高祖增二十六文景各六武帝二十八昭帝一訖於孝平凡郡國一百三縣邑千三百一十四分郡旣多則所增置之縣亦必不少本紀列傳所載各郡屬縣之數與地理志互有增減讀者當以此求之今據元和郡縣志太平寰宇記凡漢之某郡從秦之某郡分出者皆詳載之其有疏漏亦冀博雅君子有以匡其不逮焉

楚漢諸侯疆域志卷三終

番禺范公詒初校沈葆和覆校

# 群書拾補·史記惠景閒侯者年表校補

［清］盧文弨

清乾隆中餘姚盧氏刊抱經堂叢書本

史記惠景閒侯者年表中脫去楊丘一侯漢書王子侯表在楊虛之前據史記索隱在楊虛之後今從索隱補之其楊虛侯中有以楊丘之文誤入者故并正之

| | | | | |
|---|---|---|---|---|
| 楊虛 | 齊悼惠王子侯 | | | 四年五月甲寅孝侯劉將廬元年 十二 十六年侯將廬爲齊王國除 |





| | | | | | |
|---|---|---|---|---|---|
| 楊丘 | 齊悼惠王子侯 | | | 四年五月甲寅恭侯劉偃元年 十二 十六年侯偃元年 八 | 三 四年侯偃有罪國除 |

今本史記以恭侯爲將廬之謚又於爲齊王下云有罪國除此乃以楊丘之文誤入者亦足以見史公本有而傳寫誤脫耳恭侯名平漢書作安今從索隱之文

史表之誤不可勝指今卽此同卷前後之文聊正一二於左

便 元年九月癸卯頃侯吳淺元年今本脫癸卯二字侯誤作王

軑 第七格先書 十 下書元光元年侯秩元年 又書二十 下書元封元年云云今本誤以十與二十合作三十脫去元光以下八字

沛 第四格先書 元年四月乙酉侯呂種元年 次書六 下書七年更爲不其侯 又書一 下書八年侯種云云今本中閒誤連書七一二字又七年更三字脫

上邳 第五格先書 一 下書二年侯郢客爲楚王國除今本一字反寫在後又二年誤作元年又上衍孝文二字案首行已著各帝年分侯下案格可知前亦有出高后者皆後人妄增





陽信 第五格 元年十一月辛丑夷侯揭元年今本十一月誤作十二月又本誤作三月夷字脫下軑侯元年正月誤作四月今侯梁脫今字又凡中幾年後幾年於中後下連元字者皆衍文

紅 第六格 三年六月乙亥莊侯富元年 次書四 下書前七年悼侯澄元年 又書一 下書中元年敬侯發元年 又書九今本三年六月乙亥誤作元年四月乙巳則仍是前封休侯之年矣又一字誤作二其餘與漢表異同不備著

俞 第六格 六年四月丁卯侯欒布元年 次書六 下書中五年侯某元年 又書五 第七格書 十三 下書元朔二年侯賁元年 又書十一 下書元狩六年云云今本侯某元年作侯布薨大誤史無此例侯某者不得其嗣之名也又五字脫又十三誤十二或誤十又十一或脫十字或脫一字

垣第六格三下書六年賜薨不得其嗣今本作賜死不得及嗣大誤賜乃其名後人誤與有罪賜死之文相涉遂妄改之不得其嗣史公常有此文法

益第七格先書二十下書元狩三年侯偃元年書又八下書元鼎五年云云今本先書二下書十八誤

塞第七格先書三次十二次十三今本連書三十二誤

史記有吾鄉梁伯子玉繩刊正極精細此外不及備舉者彼皆一一正之矣震澤王氏本更多舛訛不可勝摘矣

# 史表功比説

［清］張錫瑜

清光緒十四年廣雅書局刊本

# 史表功比說一卷

光緒十三年十二月廣雅書局刻

## 史表功比說侯第表附

史記高祖功臣侯年表功比某侯說

儀徵張錫瑜撰

史記高祖功臣侯年表功比某侯之文凡二十四見一汾陰表云比淸陽侯二梁鄒表云功比博陽侯三成表云功比厭次侯四新陽表云功比堂邑侯五汁邡表云功比平定侯六貰表云功比臺侯七故市表云功比平定侯八平表云比費侯賀九魯表云功比舞陽侯十故城表云功比厭次侯十一昌武表云比魏其侯十二高苑表云比斥丘侯十三平皋表云功比戴侯彭祖十四陽阿阿元作河今正說詳後侯第表表云功比高胡侯十五涅陽表云比杜衍侯十六武原表云功比高陵十七宋子表云功比磿元誤作磨今正侯十八淸表云比彭侯十九彊表云比彭侯二十繁表云功比吳房侯二十一高京表云功比辟陽二十二開封表云比共侯二十三長脩表云功比須昌侯二十四高梁表云功比平侯嘉漢表略同惟平皋之功比戴侯彭祖改云功比軑侯而無名又以襄平表之定平侯爲比平定侯則通前文爲二十五所比之侯其封或前或後覽之初不得其解嘉定錢氏攷異於汁邡表功比平定侯解之云平定侯齊受孝惠元年始封雍齒以高祖六年封不應轉準其例當有誤文或是平侯沛嘉之譌是說也予深疑之無論齊受之封爲高后元年非孝惠元年即如錢說高祖功臣旣不應轉準孝惠功臣之例以汁邡下比平定爲誤則故市之功比平定侯及襄表襄平之改定平侯爲比平

定侯亦誤矣卽漢表改平皋之功比戴侯彭祖爲功比軑侯軑侯利倉漢表作黎朱倉亦孝惠二年封劉它以高祖功臣比之亦誤矣而錢氏於此不置一言者何也且錢氏所謂不當轉準其例者謂先不得比後也先不得比後則非特高祖功臣不當轉準孝惠功臣之例卽高祖功臣之先封者亦豈當轉準後封者之例哉而攷之諸人中唯清陽封在汾陰前王吸六年十二月封周昌六年正月封時漢猶承用秦歷以十月爲歲首博陽在梁鄒前陳濞六年十二月封武儒六年正月封堂邑在新陽前陳嬰六年十二月封呂清六年正月封費在平前陳賀六年正月封沛嘉六年六月封舞陽在魯前樊噲六年正月封奚涓母侯疵封無月日表列六年六月後七月前魏其在昌武前周定六年六月封單甯六年七月封高胡在陽阿前陳夫乞六年中封卞訢七年十月封卞訢二字據單行索隱本辟陽在高京前審食其六年八月封周成九年四月封歷在宋子前程黑八年十月封許瘛八年十二月封十月元作七月又厠十二月中非是漢表在十二月前作十月今據之吳房在繁前楊武八年三月封彊瞻九年十一月封共在開封前盧罷師八年六月封陶舍十一年十二月封平在高梁前沛嘉見上酈疥十二年三月封彭與清及彊則同日皆八年三月丙戌封彊表作丙辰誤今據漢表餘皆後也厭次後於成而成比之董渫六年正月封元頃六年中封表次八月後七年前後於故城而故城又比之尹恢亦六年中封表次六月七月閒臺後於貰而貰比之呂博國六年三月封戴野六年八月封博國二字據單行索隱本漢表云傳胡害斥丘後於高苑而高苑比之丙倩六年七月封唐厲六年八月封戴後於平皋而平皋比之劉它七年六月封秋彭祖十一年三月封秋字據正義及單行索隱本竝水經注杜衍後於涅陽而涅陽比之呂勝七年中封表列十月前王翳七年正月封漢表則勝作騰翳作翥而以騰封在翥後高陵後於武原而武原比之衛胠八年十二月封王周十二年十一月封須昌後於長脩而長脩比之杜恬十一年正月封趙衍十一年二月封然則錢氏之說固未可通也錢氏之所惑者



世代相越耳不知此不當以封年之先後爲衡而當以侯第之上下爲定漢書高惠呂后文功臣表言高祖作十八侯位次高后二年復詔丞相陳平盡差列侯之功第錄下竟張晏王子侯表注曰二年以後皆不第則陳平第錄功臣實通高惠時及呂后二年以前所封而竝次之矣史記惠景閒侯者年表於孝惠呂后功臣侯第旣已全闕高祖功臣侯年表亦不無脫漏惟漢表之文較詳嘗竊參互攷之而有以成其說其易見者如舞陽侯第五魯侯第七故魯比舞陽清陽侯第十四汾陰侯第十六故汾陰比清陽博陽侯第十九梁鄒侯第二十故梁鄒比博陽厭次侯第二十四成侯第二十五故城侯第二十六故成及故城皆比厭次費侯第三十一表脫此據漢表平侯第三十二故平比費臺侯第三十五貰侯第三十六故貰比臺斥丘侯第四十高苑侯第四十一故高苑比斥丘魏其侯第四十四昌武侯第四十五故昌武比魏其平定侯第五十四此據漢表故市侯第五十五汁邡侯第五十七故故市汁邡皆比平定辟陽侯第五十九高京侯第六十故高京比辟陽彭侯第七十清侯第七十一彊侯第七十二故清彊皆比彭高胡侯第八十二陽阿侯第八十三故陽阿比高胡堂邑侯第八十六新陽侯第八十七元作八十一與棘陽侯第同非是今據漢表故新陽比堂邑吳房侯第九十四繁侯第九十五故繁比吳房杜衍侯第百二涅陽侯第百四故涅陽比杜衍須昌侯第百七長脩侯第百八故長脩比須昌此其爲侯第相近固較然著矣其不合者如平侯第三十二而高梁侯第六十六比

之平定矦第五十四而襄平矦第六十六比之襄平表闕此據漢表磨矦第九十二而宋子矦第九十九比之戴矦第百二十六而平皋矦第百二十一比之位次相遠復有顚倒此則舊史之誤也夫以矦第相近而比者旣昭昭如是何獨此四矦之不同且所謂第者次也遂次相比一第豈容兩矦竝居而此表高梁矦第六十六與肥如矦第同磨矦第九十二與高陵矦第同此其不得謂之本無舛誤明矣此表闕襄平矦第而漢表以爲位次六十六則增兩六十六爲三六十六其爲譌亂又明矣竊攷平定矦下有五十六矦第闕則襄平之六十六當爲五十六可知也高梁矦下有六十八矦第闕則肥如之六十六當爲六十八而高梁矦上有北平矦第六十五則平矦嘉當爲北平矦倉之脫誤可知也宋子矦上有九十七矦第闕而武原以矦第九十三比高陵矦第九十二則高陵之九十二不誤而磨誤矣又磨與深澤宋子皆以趙將降理宜相近則磨之九十二當爲九十七可知也漢表平皋改戴矦彭祖爲軑矦諒非無據而軑位次百一十則與此表之成陽彼表之平都竝同斯必不然檢平皋矦上有百二十矦第闕則軑之百一十當爲百二十可知也漢表以德矦爲位次百二十案此表德矦第百二十七在上邳朱虛上皆以王子封相與爲類知漢表誤也如是則平定矦第五十四故市矦第五十五比之襄平矦第五十六又比之汁邡矦第五十七又比之北平矦第六十五高梁矦第六十六比之磨矦第九十七宋子矦第九十九比之軑矦第百二十平皋矦第百二十一比之而其疑舉可釋矣烏乎古史殘闕非細心



研究鮮得其眞雖以錢氏之博且精猶不能不失之鹵莽也錫瑜不揣檮昧謹就管見所及推而正之儻亦前賢之所不深罪歟

歲在壬子撰此說及矦第表用漢書說改史表之戴矦彭祖爲軑矦越今三年竊疑史公偁名必無謬誤遂卽矦第一表反覆研尋乃知漢書不足憑而史表爲可據也信古書之難讀愧前見之多疏爰自矦第百二十以下重加釐正但于舊文多所淩亂自以武斷爲嫌故不復定此文而以所更訂者附諸矦第表之後惟大雅擇焉乙卯孟冬記

## 附矦第表

史表所謂矦第漢表謂之位次其實一也表前標目矦第二字單行索隱本所出正文作矦位次三字此或小司馬所見本異要亦足證其同已然漢表又別有所謂位次者如陽陵表云位次曰武忠矦曲成表云位次曰夜矦平表云位次曰聊城矦猗氏表云位次曰長陵矦長脩表云位次曰信平矦土軍表云位次曰信成矦其文凡六見皆指中簿而言與此小異師古曰漢列矦位次簿有謚號姓名與史所記不同者表則具載矣是也班踵馬後于事加詳然閱歲既多譌舛亦甚今用史表爲主證以漢書亂者理之誤者正之脫者補之疑者闕之總得一百三十七人鋪列如左

一酇索隱云縣名在沛音贊錫瑜案世家集解文穎曰音贊瓚曰今南陽酇縣也孫檢曰有二縣音字多亂其屬沛郡者音嵯屬南陽者音讚案茂陵書蕭何國在南陽宜呼讚今多呼嵯嵯舊字作鄺今皆作酇所由亂也索隱于彼亦用其說今此乃云在沛又云音贊謬也文終矦蕭何以客初起從入漢爲丞相備守蜀及關中給軍食佐上定諸矦法令立宗廟矦八千戶案世家受封定位次第一之後尚復益封二千戶想亦在此數內矣高祖六年正月丙午封

二平陽索隱云案漢書地理志平陽縣屬河東漢志河東郡平陽韓武子元孫貞子居此應劭曰堯都也在平河之陽
秦始皇本紀正義云平陽戰國時屬韓後屬趙懿侯曹參以中涓師古曰中涓親近之臣若謁者舍人
之類也涓絜也主居中埽絜也從起沛至霸上侯世家云封建成侯以將軍入漢以
漢表有假字據世家漢表爲備左丞相出征齊魏以右丞相世家同漢書列傳作左丞相
爲平陽侯萬六百戶世家云萬六百三十戶此僅槼大數而已高祖六年十二月
甲申封
三宣平武侯張敖索隱云楚漢春秋南宮侯張耳此作宣平侯敖故耳子陳平錄第時耳已薨故也錫瑜案
此說與所載姚氏解十八侯位次與楚漢春秋不同之故謂陸賈記事高祖惠帝時漢書是後定功臣等列及陳平受呂
后命而定或已改邑號故人名亦別者實相表裏然漢表明言高祖作十八侯位次不然陳平有所改定則陳平第錄功
狀時於十八侯位次當一仍高祖之舊所以與春秋楚漢異者高祖初定位次據蕭相國世家當在六年八月封鄂千秋
之際於後終高祖世歷定韓王信陳豨英布之變其有無功續各殊高祖或復較量其間於初定者更加升降陸生僅據



初定而書故參差不合姚馬之言未可信也至張耳之封南宮史漢並無其事無論王趙以後不當降封即封趙前耳已
受楚常山王之封窮蹙來歸方將特加尊寵以副豪傑之望豈當以侯爵輕之竊意此乃陸生至文帝初年親見張敖子
廢魯王偃更封南宮偶加追改故以南宮之封加諸張耳也然於彼數侯之及身改名號改位次者並不一一改之而獨
追改張耳於身後前後參錯事實乖違此洪容齋所以譏其多與史不合也今於索隱所引其文之不同者亦具錄之以
備參攷兵初起張耳誅秦爲相合諸侯兵鉅鹿破秦定趙爲常
山王陳餘反襲耳棄國與大臣歸漢漢定趙爲王卒子敖嗣
其臣貫高不善廢爲侯無戶數高祖九年四月封案表四月封而列在九月
所封侯之後疑有誤漢表無四月二字
四絳索隱云縣名屬河東漢志絳晉武公自曲沃徙此應劭曰絳水出西南又通鑑地理通釋云漢絳縣本晉都新田以
絳山爲名武侯周勃以中涓從起沛至霸上爲侯世家云賜爵威武侯定三
秦食邑世家云賜食邑懷德爲將軍入漢定隴西擊項羽守嶢關定泗

水東海侯侯字元脫據漢表補八千一百戶世家云八千一百八十戶高祖六年正
月丙午封
五舞陽索隱云縣名屬潁川漢志注應劭曰舞水出南武侯樊噲以舍人起沛從至霸
上爲侯列傳云號臨武侯入漢定三秦爲將軍擊項籍再益封列傳云從
擊秦軍至櫟陽賜食邑杜之樊鄉從攻項籍至滎陽益食平陰二千戶項籍既死益食八百戶從破燕執韓
信侯五千戶列傳云定食舞陽五千四百戶然此乃統後益封記之故有此數攷列傳更食舞陽後始以從
攻韓王信益食千五百戶又以相國擊盧綰益食千三百戶共前定爲五千四百戶以後所益數除之則初封止三千六
百戶高祖六年正月丙午封
六曲周索隱云縣名屬廣平攷異曰案漢志曲周縣武帝建元四年置蓋景帝之世酈寄以罪免國除爲鄉至孝武復
置爲縣也景侯酈商以將軍從起岐攻長社以南別定漢中及蜀
定三秦擊項羽侯四千八百戶列傳云食曲周五千一百戶又案列傳曲周係以後改食



邑號初封則食涿五千戶高祖六年正月丙午封據列傳此時所封號曰涿侯其後定代擊豨破
布乃更食曲周則定曲周當在十二年
七魯索隱云縣名屬魯國漢志魯伯禽所封侯無謚奚涓姓名元脫據單行索隱本所出正文補以舍
人從起沛至咸陽爲郎中入漢以將軍從定諸侯侯四千八
百戶功比舞陽侯死事無代侯高祖六年中六月後七月前封母侯
疵疵漢表作底蓋疵之誤疷疵同訓病以聲近通用也又據漢表母侯疵改封重平此表脫之
八汝陰索隱云縣屬汝南文侯夏侯嬰以令史從降沛爲太僕常奉車
爲滕公竟定天下入漢中全孝惠魯元侯六千九百戶案列傳初
賜食祈陽定楚益食茲氏從擊荼取信更食汝陰其後從擊代益食千戶平城得脫益食細陽千戶後從擊胡賜所奪邑
五百戶擊豨布益食千戶以後所益數除之則初封止三千四百戶高祖六年十二月甲申封
九潁陰索隱云縣名屬潁川懿侯灌嬰以中涓從起碭至霸上爲昌文君

入漢定三秦食邑列傳云賜嬰爵列侯號昌文侯食杜平鄉以車騎將軍案列傳擊齊追籍皆以御史大夫將騎兵殺籍後乃稱車騎將軍屬淮陰定齊元作濟據列傳及漢表改淮南及下邑漢表作八邑殺項籍侯五千戶據列傳初封止二千五百戶其後擊信攻豨破布又益食二千五百戶乃定食五千戶高祖六年正月丙午封

十陽陵索隱云縣屬馮翊楚漢春秋作陰陵攷異曰案馮翊之陽陵景帝陵也漢諸陵縣屬太常元帝始分屬三輔不以封諸侯漢志陽陵故弋陽景帝更名則高帝時尚無陽陵之名楚漢春秋作陰陵近之錢坫案陰陵屬九江景侯漢表云位次曰武忠侯傅寬以舍人從起橫陽至霸上為騎將元作魏將案列傳以魏五大夫騎將從為舍人起橫陽從至霸上入漢中遷為右騎將則為魏將乃為舍人以前事此時則為騎將也今從漢表改正入漢定三秦屬淮陰定齊為齊丞相侯二千六百戶

高祖六年十二月甲申封

十一信武索隱云地理志無信武縣當是後廢故也肅侯靳歙以中涓從起宛朐入




漢以騎都尉定三秦擊項羽別定江陵漢表作漢誤侯五千三百戶據列傳初封止四千六百戶其後以從擊信豨布有功益封高祖六年十二月甲申封

十二安國索隱云縣名屬中山武侯王陵元有以客從起豐五字以廄將別定東郡南陽元有從至霸上入漢六字皆與陳丞相世家之文不合世家言高祖起沛入至咸陽陵亦自聚黨數千人居咸陽不肯從及漢王之還攻項籍陵乃以兵屬漢故漢表從彼改之全不取此表文然此表實有與紀傳相出入處不當全改故今但刪其不合者而不據漢表以易此文也徐廣世家音義亦引此文不取從至霸上入漢六字然併定東郡南陽去之而存以客從起豐五字去取閒猶未盡得守豐上東因從戰不利奉孝惠魯元出睢水中及堅守豐睢元作淮集解徐廣引作睢案高祖本紀楚大破漢軍睢水上睢水為之不流作睢是也淮乃形近之誤耳今據改又案滕公列傳漢王敗不利馳去見孝惠魯元載之漢王急馬罷虜在後常蹶兩兒欲棄之嬰常收竟載之徐行面雍樹乃馳漢王怒行欲斬嬰者十餘卒得脫而致孝惠魯元于豐以此文參證之則漢王未見之前免二子者陵也滕公既致之後堅守豐者又陵也中間保護雖賴滕公陵實始終其事矣于雍侯五

千戶高祖六年八月甲子定侯安國

十三棘蒲索隱云漢志闕攷異曰案趙世家敬侯六年伐魏取棘蒲正義云今趙州平棘縣古棘蒲邑也今攷陳武以高帝六年封棘蒲侯而七年又封林摯為平棘侯則平棘非即棘蒲或其地相去不遠棘蒲國除之後省入平棘耳剛侯陳武武一氏柴見高祖本紀集解所引漢書音義臣瓚亦目之曰功臣表柴武又齊悼惠王世家云使棘蒲侯柴將軍集解張晏曰柴武是也本紀亦稱為柴將軍以將軍前元年攷異於楚侯表前元年解曰所稱前元年二年三年者高帝自稱沛公之年也入關王漢以後始稱漢元年率將漢表作將卒二千五百人起薛別救東阿至霸上二漢表作一歲十月入漢擊齊歷下軍田既功侯無戶數高祖六年三月丙申封

十四清陽索隱云漢表清河地理志清陽縣屬清河郡案漢清河郡治清陽縣水經注河水篇清河又東北逕清河縣故城西漢高帝置清河郡治此定侯王吸索隱云楚漢春秋作清陽侯王隆今案高祖本紀亦云王吸以中涓從起豐至霸上為騎郎將入漢以將軍擊項羽功侯




三千一漢表作二百戶高祖六年十二月甲申封

十五廣平索隱云縣名屬臨淮敬侯薛歐以舍人從起豐至霸上為郎中入漢以將軍擊項羽漢表下有將字鍾離眛功侯四千五百戶高祖六年十二月甲申封

十六汾陰索隱云縣名屬河東秦本紀河渠書正義引括地志云汾陰故城俗名殷湯城悼侯周昌初起以職志索隱云如淳曰職志官名主幡旗錢坫案志與幟同古無幟字故但作志說詳下留侯表攷異擊破秦入漢出關以內史堅守敖倉以御史大夫定諸侯據全例當更有侯字比清陽侯二千八百戶漢表脫高祖六年正月丙午封

十七陽都索隱云漢志闕晉書地道記屬琅邪攷異曰案漢志城陽國有陽都縣後漢省城陽入琅邪小司馬云漢志闕者非也敬侯丁復以趙漢表作越將從起鄴漢表作薛至霸上為樓煩將案項羽本紀漢有善騎射者樓煩集解應劭曰樓煩胡也今樓煩縣又灌嬰列傳集解李奇曰樓煩縣名其人善騎

射故以名射士爲樓煩取其美稱未必樓煩人也據此則爲樓煩將射士也入漢定三秦別降翟

王屬悼武王漢表作周呂侯殺龍且彭城爲大司馬破羽軍葉拜爲

將軍忠臣侯三史拾遺曰忠臣非官號古書忠與中通韓增幼爲忠臣謂中朝親近之臣也此忠臣義亦同酷吏傳景帝謂郅都忠臣欲釋之竇太后曰臨江王獨非忠臣乎亦是此義錫瑜案中朝親近之臣莫如絳灌樊酈而竝無此目何獨於復爲然此或特加寵號如稱英布爲武王之比蓋由漢高不學故有斯謬錢氏乃深求其說而失之耳且如攷異於漢興以來諸侯年表之初王武王英布元年疑武王二字衍謂布已誅死安得有謚而不知高祖本紀明有立武王布爲淮南王之文此皆錢氏之失諸肙睫間者也七千八百戶高祖六年正月戊

申封

十八曲城漢表作曲成又云位次曰夜侯案成與城通索隱云漢志闕表在涿郡楚漢春秋云夜侯蟲達蓋改封也攷異曰案漢志曲成縣屬東萊即此曲城也其後改封夜侯夜即掖亦屬東萊小司馬云漢志闕者非也又王子侯表有曲成侯萬歲中山靖王之子表在涿郡此又一曲成小司馬誤合爲一錫瑜案錢說核矣但史公立表必取後定之封以非改封之號也圉侯蟲達漢春秋作蟲達以曲西誤城戶

將卒三十七人初從起碭至霸上爲執珪漢表作執金吾誤漢書百官公卿表武帝太初元年始更名中衛爲執金吾是時未有也爲二隊將漢表爲上有五年二字疑有誤屬悼武

王漢表作周呂侯入漢定三秦以都尉破項羽軍陳下功侯四千戶

高祖六年三月庚子封

右以上十八元功高祖所定張敖無績列在第三故師古以尚主曲升疑獻侯之阿呂然攷常山初起依附信陵豪傑舊聲見欽高祖迄乎兩雄爭帝首率歸誠是用敘功爲王遠駕蕭曹之上徒以家臣不善俾其子降爲徹侯以冠周樊未爲踰分小顏臆說豈足深憑若夫所敘侯功固當

出於曲逆蓋兩稱悼武此則有明徵也據呂后本紀元年追尊酈侯父爲悼武王而陽都曲城二侯表竝云屬悼武王是已在追尊之後故知此文爲平所製史公於後因而不改耳若漢書外戚恩澤侯表周呂令武侯呂澤表繫追尊令武曰悼武王之文於呂王台高后二年薨謚曰肅之下則是補敘蓋本紀明云追尊悼武王欲以王諸呂爲漸必在台未王之前非台薨後事也

十九博陽索隱云縣在汝南壯侯漢表作嚴侯避明帝諱也然明帝諱莊此云壯而亦避者古莊壯字通說見下堂邑侯表陳濞索隱云楚漢春秋名濆案濆一本作隤此從單行本以舍人從起碭以刺

客將入漢以都尉擊項羽滎陽絕甬道擊殺卒追功侯無戶數

高祖六年十二月甲申封

二十梁鄒索隱云縣屬濟南孝侯武儒漢表作武虎水經注濟水篇亦然兵初起以謁

者從擊破秦入漢漢表下有定三秦出關五字以將軍擊定諸侯據全例下亦當更有侯字功比博陽侯二千八百戶高祖六年正月丙午封

二十一兀脫攷此表及漢表有兩四十一一東武一高苑高苑比斥丘侯其次不誤知東武誤也古四字積畫爲三此東武蓋本作二十一由轉寫者誤重二字故譌爲三因轉爲四也今擬以東武補此第東武索隱云縣名屬琅邪郡貞侯郭蒙以戶衛集解徐廣曰一云從起薛案漢表下亦有起薛二字屬元作爲誤據漢表改

悼武王破秦軍杠里陽漢表作楊上有陷字案高祖本紀亦作楊熊軍曲遇入漢

爲越將軍越集解徐廣曰一作城案漢表亦作城無軍字師古曰城將將築城之兵也定三秦以

都尉堅守敖倉爲將軍破籍軍功侯二千戶高祖六年正月

戊午封案劉羲叟所推顓頊歷是年正月丙戌朔二日丁亥三日戊子月內不得更有戊午戊午二月四日也證之史表周呂侯呂澤建成侯呂釋之酈侯張良竝以是年正月丙戌封則此正月爲二月之誤明矣漢表誤同

二十二蒯成漢表作鄘成傳作鄘城服虔曰音菅蒯之蒯蘇林曰音薄催反晉灼曰功臣表屬長沙師古曰此字從崩從邑音蒯非也呂忱音陪而楚漢春秋作憑城侯陪憑聲相近此其實也又音普肯反案說文邑部鄘右扶風鄠鄉从邑崩聲沛城父有鄘鄉讀若陪地雖各異顏讀是也此作蒯成字形相近故耳索隱云漢志闕晉書地道記屬北地列

傳正義引括地志云蒯亭在河南西十四里苑中與地志云蒯成縣故陳倉之故鄉聚名也周緤所封也晉武帝咸甯四年分陳倉立蒯成縣屬始平郡也攷異曰案晉書地理志蒯成屬始平不屬北地也高祖功臣侯百四十七人班史皆不言其食邑所在獨于蒯成云在長沙必有所據諸僻紛紛皆無當也尊侯列傳作貞侯正義云謚爲尊侯一作卓漢表作制侯周緤以舍人從起沛至霸上侯列傳失載漢表無侯字案下有食邑池陽此侯字不當刪入漢定三秦食邑池陽擊項羽軍滎陽絕甬道從出度平陰遇淮陰侯軍襄國楚漢約分鴻溝以緤爲信戰不利不敢離上侯案列傳云遇淮陰侯兵襄國軍乍利乍不利終無離上心以緤爲信武侯集解徐廣引此表爲信下有武侯二字而離上下無侯字蓋徐意以傳爲是故以傳文參訂此文也然其閒有可疑者如傳所云則此表楚漢約分鴻溝之文爲虛設如徐所云則約分鴻溝之時已封信武而十二年十月乙未始定蒯成中閒六年八月甲子所封者係何邑號如云仍其舊封更與剖符立誓則是年十二月甲申已封信武侯靳歙一時不容頓有兩信武侯竊意列傳中信武侯之文乃因與信武侯靳歙傳相連牽涉致誤耳周緤事當以此表爲是雖所封邑號不詳猶勝傳文之脫誤也徐廣不加詳審遂改不誤爲誤又倒侯字於功狀上致乖表例疏謬甚矣三千三百戶漢表三字並作二據列傳漢表誤也高祖六年八月甲子封十二年十月乙未定蒯成毛本作十一月誤案顓頊歷十一月壬子朔四月乙卯十四日乙丑月中無乙未乙未十月十三日也

二十三都昌索隱云漢志闕攷異曰案北海郡有都昌縣水經注以爲朱軫所封錫瑜案見酈注濰水篇莊漢表避諱作嚴侯朱軫以舍人前元年從起沛以騎隊率漢表作帥先降翟王虜章邯功侯無戶數高祖六年三月庚子封

二十四厭次索隱云漢志闕晉書地道記屬平原後乃屬樂陵國也侯無謚元頃集解徐廣曰漢書作袁類單行索隱本云漢表作爰類今案漢表作爰其實袁爰同耳但漢表既改頃作類而城父表仍云功比厭次侯頃自相牴牾何也以慎將師古曰以謹愼爲將也前元年從起留入漢以都尉守廣武功侯無戶數高祖六年中封在八月後

二十五成索隱云縣名屬涿郡攷異曰案水經注淄水又逕郕北春秋齊師圍郕郕人伐齊飲馬於斯水也漢高帝



封董渫爲侯國郕成古字通左氏傳本作成敬侯董渫師古曰字或作緤兵初起以舍人從擊秦爲都尉入漢定三秦出關以將軍定諸侯據例亦當更有侯字功比厭次侯二千八百戶八毛本作五誤高祖六年正月丙午封

二十六元脫據漢表補故城索隱云漢表作城父屬沛郡莊侯漢表於莊字壯字悉避諱作嚴後不具出尹恢兵初起以謁者從入漢以將軍擊諸侯以右丞相備守淮陽功比厭次侯漢表下有頃字侯元脫據漢表補漢表侯下又有諸莊二字此莊字乃獨不避二千戶高祖六年中封六月後七月前

二十七阿陵索隱云縣名屬涿郡案今漢表作河陵字誤頃侯郭亭以連敖案淮陰侯列傳集解徐廣以連敖爲典客官前元年從起起字元脫據漢表及單行索隱本所出正文補單父以塞疏入漢集解徐廣曰一云塞路一云以衆入漢中索隱正文作塞路入漢解云一云塞疏一云以衆疏入漢案塞路字誤爲疏小顏云主遮塞要路也今案漢表作路師古曰塞路主遮塞要路以備敵寇也還定三秦屬悼武王漢表作周呂侯以都尉擊籍功侯無戶數高祖六年七月庚寅封

二十八廣表下元有嚴字索隱云晉書地道記廣縣在東莞嚴謚也下又云壯班馬二史竝誤攷異曰案嚴字衍文小司馬以嚴爲謚卽下文所云壯侯也壯當作莊班氏避諱作嚴非有誤也後人又誤會班史增嚴於廣字之下亦非史公之誤漢志齊郡有廣縣今據刪至壯之與莊則古通用字也壯侯呂毆漢表作召歐師古曰歐音烏后反索隱云毆烏侯反以中涓從起沛至霸上爲連敖入漢以騎將定燕趙得漢表有燕字將軍侯二千二百戶高祖六年十二月甲申封

二十九河陽索隱云縣名屬河內莊侯陳涓以卒前元年起碭從以二隊將入漢擊項羽身得漢表有梁字案項羽王梁楚地梁亦楚也郎將處功侯無戶數高祖六年三月庚子封

三十蓼索隱云縣名屬六安夷元脫據漢表補侯孔聚單行索隱本所出正文作藂蓋小司馬所見本異水

經注洙水篇亦作蔡又索隱云姚氏案孔子家語云子武生鮒子魚及子文子文生最字子產說文以最爲積聚字此作蔡不同今案小爾雅冣聚叢也說文冣从冂从取兼从取得聲其訓爲積孫愐音才句切音義迥殊字爲子產則名當爲冣故其字亦爲聚索隱字並作最殆傳寫誤也 以執盾前元年從起碭以左司馬入漢爲元作以據漢表改 將軍三以都尉擊項羽屬韓信索隱云郎漢五年圍羽垓下淮陰侯將卅十萬自當之孔將軍居左費將軍居右是也費將軍即下費侯陳賀也 功侯無戶數 高祖六年正月丙午封

三十一元脫據漢表補 費 索隱云縣名屬東海案漢志東海郡費縣故魯季氏邑師古曰音祕漢表師古音扶味反云說者以爲季氏邑非也索隱說誤 圉 集解徐廣曰圉或作幽漢表脫 侯陳賀以舍人前元年從元脫據漢表補起碭以左司馬入漢用都尉屬韓信擊項羽有功爲將軍定會稽浙江湖陽漢表作陵侯無戶數 高祖六年正月丙午封

三十二 平 索隱云縣名屬河南漢表云位次日聊城侯案聊城屬東郡高祖本紀正義引括地志云故聊城在博州聊城縣西二十里春秋時齊之西界聊攝也戰國時亦爲齊地秦漢皆爲東郡之聊城也 悼侯沛嘉漢表作工師喜案沛與師字形相近故致或誤至嘉之與喜尤多相亂郎如此表合陽侯劉仲仲字徐廣曰一作嘉嘉後改封代王而漢興以來諸侯年表作代王喜又亦泉侯楊嘉項羽本紀亦作喜是也 兵初起以舍人從擊秦漢表作擊破秦 以郎中入漢以將軍定諸侯守洛陽功侯比費侯賀千三百戶高祖六年六月丁亥封案顓項曆六月甲寅朔四日丁巳月中無丁亥丁亥七月五日也表內柳丘魏其祁三侯封日誤與此同

三十三 武彊 索隱云漢志闕攷異曰案曹相國世家還攻武彊因至滎陽臣瓚曰武彊城在陽武水經注以爲莊不識所封也錫瑜案見酈注溜水篇 莊侯莊不識漢表作嚴不職 以舍人從漢表有起沛二字其下又衍一公字 至霸上以騎將入漢還擊項羽屬丞相甯功侯無戶數案侯下尚云用將軍擊黥布侯攻擊布在十一年去此初封後五六歲故以此侯字爲斷彼侯字衍 高祖六年



三月庚子封

三十四 隆慮 索隱云縣名屬河內音林閭錫瑜案漢志注應劭曰隆慮山在北避殤帝名改曰林慮也師古曰慮音閭然則隆字至後漢避諱始改爲林又併字改之非特音林已也 哀侯漢表作克侯 周竈以卒從起碭以連敖入漢以長鈹都尉索隱云徐廣以長鈹爲官名說文云鈹者劍刀裝也鈹音敷皮反漢表作鋌今案師古曰長鋌長刃兵也爲刀而劍形史記作長鈹鈹亦刀耳鋌音挻鈹音披 擊項羽有功侯無戶數 高祖六年正月丁未封

三十五 臺 索隱云臨淄郡有臺鄉縣攷異曰案兩漢無臨淄郡當是齊郡也又濟南郡有臺縣錫瑜案濟南郡乃平臺縣 定侯戴野以舍人從起碭用隊率入漢以都尉水經注濟水篇作東都尉疑誤 擊籍籍死轉擊臨江屬將軍賈此郎荊王劉賈 功侯無戶數 高祖六年八月甲子封

三十六 貰 索隱云縣名屬鉅鹿 齊侯呂博國二字元脫據單行索隱本所出正文補水經注濁漳水篇亦作呂博而脫國字集解徐廣曰呂一作台攷異曰漢表作合傅胡害合與台字形相似也博近傳國近害未審誰是 以越戶將從破秦入漢定三秦以都尉擊項羽侯元脫據漢表補 千六百戶表脫千字漢 功比臺侯高祖六年三月庚子封

三十七 海陽 索隱云海陽亦南越縣地理志闕攷異曰案班志遼西郡有海陽縣水經注以爲搖毋餘所封錫瑜案見酈注濡水篇然蘇秦列傳說楚威王曰東有夏州海陽索隱云案地理志無海陽劉氏云楚之東境正義未詳通鑑地理通釋十云楚威王六年敗越盡取吳故地至浙江左傳楚奄征南海則近越自有海陽毋餘又東越之族封邑不應遠至遼西酈注恐未足據 齊信侯搖毋餘索隱云毋餘東越之族也 以越隊將從破秦入漢定三秦以都尉擊項羽侯千八漢表作七百戶高祖六年三月庚子封

三十八元脫攷此表有兩四十八一東茅一蓏疑其一爲三十八蓋於三字誤加一畫爲三故轉爲四也今亦未知二侯誰當爲三十八姑據入漢定三秦以都尉擊項羽之文以類相從用東茅擬補非敢謂必然也 東茅 索隱云漢

志闕一作柔攷異曰案琅邪郡有柔縣敬侯劉釗漢表作到三史拾遺曰當從史記以舍人從起陽至霸上以二毛本作三漢表亦作二隊入漢定三秦以都尉擊項羽破臧荼侯捕元作補誤據漢表改韓王字漢表有信爲將軍益邑千戶高祖六年八月丙辰封

三十九柳丘索隱云縣名屬渤海齊侯戎賜以連敖從起薛以二漢表作三隊將入漢定三秦以都尉破項籍軍爲將軍侯千戶漢表千戶上有八字衍案史公此表序云天下初定故大城名都散亡戶口可得而數者十二三是以大侯不過萬家小者五六百戶後數世民咸歸鄉里戶益息蕭曹絳灌之屬或至四萬小侯自倍戎賜初封千戶傳至曾孫角以罪除國漢表記其時戶三千較之初封遂增兩倍此見其蕃息也如初封八千則轉凋散甚矣且以蕭何元功止封八千戶賜以何功而當得比之乎高祖六年六月丁亥封日誤見平侯表

四十斥丘索隱云縣名屬魏郡漢志注應劭曰斥丘在西南也師古曰闞駰云地多斥鹵故曰斥丘懿侯唐厲以舍人從起豐以左司馬入漢以亞將攻籍剋漢表作卻敵爲東部元作郡據漢表改都尉擊破籍侯成武元脫侯字成武作武城集解徐廣曰一云城武今據漢表補正師古曰初爲成武侯後更封斥丘也觀下爲斥丘侯之文如師古說是成城字古亦通成武屬山陽唐厲初封即此下所載月日矣爲漢中尉擊布爲斥丘侯據此則定斥丘當在十二年千戶高祖六年八月丙辰封

四十一高宛索隱云縣名屬千乘宛元作苑今據單行索隱本所出正文及漢表志改制侯單行索隱本制作利丙倩漢表作猜初起以舍人從漢表作初以客從入漢定三秦以中尉破籍侯千六百漢表有五字戶比斥丘侯高祖六年七月戊戌封

四十二樂成索隱云漢志闕攷異曰案漢志河間國有樂成縣錫瑜案南陽郡有樂成侯國節侯丁禮以中涓騎從起元脫據漢表補碭中爲騎將入漢定三秦侯漢表云爲正奉侯以都尉擊籍屬灌嬰殺龍且更爲樂成侯千戶高祖六年八月甲子封

四十三宣曲索隱云漢志闕攷異曰案貨殖傳有宣曲任氏小司馬據上林賦西馳宣曲以爲當在京輔也錫瑜案漢書百官公卿表武帝初置八校尉有長水校尉掌長水宣世胡騎師古曰宣曲觀名胡騎之屯於宣曲者蓋孝景四年義子通有罪國除故孝武以爲畿輔屯兵之所齊侯丁義以騎將入漢定三秦破籍軍滎陽爲郎騎將元脫據漢表補破鍾離眛軍固陵侯六百七十戶高祖六年七月戊戌封

四十四魏其索隱云縣名屬琅邪莊侯周定漢表作止以舍人從起元脫據漢表補沛以郎中入漢爲周信侯定三秦遷爲郎中騎將漢表作騎郎將破籍東城侯千戶高祖六年六月丁亥封日誤見平侯表

四十五昌武索隱云漢志闕攷異曰案漢志膠東國有昌武縣靖信侯單甯漢表作究初起以舍人從以郎中入漢定三秦以郎中漢表作騎將漢表有軍字衍擊諸侯侯九百八十戶漢表無八十二字又案單甯傳國至曾孫得元朔三年坐傷人二旬內死弃市國除漢表記其時戶六百與小侯自倍之文亦不相應蓋彼六百上誤脫千字非此九百八十有誤文也比魏其侯高祖六年七月庚寅封

四十六絳陽索隱云漢志闕攷異曰案水經注澮水篇云新田又謂之絳即絳陽也蓋在絳澮之陽漢高帝封華無害爲侯國漢表作絳陵三史拾遺曰當從史記作絳陽齊侯華無害以越將水經注作越騎將軍三史拾遺曰水經注誤增從起留入漢定三秦擊臧荼侯七百四十戶高祖六年七月戊戌封

四十七曲逆索隱云縣名屬中山案漢志中山國曲逆注張晏曰濡水於城北曲而西流故曰曲逆章帝醜其名改曰蒲陰在蒲水之陰獻侯陳平以故楚都尉漢王二年初從脩武爲都尉遷爲護軍中尉出六奇計案世家平初封戶牖侯明年從至平城爲匈奴所圍用平奇計得出乃更以爲曲逆侯曲逆見五千戶盡食之其後常以護軍中尉從攻陳豨及黥布凡出六奇計輒益邑凡六益

封則出六奇計賓統後攻豨及布事而言漢表無六字定天下侯五千戶此曲逆戶數也其初封戶牖戶數史所不言不可得知矣然據世家攻豨布後尚有益封而此亦闕之高祖六年十二月甲申封此初封爲戶牖侯也戶牖鄉名世家陽武戶牖鄉人也集解徐廣曰陽武屬魏地戶牖今爲東昏縣屬陳留案漢志陽武屬河南郡也

四十八菌索隱云漢志闕集解徐廣曰一作鹵攷異曰案代郡有鹵城縣錫瑜案漢志安定郡有鹵縣漢表菌作鹵鹵上有蓺字非城字之誤郎下莊字之譌而又誤倒在上耳蓺單行索隱本所出莊正文作莊漢表脫侯張平以中涓漢表作尉疑誤前元年從起單父不入關以擊籍漢表脫布燕王綰得南陽侯二千七百戶高祖十二年六月封漢表作十二月封案本紀擊綰乃二月事十二月在二月前綰之反始有端豈當預知其功而封之且果十二月封卽當列在十二月所封高陵期思成三侯之後正月所封穀陽侯之前而乃退居六月之後蓋漢表本有年無月而誤年字爲月字也鄢陵侯表亦誤年爲月

四十九復陽索隱云縣名屬南陽應劭云在桐柏山下復水之陽攷異曰案清河郡亦有復陽縣水經注以爲陳胥所封錫瑜案見酈注淇水篇剛侯陳胥以卒從起薛以將軍入漢以右司馬擊項籍侯千戶高祖七年十月甲子封

五十猗氏索隱云縣名屬河東漢表云位次曰長陵侯敬侯陳遬以舍人從起豐入漢以都尉擊項羽侯二千四百戶漢表作千一百戶高祖八年三毛本作二誤月丙戌封

五十一祁索隱云縣名屬太原漢志祁晉大夫賈辛邑穀侯繒賀以執盾漢王三年初起從晉陽以連敖擊項籍漢王敗走賀方將軍擊楚追騎以故不得進漢王顧謂賀祁侯元作子非漢表作王益誤師古謂謂之祁王蓋嘉其功故寵號之許以爲王也使如此言則後之封侯是爲無信且封王者土地率大若燕楚齊趙等是也此以一縣而號之王非其倫矣案容齋續筆卷八漢表所記事條引漢王顧謂賀祁王自注云史記作侯知宋時本猶不誤今據改畱彭



城軍執圭東擊羽集解徐廣曰戰彭城爲劇敗斬將又云漢王顧歎賀祁戰彭城斬將今案漢表又作戰彭城斬項籍三文皆有脫誤不知元文之明白易解也急絕其近壁侯漢表作爭惡絕延壁侯師古曰爭惡謂爭惡地延壁壁壘之名也今案爭惡二字乃急之一字誤分爲二延亦近之誤皆字形相近故耳千四百戶高祖六年六月丁亥封日誤見下侯表

五十二漢表作一誤鄢陵索隱云縣名屬潁川案漢表志俱作傿陵字同漢志注李奇曰六國爲安陵莊侯朱濞以卒從起豐入漢以都尉擊籍荼侯二千兩字元脫據漢表補七百戶高祖十二年中封此表介在六月所封侯之中漢表亦誤年字爲月

五十三傅陽元作博陽漢表同索隱云縣名屬彭城攷異曰案彭城卽楚國漢志楚國有傅陽縣古偪陽國此博陽必傅陽之譌也且同時有博陽侯陳濞不應同名小司馬注史記時尚未誤後來轉刻爲博耳今據改漢志作師古曰偪音福節侯周聚以卒從起碭以隊率元作卒據漢表改入漢擊籍成皋有功爲將軍布反定吳郡侯千四百戶漢表脫高祖十二年十月辛丑封元作十一月一字誤衍顓項歷十一月壬子朔二十日辛未月內不得有辛丑且此表列郎與陽義二侯之間郎以十月戊戌封陽義以十月壬寅封辛丑爲戊戌後三日壬寅前一日爲十月無疑今據漢表刪一字

五十四元脫據漢表補平定索隱云漢志闕或鄉名攷異曰案漢志西河郡有平定縣敬侯齊受呂后本紀作許以卒從高祖起留以家車吏師古曰家車主漢王之家車非軍國所用入漢以梟騎都尉擊項籍得樓煩將集解云一云項涓功用齊丞相侯無戶數高后元年四月乙酉封

五十五敬市索隱云縣名屬河南漢表作敬市三史拾遺曰當從史記侯諡無閻澤赤三史拾遺曰水經注作閻澤毋赤以執盾初起從元脫據漢表補入漢爲河上守遷爲假相漢表作殷相擊項羽侯千戶功比平定侯高祖六年四月癸未封

五十六元脫漢表襄平位次六十六亦誤今據功比平定侯之文擬補在此襄平索隱云縣名屬臨淮攷異曰案水經注以遼東之襄平爲紀通封國錫瑜案見酈注遼水篇侯諡無紀通兵初起紀成漢表作父

城以將軍從擊破秦入漢定三秦功比平定侯元作功定平侯其文脫誤今據漢表補正戰好時死事子通襲成功侯無戶數高祖八年九月丙子封丙子元作丙午誤漢表同案顓頊歷九月辛未朔六日丙子月內無丙午此表前有合陽侯劉仲云九月丙子封可證今據改

五十七汁邡索隱云縣名屬廣漢案漢表作汁防畱侯世家及漢志張良傳竝作什方畱侯世家正義引括地志云雍齒城在益州什邡縣南四十步漢什邡縣漢初封雍齒爲侯國雍齒以趙將前三年從定諸侯侯漢表脫二千五百戶功比平定侯高祖六年三月戊子封

五十八柏至索隱云漢志闕靖侯許溫漢表作盎攷異曰溫盎聲相近以駢憐漢表作鄰師古曰二馬曰駢駢鄰謂竝兩騎爲從翼也案憐音近鄰故此借憐爲之從起昌邑以說衛師古曰說讀曰稅說衛謂軍行初舍止之時主爲衛也入漢以中尉擊籍侯千戶高祖七年十月戊辰封元作七月誤據漢表改



五十九辟陽索隱云縣名屬信都幽侯審食其以舍人初起侍呂后孝惠沛三歲十月案秦楚之際月表自沛公初起至爲漢王之二年五月走滎陽凡四十六月是爲三歲十月呂后以是時入楚漢表作二歲十月誤也然自是以後至四年九月呂后歸自楚之月凡二十九月而此下云食其從一歲恐有脫誤呂后入楚食其從一歲侯無戶數案陳丞相世家稱食其以舍人侍呂后其後從破項籍爲侯此表無從破籍事者蓋當封時假以爲辭功實不足道也夫無功可稱徒以侍呂后故封爵而侯第乃越在畱侯等前此眞所謂曲升耳高祖六年八月甲子封

六十高京集解徐廣曰一作景索隱云漢志闕案漢表作高景張丞相列傳亦同侯後坐謀反繫死故無諡

周成周苛漢表作父苛起兵以內史入從案張丞相列傳云苛自卒史從沛公沛公以苛爲客此云內史蓋誤擊破秦爲御史大夫入漢圍取諸侯堅守滎陽功比辟陽苛以御史大夫死事漢表作罵項籍死事子成爲後襲侯無戶數

高祖九年四月戊寅封元作丙寅誤案顓頊歷四月丁卯朔丙寅爲丁卯前一日是月無丙寅明矣今據漢表改

六十一安平索隱云縣名屬涿郡敬侯諤千秋漢表作鄂秋蕭相國世家及漢書蕭何傳竝作鄂千秋以謁者漢王三年初從定諸侯有功秩元作秩漢表同案此表鄂君名千秋不應單舉秋字且此處無假更舉其名今據蕭相國世家集解徐廣所引改正世家云於是因鄂君故所食關內邑封爲安平侯秩猶爵也鄂指謂關內侯矣舉蕭何功漢表有因故二字說見上侯二千戶高祖六年八月甲子封

六十二畱索隱云韋昭云畱今在彭城案漢志畱屬楚國彭城郡楚也世家正義引括地志云故畱城在徐州沛縣東南五十里郡張良所封處今城內有張良廟也文成侯索隱云漢表文平案良傳諡文成也今案漢表亦作文成張良以廄將從起下邳以韓申徒漢表作申都師古曰韓申都即韓王信也楚漢春秋作信都古信申同字案畱侯世家集解徐廣曰申徒即司徒耳又韓王信列傳使張良以韓司徒降下韓故地得信以爲韓將集解徐廣曰他本多作申徒申與司聲相近字由此雜亂耳今有申徒云是司徒之後言司聲轉爲申據此則申徒申都信都皆司徒二字之聲轉耳徐廣言今有申徒謂申徒氏也而張丞相列傳後附申屠嘉則申徒又嘗轉爲申屠矣酷吏列傳有勝屠公索隱曰風俗通云勝屠即申屠也則申屠又嘗轉爲勝屠矣竝司徒本字凡有六文潛夫論氏姓篇曰沛公使與韓信略定韓地立橫陽君成爲韓王而拜良爲韓信都者司徒也俗前音不正曰信都或曰申徒或勝屠然其本共一司徒耳後作傳者不知信都何因彊妄生意以爲此乃代王爲信都也路史發揮五云由此觀之則知當時已自疑誤然申都之爲司徒固也顏籀不知乎此直以韓申都爲韓王信劉知幾直又以爲韓名信都爲子長謬去都而畱信疏妄尤甚師古不察乃謂申都爲韓王信宜容齋續筆之譏其誤也下韓國言上張旗志世家作幟攷異曰志古文識字旗志者旗幟也說文無幟字幟取表識之意亦當作識史漢多古字故作志耳張蒼列傳沛公以周昌爲職志徐廣云主旗幟之屬叔孫通傳張旗志徐廣曰一作幟秦王恐降漢表作入武關設策降秦王嬰解上與項羽之郄漢表字作隟爲漢王請漢中地常計謀平天下侯萬戶高祖六年正月丙戌封漢表作丙午此表介在丙戌丙午之閒未審誰

是惟丙戌所封二呂皆闕恩澤丙午所封蕭酈絳灌之等皆由功績方以類聚疑作丙午是也
六十三南安索隱云縣名屬犍爲建安亦有此縣案漢志犍爲郡武帝建元六年開應劭曰故夜郎國建安亦非
那名莊侯宣虎以河南將軍漢王三年降晉陽以亞將索隱云亞將漢
表作連將今案漢表作重將師古曰重將者主將領輜重也重音直用反一曰持重之將也音直勇反破臧荼
侯九百戶高祖六年三月庚子封
六十四平棘索隱云縣名屬常山漢志注應劭曰伐晉取棘蒲也師古曰功臣表棘蒲侯陳武平棘侯林摯是則
平棘棘蒲非一地也應說失之懿侯執史失其氏漢表作林摯以客從起亢父斬章邯
所署蜀守用燕相侯千戶高祖七年中封
六十五北平索隱云縣名屬中山文侯張倉漢表及列傳並作蒼字同以客從起陽武
漢表作武陽誤至霸上爲常山守得陳餘爲代相徙趙相徙元作從據列傳漢
表改以代相三字元脫據漢表補案列傳云復從相代王從攻臧荼有功封此尚遺攻荼事千二百戶
傳及漢表改



六十六高梁索隱云漢志闕攷異曰案水經注汾水過高梁邑西故高梁之墟也春秋秦穆公納公子重耳于晉
害懷公于此高帝封酈介于斯邑通鑑地理通釋引栝地志云高梁故城在晉州臨汾縣東北二十七里共侯
酈疥水經注作介食其漢表作父食其兵起以客從擊破秦以列侯列傳云號
食其爲廣野君入海漢表脫還定諸侯常使約和諸侯列卒兵聚侯句疑
有誤漢表無此及下句功比北平侯倉元作功比平侯嘉侯第相去太遠蓋傳寫偶脫北字又倉嘉字
形相近而致誤也今擬補正此功比漢表失載以死事漢表作說齊王死事子疥襲食其功侯
九百戶高祖十二年三月丙寅封
六十七元脫據漢表補安丘索隱云縣屬北海懿侯張說以卒從起方與屬魏
豹二漢表作一歲五月以執鈹漢表作盾入漢以司馬擊籍以將軍定
代侯三漢表作二千戶高祖八年七月癸酉封

六十八元脫攷此表有兩六十六一高梁一肥如高梁以功比北平侯倉其次不誤知肥如之六十六爲六十八之誤
也今擬改補肥如索隱云縣名屬遼西敬侯蔡寅以魏太僕三年初從以車
騎都尉漢表作將軍破龍且及彭城侯千戶高祖六年三月庚子
封
六十九朝陽索隱云縣名屬南陽漢志注應劭曰在朝水之陽攷異曰案濟南郡亦有朝陽縣或稱東朝陽水經
注以爲華寄封國也錫喩案見酈注漯水篇齊侯華寄以舍人從起薛以連敖入
漢以都尉擊項羽後漢表作復攻韓王信侯千戶高祖七年三月
壬寅封元作丙寅誤案顓頊歷三月己卯朔十八日丙申月內無丙寅壬寅則月之二十四日也今據漢表改
七十彭索隱云漢表屬東海郡攷異曰案東海郡無彭縣武帝時劉屈氂封澎侯晉灼云東海縣然漢志東海亦無澎
縣錫喩案漢書王子侯表城陽頃王子强封彭侯云在東海檢此表秦同傳至孫武以孝景後元元年有罪國除彼以元
鼎元年封則彼彭即此澎矣索隱之言未爲誤也又案彭侯强以元鼎五年坐酎金國除而劉屈氂以征和二年封澎侯



師古曰彭音澎爲東海縣則澎即彭矣漢志無之者或始本爲縣國除後併入他邑耳簡侯秦同以卒從
起薛以弩將入漢以都尉擊項羽代侯千戶高祖八年三月
丙戌封
七十一清索隱云縣屬東郡漢志注應劭曰章帝更名樂平簡侯空中同同字元脫據單行索隱本
所出正文補集解徐廣曰空一作窒索隱云窒中姓見風俗通漢表作窒中同案古窒室字通論語惡果敢而窒者釋文
引鄭注云魯讀窒爲室今從古又周卯敦銘字乎家室義作家室漢韓勑碑云廧城庫室義作庫室太元經浛竹爲管室
灰爲候虞翻注室窒也水經注河水篇引此亦作窒中同此作空者古空與窒通易豐上六闃其無人虞翻傳闃空也釋
文闃孟作窒通是窒有空義列子黃帝篇至人潛行不空注云一本空作窒錢氏云窒本訓塞反訓爲空猶亂之訓治徂
之訓存是也以弩將初起從入漢以都尉擊項羽代侯比彭侯千
戶高祖八年三月丙戌封
七十二彊索隱云漢志彊闕簡侯漢表作圉侯留勝漢表作肹以客吏初起從入

漢以都尉擊項羽代侯比彭侯千戶高祖八年三月丙戌封元作丙辰案彭清皆丙戌封此月不得復有丙辰明矣又況此表元居清彭之閒不應有異今據漢表改

七十三甯陵索隱云縣名屬陳留夷侯呂臣此與呂青子呂臣別是一人以舍人從起元脫據漢表補陳留漢表無陳字以郎入漢破曹咎成皋爲上解隨馬漢表無此四字都尉擊陳豨功侯千戶高祖十一年二月辛亥封

七十四祝阿索隱云縣名屬平原孝侯高邑漢表作高色字譌毛本姓名乃與公孫耳互易甚誤以客從起齧桑元作乘據漢表改如淳曰齧桑邑名以十漢表作上誤隊將入漢以將軍定魏太原破井陘屬淮陰侯以缻漢表作罌度軍擊籍及攻豨侯千元脫據漢表補八百戶高祖十一年正月己未封漢表作己卯

七十五煑棗索隱云徐廣曰在宛句案宛句即冤句漢志屬濟陰郡句音劬一作宛朐又案煑棗有二蘇秦列傳說魏襄王曰東有淮陰煑棗徐廣曰在宛句水經注濟水二云郡國志曰冤朐縣有煑棗城漢高帝十二年封革朱爲侯國通鑑地理通釋九云輿地廣記興仁府曹州冤亭縣有故煑棗城此河南之煑棗也漢書樊噲傳注晉灼曰清河有煑棗城功臣表有煑棗侯田敬仲完世家正義云煑棗故城在冀州信都縣東北五十里漢革朱國故老傳云六國時於此煑棗油此河北之煑棗也靖侯棘赤棘字元脫據單行索隱本所出正文補但彼文本作端侯棘朱注云漢表作端侯革朱革音棘亦作東誤也棘姓蓋子成之後也今案小司馬引漢表之文記其異耳如止革字爲異則言作革足矣無假更言其他此言端侯言朱知彼正文本作靖侯棘赤傳寫誤爲端與朱也故二字仍從集解本田敬仲完世家正義作革朱者或據漢表而言漢表棘作革者古字革與棘通論語棘子成古今人表及三國志秦宓傳並作革是其證也說文木部朱赤心木則朱赤亦同以越連敖從起豐漢表作薛別以郎將漢表作越將入漢擊諸侯以都尉侯九百戶高祖十二年六月壬辰封

七十六元脫據漢表補梧索隱云縣名屬彭城案索隱廣云縣名屬彭城不云屬楚國疑其家諱也齊侯陽成漢表作城延以軍匠從起郟師古曰潁川之縣也入漢後爲少府作長樂未央宮築長安城先就功侯五百戶高后元年四月乙酉封




七十七堂陽索隱云縣名屬鉅鹿漢志注應劭曰在堂水之陽哀侯孫赤以中涓從起沛以郎入漢以將軍擊籍爲惠侯坐守滎陽降楚免後復來以郎擊籍爲上黨守擊豨侯八百戶高祖十一年正月己未封

七十八甯索隱云漢表甯陽屬濟南郡攷異曰案武帝封魯共王子恢爲甯陽侯國屬濟南郡即漢志泰山郡之甯陽也甯甯古字雖通然以後證前亦出意揣子謂春秋傳晉陽處父聘于衞反過甯杜云甯晉邑汲郡脩武縣也當是魏選所封邑錫瑜案錢氏此說亦本水經注清水篇云脩武故甯也魏獻子田于大陸還卒于甯是也漢高帝八年封魏遬爲侯國錢特小變其說耳漢志脩武屬河內郡應劭曰晉始啟南陽今南陽城是也秦改曰脩武臣瓚曰韓非書秦昭王越趙長平西伐脩武時秦未兼天下脩武之名久矣案韓詩外傳以爲武王伐紂更名莊侯魏選漢表作遬以舍人從起碭入漢以都尉擊臧荼功侯千戶高祖八年四月辛卯封案顓頊歷四月癸卯朔十九日辛酉月內無辛卯漢表誤同

七十九張索隱云縣名屬廣平節侯毛澤索隱云一作釋之案漢表作毛釋之以中涓騎漢表無騎字從起豐以郎將漢表作騎入漢從擊諸侯侯元脫據漢表補七百戶高祖十二年六月壬辰封

八十紀信索隱云漢志闕攷異曰疑本封紀侯而衍信字爾或云信匡兩字譌匡侯陳倉以中涓從起豐以騎將入漢以將軍擊籍後攻盧綰侯七百戶高祖十二年六月壬辰封

八十一棘陽索隱云縣名屬南陽莊侯杜得臣以卒從起胡漢表作湖陵入漢以郎將迎左丞相軍以擊諸侯漢表作項籍非案此左丞相謂曹參也韓信雖亦嘗爲左丞相然其爲左丞相時擊魏代趙發卒佐漢漢王又馳入壁奪其軍無待於迎至其擊籍唯有垓下而信自破趙後已拜爲相國破齊後又立爲齊王不當復稱左丞相其非信明矣參世家言高祖三年拜爲假左丞相入屯兵關中月餘魏王豹反以假左丞相別與韓信東攻魏盡定魏定因從韓信擊趙東郡斬夏說韓信引兵下井陘而令參還圍趙別將戚將

軍於鄗城中戚將軍出走追斬之乃引兵詣敖倉漢王之所
韓信已破趙爲相國東擊齊參以右丞相屬韓信攻破齊歷
下軍遂從擊斬龍且定齊韓信爲齊王引兵詣陳與漢王共
破項羽而參留平齊未服者據此則左丞相爲參無疑迎者
以其屯兵關中故須迎也諸侯即指魏趙言也假左丞相不
言假者省文平陽侯表可證也參留平齊未服者不與於陔
下之戰不得言擊項籍矣侯二千戶元作千戶據漢表補二字高祖七年七月丙申封
元作丙辰案顔項歷七月戊寅朔
九日丙戌無丙辰今據漢表改

八十二高胡索隱云漢志闕侯無諡陳夫乞以卒從起杠里入漢以都尉
擊籍以將軍元作都尉據漢表改定燕侯千戶高祖六年中封

八十三陽阿元作陽河漢表同索隱云縣名屬上黨案漢志上
黨郡乃陽阿縣是索隱本作陽阿也又表序百年
之間見侯五正義數楊阿侯卞仁當見侯五之一雖楊陽不
同而下字作阿是正義本亦以爲陽阿也又水經注沁水篇
云陽泉水東逕陽陵城南即陽阿之故城也漢高帝七年封
卞訢爲侯國是水經注所據本亦作陽阿也今據三說改正
水經注河水篇又云河水又東北逕陽阿故城西漢高帝六
年封郎中萬訢爲侯國亞出而誤七爲六誤卞爲萬而陽阿
字則同十駕齋養新錄以爲漢志齊侯元作齊哀侯哀字衍
平原郡有阿陽縣因而致誤是也作漢表及索隱本刪
卞訢二字元脫據水經注及索隱本補又正義以楊阿侯卞
仁當太初見侯五之一雖其時已改封埤山而尚係之
楊阿不無小誤而於訢之元孫加以卞氏是亦以本有卞訢
字也水經注又作萬訢者蓋由卞與万字形相近展轉誤爲
萬耳漢表作以中謁者從入漢以郎中騎從定諸侯侯五百
其后與此異
戶功比高胡漢表作湖侯高祖七年十月甲子封漢表作十一月而又在十月戊
辰前誤也

八十四龍索隱云廬江有龍舒縣蓋其地也攷異曰案水經注
汶水又西南逕龍鄉故城春秋成公二年齊侯圍龍
者也漢高帝封陳署爲敬侯陳署以卒從漢王元年起霸上
侯國案漢表作龍陽
以謁者擊籍斬曹咎侯千戶高祖八年後九月己未封漢表脫後
字

八十五下相索隱云縣名屬臨淮漢志注
應劭曰相水出沛國故加下莊侯冷耳以客從起
沛周侯從周侯從三字文有脫誤漢表作入漢用兵四字案
自龍侯以下並無入漢之文用兵二字亦與他文
不類殆不然也或謂周侯從當作從周侯周侯周呂侯呂澤
也周呂侯表索隱云周及呂皆國名蓋先封周後兼封呂故
稱周呂猶延州來之比是時尚未封呂故但云周侯其說亦
似然此表於呂澤皆稱悼武王不應此獨稱周侯也竊意此
當作從淮陰侯四字觀漢表入漢用兵四字形皆相近可知
入則从之誤漢則淮之誤兵則侯之誤用則陰字中之誤
也此表特脫去淮字誤陰作周耳擊破齊田解軍以楚丞相堅
而又誤倒從字於侯字之下耳
守彭城距布軍功侯二千戶高祖十二年十月己酉封元作乙酉
漢表作己酉案此表上數侯封日爲乙未戊戌
辛丑壬寅此在其後則作己酉是也今據改

八十六堂邑索隱云縣名屬臨淮安侯陳嬰以自定東陽爲將屬項梁爲
楚柱國四歲項羽死屬漢定豫章浙江都浙自立爲王壯思
侯索隱本浙並作漸思作息漢表作定豫章浙江都漸定自
立爲王壯息侯師古曰漸水名在丹陽黝縣南蠻中嬰既
定諸地而都之時又有壯息者稱僭王嬰復討平也案水經
漸江水注云山海經謂之浙江也則漸本與浙不異毛詩南
有喬木不可休息釋文云本或作休思則思息二字亦通師
古以壯息爲人名則壯當讀莊張儀列傳云陳莊相蜀而秦
本紀云蜀相壯又檀弓篇有太史曰柳莊古今人表作壯莊
子天下篇不可與莊語釋文莊一本作壯是莊亦作壯之證
莊氏世爲楚臣思必其後明矣都折自立爲王當爲一事蓋
都折者即壯思耳如師古之說以都漸爲陳嬰夫高祖既多
猜忌陳嬰又以楚柱國後降若復定豫章折江之後即自建
都此與淮陰之自爲齊王何異安得晏然沒身長膺榮祿乎
漢表衍一定字而師古曲爲之說非也灌嬰列傳言遂定豫
章會稽郡此又定豫章折江者項羽既死陳嬰降屬灌嬰而
豫章折江無主爲思所亂陳嬰擊定之灌嬰實總其成故史
以爲灌嬰功非二事也索隱引漢表以證同異而脫豫章及
定字又以漸爲浙誤不足據千八百戶漢表作六百戶又脫千字非高祖六年十二月
甲申封

八十七七元作一誤據漢表改新陽索隱云縣名屬汝南漢志注應劭曰在新水之陽漢表作陽信陽信屬勃
海胡侯呂清漢表作青索隱本亦作青清从青得聲二字亦
通耳高祖本紀楚懷王以呂臣爲司徒其父呂
青爲令尹即此人也青子頃侯世漢表作以漢五年用左令
臣與紀合臣字草書作並似世因而誤耳

尹漢表脫左字初從功比堂邑侯千戶高祖六年正月壬子封

八十八營陵索隱云縣名屬北海侯後改封琅邪王故此無謚劉澤以漢元脫據漢表補三年爲郎中擊項羽以將軍擊陳豨得王黃爲侯與高祖疏屬劉氏世爲衛尉漢表云帝從昆弟萬二漢表作一千戶高祖十一年封表在正月後二月前漢表作十一月字誤

八十九廣阿索隱云縣名屬鉅鹿通鑑地理通釋七云輿地廣記趙州隆平縣本廣阿後漢注故城在象城縣西北懿侯任敖以客從起沛爲御史守豐二歲擊籍爲上黨守陳豨反堅守侯千八百戶高祖十一年二月丁亥封

九十戚索隱云漢志闕晉地道記屬東海攷異曰案班志東海郡明有戚縣鄭氏音憂戚小司馬乃云志闕何其謬也水經注今頓丘衛國縣西戚亭漢高帝封李必爲侯國此則春秋之戚非東海之戚也鄭說近之錫瑜案見鄭注河水篇趙世家正義引括地志云故戚城在相州洹水縣東三十里但須云戚衛邑在頓丘縣西有戚城是也圉侯李



必漢表作季必師古曰灌嬰傳云李必今此作季表傳不同當有誤索隱本亦作季而以季字爲誤今從毛刊集解本以騎元脫據漢表補都尉漢二年初起櫟陽攻廢丘破之因擊項籍別屬丞韓信案必爲灌嬰副嬰以將軍屬韓信故此云別屬丞言遂屬耳丞者承也漢表無別字丞字破齊軍攻臧荼遷爲將軍擊信侯此下元有合字據漢表刪然此云信謂韓王信也疑本擊信參合侯而脫參字又侯合二字誤倒耳千五百戶五百二字元脫據漢表補高祖十二年十二月癸卯封

九十一栒索隱云縣名屬扶風音荀故周文王封其子之邑河東亦有郇城案漢表作[illegible]漢志右扶風栒邑應劭曰左氏傳曰畢原酆郇文之昭也郇侯賈伯伐晉是也臣瓚曰汲郡古文晉武公滅荀以賜大夫原氏黯是爲荀叔又云文公城荀然則荀當在晉之境內不得在扶風界也今河東有荀城師古曰瓚說是也頃侯溫疥以燕將軍漢王四年從破元脫據漢表補曹咎軍爲燕相告燕王荼反侯千九百戶高祖八年十月丙辰封

九十二高陵索隱云縣屬琅邪案漢志琅邪郡高陵侯國左馮翊亦有高陵縣郎左馮翊治所當以琅邪之高陵爲是圉侯王周漢表作王虞人以騎司馬漢王元年從起廢丘以都尉破田橫龍且追籍至東城以將軍擊布侯元脫據漢表補九百戶高祖十二年十二月丁亥封元作十一月案顓項歷十一月壬子朔六日丁巳無丁亥丁亥十二月六日也今據漢表改正

九十三武原索隱云漢志闕攷異曰案漢志楚國有武原縣靖侯衛胠索隱云漢表胠作胈音佉案今毛本漢表亦作胠誤漢七年以梁將軍初從擊韓信此韓王信陳豨黥布功侯二千八百戶功比高陵高祖八年十二月丁未封

九十四吳房索隱云縣名屬汝南漢志注孟康曰本房子國楚靈王遷房於楚吳王闔閭弟夫概奔楚楚封於此爲堂谿氏以封吳故曰吳房今吳房城堂谿亭是壯侯元作莊案渾陽表莊侯呂勝索隱本作壯云五侯斬項籍皆謚壯漢表以爲莊皆避諱改作嚴誤也此亦本項羽本紀集解徐說則集解索隱兩本五侯表內皆作壯侯明矣而



今本唯單行索隱於渾陽中水兩侯作壯餘俱作莊他本更盡作莊無一作壯者皆傳寫誤耳今據集解索隱說改至莊壯同字說已見前亦非盡誤也楊武以郎中騎將漢王元年從起元脫據漢表補下邽擊夏陽漢表作陽夏以騎元脫據漢表補都尉斬項羽有功侯七百戶高祖八年三月辛巳封漢表作辛卯

九十五繁索隱云地理志魏郡有繁陽恐別有繁縣志闕漢表作平案時有平侯沛嘉不應同號疑誤莊侯彊瞻漢表作張瞻師索隱引無師字以趙騎將元有從字據漢表刪漢三年漢表作五年從擊諸侯侯功本或無侯有功本或無功有侯侯字又誤作族今改正並存之比吳房侯千五百戶高祖九年十一月壬寅封漢表作十二月誤顓項歷十一月庚子朔壬寅爲月之第三日矣

九十六汾陽索隱云縣名屬太原壯侯壯字元脫據索隱本補靳彊以郎中騎千人前二年漢表作三年從起陽夏漢表作櫟陽擊項羽以中尉破鍾離眛

功矦無戶數高祖十一年二月辛亥封漢表作三月案顓頊歷二月丙戌朔二日丁亥
十四日己亥辛亥二十六日也漢表誤
九十七元脫攷此表有兩九十二一高陵一歷高陵據武原矦表其次不誤而宋子矦第九十九功比歷矦知歷矦表
二爲七之誤也今擬改補磿元作磨索隱云漢志闕表作歷歷縣在信都地之與邑竝無磨誤也通鑑地理通釋八云
括地志漢歷縣城在德州蓨縣西南四十六里蓨縣今屬冀
州樂毅書磿室一作歷室戰國策黃歇說秦曰割濮磿之北
屬之燕則地在河北今案歷磿聲近史公本借磿爲歷傳寫
譌爲磨耳新序春申書濮歷戰國策樂毅書歷室史竝作磨
誤與此同簡矦程黑以趙衞將軍漢王三年從起盧奴擊項羽敖
倉下爲將軍攻臧荼有功矦漢表作封誤千戶高祖八年十月癸
酉封元作七月癸丑案顓頊歷七月壬申朔十二日癸未無癸丑七月當在六月後不當轉在十二月前蓋傳寫誤
也今據漢表改
九十七深澤索隱云縣名屬中山齊矦趙將夜漢表作夕案夕與夜通春秋晉狐射姑穀梁作夜姑




又曹世子射姑後謚莊公曹世家作莊公夕姑索隱云夕音亦即射姑也同音亦古今人表又作曹嚴公亦姑其狐射姑
之射師古又音夜是夕夜亦射四字互相通也說文夕部夜舍也天下休舍也從夕亦省聲以趙將漢王
三年降屬淮陰矦定趙齊楚以擊平城漢表有功字矦七百戶高
祖八年十月癸丑封
九十九宋子索隱云縣屬鉅鹿惠矦許瘛索隱云瘛音尺制反郭璞音胡計反亦作慼字林音巨月
反以漢三年以趙羽林將漢表作右林將師古曰林將將士林猶言羽林之將也初從
擊定諸矦據例亦當更有矦字功比磿矦五百四十戶漢表云五百三十六戶高
祖八年十二月丁卯封漢表作二月
一百元脫據漢表補閼氏索隱云縣名屬安定節矦馮解敢漢表作散以代太尉漢表作大
與師古曰大與主爵秩之官索隱云大與爵名音泰泰字本一作余漢王三年降爲雁門守以
特將漢表作將軍平代反寇矦千戶高祖八年六月壬子封

百一中水索隱云縣名屬涿郡漢志注應劭曰在易滱二水之間故曰中水壯矦元作莊矦據索隱本改
呂馬童以郎中騎將漢王元年毛本元作二從起好時以司馬擊
龍且後漢表作復共斬項羽矦千五百戶高祖七年正月己酉封
百二杜衍索隱云縣名屬南陽壯矦元作莊矦據索隱說改下赤泉矦表同說見吳房矦表王翳與項
羽本紀合漢表作王翳而項籍傳亦作翳以郎中騎漢王二年元作三年誤案漢王二年伐楚至彭
城故得從起下邳若三年則相持滎陽漢王未至下邳無由從起今據漢表改從起下邳屬淮陰漢表
有矦字從灌嬰共斬項羽矦千七百戶高祖七年正月己酉封
百三赤泉索隱云漢志闕壯矦楊嘉漢表作喜項羽本紀亦作喜案二字多相亂說見平矦表以郎
中騎漢王二年從起杜屬淮陰後從灌嬰共斬項羽矦千九
百戶高祖七年正月己酉封
百四涅陽索隱云縣名屬南陽漢志注應劭曰在涅水之陽壯矦元亦作莊矦據索隱本改呂勝漢表




作騰案二字音形俱近易致譌亂如秦本紀有內史騰六國年表亦作勝是也以騎士漢王三年漢表
作二年誤從出關以郎中共元作郎將又脫共字據項羽本紀及漢表改補擊斬項羽矦
千五百戶比杜衍矦案此不比中水矦等者五人共分羽尸王翳得其首故也高祖七年
中封表例七月後
百五穀陵索隱云漢志闕案漢表作穀陽漢志穀陽屬沛郡應劭曰在穀水之陽定矦馮谿各本竝同
而索隱本獨云漢表作馮谿則小司馬所據本不作馮谿明矣惜後人傳寫妄改不見所異何字也以卒從前
二年起栃擊籍定代爲將軍功矦無戶數高祖十二年正月乙
丑封
百六甘泉集解徐廣曰一作景索隱云案志甘泉闕疑甘泉是甘水漢表作景矦攷異曰案甘水縣漢志亦闕小司
馬說未審所據予謂雍之甘泉其名舊矣王競封邑疑即此漢表作景合甘泉爲一字壯矦壯字元脫據索隱本
補王竟漢表作競以車司馬漢王元年初從起高陵屬劉賈以都

尉從軍侯五百戶三字元脫據漢表補高祖十二年六月壬辰封

百七須昌索隱云縣名屬東郡貞侯趙衍以謁者漢王元年初從元脫據漢表補起漢中雍軍塞陳謁上漢表無陳字謁作謂上計欲還衍言從它道道通後為河閒守陳豨反誅都尉相如功侯千四百戶高祖十一年二月己酉封漢表作己丑

百八長脩索隱云縣名屬河東平侯漢表云信武曰信平侯杜恬集解云一云杜恪以漢二年用御史初從出關以內史擊諸侯侯元脫漢表又誤倒在以廷尉死事下案以廷尉死事乃封侯後四年事非先死事後封侯也今刪以廷尉死事五字而移侯字補此功比須昌侯漢表作攻項呂脫誤千九百戶高祖十一年正月丙辰封漢表作丙戌案顓頊曆正月丁巳朔丙辰為丁巳前一日則正月無丙辰二月丙戌朔則正月亦無丙戌或疑推者上下誤差一日但此表介在己未辛未二日所封侯之間則誤不在推算而在轉寫矣今姑仍從史元文書之

百九昌索隱云縣名屬琅邪圉侯圉元作圍據索隱本改盧卿漢表作旅卿索隱云漢表姓旅旅卿盧古旅弓字以齊將漢王四年從淮陰侯起無鹽定齊擊籍及韓王信於代侯千戶高祖八年六月戊申封

百十成陽索隱云縣名屬汝南定侯奚意奚字元脫據索隱本補以魏郎漢王二年從起陽武擊籍屬魏豹豹本或少一豹字非反屬相國彭越以太原尉定代侯六百戶高祖十二年十月乙酉封毛本作正月己酉漢表作正月乙酉案下相侯冷耳亦以十月乙酉封與此同日十月乙酉當是也但簡篇錯亂誤在正月所封侯之後耳顓頊曆正月辛亥朔五日乙卯無乙酉二十九日己卯亦無己酉也

百十一平州索隱云漢志闕晉書地道記屬巴郡攷異曰案漢志西河郡有平周縣而路博德傳稱西河平州人疑州與周通也又春秋傳會于平州杜預云在泰山牟縣西元封三年封朝鮮降將唊為平州侯表在梁父蓋即春秋之平州也平州雖有三名初封國當以梁父者近是其侯昭涉掉尾漢書攷異曰昭涉當作昭沙廣韻沙字下引作昭沙掉尾以昭沙為複姓漢王四年以燕相從擊籍還擊荼以故二千石將為列侯千戶高祖十一年八月甲辰封

百十二壯集解徐廣曰一作莊案漢表亦避作嚴敬侯許猜漢表作猜師古音千才反索隱本亦作猜而音德德字誤故未敢遽改以楚將漢王三年降三漢表作二從元脫據漢表補起臨濟以郎中擊籍陳豨功侯六百戶高祖十二年正月乙酉封

百十三郎集解云漢書音義曰音丑己反索隱云縣名屬南郡莊侯黃極忠索隱云漢表作忠則小司馬本不作忠傳寫妄改失眞今不可攷矣以故羣盜長為元脫據漢表補臨江將已而為漢擊臨江王共敖子尉及諸侯破布功侯千戶高祖十二年元作十一年而史在十二年後誤也今據漢表改十月戊戌封

百十四共索隱云縣名屬河內莊侯盧罷師盧漢表亦作旅以齊將漢王四年從淮陰侯起臨菑二字漢表脫擊籍及韓王信于平城有功侯千二百戶高祖八年六月壬子封

百十五開封索隱云縣名屬河南閔侯閔漢表作愍同陶舍以右司馬漢王五年初從以中尉擊燕定代侯比共侯二千戶高祖十一年十二月丙辰封

百十六臨轅索隱云漢志闕堅侯戚鰓初起從為郎以都尉守蘄城以中尉侯五百戶高祖十一年二月己酉封元作乙酉漢表同案顓頊曆二月丙戌朔乙酉在丙戌前一日而此表前有須昌侯趙衍以己酉日封己酉二十四日也乙酉不當在其後知乙皆己之誤也今據改

百十七禾成索隱云漢志闕攷異曰案水經注濁漳水篇云斯洨水又東南逕和城北漢高帝封郎中公孫耳為侯國孝侯公孫耳漢表作昔以卒漢二年漢表作五年初從以郎中擊代斬陳豨侯千九百戶高祖十一年正月己未封

百十八東陽索隱云縣名屬臨淮案東陽有三項羽本紀正義引括地志云東陽故城在楚州盱眙縣東七十里秦東陽縣城也在淮水南此臨淮之東陽也漢志清河郡有東陽侯國即左傳所謂趙勝帥東陽之師以追齊戰國策國子所謂絕趙之東陽者也此又一東陽也郡國志泰山郡南城縣有東陽城通鑑地理通釋十三云臨朐縣古東陽城即左傳所謂晏弱城東陽以偪萊呂氏春秋所謂孔甲遊東陽萯山者也此又一東陽也武侯張相如高祖六年爲中大夫以河間守擊陳豨力戰功侯千三百戶高祖十一年十二月癸巳封

百十九陽義集解徐廣曰一作羨索隱云縣屬丹陽漢表義作羨案漢志陽羨屬會稽不屬丹陽定侯靈常以荆令尹漢王五年初從擊鍾離眛及陳公利幾破之徙爲漢中元脫據漢表補大夫從至陳取韓信還漢表作遷爲中尉從擊布侯二千戶高祖十二年十月壬寅封

百二十元脫而漢表位次百一十者凡三一成陽一軑一平都平都別無所見不可得知成陽與此表侯第合故當不誤軑之位次既不應更同成陽而平皋又以百二十一比軑侯蓋軑本百二十誤爲百一十耳今擬改補軑索隱云縣名在江夏漢表作軑侯朱倉案漢表亦作軑漢志軑故弦子國侯無謚利倉漢表作黎朱蒼索隱引脫黎字元脫據漢表補長沙相侯七百戶孝惠二年四月庚子封

百二十一平皋索隱云縣名屬河內漢志注應劭曰其地號曰邢丘以其在河之皋處孰平夷故曰平皋師古曰左氏傳晉侯送女于邢丘謂此煬侯劉它項它漢六年以碭郡長初從賜姓爲劉氏功比軑侯侯元作功比戴侯彭祖不合例據漢表刪改五百八十戶高祖七年十月癸亥封元作六月而在十月前誤也今據漢表改

百二十二土軍索隱云包愷云地理志西河郡有土軍縣漢表云位次曰信成侯案漢志信成縣屬清河郡武侯漢表作式侯宣義高祖六年爲中地守以廷尉擊陳豨侯千二百戶二漢表作一高祖十一年二月丁亥封

百二十三汲本或下有侯字衍毛本無今據刪索隱云漢表作伋伋與汲竝縣名屬河內案今漢表亦作汲攷異曰汲蓋彼之譌水經注淇水又東北逕彼縣故城北漢高帝封公上不害爲侯國終侯漢表作紹侯公上不害高祖六年爲太僕擊代豨有功侯千二百戶二漢表作三高祖十一年二月己巳封案顓頊歷二月丙戌朔十四日己亥月內無己巳漢表作乙酉亦不合當仍是己酉之誤

百二十四稾索隱云漢志稾縣屬山陽攷異曰案稾當爲槀字之譌祗侯陳錯漢表作祖侯陳鍇師古曰鍇音口駭反而索隱引作錯云音措誤也高帝七年爲將軍從擊代陳豨有功侯六百戶高祖八年十二月丁未封

百二十五中牟索隱云縣名屬河南共侯單父聖漢表作單右車案右字古但作又與父形相近有索隱引右作左仍有父字誤也以卒從起漢表脫沛入漢以郎中擊布功侯二千三百戶三漢表作二始高祖微時有急給高祖一馬故得侯高祖十二年十月乙未封

百二十六戴索隱云戴地名音再應劭云章帝改曰攷城在故菑縣表序見侯五正義引此作載侯案釋文春秋左氏隱十年經伐戴音再字林作戴云故國在陳留穀梁亦云本或作戴是二字本通也敬侯秋彭祖秋字元脫據索隱本及水經注汳水篇所引補又見侯五正義數彭祖元孫蒙當見侯之一日載侯秋蒙是正義本彭祖上亦有秋字也漢表秋作祕師古曰今見有祕姓讀如祕書索隱云今檢史記諸本竝作秋今見有秋氏案此據單行索隱本若合刊本則兩秋字竝作祕蓋因漢書而妄改也以卒從起沛以卒開沛城門爲太公僕以中廄元脫據漢表補令擊豨侯千二百戶二漢表作一高祖十一年三月癸酉封

百二十七漢書王子侯表德侯位次百二十案百二十不與王子類次蓋誤脫七字也德索隱云漢志闕表在濟南今案王子侯表德在泰山哀侯劉廣以代頃王子侯無戶數高祖十二年十一月庚辰封

百二十八元脫據漢表補上邳攷異曰案水經注泗水篇云鄭水又西逕仲虺城北晉太康地記曰奚仲遷于

邳仲虺居之史記楚元王子郢封上邳侯有下故此爲上矣錫瑜案漢志東海郡有下邳縣侯後嗣楚王故此無謚
劉郢客漢興以來諸侯年表及楚元王世家皆云夷王郢無客字蓋後去之楚元王子侯無戶數
高后二年五月丙申封
百二十九元脫據漢表補朱虛索隱云縣名屬琅邪侯後改封城陽王故此無謚劉章齊悼惠
王子侯無戶數高后二年五月丙申封
百三十衍索隱云漢志闕攷異曰案蘇秦說魏襄王云北有河外卷衍酸棗則衍亦河南郡地春申君列傳索隱云
衍在河南與卷近魏世家正義云衍在鄭州通鑑地理通釋
卷九云衍在鄭州亦曰衍氏卷八云秦紀始皇九年攻衍氏
曹參世家桂天侯反於衍氏進破衍氏正義謂魏邑在鄭州
錫瑜案水經注濟水篇以爲春秋之長丘則在陳留郡封丘
縣地也簡侯翟盱漢表作旰以漢二年爲燕令以都尉下楚九城堅
守燕侯九百戶高祖十一年七月乙巳封漢表作已丑案顚項歷七月甲寅朔
六日已未無已丑二十二日乙亥無乙巳當是乙丑乙丑十二日也



百三十一慎陽索隱云慎陽屬汝南如淳曰音震闞駰云合作滇陽續漢書作滇陽也漢志注應劭曰慎水出
東北入淮師古曰慎字本作滇之眞後誤爲慎耳今猶有眞
丘眞陽縣字竝單作眞知其音不改也闞駰云永平五年失
印更刻遂誤以水爲心侯無謚欒說漢表作樂說淮陰侯列傳索隱云案晉灼云楚漢春秋作謝公也爲
淮陰舍人告淮陰侯信反侯二千戶高祖十一年元作十三年誤據漢
表改十二月甲寅封
百三十二期思索隱云縣名屬汝南漢志期思注師古曰故蔣國康侯賁赫淮南王布
中大夫有郄上書告布反侯二千戶二漢表作一案此表於千戶上例不加一字知
彼誤也高祖十二年十二月癸卯封
百三十三元脫據漢表補便索隱云縣名屬桂陽音鞭頃侯吳淺長沙王子侯二千
戶孝惠元年九月癸卯封封日元脫據漢表補
百三十四義陵集解徐廣曰一作陽索隱云義陽縣在汝南攷異曰案武陵郡有義陵縣吳程以長沙柱國封

侯當是武陵之義陵非汝南之義陽且漢有兩義陽一在南陽平氏一在東海厚丘皆不屬汝南疑小司馬誤也侯
無謚吳程
五百戶高祖九年九月丙子
百三十五桃索隱云縣名屬信都攷異曰案水經注濁漳水篇云衡漳又東北逕桃縣故城北漢高祖封劉襄爲
侯國此信都之桃也又濟水篇云濮渠逕桃城南即戰國策
所謂酸棗桃虛也漢高帝封劉襄爲侯國此東郡之桃也錫
瑜案項羽本紀正義引括地志云桃侯故城在滑州胙城縣
東四十里漢書云高祖十二年封劉襄爲桃侯也亦以爲東
郡之桃安侯劉襄以客從漢王二年從起定陶以大謁者擊布
侯千戶項氏親也賜姓高祖十二年三月丁巳封元作二月案顚項歷
二月辛巳朔七日丁亥無丁巳丁巳三月八日也今據漢表改
百三十六元脫據漢表補沅陵索隱云縣近長沙漢志屬武陵頃侯吳陽長沙嗣成王
子侯無戶數高后元年七月丙申封元作十一月壬申案顚項歷十一月丙申朔七日壬



寅無壬申毛本作十二月較合然十一月十二月竝不當在四月所封侯之後漢表作七月是蓋七字誤分爲十一兩字
也今據改七月壬辰朔十一日壬寅亦無壬申漢表作丙申丙申七月五日也
百三十七陸梁漢表作陸量如淳曰秦始皇本紀所謂陸梁地也索隱云案今在江南單行索隱本梁亦作量
侯無謚及氏須毋索隱云漢表作須無今案毋無字通詔以爲列侯侯上漢表有諸字衍自置
吏受令長沙王無戶數高祖九年三月丙辰封漢表作丙戌誤案顚項歷三月
戊戌朔十九日丙辰無丙戌也
右以上百十九侯陳平所第案高祖功臣凡百四十三人
僅百三十八人有第者蓋至高后二年時周呂建成合陽皆
追尊爲王沛親爲王陽夏淮陰以反誅江邑以仇抵罪羹
頡以罪奪爵爲關內侯芒以罪除射陽以罪絕故此第皆
不之及離自史公時已不得其詳棘丘據漢表亦於錄第

前以罪免此表棘丘侯襄封十八年以高后四年奪侯爲士伍漢表則云封十四年高后元年有罪免必有所據今從之亦非錄第所當存惟任侯張越史漢皆以爲高后三年除國則此第不應獨無竊意兩表三年字均爲二年之誤夫除國於二年錄第以前則亦非所及矣孝惠功臣三人二侯有第平都一侯亦無位置之處漢表位次百十與成陽及軑同誤不足據高后二年以前功臣十三人五侯有第襄成及軹壺關三侯帝子而後爲王固當不雜此數其扶柳郊南宮博成沛五侯亦不見於第疑本居此第之末而文帝世以其阿比呂氏故削之耳

附錄

平都索隱云縣名屬東海案漢志東海郡爲都平侯國孝侯劉到以齊將高祖三年降定齊侯千戶孝惠五年六月乙亥封

扶柳索隱云縣名屬信都攷異曰案水經注以邪之扶縣爲呂平侯國葢酈氏所見本異侯誅死無謚呂平漢表作呂平師古曰平既呂氏所生不當姓呂葢史家唯記母族也案索隱本亦作呂平以元脫據漢表補高后姊長姁子侯無戶數高祖元年四月庚寅封漢表作丙寅

郊索隱云縣名屬沛郡一作洨漢志注應劭曰洨水所出南入淮師古音淆案漢書外戚恩澤侯表作洨誤作洨師古音問後改封王謬也侯誅死無謚呂產呂后兄悼武王身佐高祖定天下呂氏佐高祖治天下天下大安封悼元脫今補武王少子產爲郊侯無戶數高后元年四月辛卯封

南宮索隱云縣名屬信都侯誅死無謚張買以父越人爲高祖騎將從軍以太中大夫漢表無太字侯無戶數高后元年四月丙寅封

博成索隱云漢志闕敬侯馮無擇以悼武王郎中兵初起從高祖起豐攻雍丘漢表作共誤擊項籍力戰奉衛悼武王出滎陽功侯無戶數高后元年四月乙酉封漢表作己丑

沛索隱云縣名屬沛郡侯誅死無謚呂種呂后兄康侯少子侯奉呂宣王寢園無戶數高后元年四月乙酉封

重訂百二十以下侯第表

詳觀侯表之次大率功鉅者居前功微者次之無功而以恩澤封者居殿而軑及平皋以無功越在土軍諸有功侯之先衍以有功而降在朱虛衆恩澤侯之後似非其次且平皋表云功比戴侯彭祖稱侯不足又繫以名史公諒無謬誤竊意平皋之百二十一乃百二十七之誤百二十七之德侯漢表作百二十百二十乃百三十之誤百三十之衍侯乃百二十之誤而百二十一之第虛無人漢表軑及平都竝百一十與成陽侯第同非是而軑侯無功不足當百二十一之第疑平都當第百二十一而軑侯第尚在陸梁之後爲百三十八如是則有功居前無功居後不相淩越各得其宜矣其桃侯有功而居下者奪絕復封封以恩澤也德侯代王子上邳侯楚王子朱虛侯齊王子代王高祖兄楚王高祖弟齊王高祖子以次相從德當在上邳上反居朱虛下者代王有棄國之罪降爵爲侯其子之侯第宜退處後也前說用軑改戴有助於班書而無當于史表故重訂百二十以下之第如左

百二十元脫而衍侯第百三十今擬改衍簡侯翟盱以漢二年爲燕令以都尉下楚九城堅守燕侯九百戶高祖十一年七月乙巳封

百二十一元以爲平皋侯第而平都漢表位次百一十竝誤今擬改平都孝侯劉到以齊將
高祖三年降定齊侯千戶孝惠五年六月乙亥封
百二十二土軍武侯宣義高祖六年爲中地守以廷尉擊陳豨
侯千二百戶高祖十一年二月丁亥封
百二十三汲終侯公上不害高祖六年爲太僕擊代豨有功侯
千二百戶高祖十一年二月己巳封
百二十四橐索隱云漢志橐縣屬山陽攷異曰案橐當爲橐字之譌錫瑜案漢志山陽郡之縣字作橐臣瓚音拓而此表字作橐故錢氏以爲橐字之譌然漢表字亦作橐師古音公老反而眞定國自有橐城縣則橐字不譌而小司馬誤耳祗侯陳錯高帝七年爲將軍從擊代陳豨有功侯六百戶
高祖八年十二月丁未封
百二十五中牟共侯單父聖以卒從起沛入漢以郎中擊布功



侯二千三百戶始高祖微時有急給高祖一馬故得侯高祖
十二年十月乙未封
百二十六戴敬侯秋彭祖以卒從起沛以卒開沛城門爲太公
僕以中廄令擊豨侯千二百戶高祖十一年三月癸酉封
百二十七元以爲德侯第而平皋侯第百二十一竝非今擬改平皋煬侯劉他項他漢六
年以碭郡長初從賜姓爲劉氏功比戴侯彭祖漢表作功比軑侯非是
五百八十戶高祖七年十月癸亥封
百二十八上邳侯劉郢客楚元王子侯高后二年五月丙申封
百二十九朱虛侯劉章齊悼惠王子侯高后二年五月丙申封
百三十元以爲衍侯第而德侯第百二十七七字衍漢表德侯位次百二十亦不合蓋二三字互譌也今擬改德
哀侯劉廣以代頃王子侯高祖十二年十一月庚辰封

百三十一愼陽侯欒說爲淮陰舍人告淮陰侯信反侯二千戶
高祖十一年十二月甲寅封
百三十二期思康侯賁赫淮南王布中大夫有郄上書告布反
侯二千戶高祖十二年十二月癸卯封
百三十三便頃侯吳淺長沙王子侯二千戶孝惠元年九月癸
卯封
百三十四義陵侯吳程以長沙柱國侯千五百戶高祖九年九
月丙子封
百三十五桃安侯劉襄以客從漢王二年從起定陶以大謁者
擊布侯千戶項氏親也賜姓高祖十二年三月丁巳封高后
元年奪絕二年復封
百三十六沅陵頃侯吳陽長沙嗣成王子侯高后元年七月壬



申封
百三十七陸梁侯須毋詔以爲列侯自置吏受令長沙王高祖
九年三月丙辰封
百三十八元脫而軑侯漢表位次百一十亦誤今擬補軑侯利倉以長沙相侯七百
戶孝惠二年四月庚子封

史表功比說終

番禺沈葆和順德李肇沅校字

# 史記三書正譌

[清]王元啓

清光緒十六年廣雅書局刊本

# 史記三書正譌

光緒十六年八月
廣雅書局校刻

## 史記正譌序

余所攷定史記本皆仍其原文別加識別如闕文用左氏春秋戰國策班固漢書補入者用朱書三書之所不載則用穆天子傳例爲口音圍以空其處譌字則於字外加口爲識復爲朱書本字於下使讀者一覽可得衍字則用側書仍於字外加口以別於徐廣諸家之小注又史記自兩漢時未有訓釋讀史者往往自以己意隨筆記注數語以資解故而廣多聞傳寫者不察攙入正文誤升爲大字遂使文體割裂首尾不貫今用孔穎達諸經正義之例於後儒傳注雖用正書縮爲小字使不與正文相混其訛踳甚者如律書天官書二篇則用蔡氏尚書武成篇例存其舊文於前別錄攷定正文於後庶便於讀者乾隆二十七年秋八月嘉興王元啓書於衛郡之崇本書院

家君自幼好古所讀書無一不手加評注辛巳冬不戒於火悉爲六丁取去唯馬班韓歐四家之書常隨行篋獨得不焚遠近從學之士往往傳錄爲善本然如史記律麻天官三書漢書律麻志二卷評注既多其中章句後先亦多更定顧未經繕正難以驟領其義兹遵攷定位次別加排比庶得展卷瞭如而史記三書先已錄成遂付剞劂漢書律麻志則俟續纂以刻其全書及韓歐二集不能全刻當摘錄評注之語別爲一書續附其後輒先述其編錄之意如此乾隆四十年歲次乙未夏六月男倘珏謹識書中所稱監本者國子監刊本也湖本者凌稚隆評林本也吳本者長洲陳仁錫本也松本者華亭陳子龍本也又有南京監本書中所載余有丁說是倘珏又識

# 史記正譌卷一

嘉興王元啓[illegible]

律書第三張晏曰遷沒之後兵書亡失元成間[illegible]補闕顏師古謂序錄本無兵書以張說爲[illegible]貞又云兵書亡不補略述律而言兵遂分麻術以次之[illegible]按楊慎日史公自序律書云非兵不强又云司馬法所從來尚矣蓋言兵也律書卽兵書小司馬謂兵書亡不補非也又曰自七正二十八舍以下皆闕麻法然麻之月氣實應乎律亦非分麻術以次之也　又按史記所闕十篇說者皆云褚少孫所補余讀律書首言律爲兵家所重因序歷代兵制以附其後末復詳述律管長短之數以爲後人審律候氣之準中所闕者唯景武兩朝兵制耳要其首尾完善必非少孫所能代爲惟所述二十八舍十母十二子方隅氣候乃後之讀史者剿取術家之言以爲訓釋疑出少孫所補然而累經傳寫中亦頗有錯亂今爲釐正如左

王者制事立法物度軌則壹稟於六律索隱曰律有十二陽六爲律陰六爲呂古用竹又用玉漢末以銅爲之釋名云律述也所以述陽氣也律麻志云呂旅助陽氣也呂亦稱間故有六律六間之說元間大呂二間夾鍾是也漢京房知五音六律之數十二律之變至六十故中呂上生執始執始下生去滅上下相生終於南呂而六十律畢



六律爲萬事根本焉索隱曰律麻志云夫推麻生律制器規圓矩方權重衡平準繩嘉量探賾索隱鉤深致遠莫不用焉是萬事之根本也其於兵械尤所重索隱曰易稱師出以律是於兵械尤重也　正義曰劉伯莊云吹律審聲聽樂知政師曠審歌知晉楚之彊弱故云兵家尤所重　按此句乃全篇之綱領故云望敵知吉凶正義曰凡兩軍相敵上有雲氣及日暈故望雲氣知勝負彊弱引舊語乃曰故云聞聲效勝負正義曰周禮云太師執同律以聽軍聲而詔其吉凶左傳云師曠知南風之不競卽其類百王不易之道也武王伐紂吹律聽聲索隱曰其事當有所出推孟春以至於季冬殺氣相并正義曰人君暴虐酷急卽常寒應寒生北方乃殺氣也按正義以殺氣爲商辛政急所致其說非是辨見下文而音尚宮正義曰兵書云夫戰太師吹律合商則戰勝軍事張彊角則軍擾多變失志宮則軍和主卒同心徵則將急數怒軍士勞羽則兵弱少威焉　按上文孟春謂泰簇之管季冬謂大呂之管十二律皆殺氣相并知其事非可以好會解而音復尚宮則我軍主卒同心又操必勝之勢正義兩句異解遂使文義首尾不貫同聲相從物之自然

何足怪哉兵者聖人所以討彊暴平亂世夷險阻救危殆自含血戴角之獸按血當作齒傳寫誤也見犯則校而況於人懷好惡喜怒之氣喜則愛心生怒則毒螫加情性之理也昔黃帝有涿鹿之戰以定火災顓頊有共工之陳以平水害文穎曰共工主水官也少昊氏衰秉政作虐顓頊伐之成湯有南巢之伐以殄夏亂正義曰淮南子云湯伐桀放之歷上與末喜同舟浮江奔南巢之山而死遞興遞廢勝者用事所受於天也自是之後名士迭興晉用咎犯而齊用王子徐廣曰子成父吳用孫武申明軍約賞罰必信卒伯諸侯兼列邦土陳仁錫曰土一作士雖不及三代之誥誓然身寵君尊當世顯揚可不謂榮焉豈與世儒闇於大較索隱曰大較大法也滑于髡曰車不較則不勝其任是也較音角不權輕重猥云德化不當用兵大至窘辱失守徐廣曰如宋襄公是也小乃侵犯削弱遂執不移等哉故教笞不可廢



於家刑罰不可捐於國誅伐不可偃於天下用之有巧拙行之有逆順耳用有巧拙繳前咎犯等軍約及闇於大較者之窘削行有順逆起下二世窮武及高祖孝文之偃兵二句說盡兵家利害用巧行逆與行順用拙者同敗耳於此書則尤一篇之樞紐也夏桀殷紂手搏豺狼足追四馬勇非微也百戰克勝諸侯懾服權非輕也秦二世宿軍無用之地正義曰謂三十萬備北邊五十萬守五嶺也連兵於邊陲力非弱也結怨匈奴絓禍於越勢非寡也及其威盡勢極閭巷之人爲敵國咎生窮武之不知足甘得之心不息也高祖有天下三邊外畔三邊謂北胡南越東則朝鮮此言外患大國之王雖稱蕃輔臣節未盡此言內憂會高祖厭苦軍事亦有蕭張之謀敘漢初偃武之故此二語最盡故偃武一休息羈縻不備歷至孝文卽位將軍陳武等議曰南越朝鮮自全秦時內屬爲臣子後且擁兵阻阸選蠕觀望阸乙賣反選思兗反蠕而兗反　索隱曰選蠕謂動

身欲有進取之狀　高祖時天下新定人民小安未可復興兵今陛下仁惠撫百姓恩澤加海內宜及士民樂用征討逆黨以一封疆孝文曰朕能任衣冠念不到此會呂氏之亂功臣宗室共不羞恥誤居正位常戰戰慄慄恐事之不終且兵凶器雖克所願動亦耗病謂百姓遠方何又先帝知勞民不可煩故不以爲意朕豈自謂能今匈奴內侵軍吏無功邊民父子荷兵日久朕常爲動心傷痛無日忘之今未能銷距願且堅邊設候結和通使休寧北陲爲功多矣且無議軍孝文語分四節首言德不足常恐內事未康敢勤遠略次言兵勝亦凶不宜輕動次言先帝尙務息民朕敢求勝先帝次言北陲未寧又可別開他釁辭義周至昔人謂三代誥命無以過信然故百姓無內外之繇得息肩於田畝天下殷富粟至十餘錢鳴雞吠狗煙火萬里可謂和樂者乎太史公曰文帝時會天下新去湯火人民樂業因其欲然能不擾亂故百姓遂安自年六七十翁亦未嘗至市井游敖嬉戲如小兒狀孔子所稱有德君子者耶此下當歷載景武兩朝兵制今逸之矣原本此下有書曰七正至故曰戊一節係錯簡蓋後人注語也今移置篇末

生鍾分索隱曰此算術生鍾律之法也　正義曰分音扶問反　原本屬律數之後今移此

子一分索隱曰自此已下十一辰皆以三乘之爲黃鍾積實之數丑三分二索隱曰按子律黃鍾長九寸林鍾爲丑衝長六寸以九比六三分少一故云丑三分二卽是黃鍾三分去一下生林鍾數也寅九分八索隱曰十二律以黃鍾爲主黃鍾長九寸太簇長八寸寅九分八卽是林鍾三分益一上生太簇之義也卯二十七分十六索隱曰此以丑三乘寅寅三乘卯得二十七南呂爲卯衝長五寸三分寸之一以三約二十七得九卽黃鍾之本數又以三約十六得五縣三分之一卽南呂之長故云卯二十七分十六亦是太簇三分去一下生南呂之義已下八辰竝準此辰八十一分六十四按以九約之得七縣九分之一爲姑洗數巳二百四十三分一百二十八午七百二十九分五百一十二未二千一百八十七分一千二十四二千四十八按此篇生鍾分有黃鍾本律分數有林鍾以下諸律所得分數黃鍾本數一而三之自丑至亥歷十一位得十七萬七千一百四十七爲子一分積實之數以酉爲法歸之得寸數未爲法得分數巳爲法得釐數卯爲法得豪數丑爲法得絲數是亥爲黃鍾積實數酉未巳卯丑則律管寸分釐豪絲之法也諸律得數蔡氏云六陽辰當位自得六陰辰則居本位之衝謂如丑衝爲林鍾卯衝爲南呂是也丑衝林鍾得如寸法者六寅爲太簇得如寸法者八卯衝南呂如寸法者五其外尙有餘數則用未之分法歸之巳衝應鍾如寸法者四分法者六餘數用巳之釐法歸之他皆倣此又按此文自丑以下分母之數每進而加三分子之數一倍而一四倍者三分損一之數下文所謂倍其實者是也四者三分益一之數下文所謂四其實者是也如法推之諸律分子之數子以後先倍而後四午以後當先四而後倍此文未酉亥三辰分子之數僅得其半蓋由率意順文致誤今爲一一核正其說之未盡者別見下文上九一條申六千五百六十一分四千九十六酉一萬九千六百八十三分八千一百九十二一萬六千三百八十四戌五萬九千四十九分三萬二千七百六十八亥十七萬七千一百四十七分六萬五千五百三十六十三萬一千七十二

生黃鍾術按黃字衍前言生鍾分是諸律積實之數此言生鍾術是彼此相生之法布算之道先審其實而後用法歸之故先言分後言術舊本割去術字聯下日字爲句非是曰以下生者倍其實三其法以上生者四其實三其法索隱曰按律麻志云陰陽相生自黃鍾始而左旋八八爲伍孟康注云從子至未得八下生林鍾又自未至寅亦得八上生太簇是也然上下相生皆以此爲率今云以下生者謂黃鍾下生林鍾黃鍾長九寸倍其實者二九十八三其法者以三爲法約之得六爲林鍾之長也四其實者謂林鍾上生太簇林鍾長六寸以四乘六得二十四以三約之得八卽爲太簇之長也上九商八不言宮而言上者蒙上文上生爲義明乎上之爲宮也雖指黃鍾一律實則六十調之通例羽七角六宮五徵九索隱曰此五聲之數然此文似數錯未暇研覈也按此言律管長短之度當云角七徵六羽五若以後章律數誤文爲據亦當云羽七角六徵五宮字誤徵九二字衍又按上生下生諸說不同蔡邕以陽生陰爲下生陰生陽爲上生特舉黃鍾一宮言之推之他律多舛唯呂氏春秋以黃鍾至蕤賓七律爲上林鍾至應鍾五律爲下淮南子亦云蕤賓上生大呂大呂

下生夷則十二律環轉相生悉合自然之度宋儒蔡元定律呂新書堅守史記生鍾分及前漢律志誤文於蕤賓生大呂夷則生夾鍾無射生仲呂概用三分損一之法且又曲爲之説曰林鍾南呂應鍾三呂在陰無所增損大呂夾鍾仲呂三呂在陽則用倍數今就其説推之蕤賓生大呂三分損一得八萬二千九百四十四之積如法歸之僅得四寸一分八釐三豪之長必倍之爲十六萬五千八百八十八乃得大呂之本數至於大呂生夷則三分益一乃得十一寸一分懸二豪之數律管更長於黄鍾又必半其積數乃得五寸五分五釐一豪之數否則大呂得數之後仍復減去其半而後用三分益一之法乃得夷則之本數不知何故自爲勞擾若此蔡氏謂呂覽淮南誤以陰呂爲陽故有陰陽錯亂之譏然其必用倍數亦自以三呂在陽之故是蔡氏於此三呂不但用倍數與呂氏淮南同其所居之位亦不能諱其爲陽也然則其所嶄而不予者獨此上生之名耳今攷史記生鍾術篇歷舉五聲得數不云宮九商八而曰上九商八乃知上即宮之別名就五聲二變中較其律管之最長者無逾於宮故名之曰上宮既爲上則徵羽爲下而商角之爲上又可知矣以十二律旋相爲宮論之雖林鍾南呂應鍾之在陰位者當其爲宮爲商爲角皆可言上況其在陽位者乎上生之義古無明訓獨此文上九一言蒙上上生爲辭乃其的解且一言而足息羣議之紛允徵史筆之足貴余爲特表而出之

**置一而九三之以爲法** 索隱曰樂彥云一氣生於子至丑而三是一三也又自丑至酉爲九皆以三乘之是九三也 按子一分一三之而得三三之而得九三之而得二十七遞而絫之至九三之而得萬九千六百八十三分以除亥位積實之數得九寸者一是爲子位黄鍾律管之一也

**實如法得長一寸** 索隱曰實謂以子一乘丑三至亥得十七萬七千一百四十七爲實數如法謂以萬九千六百八十三之法除實得九爲黄鍾之長言得一者算術設法辭也得下有長一下有寸者皆衍字也韋昭曰得九寸之一也姚氏謂得一即黄鍾之子數 按前漢律厤志言得一者非一固屬設法恒辭但律管之長不皆全寸故此處長與寸獨不當作衍字葢謂如法者得長一寸其不能如法不足一寸之數者當別用七三之爲分法五三之爲釐法三三之爲豪法約之以盡其數如其適得爲寸者九則是黄鍾之宮也

**凡得九寸命曰黄鍾之宮**

**律數** 原本屬故曰戌之後生鍾分之前今移此

**九九八十一以爲宮** 按前云得九寸爲黄鍾是謂十分之寸此復用九分之寸者取其布算爲便文異而理則同余別有論説附載篇後

**三分去一五十四以爲徵三分益一七十二以爲商三分去一四十八以爲羽三分益一六十四以爲角** 按三分去一者倍其實三其法是也三分益一者四其實三其法是也此下應直接故曰以下一節文勢緊注不斷黄鍾長八寸以下葢又後人增入之語

**黄鍾長八寸十分一宮** 索隱曰按上文云律九九八十一故云長八寸十分一舊本多作七分葢誤也 按今本泰蔟姑洗林鍾南呂四律猶作七分葢由校讎之不審也今依索隱注悉爲改正又按上文自黄鍾以至姑洗得數皆整姑洗以後其數奇零不齊故此下備舉十二律全數別爲約法整者以十分爲約法不整者以三分爲約法過半者曰三分二不及半者曰三分一

**大呂長七寸五分三分（一）二** 按黄鍾八十一分每分得積實數二千一百八十七以二千一百八十七歸大呂以下諸律積實數得寸分全數全分外猶有餘分則以三分爲約法餘七百二十九爲三分一餘一千四百五十八爲三分二即有彊弱不加細核也大呂積實數爲十六萬五千八百八十八計長七寸五分餘數一千八百六十三爲三分二彊此云三分一一字誤也

**泰簇長七寸十分二商** 按十分二者十分寸之二謂二分也後凡言十分者倣此商俗本作角今按黄鍾一鈞泰簇商此云角姑洗角此云羽林鍾徵此云角南呂羽此云徵仲呂夷則無所屬應鍾爲變宮此云徵商羽皆不識其何謂據索隱姑洗羽下注云亦以金生水故也則泰簇下角字當是商字之譌語下尚當有土生金故以爲商之注傳本偶逸之至仲呂下徵字夷則下商字直當定爲衍文刪去庶可稍通又攷宋本泰簇下角字實作商蔡氏律呂新書可證今改正

**夾鍾長六寸（一）七分三分一** 按夷則生夾鍾得六寸七分餘數九百二十七寸下一字七之誤文也

**姑洗長六寸十分四羽** 索隱曰亦以金生水故也 按十俗本作七誤下文林鍾南呂同

**仲呂長五寸九分三分二徵** 按五寸九分之外餘數二千三十九徵字衍

**蕤賓長五寸六分三分（二）一** 按五寸六分之外餘一千九百四十四爲三分二太彊一當作二

**林鍾長五寸十分四角** 索隱曰水生木故以爲角不用蕤賓者以陰氣起陽不用事故去也 按索隱水生木之注則上文仲呂下徵字決爲衍文無疑

**夷則長五寸（四分）三分二（商）** 按大呂生夷則五寸之外又得小數一千二百四十二是爲五寸懸

三分二弱四分字商字皆衍

南呂長四寸十分八徵

無射長四寸四分三分二按四寸四分之外餘數二千七十六

應鍾長四寸二分三分二羽按三分二者餘數一千四百五十八也羽字衍

故曰音始於宮窮於角索隱曰卽如上文宮下生徵徵上生商商下生羽羽上生角是其窮也數

始於一終於十成於三氣始於冬至周而復生神生於無句形

成於有句形然後數形而成聲故曰神使氣氣就形楊愼曰此節文奇理至蓋古律書文也形成理類按理上恐脫一成字理當作類類聲之訛也如類有可類或未異

形而未異類按二未字皆當作異亦因聲近而訛或同形而同類類而可班類而

可識班分布也形既成類則各有等級之殊分布其類之等級而可以識神氣之所自來矣聖人知天地

識之別按識字衍天地間雖極相似之物無一不有其別知其別者惟察微之聖人能之故從有以至



句未有以得至窮至也窮至其有形之類而神與氣之末有形者得矣此孟子六律正五音之說也細若

氣微若聲皆非有形之可見也然聖人因神而存之雖妙必效正義曰妙謂微妙效猶見也

情核其華句道者著明矣正義曰華道神妙之道也陳仁錫曰者當作著按陳說是正義華道之說不得其讀而妄解也神者其情形者其華求情者必核其華猶存神者必驗之於有形也五聲無形律則有形因形求聲其道彰矣非具聖心以乘聰明具或作有或作其吳本云一作具今從一本孰能存

天地之神而成形之情哉神者提神字重加闡發物受之物謂金石絲竹匏土革木

之類而不能知及其去來按及字衍正義云物受神妙之氣不能知覺及神去來亦不能識其往復辭復

而義晦此由不知及字之爲衍文而強爲之說也故聖人畏而欲存之八音受五聲之氣以出響而其高下清濁忽此忽彼無有能知其去來者正之以六律則其長短有度大小有量各不相通而其中受氣之多寡發響之清濁亦卽於是而定畏者畏其奪倫而不克諧耳史公以去來言聲存神言律闡發微至非後儒之所能到也唯欲存之

神之亦存其欲存之者故莫貴焉按十二律形也形以貯氣亦以存神律足以存神故莫貴焉

太史公曰故在旋璣玉衡以齊七政書曰七正□二十八舍按故字誤當從尙書作在在察也書曰以下舊屬前文有德者非耶之後今移此書曰二字當乙置句首正與政通正下尙有脫字恐是歷字

卽天地之二十八宿此句原屬齊七政下今按此下二十八舍注語當屬此又地字誤當作之

舍者日月所舍舍者舒氣也此節舊屬成孰萬物之後不周風之前今移此作注十母十

二子鍾律調按十干爲母十二支爲子其方位偏布於二十八宿之間七政皆周歷之也其說詳見下文不

周風居西北主殺生東壁居不周風東主辟生氣而東之索隱曰辟音闢

至於營室營室者主營胎陽氣而產之徐廣曰胎一作含東至於危

危垝也索隱曰垝音鬼毀反言陽氣之危垝故曰危十月也律中應鍾應

鍾者陽氣之應不用事也正義曰白虎通云應者應也言萬物應陽而動下藏也漢初依秦以十月爲歲首故起應鍾其於十二子爲亥亥者該也索隱曰律麻志云該閡於亥按此下凡引白虎通者皆正義注引律麻志者皆索隱注



言陽氣藏於下故該也廣莫風居北方廣

莫者言陽氣在下陰莫陽廣大也故曰廣莫舊注莫幕也言陰氣覆幕陽氣東

至於虛虛者能實能虛言陽氣冬則宛藏於虛正義曰宛音蘊日冬至

則一陰下藏一陽上舒故曰虛冬至於須女言萬物變動其所

陰陽氣未相離尙相如胥也按如胥當作胥如諸本皆誤故曰須女十一月

也律中黃鍾白虎通曰黃中和之氣言陽氣皆於黃泉之下動養萬物也黃鍾者陽氣踵黃

泉而出也其於十二子爲子子者滋也滋者言萬物滋於下也

其於十母爲壬癸壬之爲言任也言陽氣任養萬物於下也癸

之爲言揆也言萬物可揆度故曰癸東至於牽牛牽牛者言陽

氣牽引萬物出之也牛者冒也言地雖凍能冒而生也牛者耕

植種萬物也東至於建星建星者建諸生也十二月律中大呂

大呂者言陰大旅助黃鍾宣化而牙物也其於十二子爲丑按徐
廣云此中闕不說大呂今用漢書律厤志補十二字丑者紐也言陽氣在上未降萬物厄
紐未敢出條風居東北主出萬物條之言條治萬物而出之故
曰條風南至於箕箕者言萬物根棋徐廣曰一作横故曰箕正月也律
中泰簇泰簇者言萬物簇生也故曰泰簇白虎通云泰者大也簇者湊也言萬物始
大湊地而出之也其於十二子爲寅寅言萬物始生螾然也索隱曰螾音引故
曰寅南至於尾言萬物始生如尾也南至於心言萬物始生有
華心也徐廣曰一作莖南至於房房者言萬物門戶也至於門則出矣
明庶風居東方明庶者明衆物盡出也二月也律中夾鍾夾鍾
者言陰陽相夾廁也白虎通云夾孚甲也言萬物孚甲種類分也其於十二子爲卯
卯之爲言茂也言萬物茂也其於十母爲甲乙甲者言萬物剖



符甲而出也索隱曰符甲猶孚甲也乙者言萬物生軋軋也南至於氐氐
者言萬物皆至也南至於亢亢者言萬物亢見也南至於角角
者言萬物皆有枝格如角也三月也律中姑洗姑洗者言萬物
洗生白虎通云姑者故也洗者鮮也言萬物去故就新莫不鮮明其於十二子爲辰辰者言
萬物之蜄也索隱曰蜄音振或作娠同音律厤志云振美於辰清明風居東南維主風
吹萬物而西之□□軫西之字絕句軫上當補至於二字前文不周風三句卽其例也舊連西之軫爲
一句非是軫者言萬物益大而軫軫然西至於翼翼者言萬物皆有
羽翼也四月也律中中呂中呂者言萬物盡旅而西行也白虎通云
言陽氣將極中充大也其於十二子爲巳巳者言陽氣之已盡也西至於
張張者言萬物皆張也陳仁錫曰三四月間不言西至於張蓋缺文也今按西至於張十二字俗本誤
竄七星後蓋由錯簡非缺文也今改正西至於七星七星者陽數成於七故曰七

星此下原本有西至於張十二字今移前西至於注索隱曰注音丁救反咮也天官書云柳爲鳥咮則注柳星
也注者言萬物之始衰陽氣下注故曰注陳仁錫曰柳爲鳥咮音晝今此文曰下注
則又別義五月也律中蕤賓蕤賓者言陰氣幼少故曰蕤痿陽不用
事故曰賓白虎通云蕤者下也賓者敬也言陽氣上極陰氣始賓敬之也景風居南方景者言
陽氣道竟故曰景風其於十二子爲午午者陰陽交故曰午律厤
志云愕布於午其於十母爲丙丁丙者言陽道著明故曰丙丁者言萬
物之丁壯也故曰丁西至於弧弧者言萬物之吳落且就死也
徐廣曰吳一作柔楊慎曰吳音弧弧落彫落也注作柔非萬物之生也柔弱死也剛彊既云弧落且就死焉得柔乎且此篇八
風十二律皆以協聲取義下文云濁者觸也畱言陽氣之稽畱也是其例也於弧而言柔落亦不倫矣西至於狼
狼者言萬物可度量斷萬物故曰狼涼風居西南維主地地者
沈奪萬物氣也正義曰沈一作洗六月也律中林鍾林鍾者言萬物就



死氣林林然白虎通云林者衆也言萬物成熟種類多也其於十二子爲未未者言
萬物皆成有滋味也律厤志云昧薆於未其意殊北至於罰罰者言萬物氣奪
可伐也北至於參參言萬物可參也故曰參七月也律中夷則
夷則言陰徐廣曰一作陽氣之賊徐廣曰一作則萬物也白虎通云夷傷也則法也言萬物始傷被
刑法也其於十二子爲申申者言陰用事申賊萬物故曰申律厤志云
物堅於申北至於濁索隱曰爾雅云濁謂之畢濁者觸也言萬物皆觸死也故曰
濁北至於畱索隱曰畱卽昴也毛傳亦以畱爲昴畱者言陽氣之稽畱也故曰畱
八月也律中南呂南呂者言陽氣之旅入藏也白虎通云南任也言陽氣尚任
包大生薺麥也其於十二子爲酉酉者萬物之老也故曰酉律厤志云畱孰於酉
閶闔風居西方閶者倡也闔者藏也言陽氣道萬物闔黃泉也
其於十母爲庚辛庚者言陰氣庚萬物故曰庚辛者言萬物之

辛生故曰辛北至於胃胃者言陽氣就藏皆胃胃也北至於婁
婁者呼萬物且內之也北至於奎徐廣曰一作圭　索隱曰天官書奎爲溝瀆婁爲聚衆胃爲天倉今此說異及六律十母十二子又與漢書不同各是異家之說也奎者主毒螫殺萬物也奎
而藏之九月也律中無射無射者陰氣盛用事陽氣無餘也故
曰無射白虎通云射終也言萬物隨陽而終當復隨陰而起無有終已其於十二子爲戌戌者
言萬物盡滅故曰戌律厤志云畢入於戌　自不周風至此原本屬舒氣之後律數一節之前今移此作二十八舍十母十二子之注自上古建律運厤造曰日度可據而度也陳仁錫曰曰當作日律厤天所以通五行八政之氣口口天之所以成孰萬物
也此二十一字原本屬二十八舍之下今定爲注語附此又按氣下當有日度二字合符節通道德卽
從斯之謂也

王元啟曰黃鍾之管長九寸以前漢律志攷之本屬十分之
寸而律書又有九九八十一分之說者蓋律呂相生以三分
爲損益以三約九則無餘分以三約十則餘分之多後將不
可勝計故必以十分之寸均爲九分更以十釐之分均爲九
釐豪絲以下皆然然後以三歸之各得其數之整以之制律
審度皆有所據驗而不爽今自黃鍾林鍾太簇三律得全寸
者無論南呂以下卽有餘分依法太簇生南呂得整數五寸
奇數不盡者三南呂生姑洗得整數七寸奇數不盡者一十
分不盡之數卽九分有盡之數也故南呂奇數止爲九分寸
之三姑洗奇數止爲九分寸之一應鍾以下分之餘數以九約之爲釐大呂以下釐之餘數以九約之爲豪夾鍾以下之絲仲呂以下之忽皆倣此求之然用八八爲伍之法彼此
遞生則南呂得數之後奇數仍須通作十分又四其實而後



三之其於布算爲煩故史記生鍾分一篇直以黃鍾一律徧
生林鍾以下諸律不必取資於八位以前而相生之次則自
然以八爲伍故亥位黃鍾積數諸律分母皆據此爲實所得
分子數則下生者倍其前一位之數上生者四其前一位之
數用法歸之得諸律寸分釐豪絲之的數蓋亥位黃鍾積數
得前二位酉數之九酉數所積祇得亥數九分之一律長九
寸故九分之而得一卽爲一寸欲求分數則再越前二位以
未之積數歸之蓋黃鍾積分八十一未之積數適得亥數八
十一分之一也故以酉爲法得寸數以未爲法得分數釐豪以下皆倣此推之求黃鍾之母
數既以此爲法則求各律所得之子數亦以此法歸之可見
矣要之生鍾分一篇專欲使數無零餘而又便於布算故爲
此術其積實十七萬云云乃虛設之數非實數也若欲求忽
初秒數則以三遞加至變應鍾之律爲黃鍾積實而以變姑
洗爲秒數變太簇爲初數變黃鍾爲忽數其法則卯位之變
者爲寸丑位之變者爲分亥位原積之數爲釐酉未巳卯丑
原積不爲寸分釐豪絲法而爲豪絲忽初秒法實如法而一
則八十四聲皆可以求之矣

續生鍾分

變子五十三萬一千四百四十一分二十六萬二千一百四
十四變丑一百五十九萬四千三百二十三分一百懸四萬
八千五百七十六變寅四百七十八萬二千九百六十九分
二百懸九萬七千一百五十二變卯一千四百三十四萬八

千九百懸七分八百三十八萬八千六百懸八〔變辰〕四千三百懸四萬六千七百二十一分一千六百七十七萬七千二百一十六〔變巳〕一億二千九百一十四萬懸一百六十三分六千七百一十萬八千八百六十四

### 續生鍾分表

尙玨按表文字密特用升一格書後圖倣此

正律十二

| 律名 | 律位 | 分母 |
|---|---|---|
| 黃鍾 | 子本位 | 一分 |
| 林鍾 | 丑衝位 | 三分 |
| 太簇 | 寅本位 | 九分 |
| 南呂 | 卯衝位 | 二十七分 |
| 姑洗 | 辰本位 | 八十一分 |
| 應鍾 | 巳衝位 | 二百四十三分 |
| 蕤賓 | 午本位 | 七百二十九分 |
| 大呂 | 未衝位 | 二千一百八十七分 |
| 夷則 | 申本位 | 六千五百六十一分 |
| 夾鍾 | 酉衝位 | 一萬九千六百八十三分 |
| 無射 | 戌本位 | 五萬九千四十九分 |
| 仲呂 | 亥衝位 | 一十七萬七千一百四十七分 |

變律六

| 律名 | 律位 | 分母 |
|---|---|---|
| 黃鍾 | 子本位 | 五十三萬一千四百四十一分 |
| 林鍾 | 丑衝位 | 一百五十九萬四千三百二十三分 |
| 太簇 | 寅本位 | 四百七十八萬二千九百六十九分 |
| 南呂 | 卯衝位 | 一千四百三十四萬八千九百懸七分 |
| 姑洗 | 辰本位 | 四千三百懸四萬六千七百二十一分 |
| 應鍾 | 巳衝位 | 一億二千九百一十四萬懸一百六十三分 |



| | 得數 | 分子 |
|---|---|---|
| 爲律管 | 巳衝積實數 | 即分母數 |
| 爲秒法 | 辰位秒數 | 二 |
| 爲寸數 | 卯衝寸法數 | 八 |
| 爲初法 | 寅位初數 | 十六 |
| 爲分數 | 丑衝分法數 | 六十四 |
| 爲忽法 | 子位忽數 | 一百二十八 |
| 爲釐數 | 亥衝釐法數 | 五百一十二 |
| 爲絲法 | 戌位絲數 | 二千懸四十八此下三呂史記紀數皆舛 |
| 爲豪數 | 酉衝豪法數 | 四千懸九十六 |
| 爲豪法 | 申位豪數 | 一萬六千三百八十四 |
| 爲絲數 | 未衝絲法數 | 三萬二千七百六十八 |
| 爲釐法 | 午位釐數 | 一十三萬一千懸七十二 |
| 爲忽數 | 巳衝忽法數 | 二十六萬二千一百四十四 |
| 爲分法 | 辰位分數 | 一百懸四萬八千五百七十六 |
| 爲初數 | 卯衝初法數 | 二百懸九萬七千一百五十二 |
| 爲寸法 | 寅位寸數 | 八百三十八萬八千六百懸八 |
| 爲秒數 | 丑衝秒法數 | 一千六百七十七萬七千二百一十六 |
| 爲積實 | 子位律管數 | 六千七百一十萬八千八百六十四 |

| 得數 |
|---|
| 仍得積實數○以變南呂之分母爲寸法 |
| 八千六百懸九萬三千四百四十二 |
| 一億一千四百七十九萬一千二百五十 |
| 七千六百五十二萬七千五百懸四○寸 |
| 一億懸二百懸三萬六千六百七十二 |
| 六千八百懸二萬四千四百四十八○分 |
| 九千懸六十九萬九千二百六十四 |
| 一億二千懸九十三萬二千三百五十二 |
| 八千懸六十二萬一千五百六十八 |
| 一億懸七百四十九萬五千四百二十四 |
| 七千一百六十六萬三千六百一十六 |
| 九千五百五十三萬一千四百八十八○ |
| 六千三百七十萬懸九百九十二 |
| 八千四百九十三萬四千六百五十六○ |
| 五千六百六十二萬三千一百懸四 |
| 七千五百四十九萬七千四百七十二○ |
| 五千懸三十三萬一千六百四十八 |
| 仍得分子數 |

| | 律度 | |
|---|---|---|
| 歸之 | 九寸 | |
| | 六寸 | |
| 六 | 八寸 | |
| 之餘數以分法歸之 | 五寸三分 | |
| | 七寸一分 | |
| 之餘數以釐法歸之 | 四寸六分六釐 | |
| | 六寸二分八釐 | |
| ○釐之餘數以豪法歸之 | 八寸三分七釐六豪 | |
| | 五寸五分五釐一豪 | |
| ○豪之餘數以絲法歸之 | 七寸四分三釐七豪三絲 | |
| | 四寸八分八釐四豪八絲 | |
| 絲之餘數以忽法歸之 | 六寸五分八釐三豪四絲六忽 | |
| | 四寸三分八釐五豪三絲一忽 | |
| 忽之餘數以初法歸之 | 五寸八分二釐四豪一絲一忽 | 一初 |
| | 三寸八分四釐五豪六絲六忽 | 八初 |
| 無忽數餘數用秒法歸之 | 五寸二分三釐一豪六絲懸一 | 初六秒 |
| | 三寸四分五釐一豪一絲懸一 | 初一秒 |
| | 四寸六分懸七豪四絲三忽一 | 初四秒一芒 |



十二律正變全半總圖

正律有全有半半聲之在南呂應鍾無射者蔡氏書雖明言不用猶爲備紀其數則黃鍾半律其數亦宜備紀似不得獨謂之無〔新書謂黃鍾無半律朱子謂第九宮後四宮製黃鍾四清聲用之清聲短其律之半是黃鍾有半律也但朱子所謂半律只云四寸有半據蔡氏例求之則所用者非本律之半乃變律之差減於半者其數見續生鍾分表及今圖半律之變〕變律有正有半而又有倍自子至巳六陽位變律正聲差減正律之半其差減正律之全者乃變律中之倍律也自午至亥六陰位變律正聲差減正律之全其差減正律之半者又變律中之半律也變律至應鍾止以備仲呂一宮之用至變黃鍾以下不自爲宮故無蕤賓以下變律然以律書生鍾分爲例絫而衍之其數皆有可稽至其相生之次則用朱子論旋宮法大呂下生夷則夷則上生夾鍾一從呂覽淮南之論以律管長短分上下不以陽律陰呂爲拘下生者其實倍上生者其實四如法推之得十二律變聲之正其倍與半則加減其本數之實而以法歸之〔如變黃鍾本數倍之爲一億二千七百四十萬懸一千九百八十四如法求之得變律之倍變林鍾本數半之爲四千二百四十六萬七千三百二十八如法求之得變律之半〕諸變律中唯林鍾南呂二律正半兼用餘皆用正不用半至倍律則六十調中皆所不用今倣蔡氏書備載正律半聲之例悉爲明著其數而變律之在六陽位者附倍於全附



正於半在六陰位者附正於全附半於半中分朱墨筆書之正律全半皆墨書唯半聲之不用者朱書變律倍半皆朱書唯正者墨書正而不用半而用各於字外加闌爲識後有君子欲精求聲律之全者於此得以攷焉

右爲正　左爲變

| | 黃 正 | 黃 變 | 大 正 | 大 變 | 泰 正 | 泰 變 |
|---|---|---|---|---|---|---|
| 全（正律皆墨書變律正者墨書倍者朱書正而不用字外加闌） | 九寸 | 八寸七分八釐一豪六絲二忽 | 八寸三分七釐六豪 | 八寸二分七釐四豪二絲六忽五初五秒有奇 | 八寸 | 七寸八分懸二豪四絲四忽七初 |
| 半（正律用者墨書其不用者朱書變律正者墨書半者朱書半而用正而不用字外加闌） | 四寸五分 | 四寸三分八釐五豪五絲一忽 | 四寸一分八釐三豪 | 四寸一分三釐六豪五絲七忽七初二秒有奇 | 四寸 | 三寸八分四釐五豪六絲六忽八初 |

| | 夾 | 姑 | 仲 | 蕤 | 林 | 夷 | 南 | 無 | 應 |
|---|---|---|---|---|---|---|---|---|---|
| 正 | 七寸四分三釐七豪三絲 | 七寸一分 | 六寸五分八釐三豪四絲六忽 | 六寸二分八釐 | 六寸 | 五寸五分五釐一豪 | 五寸三分 | 四寸八分八釐四豪八絲 | 四寸六分六釐 |
| 變 | 寸三分四釐五豪七絲三忽八初有奇 | 七寸懸一釐二豪一絲九忽二初二秒 | 六寸五分一釐八豪一絲二忽八初五秒有奇 | 六寸二分一釐懸八絲七忽一初八秒有奇 | 五寸八分二釐四豪一絲一忽一初 | 五寸四分七釐八豪七絲七忽三初六秒有奇 | 五寸二分三釐一豪六絲懸一初六秒 | 四寸八分三釐懸七絲八忽五初二秒有奇 | 四寸五分九釐七豪四絲三忽一初四秒有奇 |
| 正 | 三寸六分六釐三豪六絲 | 三寸五分 | 三寸二分八釐六豪二絲二忽 | 三寸一分四釐 | 三寸 | 二寸二分二釐五豪 | 二寸六分 | 二寸四分四釐二豪四絲 | 二寸三分三釐 |
| 變 | 三寸六分二釐二豪八絲一忽八初四秒有奇 | 三寸四分五釐一豪一絲懸一初一秒 | 三寸二分五釐懸五絲二忽六初五秒有奇 | 三寸一分懸四豪八絲八忽懸八秒 | 二寸八分五釐六豪五絲懸六初 | 二寸六分八釐二豪五絲五忽三初八秒有奇 | 二寸五分五釐九豪七絲四忽五初三秒 | 二寸四分一釐四豪八絲二忽八初四秒有奇 | 二寸三分懸三豪六絲六忽懸六秒有奇 |

右圖以史記生鍾分衍之得十二變律之全以朱子論旋宮法推之得十二變聲之正半其實求之得半律倍其實求之又得變律正聲之倍秒下小數爲芒爲纖爲沙不能殫述則但以有奇概之

旋宮圖

| 宮上 | 徵下 | 商上 | 羽下 | 角上 | 變宮下 | 變徵上 |
|---|---|---|---|---|---|---|
| 黃 | 林 | 泰 | 南 | 姑 | 應 | 蕤 |
| 大 | 夷 | 夾 | 無 | 仲 | 黃 | 林 |
| 泰 | 南 | 姑 | 應 | 蕤 | 大 | 夷 |
| 夾 | 無 | 仲 | 黃 | 林半 | 泰 | 南 |
| 姑 | 應 | 蕤 | 大 | 夷 | 夾 | 無 |
| 仲 | 黃 | 林 | 泰 | 南 | 姑 | 應 |
| 蕤 | 大 | 夷 | 夾 | 無 | 仲 | 黃 |
| 林 | 泰 | 南 | 姑 | 應 | 蕤 | 大 |
| 夷 | 夾 | 無 | 仲 | 黃 | 林 | 泰 |
| 南 | 姑 | 應 | 蕤 | 大 | 夷 | 夾 |
| 無 | 仲 | 黃 | 林半 | 泰 | 南半 | 姑 |
| 應 | 蕤 | 大 | 夷 | 夾 | 無 | 仲 |

右圖以宮音爲上所生徵羽變宮爲下商角變徵又爲上下明注凡正律墨書變律朱書正律之半字外加闌變律之半字半字

史記正譌卷一

陽湖吳翊寅番禺沈寶樞校字

# 史記正譌卷二

嘉興王元啓撰

## 厤書第四

昔自在古厤建正作於孟春索隱曰古厤謂黃帝調厤以前有上元太初等厤皆以建寅爲正及顓頊夏禹亦然唯黃帝及殷周魯竝建子爲正而秦正建亥漢初因之至武帝元封七年始改用太初厤仍以周正建子爲十一月改元太初焉今按此文至撫十二節皆出大戴禮虞史伯夷之辭　愚按此書所述虞史及後周太史辭竝見大戴禮誥志篇第七十一又按近時全祖望曰晉書董巴厤議曰湯作殷厤弗復以正月朔旦立春爲節更用十一月朔旦冬至爲元首下至周魯及漢皆從其節巴言厤初非歲首也古時歲首有建子建丑建寅之別厤初則非子即寅又曰漢初承秦用顓頊厤則厤初用寅據此則索隱謂殷亦建子是誤以厤初爲歲首又因元封七年厤初用子而謂前此仍秦建亥是又誤以歲首爲厤初說皆非是於是冰泮發蟄百草奮興冰吳本誤作求奮興譌作權輿秭鳺先滜徐廣曰秭音姊鳺音規子鳺鳥也一名鷤鴂　索隱曰秭鳺先滜謂春氣發動則先出野澤而鳴也大戴禮作瑞雉無釋未測



其旨當是字體各有訛變耳　今按滜與澤同古字無作无先澤之作无釋蓋以形近而訛索隱說是也物迺歲具生於東次順四時卒於冬分時索隱曰卒盡也冬盡之後分爲來歲故曰冬分也雞三號卒明索隱曰卒斯也言夜至雞三鳴則天曉乃始爲正月一日言異歲也　按此下戴記有載於青色四字撫十二節卒於丑正義曰撫猶循也日月成故明也按戴記成下無故明也三字而有歲字又有厤再閏以順天道此謂歲虞汁月十三字汁古通協歲虞未詳明者孟也幽者幼也幽明者雌雄也雌雄代興而順至正之統也日歸於西起明於東月歸於東起明於西此爲虞史發端之辭戴記幽明作明幽句中各無者字正不法天又不由人則凡事易壞而難成矣索隱曰此文出大戴禮是孔子稱周大史之辭　按戴記又不作下不又按但言法天而人不言法地此正厤初之說也厤初但用冬至立春二節不用丑月節唯近傳西洋厤用春分爲厤初

史公曰此四字本在順承厥意之下詳其文義當屬此王者易姓受命必慎始初改正朔易服色推本天元順承厥意索隱曰謂推本天之元氣行運歷數以定正朔以承天意太

史公曰四字係錯簡今移前神農以前尚矣蓋黃帝攷定星厤索隱曰系本及律厤志黃帝使羲和占日常儀占月臾區占星氣伶倫造律呂大撓作甲子隸首作算數容成綜此六術而著調律也建立五行起消息正義曰皇侃云陽生爲息陰死爲消正閏餘於是有天地神祇物類之官是謂五官各司其序不相亂也民是以能有信神是以能有明德民神異業敬而不瀆故神降之嘉生應劭曰嘉穀也民以物享劉伯莊云物事也人皆順事而享福也　按劉說非是物謂祭祀所具之牢醴也神降嘉穀以養民民則具牢醴以報享也災禍不生所求不匱少皞氏之衰也九黎亂德民神雜擾不可放物索隱曰放音昉依也　按索隱訓放爲依義終未晰竊意別本作方物爲是易曰方以類聚物以羣分類聚可以辨方羣分可以辨物今既民神雜擾則羣類混淆故曰不可方物記云方物發謀出慮方物竝稱蓋古有此語禍菑荐至莫盡其氣索隱曰荐集也或作薦古字假借用爾顓頊受之乃命南正重司天以屬神命火正黎司地以屬民索隱曰按左傳重爲句芒木正黎爲祝融火正此言南者劉氏



以爲南字誤非也蓋重黎二人元是木火之官兼司天地職而天是陽南是陽位木亦是陽所以木正爲南正也火是地正亦稱北正者火數二二地數地陰主北方故火正亦稱北正也使復舊常無相侵瀆其後三苗服九黎之德正義曰服從也故二官咸廢所職而閏餘乖次孟陬殄滅攝提無紀厤數失序堯復遂重黎之後不忘舊者使復典之而立羲和之官明時正度則陰陽調風雨節茂氣至物無夭疫年耆禪舜申戒文祖云徐廣曰戒一作敕　正義曰言於文祖之廟以申戒舜也天之厤數在爾躬舜亦以命禹由是觀之王者所重也夏正以正月殷正以十二月周正以十一月蓋三王之正若循環窮則反本天下有道則不失紀序無道則正朔不行於諸侯幽厲之後周室微陪臣執政史不記時君不告朔故疇人子弟分散如淳曰家業世世相傳爲疇律年二十三傳之疇官各從其父學韋昭云疇類也孟康云同類之人明厤者也樂彥云疇昔知星人也　按如說最有根據諸

說皆疏

或在諸夏或在夷狄是以其禨祥廢而不統晉灼曰禨音璣如湆曰呂氏春秋荊人鬼而越人禨今之巫祝禱祠淫祀之比余有丁曰字書禨祥也又訞也如湆越禨淫祀之解非是周襄王二十六年閏三月而春秋非之尙玨按顧炎武曰古厤置閏必在十二月之後故曰歸餘於終今皆改厤法置閏在三月故爲非禮又曰攷春秋經傳書閏皆在歲末顏師古漢書注云秦厤應置閏者總置之於歲末是知厤法固然然攷前漢律厤志是年置閏當在十一月顧說恐非是先王之正時也履端於始舉正於中歸邪於終始謂月朔中謂月望終謂月晦端謂冬至氣之始邪音餘謂閏餘也餘詳漢書律厤志履端於始序則不愆舉正於中民則不惑歸邪於終事則不悖其後戰國竝爭在於彊國禽敵救急解紛而已豈遑念斯哉是時獨有鄒衍明於五德之傳而散消息之分以顯諸侯而亦因秦滅六國兵戎極煩又升至尊之日淺未暇遑也而亦頗推五勝而自以爲獲水德之瑞更名河曰德水而正以十月色上黑



然厤度閏餘未能睹其眞也漢興高祖曰北時待我而起亦自以爲獲水德之瑞雖明習厤及張蒼等咸以爲然是時天下初定方綱紀大基高后女主皆未遑故襲秦正朔服色至孝文時魯人公孫臣以終始五德上書言漢得土德宜更元改正朔易服色當有瑞瑞黃龍見事下丞相張蒼張蒼亦學律厤按前有明習厤句此爲複出蓋後人注語也以爲非是罷之其後黃龍見成紀張蒼自黜所欲論著不成而新垣平以望氣見頗言正厤服色事貴幸後作亂故孝文帝廢不復問至今上卽位招致方士唐都分其天部而巴落下閎運算轉厤索隱曰姚氏按益部耆舊傳云閎字長公明曉天文隱於落下武帝徵待詔太史於地中轉渾天改顓頊厤作太初厤拜侍中不受然後日辰之度與夏正同楊愼曰漢武厤得夏正應篇端引大戴禮之說乃改元更官號封泰山因詔御史曰乃者有司言

星度之未定也廣延宣問以理星度未能詹也徐廣曰詹一作售　按售與讎同漢書作讎師古曰讎相當蓋聞昔者黃帝合而不死陳仁錫曰黃帝總會星辰次舍部位展轉推求如律呂相生故曰合而不死按此卽漢書孟康之說詳見律厤志名察度驗猶言察名驗度謂察諸星宿之名驗其廣狹之度也漢書改度驗爲發斂蓋以字近而譌定清濁起五部建氣物分數然蓋尙矣書缺樂弛朕甚閔焉朕唯未能循脩明也按循當從漢志作脩唐人書脩作循與循相似故古書中多混紬績日分索隱曰紬音宙又如字紬績者女工紬緝之意以言造厤運算猶若女工緝而織之也率應水德之勝徐廣曰蓋以爲應土德土勝水今日順夏至黃鐘爲宮林鐘爲徵泰簇爲商南呂爲羽姑洗爲角自是以後氣復正羽聲復清名復正變按變字衍以至子日當冬至則陰陽離合之道行焉按古者太初上元甲子夜半冬至七曜皆會於斗牽牛分度自此而後諸曜或遲或疾各異其行所謂離合之道也十一月甲子朔旦冬至已詹其更以七年爲太初元年索隱曰改元封七年爲太初元年然漢始以建亥爲年首今改以建子故以七年爲元年　按魏志楊偉曰漢太初厤以寅月爲歲首子月爲厤初正雖建寅然厤元起數必始於子索隱不知有歲首厤初之別漫謂太初改建亥爲建子余有丁據前漢紀正月爲歲首之語駁正其謬及謂餘分皆盡之爲此年子月朔旦其說皆是獨謂有大小餘乃從寅月起數則非其說詳見後文年名焉逢攝提格按漢志云太歲在子與史公說異余別有太初改厤年名辨今附厤篇後月名畢聚日得甲子夜半朔旦冬至索隱曰聚音娵按僖公云天元之始於十一月甲子夜半朔旦冬至日月若合璧五星若連珠俱起牽牛之初歲雄在閼逢雌在攝提格月雄在畢雌在訾訾則娵訾之宿日雄在甲雌在子是陽氣支干之首也



太初改厤年名辨

史稱太初元年年名焉逢攝提格蓋甲寅之年也索隱云漢志以爲其年在丙子當由班固用三統法與太初厤不同余謂厤家推步之術代有不同甲曰焉逢寅曰攝提格從古更無異說況太初厤史公手定不應年歲甲子尙有錯記篇末

厤術甲子所載天漢以後諸年號說者謂皆褚少孫所補果有舛謬少孫不應貿貿然不加攷正反以非其年歲而彊綴以他帝更元之號且漢志云以前厤上元泰初四千六百一十七歲（一千五百三十九歲爲一統三統爲一元其統首一年不計故得此數若幷統首計之當云四千六百二十歲）至元封七年復得閼逢攝提格之歲則是歲之爲甲寅班氏亦既明知而其下復有太歲在子之云前後自爲乖異必誤文也或疑漢志世經一篇所載歷代甲子甚明豈於是年獨誤余謂卽以世經覈之班氏之誤可決也天官書云攝提格歲太歲左行在寅歲星右轉居丑世經載太初元年前十一月朔旦冬至歲在星紀婺女六度歲星在丑則太歲是寅非子明矣天官書所載諸星行度雖不盡史公手筆然亦西漢諸儒纂入又在褚少孫前去史公不遠所言當據太初厤法因此逆數高祖入秦之歲太歲在申歲星在未故五星皆得從聚東井漢志太歲在午徐廣月表注又以爲其年乙未午未之歲歲星當在大梁實沈之次與土火金水同聚東井亦非行度所宜明鄭世子載堉進厤言太初元年冬至日爲辛酉以劉歆言甲子爲後天三日余嘗據厤書辨之謂史公預修漢厤武帝親降詔書不應至日甲子猶待後人覈正今謂太初元年丙子則甲寅之歲前爲元朔三年相距二十二年後爲元康四年相距三十八年厤法縱有不同如魯史建亥之月火猶西流相距二月已爲司厤之過何至相違若是之遠三代以後治厤者無如漢之太初唐之大衍元之授時



爲最善紀年之舛至二三十年有餘曷稱善厤或曰今通鑑綱目二書皆從徐廣之說以高祖入秦爲乙未太初改厤爲丁丑二書上溯周秦下迄五季厤年備載無遺必欲以太初元年爲甲寅則下推今世厤書所稱甲子皆非乎曰漢自哀平以後禍變日多自桓靈以逮魏晉兵戈擾攘抑又甚焉當是時官之廢職多矣正時攷度皆其所謂未遑念斯者也然則君不告朔史不紀時又豈獨周末爲然哉後人從殘闕之餘彊爲追次豈必其一無舛漏如六國表載周元王在位八年徐廣以元年爲乙丑皇甫謐帝王世紀則云癸酉定王在位二十八年徐廣以元年爲癸酉皇甫謐則云癸亥又云元王在位二十八年貞定王在位位十年不特甲子互舛厤年久近亦殊同屬傳聞安見此之爲是而彼之爲非孔子序尙書於周代之年月猶弗能具史公以爲蓋其愼也後人纂述前聞當從孔子序書之法就其的可據信者書之太初改朔史漢皆以爲焉逢攝提格之歲此其的可據信者也其他年歲甲子非諸帝本紀所載則概闕於不知奚必牽連比伍必欲其一無遺漏也哉曰然則漢代之事均屬子所不知曷不幷史記闕之而必以厤書爲信應之曰人無所不至唯天不容僞余據厤書糾漢志蓋以天之行度決之也天之行度有常卽有進退亦必以漸而致以今厤攷之歲星八十餘年始進越一辰據太初更厤時歲星已在星紀之末則當劉歆爲三統厤時已隔百有餘年歲星自當進越二辰班氏舉漢志

云歲名困敦正月歲星出婺女此殆劉歆自據其所見云爾遂以之逆推前世而不知有歲進之差則其誤固無怪也余謂厤年甲子諸帝本紀不載獨太初星法具著天官并此不信將疑漢代無更厤之事而可乎此吾所以斷然以厤書之言爲信也　又按陳仁錫史攷云二家之歲不同者太史公本上古太初厤法元用甲寅班氏本劉歆三統法元用丁丑各有所主也然謂兩家厤法不同所用厤元各異則可謂同此太初元年可以指爲甲寅又可指爲丁丑則不可兩書歲名各殊必有一非難容強合而太初厤史公手定厤書又史公手著之文吾固不能舍焉而從班也

厤術甲子篇　索隱曰甲子是陽氣支干之首故以甲子命厤術爲篇首非謂此年歲在甲子也　按厤術甲子載至七十六年止者四章歲之數也厤家以十九歲爲一章四章歲爲一篇故謂之篇

太初元年歲名焉逢　索隱曰甲歲雄也漢書作閼逢亦音焉　按此後所採悉索隱注唯語首著按字者係鄒人私論　攝提格　寅歲陰也　月名畢聚　謂月値畢及娵訾也　日得甲子夜半朔旦冬至　以建子爲正故以夜半爲朔其至與朔同日故云夜半朔旦冬至若建寅爲正則以平旦爲朔　按索隱以建子爲正辨已見前　正北　謂蔀首十一月甲子朔旦時加子爲冬至故云正北也然每歲行周天全度外餘有四分一以十二辰分之冬至常居四仲故子年在子丑年在卯寅年在午卯年在酉至後十九年章首在酉故云正西其正南正東竝準此　按四分之一即十二辰之三計全歲之周當得三百六十五日加三時故子年甲子日子時冬至丑年必在己巳日卯時寅年必在甲戌日午時卯年必在己卯日酉時然太初厤寅年起算正北是歲前冬至則本年十一月冬至時當加卯卯年在午辰年在酉巳年在子至後十九年歲在壬申時當加酉故曰正西索隱以漢志解厤書不自知其錯數也今厤冬至加時不定居四仲者每歲三百六十五日之外餘數爲一千四百四十分之三百四十八又小餘七五以百二十分爲一時一十五分爲一刻得二時七刻三分又四分分之三爲四分日之一不足其不足之數爲十一分二十五秒故積至八九年居四仲者必縮居四孟又八九年縮居四季太初厤冬至定居四仲其法蓋猶未密　十二　歲有十二月有閏則云十三月　無大餘無小餘　其歲甲子朔旦日月合於牽牛之初餘分皆盡故無大小餘　正義曰大餘者日也小餘者日之奇分也　按此節正義注推算大小餘法監本湖本松本悉多脫誤陳仁錫史攷辨之甚析然至閏後一年大餘加二十三算小餘加八百四十七分正義所言甚當陳氏辨之非也詳見後注

無大餘無小餘　索隱曰上大小餘朔之大小餘此謂歲氣大小餘與朔法異故重列之

焉逢攝提格（太初元年）　爾雅釋天云歲陽者甲乙丙丁戊己庚辛壬癸十干是也歲陰者子丑寅卯辰巳午未申酉戌亥十二支是也歲陽在甲云焉逢謂歲干也歲陰在寅云攝提格謂歲支也　余有丁曰重提太初元年者明此是正月建寅以後也　按厤之建正雖在孟春推算之術總以十一月爲歲始故後文大小餘先所列者皆指十一月朔旦甲子次所列者皆指冬至日時甲子此文重提焉逢攝提格者前文專指歲前冬至故云無大小餘此自十一月後通計一年所得甲子故云有大小餘也舊注謂此指正月建寅以後非是又此下所題歲雄歲雌名目皆史公筆太初天漢及二年三年等字則褚生所補者　十二　按無閏月故云十二後倣此

大餘五十四　歲十二月六大六小合三百五十四日以六除之五六三十除三百日餘五十四日故下云大餘者日也　小餘三百四十八　太初厤法一月之日二十九日九百四十分日之四百九十九每兩月合成五十九日又餘五十八今十二月合餘六箇五十八得此三百四十八數故下云小餘者月也　正義曰此大小餘是月朔甲子日法　按太初厤以九百四十爲日法二萬七千七百五十九爲月法每月盈日法者二十九不盈者四百九十九合一歲十二月計之大小餘得數如上每歲依此法加之至閏後一年大餘又加二十九合八十三除去一甲子六十故加二十三算小餘三百四十八之上又加四百九十九合成八百四十七故加八百四十七分陳仁錫謂正義注大餘二十三當作三十小餘八百四十七當作四百九十九此謬說也今依法推算得是年十一月戊午日巳時合朔又按一月所得奇分積至一章二百三十五月除去盈日法之外小餘七百懸五分爲四分日之三四章月積分二千八百二十適得三日之整餘分皆盡是爲下篇之首此文載至七十六年止者正謂來歲朔旦冬至各無餘分也若依漢志八十一分日之四十三推算則章歲盈一日法之外尚餘奇數一分須積至三百二十四章適得八十一篇然後餘分乃盡或謂太初厤以八十一分爲日法九百四十分者乃後漢四分厤耳又云八十一分每分又分爲十九以三百六十五日又小分三百八十五爲日之周天以二十九日又小分八百一十七爲月之會日依此推算朔旦至日小餘與厤書所載無一相符則謂厤書褚少孫所補非太初本法少孫元成間人烏能逆取後漢四分之厤以續史記余於漢書律厤志中嘗據張壽王語略辨之今附載下一節注中

大餘五周天三百六十五度四分度之一日行一度去歲十一月朔在牽牛初爲冬至今歲十一月十二日又至牛初爲一周以六甲除之六六三十六除三百六十餘五故云大餘五也 小餘八 即四分之一小餘滿三十二從大餘一四八三十二故云小餘八 正義曰此大小餘是冬至甲子日法 按太初麻歲實積分三十四萬三千三百三十五除去盈日法者三十四萬三千一百分不盈者二百三十五九百四十分之二百三十五約數之即三十二分之八故曰小餘八又按二百三十五分不足日法者七百有五故昭帝時張壽王譏太初麻虧小餘七百五分如謂麻書用四分法豈壽王所譏亦指四分法乎麻書索隱正義所注甚明觀壽王語益知四分法實本太初彼以三統爲太初者眞耳食之論矣

端蒙單閼（二年） 徐廣曰單閼一作亶安 按此後凡云一作者皆徐廣注 端蒙乙也爾雅作旃蒙單閼卯也丹遏二音又音蟬焉歲在乙卯也 閏十三 按漢志云八章三歲一閏六歲二閏九歲三閏十一歲四閏十四歲五閏十七歲六閏十九歲七閏據三統麻太初二年爲八章十四歲天漢三年爲十九歲一章之終今天漢三年無閏而閏於四年則似以太初二年爲八章三歲然依法推算太初二年冬至在十一月二十三日甲戌此歲中不應置閏置閏當在三年則太初元年實爲八章之第一歲此篇所載閏十三皆先一年言之蓋爲來歲大小餘加算之地謂自此年冬至後當加閏爲十三月非謂此年即已加閏也



大餘四十八 按五十四加五十四成一百單八日除去一甲子六十故云四十八 小餘六百九十六 按三百四十八又加三百四十八得此數

大餘十 按又加五日合前歲大餘得此數 小餘十六 按又加八分合前歲小餘得此數後悉倣此推之

游兆執徐（三年） 游兆景也爾雅作柔兆執徐辰也余有丁曰游兆丙也索隱避唐諱故云景 十二

大餘十二 按此係閏後一年應加二十三算四十八加二十三除去一甲子六十餘十一又小餘滿一日歸大餘故云十二 小餘六百三 按上年小餘六百九十六此係閏後一年應加八百四十七除去九百四十分滿一日歸大餘小餘存此數

大餘十五小餘二十四

彊梧大荒落（四年） 彊梧丁也大荒落巳也 正義曰梧音語 十二

大餘七 按十二加五十四止得六十六因下文小餘又滿一日歸大餘得六十七除去六十餘此數 小餘十一 按上年六百三懸三加本年三百四十八共九百五十一除去九百四十餘十一 大餘二十一 按十五加五得二十因小餘滿三十二分又成一日故爲二十一 無小餘 按二十四加八共餘三十二分成一日歸大餘故無小餘也

徒維敦牂（天漢元年） 徒維戊也敦牂午也 正義曰牂作郎反 閏十三 按是歲十一月乙丑日朔旦二十六日庚寅卯時冬至不置閏則明歲五月以後中氣皆入後月矣故於此預言之蓋置閏雖在明年而日之餘閏實自今年積之麻術甲子篇皆推算未來之法即所推冬至日法亦謂來歲歲前冬至非謂本年已往之冬至也後凡言閏者倣此

大餘一 小餘三百五十九

大餘二十六小餘八

祝犂協洽（二年） 祝犂己也爾雅作著雍協洽未也 十二



大餘二十五 按閏後加法同前後不復出 小餘二百六十六

大餘三十一 小餘十六

商橫涒灘（三年） 商橫庚也爾雅作上章涒灘申也本作赤奮若非也天官書及爾雅申爲涒灘丑爲赤奮若今自太初已來計歲次與天官書不同者有四蓋後之麻術改也 正義曰涒音吐魂反灘音吐丹反 十二

大餘十九小餘六百一十四

大餘三十六小餘二十四

昭陽作噩（四年） 昭陽辛也爾雅作重光作噩酉也 閏十三

大餘十四 陳仁錫曰十四當作十三 按下文小餘滿一日歸大餘故云十四陳於此後大餘數多所糾駁皆不知并下小餘滿數計算故誤今爲舉例於此後不復出 小餘二十二 按滿九百四十分歸大餘故止存二十二

大餘四十二 按并下小餘滿數得此數 無小餘 滿數歸大餘

橫艾淹茂（太始元年）橫艾壬也爾雅作玄默淹茂戊也　十二
大餘三十七小餘八百六十九
大餘四十七小餘八
尚章大淵獻（二年）尚章癸也爾雅作昭陽大淵獻亥也一本作困敦非也天官書子爲困敦與爾雅同　閏
十三
大餘三十三　按三字誤當作二　小餘二百七十七
大餘五十二小餘一十六
馬逢困敦（三年）馬逢甲也困敦子也一本作大淵獻非也天官書云亥爲大淵獻與爾雅同　正義曰敦音頓
大餘五十六　陳云六當作五非是　小餘一百八十四
大餘五十七小餘二十四
端蒙赤奮若（四年）赤奮若丑也一本作涒灘非也天官書申爲涒灘與爾雅同四年已後自太始征和已下說篇末其年次甲乙皆準此並褚先生所續也　按索隱注多舛當云四年已後年次甲乙皆準此自太始征和以下迄篇末竟盡建始諸年號並褚先生所續也　十二
大餘五十小餘五百三十二
大餘三無小餘
游兆攝提格（征和元年）按李巡孫炎等所釋爾雅歲陰名義索隱備載於天官書歲星條下正義復引以注厤書又不載於太初天漢諸年而特載於征和以後今從索隱本存彼刪此　閏十三
大餘四十四　陳云當作五十四非是　小餘八百八十
大餘八小餘八
彊梧單閼（二年）十二
大餘八　按此係閏後一年又小餘滿一日除去六十正當餘八陳云當作九非是　小餘七百八十七



大餘十三小餘十六
徒維執徐（三年）十二
大餘三小餘一百九十五
大餘十八小餘二十四
祝犂大芒落（四年）芒一作荒　按前後俱作荒此本偶脫其半耳　閏十三
大餘五十七小餘五百四十三
大餘二十四無小餘
商橫敦牂（後元元年）十二
大餘二十一小餘四百五十
大餘二十九小餘八
昭陽汁洽（二年）汁一作協　按前後文俱作協洽唯此及元鳳六年作汁蓋協與叶通古字又通爲汁耳　閏
十三
大餘十五小餘七百九十八
大餘三十四小餘十六
橫艾涒灘（始元元年）正西　涒灘一作芮漢　按始元爲昭帝首元推得是年冬十一月癸卯朔時加酉冬至爲第二章之首　十二
大餘三十九小餘七百五
大餘三十九小餘二十四
尚章作噩（二年）噩一作鄂　十二
大餘三十四小餘一百一十三
大餘四十五無小餘
馬逢淹茂（三年）淹一作閹　閏十三

大餘二十八小餘四百六十一
大餘五十小餘八
端蒙大淵獻四年十二
大餘五十二小餘三百六十八
大餘五十五小餘十六
游兆困敦五年十二
大餘四十六小餘七百一十六
無大餘小餘二十四
彊梧赤奮若六年閏十三
大餘四十一小餘一百二十四
大餘六無小餘



徒維攝提格元鳳元年十二
大餘五小餘二十一
大餘十一小餘八
祝犂單閼二年十二
大餘五十九小餘三百七十九
大餘十六小餘十六
商横執徐三年閏十三
大餘五十三小餘七百二十七
大餘二十一小餘二十四
昭陽大荒落四年十二
大餘十七小餘六百三十四

大餘二十七無小餘
横艾敦牂五年閏十三
大餘十二陳云當作十一非是小餘四十二
大餘三十二小餘八
尚章汁洽六年十二
大餘三十五小餘八百八十九
大餘三十七小餘十六
焉逢涒灘元平元年十二
大餘三十小餘二百九十七
大餘四十二小餘二十四
端蒙作噩本始元年按本始爲宣帝首元閏十三



大餘二十四小餘六百四十五
大餘四十八無小餘
游兆閹茂二年十二
大餘四十八小餘五百五十二
大餘五十三小餘八
彊梧大淵獻三年十二
大餘四十二小餘九百
大餘五十八小餘十六
徒維困敦四年閏十三
大餘三十七小餘三百八
大餘三小餘二十四

祝犂赤奮若 地節元年 十二

大餘一 小餘二百一十五

大餘九 無小餘

商横攝提格 三年 閏十三

大餘五十五 小餘五百六十三

大餘十四 小餘八

昭陽單閼 三年 正南 按推得是年冬十一月癸未朔時加午冬至是爲第三章之首 十二

大餘十九 小餘四百七十

大餘十九 小餘十六

横艾執徐 四年 十二

大餘十三 小餘八百一十八



大餘二十四 小餘二十四

尚章大荒落 元康元年 閏十三

大餘八 小餘二百二十六

大餘三十 無小餘

焉逢敦牂 二年 十二

大餘二[illegible]十二 按二十字誤當作三十二 小餘一百二十三

大餘三十五 小餘八

端蒙協洽 三年 十二

大餘二十六 小餘四百八十一

大餘四十 小餘十六

游兆涒灘 四年 閏十三

大餘二十 小餘八百二十九

大餘四十五 小餘二十四

彊梧作噩 神爵元年 十二

大餘四十四 小餘七百三十六

大餘五十一 無小餘

徒維淹茂 二年 十二

大餘三十九 小餘一百四十四

大餘五十六 小餘八

祝犂大淵獻 三年 閏十三

大餘三十三 小餘四百九十二

大餘一 小餘十六



商横困敦 四年 十二

大餘五十七 小餘三百九十九

大餘六 小餘二十四

昭陽赤奮若 五鳳元年 閏十三

大餘五十一 小餘七百四十七

大餘十二 無小餘

横艾攝提格 二年 十二

大餘十五 小餘六百五十四

大餘十七 小餘八

尚章單閼 三年 十二

大餘十 小餘六十二

大餘二十二小餘十六
焉逢執徐四年閏十三
大餘四小餘四百一十
大餘二十七小餘二十四
端蒙大荒落甘露元年十二
大餘二十八小餘三百一十七
大餘三十三無小餘
游兆敦牂二年十二
大餘二十二小餘六百六十五
大餘三十八小餘八
彊梧協洽三年閏十三



大餘十七陳云當作十六非是小餘七十三
大餘四十三小餘十六
徒維涒灘四年十二
大餘四十小餘九百二十
大餘四十八小餘二十四
祝犁作噩黃龍元年閏十三
大餘三十五小餘三百二十八
大餘五十四無小餘
商橫淹茂初元元年正東按初元爲元帝首元推得是年冬十一月癸亥朔時加卯冬至爲第四章之首十二
大餘五十九小餘二百三十五

大餘五十九小餘八
昭陽大淵獻二年十二
大餘五十三小餘五百八十三
大餘四小餘十六
橫艾困敦三年閏十三
大餘四十七小餘九百三十一
大餘九小餘二十四
尙章赤奮若四年十二
大餘十一小餘八百三十八
大餘十五無小餘
焉逢攝提格五年十二



大餘六小餘二百四十六
大餘二十小餘八
端蒙單閼永光元年閏十三
無大餘小餘五百九十四
大餘二十五小餘十六
游兆執徐二年十二
大餘二十四小餘五百一
大餘三十小餘二十四
彊梧大荒落三年十二
大餘十八小餘八百四十九
大餘三十六無小餘

徒維敦牂（四年）閏十三

大餘十三小餘二百五十七

大餘四十一小餘八

祝犂協洽（五年）十二

大餘三十七小餘一百六十四

大餘（三）【四】十六按陳云今本四作三誤小餘十六

商橫涒灘建昭五年閏十三

大餘三十一小餘五百一十（三）【二】按三字誤當作二

大餘五十一小餘二十四

昭陽作噩（二年）十二

大餘五十五小餘四百一十九

大餘五十七無小餘

橫艾淹茂（三年）十二

大餘四十九小餘七百六十七

大餘二小餘八

尚章大淵獻（四年）閏十三

大餘四十四小餘一百七十五

大餘七小餘十六

焉逢困敦（五年）十二

大餘八小餘八十二

大餘十二小餘二十四

端蒙赤奮若（竟寧元年）十二




大餘二小餘四百三十

大餘十八無小餘

游兆攝提格（建始元年）按建始爲成帝首元閏十三

大餘五十六小餘七百七十八

大餘二十三小餘八

彊梧單閼（二年）十二

大餘二十小餘六百八十五

大餘二十八小餘十六

徒維執徐（三年）閏十三

大餘十五小餘九十三

大餘三十三小餘二十四

祝犂大荒落（四年）按陳云今本祝犂大荒落之年不書大小餘缺文也因以意增入一十八字然正北下不書十二月朔大餘作二十九至日大餘作三十八亦非蓋此爲閏後之年月朔大餘當加二十三合上年十五計之得三十八并下小餘滿數共三十九至日大餘亦應并入小餘滿數作三十九今一一覈正又按是年冬十一月癸卯朔時加子冬至爲下篇之首

【正北十二】

【大餘三十九】按閏後并下滿數【無小餘】

【大餘三十九無小餘】

右厤書大餘者日也小餘者月也正義曰準前解小餘是日之餘分也自右厤書以下小餘又非是年名復不周備恐褚先生及後人所加按此注舊綴太始四年無小餘條下今按當屬此又小餘雖屬日之餘分然實因月法而生通一歲十二月計之得小餘若干故曰小餘者月也至年名不備且多舛錯今爲覈正如後

端（旃）蒙（年）【乙】名也按陳云旃字衍文年即干乙二字傳寫者誤合爲一（干）丙名游兆此五字舊屬寅名攝提格之下今按干字複出當刪丙名游兆當屬乙干之後此下尚有缺文今共補七十字皆爲朱書

以別之

丁名彊梧戊名徒維己名祝犂庚名商横辛名昭陽壬名横艾癸名尚章支子名困敦丑名赤奮若寅名攝提格卯名單閼辰名執徐巳名大荒落午名敦牂未名協洽申名涒灘酉名作噩戌名淹茂亥名大淵獻正北冬至加子時正西加酉時正南加午時正東加卯時

案本書例端蒙干乙名也之上當補焉逢干甲名也六字爲朱書以別之又本書此節共補七十二字注云七十是脫二字也今增補六字合下共補七十八字謹附識於此



史記正譌卷二

陽湖吴翊寅番禺沈寶樞校字

史記正譌卷三

嘉興王元啟撰

天官書第五 索隱曰星座有尊卑若人之官曹列位故曰天官 按書分七章一經星二五緯三二曜四異星五雲氣六候歲七總論 此書敘周天列宿於其句圜隋兌之形前後向背之勢縱横指畫宛列目前又無一語爲近今人所能道者決其爲史公親筆無疑中敘五緯宜備列其行度疾徐以備後人之攷驗今顧不爾者天官書前無所承史公首創爲之不能如後代測驗之詳故但約舉大綱以存占候之舊其的然知爲史公手筆者每章不過數語而已後之讀史者勦入各家星麻之書以附其後故其文茅草塞望觀者厭之然其中亦有不忍盡割者稍取其勁質奧雅義可研究者仍作大書其餘直爲星經無所發明者概從小字書之庶讀者無厭其繁焉

中宮天極星 按北極五星所謂天極者第五星近極而最小者也今云中宮天極星乃統指五星言之故下云其一明者云云

其一明者太一常居也 按星經自有太一星在宮垣外天一之南此所云者乃指北極第二星所謂大帝星是也 劉伯莊云太一天神之最尊貴者也按劉氏據封禪書五帝皆爲其佐故曰最尊非指宮垣外主使十六神之太一也

旁三星三公或曰子屬 正義曰三公三星在北斗杓東又三公三星在北斗魁西 按三公在杓南其在魁西者今謂之三師然二星皆在宮垣外與天極不近星經亦竝不言子屬疑此所謂三星者即指大帝前後三星所謂第一星爲太子第三星爲庶子第四星爲后宮屬者是也故曰旁三星以其在帝左右故謂之三公或又以爲子屬也正義於天官書徵引極博然昧於決擇其有古今異名及同名而宮度各殊者往往移彼釋此反足迷誤觀者故今不得而不辨也

後句四星末大星正妃餘三星後宮之屬也 句音鉤篇內竝同 索隱曰援神契云辰極　横后妃四星從端大妃光明又按星經以後句四星名爲四輔　今按援神契所指即今所謂句陳句陳六星微似斗形第三星最光明今以大星爲末援神契又以大星爲端蓋指四星斜指大帝者言之餘二星類斗口者蓋不數也若四輔四星甚微暗無大星

環之匡衛十（二）【五】星藩臣皆曰紫宮 按晉志紫宮垣十五星其西蕃七東蕃八攷之天象作十五星爲是

前列直斗口（三）星隋北端兌若見若不曰陰德或曰天一 隋音他果反兌音銳篇內竝同索隱曰漢書作銳謂星形尖斜也　按晉志門內東南維五星曰尚書尚書西二星曰陰德陽德今圖但云陰德又止二星在宮垣內不與斗口相直下云或曰天一天一在垣外

與斗近然止一星幷太一一星爲二疑史公所謂斗口卽指宮垣南口非謂斗魁之口也紫宮左三星曰天槍右五星曰天棓槍音七庚反棓音皮項反韋昭音剖詩緯云主槍人棓人按星象槍居西垣之外棓居東垣之外當云右槍左棓此云左槍右棓者蓋就星座南向者言之則右槍左棓就北向觀星者言之則槍反居左棓反居右矣猶之參星北拱故其兩肩之色前漢及晉宋諸書皆言左青右黃史就南向觀星者言獨云左黃右青卽其例也後六星絕漢抵營室曰閣道正義曰營室七星按今營室二星外又離宮六星合之凡八星正義謂營室七星未詳窺之天象營室上一星之下尙有一星與左右離宮相直而角立幷室上離宮二星凡七然據此則營室離宮共九星北斗七星所謂璇璣玉衡以齊七政索隱曰斗第五衡第六開陽第七搖光按春秋元命包云玉衡北兩星爲玉繩據此則開陽搖光二星卽玉繩也馬融尙書注云七星各有所主第一曰主日法天第二曰主月法地第三曰命火謂熒惑第四曰煞土謂塡星第五曰伐水謂辰星第六曰危木謂歲星第七曰罰金謂太白按晉志四主水五主土與融說微異杓攜龍角孟康曰杓北斗杓也龍角東方宿也攜連也衡殷南斗晉灼曰衡斗之中央殷中也魁枕參首正義曰魁斗第一星也北斗當北之魁枕於參星之首用昏建者



杓杓自華以西南索隱曰杓卽招搖按招搖一星在梗河之北夊戈之南前與大角相直後文云杓端有兩星一內爲矛招搖可知招搖又別一星索隱注非是孟康曰傳曰斗第七星法太白主秦也夜半建者衡衡殷中州河濟之間徐廣曰衡第五星孟康曰假令杓昏建寅衡夜半亦建寅也按第五星法土土居中故主中州平旦建者魁魁海岱以東北也孟康曰傳曰斗第一星法日主齊也斗爲帝車運於中央臨制四鄉分陰陽建四時均五行移節度定諸紀皆繫於斗斗魁戴匡六星曰文昌宮一曰上將二曰次將三曰貴相四曰司命五曰司中六曰司祿按晉志一首起北斗魁前近內階者也內階與紫宮西垣爲近據此則最西離垣遠而與上台星比者爲六也又春秋元命包曰上將建威武次將正左右貴相理文緒司祿賞功進士司命主災咎司中主左理據此則是四曰司祿五曰司命六曰司中也晉志與元命包同唯以司中爲司寇而於四曰司祿之下別出司中二字蓋以司中司祿爲一星也攷鄭衆注周禮司命文昌第四星與此正合恐當以天官書爲正又按晉志云五曰司祿六曰司災□□在斗魁中貴人之牢在上當有四星二字星各天理與斗魁第

三星相近而側立明史云古有今無非也魁下六星兩兩相比者名曰三能蘇林曰能音台按近文昌二星曰上台爲司命主壽次東二星直軒轅北曰中台爲司中主宗室東二星抵太微西垣曰下台爲司祿主兵三能色齊君臣和不齊爲乖戾輔星明近輔臣親彊斥小疏弱輔一星附開陽側一謂之沫易曰日中見沫薛氏曰斗之輔星杓端有兩星一內爲矛招搖宋均曰更河名天矛晉灼曰更河三星天矛招搖一星耳按天矛在更河之北晉說是也又按晉志作梗河盛百二曰更之爲梗古今字爾一外爲盾天鋒晉灼曰外遠北斗也在招搖南一名矛戈按今圖矛戈在招搖北最近斗杓晉志亦云招搖北一星曰矛戈晉謂遠北斗在招搖南恐非竊疑此所謂盾乃指更河更河雖三星一星最明故與招搖並舉爲兩星有句圜十五星屬杓曰賤人之牢其牢中星實則囚多虛則開出今按句七星曰七公圜八星曰貫索貫索本九星正北一星常隱不見見則反以爲變故與七公並數得十五星也在招搖南故曰屬杓張衡云七公橫列貫索之口主執法別善惡之官七星齊政則國法平善差戾則獄多冤酷又曰貫索開口有赦若閉口及星入牢中有繫死者按二星皆主刑獄故並言之舊注專指貫索則但有圜星無句星矣天一槍



棓矛盾動搖角大兵起按史公總論諸星凶吉必附其語於最後一星之下如所論南宮衡鉞諸星附其語於輿鬼質星之下是也今前文矛盾下不言星變之占獨附於句圜十五星後於上文賤人之牢則既義不相蒙於前文矛盾諸星則又文不相屬知爲後人增入無疑也或云此語前漢志有之恐史公舊本如此余謂班固所錄亦止據哀平間傳本蓋西漢人所附入者志所不載則又東漢以後所續附者矣

中宮星圖世傳丹元子步天歌文辭鄙陋然宋鄭樵亟稱之謂其言下有圖天官書以奧質之筆寫周環之象如列目前斯乃不愧言下有圖之目而能讀者顧少今採近世星圖分列左方讀者覽圖以思知史公筆墨馳驟之能蓋非晉隋諸史所能及云圖中所繪星象不止本宮兼及宮外附近諸星令觀者得以爲識耳自天津以至五車星旁虛點則雲漢經由之道也古圖六甲六星今一華蓋十六星今四傳舍九星今五天牢六星一明季二今一四勢四五帝內座五五天柱五天牀六大贊府一內廚二今無明史所謂星有古多今少古有今無者是也唯天廚六星正東一星稍遠明史以爲今五大理二星在尚書前陰德之東與陰德八字相對御女四星在尚書北南北冬兩星相比及斗中天理四星明史皆以爲今無不與今乾象相合

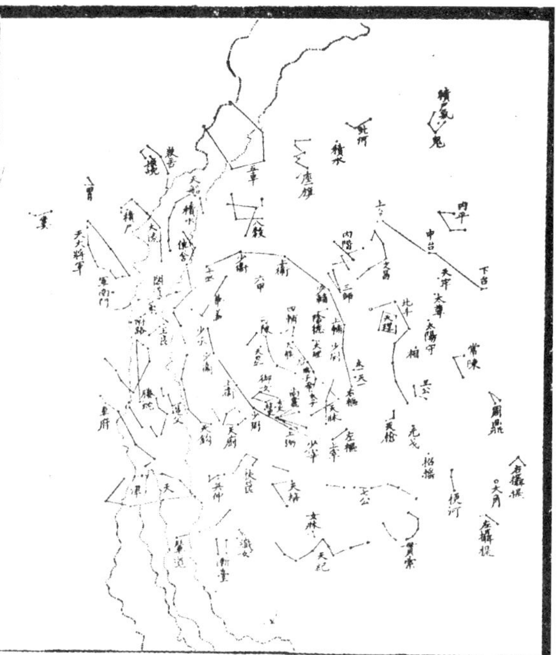



東宮蒼龍房心索隱曰文耀鉤云東宮蒼帝其精爲龍爾雅云大辰房心尾也李巡曰大辰蒼龍宿體最明也心爲明堂索隱曰春秋題辭云房心爲明堂天王布政之宮大星天王前後星子屬不欲直直則天王失計索隱曰五行傳曰心之大星天王也前星太子後星庶子房爲府曰天駟宋均曰房既近心爲明堂又別爲天府及天駟也　按攷要云房四星謂之府者晉志所謂主開閉爲蓄藏之所由也其陰口右驂按陰謂房星之北右上當有左字房星之北左右驂各四星今名東咸西咸蓋卽房之左右驂也又按正義曰房星君之位亦主左驂可知不專主右驂也旁有兩星曰鈐索隱曰元命包曰鉤鈐兩星以閑防神府闓舒爲主鉤距以備非常也北一星曰舝正義曰說文云舝車軸耑鍵也星經云鍵閉一星在房東北掌管籥也東北曲〔二〕十二星曰旗正義曰兩旗者左旗九星在河鼓左右旗九星在河鼓右也　按此所謂旗在房心東北蓋卽天市之左右垣晉志云一曰天旗是也東西各十一星凡二十二星曰十二者十上脫二字也正義以河鼓左右旗當之不特星數不符位次隔遠且彼係北宮夆祇之星何得混入蒼龍之舍旗中四星曰天市按二十二星統言之天旗卽天市析言之則天旗南北門左右各兩星爲天市餘但謂之天旗也中六星曰市樓按市樓六星在市中臨箕星之上今圖以北二星爲市樓正東東南二星爲車肆而正西西南二星則置而不論不知車肆自在西垣與市樓偏近東垣者入宿距度各殊不宜割裂蓋西圖星坐離合與中法迥殊明徐光啟從西人學厤據西圖所列改就中國之名故多舛謬市中星衆者實其虛則耗房南衆星曰騎官按騎官二十七星三三相連在陣車南天子宿衛之騎士郎虎賁也左角李右角將索隱曰李卽理法官也故元命包云左角理物以起右角將率而動又石氏云左角爲天田右角爲天門也　按角二星左爲理右爲將天田二星又在理之左天門二星又在將之右也　正義曰左角爲理主刑其南爲太陽道右角爲將主兵其北爲太陰道蓋天之三門　按角爲三門一曰天門二曰南門三曰陽門大角者天王帝廷索隱曰援神契云大角爲坐候宋均云坐帝坐也其兩旁各有三星鼎足句之曰攝提攝提者直斗杓所指以建時節故曰攝提格索隱曰元命包云攝提之爲言提攜也言能提斗攜角以接於下也　正義曰攝提六星夾大角大臣之象亢爲疏廟主疾索隱曰元命包云亢四星爲廟廷文耀鉤爲疏廟宋均以爲疏外也廟或爲朝也其南北兩大星曰南門正義曰南門二星在庫樓南天之外門氐爲天根主



疫索隱曰天根氐也孫炎以爲角亢下繫於氐若木之有根宋均云三月榆莢落故主疾疫然此時物雖生而日宿在奎行毒氣故有疫疾也尾爲九子曰君臣句斥絕不和按君臣字句斷尾爲九子又曰君臣如前文房爲府曰天駟下文箕爲敖客曰口舌卽其例也斥遠隔絕大小不相承則君臣不和舊讀連君臣斥絕不和爲句非是索隱曰宋均云屬後宮場故得兼子子必九者取尾有九星也元命包云尾九星箕四星爲後宮之場也箕爲敖客曰口舌索隱曰宋均云敖調弄也箕以簸揚調弄爲象又受物有去去來來客之象也詩云維南有箕載翕其舌又詩緯云箕爲天口主出氣是箕有舌象讒言故詩曰哆兮侈兮成是南箕謂爲敖客行請謁也火犯守角則有戰房心王者惡之也正義曰熒惑犯守箕尾氐星自生芒角則有戰陣之事若熒惑守房心及房心自生芒角則王者惡之也　按角卽左角右角之角蒼龍之首星也正義以芒角爲解非是又按此語亦後人增入者據裴駰集解引孟康韋昭說解守犯二字之義乃見於下文熒惑條下此初見而反不爲之注知晉宋閒傳本尚未有此增入之語也

東宮星圖星圖應分赤道南北爲二今改圖象爲方圖則唯中宮位次不失餘宮必不能與仰觀相合覽者取其大意而已古圖庫樓十星今八亢池六星今四龜五星今四亢下折威七氐上帝席三今無皆見明史唯市

樓六星正當大市南門之戶明史以爲今二則非心下積卒十二星古圖三三相耦今可見名六星五禮通攷以爲今二亦與今象不合

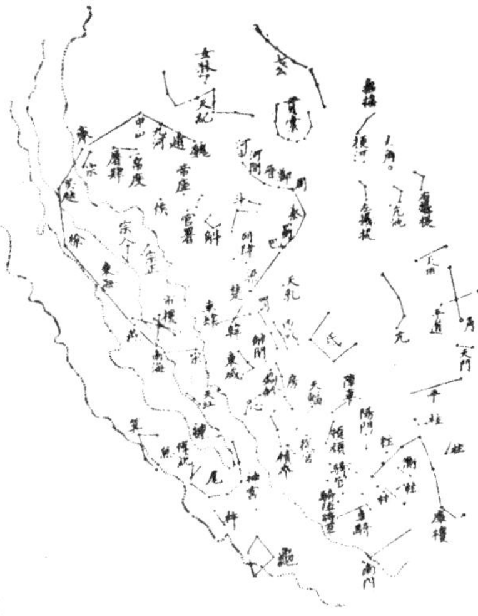

南宮朱鳥索隱曰文耀鉤云南宮赤帝其精爲朱鳥權衡孟康曰軒轅爲權太微爲衡　正義曰權四星在軒轅尾西主烽火　按軒轅十七星在七星北一曰權星正義以軒轅西四星主烽火者當之此權也非權也權火之權古通權封禪書通權火一音權是也衡太微三光之廷索隱曰宋均云太微天帝之南宮也三光日月五星也匡衞十二星藩臣索隱曰春秋合誠圖曰太微主法式陳星十二以備武患　按太微垣十星此云十二星殆兼郎將虎賁二星言郎將在東垣北虎賁在西垣北西將東相南四星執法中端門門左右掖門正義曰南藩中二星間爲端門次東第一星爲左執法廷尉之象第二星爲上相第三星爲次相第四星爲次將第五星爲上將端門西第一星爲右執法御史大夫之象第二星爲上將第三星爲次將第四星爲次相第五星爲上相　按星圖東垣左執法上相兩星間爲左掖門左掖門之北爲東太陽門又北爲中華東門又北爲東太陰門西垣右執法上將兩星間爲右掖門右掖門之北爲西太陽門又北爲中華西門又北爲西太陰門舊本正義注自左掖門以下語多舛錯今刪去門內六星諸侯正義曰諸侯五星在東井北河　按星書太微垣五諸侯五黑星東井北河五諸侯五紅星二星同名異處色亦不同又諸侯星五史漢俱云六者或六字誤或古今星數隱見不同其內五星五

帝坐正義曰黃帝坐一星在太微宮中含樞紐之神四星夾黃帝坐蒼帝東方靈威仰之神赤帝南方赤標怒之神白帝西方白昭矩之神黑帝北方叶光紀之神五帝竝設神靈集謀者也後聚一十五星蔚然徐廣曰一云哀鳥　索隱曰漢書作哀烏哀烏蔚然皆星之貌狀　按晉志作依烏曰郎位正義曰郎位十五星在太微中帝坐東北周之元士漢之光祿中散諫議今之尚書郎傍一大星將位也索隱曰宋均云爲羣郎之將帥也　正義曰郎將一星在郎位東北今之左右中郎將月五星順入軌道索隱曰順入從西入也司其出句所守天子所誅也索隱曰宋均云司察日月五星所守列宿若諸官屬不去十日者於是天子命使誅之也　按宋注諸官之諸傳本俱作請今以意定又本文司其出三字爲句所守又別自爲句謂順入軌道雖無凶咎之占然又必伺察其出若其守而不出則所守之宿必遭誅戮之凶如守垣西東則將相當之其他諸侯郎將各以所守爲占其逆入若不軌道以所犯命之索隱曰宋均云逆入從東入也　按所犯命者亦謂隨所犯之位天子必命誅討其人也　按若逆入不軌道則所犯即凶不必更司其出也中坐成形皆羣下從謀也晉灼曰中坐犯帝坐也成形禍福之形見也　按正義形字作刑戮解謂犯太微中帝坐帝坐必成其刑戮皆是羣下相從而謀上也又前漢志云羣下不從謀金火尤甚索隱曰按火主銷物金爲兵故尤急廷藩西有隋星(五)[四]曰少微士大夫按五當從漢志作四　索隱曰宋均云南北爲隋隋謂垂下也春秋合誠圖云少微處士位又天官占云一名處士星　正義曰廷太微廷藩衛也少微四星在太微西南北列第一星處士第二星議士第三星博士第四星大夫權軒轅軒轅黃龍體前大星女主象旁小星御者後宮屬正義曰軒轅主雷雨之神後宮之象也陰陽交感爲雷激爲電和爲雨怒爲風亂爲霧凝爲霜散爲露聚爲雲氣立爲虹霓離爲背璚分爲抱珥二十四變皆軒轅主之其大星女主也次北一星夫人也次北一星妃也其次諸星皆次妃之屬女主南一小星女御也左一星少民少后宗也右一星太民太后宗也　按正義注脫去十字今用天文占補守犯者如衡占索隱曰宋均云責在后黨嬪讒賊與占此祥天子亦當誅之東井爲水事索隱曰元命包云東井八星主水衡　按古圖井八星皆端列今象東北二星曲攷明史洪武二十九年欽天監言井宿東北第二星近歲漸暗小促聚不端列知自洪武間始也其西曲星曰鉞正義曰鉞一星附井之前主伺奢淫而斬之鉞北北河南南河正義曰南河三星北河三星分夾東井南北爲南戒南河南戒一曰陽門亦曰越門北河

北戒一曰陰門亦爲胡門南戒閒三光之常道也**兩河天闕閒爲關梁**索隱曰宋均云兩河六星知逆邪言關梁之限知邪僞也　正義曰闕邱二星在河南天子之雙闕諸侯之兩觀亦象魏縣書之府　按索隱注言字誤

**輿鬼鬼祠事中白者爲質**正義曰輿鬼四星東北星主積馬東南星主積兵西南星主積布帛西北星主積金玉中一星爲積屍一名質主喪死祠祀　按舊注後漢志云輿鬼爲死喪質星爲誅戮因名而著占也　陳子龍曰舊傳鬼宿中積屍氣如雲耳近測得二大星中間實有三十六小星此皆古人儀器未精之故

〔火守南北河兵起〕〔**穀不登**〕按此十字作小注當著關梁之下

**故德成衡觀成〔潢〕傷成鉞**索隱曰衡能平物故有德公平者先成形於衡潢爲帝車舍故王者遊觀亦先成形於潢也傷敗也王者敗德亦先成形於鉞以言有敗亂則有鉞誅之形按文耀鉤則云德成潢敗成鉞其意異也　按天五潢在畢東北西宮咸池之舍又天潢八星即天津在虛危北北宮玄武之舍皆非本宮之宿或云井南有四瀆星此潢字益係瀆字之譌

**禍成井**晉灼曰東井主水事火入一星居其旁天子且以火敗故曰禍也

**誅成質**晉灼曰熒惑入輿鬼天質占曰大臣有誅

**柳爲鳥注主木草**索隱曰按天文志注作喙爾雅云鳥喙謂之柳孫炎云喙朱鳥之口柳其星聚也以注爲柳星故主草木也　正義曰喙丁救反柳爲朱鳥咮天之廚宰尚食和滋味　按木草吳本誤作水草



**七星頸爲員官主急事**索隱曰按宋均云頸朱鳥頸也員官嚨喉也物在嚨喉終不久畱故主急事　正義曰一名天都主衣裳文繡

**張素爲廚主觴客**索隱曰素嗉也爾雅云鳥張嗉郭璞云鳥受食之處也　正義曰張六星爲嗉主天廚飲食賞賚觴客

**翼爲羽翮主遠客**正義曰翼二十二星爲天樂府又主夷狄

**軫爲車主風**索隱曰宋均云軫四星居中又有二星爲左右轄車之象也軫與巽同位爲風車動行疾似之

**其旁有一小星曰長沙星**正義曰長沙一星在軫中主壽命

**星不欲明明與四星等若五星入軫中兵大起**索隱曰宋均云五星主行使使動兵車亦動也

**軫南衆星曰天庫樓庫有五車**正義曰天庫一星主太白秦地在五車日　按五車五星天庫者其西北一星耳且在畢東北與軫絕遠又軫去極百三度天庫去極纔四十九度不得謂之軫南竊意平星南有庫樓十星其六大星彎曲爲庫西南四星斜方爲樓星經云距西去極百二十三度入軫十五度正在軫南即此所謂天庫樓也其中十五星三三而聚曰柱凡五柱即此所謂五車也

**車星角若益衆及不具無處車馬**按星經庫樓居常吉芒角則兵車用庫中星衆多則天子兵强搖動芒刺則中外戎馬騷動或曰處不動也無處即騷動之意處讀上聲

**南宮星圖**軍市十三星明季五今八外廚六星今五青邱七星今三太微垣常陳七星今三郎位十五星今十張下天廟十四翼下東甌五軫下軍門二土司空四器府三十二今無唯五諸侯自大微東垣北西下斜指帝坐明史云今無垣西長垣四星皆在明史云今二與今星象不符

西宮咸池索隱曰文耀鉤云西宮白帝其精白虎　正義曰咸池三星在五車中天潢南魚鳥之所託也　按晉志亦云咸池在天潢南然攷諸星距度天潢五星距西北去極五十八度咸池三星距南去極五十一度咸池南一星較天潢西北一星相去七度則應在天潢之北今咸池星自明季已無無從定其孰南孰北又咸池者西宮諸宿之總名與前後蒼龍朱鳥玄武一例五車中又有咸池猶北宮斗南之有鼈室上之有騰蛇不得竟指龜蛇爲玄武也正義注非曰天五潢五潢五帝車舍索隱曰按元命包曰咸池主五穀其星五者各有所職咸池言穀生於水含秀含實主秋垂故一名五帝車舍言以車載穀而販也　按星經西北大星主菽次東北星主稻次東主麻次東南主黍次西南主麥所謂五星各有所職是也火入旱金兵水水索隱曰宋均云不言木土者木土德星於此不爲害也　按水水謂水入五潢主大水也松本以金兵水爲句水中有三柱又爲一句非是中有三柱柱不具兵起按晉志云五車五星三柱九星在畢北五帝車舍主天子五兵一曰主五穀豐秏西北大星曰天庫主太白主秦次東北曰獄主辰主燕趙次東曰天倉主歲主魯衛次東南曰司空主塡主楚次西南曰卿主熒惑主魏三柱一曰三泉　正義曰五車均明三柱皆見則倉庫實不見其國絕食兵荒大起五車三柱有變各以其國占之三柱外出則兵出入則兵入柱出一月米貴



三倍期一年出二月米貴六倍期二年出三月米貴九倍期三年柱出不與天倉相近軍出米貴轉粟千里　按正義注誤不可讀今攷天文占補正又按漱清攷東北東南二柱在車內西北一柱在車外據此則近天庫一柱正在車外又攷天象東南柱雖在車中柱腳亦出車外舊謂柱出則兵出其說非也奎曰封豕爲溝瀆正義曰奎十六星天之府庫一日天豕亦曰封豕西南大星所謂天豕目婁爲聚眾正義曰婁三星爲苑牧養犧牲以共郊祀胃爲天倉正義曰胃三星主倉廩五穀之府也其南眾星曰廥積如淳曰芻藁積爲廥　正義曰芻藁六星在天苑西主積藁草者昴曰髦頭胡星也爲白衣會正義曰亦爲獄事　陳子龍曰昴七星或曰六星近測之實三十六星　按星經昴爲天之耳目主獄事又主喪又主口舌奏對按主喪故又爲白衣會畢曰罕車爲邊兵主弋獵索隱曰爾雅云濁謂之畢孫炎謂掩兔之畢或呼爲濁因以名星也　正義曰畢八星其大星曰天高一曰邊將四夷之尉也　按天高四星宋志云在畢口東北正義以畢大星爲天高恐大星下有脫字其大星旁小星爲附耳附耳搖動有讒亂臣在側正義曰附耳一星屬畢大星之下次天高東南隅昴畢間爲天街其陰陰國陽陽國索隱曰元命包云畢爲天階爾雅云大梁昴孫炎云

畢昴之間日月五星出入要道若津梁　孟康曰陰河山已北國陽河山已南國　正義曰天街二星在畢昴間主國界街南爲華夏之國街北爲夷狄之國參爲白虎三星直者是爲衡石參色林反　孟康曰參三星者白虎宿中東西直似稱衡也下有三星兌曰罰爲斬艾事孟康曰在參間上小下大故曰銳　晉灼曰三星少斜列無銳形　正義曰罰亦作伐春秋運斗樞云參伐事主斬艾也其外四星左右肩股也晉志云中三星橫列三將也東北曰左肩主左將西北曰右肩主右將東南曰左足主後將軍西南曰右足主偏將軍故黃帝占參應七將小三星隅置曰觜觿爲虎首主葆旅事如淳曰關中俗謂桑榆孽生爲葆　晉灼曰禾野生曰旅今之饑民采旅也宋均曰葆守也旅軍眾也言佐參伐斬艾除凶也　正義曰觜子思反觿胡規反觜觿爲虎首主收斂葆旅事也葆旅野生之可食也　按張衡亦解葆旅爲野菜唯宋均說爲異一云葆障也旅次也舍也保障軍旅次舍採取荊榛編爲儲胥以護軍之營壘防閑周密以禦寇敵之具也按此即宋均葆守軍旅之意其南有四星曰天廁正義曰天廁四星在屏東主溷廁下一星曰天矢矢黃則吉青白黑凶陳子龍曰舊傳觜南四星共天矢爲五星近測之實二十一星其西有句曲九星三處羅



漢書有列字一曰天旗正義曰參旗九星在參西天旗也指揮遠近以從命者二曰天苑正義曰天苑十六星如環狀在畢南天子養禽獸之所　按十六星云九星者蓋指自東斜轉西南九星類旗者言之其下七星微似斗形或古時別有名也三曰九游徐廣曰音流　正義曰九游九星在玉井西南天子之兵旗所以導軍進退其東有大星曰狼狼角變色多盜賊正義曰狼一星參東南爲野將主侵掠　陳子龍曰近測云星大者莫過於狼與織女其體大於地徑六十餘倍也下有四星曰弧直狼晉志云弧九星在狼東南主備盜賊　按六星彎者爲弧中三星直者爲矢正義云矢不直狼多盜今云四星曰弧四字誤狼比地有大星曰南極老人老人見治安不見兵起常以秋分時候之於南郊晉灼曰比地近地也　按晉志曰老人一星在弧南一曰南極當以秋分之曙見於丙春分之夕沒於丁附耳入畢中兵起此七字亦後人增入者

西宮星圖天溷七星今四咸池三星今無唯天節八星明史云今七坐旗九星明史云今五則非

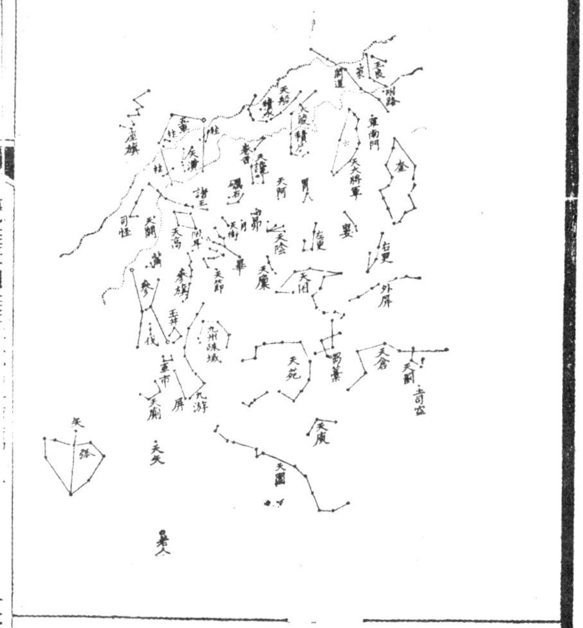



北宮玄武虛危 索隱曰文耀鉤云北宮黑帝其精玄武爾雅云玄枵虛也又云北陸虛也解者以陸爲道孫炎云陸中也北方之宿中也 危爲蓋屋 索隱曰宋均云危上一星高旁兩星隨下似乎蓋屋也 按宋志云危三星在天津東南主天府天市架屋受藏之事此所謂危爲蓋屋是也又晉志天壘城南二星曰蓋屋宋志云在危宿南九度此則別又二星非此所云蓋屋也 虛爲哭泣之事 索隱曰姚氏按荊州占以爲其宿二星南星主哭北星主泣 正義曰虛主死喪哭泣又爲邑居廟堂祭祠禱祀之事亦天之冢宰主平理天下覆載萬物 按虛南有哭二星蓋屋南有泣二星哭泣自有星而謂虛爲哭泣者猶蓋屋亦自有星而謂危爲蓋屋也 其南有衆星曰羽林天軍 正義曰羽林四十五星三三而聚散出壘壁之南天軍也亦天子宿衛之兵軍也 軍西爲壘或曰鉞 正義曰壘辟陳十二星橫列在營室南天軍之垣壘 按軍南有鈇鉞三星在八魁西北又西即北落師門今云軍西爲壘壘蓋鉞之異名正義以壘辟陳當之壘辟在軍北且與北落隔遠下文不得云旁一星爲北落也 旁有一大星爲北落 正義曰北落師門一星在羽林西南天軍之門也長安城北落門以象此也 北落若微亡 句 軍星動角益希 句 及五星犯北落入軍軍起 按微謂不光明亡謂伏匿不見軍星謂羽林天軍之四十五星動搖芒角或星不備而益希謂軍星強弱不齊皆有害也入軍謂五星入他天軍也此四句北落天軍皆並舉言之舊本句讀皆誤又妄疑北落止一星不可言希因欲改希爲布訓布爲角張皆非是 火金水尤甚 晉志云五星有在天軍中者皆爲兵起熒惑太白辰星尤甚 火軍 句 憂 按謂火星入軍則有憂也 水 水患 按漢志有復出水字謂水星入軍有水患也此脫 木土軍 句 吉 孟康曰木星土星入北落軍則吉也 危東六星兩兩相比曰司空□□□□□ 正義曰比近也危東兩兩相比者是司命等星也司空唯一星耳又不在危東恐命字誤爲空也司命二星在虛北主喪送司祿二星在司命北主官司危二星在司祿北主危亡司非二星在危北主愆過皆冥司之職 按正義於諸星名號相近者往往多遷就此獨攷核宮度別其星數之多寡立論至爲精允今從其說空字當改作命仍當再補司祿司危司非六字又按司命等八星俱在危西而曰危東六星者或危上脫一司字謂司危東有此六星耳又前漢志司空作司寇亦誤危東無此星也 營室爲清廟曰離宮閣道 索隱曰元命包云營室十星埏陶精類始立紀綱包物爲室又爾雅云營室謂之定郭璞云定正也天下作宮室皆以營室中爲正也荊州占云閣道王良旗也有六星 按營室離宮共八星前文正義注以爲七星此注十星恐亦七星之誤



東壁二星主文章天下圖書之祕府也 按二十八宿爲經星史及前漢天文志於他宿備載無遺獨遺東壁今從晉志補十五字余有丁疑史公以軍壘爲壁星陳仁錫直謂壘即壁星壘當作壁則不知壁在室東史言軍西爲壘則非指室東之壁可知矣 漢中四星曰天駟 索隱曰元命包云漢中四星曰騎一曰天駟也 旁一星曰王良 晉志王良五星在奎北居河中天子奉車御官也 按今星書旁一星同漢中四星統名曰王良蓋沿晉志據史記漢中四星當別名天駟 王良策馬車騎滿野 索隱曰春秋合誠圖云王良主天馬也 正義曰策一星在王良前主天子僕也占以動搖移易爲策馬策馬而兵動也漢豫章周騰爲侍御史桓帝當南郊平明應出騰仰觀曰夫王者象星今宮中星及策馬星悉不動上明日必不出至四更皇太子卒遂止也 旁有八星絕漢曰天潢 天潢旁江星江星動人涉水 索隱曰元命包云潢主河渠所以度神通四方宋均云天潢天津也津湊也主計度也 正義曰天江四星在尾北主太陰今按尾北四星東方蒼龍之宿與此無涉此所謂江即在天潢旁據星經天津九星在虛危北橫漢中一曰天江太史公分潢旁一星曰江故謂天潢八星星經合而言之故謂天津九星天潢宋均以爲即天津者是也 杵臼四星在危南 正義曰杵臼三星在丈人星旁主軍糧臼星在南主舂 按臼四星

杵三星在人星之東危星之北此云危南四星蓋所謂敗臼是也宋志云敗臼四星兩兩相對星經云在虛危南西南入女十三度其三星在農丈人旁者直下似杵故謂之杵星無所謂臼也又杵星入箕三度東方之星與危南無涉

匏瓜有青黑星守之魚鹽貴 索隱曰荆州占云匏瓜一名天雞在河鼓東 正義曰匏瓜五星在離珠北天子果園 按匏瓜下又有敗瓜五星其西南一星最明餘四星微暗而匏瓜四星皆明西北一星獨暗世人不察漫取敗瓜西南大星以足匏瓜之數故遂不復知敗瓜所在

南斗爲廟 晉志曰南斗六星天廟也丞相太宰之位主襃賢進士稟受爵祿又主兵一曰天機南二星魁天梁也中央二星天相也北二星天府庭也亦爲壽命之期 攷要云斗北宮之宿以夏秋之間見於南方故謂之南斗

其北建星建星者旗也 正義曰建六星在斗北臨黃道天之都關也亦主旗輅占動搖則人勞月暈蛟龍見牛馬疫月五星犯守大臣相謀爲關梁不通及大水 按星經以彗孛守爲大臣謀叛木守君聖臣賢又云古者七曜冬至日起於此據此則月五星犯守不皆主於凶正義月五星三字疑誤

牽牛爲犧牲 正義曰亦爲關梁其北二星一曰即路一曰聚火又上一星主道路次二星主關梁

其北河鼓河鼓大星上將左右左右將 索隱曰爾雅云河鼓謂之牽牛孫炎云河鼓之旗十二星在牽牛北故或名河鼓爲牽牛



也 正義曰河鼓三星在牽牛北主軍鼓蓋天子三將軍中央大星大將軍其南左星左將軍其北右星右將軍所以備關梁而拒難也自昔傳牽牛織女七月七日相見此星也 按爾雅河作何荷同注云荆楚呼牽牛爲擔鼓擔者荷也故曰荷鼓

婺女 索隱曰爾雅云須女謂之務女或作婺字 正義曰須女賤妾之稱婦職之卑者主布帛裁製嫁娶

其北織女織女天女孫也 徐廣曰孫一作名 索隱曰荆州占云織女一名天女天子女也 正義曰織女三星在河北天紀東天女也主果蓏絲帛珍寶

北宮星圖 鼈十四星今十三十二諸侯十六星今十二敗臼四星今二天壘十三星今五車府七星今五天錢十星今四羽林軍四十五星今二十六螣蛇二十二星明季十五今二十天廄十星今三斗下農丈人一牛下天田九軍南八魁九今無唯天籥八星今四明史云無虛東司命司祿諸星兩兩相比明史云司危司祿今各一危上臼四星一星斜往東北明史云今三杵三星北二星在臼外南一星正直臼口明史云今一牛左羅堰三星中星近北微暗明史云今二女上離珠五星今三明史云無扶筐七星南三星北一星最明北星斜往東南三星微暗明史云今四皆與今象不符又九坎九星明季猶存今止四

以上列宿部星天之五官坐位所謂經星是也古云經星左旋今法與日月五緯皆右旋但其右旋甚微歷七十餘年始東移一度說者謂此古今歲差之根也

附南極星圖 按晉書天文在圖籍昭昭可知者張衡云常明者百二十四可名者三百二十爲星二千五百微星之數萬有一千五百二十然如周天雲漢及鬼中積尸箕口糠粃諸星古測以爲白氣近用闚筒仰測乃皆無數小星則知星數蓋有不可億計者又宋伊川程子言近時航海者見老人星南尚有大星數十明弘治中有西士安德肋者行至赤道以南得盡見南極諸星萬厤十八年西士胡本篤并測其經緯度數以歸分其星爲一十二象後二十年湯羅兩西士航海至南極高三十餘度處覆測諸星經緯皆符故今圖雖常隱不見者悉備今并列於後俾覽者攷焉 梅文鼎曰新增十二象係近南極之星火鳥十水委三蛇首蛇腹蛇尾十五小斗七飛魚七南船五海山六十字架四馬尾四馬腹三蜜蜂四三角形三海石五金魚四夾白二附白一異雀十孔雀十波斯十一鳥喙六鶴十二凡一百三十四星但胡本篤所增止云十二象今又有二十一名何耶 按西人名星以象原載可名之象四十有八胡氏於南極諸星復增一十二象火鳥鳥喙鶴雀諸星皆鳥象爲一馬腹馬尾爲二海船諸星爲

三飛魚金魚爲四附白夾白爲五蛇爲六其他波斯三角蜜蜂十字小斗水委星各一象總凡一十二象梅氏知蛇首蛇腹蛇尾爲一象而馬腹馬尾及魚鳥海船等又析數之宜其不合也又先是安德助言南極星旁育白氣二塊故白旁夾附之星胡氏卽名之爲夾白附白梅氏以白爲白恐誤又梅氏歷數諸星僅得百三十二不與總數相符據今圖小斗九金魚五異雀十二孔雀十八鳥喙七寶凡百四十六星又明史雲漢至弧矢天狗之墟抵天社海石之南踰南船帶海山貫十字架蜜蜂傍馬腹經南門絡三角龜杵而屬於尾是爲帶天一周

察日月之行以揆歲星順逆 索隱曰物理論云歲行一次謂之歲星 正義曰晉灼云太歲在四仲歲行三宿在四孟四季歲行二宿二八十六三四十二而行二十八宿十二歲而周天 按明史天文志歲星四周有四小星遶行不息用闚遠鏡觀之乃見又按五星順逆具載前漢麻志五步一章蓋自劉歆爲三統術始定諸星見復日數與其順逆遲疾之大率後代據以測驗至近法而愈精學者宜先攷前漢麻志旁稽歷史而折中於本朝攷成之書乃得其悉史公所書甚略卽後人續附之語亦未足據爲準度也 曰東方木主春日甲乙義失者罰出歲星 正義曰天官占云歲星者東方木之精蒼帝之象又云歲星農官主五穀天文志云五常仁也五事貌也仁虧貌失罰見歲星 按漢志歲星爲仁太白爲義史公則以歲星爲義太白爲主殺然漢志載五星所聚宿其國王天下復云從歲以義從熒惑以禮從塡以重從大白以兵從辰以法與史又同蓋天文甘石二家異說史公此篇多甘氏說恐甘氏所傳如此也

歲星贏縮以其舍命國 按贏縮之義詳後文總論五星條下索隱引漢志爲證蓋忘其爲史記本語也今刪去 正義曰舍所主宿也命名也 所在國不可伐可以罰人其趨舍而前曰贏 索隱曰趨音娶謂促也 按漢志作超 退舍曰縮贏其國有兵不復縮其國有憂將亡國傾敗其所在五星皆從而聚於一舍其下之國可以義致天下 索隱曰漢高帝元年五星聚東井天文志云其年歲星在東井四星從而聚也 以攝提格歲

歲陰左行在寅歲星右轉居丑 按此章所述歲星行度如某月與某星晨出等語皆出石氏星經攷之漢志甘氏及太初麻與此又有不同然其大率如歲陰在寅歲星居丑云云則固太初麻術也今以文體龐雜不純改作小書以別於正史他章倣此 索隱曰按爾雅歲在寅爲攝提格李巡云萬物乘陽而起故曰攝提格格起也 按此下凡引爾雅皆索隱注 正月與斗牽牛晨出東方名曰監德 索隱曰歲星在寅正月晨見東方之名 色蒼蒼有光其失次有應見柳歲早水晚旱 此下又有古注六十二字今移後

單閼歲 爾雅云卯爲單閼李巡云陽氣推萬物而起故曰單閼單盡也閼止也 歲陰在卯星居子以二月與婺女虛危晨出曰降入 索隱曰卽歲星二月晨見東方之名其餘準此 大有光其失次有應見張 名曰降入按四字衍 其歲大水

執徐歲 爾雅云辰爲執徐李巡云伏蟄之物皆振舒而出故曰執徐執蟄也徐舒也 按此當讀執爲蟄 歲陰在辰星居亥以三月 居按居字衍 與營室東壁晨出曰青章青章甚章其失次有應見軫 曰青章按三字衍 歲早旱晚水

大荒駱歲 爾雅云在巳爲大荒駱姚察云言萬物皆熾盛而大出霍然落故曰荒駱 歲陰在巳星居戌以四月與奎婁 胃昴按二字衍 晨出曰跰踵 徐廣曰一曰路嶂 索隱曰天文志作路嶂字詁云嶂今作踵 按後凡引天文志不著按字者皆索隱注 熊熊赤色有光其失次有應見亢

敦牂歲 爾雅云在午爲敦牂孫炎云敦盛也牂壯也言萬物盛壯也韋昭云敦音頓 歲陰在午星居酉以五月與胃昴畢晨出曰開明 徐廣曰一曰天津 天文志作啟明 炎炎有光 正義曰炎鹽驗反 偃兵唯利公王不利治兵其失次有應見房歲早旱晚水

叶洽歲 爾雅云在未爲叶洽

李巡云陽氣欲化萬物故日協洽協和也洽合也 歲陰在未星居申以六月與觜觿參晨出曰長列 按漢志作長烈 昭昭有光利行兵其失次有應見箕涒灘歲 爾雅云在申爲涒灘李巡云涒灘物吐秀傾垂之貌涒他昆反灘他丹反 歲陰在申星居未以七月與東井輿鬼晨出曰大音 按漢志作天晉 昭昭白其失次有應見牽牛作鄂歲 爾雅云在酉爲作噩李巡云作噩皆物芒枝起之貌噩音愕 按下云作作有芒則李解爲是漢志作作詻音五格反義與此異 歲陰在酉星居午以八月與柳七星張晨出曰〔爲〕 按爲字衍 長王 按漢志作長壬 作作有芒國其昌熟穀其失次有應見危〔曰〕 大章此大淵獻節語錯衍於此 口口 按當有其歲二字 有旱而昌有女喪民疾閹茂歲 爾雅云在戌曰閹茂孫炎云萬物皆蔽冒故曰閹茂閹蔽也茂冒也天文志作掩茂 歲陰在戌星居巳以九月與翼軫晨出曰天睢 索隱曰劉氏音吁唯反 白色大明其失次有應見東壁歲水女喪大淵獻歲 爾雅云在亥爲大淵獻孫炎云淵深也大獻萬物於深謂蓋藏之於外也 歲陰在亥星居辰以十月與角亢晨出曰大章 徐廣曰一作大星 天文志亦作大星 按今志作天皇 蒼蒼然星若躍而陰出旦是謂正平起師旅其率必武其國有德將有四海其失次有應見婁困敦歲 爾雅云在子爲困敦孫炎云困敦混沌也言萬物初萌混沌於黃泉之下也 歲陰在子星居卯以十一月與氐房心晨出曰天泉 按漢志作天宗 玄色甚明江池其昌不利起兵其失次有應在〔見〕昴 按在當作見 赤奮若歲 爾雅云在丑爲赤奮若李巡云言陽氣奮迅〔萬〕物而起無不若其性赤陽色奮迅也若順也 歲陰在丑星居寅以十二月與尾箕晨出曰天皓 索隱曰音昊漢志亦作昊 黫然黑氣甚明 索隱曰黫音烏閑反楊愼曰黫即左傳左輪朱殷之殷 其失次有應見參 按他歲皆有歲星失次之應及水旱之言獨其在巳未申亥子丑者但言失次不言水旱攷之漢志他歲但云失次杓無見柳見張等語其在巳未等六辰者幷不著失次之語未詳其義云何 盛百二云一歲星歲移一辰亦就大略言之實則歲行一辰有餘據今法分一辰爲十萬八千秒歲星每年平行十萬九千三百零三秒有



奇八十三年即超一辰授時法亦然三統法謂百四十四年超一辰與今不合若一行五星議則尤治絲而棼矣 愚謂據此則歲陰在寅歲星居丑云者止就漢武太初時紀其行度如此如左傳襄公二十八年歲在星紀則辰年居丑漢志歲名困敦正月歲星出婺女則子年居丑然左傳所紀先史記四百餘年至太初閒歲星超越二辰雖於今法未爲密合要屬理所宜然漢志同紀太初閒事歲星復越二辰則實未知其說余於厤書太初元年年名攝提格之下別有論說讀者宜兼攷之 歲星出東行十二度百口口日而止 按百下疑有脫字據漢志順行百二十一日留二十五日旋逆計東行二十二度凡百四十六日 反逆行逆行八度百日 據漢志逆行八十四日復留二十四日三分旋復順計逆行十二度凡百八日有奇 復東行 據漢志復順行二十一日有奇凡百二十一日有奇 歲行三十度十六分度之七率日行十二分度之一 據漢志日行十二分度之一有餘 十二歲而周天出常東方以晨入於西方用昏 按前敘歲星晨出宿度皆用石氏星經此節蓋其注語今以漢志五步攷之復有小異蓋厤法積久愈精孝成時劉歆復爲究其微眇故太初法但約舉大凡三統則更爲析其奇零之數比前加密焉又此節舊綴攝提格歲之下今移此 當居不居居之又左右搖未當去去之與他星會其國凶所居久國有德厚其角動乍小乍大若色數變人主有憂其失次舍以下進而東北 按孟康曰五星東行天西轉歲星晨見東方行疾則不見不見則變爲袄星 三月 按東北字絕句舊連三月爲句非三月者漢志云不出三月是也 生天棓長四丈 漢志作尺 末兌 索隱曰此皆甘氏星經文天文志又兼載石氏此不取石氏名申甘氏名德 正義曰歲星之精散爲天槍天棓天衡天猾國皇天欃及登天荊眞若天猿天垣蒼彗皆以應凶災也 按生天棓石氏云見覺星 進而東南三月生彗星 甘石二家並同 長二丈類彗〔星〕 按類彗其形類彗也星字衍 正義曰天彗一名掃星本類星末類彗小者數寸長或竟天體無光假日之光故夕見則東指晨見則西指如日南北皆隨日光而指光芒所及爲災變見則兵起 退而西北 按孟康曰歲星當伏西方行遲早沒變爲袄星也 三月生天欃長四丈末兌 正義曰欃楚咸反京房云天欃爲兵赤地千里枯骨籍籍 按石氏云見槍雲如馬 退而西南三月生天槍長數丈兩頭兌 正義曰槍楚行反天文志云孝文後二年正月天槍夕出西南占曰爲兵喪亂其六年十一月匈奴入上郡雲中漢起兵以衛京師 按石氏云見

欃雲如牛謹視其所見之國不可舉事用兵按石氏云槍欃棓彗異狀其殃一也其出如浮如沈其國有土功按此下皆漢志所無如沈如浮其野亡色赤而有角其所居國昌迎徐廣曰迎一作御角而戰者不勝星色赤黃而沈所居野大穰色青白而赤灰所居野有憂歲星入月其野有逐相與太白鬬按野謂所居之分野韋昭曰星相擊爲鬬其野有破軍歲星一曰攝提曰重華曰應星曰紀星索隱曰姚氏按天官占又一曰經星營室爲清廟歲星廟也歲星所在五穀逢昌其對爲衡歲乃有殃此十六字原本屬後文條歲美惡之末今移此

察剛罰氣以處熒惑徐廣曰剛一作罰　索隱曰姚氏引廣雅熒惑謂之執法天官占云熒惑方伯象司察妖孽則徐云察罰氣爲是春秋緯文耀鉤云赤帝熛怒之神爲熒惑位南方禮失則罰出晉灼云常以十月入太微受制而出行列宿司無道出入無常也曰南方火主夏日丙丁禮失罰出熒惑按漢志云禮



虧視也禮虧視失罰見熒惑熒惑失行是也此六字係注語出則有兵入則兵散以其舍命國熒惑爲字理外則理兵內則理政故曰雖有明天子必視熒惑所在熒惑爲勃亂殘賊疾喪饑兵徐廣曰以下一云熒惑爲理外則理兵內則理政　愚按此數語今錯簡在後漢志附下文北爲女子喪之下不如別本附此爲勝然按上文命國下熒惑字疑卽爲理數語之遺逸不盡者也今特屬附命國下并附故曰以下十三字孛字誤當作理蓋因理訛李李又訛爲孛　正義曰熒惑主死喪大鴻臚之象主甲兵大司馬之義伺驕奢亂孼執法官也其精爲風伯惑童兒歌謠嬉戲也反道二舍以上按史公所謂以其舍命國及五星從聚一舍皆指星紀玄枵等一十二宮大略以三十度爲一舍此文反道二舍以後往往以十度爲一舍與前文異義知爲後人附續之語然其語不可勝删故擇其稍有義解者存之其說別見下文居之三月有殃五月受兵七月半亡地九月太半亡地因與俱出入國絕祀居之殃還至雖大當小索隱曰按還音旋疾也若熒惑反道居其舍所致殃禍速疾則雖大反小久而至當小反大索隱曰久謂行遲也如此禍小反大言久禍稽也　按上文以居之久暫爲禍

大小此復以禍至遲速分大小與上文異義漢志云居之久殃乃至其解甚明索隱行遲之說似是而非其南爲丈夫喪北爲女子喪按漢志夫下有喪字今補　索隱曰宋均云熒惑字與鬼南爲丈夫受其咎北則女子受其凶若角動繞環之及乍前乍後左右殃益大與他星鬬光相逮爲害不相逮不害正義曰鬬謂光芒相及　按宋史天文志云兩體俱動而直曰觸離復合合復離曰鬬以其往復離合有關之象故曰鬬若以光芒相及爲鬬則不相逮一句爲贅語矣又凡光芒相及無往復離合之形者止可謂之犯所謂相去方寸爲犯是也五星皆從而聚於一舍其下國可以禮致天下法出東行十六舍而止據漢志順行二百七十六日歷百五十九度留十日旋逆按以百五十九度爲十六舍下文又以十七度爲二舍可知此下凡云舍者皆以十度言之也逆行二舍六旬復東行據漢志逆行十七度六十二日復留十日旋復順自所止數十舍十月而入西方伏行五月晉灼曰伏不見　據漢志復順行二百七十六日歷百五十九度而伏伏百四十六日出東方其出西方曰反明主命者惡之東行急一日行一度半據漢志東行九十二分度之五



十三其行東西南北疾也兵各聚其下按漢志云東行疾則兵聚於東方西行疾則兵聚於西方用戰順之勝逆之敗按漢志云在其野者亡地以戰不勝與此異義熒惑從太白軍憂離之軍卻出太白陰有分軍行其陽有偏將戰當其行太白逮之破軍殺將索隱曰宋均云太白宿主軍來衡拒也其入守犯太微軒轅營室主命惡之孟康曰犯七寸已內光芒相及也韋昭曰自下觸之曰犯居其宿曰守　按漢志無入守犯以下等語謹候此也以其爲主命所惡故候之於太微軒轅營室之九謹按條此者候此三字今移前又原本塡星一原本此下有謹候此條接書此文之後今從前漢志移屬辰星之後心爲明堂熒惑廟也

察日行以處位太白索隱曰韓詩云太白晨出東方爲啟明昏見西方爲長庚又孫炎注爾雅亦以爲晨出東方曰啟明昏見西方曰太白　正義曰天官占云太白者西方金之精白帝之子上公大將軍之象徑一百里　按明史太白光有贏縮如月之弦望曰西方秋司兵月行及天矢按此卽後文所謂天矢及彗也誤衍於此出蚤爲月蝕晚爲又逸其半而加訛舛焉曰庚辛主殺殺失者罰出太白云按漢志義也

言也義斷言失罰見太白太白失行以其舍命國其出行十八舍二百四十
日而入入東方復行十一舍百三十日據漢志晨始見去日半次逆行三度六日始留
八日旋順行三十三度四十六日順疾行二百一十四度百八
十四日而伏凡見二百四十四日除逆定行星二百四十四度
伏八十三日行星百十三度有奇其入西方伏行三舍十六日而出據漢志夕始見去日
半次順行二百一十一度百八十一日有奇順遲行三十三度
四十六日始留七日有奇旋逆行三度六日而伏凡見二百四
十一日除逆定行星二百四十一度伏十六日逆行十四度有奇當出不出當入不入是謂失
舍以上五十字係失行注語不有破軍必有國君之篡其紀上元正義曰是星古麻初
起上元之法也以攝提格之歲與營室晨出東方至角而入與營室夕
出西方至角而入按營室至角歷十七宿與角晨出入畢與角夕出入畢
角至畢歷十九宿與畢晨出入箕與畢夕出入箕畢至箕十七宿與箕晨出入
栜與箕夕出入栜箕至栜十八宿與栜晨出入營室與栜夕出入營室



栜至營室十八宿凡出入東西各五為八歲二百三十日徐廣曰一云三十二日
按一本作二十日復與營室晨出東方其大率歲一周天按太白行度凡歷八歲又
千四百六十一分之九百二十而復於原位計每歲之行雖或
贏縮各異合數歲而總計之大率歲一周天漢志亦云日行一
度其始出東方行遲率日半度據漢志日半度者太白逆行度非遲行度遲行日四十六分度
之三十三一百二十日必逆行一二舍上極而反東行行日一度半
據漢志順疾日行一度九十二分度之十五云一度半者立法未精姑取整數言之一百二十日入其庳
近日曰明星柔高遠日曰大囂剛徐廣曰囂一作變其始出西方行疾
率日一度半按出西下脫一方字漢志疾行度見前百二十日上極而行遲日半
度按日半度者亦取整數言之據漢志行十分度之七有餘百二十日旦入必逆行一二舍
而入其庳近日曰太白柔高遠日曰大相剛按此節與前注大意略同蓋前注簡
後人又附此詳說之然攷之漢志不特行度不同郎東西日數亦異出西方昏而出陰陰兵強按鄙

前文所謂庳近日日太白柔是也暮食出小弱暮食出者謂暮食時猶在天非謂暮食始出也下夜半出雞鳴
出倣此夜半出中弱雞鳴出大弱是謂陰陷於陽按郎前文所謂高遠日曰大相
剛是也其在東方乘明而出陽陽兵之彊按郎前文所謂庳近日曰明星柔是也雞
鳴出小弱按此雞鳴出謂未明已出東方也下夜半出昏出倣此夜半出中弱昏出大弱
是謂陽陷於陰按郎前文所謂高遠日曰大囂剛是也自出西方下六十四字舊屬後文野有破軍之下今
移此作庳近日高遠日之注出以辰戌入以丑未當出不出未當入而入天
下偃兵兵在外句入句未當出而出當入而不入天下起兵按漢
志下上有天字今補有破國其當期出也其國昌其出東為東入東為北
方出西為西入西為南方所居久其鄉利疾按漢志作易蘇林曰易疾過也其
鄉凶出西逆行至東正西國吉出東至西正東國吉按出東至西為逆行
出西至東乃順行也逆行二字衍其出卯南南勝北方出卯北北勝南方正在



卯東國利出西北北勝南方出西南南勝北方正在西西國勝
此節舊屬後文兵有殃之下今按此係上節注語當附此出東為德舉事左之迎之吉出西
為刑舉事右之背之吉反之皆凶按此節出東出西之占與前文異義蓋又一人所續又此
二十六字舊屬將發其國之下今類聚於此皆後人注語也其出不經天經天天下革政索隱
曰孟康云謂出東入西出西入東也太白陰星出東當伏東出
西當伏西過午為經天晉灼曰日陽也日出則星沒太白晝見
午上為經天也謹候此太白經天變之大者故候之九謹此三字舊屬篇末今移此太白色白五芒
光見景戰勝晝見而經天是謂爭明強國弱小國強女主昌此上
二十九字原本分見篇末今移此作注小以角動兵起始出大後小兵弱出小後
大兵強出高用兵深吉淺凶庳淺吉深凶日方南金居其南日
方北金居其北日贏侯王不甯用兵進吉退凶正義曰鄭玄云方猶向也謂晝
漏半而置土圭表陰陽審其南北也景短於土圭謂之日南是
地於日為近南也長於土圭謂之日北是地於日為近北也凡

日景於地千里而差一寸周禮云日南則景短多暑日北則景長多寒孟康曰金謂太白也景日中之景也　按日景於地千里而差一寸此舊說也隋志何承天謂陽城去交州萬里景差一尺六寸二分是六百里差一寸也魏信都芳又謂金陵去洛千里景差四寸則二百五十里差一寸也又新唐書太史監南宮說謂自滑臺白馬至上蔡武津五百二十六里有奇晷差二寸餘與隋書千里差四寸者合則二百五十里之說似更可據也又按日南謂日躔朱鳥七宿日北謂日躔玄武七宿舊注以地之近南近北爲解其說似迂

日方南金居其北日方北金居其南曰縮侯王有憂用兵退吉進凶用兵象太白太白行疾疾行遲遲行行疾

武不行文此六字舊屬後文北國敗之下今移此作注

角敢戰動搖躁躁國圜以靜按太白動搖而躁則用兵亦宜躁太白圜以靜則用兵亦宜靜圜今本作國字誤也

順角所指吉按謂順角所指而擊之

反之皆凶出則出兵入則入兵太白伏也以出兵兵有殃按伏猶入也謂入地不見也也字誤當加土作地此十字舊屬陽陷於陰之下其出卯南之上今移此爲入則入兵之注

赤角有戰白角有喪黑圜角憂有水事青圜小角憂有木事圜　按則不角角則不圜兩圜字一小字皆衍文

黃圜和角有土事有年正義曰太白星圜天下和平若芒角有土事有年謂豐熟也　按圜和二字當在有土事之下和謂其色不怒正義不得其讀而誤解也

其色大圜黃滜可爲好事其圜大赤兵盛不戰舊注滜音澤　按好事和好之事如通使會盟皆是音去聲前云赤角有戰今圜大而不角故兵雖盛不戰此節舊屬出東失行中國敗之下今按此爲黃圜和之註語其圜大赤句又并圜之赤色者言之當屬此

其已出三日而復有微入入三日乃復盛出是謂耎按漢志云耎而伏索隱曰音奴亂反晉灼曰耎退也不進而伏伏不見也

其下國有軍敗將北其已入三日又復微出出三日而復盛入其下國有憂師有糧食兵革遺人用之正義曰遺唯季反

卒雖衆將爲人虜按漢志云帥師雖衆敵食其糧用其兵虜其帥

其出西失行外國敗其出東失行中國敗按此下原本有其色大圜十八字今移前又原文兵盛不戰下尚有太白比狼二十三字今移後文總論五星條下

出而留桑榆閒疾其下國晉灼曰行遲而下也正出舉目平望在桑榆上餘二千里　按疾漢志作病

上而疾未盡

其日過參天按其日之其漢晉二書皆作期俗本誤期作其又誤日作曰更非　晉灼曰三分天過其一此在戌酉之間

疾其對國按對國所對之國也如太白在東井其下之國爲秦斗牛吳越之分野是其對國也

上復下下復上有反將其入月將僇謂爲月所蝕也

金木水星合句光句其下戰不合兵雖起而不鬬合相毀野有破軍按金木之木當作水後文總論五星凡木火土與諸星相合各有應獨不言金水相合之應者以其已見於此也又後文辰星條下言辰星出而與太白不相從野雖有軍不戰卽此所云戰不合也合光者雖合而光不相毀也同舍爲合相淩爲鬬雖合而不掩其光則同舍而相遠所謂殃無傷也若至突掩而爲淩則必至於毀其光矣故曰野有破軍此上六十一字舊列五星從聚之後今移此與前後諸出字爲類此下有錯簡自出西方至西國勝凡百有十五字今分置前文

其與列國星相犯小戰五星大戰按國字誤當作星上言金與水星相合之應此又兼及列星并餘三星相犯之應

其相犯太白出其南南國敗出其北北國敗此下原本有行疾武不行文色白五芒十字今移前

出蚤爲月蝕晚爲天夭按天夭漢志作天祅下章辰星同

及彗星正義曰其精散爲天杵天槍伏靈大敗司姦天狗賊星天殘卒起星是古麻星若竹彗牆星猿星白彗皆以示變也　按注星是古麻星五字衍文

將發其國按此句未詳漢志云將發於亡道之國又此下原本有出東爲德至反之皆凶二十六字凶下又有太白光見景以下二十五字今皆移前

五星皆從太白而聚乎一舍其下之國可以兵從天下此下原本有居實有得一條凡三十一字然後屬出而留桑榆間一節今與太白白比狼十三字并列總論五星條下

亢爲疏廟太白廟也太白大臣也大司馬位按四字原屬篇末月緯之下今從晉志移此

其號上公其他名殷星太正營星觀星宮星明星大衰大澤終星大相天浩序星月緯按原文此下有大司馬位謹候此七字今移前　正義曰天官占又名梁星滅星大爽

察日辰之會以治辰星之位索隱曰卽正四時以治辰星之位是也元命包曰北方辰星水生物布其紀故辰星理四時宋均曰辰星正四時之法得與北辰同名也

曰北方水太陰之精主冬日壬癸刑失者罰出辰星按刑失吳本誤作制失　正義曰天官占云辰星北辰之精黑帝之子宰相之

祥也徑一百里亦偏將廷尉象也天文志云智也聽也智虧聽失罰見辰星 以其宿命國是正四時仲春春分夕出郊奎婁胃東五舍爲齊仲夏夏至夕出郊東井輿鬼柳東七舍爲楚仲秋秋分夕出郊角亢氐房東四舍爲漢仲冬冬至晨出郊東方與尾箕斗牽牛俱西爲中國 或云冬至晨出郊晨字亦當作夕然冬至日在牽牛夕時尾箕斗入地久矣今云與尾箕等俱西則在日之西其爲晨出無疑 其出東方行四舍四十八日其數二十日而反入於東方 據漢志晨始見逆行二度一日始畱二日旋順行六度七日順疾行二十四度十八日而伏凡見二十八日除逆定行星二十八度伏三十七日有奇行星六十八度有奇 其出西方行四舍四十八日其數二十日而反入於西方 據漢志夕始見順疾行二十二度十六日有半順遲行六度七日畱一日有半旋逆行二度一日而伏凡見二十六日除逆定行星二十六度伏二十四日逆行六度有奇 其一候之營室角畢箕柳出房心間地動 按以上六十字舊列後文號泣之聲下今以類從 其出入常以辰戌丑未 正義曰晉灼云出以辰戌入以丑未二旬而入晨候之東方夕候之西方也 其蚤爲月蝕 孟康曰辰星與月相淩不見者則所蝕也 索隱曰宋均云辰星與月同精月爲大臣先期而出躁也失則當誅故月蝕者所以爲災祥也 晚爲彗星及天矢 駰曰張晏曰彗所以除舊布新 索隱曰宋均云辰星陰也彗亦陰陰謀未成故晚出也 按天矢漢志作天妖 其時宜效不效爲失 正義曰效見也言宜見不見爲失罰也 按此下有追兵在外六字今移後 一時不出其時不和四時不出天下大饑其當效而出也色白爲旱黃爲五穀熟赤爲兵黑爲水失其時而出爲當寒反溫當溫反寒 此以上占歲美惡 當出不出是謂擊卒兵大起 此以下占兵又按以上二十五字原本屬後文有兵不戰下今移此 出東方大而白有兵於外解 追兵在外不戰 此六字係有兵於外之注語 無兵於外而赤兵起 按以上八字原本在後今移此 當在東方 當他本作常今從吳本 其赤中國勝其西而赤外國利 按此言辰星色白則兵解色赤則兵起而又以赤之在東方西方分中外國之勝負也此下有無兵於外八字今移前 其與太白俱出東方皆赤而角外國大敗中國勝其與太白俱出西方皆赤而角外國利五星分天之中積於東方中國利積於西方外國用兵者利 按天之中謂玄枵鶉火之舍用下漢志有兵字今補以上二十三字出東出西之注語原本此下按五星從聚一節今移後又有辰星不出以下十四字今移總論五星條下 出而與太白不相從野雖有軍不戰出東方太白出西方其出西方太白出東方爲格野雖有兵不戰 索隱曰辰水也太白金也水金母子不相從故爲格格謂不和故野雖有兵不戰也 按此亦後人注語此下有失其時至兵大起二十五字今移前 其入太白中而上出破軍殺將客軍勝下出客亡地 按辰星出太白爲主人出於主人之上是客勝之象也下出則主人勝故曰客亡地 晨星來抵太白太白不去 按漢志無複出太白字又此下三十五字上文上出下出之注語 將死正 按漢志正字連上爲句史記違下旗字爲句愚意直定爲衍文刪去 旗其上出破軍殺將客勝下出客亡地視旗其所指以命破軍 索隱曰按旗蓋太白芒角似旌旗正義曰旗星名有九星言辰星上出則破軍殺將客勝也 按二說互有得失本意謂辰星芒角如旗非謂太白也正義知上出之爲辰星而又以旗有九星釋之可謂自相矛盾又漢志兩旗字竝作其此旗字蓋誤文耳 其環繞太白若與鬬大戰客勝五星皆從辰星而聚於一舍其所舍之國可以法致天下免過太白 索隱曰按廣雅云辰星謂之免星則辰星之別名免或作毚按免與毚同音初銜反此下忽然變文曰毚蓋亦後人所續 間可械劍 蘇林曰械音函函容也其間可容一劍 小戰客勝免居太白前軍罷出太白左 此四字免居太白前之注語 出太白右小戰去三尺軍急約戰摩太白有數萬人戰主人吏死 出太白右去三尺軍急約戰此十一字係錯簡按五星皆東行毚過太白及居太白前卽所謂出太白左也益辰星殺伐之氣戰鬬之象也故與太白相遇必有破軍殺將之事過太白本可無戰鬬可械劍則相離不遠故猶有小戰遠居太白之前則軍罷矣若出太白之右則有從後相逼之勢故雖遠亦[illegible]小戰去三尺則勢迫矣故急約戰摩則有交戛之形故主客[illegible]人戰摩太白不言右者蒙上出太白右言之漢志沿史記誤文又以摩作歷則增右字於太白之下皆失其旨今改正 [illegible]此下有[illegible]兵象十四字陳仁錫曰當在下文號泣

之聲下今從之兔七命曰小正辰星大欃安周星細爽能星鉤星索隱曰謂兔星凡有七名命者名也　正義曰天官占又一名䴔星一名伺祠　原本此下有錯簡十八字今移後兔五色青圜憂白圜喪赤圜中不平黑圜吉其色黃而小出而易處天下之文變而不善矣其色以下十八字舊在兔五色之上按如此則青白赤黑但有四色矣其爲錯簡無疑又按諸星皆以色黃爲吉獨辰星屬水故以黑爲吉黃則色害其行故反爲不善赤角犯我城黃角地之爭白角號泣之聲此下原本接其出東方下六十字赤角兵憂黑角水赤行窮兵之所終按青角以下十四字舊屬約戰下今移此又赤行七字衍文辰星之色春青黃夏赤白秋青白而歲熟冬黃而不明即變其色其時不昌春不見大風秋則不實夏不見有六十日之旱月蝕秋不見有兵春則不生冬不見陰雨六十日有流邑夏則不長原本此下接角立氐兗州一節今移後七星爲員官辰星廟蠻夷星也此十二字原本誤屬下條荊州二字之下今移此

厤斗之會以定填星之位此下五百九十五字原本刻太白之前今按此條之後又有總論五星一節當從漢志列辰星後　索隱曰晉灼云常以甲辰元始建斗之歲填行一宿二十八歲周天文耀鉤曰鎮黃帝含樞紐之精其體旋璣中宿之分也　按填讀如鎮壓之鎮亦作鎮讀田者非是明史云填星形如瓜旁有兩小星如耳曰中央土主季夏日戊己黃帝主德女主象也歲填一宿音秀其所居國吉未當居而居若已去而復還還居之其國得土不乃得女按不音否下同若當居而不居既已居之又西東去其國失土不乃失女不可舉事用兵其居久其國福厚易福薄徐廣曰易猶輕速也　按易字去聲讀填星其色黃九芒音曰黃鍾宮此十二字原本屬後文有軍不復之下今移此按太白五芒填星九芒五九皆數也一作光芒非是其一名曰地侯主歲廣雅曰填星一名地侯填星出百二十日而逆西行百(二)[三]十日按二十字誤當作三反東行見三百三十日而入入三十日復出東方此節舊屬下條總論五星之末太歲在甲寅之前詳其文勢當繫此

與下歲行句相屬據漢志晨始見順行五度八分八十七日始留三十四日旋逆行六度四分有奇百一日復留三十三日有奇旋復順行五度九分度之六八十五日而伏凡見三百四十日有奇除逆定行星五度有奇伏三十七日行星七度有奇壹見三百七十七日有奇行星十二度有奇歲行十(二)[三]度百十二分度之五按填星日行不及二十八分度之一故今法三十歲周天漢志亦云壹見行十二度有奇然此文所步與漢志殊以下文日行分度計之十二度當作十三度日行二十八分度之一二十八歲周天原本此下接五星從聚一條今移後太歲在甲寅鎮星在東壁故在營室按太初厤以甲寅爲厤元故又特書起算之年填星所在之宿然故在營室一語前無所承知此書殘缺多矣又此節舊屬復出東方之後今移此禮德義殺刑盡失而填星乃爲之動搖按漢志云填星中央季夏土信也思心也仁義禮智以信爲主貌言視聽以心爲主故四星皆失填星乃爲之動搖又按今本史記敘填星於太白之前詳此一語當列辰星之後無疑否則讀者竟不知殺刑二者之何謂春風秋雨冬寒夏暑動搖常以此此填星動搖之注原本誤屬下條百姓寍昌之下今移此蓋謂四星分主四時四星皆失則風雨寒暑皆失其節而填星爲之動搖矣一云春動主風秋動主雨其說亦通贏爲王不寍其縮有軍不復此下舊有填星其色黃以下十二字今移前其失次上二三宿爲贏有主命不成不乃大水失次下二三宿爲縮有后慼其歲不復不乃天裂若地動此上文贏縮二語之注其所居五星皆從而聚於一舍其下之國可重致天下此節舊屬上文周天之下今移此正義曰重音逐隴反言五星從填其下之國倚重而致天下以填主土故也斗爲文太室填星廟天子之星也原本此下接木星與土合以下三百一十一字按此下總論五星當別爲一條舊列填星之下太白之前蓋錯簡也今爲釐正如後

凡五木星與土合按漢志凡五星歲與填合云云晉志及正義所引星經亦云凡五星木與土合云云皆有凡五星三字可知此木星二字當乙其上又脫凡五二字當補爲內亂饑主勿用戰敗水則變謀而更事火爲旱金爲白衣會若水若猶及也謂有喪及水皆木與土合之咎松本於會字下入注若水金以下則自爲句非是金在南曰牝牡年穀熟金在北歲偏無索隱

曰晉灼云歲陽也太白陰也故曰牝牡　正義曰星經云金在北水在南其年或有或無　按金在南謂在歲星之南在北亦然索隱注是正義以金在水北爲解似非文義以上言木星與四星相合之應　火與水合爲焠　正義曰焠忽內反　晉灼曰火入水故曰焠　索隱曰按謂火與水俱從塡星合也　按晉說是索隱誤以此條專論塡星故牽入塡星言之　與金合爲鑠爲喪皆不可舉事用兵大敗土爲憂主孽卿　索隱曰文耀鉤云水土合則成鑪冶鑪冶成則火與火與[illegible]焠金成銷鑠金鑠則土無子無子輔父則益妖孽故[illegible]也　按主一作生非是卿字之義未詳索隱注支離無當　大饑戰敗爲北軍　正義曰軍敗曰北　軍困舉事大敗　按以上言火星與諸星相合之應不言木者木與火合爲旱已見前文也陳仁錫識湖本大饑爲誤輒改大爲木謂火與木合爲歲饑此瞽說也　土與水合穰而擁閼　漢志云與水合爲雍沮　有覆軍　徐廣曰或云木火土三星若合是謂驚位絕行　按三星若合云云自在下文或本誤衍於此　其國不可舉事出亡地入得地金爲疾爲內兵亡地　按以上言土星與諸星相合之應不言木火者木與土合爲內亂火與土合爲憂並見前文也不言金水二星相合之應者太白辰星二條已詳言之觀此益知此條不宜列太白之前三

天官書第五

星若合是謂驚位絕行　按漢志有是謂驚位絕行六字晉志位作立古字從省耳或本誤置上文此反逸去六字今據徐廣前注補入晉灼曰有兵喪故驚改王故曰絕也　其宿地國外內有兵與喪民人之饑　按漢志有此四字正義所引星經同當補　改立公王四星若合是謂大湯　五字從漢志補晉灼曰湯猶盪滌也晉志云太陽正義引星經亦作太陽　兵喪並起君子憂小人流五星若合是謂易行有德受慶改立大人奄有四方子孫蕃昌無德受殃若亡　按此下有脫簡五十四字原本誤屬太白條下今移屬此　（太白）五星白比狼赤比心黃比參左肩蒼比參右肩黑比奎大星　按太白字誤當改作五星參兩肩左黃右青前漢志及晉宋諸史皆云左青右黃者蓋以西爲左東爲右就星坐之北向者言之說見中宮槍棓節下　凡五星所出所直之辰其國爲得位得位者戰勝所直之辰順其色而角者勝其色害者敗　晉志云凡五星有大小不同色各依其行而順時應節者吉色害其行凶也按依其行謂依其本行之色順時應節如春蒼夏赤是也　居實有得也居虛無得也　索隱曰實謂星所合居之宿虛謂贏縮也　按晉志有得下無也字當作衍文　行勝色　晉灼曰行得度者勝色也　色勝位　晉灼曰有色勝得位也　有位勝無位有色勝無色行得盡得之　晉灼曰行應天度雖有色得位行盡勝之行重而色位輕星經得字作德　今按上文所直之辰謂得位也順其色而角謂有色也居實有得則所謂行得也今本脫去凡五星以下三十五字則行色位等字皆無來歷今從漢志增入但漢志移置五星白比狼之上文義乖隔不順晉書先敘星色然後及所出所直之辰而於色害者敗之下按居實云云爲得其序又此條舊屬太白條下故五星字俱誤作太白漢書亦仍其謬今詳其義實係總論五星故更太白字爲五星移置於此　五星皆大其事亦大皆小事亦小蚤出者爲贏贏者爲客晚出者爲縮縮者爲主人必有天應見於杓星　按漢志於天官書所云失次有水旱之應者必曰失次杓卽此所謂見於杓星也贏縮皆爲失次失次則必有天應見於杓星　同舍爲合相陵爲鬬　騶曰孟康云陵相冒占過也韋昭曰突掩爲陵　七寸以內必之矣　索隱曰韋昭云必有禍也　按漢志此句之上尚有二星相近者其殃大二星相遠者殃無傷也二句然則七寸者所以別合鬬之遠近七寸以內則近矣故必有禍　五星色白圜爲喪旱

天官書第五　三二　廣雅書局栞

赤圜則中不平爲兵青圜爲憂水黑圜爲疾多死黃圜則吉　此就五星皆圜形而分其色以占之　赤角犯我城黃角地之爭白角哭泣之聲青角有兵憂黑角則水　此就五星生芒角而分色以占之　（意）徐廣曰一作志　（行）窮兵之所終　按青角下三句別見辰星條下無有字則字而意作赤屬下句蓋赤譌爲志志又譌爲意也然赤角之應上文已見不當複出又此七字義亦未詳攷之漢志無之當直定爲衍文刪去　五星同色天下偃兵百姓安寍歌舞以行不見災疾五穀蕃昌　按漢志寍上有安字寍下有歌舞等字晉志亦然今補正又原本此下有春風秋雨十三字及塡星出至營室五十字今分屬前文　以上木火金水塡星天之五佐所謂緯星是也　角亢氐兗州　正義曰角亢爲壽星於辰在辰鄭之分野　按正義注分見前文今彙纂於此其朱書之字皆原缺而今補者也　房心豫州　氐房心三宿爲大火於辰在卯宋之分野　尾箕幽州　尾箕爲析木之津於辰在寅燕之分野　斗江湖牽牛婺女揚州　南斗牽牛須女皆爲星紀於辰在丑越之分野而斗牛爲吳之

分野也虛危青州虛危爲子楞於辰在子齊之分野營室至按至字衍因上文室字而誤漢志無東壁并州營室東壁爲衞皆於辰在亥衞之分野奎婁胃徐州奎婁爲降婁於辰在戌魯之分野昴畢冀州胃昴畢爲大梁於辰在酉趙之分野觜觿參益州觜參爲實沈於辰在申魏之分野按禹貢華陽黑水惟梁州括地志云漢武帝改梁爲益據此則其地在唐當屬山南西道然攷漢書地理志漢中廣漢犍爲越巂牂柯巴蜀益七郡皆屬益州似非梁州舊地張守節正義直以益州之雒縣當之云漢廣漢地也然引星經益州魏地畢觜參之分又云今河內上黨雲中是守節疑不能明而晉書河內入張九度上黨入輿鬼二度雲中入東井一度并不屬觜觿分皆未詳也井輿鬼雍州東井輿鬼爲鶉首於辰在未秦之分野柳七星張三河柳星張爲鶉火於辰在午周之分野翼軫荆州翼軫爲鶉尾於辰在巳楚之分野　陳子龍曰分野之說自古有之然兗青徐千餘里之地占角亢氐虛危奎婁胃八星吳越以南瀕海荆楚以南包嶺何啻萬餘里而皆在牛女翼軫之分此皆不可解者也　愚謂封國分星唯賈逵謂古者受封之日歲星所在之辰其說最允唐僧一行創爲山河首尾與雲漢相升降之說後之論者始憑測驗然測驗亦但可施諸郡會之地安能寸寸而合之即如齊魯聯壤今以齊屬虛危魯屬奎婁而中間復間以并州之室壁二星豈得謂雲漢升降之勢有然乎歲主封國故謂受封之年歲星値某宿即以某宿爲分星可也　原本此下有七星爲員官十二字今移辰星條下又有脫文三十六字誤置下文日食不臧之後又漢志壬癸恆山以北下尚有五十五字今一并補屬於此甲乙四海之外日月不占晉灼曰海外遠甲乙日時不以占候丙丁江淮海岱也戊己中州河濟也庚辛華山以西壬癸恆山以北一曰甲齊乙東夷丙楚丁南夷戊魏己韓庚秦辛西夷壬燕趙癸北夷子周丑翟寅趙卯鄭辰邯鄲巳衞午秦未中山申齊酉魯戌吳越亥燕代按此節言諸星分野及日時所主之國爲後文占候提綱兩軍相當日暈如淳曰暈讀曰運　按日行有嬴縮夏至縮極夏至以後縮極漸嬴冬至嬴極冬至以後嬴極漸縮一歲中春分前三日秋分後三日唯此二日適合平行之度然自北齊張子信隋劉焯以來立法始密古厤但知日行一度而已故史公於日之行度無所發明唯記其日旁之暈與其交食之所以爲兵家之占候而已暈等力鈞厚長大有勝薄短小無勝謂兩軍對壘各視其所處之方以占勝負重抱大破重抱者厚之至也主大破敵師無抱爲和背不和爲分離相去句直爲自立立侯王漢志作立兵指暈破軍按指暈漢志作破軍史本誤也若曰二字衍殺將句負且戴有喜陳仁錫曰天文志云日旁如半環向日日抱青赤氣如月初生背日日背青赤氣長而立旁曰直青赤氣如小半暈狀在日上日負形如直狀其上微氣在日上曰戴　按此語漢志無之陳氏但云天文志不言何史亦疏圍在中中勝在外外勝按此論圍城之師圍在中者外暈有芒也在外謂中暈有芒也中勝破圍者勝外勝圍人者勝赤外赤中以和相去赤外青中以惡相去氣暈先至而後去居軍勝先至先去前利後病後至後去前病後利後至先去前後皆病居軍不勝見而去其發疾按發疾謂其氣發動太疾甫見即去也漢志云其後發病非是雖勝無功見半日以上功大白虹屈短李奇曰屈或爲尾韋昭曰短而直者也或曰短屈之虹上下兌句兌音銳有者下大流血日暈制勝近期三十日遠期六十日按此上言日暈此下言日食其食句食所不利復生生所句食謂日食生謂復吐所謂食與生之宿也而食益盡而益字衍文漢志云不然食盡爲主位不盡爲臣位按漢志夏氏日月傳日日月食盡主位也不盡臣位也據此主位下當補此五字語乃明白以其直及日所宿加以日時用命其國也漢志宿作躔命作名按日所宿角亢氐兗州是也日謂甲乙海外及甲齊乙東夷之類是也時謂子周丑翟之類是也月行中道安寧和平按漢志月有九行黑赤白青各二道與黃而九然用之一決房中道故史公首以房之南北爲候陰間多水陰事外北三尺陰星多亂北三尺太陰大水兵陳仁錫曰陰星下缺多亂二字衍北三尺三字下文陽星多暴獄上又缺南三尺三字彼此互誤　按漢志云月失節度而妄行出陽道則旱風出陰道則陰又云月出房北爲雨爲陰爲兵出房南爲旱爲夭喪水旱至衝而應按陳氏多亂二字蓋據漢志增入對下多暴獄言之理當增此二字　索隱曰按中道房星之中間也房有四星若人之房三間有四表然故曰房南爲陽間北爲陰間則中道房星之中間也故房是日月五星之常行道然黃道亦經房星若月行得中道則陰陽和平若行陰間多陰事陽間則人主驕恣若歷陰星陽星之南北太陰太陽之道則有大水若兵[illegible]若喪也　詳文意房四星其中

為中道北二星之間為太陰道南二星之間為太陽道此之謂三道中道之北近陰星處為陰間中道之南近陽星處為陽間陰間猶在陰星之南陽間猶在陽星之北也索隱謂若人之房三間有四表則是以太陰道為陰間太陽道為陽間矣解義雖析然於文意為疏又按角星為黃道所經左天田右天門亦有南為太陽道北為太陰道之目以下文別有角天門之語故知此指房星中道也 陽間驕恣南三尺陽星多暴獄太陽大旱喪也索隱曰太陰太陽皆道也行近之故有水旱兵喪也太陽亦在陽間之南各三尺也 角天門十月為四月十一月為五月十二月為六月水發近三尺遠五尺按水發當乙置上文天門之下與前太陰大水太陽大旱一例 索隱曰謂月行入角與天門若十月犯之當為來年四月成災十一月則主五月 今按此謂水旱至衝而應也 犯四輔輔臣誅索隱曰四輔房四星也房以輔心故曰四輔 行南北河以陰陽言旱水兵喪正義曰月行北河以陰南河以陽則水旱兵喪也 按以陰陽言謂準前太陰太陽為占陰則言水言兵陽則言旱言喪也正義注非 月蝕歲星其宿地饑若亡正義曰孟康云凡星入月見月中為星蝕月月掩星星滅為月蝕星 按太陰居七政之最下但能揜蝕諸星諸星不能蝕月孟康星見月中之說未免近於無稽 熒惑地亂塡星地下犯上太白地彊國以戰敗辰星地女亂按四也字旁皆脫去土字熒惑地塡星地云者上文所謂宿地是也言月蝕歲星則其宿地饑若亡蝕熒惑則其宿地亂蝕塡星則其宿地下犯上餘倣此 食蝕大角徐廣曰一云食於大角 正義曰大角一星人君之象也 按此食字亦當作蝕 主食者惡之心則為內賊亂也心謂月蝕心也 列星其宿地憂索隱曰謂月蝕二十八宿當其分地有憂憂謂兵及喪也 月食始日五月者六六月者五五月復六六月者一而五月者五凡五百一十三月而復始索隱曰始日謂蒼始起之日也依此文計唯有一百二十一月與元數甚為懸校既無太初厤術不可得而推定今以漢志三統厤法計則五月者七六月者一又五月者一六月者五五月者一凡一百三十五月而復始耳或術家各異或傳寫錯謬故此不同無以明知也 按湖本凡下脫五字吳本凡下有五字凡上又脫五字而謂五字當著凡上則亦誤如此則元數百一十三月索隱依文推算反多八日而云唯有此數何耶又索隱蒼始起蒼字蓋食字之譌 故月蝕常也日蝕為不臧也安溪李文貞公云月之周天與會日不同時故每月雖合朔而不在周道之交太初厤法計五月二十三分月之二

十而一近交凡一百三十五月而一當交據此則日蝕與月蝕同推月朔當交則日蝕望日當交則月蝕史公獨以月蝕為常者猶之五星皆有反逆行甘石厤獨謂熒惑有反逆行恐由前代推步未精之故文貞公蓋用三統厤法推說如此非太初本法也或云既有常度詩又何以謂之不臧曰堯水湯旱何一非運數使然古聖遇災而懼不敢竟謂無與於己也又此下有甲乙以下三十六字今移前 日蝕國君月蝕將相當之以上日月暈適日為太陽月為太陰所謂二曜是也合前木火金水塡星謂之七政 國皇星大而赤晉志云皇星去地三丈如炬火 孟康曰歲星之精散所為也五星之精散為六十四變志記不盡也 狀類南極徐廣曰南極老人星 所出其下起兵兵彊其衝不利 昭明星孟康曰形如三足几几上有九彗上向熒惑之精 索隱曰春秋合誠圖云赤帝之精象如太白七芒釋名為筆星氣有一枝末銳似筆亦曰日華星 大而白無角乍上乍下所出國起兵多變按晉志云一曰赤彗分為昭明昭明滅光以為起霸起德之徵 五殘星孟康曰星表有青氣如暈有毛塡星之精也 按晉志云五殘一名五鋒或曰蒼彗散為五殘如辰星出角或曰星表有氣如暈有毛或曰大而赤數動察之而青 出正東東方之野正東東方謂蒼龍房心之舍 其星狀類辰星去地可六丈大而黃徐廣曰大一作六 按漢志云大而黃此書脫去而黃二字一本又訛大為六耳 賊星孟康曰形如彗芒九角太白之精 正義曰一名六賊 按漢志作六賊 出正南南方之野正南南方謂朱鳥權衡之舍 星去地可六丈大而赤數動有光 司危星孟康曰星大而有尾兩角熒惑之精也 按漢志作司詭 出正西西方之野謂西宮咸池之舍 星去地可六丈大而白類太白按晉志或曰大而有毛兩角或曰類太白數動察之而赤 獄漢星孟康曰青中赤表下有三彗縱橫亦塡星之精 按漢志作咸漢 出正北北方之野謂玄武虛危之舍 星去地六丈大而赤數動察之中青 此四野星所出出非其方其下有兵衝不利總結五殘以下四星 四塡星所出四隅去地可四丈按晉志云常以夜半時出又按四隅謂尾箕室壁觜參翼軫之

地維咸光漢志作藏光晉志作藏光又晉志云大而赤亦出四隅去地可二丈湖本作三丈若月始出按若月始出謂其光朣朧然也與狀類南極類辰星太白等句一例舊連所見爲讀者謬所見下有亂亂者亡有德者昌

燭星孟康曰星上有三彗上出亦填星之精狀如太白其出也不行見則滅所燭者城邑亂

如星非星如雲非雲命曰歸邪李奇曰邪音蛇孟康曰星有兩赤彗上向上有蓋狀如氣下連星　按歸邪又一星今本史記漢書俱聯屬燭星下今離爲二歸邪出必有歸國者

星者金之散氣【其】本曰（火）【人】漢志曰其本曰人孟康注星石也金石相生人與星氣相應也史本訛人爲火又脫去句首一其字今補正又俗本刪去孟康全注節錄其語而又訛石爲名皆非是星衆國吉少則凶此節總論諸星所見衆寡以占其地之吉凶



漢者亦金之散氣其本曰水孟康曰漢河漢也水生於金索隱曰按水生於金散氣即水氣河圖括地象曰河精爲天漢也　今按晉書天漢起東方尾箕閒分二道南經傳說魚天籥天弁河鼓北經龜貫箕下次絡南斗魁左旗至天津下合南道今攷天象天籥天弁河鼓即北道所經其南道自由天市之南海市樓宗人齊絡天津至騰蛇而北道所經南斗杓二星在河中魁四星獨在河外又晉書二道既合之後分夾匏瓜絡人星杵造父騰蛇王良傅路閣道北端大陵天船卷舌而南今象匏瓜人星卷舌俱在河外南行絡五車之後晉書謂經北河之南入東井水位東南行絡南河闕邱天狗天紀天稷至七星南而沒今象絡五車之後自由司怪水府四瀆闕邱之西一星以入於天狗天紀之墟而北河南之水位南河及闕邱之東一星俱與河無涉明史謂天有九重最上爲宗動天次曰列宿天又云雲漢爲無數小星據此似雲漢與列宿同天而晉書所載雲漢經由之道今古不同如是可知雲漢一天又在恆星之上其右旋之度更遲於列宿故南斗之魁及匏瓜人星杵卷舌北河南之水位南河俱旋出天漢之外更千餘年天漢益退而西即今所測又不足據矣因念遼史不志天文謂天象古今如一此眞不知天之言也鄙意測星家當兼測天漢行度與冬至日躔歲差分秒若干以定天漢與恆星右旋遲速之度斯亦欽若中之一事也附識於此俾精識者究焉　尙玨按家君謂天漢又處一天雖泰西精厤之士未有言及者然據晉志合之今測其理確然後聖有作竊謂無易斯言漢星多多水少則旱其大經也孟康曰多少謂漢中星　按此又以漢星多少占歲水旱

天鼓有音如雷非雷音在地而下及地其所往者兵發其下

天狗狀如大奔星孟康曰星有尾旁有短彗下有如狗形者亦太白之精有聲其下止地類狗句所墮及句　（炎火）二字衍漢志無望之如火光炎炎衝天其下圜如數頃田處上兌（者）【見】則有黃色千里破軍殺將按者字誤漢志作見又按見則二字當著黃色之下今本史記漢書並誤

格澤星者索隱曰格音胡客反一音鶴鐸如炎火之狀黃白起地而上下大上兌其見也不種而穫不有土功必有大（害）【客】楊愼曰害星經作客客與穫合韻　按漢晉二志實作客

蚩尤之旗孟康曰熒惑之精也晉灼曰呂氏春秋曰其色黃上白下類彗而後曲象旗見則王者征伐四方



旬始出於北斗旁徐廣曰旬一作營晉志黃彗分爲旬始狀如雄雞其怒青黑象伏鼈李奇曰怒音帑晉灼曰帑雌也或曰怒則色青宋均曰怒謂芒角刺出　按或說及宋說是

枉矢類大流星蛇行而倉黑望之如有毛羽然按蛇行謂屈曲行也

長庚如一匹布著天此星見兵起正義曰著音直略反

星墜至地則石也河濟之閒時墜星正義曰春秋云星隕如雨是也今吳郡西鄉見有落星石其石天下多有也　按春秋隕石於宋即星隕所致也

天精而見景星景星者德星也其狀無常常出於有道之國精漢志作暒孟康曰暒精明也有赤方氣與青方氣相連赤方中有兩黃星青方中有一黃星凡三星合爲景星　索隱曰韋昭云精謂清朗漢書作甠亦作暒郭璞注三倉云暒雨止無雲也　正義曰景星狀如半月生於晦朔助月爲明見則人君有德明聖之慶也

以上諸異星非恆見者理當俱爲妖異而晉書天文志別載周伯含譽二星與是書格澤景星並稱瑞星景星自昔與卿雲同舉謂之瑞也則宜含譽須彗亦並目之爲瑞雖星家占候之言舉無足據然遇災而懼則雖桑穀雊雉皆足爲古聖人返躬修省之資以妖爲瑞得毋類於諸顛之談乎又凡雲風皆起於地日月星辰則繫於天蓋至是而九天之數有可言者因舉鄙人所著九天說及用新法推得恆星右移之數附錄於後俾學者攷焉

九天說

九天之稱見於離騷而其名備載淮南子之書蓋自黃帝顓頊以來厤官相傳之說如此非屈平劉安等所能臆造也顧淮南分天爲九野以爲中央鈞天東方蒼天東北旻天北方玄天西北幽天西方皓天西南朱天南方炎天東南陽天天行不息無方隅定位可言淮南以地之州部談天既無當於渾旋之體而又於厤無所用之庸非無稽之臆論乎蓋自周衰禮樂廢壞一切制度典章悉歸放軼諸儒掇拾舊聞私自爲說寖失其傳致此乖異竊意積陽之氣上升爲天積陰之氣下凝爲地太陰居諸天最下其體晦而無光故謂之幽天幽天之上爲玄天水星居之又其上爲皓天太白居之又其上爲炎天太陽居之又其上爲朱天熒惑居之又其上爲蒼天歲星居之玄皓朱蒼蓋指諸星之色太陰太陽則舉其質性言之塡星居七政之最上特取仁覆閔下之義變文曰旻天至於七政各處一天恆星則共聚一天區爲四舍離爲十有二宮二十八宿蓋至是始可以立鈞出度故謂之鈞天鈞天之上雲漢居之以其無星可指但知爲積陽之氣所凝故謂之陽天陽天以下一一有象可稽是以古聖人爲之名目以示後人使之厤象以授民時庶歲序得無忒也天問云圜則九重栁宗元釋之以爲沓陽而九蓋謂自下而上沓爲九重非如畫土分疆彼此各爲限別也自九天之義失傳後之治厤者遂以恆星爲最上一天謂七政右旋唯恆星左旋近代精厤之士謂諸星經緯度古今六測不同知其亦有移動遂定恆星亦復右旋然厤家但知測星不測雲漢余據晉書天文志按之今象千有餘歲之間雲漢漸退而西知雲漢一天又在恆星之上測星家用儀器仰窺謂爲無數小星相聚然獨爲人目所不能睹豈非更遠恆星之一證乎竊謂治厤者當兼測漢旁附麗諸星距黃赤經緯度若干一一詳書於冊使後人積年推攷得知雲漢之旋與冬至日躔歲差分秒幾何則九天行度皆可以數計而周知矣至厤家別設宗動一天以爲諸曜左旋之本此則超乎形質之外所謂乾行不息於穆不已之天具載易詩二書固不與有象諸天並論也

九天後說

以左旋之天爲車之外輪則地爲之軸近地一周其轂也中間星漢七政皆逆旋於諸輻之間諸輻悉湊於轂故左旋之氣直貫乎地自地以外皆其一氣所回斡以是諸曜雖右旋人但見其隨天而左如蟲蟻逆輪旋繞輪行急則觀者但見其隨輪順繞而已輪輻近轂者度狹遠者彌寬度狹則行速度寬則行遲此諸天右旋所以有遲疾之不同也顧輪係有

形之物其輻閒雖廣狹不同行其閒者雖亦遲疾各異而自轂以至於外輪順轉一周爲期則一至於天則又有說焉剛氣回盤近地漸柔愈上而剛幽天最近地本度既促左旋之氣復柔居其天者右旋速而歷度最多故太陰日行十三度有奇自炎天以上度漸寬氣漸剛右旋漸緩歷度漸少故辰星太白之行不及於月至太陽則日行炎天一度而已蒼天以上度愈寬氣愈剛故歲星十二日行一度塡星二十八日行一度恆星則歲行不及一分積七十餘年始移一度雲漢之行又緩於恆星故自晉以來恆星東移雲漢反成西退蓋其本度愈寬又爲剛氣所攝力不能速進如六鷁爲勁風所逆雖鼓翅奮翼終不免於退飛蟲蟻之繞輪蓋又不足以喻之矣

恆星右移之數

西法分周天爲三百六十度度六十分分六十秒積秒三千六百而成一度分歲實爲三百六十五日二十三刻三分又小餘七五（句）日九十六刻刻一十五分凡千四百四十分爲一日積分五十二萬五千九百四十八又四分分之三而歲行一周恆星右移之數每歲五十一秒以五十一秒歸歲分之數計歷一萬懸三百一十二分有奇（奇數七二零五八八）而恆星右移一秒積至三千七百一十二萬五千七百九十四分（恆星行三千六百秒所得歲實積分之數）以歲法日法歸之得七十歲二百一十四日又八十一刻六分有奇而恆星右移一度析周天之度爲一百二十九萬六千秒以五十一秒歸之凡二萬五千四百一十一年（餘三十九秒應得歲實積分四十萬二千一百九十六分以日法刻法歸之）又二百七十九日二十九刻一分有奇而恆星右旋一周半之得一萬二千七百有五年又三百二十二日三百九十二分有奇則凡日躔月離諸宿及昏旦中星一切皆與堯時相反冬至之日斗建午日宿於昏心中旦昴中定朔者必以建申之月爲歲首紀時者必以星昴爲日永星火爲日短矣若以邵子元會運世之說推之歷一會五運三世有半加三百二十二日有奇而鳥火虛昴互易其次二會十運七世一歲又二百七十八日有奇而星運一周統計一元之内恆星凡五周天餘二千五百四十一年首尾各一千二百七十年有奇爲混沌初分及閉物後復歸混沌之形

凡望雲氣（正義曰春秋元命包曰陰陽聚爲雲氣釋名云雲猶云云衆盛也氣猶餼然也）仰而望之三四百里（晉志云仰瞻中天卽百里內）平望在桑榆上餘二千里登高而望之下屬地者三千里雲氣有獸居上者勝（正義曰勝雲兩氣相敵也兵書云雲雄或如雄雞臨城有城必降　按勝謂兵勝雲兩相敵之說非晉志云軍上氣高勝下厚勝薄實勝虛長勝短澤勝枯）自華以南氣下黑上赤嵩高三河之郊氣正赤恆山之北氣下黑上青勃碣海岱之閒氣皆黑江淮之閒氣皆白（此氣之因地而殊者）徒氣白土功氣黃車氣乍高乍下往往而聚騎氣卑而布卒氣摶（此氣之隨時而變者　如淳曰摶專也或曰摶音徒端反　按摶字從專俗本從專作摶誤莊子摶扶搖而上與騎氣卑而布者正反或說是也）前卑而後高者疾前方而高後兌而卑者卻（漢志作前方而後高者銳後銳而卑者卻　按晉志與史記同漢志誤也）其氣平者其行徐前高而後卑者不止而

反按止謂止軍也不止而反卽所謂郄也氣相遇者卑勝高兌勝方索隱曰遇音偶漢書作禺按晉志亦作遇漢志誤也偶謂勢相敵然如字讀自通氣來卑而循車通者舊注車通車轍也避漢武諱故曰通按今本漢志作道恐傳寫誤不過三四日句去之五六里見按不過三四日者謂敵來或徐或卻或疾三四日內可決也去之五六里見者氣來卑故遠不可見近乃可見也舊讀至去之絕句非氣來高七八尺者不過五六日句去之十餘二十餘里見氣來高丈餘二丈者不過三四十日句去之五六十里見(稍)[捎]雲(精)[青]白者捎俗本作稍非是晉灼曰捎音霄韋昭曰音髾按方言撟捎選也注云此妙擇積聚者也按下文有精白字則以選擇爲訓似亦可通然與陣雲等終不相類一云搖捎動貌此處恐當從搖捎之義又按精當作青以下文青白低及赤仰等句例之可見其將悍其士怯其大根而前絕遠者當戰青白其前低者戰勝漢志云精白其芒低者按精芒字並誤湖本低作抵亦誤其前赤而仰者戰不勝陣雲如立垣杼雲類杼軸索隱曰姚氏按兵書云營上雲氣如織勿與戰也雲[摶]兩端兌按雲摶當



作摶雲摶雲卽上文所謂卒氣也杓雲如繩者居前亙天索隱曰劉氏杓音時酌反說文音丁了反許慎注淮南子云杓引也其半半天其蛪者類闕旗索隱曰蛪音五結反亦作蜺音同故[銳]鉤雲句曲按漢志蛪作蜺闕作鬭晉志與史同又漢志故下有銳字當增言如闕旗故其形銳也下文鉤雲句曲自爲一句大意謂杓雲有二等其如繩者或亙天或半天其蛪者則類闕旗而銳不能亙天及半天也又按爾雅蜺爲挈貳其字從手注云蜺雌虹也見離騷挈貳其別名見尸子今此蛪字從虫與蜺同字書云屈虹也諸此雲見按此句兼承上文捎雲陣雲杼雲摶雲杓雲鉤雲等言之以五色(合)占而澤摶密其見動人乃有占按漢晉二志無合字蓋卽占字之誤文複出者也摶密未詳乃漢志作遒松本作及非是又按此後人注語傳寫復多訛舛今直定爲衍文刪去兵必起合[鬭]其直按合字誤當從漢志作占直謂雲見處所直宿地也鬭其直者兵起所直宿地也又後文有占種所宜疑此文其字亦所字之誤謂占鬭者勝敗視此雲所直宿地也王朔所候決於日旁王朔人姓名善望氣者俗本訛爲王湖非是日旁雲氣人主象正義曰洛書云有雲象人青衣無字在日西天子之[illegible]氣按注字字誤當從晉志作手[illegible]其形以占故北夷之氣如



羣畜穹閭索隱曰鄒氏云一作弓閭天文志作弓字音穹蓋謂以氈爲閭崇穹然而宋均云穹獸名亦異說也南夷之氣類舟船幡旗舊注攷要云氣卽雲氣也晉志云東夷氣如樹西夷氣如室廬南夷氣如閣臺或類舟船又云韓雲如布趙雲如牛楚雲如日宋雲如車魯雲如馬衞雲如犬周雲如車輪秦雲如行人魏雲如鼠鄭雲如絳衣越雲如龍蜀雲如囷此因地而異形者也若乃華以南之氣下黑上赤恆山之氣下黑上青嵩三河之郊氣赤渤碣海岱之間氣黑江湖之間氣白此因地而異色者也按雲氣因地異形此特舉其大概耳至於所在各有雲氣不可以南北爲限別者則又詳說於下大水處一也敗軍場二也破國之虛三也虛同墟下有積錢四也徐廣曰古作泉字按古錢布之錢皆作泉非謂水泉也金寶之上五也皆有氣統承上五句不可不察海旁蜄氣象樓臺大水處氣也廣野氣成宮闕然敗軍場破國虛之氣也諸本然字連下雲氣爲句按上文氣下皆有如字類字象字獨此直云成宮闕則似實有之形故特於語下著一然字以見其狀有然非實有也俗讀非是尙玨按近世安邱張貞言淄川西煥山濰縣孤山恩縣白馬營茌平馬令莊皆有山市土人謂之地市吾縣白墳邨亦有之歲或一見或三五見見必昧爽風定煙霏望如鋪練漸作城郭樓臺旛幢雲樹之形少焉日高霧斂卽



陵阜依然此卽所謂廣野氣也雲氣各象其山川人民所聚積按山川所聚積者金寶人民所聚積者錢所謂下有積錢及金寶處之氣也舊讀至山川絕句者非正義曰淮南子云土地各以類生人是故山氣多勇澤氣多瘖風氣多聾林氣多躄木氣多傴石氣多力險阻氣多壽谷氣多痺邱氣多狂廟氣多仁陵氣多貪輕土多利足重土多遲清水音小濁水音大湍水人重中土多聖人皆象其氣皆應其類也故候息秏者入國邑視封疆田疇之正治如淳曰蔡邕云麻田曰疇城郭室屋門戶之潤澤次至車服畜產精華句絕舊於產字斷句者非實息者吉虛秏者凶若煙非煙若雲非雲郁郁紛紛蕭索輪囷是謂卿雲正義曰卿音慶卿雲見喜氣也若霧非霧索隱曰霧音如字一音蒙又亡遘反爾雅曰天氣下地不應曰霧霧言蒙昧不明也衣冠(而)不濡見則其域被甲而趨按漢晉二志冠下皆無而字又域字漢志作城非是(天)[夫]雷電(蝦)[赮]虹按天字誤當從漢志作夫音扶蝦漢志作赮謂其色赤也作蝦非義辟音辟歷夜明者陽氣之動也闢春夏則發秋冬則藏故候者無不司之天開縣物開音魁上聲縣音玄

物音尾此與地長見象句皆當句用韻　孟康曰謂天裂而見物象也　漢志孝惠二年天開東北廣十餘丈長二十餘丈按天開縣物今舟人漁子往往見之每於夜半時有聲割然如破瓦甕仰見天中有紅光數丈中廣而首末俱鋭中有火毬下墜室屋林木皆通明有影俗謂之天開眼**地(動)坼絕長見象**按當作地長見象永州龍興寺東北有地隆起高一尺五寸夷之輒又高柳宗元曰史記天官書及漢志有地長之占而亡其說甘茂盟息壤葢其地有是類也餘見後文**山崩及徙**徙漢志作陁**川塞谿坱**徐廣曰土壅曰坱音服駰按孟康曰谿谷也坱崩也蘇林曰坱音伏流也如涪曰坱塡塞不通也　按二句不韻未詳**水澹澤竭**漢郊祀志震澹心注澹動也音大濫反去聲讀高唐賦水澹澹而盤紆注云搖動也又淮南子云鳳皇之翔至德也雷霆不興風雨不作川谷不澹草木不搖諸書澹字大概與淡同義高唐賦雖訓搖動然亦與此義不親唯淮南所云乃此句的解**地(長見象)動坼絕**按地長見象當與上文地動坼絕句互易其處使各以類從漢志作水澹地長澤竭見象大失其意　正義曰趙世家幽繆王遷五年代地動自樂徐以西北至平陰臺屋牆垣大半壞地坼東西百三十步**城郭門閭(閭泉)潤息**閭泉字誤當從漢志作潤息**枯槀**枯槀當作槀枯叶韻讀之可見**宮廟邸第人民所次謠俗車服**叶扶北反**觀**



**民飲食五穀屮木觀其所屬倉府廄庫四通之路六畜禽獸所產去就魚鼈鳥鼠觀其所處鬼哭若呼(其)與人逢俉(化)譌言誠然**駰曰俉逆也劉伯莊曰音五故反　索隱曰逢俉謂相逢而驚也俉亦作迕音同化當爲譌字之誤耳　按呼讀去聲漢志其作與俉作遻化作訛以上言候氣之法

**凡候歲美惡謹候歲始歲始或冬至日產氣始萌臘明日人衆卒歲一會飲食發陽氣**按歲始者正月旦也臘明日者即立春日也兼冬至日候之者冬至氣之始所謂初歲也古王於此建正亦可云歲首也**故曰初歲正月旦王者歲首**初歲謂冬至日也**立春日四時之(卒)始也**索隱曰謂立春日是去年四時之終卒今年之始也　按漢志無卒字卒係衍文索隱注葢曲說也初歲正月旦則爲王者歲首立春日則爲四時之始語亦以類相從**四始者候之日**正義曰謂正月旦歲之始時之始日之始月之始故云四始　今按初歲者歲之始正旦者月之始正旦者日之始立春日者時之始此謂四始凡候歲者不專候之於一日也前云歲始冬至臘明日下占風法亦兼及臘明日正義注似是而非**而漢魏鮮**孟康曰人姓名作占候者**集臘明正月旦決八風**言候四始者舊法候之於日至漢魏鮮則又決之以風**風從南方來大旱西南小旱西方有兵西北戎菽爲**孟康曰戎菽胡豆也爲成也○索隱曰韋昭云戎菽大豆也**(小雨)**徐廣曰一無此二字　按前後皆言占風不當於此獨兼言占雨下文索隱注亦殊費解說莫若刪此二字爲直捷**趣兵**索隱曰趣音促風從西北來則戎菽成而又有小雨則其國趣兵起也**北方爲中歲東北爲上歲**韋昭曰上歲大穰**東方大水東南民有疾疫歲惡故八風各與其衝對課多者爲勝多勝少久勝亟疾勝徐**謂是日風來不止一方則以多少久亟疾徐爲別如南風主大旱變爲東北又主大穰得東北風多而人且疾則足以勝之雖旱不爲災如南風多北風少則惡矣**旦至食爲麥**食謂食時也**食至日昳爲稷昳至餔爲黍餔至下餔爲菽下餔至日入爲麻欲終日(有雨)有雲有風有日**正義曰正月旦欲其終一日有風有日則一歲之中五穀豐熟無災害也　按有雨二字衍漢志無之詳



正義注似唐本原未有此二字也又下文但以雲風日占歲美惡及實多少而雨雪則爲歲惡可知此爲衍字無疑**(日)當其時者**復出日字衍漢志無**深而多實無雲有風日當其時淺而多實**占歲以風日爲主有風日宜乎多實惟無雲故云淺也漢志云淺而少實恐非**有雲風無日當其時深而少實有日無雲不風當其時者稼有敗如食頃小敗熟五斗米頃大敗**謂食頃無風雲則少敗或更久至熟五斗米頃無風雲則大敗也**(則)風復起有雲其稼復起**謂雖食頃或熟五斗米頃無風雲而其後風復起而有雲者稼得以復起歲雖敗不至大凶也句首則字衍漢志無**各以其時用雲色占種(其)所宜**按其字衍漢志無種謂五種上文麥稷黍菽麻是也各以其時謂自旦至日入六時也**其雨雪若寒歲惡是日光明聽都邑人民之聲聲宮則歲善吉商則有兵徵旱羽水角歲惡**按此又占之於聲**或從正月旦比數雨**此下又占之於雨索隱曰比音鼻律反數音疏舉反謂以比數日以候一歲之雨以知豐穰　按索隱注不甚明了比猶排也莊子人籟則比竹是已音義與此竝同謂從正月旦排日數雨以知此歲之豐歉至初七日則其分數可

見矣率日食一升至七升而極過之不占孟康曰正月一日雨民有一升之食二日雨民有二升之食如此至七日數至十二日日直其月占水旱孟康曰月一日雨正月水也爲其環(城)[域]千里內占則(其)爲天下候竟正月孟康曰月三十日周天歷二十八宿然後可占天下　按城字誤當從漢志作域則下漢志無其字謂若土地廣大環域千里如戰國諸雄兼小侯數國之地歲之豐凶千里內不能皆一則當合天下而共占之竟此正月盡察月所經歷諸宿然後可以知之如楚國兼有吳越魯之地視月所歷諸宿月在斗牛其日有雲有風有日在奎婁有雲風無日在翼軫有日無雲不風則其年吳越之地多實魯地少實荊州之地反大敗也其餘倣此推之月所離列宿索隱曰韋昭云離歷也日風雲占其國說已見前然必察太歲所在在金穰水毀木饑火旱此其大經也按此所謂金水木火蓋以歲陰言之申酉戌爲金亥子丑爲水寅卯辰爲木巳午未爲火又必緯之以雲風日雨而後其占乃驗故曰此其大經〔正月上甲風從東方宜蠶風從西方若旦黃雲惡〕按此與魏鮮占不同蓋後人附入以廣異聞傳寫者誤合諸正文而漢志因之冬至短極縣土炭孟康曰先冬至三日縣土炭於衡兩端輕重適均冬至日陽氣至則炭重夏至日陰氣至則土重晉灼曰蔡邕律厤記候鍾律權土炭冬至陽氣應黃鍾通土炭輕而衡仰夏至陰氣應蕤賓通土炭重而衡低進退先後五日之中炭動鹿角解蘭根出泉出躍楊慎曰卽月令水泉動略以知日至要決晷景按日去北極近則晷短去遠則晷長漢志云去極遠近難知要以晷景晷景者所以知日之南北也上文自炭動以下皆攷驗日至之方然不過略知其氣候而已必欲定短極之日爲冬至要必決之於晷景也又漢志至此而止原本此下有歲星所在十六字今移歲星條下正義連上晷景爲解以晷景歲星行失其次爲衡於義殊不可通

此節專論候歲美惡

太史公曰自初生民以來世主曷嘗不厤日月星辰及至五家三代正義曰五家黃帝高陽高辛唐堯虞舜也三代夏殷周也紹而明之內冠帶外夷狄分中國爲十有二州仰則觀象於天俯則法類於地天則有日月地則有陰陽天有五星地有五行天則有列宿地則有州域三



光者陰陽之精句氣本在地而聖人統理之幽厲以往尚矣所見天變皆國殊窟穴家占物怪以合時應其文圖籍禨祥不法正義曰禨音機顧野王云禨祥吉凶之先見也是以孔子論六經紀異而說不書至天道命不傳傳其人不待告告非其人雖言不著歸有光曰太史公凡敘來歷必宗孔子孔子六經之宗而班謂其後六經妄矣昔之傳天數者此下五十二字皆後人注語高辛之前重黎於唐虞羲和有夏昆吾殷商巫咸周室史佚萇宏正義曰史佚周武王時太史尹佚也萇宏周靈王時大夫也於宋子韋鄭則裨竈在齊甘公徐廣曰或曰甘公名德本魯人正義曰七錄云楚人戰國時作天文星占八卷楚唐昧趙尹皋魏石申正義曰七錄云石申魏人戰國時作天文八卷夫天運三十歲一小變百年中變五百載大變三大變一紀三紀而大備此其大數也劉歆三統術以千五百三十九歲爲一統四千六百一十七歲爲一元此三紀大備之說也爲國者必貴三五上下各千歲然後天人之際續備索隱曰三五謂三十歲一小變五百歲一大變　按索隱注非是五謂五百載一大變三五卽三大變之謂三大變凡千五百年故曰上下各千歲後文三五俱同此解太史公推古天變未有可攷於今者蓋略以春秋二百四十二年之間正義曰謂從隱公元年至哀公十四年獲麟也日蝕三十六正義曰謂隱公三年二月乙巳桓公三年七月壬辰朔十七年十月朔莊公十八年三月朔二十五年六月辛未朔二十六年十二月癸亥朔三十年九月庚午朔僖公五年九月戊申朔十二年三月庚午朔十五年五月朔文公元年二月癸亥朔十五年六月辛卯朔宣公八年七月庚子朔十年四月丙辰朔十七年六月癸卯朔成公十六年六月丙辰朔十七年七月丁巳朔襄公十四年二月乙未朔十五年八月丁巳朔二十年十月丙辰朔二十一年九月庚戌朔十月庚辰朔二十三年二月癸酉朔二十四年七月甲子朔八月癸巳朔二十七年十二月乙亥朔昭公七年四月甲辰朔十五年六月丁巳朔十七年六月甲戌朔二十一年七月壬午朔二十二年十二月癸酉朔二十四年五月乙未朔三十一年十二月辛亥朔定公五年三月辛亥朔十二年十一月丙寅朔十五年八月庚辰朔凡蝕三十六也彗星三見正義曰謂文公十四年十月有星入於北斗昭公十七年冬有星孛於大辰哀公十三年有星孛於東方宋襄公時

星隕如雨 正義曰謂僖公十五年正月戊申朔隕石於宋五也楊慎曰春秋星隕如雨魯莊七年非宋襄時正義以隕石於宋五當之時雖當而事不當 天子微諸侯力政 徐廣曰一作征 五伯代興更為主命自是之後眾暴寡大并小秦楚吳越夷狄也為強伯田氏篡齊三家分晉並為戰國爭於攻取兵革更起城邑數屠因以饑饉疾疫焦苦臣主共憂患其察禨祥候星氣尤急近世十二諸侯七國相王言縱橫者繼踵而皋唐甘石因時務論其書傳故其占驗淩雜米鹽 正義曰淩雜交亂也米鹽細碎也 二十八舍主十二州 說已見前 斗秉兼之所從來久矣 正義曰言北斗所建秉十二辰兼十二州二十八宿自古所用從來久遠矣 秦之疆地 也係地字之誤文漢志無 候在太白占於狼弧吳楚之疆候在熒惑占於鳥衡燕齊之疆候在辰星占於虛危宋鄭之疆候在歲星占於房心晉之疆亦候在辰星占於參罰及秦并吞三晉燕代自河山以南者中國 正義曰從華山及黃河以南為中國也 中國於四海內則在東南為陽 正義曰爾雅云九夷八狄七戎六蠻謂之四海之內中國從河山東南為陽也 陽則日歲星熒惑填星 正義曰日陽也歲星屬東方熒惑屬南方填星屬中央皆在南及東為陽也 占於街南畢主之 正義曰天街二星在畢昴間主國界也街南為華夏之國街北為夷狄之國則畢星主陽 其西北則胡貉月氏諸衣旃裘引弓之民為陰 正義曰貉音陌氏音支從河山西北及秦晉為陰也 陰則月太白辰星 正義曰月陰也太白屬西方辰星屬北方皆在北及西為陰也 占於街北昴主之 正義曰天街星北為夷狄之國則昴星主之陰也 故中國山川東北流其維首在隴蜀尾沒於勃碣 正義曰若南山首在崑崙蔥嶺東北行連隴山至南山華山渡河東北盡碣石山黃河首起崑崙山渭水岷江發源出隴山皆東北流入勃海也 是以秦晉好用兵 韋昭曰秦晉西南維之北為陰與胡貉引弓之民同故好用兵 復占太白太白主中國而胡貉數侵略獨占辰星 正義曰主猶領也入也星經云太白在北月在南中國敗太白在南月在北中國不敗也 按上文太白占胡貉不占中國因秦晉好用兵與胡貉無殊故復占太白主中國之秦晉而胡貉則獨占辰星不更占太白也 辰星出入躁疾常主夷狄其大經也此更為客主人 原文此下有熒惑為孛二十五字今移辰星條下 辰星不出太白為客其出太白為主人 此十四字舊屬辰星條下今移此 諸侯更彊時菑異記無可錄者秦始皇之時十五年彗星四見久者八十日長或竟天其後秦遂以兵滅六王并中國外攘四夷死人如亂麻因以張楚並起三十年之間兵相駘藉 蘇林曰駘音臺登躐也 不可勝數自蚩尤以來未嘗若斯也項羽救鉅鹿枉矢西流山東遂合從諸侯西坑秦人誅屠咸陽 按漢志云枉矢所觸天下之所伐射滅亡象也物莫直於矢今蛇行不能直而枉者執矢者亦不正以象項羽執政亂也凡枉矢之流以亂伐亂也 漢之興五星聚於東井 按東井秦地漢王入秦五星從歲星聚此高皇帝受命之符 平城之圍月暈參畢七重 索隱曰昴為匈奴參為趙畢為邊兵是歲高祖自將兵擊匈奴至平城為冒頓所圍七日乃解七重者主七日也 諸呂作亂日蝕晝晦吳楚七國叛逆彗星數丈天狗過梁野及兵起遂伏尸流血其下元光元狩蚩尤之旗再見長則半天其後京師師四出 正義曰元光元年太中大夫衛青等伐匈奴元狩八年冠軍侯霍去病等擊胡元鼎五年衛尉路博德等破南越及韓說破東越并破西南夷開十餘郡元封[illegible]年樓船將軍楊僕擊朝鮮也 誅夷狄者數十年而伐胡尤甚越之亡熒惑守斗 正義曰南斗為吳越之分野 朝鮮之拔星茀於河戒 索隱曰茀音佩即孛星也天文志武帝元封之中星孛於河戒其占曰南戒為越門北戒為胡門其後漢兵擊拔朝鮮以為樂浪玄菟郡朝鮮在海中越之象居北方胡之域也其河戒即南河北河也 楊慎曰戒即唐一行說山河兩戒之戒 兵征大宛星茀招搖 漢志云招搖遠夷之分也正義曰招搖一星次北斗杓端主胡兵占角變則兵革大行 此其犖犖大者 索隱曰犖犖事之分明也 若至委曲小變不可勝道由是觀之未有不先形見而應隨之者也 楊慎曰此句一篇要語鎖盡上下文意 夫自漢之為天數者星則唐都氣則王朔占歲則魏鮮故甘

石厤五星法唯獨熒惑有反逆行逆行所守及他星逆行盛百二云
熒惑逆行不足異逆行而守則異當占其他四星甘石法無逆行郎占日月薄蝕皆以爲占孟康日日
月無光日薄京房易傳日日赤爲薄或日不交而蝕日薄韋昭日氣往迫之爲薄虧毀爲蝕　按韋說是據此當音博蓋薄迫
之薄非厚薄之薄也余觀史記攷行事百年之中五星無出而不反逆行
反逆行常盛大而變色盛百二云五星逆行時在本天最卑故盛大·日月薄蝕行南
北有時此其大度也故紫宮房心權衡咸池虛危列宿部星正義
日五官列宿部内之星也此天之五官坐位也爲經不移徙大小有差闊狹
有常孟康日闊狹若三台星相去遠近木火金水塡星此五星者天之五佐爲
〔經〕緯按經字衍正義謂五星行南北爲經東西爲緯五星皆東行逆則西行無所謂南北行此不知經字爲衍文而强爲
之說也見伏有時所過行贏縮有度日變修德月變省刑星變結
和楊愼日管子日掌德月掌刑星掌和凡天變過度乃占國君彊大有德者昌弱
小飾詐者亡盛百二云二句是喫緊語所謂以人事爲主太上修德其次修政其次
修救其次修禳正下無之夫常星之變希見而三光之占亟用亟音器屢也
日月暈適適音謫徐廣日適者災變咎徵也駰按孟康日暈日旁氣也適日之將食先有黑氣之變
雲風此天之客氣其發見亦有大運然其與政事俯仰最近〔大〕
〔天〕人之符按大字誤當作天蒼帝行德此下凡百四十八字舊屬篇末今移此其中蕪蔓之語則加釐
正如後天門爲之開索隱日謂王者行春令布德澤則上應靈威仰之帝而天門爲之開天門郎左右角閒也
赤帝行德天牢爲之空索隱日謂王者舉大禮封諸侯之地則是赤帝行德夏陽主舒散故天牢爲之
空人主當赦過宥罪也黃帝行德天矢爲之起此下原本有風從西北來至一日四十八字今移後
白帝行德畢昴爲之圍楊愼日星經云天街爲之圍注昴畢閒爲天街　此下原本有圍三暮至不出
其旬二十五字今移後黑帝行德天關爲之動正義日冬萬物閉藏爲之動爲之開閉也天關一星
在五車南畢西北爲天門日月五星所道主邊事亦爲限隔内外障絕往來　此下原本有天行德至奇令三十字今移後

此五者天之感動原本通下天官備矣三十三字俱列蒼帝行德之前今按上文暈適雲風皆言日月之變
此五者蓋言五行感動之理下文五帝行德當著此文之上爲天數者必通三五索隱日三謂三辰五
謂五星也　按索隱首以五帝解五家次以三十歲小變五百歲大變解三五此復以三辰五星爲解立說甚疏然近時余有
丁謂三五郎史公所謂五家三代則亦未爲密當前云五百載一大變三大變一紀則三五者郎三大變之謂也若五家三代
則後漢志謂之五三不云三五也終始古今深觀時變察其精粗則天官備矣
原本此下接蒼帝行德二十七字今移前風從西北來必以庚辛一秋中五至大赦
三至〔小赦〕此數語當入前文條歲中然與魏鮮說異〔白帝行德〕四字衍文以正月二十日
二十一日月暈圍〔常〕大赦此白帝行德節之注言月暈圍畢昴間主有赦令也又常當作當字譌也
載謂有太陽也〔一〕日此上四十八字原本屬天矢爲之起之下載謂有太陽也亦前文條歲注語然載字
誤前文無所謂載也圍三暮德乃成不三暮及圍不合德不成二日以辰
圍不出其〔旬〕索隱日一日二日謂占星之家異說太史公兼記之　此上二十五字原本屬畢昴爲之圍之下
天行德天子更立年不德風雨破〔石〕索隱日按天謂北極紫微宮言王者當天心則北辰
有光輝是行德也　按天行德郎前文蒼赤黃白黑五帝行德也索隱以北辰爲天有光耀爲行德非是更立年者後世改元
之謂改元始於漢文至孝武而益濫郎此一語知蒼帝行德以下皆漢後術家之說非甘石舊文也〔三能三〕此下有闕
文大意謂三能三階也階平則陰陽和風雨時三衡者天廷〔也〕索隱日上云南宮朱鳥權衡衡太微三光之廷
則三衡者郎太微也其謂之三者日月五星也然斗星第六第五亦名衡又參三星亦名衡然並不爲天廷　按索隱不知上
文三下有闕文而强連三衡爲句故其解殊費又斗星第五爲天衡第六爲開陽不名衡也下文正義以斗杓爲三衡亦曲說
或云三衡者北斗杓爲一衡太微爲衡參三星爲衡　凡三衡也按此郎索隱後一說司馬貞已辨其非矣〔客星出天
廷有奇〔令〕正義日晉書天文志云三台主開德宣符所以和陰陽而理萬物也三衡者北斗魁四星爲璇璣杓三星
爲玉衡人君之象號令之主也言三台三衡者皆天帝之廷故客星出必有奇異教令也　按此義以杓三星爲天廷其說無
稽又索隱正義皆蒙上三台爲解故辭費而義晦
以上歷舉古今日月五星七政及常星異星雲風時變諸占爲前六章之總論

史記正譌卷三

陽湖吴翊寅番禺沈寶樞校字